KB152959

O. 헨리(1862~1910) 필명. 본디 이름은 '윌리엄 시드니 포터'이다.

▲텍사스주 오
스틴에 있는
O. 헨리 하우스
1893년부터 작
가가 되기 전 2
년 동안 헨리
가족이 살았다.

◀〈마지막 잎새〉
의 배경으로 알
려진 그리니치빌
리지의 그로브
코트 뉴욕 다
운타운

▲오스틴 역사센터·공공도서관에 있는 O. 헨리 방 (O. 헨리 자료 컬렉션)

▶회계담당자로 일했던 '조 해럴 시가 스토어'가 있던 드리스킬 호텔(오스틴)

1886년(24세)의 O. 헨리(앞줄 왼쪽)　오스틴에서 토지회사 서기로 일할 무렵, 거리에서 소야곡을 부르는 사중창단과 함께 노래부르기를 좋아했다.

오스틴 시절의 O. 헨리

1890년 O. 헨리 가족　아내 아솔 에스테스, 딸 마거렛과 O. 헨리

유머 주간지 〈구르는 돌〉 표지   1895년 4월 27일자 폐간호(1894년 창간).

◀퍼스트 내셔널 뱅크 근무 시절 (1892)
O. 헨리가 은행 출납을 보게 된 것과 재직 중 유머 잡지 발행에 손 댄 것은 불행하게도 '공금횡령'이라는 죄를 짓는 결과를 가져왔다.

▼〈휴스턴 포스트〉지 사옥이 인쇄된 엽서(1904)
1895년 입사한 O. 헨리는 칼럼을 쓰고 시사 풍자화를 그려 신문에 실으면서 평온한 생활을 누렸으나 채 1년도 되지 않아 퍼스트 내셔널 뱅크 횡령 건으로 체포된다.

▲ 1909년(47세)의 O. 헨리

▶ 뉴욕 거주 아파트　뉴욕으로 이사 온 헨리는 1903~07년까지 4년 동안 어빙플레이스 거리의 아파트에서 살면서 〈양배추와 임금님〉(1904), 〈동방박사의 선물〉(1905), 〈마지막 잎새〉 등 많은 단편 작품을 썼다.

▼ O. 헨리가 드나든 선술집　어빙플레이스 거리에 지금도 남아 있다.

◀O. 헨리 기념 명판 애슈빌 시내 길가에

▼O. 헨리의 무덤 노스캐롤라이나주 애슈빌 리버사이드 공동묘지. 옆에 두 번째 부인 사라의 무덤이 보인다. 그의 딸 마거렛도 이곳에 묻혔다.

벽돌 위에 그려진 '마지막 잎새'

Nov. 4th 1919.

CORNER OF STUDIO. ARTISTS' CLUB. WELLINGTON. 1919.

E. ROSA SAWTE

단편 〈천창이 있는 방〉(1904) 삽화

단편 〈붉은 추장의 몸값〉이 실린 〈새터데이 이브닝 포스트〉지 표지 1907년 7월 6일자.

CABBAGES
AND KINGS

BY

O. HENRY

NEW YORK
McCLURE, PHILLIPS & CO.
MCMIV

첫 번째 단편집 《양배추와 임금님》(1904) 속표지   19개의 단편 소설 모음

두 번째 단편집 《4백만》(1906) 표지 〈동방박사의 선물〉 등 25개 단편 소설 모음

THE
TRIMMED LAMP

AND OTHER STORIES OF
THE FOUR MILLION

BY

O. HENRY
Author of Cabbages and Kings, The Four Million, etc.

NEW YORK
DOUBLEDAY, PAGE & COMPANY
MCMX

세 번째 단편집 《손질 잘한 램프》(1907) 속표지 〈마지막 잎새〉(1905) 등 25개 단편이 실려 있다.

World Book 90
O Henry
THE LAST LEAF
마지막 잎새
O 헨리/오정환 옮김

동서문화사

디자인 : 동서랑 미술팀

마지막 잎새

차례

경관과 찬송가

인생의 가장 큰 결함은, 그것이 불완전하다는 사실이다

매디슨 스퀘어의 벤치에서, 소피는 불편하게 몸을 움직였다. 기러기가 밤 하늘에서 소리 높이 울고, 물개 가죽 외투가 없는 여자들이 남편에게 상냥 해지며, 소피가 공원 벤치에서 불편하게 몸을 움직거리면, 우리는 겨울이 다 가왔음을 알게 된다.

마른 잎 하나가 소피의 무릎에 떨어졌다. 그것은 동장군의 명함이었다. 동 장군은 친절하게도 매디슨 스퀘어의 주민들에게 해마다 찾아올 때를 경고 해 준다. 네거리 모퉁이에서 그는 '떠돌이 저택'의 문지기인 북풍에게 명함 을 준다. 그러면 저택 주민들도 겨울 채비를 할 수 있게 된다.

소피의 마음은 다가오는 몹시 추운 겨울에 대비해서, 자기도 세입 위원회 의 단독 위원이 되어야 할 때가 왔다는 사실을 깨달았다. 그래서 그는 여느 때의 벤치에 앉아 불안하게 몸을 움직거렸던 것이다.

겨울을 나고 싶은 소피의 소망이라고 해야 그리 사치스러운 것이 아니었 다. 지중해 유람선 여행 계획도 없고 베수비어스만에 비친 나른한 남유럽 하 늘도 없었다. 섬(형무소를 뜻함)에서의 석 달이 그가 바라는 전부였다. 북풍 과 경관 걱정도 없고 끼니와 잠자리와 마음맞는 친구가 보장되는 석 달이 소피에게는 더없이 바람직하게 여겨졌다.

지난 몇 해 동안 그는 블랙웰즈 섬에서 좋은 대우를 받으며 겨울을 났다. 같은 뉴욕에 살면서도 더 운이 좋은 사람들이 겨울마다 팜비치와 리비에라 로 가듯이 소피도 해마다 그 섬으로 떠나기 위해 조촐한 준비를 해왔다. 이제 그때가 온 것이다. 지난밤에는 일요 신문 석 장을 이불 삼아 밑에 깔고 발목에 두르고 무릎 위에 덮고 해서 잤지만 그런 것으로는 이 오랜 공원의 분수가의 벤치 위에서 추위를 물리칠 수는 없었다.

그래서 때맞춰 그 섬이 소피의 마음에 커다랗게 떠올라온 것이다. 그는 이 거리의 식객들을 위해서 자선이라는 이름 아래 마련된 시설을 비웃었다. 소피의 의견으로는 법이 박애보다 친절했다. 시나 자선단체에서 경영하는 시설은 한없이 많았으며 거기만 찾아가면, 간소한 생활에 알맞은 숙소와 음식을 제공받을 수 있었다.

그러나 소피처럼 자존심이 강한 인간에게는 자선의 선물이 마음에 들지 않았다. 비록 돈을 치르시는 않더라도 박애의 손에서 은혜를 받을 때마다 정신적 굴욕이라는 대가를 지불해야 한다.

카이사르에게 브루투스가 있었듯이, 자선의 침대에 몸을 눕히기까지는 본심과는 달리 깨끗이 몸을 닦아야만 했고, 한 덩어리의 빵을 얻어먹으려면 사사로운 일에까지 개인적인 신문을 받는 대가를 치러야 한다. 그러기에 규칙에 따라 움직여야 하는 점은 있지만, 신사의 사사로운 일에 부당한 참견을 하지 않는다는 점에서 법의 신세를 지는 편이 차라리 나은 것이다.

섬으로 갈 결심을 한 소피는, 곧바로 그 소망을 이루는 일에 들어갔다. 그러는 데는 간단한 방법이 얼마든지 있었다. 가장 유쾌한 방법은, 값비싼 식당에 가서 호화로운 식사를 한 다음 한푼도 없다고 말하고는 그대로 얌전히 경관에게 인계되는 것이다. 그 뒤에는 친절한 판사가 다 알아서 해 줄 것이다.

소피는 벤치를 떠나 어슬렁어슬렁 공원을 나가서 바다처럼 평평한 아스팔트를 가로질러 갔는데, 여기는 브로드웨이와 5번가가 합치는 곳이다. 그는 브로드웨이로 꺾어져 눈부신 카페 앞에서 걸음을 멈추었다. 이곳은 밤마다 최고급 포도주에다 실크옷으로 쫙 빼입은 세련된 인간들이 몰려드는 곳이다.

소피는 조끼의 맨 아랫단추 위로는 자신이 있었다. 수염도 깎았고, 겉옷도 괜찮았으며, 감사절 날 어느 교회의 전도하러 다니는 부인한테서 얻은 말쑥한 검정색 넥타이를 매고 있었다.

만일 의심을 사지 않고 이 식당 테이블에 가서 앉을 수만 있다면, 성공은 틀림없다. 테이블 위로 보이는 부분은 웨이터의 마음에 아무런 의혹도 일으키지 않을 것이다. 물오리구이 정도가 적당하겠지 하고 소피는 생각했다. 그리고 백포도주 한 병에 카망베르 치즈와 블랙커피 한 잔, 엽궐련 한 개. 엽궐련 값은 1달러로 보면 충분하겠지. 모두 합쳐 봐야 카페 주인한테 호되게 앙갚음을 당할 만큼 대단한 액수도 안될 것 같다. 그러나 그 고기는 그의 배를 채워 주고 그가 행복한 기분으로 겨울의 피난처로 떠나가게 해 줄 것이다. 그러나 소피가 식당문 안으로 발을 들여놓았을 때, 식당 지배인의 눈길이 그의 닳아 해진 바지와 짜부라진 구두 위에 가 닿았다. 억세고 날랜 손이 말없이 그를 획 돌이켜 세우더니 재빨리 보도로 밀어내어 하마터면 공짜로 먹힐 뻔한 물오리의 비참한 운명을 구해주었다.

소피는 브로드웨이에서 옆길로 빠졌다. 동경의 섬으로 가는 길은 맛있는 음식을 먹으면서 가는 길은 아니었던 모양이다. 형무소로 들어가는 다른 길을 찾아야만 한다.

6번가 모퉁이에, 전등을 켠 유리창 안에 상품을 멋지게 진열한 눈에 띄는 가게가 있었다. 소피는 돌멩이를 하나 집어들어 그 유리창을 향해 냅다 던졌다. 경관을 앞세우고 많은 사람들이 모퉁이를 돌아 달려왔다. 소피는 두 손을 바지 주머니에 찌르고 가만히 서 있다가 경관의 모습을 보고 빙그레 웃었다.

"누구야! 놈은 어디로 달아났지?" 흥분한 경관이 물었다.

"내가 바로 그자라고 생각지 않으시나요?" 좀 놀리는 투가 없지도 않았으나 꼭 행운을 맞이하는 사람처럼 부드럽게 소피는 말했다.

경관의 마음은 소피의 말을 염두에 두지 않았다. 유리창을 깰 만한 인간은 법의 수호자인 경관과 말을 나누려고 현장에 남아 있지 않는다. 그런 인간은 걸음아 날 살려라, 달아나는 법이다. 경관은 저만치 반 블록쯤 앞에서 전차를 타려고 달려가는 한 남자를 보았다. 경찰봉을 뽑아들고 그는 사람들과 함께 그 남자를 쫓았다.

두 번이나 거듭 실패하자 맥이 빠진 소피는 울적한 마음으로 터덜터덜 걷기 시작했다.

길 맞은편에 그리 신통치 않아 보이는 한 식당이 있었다. 식욕은 대단하나 주머니 사정이 가벼운 사람을 상대로 하는 식당이었다. 식기류는 두툼했지만, 수프와 테이블보는 얇았다. 소피는 아무런 제지도 받지 않고, 보기 흉한 신발과 낡은 바지 차림으로 식당에 들어갔다. 식탁에 앉아 비프스테이크와 큼직한 핫케이크, 그리고 도넛과 파이를 먹어치웠다. 그런 다음 웨이터에게 자기는 돈과는 전혀 인연이 없다는 사정을 털어놓았다.

"자, 어서 경관을 불러오시오. 신사를 기다리게 하면 쓰나?"

"너 같은 놈에겐 경관이 필요없지." 웨이터는 버터케이크 같은 들큰한 목소리와 맨해튼 칵테일 속의 버찌처럼 번들거리는 눈으로 말했다. "이봐, 콘!"

두 종업원은 소피를 차가운 보도 위에다 내동댕이쳤다. 그는 목수의 접는 자를 펴듯이 관절을 하나하나 펴고 일어나 옷에 묻은 먼지를 털었다. 붙잡혀 가는 일은 상냇빛 꿈에 지나지 않는 것처럼 여겨졌다. 섬은 아득히 먼 곳에 있는 것만 같았다. 두 집 건너 약국 앞에 서 있던 경관이 웃으면서 멀어져 갔다.

다섯 블록쯤 걸어가니 다시 체포를 자청할 용기가 솟았다. 이번에는 그가 '누워 떡 먹기'라고 생각한 기회가 눈앞에 나타난 것이다. 말쑥하게 차려입은 젊은 여자가 상점 유리창 앞에 서서 그 안에 진열된 면도용 컵이며 잉크 스탠드 같은 것을 열심히 들여다보고 있고, 거기서 2야드쯤 떨어진 곳에는 커다란 몸집의 무서워 보이는 경관이 소화전에 비스듬히 기대어 서 있었다.

비열하고 천박한 난봉꾼 역할을 하자는 것이 소피의 계획이었다. 고상하고 우아한 희생자의 모습과 근엄해 보이는 경관을 눈앞에 두고, 그는 이제 곧 경관의 손이 자기 팔을 덥석 움켜쥐어 그 아늑한 섬에서의 겨우살이를 보장해 주는 기분 좋은 순간이 오리라는 확신을 가졌다.

소피는 교회 부인한테서 얻은 기성품 넥타이를 매만지고, 자꾸 말려 들어가는 와이셔츠 소매끝을 꺼내고, 모자를 아주 멋을 부려 삐딱하게 쓰고는 젊은 여자 곁으로 슬금슬금 다가갔다. 여자에게 추파를 던지면서 갑자기 헛기침을 하며 에헴 소리도 내 보고 싱글벙글 히죽히죽 웃으면서 난봉꾼의 그 뻔뻔스럽고 야비한 상투 수단을 거침없이 해냈다. 곁눈질을 보니 경관이 가만히 자기를 지켜보고 있었다. 젊은 여자는 두어 걸음 물러서더니 다시 면도용 컵을 정신없이 들여다보았다. 소피는 대담하게 그녀 곁에 다가서며 모자를 벗고 말했다.

"아니, 버델리어잖아! 우리 집에 가서 놀지 않겠어?"

경관은 아직도 그를 바라보고 있었다. 성가시게 된 젊은 여자가 손가락으로 신호만 하면, 소피는 사실상 섬의 피난처로 가에 있게 된다. 벌써 그는 경찰서의 아늑한 훈기를 느낄 수 있는 듯한 기분이 들었다. 젊은 여자는 그를 돌아보더니 한쪽 손을 내밀어 소피의 옷소매를 잡았다.

"그래, 마이크." 그녀는 기쁜 듯이 말했다.

"맥주나 한 잔 사 준다면 갈게. 진작 말을 걸고 싶었지만, 저 경관이 지켜보고 있잖아!"

떡갈나무에 엉겨붙은 덩굴 같은 젊은 여자를 데리고, 소피는 그만 우울해져서 경관 앞을 지나갔다. 그는 체포되지 않을 운명인 것 같았다.

다음 모퉁이에서 그는 여자를 뿌리치고 내달렸다. 밤이 되면 가장 밝은 빛 아래에서 사랑과 맹세와 달콤한 말이 쏟아지는 곳으로 와서야 그는 걸음을 멈추었다. 모피에 싸인 여자들과 외투를 입은 남자들이 겨울의 대기 속을 즐거운 듯이 오가고 있었다. 그때 갑자기 자기는 왠지 무서운 마술에라도 걸려서 체포를 당하지 않게끔 되어 버린 것이 아닐까 하는 불안이 소피를 엄습했다. 그렇게 생각하자 덜컥 겁이 났다. 그래서 휘황찬란한 극장 앞을 거드름을 피우며 왔다갔다하는 경관을 다시 보았을 때, 그는 '치안 방해' 행위에 지푸라기라도 붙잡는 심정으로 매달렸던 것이다.

보도에서 소피는 쉰 목소리로 목청껏 소리를 지르며 주정을 부리기 시작했다. 춤추고, 부르짖고, 고함치고, 그 밖의 온갖 방법으로 주위가 떠나가도록 떠들어댔다.

경관은 경찰봉을 빙빙 돌리면서 소피에게 등을 돌리고 한 시민에게 설명했다.

"예일대학 학생들이 하트퍼드대학에 완승해서 축하 소동을 벌이고 있는 중이지요. 시끄럽지만 위험하진 않습니다. 그냥 내버려두라는 명령을 받았지요."

서글픈 기분으로 소피는 소용없는 짓을 그만둘 수밖에 없었다. 경관은 절대로 나를 체포해 주지 않는단 말인가? 그의 마음 속에서 섬은 도저히 다다를 수 없는 이상향 같이 느껴졌다. 차가운 바람 속에서 그는 얇은 외투 단추를 끼웠다.

담배 가게에서 잘 차려입은 한 남자가 엽궐련에 불을 붙이고 있는 것이 눈에 띄었다. 그는 가게에 들어가면서 실크 우산을 문간에 세워 놓았다. 소피는 안으로 들어가서 그 우산을 집어들고 유유히 걸어나왔다. 엽궐련에 불을 붙이고 있던 사나이가 부랴부랴 쫓아 나왔다.

"이봐, 그건 내 우산이야!"

"아, 그래요? 그렇다면, 경관을 부르지 그래요. 내가 훔쳤으니까요. 당신 우산을요! 경관을 불러와요. 저 모퉁이에 한 사람 서 있네요."

우산 주인은 걸음을 멈추었다. 소피는 행운이 다시 달아나 버릴 듯한 불길한 예감을 느끼면서 멈춰섰다. 경관이 두 사람을 이상한 듯이 바라보았다.

"물론" 우산 주인이 말했다. "말하자면 저어, 이런 잘못은 흔한 일이지요. 난…… 만일 그게 선생 우산이라면, 용서해 주십시오. 실은 오늘 아침 어느 식당에서 주웠는데…… 선생 우산이 틀림없다면야 선생이…… 그야……."

"물론, 내 거라구." 소피는 짓궂게 말했다.

우산의 전 주인은 물러갔다.

경관은 야회용 외투를 입은 늘씬한 금발 여자가 두 블록쯤 저편에서 다가오고 있는 전차 앞에서 길을 가로질러 가는 것을 도와주려고 얼른 달려갔다.

소피는 도로 공사로 엉망이 된 길을 따라 동쪽으로 걸어갔다. 홧김에 우산을 공사중인 구덩이 속에다 던져 넣었다. 헬멧을 쓰고 경찰봉을 든 사나이들에게 마구 투덜거렸다. 이쪽에서는 잡아가 주었으면 하는데 저쪽에서는 오히려 그를 무슨 짓을 해도 죄가 되지 않는 임금이나 되는 듯이 생각하는 모양이었다.

마침내 소피는 밝은 불빛도 소음도 거의 다 끊어진 희미한 동쪽의 큰길에 나와 있었다. 여기서 그는 매디슨 스퀘어 쪽으로 고개를 돌렸다. 예컨대 돌아갈 곳이 공원의 벤치라 하더라도 본능은 어김없이 작용하기 때문이다. 그러나 여느 때 없이 적막한 길모퉁이에서 소피는 우뚝 걸음을 멈추었다. 그곳에는 좀 색다르고 불규칙적으로 증축된 박공이 있는, 오래된 교회가 서 있었다. 짙은 보랏빛 채색 유리창 너머로 부드러운 불빛이 반짝이는 그곳에서는 오르간 주자가 다음 일요일의 찬송가를 연습하고 있는 것이 틀림없었다. 달콤한 음악 소리가 소피의 귀에 흘러 들어와 그를 압도하는 바람에, 그는 소용돌이 무늬의 철책 앞에 못박힌 듯 서버렸다.

달은 하늘 한복판에서 맑게 빛났다. 자동차도 길가는 사람도 거의 없었다.

참새가 처마 끝에서 졸린 듯이 쩍쩍거렸다. 잠시 동안 주위의 풍경은 시골 교회의 경내 그대로였다. 그리고 오르간 주자가 연주하는 찬송가 소리에 소피는 어느새 쇠울타리에 바싹 붙어 서 있었다. 그의 생활 속에 어머니와 장미꽃과 야망과 친구와 때묻지 않은 생각 같은 것이 있던 시절에 그도 잘 알던 노래였기 때문이다.

소피의 마음이 순순히 무엇을 받아들이려는 상태에 있는 데다가 오래된 교회의 감화력이 하나가 되어 갑자기 놀라운 변화가 그의 정신에 일어났다. 그는 자기가 처한 깊은 나락과, 자기의 생활을 이루고 있는 타락된 나날, 천한 욕망, 죽은 희망과 못쓰게 된 재능, 야비한 동기 같은 것을 두려운 마음으로 재빨리 살펴보았다.

한순간에 그의 마음은 이 새로운 기분에 감격해 호응했다. 억센 충동이 그를 절망적인 운명과 싸우자고 마음먹게 했다. 내 자신을 진창에서 끌어내자. 다시 한 번 참된 인간이 되자. 내게 들러붙은 악을 이겨내자. 아직 늦지 않았다. 아직도 꽤 젊다. 지난날의 진지한 포부를 되살려서 꾸준히 좇자. 그 엄숙하고 아름다운 오르간의 곡조가 그의 마음에 혁명을 일으켰다. 내일은 번화가에 나가서 일자리를 찾자. 언젠가 모피 수입상이 운전사가 되지 않겠느냐고 권한 적이 있다. 내일 그 사람을 만나서 일자리를 부탁해 보자. 나도 이제 떳떳한 인간이 되자.

소피는 누군가의 손이 자기 팔을 붙잡는 것을 느꼈다. 돌아보니, 어김없는 경관의 얼굴이 눈앞에 있었다.

"여기서 뭘하고 있지?"

"아무것도요."

"그럼, 가자."

이튿날 아침 경범 재판소에서 치안 판사가 선고했다.

"섬에서 금고 3개월."

메뉴판의 봄
사랑은 가장 달콤한 기쁨이요, 가장 처절한 슬픔이다

3월 어느 날이었다.

아니, 소설을 쓸 때는 결코 이런 투로 시작해서는 안 된다. 이토록 서툰 서두는 없을 것이다. 상상력이 없고 진부하며 무미건조하다. 하지만, 이 경우에는 허용해도 좋으리라. 본디 이 이야기의 서두가 되었어야 할 다음 구절이 독자 앞에 불쑥 내놓기에는 너무나 터무니 없고 엉뚱하기 때문이다.

사라는 메뉴판을 앞에 놓고 울고 있었다.

메뉴판에 눈물을 뿌리고 있는 뉴욕 아가씨를 상상해 보라!

바닷가재가 떨어졌기 때문이라든가, 사순절[1] 동안 아이스크림을 끊었기 때문이라든가 양파 요리를 주문했기 때문이라든가, 아니면 제임스 해킷[2]의 낮 공연을 보고 갓 돌아왔기 때문이라든가, 그 밖에 여러 이유를 댈 수 있겠다.

그러나 이 가설은 모두 빗나갔으니 이제 이야기를 진행하기로 하자.

'이 세상은 굴조개로다. 나는 칼로써 그것을 열리라' 하고 선언한 신사[3]는 분에 넘치는 성공을 거두었다. 굴조개를 칼로 까기는 그리 어렵지 않다.

하지만 여러분은 세상이라는 쌍각조개를 타자기로 까려고 하는 사람을 본 적이 있는가? 그런 방법으로 열두 개의 산 조개를 까는 것을 여러분은

---

[1] 부활절 전의 40일. 단식과 참회를 함.

[2] James K. Hackett(1869~1926). 미국의 배우.

[3] 셰익스피어 《윈저의 명랑한 아낙네들》에 나오는 어릿광대.

기다릴 수 있는가?

사라는 그 다루기 어려운 무기로 겨우 조개껍질을 비집어 열고, 그 속에 있는 차갑고 끈적한 세계를 아주 조금 맛볼 수 있었다. 그녀는 경영대학을 졸업하고 세상에 갓 나온 속기과 졸업생만큼 속기를 할 줄 몰랐다. 따라서 별처럼 빛나는 사무소 재원들의 무리에 낄 수가 없었다. 그녀는 프리랜서 타이피스트로 허드레 복사 일을 맡으며 돌아다니고 있었던 것이다.

사라가 세상과의 싸움에서 세운 가장 눈부신 성과는 슐렌버그 씨가 경영하는 가정식 식당과 거래를 맺은 것이었다. 이 식당은 그녀가 세들어 사는 싸구려 방이 있는 오래된 벽돌집 바로 옆에 있었다. 어느 날 밤, 사라는 슐렌버그 식당에서 다섯 가지 요리가 나오는 40센트짜리 정식(그것은 흑인 인형 머리에 야구공 다섯 개를 던져서 맞히는 놀이만큼 재빨리, 잇달아 나왔다)을 먹고 나서, 거기 있던 메뉴판을 갖고 돌아왔다. 그것은 영어도 아니고 독일어도 아닌 거의 판독하기 어려운 글씨체로 적혀 있었으며, 배열도 엉망이라 주의해서 보지 않으면 이쑤시개와 쌀푸딩으로 시작해 수프와 요일로 끝나는 식이었다.

이튿날 사라는 슐렌버그 씨에게 고운 카드 한 장을 보였는데, 거기에는 '전채요리'에서 '외투나 우산은 책임지지 않습니다'에 이르기까지, 정확하고 적절한 표제 아래 메뉴가 아름답게 타자되어 있어 보는 사람의 식욕을 자극하고 있었다.

슐렌버그 씨는 그 자리에서 미국 시민으로 승격했다. 사라는 그와 헤어지기 전에 슐렌버그 씨로 하여금 기꺼이 자기와 계약을 맺지 않을 수 없게 만들어 버렸다. 그녀는 이 식당의 스물 한 개 테이블에 타자기로 친 메뉴판을 제공하게 되었다. 저녁 식단은 그날 그날 새롭게, 아침과 점심 메뉴는 요리가 바뀌거나 메뉴판이 더러워졌을 때마다 바꾸어 주게 된 것이다.

이에 대한 보수로서 슐렌버그 씨는, 날마다 세끼의 식사를 종업원, 그것도 되도록 점잖은 종업원을 시켜서 사라의 셋방까지 날라다 주게 하고, 오후에는 다음 날의 슐렌버그 식당 손님을 위해 운명의 신이 마련해 준 품목을 연필로 써서 그녀에게 전해 주게 되었다.

두 사람 모두 이 계약에 만족했다. 슐렌버그 씨의 단골 손님들은 이따금 자기들이 먹는 음식의 정체를 몰라 어리둥절해 하는 수가 있기는 해도 그 이름만은 알게 되었다. 그리고 사라는 이제 춥고 울적한 겨울 동안 끼니를 걱정하지 않아도 되었으니, 이것은 그녀로서는 참으로 중대한 일이었다.

그런데 달력이 거짓말을 했다, 봄이 왔다는 것이다. 봄은 와야 오는 거다. 1월의 언 눈은 시내의 가로세로로 뻗어나간 거리에 아직도 딴딴한 돌처럼 깔려 있었다. 손풍금은 여전히 12월의 활기를 띠고 '즐거웠던 그 여름에'를 연주했다. 사람들은 부활절에 입을 옷을 사려고 한 달 뒤에 지불할 어음을 끊기 시작했다. 관리인들은 스팀을 껐다. 그리고 이런 일이 있을 때는 거리는 아직도 겨울이라고 생각해도 틀리지 않는다.

어느 오후 사라는 '실내 난방, 청소 철저, 시설 완비, 방문 환영'이라는 우아한 셋방 침실에서 덜덜 떨고 있었다. 그녀는 슐렌버그 씨의 메뉴판 말고는 달리 할 일이 없었다. 그녀는 삐걱이는 고리버들 흔들의자에 앉아 창 밖을 내다보고 있었다. 벽에 걸린 달력은 그녀에게 계속 소리쳤다. "봄이 왔어, 사라, 정말 봄이 왔다니까. 나 좀 보라구. 내 숫자가 그걸 나타내고 있잖아? 몸매가 아주 아름다워졌어. 사라, 아름다운 봄의 몸매야……그런데 어째서 그렇게 슬픈 얼굴로 창 밖만 내다보지?"

사라의 방은 집 뒤쪽에 있었다. 창 밖을 바라보니, 거리를 사이에 두고 상자 만드는 공장의 창문 없는 뒷벽이 눈에 들어왔다. 그러나 그녀에게는 그 벽이 수정처럼 투명하게 느껴졌다. 사라의 눈에는 벚나무와 느릅나무 그늘이 보이고 나무딸기 덤불과 금앵자로 가장자리가 장식된, 풀이 무성한 오솔길이 비쳐 보이는 것이었다.

진정한 봄의 전조는 눈으로 보고 귀로 듣기에는 너무나 미묘하다. 사람에 따라서는 꽃이 핀 크로커스나 숲에 별을 뿌린 듯한 산수유를 보든지 파랑새 울음소리를 듣고 나서야, 심지어는 사라져가는 메밀이나 굴과 작별의 악수를 나누고 나서야, 그 무딘 가슴에 '초록빛 옷을 입은 귀부인'을 맞이하기도 한다. 그러나, 대지가 선택한 가장 뛰어난 사람들에게는, 별다른 반대가 없는 한 의붓자식이 되지는 않으리라는 흐뭇한 소식이 대지의 새 신부한테서 곧장 전해진다.

지난해 여름, 사라는 시골에 가서 한 농부와 사랑에 빠졌다.

(이야기를 쓸 때, 이렇게 되돌아가서는 안 된다. 서툰 방법이라서 흥미가 줄어든다. 앞으로 앞으로 나가자.)

사라는 서니브룩 농장에서 두 주일 동안 묵었다. 거기서 늙은 농부 프랭클린의 아들 월터를 사랑하게 된 것이다. 농부가 사랑을 알고, 결혼하고, 다시 목장으로 나가는 데 두 주일이나 걸리는 일은 거의 없다. 하지만 젊은 월터 프랭클린은 현대적인 농업가였다. 외양간에는 전화를 달아놓았고, 이듬해 캐나다에서 거두는 밀 수확이 그믐달 무렵에 심은 감자에 어떤 영향을 미치느냐 하는 것을 정확히 헤아릴 줄 알았다.

월터가 청혼해서 그녀의 승낙을 얻은 것은 나무딸기가 무성한, 이 그늘진 오솔길에서였다. 두 사람은 나란히 앉아 민들레로 사라의 머리를 장식할 화관을 짰다. 그는, 노란 꽃이 그녀의 나슬나슬한 짙은 갈색 머리에 아주 잘 어울린다며 침이 마르게 칭찬했다. 사라는 화관을 그곳에 놓아두고 손에 든 밀짚모자를 흔들면서 집으로 돌아왔다.

두 사람은 봄에 결혼할 예정이었다. 봄의 전조가 보이거든 바로 결혼하자고 월터는 말했다. 그리고 사라는 타자기를 치러 도시로 돌아온 것이었다.

행복한 날에 대한 사라의 공상은 문 두드리는 소리에 흩어졌다. 종업원이 들어와 슐렌버그 노인이 연필로 모나게 써갈긴 식당의 내일 식단을 내밀었다. 사라는 타자기 앞에 앉아 롤러 사이에 카드를 끼웠다. 그녀는 일이 빠른 편이었다. 주로 1시간 반이면 스물 한 장의 메뉴판을 쳐 낼 수 있었다.

오늘은 여느 때보다 변경사항이 많았다. 수프는 한결 산뜻해지고, 앙트레에서 빠진 돼지고기는 러시아 순무와 함께 구이 요리에서 얼굴을 내밀고 있었다. 부드러운 봄기운이 식단 전체에 스며 있었다. 얼마 전까지 푸른 산비탈에서 뛰놀던 어린 양이 그 뛰노는 모습을 기념하는 소스와 더불어 등장하고 있었다. 굴의 노래는 완전히 그치지 않고 '부드럽고 여리게' 되어 있었다. 프라이팬은 고기굽는 기계 뒤에 할 일없이 걸려 있는 듯했다. 파이의 목록은 늘어나고, 기름진 푸딩은 자취를 감추었다. 겉옷을 길게 걸친 소시지는 메밀과 죽음의 선고를 받은 달콤한 메이플 시럽과 더불어 기분 좋은 죽음의 명상에 잠겨 가까스로 남아 있었다.

사라의 손가락은 여름 시냇물 위의 난쟁이처럼 춤을 추었다. 정확한 눈으로 길이를 재어 각 품목을 적당한 위치에 끼워 넣으면서 요리를 하나하나 쳐 나갔다.

디저트 바로 위에 야채 종류가 왔다. 당근과 완두콩, 토스트에 얹은 아스파라거스, 다년생 토마토와 옥수수와 강낭콩 스튜, 리마 콩, 양배추, 그리고……

사라는 메뉴판을 앞에 놓고 울고 있었다. 눈물이 그녀의 마음 속에서 거룩한 절망의 밑바닥에서부터 솟아올라 눈에 고였다. 머리가 조그만 타자기 대 위로 수그러졌다. 그녀의 흐느낌에 문자판이 덜걱덜걱 메마른 반주를 했다.

벌써 두 주일이나 월터의 편지를 받아 보지 못했는데, 메뉴판의 다음 품목은 민들레—어떤 종류의 달걀을 곁들인 민들레, 그따위 달걀이야 아무래도 좋다. 월터가 그 황금빛 꽃을 머리에 씌워 그녀를 사랑의 여왕이자 미래의 신부로 삼아 준 민들레, 봄의 선령, 그녀의 슬픔에 대한 슬픔의 관, 가장 즐거웠던 날을 떠올리게 하는 민들레—였던 것이다.

여성들이여, 여러분이 이런 시련을 겪기 전에는 이것을 비웃어서는 안 된다. 당신이 퍼시에게 마음을 바친 그날 밤, 그가 준 연노랑 장미꽃이 슐렌버그 식당의 식탁 위에 프렌치 드레싱을 끼얹은 샐러드가 되어 나와 보라. 사랑의 징표가 그런 모욕을 당하는 것을 줄리엣이 보았다면, 당장 그 사람 좋은 약제사한테서 과거를 잊어버리는 약초를 얻으려고 했으리라.

그러나 봄처럼 훌륭한 마법사가 있을까! 돌과 쇠로 된 이 차가운 대도시에도, 봄소식은 전해져야 한다. 그 소식을 전하는 전령은 초록빛 들판의 작지만 강인한 파발꾼이다. 그것은 프랑스 요리사들이 사자의 이빨이라 부르는 민들레, 그야말로 참된 모험가이다. 꽃이 피면 연인의 밤색 머리를 장식하는 화관이 되어 사랑의 성취를 도와 주고, 어리고 미숙해 꽃이 피기 전에는 부글부글 끓는 냄비 속에 들어가 봄의 여왕님의 말씀을 전한다.

이윽고 사라는 간신히 눈물을 눌렀다. 메뉴판을 쳐야 하기 때문이다. 그러나 여전히 민들레의 꿈이 발산하는 아련한 황금빛 광휘에 쌓인 그녀는 마음과 생각이 온통 목장 오솔길의 젊은 농부에게 가 있어서 잠시 동안 건성으로 타자기의 키를 눌렀다. 그러나 곧 그녀의 마음은 맨해튼의 돌로 만든 골목길로 재빨리 돌아와서 타자기는 파업을 깨는 자동차처럼 덜걱거리며 튀기 시작했다.

6시에 종업원이 저녁 식사를 가져와서, 타자기로 친 메뉴판을 갖고 갔다. 식사를 하면서 사라는 달걀을 얹은 민들레 요리를 한숨과 더불어 옆으로 밀쳤다. 빛나는 사랑을 확인해 준 꽃이 보기 흉한 푸성귀가 되어 이렇게 시커먼 덩어리로 변해 버렸듯이 여름에 싹튼 그녀의 희망도 말라서 시들어 버렸다. 셰익스피어가 말했듯이, 사랑이란 스스로를 양분 삼아 자라는 것인지도 모른다. 그러나 사라는 가슴 속의 참된 애정의 첫 번째 정신적 향연을 장식해 준 민들레를 먹을 기분은 나지 않았다.

7시 반에 옆방 부부가 싸움을 시작했다. 윗방의 남자는 플루트로 가 음을 내리려고 하고 있었다. 가스가 나오는 상태가 좀 나빠졌다. 세 대의 석탄 운반차가 석탄을 내리기 시작했다. 축음기가 부러워하는 소리는 이것뿐이다. 뒷울타리 위의 고양이들이 봉천(奉天 : 선양의 옛 이름)으로 퇴각하는 러시아 군처럼 슬금슬금 물러갔다. 이러한 상황으로 사라는 이제 책 읽는 시각이 되었음을 깨달았다. 그녀는 그 달의 '가장 안 팔리는 책'《수도원과 노변(爐邊)》*⁴을 꺼내어 트렁크에 두 다리를 올려놓고 주인공 제럴드와 함께 방랑하기 시작했다.

현관 벨이 울렸다. 안주인이 대답했다. 사라는 제럴드와 데니스가 곰에 쫓겨 나무 위로 올라가는 데서 멈추고 귀를 기울였다. 아무렴. 여러분도 그녀처럼 하리라!

아래 현관에서 힘찬 목소리가 들려 왔다. 사라는 책을 바닥에다 내던지고 1회전을 쉽게 곰의 승리로 돌려놓고는 문 쪽으로 달려갔다.

여러분이 상상한 그대로이다. 그녀가 층계참으로 나가는 순간에 그녀의 농부 애인은 세 계단씩 뛰어올라와 이삭 하나 남기지 않고 그녀를 깨끗이 거두어 버렸다.

"어째서 편지를 안 했죠, 네? 어째서요?" 사라가 소리쳤다.

"뉴욕은 꽤 큰 도시군요" 월터 프랭클린은 말했다. "한 주일 전에 당신의 그전 주소로 찾아갔었어요. 목요일에 이사가고 없더군요. 어쨌든 마음은 놓았어요, 재수없는 금요일이 아니었거든요. 하지만 그때부터 경관한테 물어보고, 온갖 애를 쓰면서 당신을 찾아다녔다고요!"

"편지를 보냈잖아요!" 사라는 격하게 외쳤다.

"못 받았어요!"

---

*4 19세기 영국의 찰스 리드의 역사 소설.

"그럼, 어떻게 여길 알았죠?"

젊은 농부는 봄의 미소를 띠었다.

"오늘밤에 우연히 이 옆 식당엘 들어갔어요? 누가 알아도 상관없지만, 해마다 이맘때쯤이면 나는 야채 요리가 먹고 싶어진단 말이에요. 그래서, 뭐 적당한 것이 없나 하고, 깨끗하게 타자 친 메뉴판을 훑어 봤죠. 양배추 밑에까지 읽었을 때 나는 의자를 돌려서 큰소리로 주인을 부르지 않을 수 없었어요. 주인이 당신이 사는 곳을 알려주더군요."

"이제 생각나요." 기쁜 듯이 사라는 한숨을 쉬었다. "양배추 다음은 민들레였어요."

"니는 이 세상 이디에서라도, 그 삐딱한 W자 대문자가 줄 위로 툭 뛰어 올라가는 당신의 타자라는 걸 알아봤을 거예요."

"어머나, 민들레 철자에는 W자가 없는데" 사라가 말했다.

젊은이는 주머니에서 메뉴판을 꺼내어 한 줄을 가리켰다.

사라는 그것이 그날 오후에 가장 먼저 친 카드라는 것을 깨달았다. 눈물 방울이 떨어진 오른쪽 위의 구석에는 여기저기로 튄 얼룩이 아직도 남아 있었다. 그러나 그 풀의 이름이 씌어 있어야 할 자리에는 두 사람의 황금빛 꽃에 대한 잊지 못할 추억이 그녀의 손가락으로 하여금 이상한 글자를 치게 했던 것이다.

붉은 양배추와 속을 넣은 풋고추 요리에 다음과 같은 이름이 있었다.

'사랑하는 월터WALTER와 삶은 달걀'

되찾은 양심
인생의 어려움은 선택이다

지미 밸런타인이 형무소 안에 있는 구두 공장에서 부지런히 갑피를 깁고 있는데, 한 간수가 오더니 사무실로 데리고 갔다. 형무소장은 그날 아침 지사가 서명한 사면장을 그에게 건네주었다. 지미는 귀찮은 듯이 받았다.

그는 4년 형기 중에서 벌써 열 달 가까이나 복역 중이었다. 길어도 석 달만 들어가 있으면 되겠지 하고 생각했던 일이다. 지미 밸런타인처럼 바깥 세상에 많은 친구가 있는 사람은 '감옥살이'를 한다고 해 봐야 머리를 짧게 깎을 것까지도 없을 정도이다.

"자, 밸런타인" 형무소장이 말했다.

"내일 아침에 내보내 주마. 정신차리고 착한 사람이 되어야 한다. 자네는 진정으로 나쁜 인간이 아니야. 금고털이는 그만 하고, 착실하게 살아야 해."

"제가요?" 지미는 놀라는 척했다. "천만에요. 전 여태껏 한 번도 금고를 턴 적이 없는걸요."

"암 그렇고말고."

형무소장은 웃었다.

"물론 그렇지. 그런데 어떻게 스프링필드 사건 같은 것에 연루됐나? 상류 사회의 높은 양반한테 혐의가 갈까봐 알리바이를 증명하지 않은 건가? 아니면, 자네한테 앙심을 품은 배심원의 짓인가? 자신이 하지도 않은 죄를 덮어쓰는 인간은 대부분 이 두 부류 가운데 하나거든."

"제가요?" 여전히 멍청하게 착해 보이는 얼굴로 지미는 말했다.

"아니, 소장님, 전 여태껏 한 번도 스프링필드에는 가 본 적이 없는걸요."

"그를 데리고 가, 크로닌!" 형무소장은 미소를 지었다.

"그리고 나갈 때 입는 옷을 챙겨 줘. 내일 아침 7시가 되거든 대기실로 내보내라구. 내 말을 명심하게, 밸런타인!"

이튿날 아침 7시 15분에 지미는 바깥쪽에 있는 형무소장실에서 있었다. 그는 강제로 수용한 손님을 풀어줄 때 주 당국에서 지급하는, 도무지 몸에 맞지 않는 기성복에다 삐걱거리는 뻑뻑한 구두를 신고 있었다.

직원은 선량한 시민으로 돌아가서 훌륭하게 살아가기를 바라는 뜻에서 법이 제공하는 기차표와 5달러짜리 지폐 한 장을 지미에게 주었다. 형무소장은 그에게 엽궐련을 한 개비 주고 악수했다. 제9762번 죄수 밸런타인은 죄수 명부에 '주지사 사면'이라고 기록되고, 이리하여 제임스 밸런타인 씨는 햇빛 속으로 걸어 나갔다.

새들의 노랫소리며 바람에 살랑대는 푸른 나무들이며 꽃향기 같은 것은 거들떠보지도 않고 지미는 곧장 어느 식당으로 들어갔다. 그곳에서 통닭구이와 백포도주 한 병, 이어 형무소장이 준 것보다 고급인 엽궐련 한 개비, 이런 형태로 자유의 첫 달콤한 기쁨을 맛보았다. 그리고 어슬렁어슬렁 정거장으로 향했다. 역 입구에 앉아 있는 맹인의 모자에 25센트짜리 동전을 던져주고 기차에 올라탔다. 세 시간 뒤 주 경계 가까운 조그만 읍에서 내렸다. 마이크 돌런의 카페로 가서 카운터 안에 혼자 있던 마이크와 악수를 나누었다.

"좀 더 빨리 꺼내주지 못해서 미안하네, 지미" 마이크가 말했다. "스프링필드에서 반대가 심해서 말이야, 지사도 하마터면 생각을 바꿀 뻔했다구. 그래, 기분은 어때?"

"좋아. 내 열쇠는?" 지미는 이렇게 말하더니 열쇠를 받아 들고 2층으로 올라가 안쪽에 있는 방문을 열었다. 모든 것이 그가 떠날 때 그대로였다. 바닥에는 형사들이 지미를 체포하려고 팔을 비틀어 꺾었을 때, 유명한 형사 벤 프라이스의 와이셔츠 깃에서 떨어진 흰 단추가 아직도 뒹굴고 있었다.

벽에서 접어 넣는 간이 침대를 꺼낸 지미는 벽의 널빤지 한 장을 밀어 넣고 먼지 묻은 여행 가방을 꺼냈다. 그것을 열고 동부에서 제일가는 금고털이 연장을 사랑스러운 듯이 들여다보았다. 그것은 특별히 담금질한 강철로 만든 만능 연장 세트로, 최신형 드릴, 착공기, 자루가 굽은 회전 송곳과 조립식 쇠지레, 집게장도리와 나사송곳, 그리고 지미 자신이 고안한 연장도 두어 개 섞여 있는 그가 자랑하는 물건이었다. 지미 같은 이들을 위해 이런 것을 만들고 있는 모처에서 9백 여 달러나 주고 만든 물건이었다.

반시간쯤 있다가 지미는 아래층으로 내려가서 카페를 빠져나갔다. 그는 이제 멋지고 몸에 꼭 맞는 옷을 입고 있었으며, 손에는 깨끗이 먼지를 턴 그 여행 가방을 들고 있었다.

"뭘 할 참이야?" 마이크 돌런이 상냥하게 물어왔다.

"나 말이야?" 어리둥절해진 어조로 지미가 말했다. "무슨 말인지 못 알아 듣겠는걸. 나는 뉴욕 쇼트 스냅 비스킷 크래커 소맥분 회사의 사원이올시다."

이 말은 마이크를 무척 기쁘게 했다. 덕분에 지미는 그 자리에서 우유를 탄 소다수를 한잔 얻어 마셨다. 지미는 결코 술은 입에 대지 않았다.

제9762호 죄수 밸런타인이 석방된 지 일주일 뒤, 인디애나주 리치먼드에서 깨끗이 금고를 털어 간 사건이 일어났으나, 단서는 전혀 없었다. 도둑 맞은 것은 모두해서 겨우 8백 달러였다. 그리고 2주일이 지나자, 이번에는 로건 스포트에서 도난 방지의 특허를 딴 개량형 금고가 치즈처럼 간단히 열려 현금 1천 5백 달러를 털렸다. 증권류나 은화는 고스란히 있었다. 이것이 형사들의 관심을 끌기 시작했다. 이어 제퍼슨시 은행의 구식 금고가 활동하기 시작해, 그 분화구에서 5천 달러나 되는 지폐를 쏟아 냈다. 이번에는 피해가 커서 벤 프라이스 수준의 형사가 개입할 정도로까지 사태가 발전했다. 피해 보고를 비교해 보니 금고를 터는 수법이 똑같다는 것을 발견할 수 있었다. 벤 프라이스는 도난 현장을 조사해 보고 의견을 말했다.

"이건 멋쟁이 지미 밸런타인의 수법이야. 그놈, 또 일을 시작했군. 저 다이얼 좀 보라구, 마치 비오는 날 무 뽑듯이 쉽게 뽑아 냈잖아! 이런 걸 할 수 있는 집게장도리를 가진 놈은 그놈뿐이야. 그리고 이 자물쇠 회전판에 보기 좋게 뚫린 구멍을 보라구! 지미라면 구멍을 두 개나 뚫을 필요가 없지. 그래 밸런타인 선생을 잡자. 이번에는 정말 단기형이니 사면이니 하는 바보짓을 하지말고, 톡톡히 대가를 치르게 할 테니!"

벤 프라이스는 지미의 수법을 잘 알았다. 그것은 스프링필드 사건을 조사할 때 알게 된 것이다. 원거리 이동, 신속한 도주, 공범자가 없다는 것, 상류층 취향, 이러한 수법이 밸런타인이 쉽게 법망을 피할 수 있도록 도움을 주었다. 벤 프라이스가 이 미꾸라지 같은 금고털이범을 쫓고 있다는 것이 발표되자, 도난 방지 금고를 가진 사람들은 좀 더 마음을 놓게 되었다.

어느 날 오후, 아칸소주의 검은 신갈나무가 무성한 시골 철도에서 5마일쯤 떨어진 조그만 엘모어라는 읍에서 지미 밸런타인과 그 여행 가방이 우편 마차에서 내려섰다. 지미는 고향으로 갓 돌아온 대학 4년생의 젊은 운동 선수 같은 모습으로 널빤지를 깐 보도를 따라 호텔 쪽으로 걸어 내려왔다.

한 젊은 여자가 길을 건너오더니 모퉁이에서 그를 지나쳐 '엘모어 은행'이라는 간판이 걸린 건물 입구로 들어갔다. 지미 밸런타인은 그녀의 눈을 들여다보고는 그만 자기가 뭘하는 인간이라는 것을 잊었으며 딴 사람이 되어 버렸다. 그녀는 눈을 내리깔고 얼굴을 살짝 붉혔다. 지미 같은 스타일이나 용모를 지닌 청년은 엘모어에서는 보기 드물었던 것이다.

지미는 마치 주주라도 되는 듯이 은행 돌층계 위에서 빈들거리고 있는 소년 하나를 붙잡고, 틈틈이 10센트를 한 닢씩 쥐어 주면서 이 고장 상황을 알아보기 시작했다. 그러고 있는데 그 젊은 여자가 나오더니 여행 가방을 든 청년 따위는 아예 관심도 없다는 표정으로 싹싹 걸어가 버렸다.

"저 아가씨는 폴리 심프슨 양이잖아?" 지미는 그럴싸하게 시치미를 떼고 물었다.

"아뇨" 소년이 말했다. "저 사람은 애너벨 애덤스라구요. 저 여자 아버지가 이 은행 주인인걸요. 아저씬 뭘하러 엘모어에 오셨죠? 그 시곗줄, 금이에요? 난 불독이 갖고 싶단 말예요. 이젠 10센트 없어요?"

지미는 플랜터스 호텔로 가서, 랠프 D. 스펜서라고 숙박부에 적고는 방을 예약했다. 그리고 프런트에 기대어 사무원에게 자기의 용무를 말했다. 사업을 시작할 장소를 알아 보려고 엘모어에 왔다고 그는 말했다. 이 도시의 신발 사업은 어떤가요? 신발 사업을 해 볼까 하는 생각인데 장래성이 있을까요?

프런트 직원은 지미의 복장과 태도에서 좋은 인상을 받았다. 그 자신도 엘모어의 얄팍한 멋쟁이 젊은이들 중에서는 유행의 본보기가 되기는 했지만 지금 자기의 부족함을 깨달았다. 지미의 넥타이 매는 법을 눈여겨보면서 그는 공손하게 정보를 제공했다.

그렇습니다. 신발 사업이라면 충분히 가망성이 있습니다. 이곳에는 신발 전문점이 하나도 없으니까요. 포목점과 잡화상에서 신발을 팔고 있지요. 어떤 장사나 잘 될 겁니다. 엘모어에 눌러앉도록 하세요. 여긴 살기도 좋은 곳이고 사람들도 꽤 친절합니다.

스펜서 씨는, 이곳에 이삼 일 머물면서 사정을 살펴보고 싶다고 말했다. 프런트 직원은 보이를 부를 필요도 없었다. 여행 가방이 무거워서 스펜서 씨가 직접 들고 가겠다고 했기 때문이다.

지미 밸런타인은 죽고, 갑작스러운 사랑의 불꽃에 타다 남은 재 속에서 일어선 불사조 랠프 스펜서 씨는 엘모어에 남아서 성공했다. 신발 상점을 차려 장사가 번창한 것이다.

사교적으로도 성공해 많은 친구가 생겼다. 가슴 속에 간직한 소원도 이루어졌다. 애너벨 애덤스 양을 만나 점점 그녀의 매력에 사로잡히게 되었다.

1년이 지났을 때 랠프 스펜서 씨의 상태는 다음과 같았다. 그는 사회에서 존경받는 위치였고, 신발 상점은 번창했으며, 애너벨 양과는 약혼해 2주일 뒤 결혼하게 되었다. 전형적인 노력가인 시골 은행가 애덤스 씨는 스펜서에게 홀딱 반해 버렸다. 그에 대한 애너벨의 자랑도 그녀의 사랑만큼이나 컸다. 그는 애덤스 씨 댁에서나 결혼한 애너벨의 언니 집에서나 마치 가족처럼 허물없이 지냈다.

어느 날 그는 자기 방에 앉아 한 통의 편지를 써서 센트루이스에 있는 옛 친구의 안전한 주소로 부쳤다.

그리운 친구여,

내주 수요일 밤 9시, 리틀로크의 설리반네 집으로 오게. 의논할 일이 있다네. 아울러 내 연장을 자네에게 주고 싶은데, 아마 기꺼이 받아줄 것으로 아네. 1천 달러를 줘도 그와 똑같은 것을 만들지는 못할 걸세. 빌리, 나는 이전의 직업을 버렸다네. 1년 전에. 그대신 좋은 가게를 하나 갖고 있지. 그리고 착실한 생활을 하고 있어. 2주일 뒤면, 이 세상에서 가장 아름다운 아가씨와 결혼한다네. 이것이 내게는 유일한 길이야, 빌리, 정직한 생활 말일세. 지금은 백만 달러를 준다 해도 남의 돈에는 1달러도 손대고 싶지 않네. 결혼하면 가게를 팔고 서부로 갈 참일세. 서부에 가 있으면 누가 지난 일을 들추어낼 위험도 없겠지? 말해 두지만 그아가씨는 천사라네. 나를 믿고 있어. 무슨 일이 있어도 나는 이제 그릇된 짓은 하지 않을 걸세. 부디 설리반 네로 와 주게, 꼭 만나야 하네. 그때 연장을 갖고 나감세.

옛 친구 지미

월요일 밤 지미가 이 편지를 쓴 다음에 벤 프라이스가 대여 마차로 남의 눈에 띄지 않게 엘모어에 들어왔다. 그는 궁금한 것을 다 알아낼 때까지 소리 없이 시내를 돌아다녔다. 거리를 사이에 두고 스펜서의 신발 가게 맞은편에 있는 약국에서 그는 랠프 D. 스펜서를 찬찬히 관찰했다.

"은행가의 딸과 결혼한다고, 지미?" 벤은 혼자 중얼거렸다. "글쎄, 어떻게 될는지, 난 모른다!"

이튿날 아침, 지미는 애덤스 댁에서 아침을 먹었다. 그날은 예복도 맞출 겸 애너벨에게 줄 근사한 선물도 사기 위해서 리틀록에 갈 예정이었다. 엘모어에 온 뒤 이곳을 떠나기는 이번이 처음이었다. 마지막 금고털이 이후부터 벌써 1년이 지났으므로, 이제는 큰맘 먹고 나가 봐도 괜찮겠지 하고 생각한 것이다.

아침을 먹고 나서 가족은 한꺼번에 우르르 번화가로 나갔다. 애덤스 씨·애너벨·지미·다섯 살과 아홉 살짜리 여자애를 동반한 애너벨의 결혼한 언니, 그들은 지미가 묵고 있는 호텔 앞에 이르렀다. 지미는 자기 방으로 뛰어올라 가서 그 여행 가방을 들고 내려왔다. 그리고 모두 은행으로 갔다. 거기에는 지미의 말과 마차, 그리고 그를 철도역까지 태워다 줄 돌프 깁슨이 기다리고 있었다.

그들은 조각을 새긴 높다란 떡갈나무 난간 안쪽에 있는 은행 사무실로 들어갔다. 지미도 그 속에 끼여 있었다. 왜냐하면 애덤스 씨의 미래의 사위는 어디서나 환영을 받기 때문이었다. 은행직원들은 애너벨 양과 결혼할 예정인 이 상냥한 미남 청년한테 인사를 받고 다들 기뻐했다. 지미는 여행 가방을 내려놓았다. 행복감과 발랄한 젊음으로 가슴이 벅차오른 애너벨은 지미의 모자를 쓰고 여행 가방을 들어올렸다.

"나, 멋진 영업사원으로 보이지 않아요?" 애너벨이 말했다. "어머, 랠프, 이 가방은 왜 이렇게 무겁죠! 마치 황금 벽돌이라도 잔뜩 들어 있는 것 같군요!"

"니켈 구둣주걱이 가득 들어 있어요." 지미는 침착하게 말했다. "이제부터 돌려주러 가는 길이죠, 들고 가면 급행 운송료가 절약될 것 같아서요. 난 요즘 굉장한 절약가가 되었거든요."

마침 엘모어 은행에서는 새 금고실을 설치한 지 얼마 되지 않았다. 애덤스 씨는 그것이 꽤 큰 자랑거리여서 누구한테나 구경 좀 하라고 우겼다. 금고실은 조그마했지만, 특허를 받은 새로운 문이 달려 있었다. 손잡이 하나로 동시에 조작할 수 있는 세 개의 튼튼한 강철 빗장으로 닫히게 되어 있고, 시한장치의 자물쇠가 붙어 있었다. 애덤스 씨는 얼굴 가득히 웃음을 띠고 그 조작법을 스펜서 씨에게 설명해 주었다. 스펜서가 보인 관심은 정중하기는 했으나, 특별히 그 분야를 잘 아는 내색은 하지 않았다. 어린 메이와 애거사는 번쩍거리는 금속과 우습게 생긴 시계와 손잡이를 보고 재미있어했다.

사람들이 이런 일에 정신이 팔려 있는 사이에 벤 프라이스가 어슬렁 들어와서 턱을 두 손에 괴고 난간 사이로 슬쩍 안을 들여다보았다. 출납계원에게는 딱히 볼일이 있는 것이 아니고 다만 아는 사람을 기다리는 중이라고 말했다.

갑자기 여자들 사이에서 한두 번 외마디 소리가 나더니 이어 큰 소동이 벌어졌다. 어른들이 보지 않는 사이에 아홉 살짜리 메이가 장난삼아 애거사를 금고실 안에 가두었다. 그러고는 애덤스 씨가 하는 것을 본 그대로 빗장을 내리고 번호식 자물쇠의 다이얼을 돌려버린 것이다.

늙은 은행가는 즉시 손잡이에 달라붙어 잡아당겨 보았다.

"문이 안 열려!" 그는 신음하듯 말했다. "시한장치를 감아 두지 않았고, 번호식 자물쇠도 맞춰 놓지 않았단 말이야!"

애거사의 어머니가 다시 날카로운 비명을 질렀다.

"조용히!" 떨리는 손을 들고 애덤스 씨가 말했다. "잠시 모두 조용히들 하라구. 애거사야!"

그는 목청껏 불렀다. "들리느냐!"

그 뒤 조용해졌을 때 컴컴한 금고실 안에서 두려움에 질려 마구 울어대는 어린아이 소리가 가냘프게 들려 왔다.

"아아, 내 소중한 애거사!" 어머니가 울부짖었다. "저애는 무서워서 죽을 거예요! 문을 여세요! 문을 부수고 열라니까요! 여러분, 남자분들이 어떻게 좀 할 수 없나요?"

"리틀록에 나가야 이 문을 열 수 있는 사람이 있단 말이야!" 애덤스 씨는 떨리는 목소리로 말했다. "아, 큰일났군! 스펜서 군, 어떡하면 좋겠나? 저애 는…… 금고실 안에서는 오래 버티지 못해. 공기도 많지 않고, 또 겁이 나서 까무러칠지도 모른단 말이야."

애거사의 어머니는 이제 정신 나간 사람처럼 두 손으로 금고실 문을 두들 기고 있었다. 누군가가 다이너마이트를 사용하자는 끔찍한 제안을 했다. 애 너벨이 지미를 돌아보았다. 그녀의 큰 눈에는 고통이 가득했지만 절망의 빛 은 없었다. 여성들은 흔히 자기가 숭배하는 남자에게는 불가능이 없다고 생 각하는 듯하다.

"어떻게 할 수 없을까요? 랠프, 어떻게 좀 해 봐요, 응?"

랠프는 입술과 날카로운 눈에 기묘하고도 부드러운 미소를 띠면서 그녀를 바라보았다.

"애너벨, 당신 가슴에 단 그 장미, 내게 주지 않겠소?"

잘못 들은 게 아닐까 자기 귀를 의심하면서도 그녀는 드레스 가슴팍에 핀 으로 꽂아 놓았던 장미송이를 뽑아 스펜서의 손바닥에 놓았다. 지미는 그것 을 조끼 주머니에 밀어 넣더니, 외투를 벗어 던지고 와이셔츠 소매를 걷어붙 였다. 그런 동작과 더불어 랠프 D. 스펜서는 사라지고, 지미 밸런타인이 그 자리에 나타났다.

"여러분, 모두 문에서 비키십시오." 그가 짧게 명령했다.

그는 여행 가방을 책상 위에 올려놓고 양쪽으로 열었다. 다른 사람의 존 재는 전혀 의식하지 않는 것 같았다. 그는 일을 할 때의 예의 버릇대로 조용 히 휘파람을 불면서, 번쩍거리는 기묘한 연장을 재빨리 꺼내어 순서대로 늘 어놓았다. 사람들은 마치 마법에 걸린 듯이 꼼짝도 하지 않은 채 깊은 침묵 속에서 그를 지켜보았다.

1분이 지나자, 지미가 즐겨 쓰는 드릴이 강철문 안으로 미끄러져 들어가고 있다. 10분만에, 그는 자신의 금고털이 기록을 깨뜨리고 빗장을 들어올려 문을 열었다.

애거사는 기운이 소진되어 몸을 가누지 못했지만 무사히 어머니 품에 안겼다.

지미 밸런타인은 외투를 입고, 난간 밖으로 나가서 정면 입구 쪽으로 걸어갔다. 걸어가면서 아득히 멀리서 귀에 익은 소리가 "랠프!" 이렇게 부르는 것 같았지만 그는 머뭇거리지 않았다. 문간에서 덩치 큰 사나이가 앞을 막고 있었다.

"안녕하시오, 벤." 아직도 그 기묘한 미소를 띤 채 지미가 말했다. "기어이 나타나셨군. 자, 갑시다. 이제 이러나저러나 어차피 별 차이가 없으니까."

그러나 벤 프라이스는 조금 이상한 반응을 보였다.

"뭔가 잘못 아신 것 같은데요, 스펜서 씨?" 그가 말했다.

"내가 선생을 알다니요, 천만에요. 선생 마차가 기다리고 있지 않습니까?"

그리고 벤 프라이스는 몸을 돌려 거리를 천천히 걸어 내려갔다.

하그레이브스의 1인 2역
친절은 미덕이 그 안에서 자라는 햇빛이다

　모빌 출신의 펜들턴 탤벗 소령과 딸 리디어 탤벗은 워싱턴에서 살게 되었을 때 시내에서 가장 조용한 거리에서 50야드쯤 안쪽에 들어선 하숙집을 거처로 정했다.

　현관에 높다란 하얀 기둥이 있는 구식 벽돌집이었다. 마당은 쥐엽나무와 느릅나무 그늘로 덮이고 철따라 게오동나무가 분홍색과 흰색의 꽃비를 뿌렸다. 키가 큰 회양나무 덤불이 산울타리와 보도를 따라 늘어서 있었다. 탤벗 부녀의 눈을 기쁘게 한 것은 이곳의 남부 풍 건축양식과 외관이었다.

　이 기분 좋은 하숙집에서 두 사람은 방을 몇 칸 빌렸는데, 그중에는 탤벗 소령의 서재도 있었다. 그는 《앨라배마주의 군인, 판사 및 변호사의 일화와 회상》이라는 저서의 마지막 몇 장을 쓰는 중이었다.

　탤벗 소령은 옛 남부 출신이었다. 그의 눈에는 현대의 일은 흥미도 없고 뛰어난 점도 없었다. 그의 마음은 남북 전쟁 이전 시대에 머물러 있었다. 그 무렵 탤벗 집안에는 몇 천 에이커의 훌륭한 목화밭과 그것을 일구는 노예가 있었으며, 그 저택에는 남부의 상류 계급 손님들이 초대받아 오곤 했었다.

　그는 그 시대의 해묵은 긍지와 명예를 존중하는 마음씨와 시대에 뒤떨어진 깍듯한 예의범절과 (독자도 상상할 수 있듯이) 그 무렵의 의상 같은 것을 모두 지니고 있었다.

　그런 옷은 확실히 지난 50년 동안에는 만들어진 예가 없었다. 소령은 키가 큰 편이지만, 그가 절이라고 부르는 그 경탄할 만한 옛날식 큰절을 할라

치면, 반드시 프록코트 자락이 바닥을 쓸었다. 이 의상은 남부 출신의 의원들이 입는 프록코트와 챙 넓은 모자에 놀라지 않게 된 지 오래인 워싱턴 사람들에게도 하나의 놀라움이었다. 하숙인 한 사람이 프록코트에 '파더 허버드'라는 이름을 붙였는데, 확실히 그것은 허리가 높고 폭이 넓었다.

그러나 소령의 이런 기묘한 옷차림은, 주름이 잡히고 솔기가 터진 넓은 와이셔츠 앞가슴과 언제나 한쪽으로 치우친 가느다란 검정 나비 넥타이와 함께 바드먼 부인의 이 고급 하숙에서는 미소로 맞이되고 사랑을 받았다. 백화점의 젊은 점원들 중에는 '소령을 조종해' 소령에게 가장 그리운 화제, 사랑하는 남부의 전통과 역사에 관한 이야기를 꺼내게 하는 사람도 때대로 있었다. 이야기를 할 때면, 소령은 그 《일화와 회상》에서 많이 인용했다. 그러나 점원들은 자기들의 계획을 눈치 채이지 않도록 조심했다. 왜냐하면 소령은 나이가 예순 여덟이나 되었지만 그 꿰뚫는 듯한 잿빛 눈으로 쏘아보는 날이면, 그들 가운데서 누구보다 배짱이 세다는 사람도 기분이 나빠졌기 때문이다.

미스 리디어는 몸집이 작고 통통한 서른다섯 살의 노처녀로, 매끈하게 자란 머리를 촘촘하게 땋아서 실제 나이보다 더 들어 보였다. 그녀도 구식이었지만, 소령한테서 뿜어져 나오는 만큼의 그 남북 전쟁 이전의 영광은 볼 수 없었다. 그녀에게는 절약정신이 있었다. 그래서 집안의 재정을 관리하고, 청구서를 갖고 오는 사람들을 응대하는 것은 언제나 그녀였다. 소령은 하숙비 청구서며 세탁소 계산서를 천하고 성가신 것으로 여겼다. 청구서는 참으로 끈질기게, 너무나 끊임없이 찾아들었다. 어째서 이런 것은 모조리 철해 두었다가 어느 땐가 알맞은 시기에, 이를테면 《일화와 회상》이 출판되어 돈이 들어왔을 때 한꺼번에 지불할 수 없는가 하고 소령은 궁금해했다. 그러면 미스 리디어는 조용히 바느질을 계속하면서 말하고는 했다.

"돈이 있는 동안에는 지금처럼 지불해 나가기로 해요. 그 뒤에는 아마 계산서 쪽에서 저절로 한데 모이게 될 테니까요."

바드먼 부인의 하숙인들은 대부분이 백화점 점원이나 회사원들이었으므로 낮에는 대부분 모두 나가고 없었지만, 여기 한 사람만 아침부터 밤까지 거의 집안에 있는 남자가 있었다. 그것은 헨리 홉킨스 하그레이브스라는 청년이었는데, 이 집 사람들은 모두 그의 이름을 부를 때 성까지 넣어서 불렀다. 그는 통속희극을 공연하는 극장에 나가고 있는 배우였다. 통속희극도 지난 몇 해 동안에 그 수준이 꽤 높아졌고 하그레이브스 군은 매우 겸손하고 예의바른 인물이었으므로, 바드먼 부인으로서도 하숙인 명부에 그의 이름을 올리는 데 하등 이의가 없었다.

극장에서 하그레이브스는 여러 나라 사투리를 자유자재로 쓸 줄 아는 희극 배우로 알려져 있었으며, 독일인, 아일란드인, 스웨덴인, 흑인 등을 장기로 하는 폭 넓은 레퍼터리를 갖고 있었다. 그러나 하그레이브스 군 자신은 꽤 야심이 커서, 흔히 본격적인 희극으로 성공하고 싶다는 대망을 털어놓곤 했다.

이 청년은 탤벗 소령에게 매우 호감을 느끼는 것 같았다. 이 신사가 남부의 추억담을 꺼내기 시작하거나, 일화 중에서도 가장 활기에 찬 이야기를 되풀이할 때는, 언제나 하그레이브스는 그 자리에 있었으며, 듣는 사람들 중에서도 가장 열심히 귀를 기울이곤 했다.

한동안 소령은 자기가 뒤에서 '광대'라고 부르던 이 청년을 가까이 오지 못하게 하고 싶은 눈치를 보였다. 그러나 곧 청년의 유쾌한 태도와 노신사의 이야기에 대한 그 의심할 수 없는 감식안은 그의 마음을 고스란히 사로잡아 버리고 말았다.

오래지 않아 두 사람은 옛 친구처럼 되었다. 소령은 자기 저서의 원고를 그에게 읽어 주려고, 날마다 오후의 한때를 비워 두었다. 그 일화에 귀를 기울이면서 하그레이브스는 요긴한 대목이 나올 때마다 웃지 않고 넘어간 적이 없었다. 소령은 그만 감격해서 하루는 미스 리디어에게, 하그레이브스 청년은 옛 제도에 훌륭한 이해와 충분한 경의를 갖고 있단 말이야 하고 말했다. 탤벗 소령이 얘기하고 싶은 기분이 나서 옛 시대에 대한 이야기를 꺼내기만 하면, 하그레이브스는 언제나 넋을 잃고 귀를 기울였다.

탤벗 소령은 과거를 이야기하는 거의 모든 노인들이 그렇듯이 세세한 구석까지 지루하리만큼 설명하기를 좋아했다. 옛 농장주의 거의 왕 못지 않는 호화로운 생활을 이야기하다가 자기의 말고삐를 잡던 흑인의 이름이라든가, 혹은 어떤 하찮은 일의 정확한 날짜라든가, 혹은 그해에 거둔 목화의 고리짝 수 같은 것이 떠오르지 않을 때는 생각해 낼 때까지 이야기가 좀처럼 앞으로 나아가질 않았다. 그래도 하그레이브스는 결코 따분해하거나 흥미를 잃거나 하지 않았다. 오히려 반대로 그 무렵의 생활에 따르는 갖가지 문제를 기꺼이 물어 보았으며, 그러면 또 소령은 언제나 곧바로 대답해 주는 것이었다.

여우 사냥, 주머니쥐 요리, 흑인 부락에서의 춤과 축제 소동, 50마일 둘레에 초대장을 발송한 농장주 저택의 넓은 홀에서 열린 파티, 이따금 발생한 가까운 남부 귀족들과의 분규, 나중에 사우스캐롤라이나의 드웨이트라는 남자와 결혼한 키티 챌머스라는 여성을 사이에 두고 벌어진 래스본 컬버트슨과 소령과의 결투, 엄청난 돈을 건 모빌만에서의 비공식 요트경주, 옛 노예들의 괴이한 신앙과 앞일을 생각지 않는 버릇, 또 충성의 미덕, 이런 것이 모두 한꺼번에 몇 시간씩이나 소령과 하그레이브스의 넋을 빼앗는 화제들이었다.

때로는 밤늦게 청년이 극장에서 공연을 마치고 2층의 자기 방으로 올라갈라치면, 소령이 서재 문간에 나타나서는 우스꽝스러운 몸짓으로 그를 불러들였다. 하그레이브스가 들어가 보면, 술병과 설탕 항아리와 과일과 수북하게 쌓은 신선하고 푸른 박하 같은 것이 얹혀 있는 조그만 상이 차려져 있는 것이다.

"문득 생각이 나서 말일세." 소령은 이렇게 말을 꺼내곤 했다. 그는 언제나 격식을 차렸다. "아마도 자네의 근무처의 그 일이 무척 고될 것 같아서 말일세, 하그레이브스 군. 시인이 '피로한 몸의 달콤한 치유자'라고 썼을 때 틀림없이 머릿속에 그렸을 것으로 짐작되는 것, 말하자면 우리 남부의 쥴렙*1을 한번 맛봐 줄 수 있겠지 하고 생각했다네."

그가 쥴렙을 만드는 것을 지켜보는 것은 하그레이브스에게는 하나의 매혹이었다. 그것을 만들기 시작하는 순간 소령은 벌써 예술가의 반열에 올라 있었으며, 결코 만드는 순서를 바꾸는 일은 없었다. 박하를 빻을 때의 그 정밀한 솜씨하며, 재료를 잴 때의 그 절묘한 정확성, 진녹색 가장자리를 배경으로 새빨갛게 빛나는 과실을 얹을 때의 그 세심한 주의! 그리고 귀리 짚 빨대를 찔러 넣어서 바닥에 쨍하고 부딪는 소리가 나게 꽂아서 손님들에게 권할 때의 그 정중하고 우아한 몸짓!

---

*1 위스키나 브랜디에 설탕이나 박하 따위를 넣은 음료.

워싱턴에서 넉 달쯤 지낸 어느 날 아침, 미스 리디어는 이제 자기들이 거의 무일푼이 되었음을 알았다. 《일화와 회상》은 완성되었지만, 출판업자들은 앨라배마의 감각과 재치가 보석처럼 빛나는 이 책에 금방 덤벼들지 않았다. 그들이 아직도 모빌에 갖고 있는 조그만 집에서 들어오는 임대료는 두 달치나 밀려 있었다. 이 달의 하숙비는 사흘 안에 내야만 했다. 미스 리디어는 아버지와 의논했다.

"돈이 없다구!" 그는 놀란 얼굴로 말했다. "그런 하찮은 돈으로 이렇게 자꾸 신경을 써서야 귀찮아서 어디 살겠느냐. 정말이지 나는……."

소령은 주머니를 더듬었다. 2달러짜리 지폐가 한 장 나왔을 뿐이다. 그것을 다시 조끼 주머니 속에다 넣고 밀었다.

"당장 어떻게 해야겠구나, 리디어. 미안하지만, 내 우산 좀 꺼내다오. 지금부터 시내에 나갔다 올 테니까. 우리 주 출신 의원인 풀검 장군이 얼마 전에 내 책이 빨리 출판될 수 있도록 힘써 주겠다고 장담했거든. 즉각 그이 호텔로 가서, 어떻게 됐는지 좀 알아봐야겠다."

소령이 그 '파더 허버드'의 단추를 끼우고 여느 때처럼 문간에 서서 정중히 절을 하고 나가는 것을 미스 리디어는 갸날픈 미소를 띤 채 지켜보았다.

그날 저녁 그는 어두워서야 돌아왔다. 풀검 의원은 소령의 원고를 읽어 본 출판업자를 이미 만난 상태였다. 그 사람은 이 책 전반에 흐르고 있는 지방적이고 계급적인 편견을 없애기 위해서, 일화와 그 밖의 것을 조심스럽게 절반쯤 추려낸다면 출판을 고려해도 좋다고 말했다는 것이다.

소령은 불같이 화를 냈으나, 미스 리디어 앞에 나오자 곧 예의범절에 따라서 평소의 침착성을 되찾았다.

"돈은 꼭 있어야 해요." 콧잔등에 잔주름을 모으면서 미스 리디어는 말했다. "아까 그 2달러를 저 주세요. 오늘 밤 랠프 아저씨더러 좀 보내 주시라고 전보를 칠게요."

소령은 조끼 주머니에서 조그만 봉투를 꺼내어 책상 위에 던졌다.

"좀 분별없는 짓인지는 모르겠다만" 그는 부드럽게 말했다. "시덥잖은 돈이라서 오늘밤의 극장표를 사버렸구나. 새 전쟁극이란다, 리디어. 워싱턴에서 처음으로 이 공연을 보는 것이니 너도 기뻐할 줄 알았지. 이 연극에선 남부가 매우 공평하게 다루어지고 있다더라. 실은 이 공연을 보고 싶었단다."

절망한 미스 리디어는 말없이 두 손을 들었다.

그러나 어차피 사 버린 입장권이니 사용하는 편이 좋을 것이다. 그래서 그날 밤 두 사람이 떠들썩한 전주곡을 들으면서 극장 안에 앉았을 때는 미스 리디어마저도 집안 걱정은 잠시 옆으로 밀쳐놓자는 기분이 되었던 것이다. 소령은 얼룩 하나 없는 깨끗한 린넨 와이셔츠에 단정히 단추를 끼운 부분만 보이는 그 색다른 프록코트를 입고 흰머리를 매끈하게 위로 빗어 넘겨 무척 훌륭하고 의젓해 보였다.

《목련꽃》제1막이 시작해서 남부의 전형적인 농장 풍경이 나타났다. 탤벗 소령은 조금 흥미 있는 듯한 표정을 지었다.

"어머, 보세요!"

미스 리디어가 소령의 팔을 팔꿈치로 살짝 찌르고 프로그램을 가리키면서 소리쳤다.

소령은 안경을 쓰고는 딸의 손가락이 가리키는 등장 인물의 배역 중의 한 줄을 읽었다.

웹스터 캘훈 대령……H. 홉킨스 하그레이브스

"우리집 하그레이브스 씨예요." 미스 리디어가 말했다. "아마 그분이 말씀하던 '본격극'에 처음으로 출연하시나봐요. 그분을 위해서, 정말 기뻐요."

제2막까지 웹스터 캘훈 대령은 무대에 나타나지 않았다. 그가 등장했을 때, 탤벗 소령은 주위에 들리도록 콧소리를 내고 그를 쏘아보며 마치 얼어서 굳어 버린 것처럼 보였다. 미스 리디어는 나직이 소리를 지르며 손에 쥔 프로그램을 뭉쳤다. 그럴 수밖에 없는 것이 캘훈 대령은 탤벗 소령과 아주 똑같은 분장을 하고 있었기 때문이었다. 끝이 말려 올라간 길고 숱 없는 백발하며, 귀족적인 매부리코, 쭈글쭈글하고 폭이 넓고 솔기가 터진 와이셔츠의 앞가슴하며, 매듭이 거의 한쪽 귀밑으로 비뚤어져 있는 가느다란 넥타이가 영낙없는 탤벗 소령이었다. 게다가 결정적으로 그는 소령의 그 비할 데 없는 프록코트와 똑같은 것을 걸치고 있었다. 깃이 높고 헐렁하며, 허리의 선이 치솟은 데다가 자락이 너불너불하며, 앞이 뒤보다 1피트나 길게 처진 이 옷은, 다른 견본으로는 도저히 흉내낼 수 없는 물건이었다. 그로부터 줄곧 소령과 미스 리디어는 마치 마술에 걸린 듯이 앉아서 오만한 탤벗을 흉내낸 연기를, 나중에 소령이 한 말에 따르면 '말도 안되는 엉터리 무대에서 비방의 진흙탕

속을 줄곧 질질 끌려 다니면서' 구경하고 있었다.

하그레이브스 군은 기회를 잘 이용했던 것이다. 소령의 말투와 악센트를 비롯해 억양과 격식을 갖춘 예법 등 자질구레한 개인적인 특징을 완전히 파악하여 깡그리 무대에 맞도록 부풀려 선보인 것이다. 소령이 모든 인사 예법 가운데 정수라고 자부하는 그 멋있는 절을 하그레이브스가 했을 때는, 관객들이 일제히 박수 갈채를 보냈다.

미스 리디어는 아버지를 훔쳐볼 용기도 없이 꼼짝도 않고 앉아 있었다. 이따금 그녀는 아버지 쪽에 있는 손을 살며시 밤에 가져갔다. 그러면 안된다고는 생각하면서도 끝내 누르지 못하고 솟아오르는 미소를 가리려고 그러는 성싶었다.

하그레이브스의 거침없는 모방은 제3막에서 절정에 이르렀다. 캘훈 대령이 자신의 방에서 이웃 농장주들을 몇 사람 초대해 대접하는 장면이었다.

친구들에게 둘러싸여 무대 중앙의 식탁 앞에 서서 그는 손님들에게 민첩한 솜씨로 쥴렙을 만들어 주면서 《목련꽃》 중에서도 가장 으뜸가는 그 흉내도 내기 어려운 느릿하게 이어지는 독특한 독백을 늘어놓는 것이다. 탤벗 소령은 가만히 앉아 있었으나 노여움에 얼굴이 파랗게 질리면서 자신의 소중한 이야기가 되풀이되고, 그의 지론과 도락이 끌려나와 확대되고, 《일화와 회상》 속의 꿈이 들추어지고 부풀려지고 왜곡되는 것을 듣고 있었다. 그가 가장 좋아하는 화제, 래스본 컬버트슨과의 결투 이야기도 빠지지 않았으며, 소령 자신이 설명할 때보다 더 열정적으로 자화자찬하면서 흥미롭게 들렸다.

이 독백은 쥴렙 만드는 방법을 설명한 색다르고 재미있으며 기지에 찬 짧은 강연과 동작으로 끝났다. 여기서 탤벗 소령의 섬세하지만 화려한 기술이 한 치도 틀림없이 고스란히 재현된 것이다. 향기 높은 풀을 우아하게 다루는 방법, "1그레인의 천 분의 1만 과해도, 여러분, 하늘이 주신 이 식물의 향긋한 향기 대신 쓴맛이 나오는 법이라오." 이렇게 말하는 데서부터 귀리 짚 빨대를 조심스럽게 선택하는 행동까지.

이 장면이 끝나자 관객은 환호했다. 그 전형적인 인물의 묘사가 말할 수 없이 면밀한 데다가 정확하고 철저했으므로, 정작 극중의 주요 인물들은 잊히고 말았다. 몇 번이나 이어지는 앙코르 소리에 하그레이브스는 막 앞에 나와서 절을 했는데, 성공을 거둔 것을 알고 어딘가 앳된 그의 얼굴은 기쁨으로 빛나며 상기되어 있었다.

마침내 미스 리디어는 고개를 돌려 소령을 보았다. 그의 얇은 콧구멍은 물고기 아가미처럼 벌름거렸다. 그는 떨리는 두 손으로 의자의 팔걸이를 누르고 일어서려고 했다.

"나가자, 리디어" 그는 꽉 막힌 소리로 말했다. "이건 끔찍한 신성 모독이다!"

그녀는 일어서려는 소령을 끌어당겨 자리에 도로 앉혔다.

"끝까지 계세요." 그녀는 이렇게 결연히 말했다. "진짜 프록코트를 사람들 눈앞에 드러내서 저 가짜를 더 널리 알리고 싶으세요?"

그래서 두 사람은 끝까지 남아 있었다.

하그레이브스는 이 성공 때문에 그날 밤 늦게까지 붙잡혀 있었던 것이 틀림없다. 이튿날 아침 식사에도 점심 식사에도 모습을 보이지 않았다.

오후 3시쯤, 그는 탤벗 소령의 서재 문을 두드렸다. 소령이 문을 여니, 하그레이브스는 아침 신문을 두 손에 가득 들고 들어왔다. 자기의 성공에 마음을 빼앗겨 소령의 태도가 여느 때와 다르다는 사실은 조금도 깨닫지 못한 채 신이 나서 말하기 시작했다.

"지난밤에는 대성공이었습니다, 소령님. 제가 나설 기회가 있어서요, 큰 성과였습니다. 이 포스트 지 기사 좀 보십시오."

그 터무니 없이 과장된 말솜씨, 괴상한 복장, 특이한 관용구와 어구, 가문에 대한 케케묵은 긍지, 참으로 친절한 마음씨, 결백한 명예심, 그리고 사랑스러운 단순성 등을 지닌 구시대 남부 대령에 대한 그의 아이디어와 묘사는 현대 극단에서의 최고로 꼽힐 만한 인물 묘사이다. 캘훈 대령이 입은 프록코트 자체가 바로 그 천재성을 보여준다. 하그레이브스 씨는 완전히 관중의 마음을 사로잡았다.

"첫날 공연에 대한 반응입니다. 어떻습니까. 소령님?"

"나는 영광스럽게도." 소령의 목소리는 기분 나쁘도록 차갑게 들렸다. "어젯 저녁, 자네의 참으로 훌륭한 연기를 보았네."

하그레이브스는 당황했다.

"오셨다고요? 몰랐습니다. 소령님이, 설마 소령님께서 연극을 좋아하실 줄은 전혀 몰랐습니다. 저어, 탤벗 소령님." 그는 솔직하게 소리쳤다. "노여워하지 말아 주십시오. 저는 소령님으로부터 여러 암시를 얻었고, 그 때문에 그역을 해내는 데 크게 도움이 되었습니다. 하지만 그건, 아시다시피, 하나의 유형이지 어느 한 개인을 의미하지는 않습니다. 관객들이 받아들이는 태도로 그 사실을 알 수 있지요. 그 극장 단골 손님의 절반은 남부 분들입니다. 그분들이 그걸 인정하고 있습니다."

"하그레이브스 군." 그대로 서 있던 소령이 말했다. "자네는 나한테 용서 못할 모욕을 가했네. 내 인격을 우롱하고, 믿음을 저버렸으며, 내 환대를 악용했단 말일세. 자네가 신사의 참된 특징이 무엇인가, 다시 말해서 참된 신사란 어떤 사람인지 조금이라도 알고 있다고 내가 생각했다면, 비록 이 몸은 늙었으나 당장에 결투를 신청할 판일세. 자, 부탁이니 이 방에서 나가 주게."

배우는 조금 얼떨떨한 얼굴로 노인의 말이 잘 이해가 가지 않는 것 같았다.

"화가 나신 것 같아 정말 죄송합니다만" 그는 참으로 유감스러운 듯이 말했다. "이곳 사람들은 소령님처럼은 생각지 않습니다. 자기라는 인물이 무대에서 표현되고 그것을 일반 사람들이 알아본다면, 극장 좌석을 절반쯤 다 사버려도 좋다고 생각하는 사람들을 저는 알고 있습니다."

"그런 사람은 앨라배마 사람이 아니야!" 소령은 오만하게 말했다.

"그럴는지 모릅니다. 저는 기억력이 꽤 좋은 편입니다만, 소령님, 한 가지 소령님의 책에서 몇 줄을 인용해 보겠습니다. 소령님은, 아마 《밀래지빌》이었다고 생각합니다만, 어느 연회 자리에서 건배에 답해 이렇게 말씀하셨고, 또 그걸 출판하실 생각이셨지요.

북부 사람은 감정을 금전적 이익으로 바꿀 수 있는 경우를 빼고는 어떤 정서도 온정도 없습니다. 자기 자신이나 또는 자기가 사랑하는 사람의 명예에 가해진 그 어떤 굴욕도 그것이 금전상의 손실을 초래하지 않는 한 화도 내지 않고 그것을 견딥니다. 자선사업에는 아낌없이 돈을 씁니다. 하지만 그런 일은 반드시 나팔소리로 널리 알려지고 놋쇠판에 새겨야만 하지요.

소령님은 이 표현이, 지난밤에 보신 캘훈 대령의 표현보다 공평하다고 생각하십니까?"

"그 서술은" 얼굴을 찌푸리며 소령이 말했다. "근거가 없지도 않아. 다소의 과장 아니, 자유는 공개 연설에서는 허용되어야 하네."

"공개 연기에서도 그렇지요." 하그레이브스가 대꾸했다.

"문제는 그게 아니네." 소령은 고집스럽게 주장했다. "자네의 연기는 개인을 희화화한 것이었네. 나는 결코 그것을 너그러이 봐 줄 수는 없네."

"탤벗 소령님" 하그레이브스는 애교 있는 미소를 띠면서 말했다. "제발 저를 이해해 주십시오. 소령님을 모욕할 생각은 조금도 없었다는 것을 알아주시기 바랍니다. 제 직업에서는, 모든 인생이 제것입니다. 저는 갖고 싶은 것을 갖고, 손에 넣을 수 있는 것은 모두 손에 넣습니다. 그리고 그것을 무대 위에서 돌려드리는 것입니다. 하지만 소령님이 그렇게 생각하신다면 그렇다고 해 두지요. 그런데 제가 뵈러 온 것은 다른 일 때문입니다. 우리는 지난 몇 달 동안 무척 가깝게 지내왔습니다만, 저는 또 소령님을 화나게 해드릴지도 모르겠습니다. 저는 두 분께서 지금 경제적인 어려움을 겪고 계시다는 것을 알고 있습니다. 어떻게 알았는지는 신경 쓰지 마십시오. 하숙집이라는 곳은 그런 일을 비밀로 해둘 수 없답니다. 그래서 그 곤경에서 벗어나시도록 제가 조금 돕고 싶습니다. 제 자신도 여러 번 그런 일을 겪어 왔습니다. 이번 공연 중에 저는 꽤 많은 급료를 받고 있고, 저축도 꽤 했습니다. 한 2백 달러 아니, 그 이상이라도 제발 마음대로 써 주십시오. 그러다가 소령님의 형편이……"

"그만두게!" 손을 앞으로 내밀면서 소령은 명령했다. "결국, 내 책에 거짓말은 없었군. 자네는 돈이라는 미끼로 어떤 명예 훼손의 상처를 치료할 수 있다고 생각하고 있어. 어떤 일이 있어도 나는 오다가 만난 사람한테서 돈을 빌릴 생각은 없네. 하물며, 자네 같은 인간이 지금 우리가 논의한 상황을 금전적으로 조절하겠다는 그 무례하기 짝이 없는 제의를 내가 고려할 정도라면 차라리 나는 굶어죽겠네. 이 방에서 나가 달라는 요구를 다시 되풀이하겠네."

하그레이브스는 그 이상 아무 말도 하지 않고 나갔다. 그는 또 같은 날 하숙집에서도 나가 버렸는데, 저녁 식탁에서 바드먼 부인의 설명을 듣자니, 《목련꽃》을 1주일 동안 상연하게 된 번화가의 극장 가까이로 옮겨갔다는 것이었다.

탤벗 소령과 미스 리디어의 형편은 위기에 처해 있었다. 소령이 거리낌없이 돈을 꿔 달라고 말할 수 있을 만한 사람은 워싱턴에는 없었다. 미스 리디어는 랠프 아저씨에게 편지를 냈지만, 이 친척은 살림살이가 빠듯해 과연 원조를 해 줄 수 있을는지 의심스러웠다. 소령은 꽤 혼란스러운 모습으로 '집세 수입 체납과 송금 지연'을 언급하면서 하숙비 지불이 늦어진 데 대해 바드먼 부인에게 변명할 수밖에 없었다.

구원의 손길은 전혀 뜻밖의 곳에서 왔다.

어느 날 오후 늦게, 문지기 하녀가 올라와서 어떤 나이 많은 흑인이 탤벗 소령을 만나고 싶어한다고 전했다. 소령은 그를 서재에 들여보내라고 말했다. 곧 늙은 흑인이 입구에 나타나 그를 한 손에 모자를 들고, 한쪽 발을 어설프게 뒤로 당기며 인사했다. 헐렁한 검정 옷을 품위 있게 입고 있었다. 크고 허름한 구두는 스토브의 광을 내는 데 쓰는 약처럼 금속성 광택을 내고 있었다. 텁수룩한 고수머리는, 반백, 아니 거의 새하얗다. 중년이 넘으면 흑인의 나이는 좀처럼 짐작하기 어려웠다. 그는 탤벗 소령과 비슷한 나이인지도 몰랐다.

"아마 저를 알아보시진 못하실 줄 압니다요, 펜들턴 나리." 흑인의 첫마디였다.

예부터 귀에 익은 말씨에 소령은 일어서서 앞으로 걸어나갔다. 그는 의심할 것도 없이 예전 농장에서 부리던 흑인노예임이 틀림없었다. 그러나 흑인들은 이제 모두 여기저기로 흩어져 버렸으므로 소령은 그 목소리도 얼굴도 생각해 낼 수 없었다.

"그럴 것 같구먼." 소령은 상냥하게 말했다. "자네가 거들어서 생각나게 해 주지 않겠나?"

"신디네 모오즈를 모르십니까요? 펜들턴 나리, 전쟁이 끝나자마자 다른 곳으로 이사간 모오즙니다요."

"아니, 잠깐." 손끝으로 이마를 문지르면서 소령은 말했다. 그는 그 그리운 시대와 관련이 있는 일이라면 무엇이고 추억을 더듬기를 좋아했다. "신디네 모오즈라?" 이렇게 되뇌이며 곰곰이 생각했다.

"말을 돌봤었지? 새끼 말 조련도 맡구. 그래, 이제야 생각이 나는군. 전쟁에서 진 뒤 자네는 이름을 아니, 잠자코 있게, 내가 생각할 테니. 미첼이라고 짓고, 서부로, 네브래스카로 갔었지?"

"옳습니다요, 맞습니다요." 늙은 흑인은 기쁜 듯이 얼굴을 구기며 웃었다. "그놈입니다요, 맞습니다요. 네브래스카였습죠. 그게 접니다요, 모오즈 미첼입니다요. 이젠 다들 모오즈 미첼 영감이라고 부릅죠. 나리, 돌아가신 선대 나리께선 헤어질 때 저더러 장사 밑천을 하라시면서 노새 새끼 한 쌍을 주셨습니다요. 그 노새 새끼 기억하고 계십니까요, 팬들턴 나리?"

"노새는 기억이 안 나는데?" 소령은 갸웃거렸다. "나는 전쟁 첫 해에 결혼해서, 폴린즈비의 옛집에 가서 살았지 않았느냐. 아무튼 좀 앉게, 앉아. 모오즈 영감, 참 반갑네. 잘 살고 있겠지?"

모오즈 영감은 의자에 앉아, 모자를 조심스럽게 의자 옆 방바닥에 놓았다.

"예, 요새는 형편이 썩 좋습죠. 처음으로 네브래스카에 갔을 때는 사람들이 노새 새끼를 보려구 몰려듭디다요. 네브래스카에서는 그런 노새를 구경한 적이 없어서입죠. 저는 그 노새를 3백 달러 받고 팔았습죠. 네, 그러믄요, 3백 달러였습죠. 그리구 전 대장간을 시작했습니다요. 그래서 돈도 좀 생기고 해서 땅을 좀 샀습죠. 저와 마누라가 아이를 일곱이나 길렀는데, 둘은 죽었지만, 나머지는 모두 몸성히 살고 있습니다요. 4년 전에 철도가 깔려서, 제 땅 한복판에 마을이 생기지 않았겠습니까요. 그래서, 펜들턴 나리, 이 늙은이는 현금이랑 재산이랑 토지랑 해서 1만 1천 달러나 되는 부자가 됐답니다요."

"그것 참 잘됐구나." 소령은 진심으로 말했다. "정말 잘됐어."

"그런데 그 귀여운 아기 말씀입니다요. 펜들턴 나리, 리디어라고 이름을 지으셨던 그 아기도, 아마 몰라보도록 크셨겠습죠?"

소령은 문간으로 걸어가서 소리쳤다. "리디어, 이리 좀 건너오너라."

완연히 성장한 미스 리디어가 얼마쯤 근심에 찬 얼굴로 자기 방에서 들어왔다.

"아이구! 거 보십쇼! 제가 뭐라고 여쭙디까요? 그 아기씨가 이제 다 자라신 줄 알았습니다요. 모오즈 영감을 아시겠습니까요, 아가씨?"

"신디 할미네 모오즈란다, 리디어." 소령이 설명했다.

"네가 두 살 때 서부로 떠났지."

"글쎄요." 미스 리디어가 말했다. "그 나이때 일을 기억하는 것은 무리겠지요. 모오즈 아저씨 말대로 난 '이제 다 자라고' 그때는 아득하게 먼 옛날이니까요. 하지만, 아저씨를 기억은 못해도, 이렇게 만나게 되어 정말 반가워요."

리디어는 진심으로 기뻐했다. 소령도 마찬가지였다. 어떤 살아있는 실체가 그들을 행복한 과거와 연결 지어 주려고 찾아온 것이었다. 세 사람은 자리에 앉아 옛 이야기를 나누었다. 소령과 모오즈 영감은 농원 풍경이며, 그 무렵의 생활을 회상하면서 서로 기억을 고쳐 주고 도와 주고 했다.

소령은 늙은이에게 무슨 일로 집을 떠나 이곳까지 왔느냐고 물었다.

"저는 대표입니다요." 그는 이렇게 말을 시작하며 설명했다. "이곳에서 열리고 있는 침례교 대회에 말씀입죠. 설교를 한 적은 한 번도 없지만서두요, 교회에서는 장로로 되어 있고, 또 비용도 낼 만한 형편이 되니까 모두가 절 대표로 보낸 것입니다요."

"그런데 우리가 워싱턴에 있는 것을 어떻게 알았나요?" 미스 리디어가 물었다.

"제가 묵는 호텔에 모빌에서 온 흑인 하나가 일하고 있습죠. 그 사람이 어느 날 아침, 이 댁에서 펜들턴 나리가 나오시는 걸 보았다고 알려줍디다요."

"제가 여기 온 것은" 주머니에 손을 쑤셔 넣으면서 모오즈 영감은 말을 이었다. "고향 분들을 만나 뵙는 일 말고 실은 펜들턴 나리께 빌린 돈을 돌려 드리고 싶었기 때문입니다요."

"나한테서 꾼 돈이라니?" 소령은 놀라 되물었다.

"네, 3백 달러입죠." 그는 동그랗게 만 지폐뭉치를 소령 앞에 내밀었다. "제가 헤어질 때, 선대 나리께서는 말씀하셨습니다요. '모오즈야, 그 노새 새끼를 갖고 가거라. 돈은 네가 형편이 될 때 치르면 되느니라.' 네, 이렇게 말씀하셨습니다요. 전쟁으로 선대 나리께선 가난해지셨습니다요. 선대 나리는 벌써 돌아가셨으니, 이 빚은 펜들턴 나리께 넘어온 셈입죠. 3백 달러입니다요. 모오즈도 이젠 쉽게 갚아 드릴 수 있게 됐습니다요. 그 철도에서 제 땅을 샀을 때, 노새값을 따로 제쳐놓았습죠. 좀 세어 보십쇼, 펜들턴 나리. 그게 노새를 판 대금입니다요. 네."

탤벗 소령의 두 눈에 눈물이 글썽해졌다. 그는 한쪽 손으로 모오즈 영감의 손을 잡고, 나머지 손을 그의 어깨에 얹었다.

"아아, 감동적인 충성이구나." 떨리는 목소리로 소령은 말했다. "체면없이 이 '펜들턴 나리'는 1주일 전에 마지막 1달러를 써 버렸단다. 이 돈을 받아두지, 모오즈 영감. 이건 어느 의미에선 빚을 갚는 일이기도 하지만, 동시에 옛 제도에 대한 충성과 헌신의 표시이기도 하기 때문이야. 얘, 리디어, 이걸 받아둬라. 그 돈의 용도는 나보다 네가 훨씬 잘 알고 있을 테니까."

"받으십쇼, 아가씨." 모오즈 늙은이가 말했다. "이건 두 분 것입죠. 탤벗 댁의 돈입니다요."

모오즈 영감이 돌아간 뒤, 미스 리디어는 실컷 울었다. 기쁨의 눈물이었다. 소령은 방구석으로 얼굴을 돌린 채 도기 파이프만 뻑뻑 빨았다.

그 이후의 나날은 다시 평화와 안락을 되찾았다. 미스 리디어의 얼굴에서는 근심스러운 표정이 사라졌다. 소령은 새 프록코트를 입고 나타났는데, 그 모습은 옛 황금 시대의 추억을 의인화한 밀랍 인형 같았다. 《일화와 회상》의 원고를 읽은 다른 출판사가, 지나치게 눈에 띄는 부분만 조금 수정하거나 표현을 좀 부드럽게 고친다면, 확실히 재치 있고 잘 팔리는 책이 될 것이라고 생각했다. 전반적인 상황은 순조로웠으며, 실제로 찾아온 행복보다 흔히 더 감미롭게 느껴지는 희망도 없지 않았다. 두 사람에게 행운의 한 조각이 날아온 지 1주일쯤 지난 어느 날, 하녀가 미스 리디어 앞으로 온 편지를 그녀 방에 갖고 왔다. 소인을 보니 뉴욕에서 부친 것이었다. 뉴욕에는 아는 사람이 없었으므로 궁금한 마음으로 가슴을 설레면서 미스 리디어는 책상 앞에 앉아 가위로 편지를 뜯었다. 사연은 다음과 같았다.

친애하는 미스 탤벗

제 행운을 아시면 틀림없이 기뻐해 주실 줄 압니다. 저는 뉴욕의 어느 극단에서, 주급 2백 달러로 《목련꽃》의 캘훈 대령 역을 해 달라는 제의를 받고 승낙했습니다.

이 밖에 또 하나 알려 드릴 일이 있습니다. 탤벗 소령님에게는 말씀드리지 않는 편이 좋을 것 같습니다. 저는 그 연기를 연구하는 데 소령님이 베풀어주신 커다란 도움과, 그 일로 해서 몹시 마음이 상하신 데 대해 무언가 보상을 하고 싶은 생각이 절실했습니다. 소령님은 그것을 거절하셨습니다만, 저는 어쨌든 그 소원을 풀었습니다. 저는 쉽게 3백 달러를 나눠 드릴 수가 있었으니까요.

당신의 성실한 벗,

H. 홉킨스 하그레이브스

추신 모오즈 영감의 연기는 어떻습니까?

복도를 지나가던 탤벗 소령은 미스 리디어의 방문이 열려 있는 것을 보고 걸음을 멈추었다.

"오늘 아침에는 우편물이 없더냐, 리디어?" 그가 물었다.

미스 리디어는 드레스의 주름 밑으로 살며시 편지를 밀어 넣었다.

"모빌 소식지가 와 있어요." 그녀는 재빨리 대답하며 덧붙여 말했다. "서재 책상 위에 두었어요."

아르카디아에 짧게 묵은 손님
친구여, 행운은 그것을 기교가 돕지 않으면 약하다고 나는 종종 생각했네.
마찬가지로 모든 기교도 행운이 돕지 않으면 물거품일세

브로드웨이에는 피서지 개발자들이 미처 발견하지 못한 호텔이 하나 있다. 그곳은 안이 깊고 넓으며 시원하다. 그 방들은 서늘한 느낌의 짙은 참나무 목재로 마무리 되어 있다. 인공의 산들바람과 진초록빛 관목숲이 애디론댁까지 가는 불편을 감수하지 않고도 얼마든지 즐거운 기분을 느끼게 해준다. 놋쇠 단추 제복을 입은 안내원 도움을 받아 넓은 층층대를 올라가거나, 엘리베이터를 타고 꿈꾸듯 미끄러져 올라가면, 알프스의 등산가도 맛보지 못할 상쾌한 기쁨을 맛볼 수 있다. 호텔 주방장은 화이트마운틴에서도 먹어 볼 수 없는 훌륭한 강송어며, 올드 포인트 컴퍼트*1마저 부러워할—"정말입니다!"—해산물이며, 사냥 감독관의 융통성 없는 관리 근성마저 흐늘흐늘하게 녹여 버릴 메인주의 사슴 고기 같은 것을 요리해 준다.

사막 같은 7월의 맨해튼에서 이 오아시스를 발견한 사람이 몇 명 있었다. 7월에는 호텔 손님이 한결 줄어서 그 우아한 식당의 시원한 조명 아래 손님들이 드문드문 흩어져 앉는 사치를 누리고, 눈처럼 흰 테이블보를 씌운 식탁 너머로 말없이 서로의 행운을 축하하며 시선을 나누는 광경을 볼 수 있다.

남아도는 종업원들이 가까이에서 주의 깊게 바라보다가, 이쪽에서 채 말하기도 전에 원하는 것을 가져다 준다. 온도는 언제나 4월이다. 천장에는 수

---

*1 버지니아주에 있는 관광지.

채화로 여름 하늘이 그려져 있어, 한순간에 사라져서 우리를 애석하게 하는 자연의 구름과는 달리 언제나 우아하고 아름다운 구름이 떠돌고 있다.

멀리서 들려오는 브로드웨이의 유쾌한 떠들썩함은, 그 행복한 손님들의 상상 속에서 숲 속 폭포의 아늑한 소리로 바뀌었다. 귀에 선 발자국 소리가 들릴 때마다 손님들은 자기들의 은신처가 언제나 자연을 그 가장 깊숙한 휴식처까지 뒤지고 다니는 경망한 투숙객들에게 발견되고 침범당하지나 않을까 하는 두려움으로 귀를 기울인다.

이렇게 하여 투숙객이 적은 이 숙소에 안목 높은 소수의 사람들이 주위를 경계하면서 무더운 한계절에 몸을 숨기고, 인공의 기술이 제공해 주는 산과 바다의 즐거움을 최고도로 즐기는 것이다.

올해 7월에 한 손님이 이 호텔에 찾아들었다. 호텔 직원에게 내민 명함에는 '마담 엘로이즈 다르시 보몽'이라고 씌어 있었다.

마담 보몽은 로터스 호텔이 좋아할 만한 손님이었다. 그녀는 상류사회의 우아한 분위기와, 호텔 종업원들을 노예로 만들어 버릴 만한 기품을 지니고 있었다. 종업원들은 그녀의 벨에 호응하는 명예를 차지하려고 앞을 다투었다.

직원들은 소유권 문제만 없다면, 이 호텔을 몽땅 그녀에게 물려주고 싶을 정도였다. 다른 손님들은 그녀의 여성스럽고 고고한 아름다움을 이 멋진 환경을 완성해 주는 마지막 터치로 보았다.

이 최고급 손님은 좀처럼 호텔 바깥으로 나가지 않았다. 그녀의 습관은 이 로터스 호텔의 안목 있는 몇몇 단골들의 관습과 완전히 맞아떨어졌다. 이 쾌적한 숙소를 즐기려면, 마치 몇 십 리나 멀리 떨어져 있는 것처럼, 도시는 뒤로 버려야 한다.

밤에 가까운 옥상 정원이나 잠깐 다녀오는 정도는 상관없지만, 찌는 듯한 한낮에는, 송어가 마음에 드는 웅덩이의 물 맑은 피난처 중간에 가만히 떠 있듯이, 로터스의 그늘진 요새에 틀어박혀 있는 것이다. 마담 보몽은 로터스 호텔에서는 혼자였지만, 그 고독이 다만 귀한 신분에서 오는 것에 지나지 않는 여왕의 위엄을 간직하고 있었다. 그녀는 10시에 아침식사를 했는데, 그 모습은 시원스럽고 귀엽고 의젓하고 우아했으며, 마치 황혼에 피는 쟈스민 꽃처럼 희미한 불빛 속에서 부드럽게 빛났다.

그러나 만찬 때가 되면, 마담의 광휘는 그 절정에 이르렀다. 그녀는 산골짜기의 눈에 보이지 않는 폭포에서 솟아오르는 안개처럼 아름답고 몽환적인 드레스를 입고 나타났다. 이 드레스 종류가 어떤 것인지 필자도 짐작하지 못한다. 가슴 부분의 레이스 장식에는 늘 연분홍 장미가 꽂혀 있었다. 지배인이 존경의 눈으로 바라보고, 입구까지 달려가서 맞이할 만한 드레스였다. 여러분이 그것을 본다면, 곧 파리를 생각할 것이고, 아마도 무슨 사연이 있을 듯한 백작 부인을, 그리고 틀림없이 베르사이유와 결투용 칼과 피스크 부인[*2]을 생각할 것이다. 마담이 세계를 이웃 드나들 듯하는 국제인이며, 러시아를 위해서 그 희고 화사한 손으로 국가들 사이의 실을 조종하고 있다는 출처를 알 수 없는 소문이 로터스 호텔 안에 퍼졌다. 한가로이 세계를 여행 다니는 부인이라면 미국에서 무더운 한여름을 나기 위한 가장 알맞은 장소로 로터스 호텔의 이 세련된 교외지역을 선택한 것도 전혀 이상할 것이 없다.

마담 보봉이 이 호텔에 든 지 사흘째 되는 날, 한 청년이 찾아와서 숙박부에 이름을 기입했다. 복장은 유행에 맞았고, 용모는 잘생기고 단정했으며, 세상 물정을 아는 사람의 균형이 잡히고 세련된 표정을 하고 있었다. 그는 직원에게 한 사나흘 묵겠다고 말하고는 유럽 항로의 기선 출항에 대해서 물어보더니 마음에 드는 여관에 든 여행자의 만족스러운 모습으로 이 비할 데 없는 호텔의 복된 한적함 속에 빠져들었다.

청년은 숙박부의 진실성을 의심하지 않는다면 헤럴드 파링턴이라고 했다. 그는 로터스의 고립적이고 조용한 생활의 흐름 속에 아주 교묘히 소리도 없이 흘러 들어왔으므로, 휴식을 찾는 같은 숙박객들을 놀라게 할 잔잔한 파도 하나 일으키지 않았다.

그도 로터스에서 식사를 했고 또 로터스[*3]를 먹은 전설 속 사람들처럼 다른 행복한 항해자들과 더불어 즐거운 평안 속으로 이끌려 들어갔다. 하루만에 그에게는 전용 식탁과 웨이터가 생겼고, 브로드웨이를 후덥지근하게 만들고 있는 저 휴식 갈망증 환자들이 이렇게 가까이 있으면서도 눈에 띄지 않는 이 안식처를 습격해 엉망으로 만들어 버리지나 않을까 하는 걱정을 하

---

*2 그 무렵 유명했던 여배우 미니 매던 피스크.
*3 연밥. 그리스 신화에 따르면 이것을 먹으면 황홀한 기분이 되어 근심을 잊을 수 있다고 한다.

게 되었다.

헤럴드 파링턴이 도착한 다음 날 저녁 식사 뒤, 마담 보몽은 식당에서 나가다가 손수건을 떨어뜨렸다. 파링턴 씨는 그것을 주워 교제하고 싶어 하는 눈치는 조금도 보이지 않고 그녀에게 주었다.

로터스의 안목 높은 손님들 사이에는 어떤 종류의 신비로운 연대감이 있었던 모양이다. 어쩌면 그들은 브로드웨이의 한 호텔에서 완벽한 피서지를 발견할 수 있었다는 공통의 행운으로 말미암아 서로 끌렸는지도 모른다. 예의범절에 어긋나지 않으면서도 딱딱한 격식에서 벗어나려는 말이 두 사람 사이에 오고갔다. 그리하여 진짜 피서지의 그 편리한 분위기 속에서처럼, 여기시도 하나의 교우 판세가 생겨 마지 마술사의 신비로운 풀처럼 금방 자라서 꽃을 피우고 열매를 맺었다. 두 사람은 잠시 복도 끝에 있는 발코니에 서서 가벼운 대화를 주고받았다.

"구식 피서지는 이젠 진저리가 나요." 가냘프지만 아름다운 미소를 띠고 마담 보몽이 말했다. "소음과 먼지를 피하려고 산이나 바닷가로 가 봐야, 아무 소용도 없답니다. 소음과 먼지를 만들어 내는 사람들이 뒤쫓아오는걸요."

파링턴이 슬픈 듯이 말을 받았다. "바다에까지 속물들이 따라오지요. 호화 유람선도 나룻배나 별반 다름없는 것이 되어가고 있습니다. 이 로터스가 사우전드 아일랜드나 맥키낵보다 훨씬 브로드웨이에서 떨어져 있다는 것을 피서객들이 발견하는 날이면, 그때는 끝장입니다."

"아무튼 우리들의 비밀이 앞으로 일주일만이라도 무사하기를 바라요." 마담은 한숨과 미소를 흘리면서 말했다.

"그런 사람들이 이 즐거운 로터스에 몰려오면, 전 어디로 가야 좋을지 모르겠어요. 여름에 이토록 즐겁게 보낼 수 있는 곳이 꼭 한군데 있는데, 그건 우랄산맥에 있는 폴린스키 백작의 성이랍니다."

"바덴바덴이나 칸도 이 계절에는 아주 적막하다지요." 파링턴이 말했다. "전통적 피서지는 해마다 인기가 떨어지고 있습니다. 아마도 우리와 마찬가지로, 대중이 알지 못하는 조용하고 구석진 휴식처를 찾는 사람들이 많은 모양입니다."

"저는 이 기분 좋은 휴식을 사흘만 더 갖기로 했어요." 마담 보몽이 말했다. "월요일에는 세드릭호가 떠나가거든요."

헤럴드 파링턴의 눈이 유감의 뜻을 나타냈다.

"저도 월요일에는 떠나야 합니다. 외국에 가는 것은 아닙니다만."

마담 보몽은 외국식 몸짓으로 동그란 한쪽 어깨를 으쓱했다.

"아무리 매력적인 장소일지라도, 언제까지나 이곳에 숨어 있을 수는 없잖겠어요? 그 성에서는 한 달 전부터 준비를 해놓고, 제가 가기를 기다리고 있답니다. 손님을 재워 가며 연회를 베풀어야 하다니, 얼마나 지긋지긋할까! 하지만, 이 로터스 호텔에서 보낸 일주일을 전 결코 잊지 않을 거예요."

"저도 잊지 못할 것입니다." 파링턴은 나직한 소리로 답했다. "그리고 저는 세드릭호를 용서하지 않겠습니다."

그로부터 사흘 뒤인 일요일 저녁때, 두 사람은 전과 같은 발코니의 조그만 식탁에 앉아 있었다.

재치 있는 웨이터가 얼음과 클라레*4를 담은 조그만 잔을 두 개 갖다 놓았다.

마담 보몽은 날마다 만찬 때 입는 아름다운 이브닝드레스를 입고 있었다. 그녀는 골똘히 생각에 잠긴 것 같았다. 식탁 위에 얹어 놓은 그녀의 손 옆에는 벨트 줄에 다는 조그만 지갑이 놓여 있었다. 차가운 음료를 마시고 나서 그녀는 지갑을 열어 1달러 지폐를 꺼냈다.

"파링턴 선생님." 그녀는 로터스 호텔을 사로잡은 그 미소를 띠며 말했다. "선생님께 말씀드릴 일이 있어요. 저는 내일 아침 식사 전에 여길 나갈 생각이에요. 직장으로 돌아가야 하거든요. 저는 캐시 메머드 백화점 양말 코너에서 일하고 있는데. 휴가가 내일 아침 8시면 끝난답니다. 이 지폐는 내주 토요일 밤에 8달러의 급료를 받을 때까지 제가 만져 보는 마지막 돈이에요. 선생님은 정말 신사시고, 저한테는 말할 수 없이 친절하게 해주셨어요. 그래서 여길 떠나기 전에 꼭 말씀드리고 싶었어요.

전 오직 이 휴가를 위해 1년 동안 저축해 왔지요. 두 주일까지는 바라지 못하더라도, 하다못해 일주일만이라도 귀부인처럼 살아 보고 싶었어요. 아침마다 7시에는 잠자리에서 일어나야 하는 대신, 내가 일어나고 싶은 때 일어나 보고 싶었지요. 돈 많은 사람들이 하듯이, 가장 좋은 음식을 먹고, 다

---

*4 프랑스 보르도산 붉은 포도주.

른 사람의 시중을 받아가며 벨을 울려서 일을 시켜 보고 싶었어요. 이제 그 소원은 이루어졌어요. 그리고 평생에 한 번은 가져 보고 싶었던 가장 행복한 시간을 보낼 수 있었습니다. 저는 제 일자리와 앞으로 1년 동안의 방세는 지불해 놓은 조그만 싸구려 셋방으로 돌아갈 참이에요. 이런 이야기를 선생님께 말씀드리고 싶었어요. 파링턴 선생님, 전 선생님이 저를 좋아하시는 것 같았고, 또 전⋯⋯저도 선생님을 좋아했거든요. 하지만, 아아, 이제까진 선생님을 속이지 않을 수 없었어요. 모든 것이 저한테는 마치 동화나 다름없었거든요. 그래서 유럽에 관한 이야기며 책에서 읽은 외국 이야기를 하는 상류 계급의 귀부인 행세를 했던 거예요.

지금 입고 있는 이 드레스도 사람들 앞에 입고 나갈 수 있는 옷은 이거 한 벌밖에 없답니다—오더우드 앤드 레빈스키 상점에서 할부로 산 거랍니다. 값은 75달러예요. 치수를 재서 맞추었지요. 선금으로 10달러 주고, 나머지는 1주일에 1달러씩 수금하러 와요. 제가 말씀드려야 할 것은, 대충 이게 전부예요, 파링턴 선생님. 그리고 제 이름도 마담 보몽이 아니라 메이미 시비터라는 것도 말씀드려야겠어요. 여러 가지로 친절하게 해 주셔서 고마워요. 이 1달러로는 내일 드레스 값 부금을 지불하렵니다. 그럼 저는 방으로 돌아갈게요."

헤럴드 파링턴은 태연한 표정으로, 로터스의 가장 아름다운 손님의 고백에 귀를 기울이고 있었다. 그녀가 이야기를 마치자 그는 윗옷 주머니에서 수표철 같은 조그만 수첩을 꺼냈다. 그리고 기입이 되지 않은 용지에 연필 도막으로 뭔가를 적어 넣더니 찢어서 여자 앞에 던져 주고 1달러 지폐를 집었다.

"저도 내일 아침에는 일하러 가야 합니다." 그는 말했다.

"하지만, 지금부터 시작해도 상관없을 것 같네요. 그건 1달러 할부금 영수증입니다. 나는 3년 전부터 오더우드 앤드 레빈스키 상점의 수금원을 하고 있지요. 당신과 내가 휴가를 보내는 데 똑같은 생각을 했다니 이 얼마나 재미있습니까? 나는 늘 멋진 호텔에 한번 숙박해 보고 싶었지요. 그래서 주급 20달러 중에서 저축해 가지고 이렇게 소원을 이뤘어요. 어때요 메이미, 토요일 밤에 배로 코니에 가시지 않겠습니까, 어때요?"

가짜 마담 엘로이즈 다르시 보몽의 얼굴이 빛났다.

"어머나, 꼭 갈게요, 파링턴 씨. 토요일엔 가게를 12시에 닫거든요. 우리가 여기서 일주일 동안 상류 계급 사람들과 보냈지만, 코니도 좋을 거예요."

발코니 아래서는 7월의 밤 속에서 찌는 듯한 도시가 신음하고 웅성거렸다. 로터스 호텔 안에서는 적당히 조절된 시원한 그늘이 가득 번지고, 눈치 빠른 종업원들이 턱으로 신호만 하면 언제라도 마담과 그 호위자에게 서비스하려고 나직한 창문 가까이에서 가볍게 서성대고 있었다.

엘리베이터 입구에서 파링턴은 작별 인사를 했다. 마담 보몽이 이 호텔의 엘리베이터를 타는 것은 이것이 마지막이었다. 두 사람이 엘리베이터에 도착하기 전에 그는 말했다. "그 '헤럴드 파링턴' 이라는 이름은 이제 잊어 주시지 않겠습니까? 맥머너스가 본명입니다. 제임스 맥머너스. 지미라고 부르는 사람도 있지요."

"잘 자요, 지미." 메이미가 말했다.

마녀의 빵

참견 잘하는 바보는 어떤 적보다도 더 나쁘다

미스 마사 미첨은 길모퉁이에 조그마한 빵가게를 하고 있었다(계단을 셋 올라가서 문을 열면 벨이 찌르릉찌르릉 울리는 그런 가게이다).

미스 마사는 올해 마흔 살, 은행 통장에는 2천 달러의 예금이 있고, 두 개의 의치와 인정 많은 마음씨를 갖고 있었다. 미스 마사보다 결혼할 기회가 훨씬 드문 사람들도 결혼해서 살고 있었다.

일주일에 두세 번 가게에 찾아오는 한 손님이 있었는데 그녀는 이 손님에게 관심을 갖기 시작했다. 그는 중년 남자로, 안경을 끼고 갈색 턱수염을 가지런히 깎아서 끝을 뾰족하게 정리했다.

그는 강한 독일식 억양이 섞인 영어를 구사했다. 옷은 여기저기 닳았거나 기웠고, 그 나머지 부분도 구겨지거나 헐렁했다. 그러나 언제 봐도 말쑥하고 매우 예의발랐다.

그는 언제나 딴딴해진 묵은 식빵을 두 덩어리 사갔다. 갓 구운 식빵은 한 개에 5센트였지만, 굳은 것은 두 개에 5센트였다. 이 손님은 늘 굳은 식빵밖에 찾지 않았다.

언젠가 미스 마사는 그의 손가락에 빨강과 갈색 얼룩이 묻어 있는 것을 보았다. 그때 그녀는 그가 화가이며 매우 가난한가 보다고 생각했다. 틀림없이 어느 다락방에 살면서 그림을 그리고 굳은 식빵을 먹으면서, 미스 마사 가게의 맛있는 음식을 떠올리고 있겠지.

미스 마사는 두툼한 고깃점과 가벼운 롤빵, 잼과 찻잔을 앞에 놓고 앉아 한숨을 쉬면서, 그 점잖은 화가가 찬바람이 들어오는 다락방에서 딱딱하게 굳어버린 빵을 먹는 대신 자기와 함께 이 맛있는 음식을 먹는다면 얼마나 좋을까 하고 생각하는 일이 잦았다. 앞서 말했듯이 미스 마사는 매우 인정 많은 여자였기 때문이다.

그의 직업에 대한 자기의 짐작이 맞았는지 확인해 보려고, 어느 날 그녀는 경매에서 사온 그림 한 폭을 자기 방에서 들고 나와 카운터 뒤의 선반에 세워 놓았다.

베니스의 풍경화였다. 웅장하고 화려한 대리석 궁전(그림에는 이렇게 씌어 있었다)이 앞쪽에, 그러니까 물가에 서 있었다. 그밖에 곤돌라(귀부인이 앉아서 손을 물에 담그고 있었다)와 구름과 하늘이 그려져 있고, 명암이 많이 들어가 있었다.

화가라면 이것이 눈에 안 띌 까닭이 없다고 생각했다.

이틀쯤 지나서 그 손님이 들어왔다.

"미안하지만, 묵은 빵을 두 개 주십시오."

"훌륭한 그림이군요, 아주머니." 그녀가 빵을 싸고 있는데 그가 말했다.

"그래요?" 미스 마사는 자기의 짐작이 맞아 들어가는 것을 속으로 기뻐하면서 말했다. "저는 미술과 그리고……."(아니, 이렇게 빨리 '화가'라는 말을 해버리면 안되지) "그리고 그림을 무척 좋아해요" 하고 다른 말로 바꾸었다. "좋은 그림이라고 생각해요?"

"궁전은" 손님이 말했다. "그리 잘 그려진 것 같지 않군요. 원근법도 잘못되었구요. 안녕히 계십시오, 아주머니."

그는 빵을 받아들고 꾸벅 인사하고는 바쁘게 나가 버렸다.

그렇다, 저이는 미술가가 틀림없어. 미스 마사는 그림을 다시 자기 방에 갖다 놓았다.

안경 속 그이의 눈은 어쩌면 그렇게도 부드럽고 상냥하게 빛날까! 그이의 이마는 어쩌면 그렇게도 넓을까! 첫눈에 어김없이 원근법을 판단할 수 있다니, 그런데도 굳은 빵을 먹으며 살다니! 하지만, 천재란 인정을 받을 때까지는 흔히 고생해야 하는 거야.

만일 그 천재를 2천 달러의 은행 예금과 빵가게와 따스한 마음으로 후원해 준다면, 미술과 원근법을 위해서 얼마나 좋은 일일까? 하지만 미스 마사여, 그것은 백일몽이었다.

요즘 그는 가게에 오면 진열창을 사이에 두고, 잠시 가벼운 대화를 나누다가 돌아가는 일이 잦았다. 그는 미스 마사의 명랑한 수다를 매우 환영하는 것처럼 보였다.

그는 여전히 묵은 빵을 사갔다. 케이크도, 파이도, 그녀가 자랑하는 맛있는 샐리런*¹도 전혀 사가지 않았다.

그녀는 그가 차츰 수척해지고 힘이 없어 보인다고 생각했다. 그가 사가는 초라한 빵에다 무언가 맛있는 것을 보태 주고 싶은 생각이 간절했지만, 그러나 막상 행동으로 옮길 용기가 나지 않았다. 그를 부끄럽게 만들고 싶지 않았다. 예술기는 자존심이 강하다는 것을 그녀는 알고 있었다.

미스 마사는 가게에 나올 때 물방울무늬 실크 블라우스를 입게 되었다. 뒷방에서는 모과 씨와 붕사(硼砂)를 섞어서 이상한 혼합물을 만들었다. 얼굴 혈색이 좋아진다며 이것을 사용하는 사람이 많다.

어느 날, 그 손님이 여느 때처럼 가게에 나타나서 진열장 위에 5센트 짜리 백동전을 놓고 굳은 빵을 찾았다. 미스 마사가 굳은 빵에 손을 내밀었을 때 소방차 사이렌 소리가 요란하게 울렸다.

손님은 누구나가 하듯이 얼른 문간으로 가서 밖을 내다보았다.

그 순간 좋은 생각이 떠올라 미스 마사는 그 기회를 이용했다.

카운터 안의 가장 아랫선반에는 10분 전에 우유장수가 놓고 간 신선한 버터 1파운드가 있었다. 미스 마사는 빵 자르는 칼로 두 개의 굳은 빵을 깊숙하게 자르고는, 그 속에 버터를 듬뿍 밀어 넣고 빵을 다시 꼭 아물려 놓았다.

손님이 다시 돌아왔을 때 그녀는 빵을 종이에 싸고 있었다.

손님은 여느 때와 다름 없이 명랑하게 잡담을 하고 돌아간 뒤, 미스 마사는 혼자서 방긋이 웃었지만, 얼마쯤 가슴이 두근거리지 않는 것도 아니었다.

지나치게 대담했을까? 그는 노여워할까? 결코 그렇지는 않을 거야. '꽃말'이라는 것은 있지만 음식에는 무슨 상징의 말 같은 것은 없는걸. 버터가 여자답지 않게 주제넘는다는 상징은 아니잖아.

---

*1 구워서 금방 먹는 빵. 1800년 무렵 영국에서 이것을 만들어 팔고 다니던 소녀의 이름에서 딴 것.

그날은 줄곧 그 일만 생각했다. 그가 자기의 이 조그만 속임수를 발견할 때의 광경을 상상했다.

그는 붓과 팔레트를 밑에 내려놓을 것이다. 거기에는 나무랄 데 없는 원근법을 구사한 그림이 이젤 위에 놓여 있으리라.

그는 퍼석퍼석한 묵은 빵과 물로 점심 준비를 할 것이다. 그리고 빵을 얇게 썰 것이다, 아!

미스 마사는 얼굴을 붉혔다. 그는 빵을 먹으면서 그 속에 버터를 넣은 손길을 생각해 줄까? 그는……

입구의 문에 달린 벨이 거칠게 울렸다. 누군가가 시끄럽게 소리를 내면서 들어오고 있었다.

미스 마사는 부랴부랴 가게로 나갔다. 두 남자가 서 있었다. 한 사람은 파이프를 입에 문 젊은 남자로 여태까지 본 적이 없는 얼굴이었다. 나머지 한 사람은 그녀의 화가였다.

화가는 시뻘개진 얼굴에 모자를 뒤로 젖혀 썼으며 머리는 텁수룩하게 헝클어져 있었다. 그는 꽉 움켜쥔 두 주먹을 미스 마사에게 세차게 흔들어 댔다. 미스 마사에게……

"둠코프!"*2 그는 엄청나게 큰 소리로 외쳤다. 그리고 이어 "타우젠돈퍼!"*3 니 어쩌니 하고 독일말로 외쳐댔다.

젊은 남자가 그를 데리고 나가려 했다.

"그냥은 나갈 수 없어!" 그는 화가 잔뜩 나서 말했다. "이 여자한테 한마디 해 주기 전에는." 그는 미스 마사의 카운터를 쾅 내리쳤다.

"당신은 날 망쳐 놓았단 말이야!" 그는 안경 속에서 푸른 눈을 희번덕거리며 소리쳤다. "알겠어! 이 주제넘은 고약한 여자 같으니라구!"

미스 마사는 비틀거리며 진열장에 기대어, 한 손을 물방울무늬 실크 블라우스에 댔다. 젊은 남자가 친구의 옷깃을 잡았다.

"자, 가자구." 젊은 남자는 말했다. "이제 할 만큼 했잖아."

그는 성난 사람을 문간으로 해서 보도에 끌어내 놓고 다시 돌아왔다.

"아무래도 이 말은 해 두는 편이 좋겠군요, 아주머니." 그가 말했다. "어쩌

---

*2 Dummkopf. 독일어로 '바보'라는 뜻.

*3 Tausendonfer. 독일어로 '멍청이'라는 뜻.

서 이런 소동이 일어났는지 말입니다. 저 사람은 블룸베르거라고 합니다. 건축 설계사지요. 나도 그와 같은 사무실에서 일하고 있습니다. 저 사람은 지난 석 달 동안 새 시청의 설계도를 그리는 데 몰두해 왔습니다. 현상 공모에 응모할 작정으로 말이지요. 그리고 어제 겨우 선을 잉크로 그리는 단계까지 완성했습니다. 아시다시피, 건축사는 언제나 먼저 연필로 초안을 그립니다. 그것이 완성되면, 한 주먹의 굳은 식빵 부스러기로 연필자국을 지워 나가지요. 그 편이 고무지우개보다 훨씬 잘 지워지거든요. 블룸베르거는 그 빵을 댁에서 사 쓰고 있었습니다. 그런데 오늘……이젠 아시겠지만, 아주머니, 그 버터로는……그 때문에 블룸베르거의 설계도는 엉망이 되어 버렸습니다. 이제는 정거장에서 피는 샌드위치 속처럼 잘게 썰어 버리는 수밖에 없게 되었지요."

미스 마사는 뒷방으로 갔다. 물방울무늬 실크 블라우스를 벗고, 늘 입던 낡은 갈색 모직 옷으로 갈아 입었다. 그리고 모과 씨와 붕사 혼합물을 창 밖 쓰레기통에다 쏟아 버렸다.

초록 문

우리들이 무엇을 하고자 할 때, 우리 자신의 운명의 주인은 우리다

예컨대 당신이 저녁을 먹은 뒤 브로드웨이를 산책하며, 10분 동안 엽궐련을 한 개비 피우면서 비극으로 기분 전환을 할지, 아니면 통속희극에서 진지한 면을 찾아볼지를 고민하는 중이라고 가정해보자. 갑자기 누군가의 손이 당신의 팔에 닿는다. 돌아보니 다이아몬드와 러시아 산 흑담비 모피로 근사하게 차려입은 아름다운 여자가 타오르는 눈으로 당신을 바라본다. 그녀는 재빨리 당신 손에 몹시 뜨거운 버터롤 빵을 밀어 넣고, 반짝거리는 조그만 가위를 꺼내어 당신 외투의 두 번째 단추를 자른 다음 "평행사변형!"이라는 한마디를 의미 있게 외치고는 불안한 듯 어깨 너머를 돌아보며 골목길로 쏜살같이 사라져 버린다.

이거야말로 순수한 모험일 것이다. 당신은 이에 응할까? 그러지 않을 것이다. 당신은 얼떨떨해져서 얼굴을 붉히고 겸연쩍은 듯이 롤빵을 내던지고는, 사라진 단추 언저리를 힘없이 만지작거리며 그대로 브로드웨이를 걸어나갈 것이다. 당신이 아직도 순수한 모험심을 잃지 않은 행복한 소수의 한 사람이 아니라면 아마 그렇게 할 것이다.

참된 모험가는 그 수가 결코 많지 않다. 모험가로서 책에 그 이름을 남긴 사람들은 대부분 새로운 방법을 개발한 행동파들이었다. 그들은 자기들이 구하는 것, 이를테면 황금 양털이라든가, 성배라든가, 귀부인의 사랑, 보물, 왕관, 명성 같은 것을 손에 넣으려고 찾아 나섰다. 참된 모험가는 목적도 없고 타산도 없이 미지의 운명과 조우하기 위해서 떠난다. 그 좋은 예가 성서

에 나오는 저 방탕한 아들, 집으로 돌아오기 시작했을 때의 그 방탕아이다.

모험가에 준하는, 용감하고 빛나는 사람들은 많았다. 십자군에서 펠리세이즈 협곡 등반가들에 이르기까지 그들은 역사 기술과 소설 기법을 풍부하게 만들고, 역사소설이라는 장사를 번창시켜 왔다. 그러나 그들에게는 모두 차지할 상품이 있고, 도달할 목표가 있고, 갈아야 할 도끼가 있고, 뛰어야 할 경주가 있었으며, 칼로 다시 칠 제2의 자세가 있고, 새겨야 할 이름이 있고, 해결할 문제가 있었다. 그러므로 그들은 참된 모험의 추구자는 아니었던 것이다.

대도시에서는 로맨스와 모험이라는 쌍둥이 요정이 언제나 마땅한 인물을 찾아 떠돌고 있다. 우리가 거리를 걷노라면, 이 요정들은 갖가지 모습으로 다가와 우리의 눈치를 살피기도 하고 도전해 오기도 한다. 이유는 알 수 없지만, 문득 고개를 들었을 때 어느 집 창가에서 우리는 마음 깊은 곳에 묻어 두었던 친숙한 초상화 속의 한 얼굴을 발견하는 수도 있다. 모두가 잠든 거리에서 덧문을 내린 빈집으로부터 고뇌와 공포의 부르짖음이 들려 오는 수도 있다. 택시운전사가 우리를 여느 때와 다른 낯선 현관 앞에 내려 주면 미소를 가득 머금은 사람이 현관문을 열어주며 어서 들어오라고 말을 건네는 수도 있다. 글씨가 씌어 있는 종이 쪽지 한 장이 우연이라는 높다란 격자창에서 팔랑거리며 날아 내려와 발끝에 떨어지는 수도 있다. 지나가는 군중 속의 바쁘게 오가는 낯선 사람들과 한순간 미움과 애정과 두려움을 주고받는 수도 있다. 갑작스럽게 소나기가 쏟아지면 보름달의 딸이나 별의 사촌 같은 아가씨가 우리의 우산 속으로 뛰어들는지도 모른다. 길모퉁이마다 손수건이 떨어지고, 손짓이 부르고, 시선이 모인다. 잊히고, 고독하고, 황홀하며, 신비롭고, 위험하고 변화에 찬 모험의 실마리가 우리의 손안에 살며시 미끄러져 들어온다.

그러나 기꺼이 그것을 붙들고 따라가는 사람은 거의 없다. 인습이라는 쇠사슬로 뼛속까지 딱딱하게 굳어 있기 때문이다. 우리는 그대로 살아간다. 그리하여 무던히도 따분한 인생 끝 무렵의 어느 한 순간에 우리의 로맨스란 한두 번의 결혼이나, 서랍 속의 공단 장미 장식이나 평생 라디에이터와 씨름했던 기억 등, 멋도 맛도 없는 것에 지나지 않았다고 뉘우치게 되는 것이다.

루돌프 스타이너는 참된 모험가였다. 그가 생각지도 않던 일이나 말도 안 되는 일을 찾아서 복도 끝의 침실을 빠져나가지 않는 밤은 거의 없었다. 그에게는 인생에서 가장 흥미 있는 일이 바로 다음 길모퉁이를 돌아선 곳에 뒹굴고 있는 듯이 여겨졌다. 때로는 운을 시험해 보고 싶은 기분 때문에 괴상한 골목길로 헤매어 들어가는 일도 있었다. 경찰서에서 잔 적도 두 번이나 있었다. 교묘한 욕심쟁이 사기꾼에게 걸린 적도 한두 번이 아니었다. 달콤한 유혹에 속아 시계와 돈도 날려 버렸다. 그러나 그는 조금도 식지 않는 열성으로 모든 도전에 응해, 유쾌한 모험의 목록을 늘려 나갔다.

어느 날 밤, 루돌프는 일찍이 이 도시의 중심부였던 곳을 꿰뚫고 지나는 도로를 따라 어슬렁어슬렁 걷고 있었다. 두 무리의 군중이 보도를 가득 메웠다. 하나는 서둘러 집으로 돌아가는 사람들 무리이고, 다른 하나는 휘황찬란한 식당에 마음을 빼앗겨 집으로 돌아가기를 포기한 들뜬 사람들의 무리이다.

젊은 모험가는 보기 좋은 풍채로 조용히 주의 깊게 걸어나갔다. 그는 피아노 상점에서 판매원을 하고 있었다. 넥타이를 핀으로 꽂지 않고 토파즈 고리에 꿰어 매고 있었다. 언젠가 그는 어느 잡지 편집자에게 미스 리비가 지은 《주니의 사랑의 시련》이 자기 생애에 가장 큰 영향을 준 책이라고 써 보낸 적이 있었다.

걸어가는 동안에 보도에 놓아 둔 유리상자 안에서 이빨이 심하게 따닥거리는 소리에 먼저 그의 주의가(메스꺼운 기분과 함께) 그 상자 앞 식당으로 끌린 것 같았다. 그러나 다시 보니 그 옆에 높다랗게 걸린 치과 진료소 간판이 보였다. 수를 놓은 빨간 코트에 노랑 바지, 게다가 군모를 쓴 기묘한 몰골의 거대한 흑인이 통행인 가운데 받아 주는 사람에게 조심스레 카드를 나눠주고 있었다.

치과의 이런 홍보 방식은 루돌프에게는 낯익은 광경이었다. 보통 그는 광고 전단지를 돌리는 사람 곁을 그냥 지나쳐서, 카드 재고를 줄여 주지 않는다. 그러나 오늘밤에는 그 아프리카인이 하도 교묘하게 한 장을 쓱 그의 손에 밀어 넣어 주었으므로 루돌프는 그대로 손에 들고 그 재빠른 솜씨에 감탄해 빙그레 웃었다.

몇 야드 더 가서 무심코 그는 카드를 들여다보았다. 깜짝 놀란 그는 카드를 뒤집어 흥미를 가지고 다시 한 번 살펴보았다. 카드의 한쪽은 백지였으며 그 뒤쪽에는 잉크로 '초록 문'이라는 세 마디가 써 있었다. 그때 루돌프는 세 걸음쯤 앞에 걷던 어떤 사람이 흑인한테서 받은 카드를 길에 버리는 것을 보았다. 루돌프는 그것을 주웠다. 거기에는 치과 의사의 이름과 주소와 '의치·보철·치관(齒冠)' 등 판에 박은 영업 목록과 '무통' 치료의 그럴 듯한 광고 문구가 인쇄되어 있었다.

모험을 좋아하는 피아노 판매원은 길모퉁이에서 걸음을 멈추고 생각했다. 이어 그는 거리를 건너가서 한 블록쯤 내려갔다가 다시 건너와 거듭 아까의 그 길로 흘러가는 물결 속에 끼여들었다. 두 번째 그 흑인 곁을 지나갈 때는 아무것도 모르는 척 시치미를 떼고 자기 손에 쥐어주는 카드를 받았다. 열 걸음쯤 가서 카드를 살펴보았다. 먼저 받은 카드와 똑같은 글씨체로, 역시 '초록 문'이라고 씌어 있었다. 그의 앞뒤에서 통행인들이 서너 장의 카드를 길바닥에다 버렸다. 모두 아무것도 씌어 있지 않은 면을 위로해서 떨어져 있었다. 루돌프는 그것들을 모두 뒤집어 보았다. 어느 카드나 치과 진료실의 판에 박은 문구가 인쇄되어 있었다.

모험이라는 장난꾸러기 요정이 그 참된 추구자인 루돌프 스타이너를 두 번이나 손짓할 일은 거의 없었다. 그런데 그것이 지금 두 번이나 일어난 것이다. 그리하여 탐색이 시작되었다.

루돌프는 딸가닥거리는 이빨 상자 옆, 거대한 흑인이 서 있는 곳까지 천천히 돌아갔다. 이번에는 그 옆을 지나가면서 카드는 받지 않았다. 화려하고 우스꽝스러운 의상을 입고 있는데도 이 에티오피아인은 어떤 사람에게는 공손히 카드를 나누어주고 어떤 사람은 그냥 지나가게 내버려두면서, 타고난 야생의 위엄을 보이며 그 자리에 우뚝 서 있었다. 그는 30초마다 전차 차장의 말이 그랜드오페라의 한 구절처럼 알아듣기 어려운 문구 비슷한, 귀에 거슬리는 뜻 모를 말을 되풀이했다. 그리고 이번에는 그에게 카드를 주지 않았을 뿐 아니라, 루돌프는 그 번들번들 빛나는 큼직한 검은 얼굴에서 냉담하고 거의 모욕적인 멸시의 표정마저 본 듯이 느껴졌다.

이 표정이 모험가를 자극했다. 그는 그 표정에서, 너 가지고는 안되겠다는 것을 알았다는 무언의 비난을 읽었다. 카드에 씌어 있는 신비로운 말이 무엇을 뜻하든 간에 흑인은 두 번씩이나 그 많은 군중 가운데 그를 카드 수취인으로 선택해 주었던 것이다. 그런데 지금은 너는 그 수수께끼를 풀 기지도 용기도 없다고 흑인이 단정해 버린 것처럼 여겨졌다. 혼잡한 사람들 무리로부터 비켜선 청년은 모험이 숨어 있을 것 같은 건물을 재빨리 살펴보았다. 5층 건물이었다.

1층은 벌써 닫혀 있었는데, 장신구점이나 모피상 같았다. 2층은 깜빡거리는 간판 글씨로 치과라는 것을 알 수 있었다. 그 위에는 여러 나라 말로 너절하게 씌어 있는 간판이 손금쟁이와 재봉사와 음악가와 의사가 있음을 알려주고 있었다. 다시 그 위는, 창문에 쳐진 커튼이며 창턱에 놓인 흰 우유병 등으로 가정집이라는 것을 나타내고 있었다.

관찰을 끝낸 루돌프는 높은 돌층계를 잽싸게 뛰어올라가서 건물 안으로 들어갔다. 양탄자를 깐 층층대를 계속 걸어올라가 그 꼭대기에서 걸음을 멈추었다. 그곳 복도는 두 개의 창백한 가스등으로 흐릿하게 드러나 있었다. 하나는 저만치 오른쪽에 있었고, 하나는 더 가까이 왼쪽에 있었다. 가까운 불빛 쪽을 바라본 그는 창백한 불빛의 동그라미 속에 초록 문을 보았다. 한순간 그는 망설였다. 그러나 그때 그는 카드를 나눠주던 그 아프리카인의 오만한 비웃음을 보는 듯한 기분이 들었다. 그래서 그는 곧장 초록 문으로 다가가 두드렸다.

응답이 있을 때까지 흐른 일 초 일 초는, 참된 모험의 가쁜 숨결의 척도가 되는 것이다. 그 초록의 널빤지 저편에 무엇이 있을지 누가 알겠는가! 도박을 하는 노름꾼이나, 교묘한 수법으로 덫에 미끼를 달고 있는 교활한 악한이나, 용감한 자를 사랑하고 용감한 자가 나타나 주기를 바라는 미인이 있을지도 모른다. 위험, 죽음, 사랑, 실망, 비웃음, 이 가운데 그 무엇이 이 저돌적인 두드림에 응해 올지 알 수 없다.

방 안에서 살짝 옷 스치는 소리가 들리더니 서서히 문이 열렸다. 스물도 안 되어 보이는 젊은 여자가 창백한 얼굴로 비슬거리며 서 있었다. 처녀는 손잡이를 놓더니 한 손으로 무엇을 더듬으면서 힘없이 쓰러졌다. 루돌프는 처녀를 붙들고 벽 쪽에 놓인 색이 바랜 긴 의자에 뉘었다. 그는 문을 닫고 깜박거리는 가스등 불빛 아래 재빨리 방 안을 둘러보았다. 말끔하지만 말할 수 없이 가난하다는 것을 그는 알아챘다. 처녀는 까무러친 듯이 꼼짝도 않고 누워 있었다. 루돌프는 통이 없나 하고 정신없이 방 안을 살폈다. 정신을 잃은 사람은 통에 얹어서 굴려야 한다. 아니, 아니다, 그건 물에 빠진 사람이지. 그는 자기 모자로 그녀를 부채질하기 시작했다. 곧 효과가 나타났다. 왜냐하면 중산모의 챙이 코끝에 부딪쳐서 여자가 눈을 떴기 때문이다. 이때 청년은 그녀의 얼굴이 바로 자기 마음속 깊숙이 간직하고 있는 초상화 속의 한 얼굴임을 깨달았다. 그 앳된 잿빛눈, 얄밉게 조금 위로 향한 조그만 코, 완두콩 덩굴처럼 돌돌 말린 밤색 머리칼 등은 그의 모든 멋진 모험의 참된 결말이자 보수라고 여겨졌다. 그러나 그 얼굴은 애처롭도록 여위고 창백했다. 처녀는 고요히 바라보더니, 방긋 미소를 지었다.

"기절했었나보죠?" 그녀는 힘없이 물었다. "하지만 누구나 그렇게 될 거예요. 사흘이나 아무것도 먹지 못하고 빈속으로 있어 보세요!"

"하느님 맙소사!" 루돌프는 펄쩍 뛰며 소리쳤다. "내가 돌아올 때까지 기다리십시오."

그는 초록 문을 뛰어나가 계단을 달려 내려갔다. 20분 뒤에 다시 돌아와 발끝으로 문을 차서 여자가 열게 했다. 식료품 가게와 식당에서 산 물건을 두 팔에 가득 안고 있었다. 그는 그것을 식탁 위에 늘어놓았다. 버터 바른 빵, 냉육, 케이크, 파이, 피클, 굴, 구운 통닭, 우유 한 병, 그리고 뜨끈뜨끈한 홍차 한 병.

"어처구니가 없군." 그는 호통치듯 말했다. "먹지 않았다니, 그런 시시한 선거 내기 같은 것은 그만둬요. 자, 저녁 식사 준비 다 됐습니다." 처녀를 부축해 식탁 의자에 앉히면서 그는 물었다. "찻잔이 있나요?"

"창가 옆 선반에 있어요." 그녀가 대답했다. 그가 찻잔을 들고 돌아보니, 처녀는 크게 기뻐하며 눈을 빛내면서 좀처럼 틀리는 법이 없는 여성의 본능으로 종이 봉지에서 찾아 낸 큼직한 피클을 먹기 시작하고 있었다. 그는 웃으면서 그것을 빼앗고 찻잔 가득히 우유를 따랐다. "이것부터 먼저 드세요." 그가 말했다. "그러면 홍차를 좀 드리지요. 그런 다음 닭고기 날갯죽지를 드리겠습니다. 상태만 아주 좋으면 내일은 피클을 드리지요. 그런데 초대해 주신다면, 나도 함께 식사하고 싶은데요."

그는 또 하나의 의자를 끌어당겼다. 홍차는 처녀의 눈을 빛나게 하고, 혈색을 되찾아 주었다. 그녀는 굶주린 야수처럼, 얌전하지만 맹렬하게 먹기 시작했다. 젊은 남자의 존재나 그 남자의 구원의 손길을 모두 마땅히 여기는 것 같았다. 세상의 관습을 가벼이 여겨서가 아니라 눈앞에 닥친 고통이 너무나 다급해서 인위적인 의례를 접어둘 수밖에 없는 것처럼 보였다. 그러나 차츰 힘을 되찾고 편안해지자 세상의 관습에 관한 의식이 되살아나서 그녀는 간단한 자기 신상 이야기를 꺼내기 시작했다. 도시에서 날마다 하품이 나도록 듣는 수많은 이야기 중의 하나였다. 말하자면 급료가 얼마 되지 않는 여점원이 '벌금'까지 무느라 급료가 줄고 병이 들어 쉬다가 마침내 직장을 잃고 희망마저 잃어버렸는데 이 모험가가 초록 문을 두들겼다는 것이었다. 그러나 루돌프에게는 그녀의 신상 이야기가 《일리아드》나 《주니의 사랑의 시련》에 나오는 위기 만큼이나 큰 울림을 띠었다.

"그렇게 고생하신 걸 생각하면" 그는 한탄했다.

"정말로 지독했어요." 여자는 엄숙하게 말했다.

"이 도시에 친척도 친구도 없어요?"

"아무도 없어요."

"나도 이 세상에서 외톨이지요." 루돌프는 잠시 사이를 두고 말했다.

"그편이 나아요." 곧바로 처녀는 말했다. 그녀가 자신의 외로운 처지를 인정해 주는 것이 어쩐지 젊은이의 마음을 기쁘게 했다.

갑자기 처녀의 눈까풀이 내려오고 그녀는 깊은 한숨을 쉬었다.

"너무 졸려요." 그녀가 말했다. "하지만 기분이 아주 좋아요."

루돌프는 일어서서 모자를 집어 들었다.

"그럼, 난 가겠습니다. 하룻밤 푹 쉬면 아마 힘이 날 겁니다."

그가 손을 내미니 처녀는 그 손을 잡고 말했다. "안녕히 가세요." 그러나 그녀의 눈이 너무나 간절하고 솔직하게, 그리고 안타까이 묻고 있었으므로 그는 이렇게 대답했다.

"네, 상태가 어떤지 보러 내일 또 오겠습니다. 나를 쉽게 떨쳐 버릴 순 없을걸요."

그리고 문간에서 처녀는 그가 어떻게 여기에 왔느냐 하는 것은, 그가 왔다는 사실에 비하면 조금도 중요하지 않은 듯이 물었다. "어떻게 제 방문을 두드리게 되셨죠?"

그는 그 카드를 떠올리면서 잠시 그녀를 바라보고 있었는데, 갑자기 고통스러울 만큼 질투를 느꼈다. 만일 그 카드가 자기와 똑같이 모험을 좋아하는 다른 남자의 손에 들어갔더라면 어떻게 되었을까? 재빨리 그는 이 처녀에게 결코 사실을 알려서는 안 된다고 결심했다. 그녀가 너무나도 곤궁해서 하는 수 없이 사용한 그 색다른 수단을 자기가 알고 있다는 것을 그녀에게 알려서는 안되었다.

"우리 피아노 가게의 조율사가 이 건물에 살고 있는데 그만 잘못해서 이 방 문을 두드린 겁니다."

초록 문이 닫히기 전에 그가 마지막으로 본 것은 그녀의 미소였다.

계단 위에서 그는 걸음을 멈추고 이상한 듯이 주위를 두리번거렸다. 그리고 복도를 저쪽 끝까지 갔다가 돌아와서는, 다시 위층으로 올라가서 까닭을 알 수 없는 탐사를 계속했다. 이 건물에서 그가 본 문이란 문이 모두 초록으로 칠해져 있었다.

이상하다고 생각하면서 그는 보도로 내려갔다. 그 기묘한 흑인은 아직 그 자리에 있었다. 루돌프는 카드를 두 장 쥐고 그 앞에 가서 물었다.

"당신이 어째서 이 카드를 나한테 주었는지, 이게 무슨 뜻인지 가르쳐 주지 않겠소?"

흑인은 사람 좋은 웃음을 활짝 웃으면서 자기를 고용한 사람의 직업에 관한 훌륭한 광고를 보여주었다.

"저겁니다요, 손님." 그는 길 건너편을 가리켰다. "하지만 제1막은 좀 늦겠는뎁쇼."

흑인이 가리키는 쪽을 보니 극장 입구 위에 '초록 문'이라는 새 공연의 찬연히 빛나는 간판 글씨가 눈에 띄었다.

"들어 보니, 뭐 아주 좋은 연극이라던데요 손님." 흑인이 말했다. "저 연극을 홍보하는 양반이 1달러를 주면서 치과 광고 전단지와 함께 이 카드를 좀 나누어 달라고 그러데요. 치과 의사 전단지도 한 장 드릴깝쇼, 손님?"

루돌프는 그가 사는 구획 모퉁이에서 걸음을 멈추고, 맥주를 한 병 들이켜고는 엽궐련을 한 개 샀다. 엽궐련에 불을 붙여 물고 나온 그는 외투 단추를 끼우고, 모자를 뒤로 조금 젖히고는 길모퉁이의 가로등을 향해서 당당하게 말했다.

"어차피 그녀를 발견하도록 길을 마련해 준 것은 운명의 신이 한 일이라고 나는 믿는다."

이런 상황 아래서 이런 결론을 내리는 것을 보면, 루돌프 스타이너는 확실히 로맨스와 모험의 참된 추구자들 중의 하나라 할 것이다.

부자 신과 사랑의 큐피드

참된 부(富)는 정지된 물건이 아니다. 그것은 생활에 유익한 것들을
창조하고 분배하려는 사람들의 의지에서 나온, 살아있는 것이다

록월 유리카 비누 회사의 전 공장주이자 경영자인 앤소니 록월 노인은 5
번가에 있는 자택 서재에서 창 밖을 내다보며 이를 드러내고 웃고 있었다.
오른쪽 옆집에 사는 귀족 클럽 회원 G. 밴 스카일라이트 서포크존스가 대기
중인 자동차께로 나오더니, 여느 때처럼 비누 궁전의 정면 현관에 높다랗게
서 있는 이탈리아 르네상스풍 조각을 바라보며 오만 불손하게 콧잔등에 주
름을 지었기 때문이다.

"건방진 늙은이가, 아무 짝에도 쓸모없는 장승같으니라구!" 전 비누 왕은
욕설을 퍼부었다. "이 싸늘한 귀족 늙은이야, 정신 차리지 않으면 곧 이든 박
물관*1에 들어가고 말 게다. 내년 여름에는 이 집을 빨갛고 하얗고 파랗게
칠해 가지고*2 네덜란드 코가 얼마나 휘어 올라가는가 봐 줄까보다."

그리고 벨소리를 싫어하는 앤소니 록월은 문가로 가서 일찍이 캔자스 평
원에서 창공을 뒤흔들던 그 우렁찬 목소리로 외쳤다. "마이크!"

"아들 녀석에게 말해라." 앤소니는 불려 온 하인에게 말했다.

"나가기 전에 좀 들러가라구."

록월 청년이 서재에 들어오자, 노인은 신문을 한쪽에 치우고는 큼직하고
수염 없는 불그레한 얼굴에 애정이 깃든 엄격함을 띤 채 그를 바라보면서,
한 손으로 흰머리를 훑고 한 손으로 주머니 속의 열쇠를 짤그랑거렸다.

"리처드" 앤소니 록월이 말했다. "네가 쓰는 비누 값이 얼마나 되느냐!"

---

*1 뉴욕에 있는 밀랍 인형 박물관.
*2 네덜란드 국기 빛깔.

대학을 졸업하고 집에 돌아온 지 겨우 여섯 달밖에 되지 않는 리처드는 조금 어리둥절해 했다. 그는 아직도 아버지의 참된 성품을 알지 못했다. 처음으로 파티에 간 아가씨처럼 온통 예상 못할 일뿐이었기 때문이다.

"한 다스에 6달러인 줄 압니다, 아버지."

"그럼, 네 옷은?"

"주로 60달러쯤 되겠지요."

"너는 신사야." 앤소니는 결연히 말했다. "요즘 젊은 멋쟁이들 중에는 비누 한 다스에 24달러나 쓰고 옷도 분에 넘치는 걸 입는 놈이 있다고 들었다. 너는 그런 놈들 못지 않게 쓸 돈이 있는데도 그저 얌전하고 검소하기만 하구나. 하기야, 나도 집에서 만든 옛날 유리커를 쓰고 있다만, 그건 이게 가장 순수한 비누이기 때문이다. 언제라도 비누 한 개에 10센트 넘게 쓴다는 것은 나쁜 향료와 상표를 사는 것에 지나지 않아. 하지만 네 또래의 비슷한 지위와 신분을 가진 젊은이라면, 50센트짜리는 마땅할 게다. 방금 말했듯이 너는 신사야. 신사를 만들려면 3대가 걸린다지만, 잘못된 말이야. 비누 유지와 마찬가지로 돈이 말쑥한 신사를 만드는 게다. 너를 신사로 만들어 준 것도 돈이야, 암 그렇고말고! 돈은 나까지 신사로 만들 뻔했다. 나는, 우리 집 양옆에 사는 두 늙은 네덜란드 신사처럼 거칠고 예의범절 모르고 사귀기 어려운 인간인데도 말이다. 그 친구들, 내가 집을 사서 사이에 끼어드는 바람에 밤에 제대로 잠도 못 잔다더라만."

"돈으로 할 수 없는 일도 있습니다."

록월 청년은 조금 우울한 듯이 말했다.

"그런 소리 작작해라." 놀란 앤소니 노인은 말했다.

"나는 언제나 돈에 돈을 건다. 돈으로 살 수 없는 게 뭐가 있나 하고 백과사전 Y항목까지 조사해 봤다. 다음 주에는 증보판을 조사해 볼 참이다. 나는 모든 것을 적으로 돌리더라도 돈 편을 들겠다. 돈으로 살 수 없는 게 있다면, 어디 말해 봐라."

"첫째" 리처드는 좀 사무치는 듯이 대답했다. "상류 사회의 사교계에 들어갈 자격은 돈으로 살 수 없습니다."

"호오! 정말 못 살까?" 금권 옹호자는 천둥 같은 소리로 말했다.

"만일 초대 애스터*³가 대서양을 건널 3등 배삯이 없었더라면, 대체 네가 말하는 그 상류 사회의 사교계라는 것이 어디 있었겠느냐?"

리처드는 한숨을 지었다.

"내가 말하고 싶었던 게 바로 그거다."

노인은 조금 조용한 목소리로 말했다.

"너를 부른 것도 그 때문이야. 어디가 불편한 모양이구나, 애야. 이틀 전부터 눈치채고 있었다. 속시원히 말해 봐라. 나는 부동산 말고도 24시간 안으로 천 백만 달러는 만들 자신이 있다. 간이 나쁘다면, 램블러호가 항만에서 석탄을 싣고 이틀이면 바하마 제도로 떠날 준비가 되어 있어."

"어지간히 맞히셨습니다, 아버지. 크게 빗나가진 않으셨네요."

"그러냐?" 앤소니는 다잡아서 말했다. "그래, 그 아가씨 이름이 뭐냐?"

리처드는 서재를 왔다갔다하기 시작했다. 무뚝뚝하고 늙은 아버지였지만 얼마쯤은 아들의 믿음을 끌어당기고도 남을 만큼 친근하고 다정한 면이 있었다.

"왜, 그 아가씨에게 청혼하지 그러느냐?" 앤소니 노인이 물었다. "너라면 얼마든지 그럴 수 있을 텐데, 돈도 있고 인물도 좋고, 게다가 품위 있는 청년이거든. 손도 깨끗하고, 유리커 비누 따윈 쓰지 않으니까. 대학도 나왔지만, 그 아가씨 입장에선 그런 건 아무래도 좋을 테지?"

"아직 기회가 없었습니다."

"기회를 만들어야지. 공원에 산책하러 간다든가, 마차를 타고 멀리 한 번 나가 본다든가, 교회에서 돌아올 때 집까지 바래다 준다든가 말이다. 기회라구? 쯧쯧!"

"아버지는 사교계의 물레방아라는 것을 모르십니다. 그 아가씨는 물레방아를 돌리고 있는 물결의 일부입니다. 그 사람의 시간은 한 시간 아니 1분까지 며칠 전부터 미리 다 예정되어 있습니다. 하지만 저는 무슨 일이 있어도 그녀와 결혼하고 싶습니다. 아버지, 그렇지 않으면, 이 마을은 영원히 시커먼 신갈나무로 덮인 진창이 되고 맙니다. 그런데 저는 그런 말을 편지로 쓸 수 없습니다. 저한테는 불가능해요."

---

*3 John Jacob Astor(1763~1848). 독일계 미국인 비즈니스맨, 투자자로 미국 최초의 억만장자.

"쯧쯧!" 노인은 다시 혀를 찼다. "내 모든 재산을 가지고도, 어린 처녀의 한두 시간을 네 것으로 만들지 못한단 말이냐!"

"제가 지나치게 미뤄 왔습니다. 그녀는 내일 모레 점심때 2년 예정으로 유럽으로 떠납니다. 단둘이 만날 수 있는 시간은, 내일 밤 고작 사오 분뿐입니다. 지금은 리치먼드의 숙모 댁에 있습니다만 거기엔 갈 수 없습니다. 하지만 내일 밤 8시 반 기차로 그랜드센트럴역에 도착하는 그녀를 마차로 마중나가도 좋다는 허락은 받았습니다. 우리는 브로드웨이를 마차로 달려서 월랙 극장으로 갑니다만, 그곳에는 그녀의 어머니와 같은 특별석 사람들이 로비에서 우리를 기다리고 있을 겁니다. 그런 상황에서 칠팔 분 동안에 그녀가 저의 사랑 고백에 귀를 기울여 줄 것 같습니까? 아닙니다. 그리고 극장에서나 그 뒤에나 무슨 기회가 있겠습니까? 전혀 없습니다. 그래요. 아버지, 이렇게 엉킨 것은 아무리 아버지의 돈이라도 풀 수가 없습니다. 돈으로는 1분의 시간도 살 수 없습니다. 살 수 있다면, 부자는 더 오래 살겠지요. 이제 배가 떠나기 전에 랜트리 양과 이야기할 수 있는 희망은 전혀 없습니다."

"알았다, 리처드" 앤소니 노인은 유쾌한 듯이 말했다. "지금부터 클럽에 나갔다 오려무나. 간장병이 아니라서 다행이다. 하지만 때로는 신전에서 거룩하신 머주머 신*⁴에게 분향드리는 걸 잊어선 안 된다. 돈으론 시간을 못 산다 이 말이지, 너는? 그래, 물론 돈을 주고 영원한 시간을 종이에 싸서 집에 배달해 달라고 주문할 수는 없을 테지. 하지만 나는 '시간' 아저씨*⁵가 금광을 찾아다니는 동안에 발꿈치를 돌에 부딪쳐서 심한 상처를 입는 걸 본 적이 있다."

그날 밤 얌전하고 감상적이며 주름투성이고 한숨을 잘 쉬고 부(富)에 중압을 느끼고 있는 엘렌 고모가 석간을 읽고 있는 오빠 앤소니 노인을 찾아와서 사랑하는 사람의 고민이라는 제목으로 대화를 시작했다.

"그 얘기는 그애가 다 해주더라." 하품을 하면서 앤소니는 말했다. "내 은행 예금을 마음대로 써도 좋다고 했지. 그랬더니 그 녀석 돈을 마구 헐뜯기 시작하더군. 돈 따위는 아무런 소용도 없다는 게야. 사교계의 법칙은 열 사

---

*4 행운의 神. 속어로 돈.

*5 Father Time. 시간의 의인화. 보통 한 손에 낫, 한 손에 모래 시계를 든 노인의 모습으로 나타남.

람의 백만장자가 한꺼번에 덤벼 봐야 1야드도 공격할 수 없다고 그러잖겠니?"

"저어, 앤소니" 엘렌 고모는 한숨을 쉬었다. "돈의 위력을 지나치게 믿지 않는 게 좋을 것 같아요. 참된 사랑에 관한 한 재산은 아무런 소용도 없어요. 사랑은 전능이랍니다. 그 애가 좀더 빨리 이야기했으면 좋았을걸. 그 아가씨도 우리 리처드를 거절할 순 없었을 텐데, 이제 너무 늦은 것 같아요. 그 처녀에게 말을 건넬 기회는 더는 없을 테니까요. 오라버니의 전 재산을 갖고도 아들에게 행복을 갖다줄 수는 없을 거예요."

이튿날 밤 8시, 엘렌 고모는 벌레 먹은 상자에서 색다른 옛스러운 금반지를 꺼내이 리처드에게 주었다.

"애야, 오늘밤에 그걸 끼고 가거라." 그녀는 부탁했다. "네 어머니가 주신 거란다. 사랑의 행운을 가져다 주는 반지라고 말씀하셨지. 어머니는 네가 사랑하는 사람을 발견했을 때 이걸 너한테 주라고 부탁하셨어."

록월 청년은 공손히 반지를 받아 새끼손가락에 껴 보았다. 반지는 둘째 관절까지 미끄러져 들어가서 멋졌다. 그는 반지를 뽑아 남자의 예법에 따라 조끼 주머니에 넣었다. 그러고는 전화로 마차를 불렀다.

8시 32분, 그는 기차역에서 왁자하게 떠들고 있는 군중 틈에서 랜트리 양을 붙잡았다.

"어머니와 다른 분들을 기다리시게 할 순 없어요." 그녀가 말했다.

"되도록 빨리 월락 극장으로 가주게!" 리처드는 명령했다. 마차는 42번가에서 브로드웨이로, 그리고 다시 불빛이 휘황한 거리를 서에서 동으로 달렸다.

34번가에 들어섰을 때 리처드 청년은 다급하게 마차 창문을 밀어 올리더니 마부에게 마차를 세우라고 일렀다.

"반지를 떨어뜨렸습니다." 마차에서 내리면서 그는 사과했다.

"어머님의 유품이라 잃어버리고 싶지 않습니다. 그리 시간은 걸리지 않을 겁니다, 떨어진 곳을 알고 있으니까."

1분도 채 되지 않아 그는 반지를 갖고 마차 안으로 돌아왔다.

그런데 그 1분 동안에 시내 전차 한 대가 마차 바로 앞에 서 버렸다. 마부는 전차의 왼쪽으로 빠지려고 했다. 그러자 커다란 화물 배달차가 앞을 가로막았다. 오른쪽으로 빠지려고 하자 그런 곳에 어떤 볼일도 없을 듯한 가구 운반차가 서 있어서 뒷걸음질치지 않으면 안되었다. 뒤로 물러서려고 하다가 마부가 이번에는 고삐를 떨어뜨려 버렸으므로 그는 욕지거리를 쏟아 놓았다. 마차는 수레와 말이 뒤섞인 혼란 속에 갇히고 말았다.

이따금 아주 갑자기 교통과 모든 활동을 일시에 정지시키는 대도시의 그 병목현상이 일어난 것이다.

"왜 마차를 몰지 않지?" 랜트리 양이 조마조마해하면서 말했다.

"늦겠어요."

리처드는 마차 안에서 주위를 둘러보았다. 그는 브로드웨이와 6번가와 34번가가 엇갈리는 광장이 마치 허리가 26인치인 처녀가 22인치 허리띠를 맸듯이, 배달차와 트럭과 전세 마차와 짐마차와 전차가 한데 우글거리는 홍수로 부풀어오르고 있는 것을 보았다. 그리고 여전히 모든 길에서 그 차들은 이 집합지 쪽으로 요란스레 전속력으로 달려와서 혼잡 속에 뛰어들어 수레바퀴는 꼼짝도 못하게 되고 마부들의 욕설은 갈수록 커져서 절규로 변했다. 맨해튼의 모든 교통수단이 그들 주위에 밀려와 꼼짝달싹도 못하게 된 것 같았다. 보도에 늘어선 수많은 구경꾼들 중에서 가장 나이 많은 뉴욕 시민도, 이토록 대규모로 교통이 막힌 일은 일찍이 본 적이 없었다고 했다.

"정말 미안합니다." 다시 자리에 앉은 리처드가 말했다. "우리는 오도가도 못하게 된 것 같습니다. 한 시간쯤으로 이 혼란이 가라앉을 것 같지는 않습니다. 제 잘못입니다. 반지만 떨어뜨리지 않았어도 우리는……."

"그 반지 좀 보여줘요." 랜트리 양이 말했다. "이제 어쩔 수 없는 걸요, 괜찮아요. 어차피 저는 연극을 꼭 보고 싶지는 않았어요."

그날 밤 11시에 누군가가 앤소니 록월의 방문을 가볍게 두드렸다.

"들어와요." 붉은 실내복을 입고 해적의 모험 소설을 읽고 있던 앤소니가 소리쳤다.

엘렌 고모였다.

그녀는 어쩌다가 잘못해 지상에 남게 된 백발 천사 같은 모습을 하고 있었다.

"두 사람이 약혼했어요, 앤소니." 그녀는 부드럽게 말했다.

"그 아가씨가 우리 리처드와 결혼하겠다고 약속했답니다. 두 사람이 극장으로 가는 도중에 길이 막혀서, 마차가 거길 빠져 나오는 데 두 시간이나 걸렸대요. 그리고 말이에요. 앤소니 오라버님, 이제 다시는 돈의 위력을 자랑하지 말아요. 참된 사랑의 조촐한 상징이, 돈과 아무 상관도 없는, 영원한 애정을 상징하는 그 조그만 반지 하나가 우리 리처드의 행복의 실마리가 됐답니다. 그 애는 반지를 길에 떨어뜨리고 그걸 줍느라고 마차에서 내렸어요. 그리고, 계속 움직여 가기 전에 길이 막혀 버린 거예요. 마차가 둘러싸여 있는 동안에 그 애는 아가씨에게 말을 건네서 그만 설득한 거예요. 참된 사랑에 비하면, 돈은 쓰레기나 같다구요, 앤소니."

"알았다." 앤소니 노인은 말했다. "그 녀석이 갖고 싶은 걸 손에 넣었다니 반갑군. 나는 그 녀석에게 말해 주었지, 이 일에 내해선 결코 돈을 아끼지 않겠다고 말야, 만일⋯⋯."

"하지만 앤소니 오라버님, 그래 돈이 무슨 소용이 있었죠?"

"엘렌" 앤소니 록월은 말했다. "내가 읽고 있는 해적은 지금 몹시 궁지에 빠져 있어. 마침 그 녀석 배에 커다란 구멍이 뚫렸는데, 하지만 이 녀석은 돈의 가치를 너무나 잘 알고 있으니까, 그리 호락호락 빠져 죽진 않을 게다. 제발 이 장을 계속 읽게 해 주지 않겠느냐?"

이 이야기는 여기서 끝나야 할 것이다. 이것을 읽고 있는 독자와 마찬가지로 나도 진심으로 그렇게 바라고 있다. 그러나 우리는 진실을 찾아서 샘의 밑바닥까지 훑지 않으면 안 된다.

이튿날, 벌건 손에 파란 물방울 무늬 넥타이를 맨 켈리라는 인물이 앤소니 록월 댁에 찾아와서 곧 서재로 안내되었다.

"그래" 하고 수표철에 손을 가져가면서 앤소니는 말했다. "썩 잘했네, 가만 있자⋯⋯자네에게 현금으로 5천 달러 줬지?"

"제 돈 3백 달러를 더 썼습니다." 켈리가 말했다. "아무리 해도 예산을 넘어서더군요. 배달차와 전세 마차는 대부분 5달러로 얘기가 됐습니다. 트럭과 말 두 마리짜리는 10달러까지 값을 올리지 않겠습니까? 전차 운전기사도 10달러 내라고 그러구요, 짐을 실은 차 중에는 20달러 내라는 자도 있어서요. 경관이 가장 비싸게 부르더군요. 두 사람에겐 50달러씩 주고 나머지는 20달러에서 25달러 주었습니다. 하지만 정말 멋지지 않았습니까, 록월 영감님? 경찰국장 윌리엄 A. 브래디가 그 현장에 나타나지 않은 건 정말 다행이었습니다. 그가 자기 일에 너무 열을 내다가 심장이 터지는 꼴을 보고 싶진 않았거든요. 더욱이 연습 한 번 안 해 본 공연이거든요! 모두 1초도 어김없이 시간을 맞춰 주었습니다. 그리고 두 시간 동안, 그릴리의 동상 밑으로 뱀 한 마리 기어 나가지 못했지요."

"천 3백 달러 여기 있네, 켈리!" 수표를 건네면서 앤소니는 말했다.

"수고비 천 달러, 자네 돈으로 쓴 것 3백 달러야. 자넨 설마 돈을 가볍게 보진 않겠지, 켈리?"

"제가요?" 켈리는 말했다. "가난을 발명한 놈을 두들겨 패 주고 싶은걸요."

켈리가 문 앞까지 갔을 때 앤소니가 불렀다.

"자네 혹시 못 봤는가?" 그가 물었다. "길이 꽉 막혔을 때 어디선가 발가벗은 통통한 어린아이들*6이 활을 쏘고 있는걸?"

"아뇨." 어리둥절한 얼굴로 켈리는 대답했다. "못 봤는데요. 만일 말씀하시는 발가숭이가 있었다면, 제가 도착하기 전에 벌써 경관이 끌고 갔을 겁니다."

"나도 그런 꼬마 악당이 나타날 리는 없다고 생각했지."

앤소니는 껄껄 웃었다.

"잘 가게, 켈리."

---

*6 사랑의 신 큐피드.

동방박사의 선물

지혜는 최선의 방법으로 최선의 결과를 추구함을 뜻한다

1달러 87센트, 그게 다였다. 그리고 그중의 60센트는 1센트짜리 동전이었다. 이 동전은 식품점과 채소가게와 고깃간에서 창피를 무릅쓰고 마구 값을 깎아 한 푼 두 푼 모은 것이었다. 델라는 그것을 세 번 세었다. 1달러 87센트, 그런데 내일은 크리스마스였다.

초라하고 조그만 침대에 엎어져서 소리내어 우는 수밖에 별 도리가 없었다. 그래서 델라는 그렇게 했다. 그랬더니 인생이란 흐느낌과 홀쩍거림과 미소로 이루어졌으며, 그중에서도 홀쩍거리며 우는 일이 가장 많다는 깨달음이 떠올랐다.

이 집 안주인의 흐느낌이 홀쩍임으로 잦아드는 동안, 이 가정을 한번 들여다보기로 하자.

일주일에 8달러짜리 가구 딸린 아파트이다. 말도 못할 만큼 심하지는 않더라도, 확실히 떠돌이들을 단속하는 경찰대가 뛰어 들어올까 봐 경계할 만큼 가난했다.

아래층 현관에는 아무리 봐도 편지가 들어갈 것 같지 않은 우편함과 어떤 손가락이 눌러도 울릴 것 같지 않은 벨이 있었다.

또 거기에는 '제임스 딜링 영'이라고 새겨진 명함이 붙어 있었다.

이 '딜링엄'이라는 이름은 그 이름의 소유주가 일주일에 30달러나 받고 있던 경기 좋은 지난날에는 산들바람에 늠름히 펄럭였다. 수입이 일주일에 20달러로 줄어든 지금은, '딜링엄'이라는 글자도 흐릿해 보였다. 마치 겸손하고 눈에 띄지 않게 D라는 글자 하나로 오므라들어 버릴까 하고 진지하게 생각하는 것 같았다. 그러나, 제임스 딜링엄 영 씨가 집에 돌아와서 2층 셋방으로 들어가면 언제나 "짐!" 하고 부르는 소리를 들으면서, 이미 델라라는 이름으로 여러분에게 소개해 둔 제임스 딜링엄 영 부인의 뜨거운 포옹을 받는다. 이 모두 매우 훌륭한 일이다.

델라는 울음을 그치고 얼굴에 분을 발랐다. 그녀는 창가에 서서 잿빛 뒷마당의 잿빛 산울타리 위로 잿빛 고양이가 걸어가는 모습을 멍하니 바라보았다. 내일은 크리스마스, 그러나 짐에게 줄 선물을 살 돈은 고작 1달러 87센트밖에 없었다. 몇 달 동안이나 1센트도 허투루 쓰지 않고 모아 왔으나, 일주일에 20달러로는 어쩔 수가 없다. 지출은 예산을 훨씬 넘었다. 으레 그런 법이다. 짐의 선물을 살 돈이 고작 1달러 87센트. 그녀의 소중한 짐인데. 짐에게 무언가 멋진 것을 선물할 계획을 세우면서 많은 즐거운 시간을 보내 왔다. 무언가 훌륭하고 진기하고 순수한 것, 조금이라도 짐의 소유물이라는 명예에 알맞은 것을…….

방의 창문과 창문 사이에 거울이 있었다. 주당 8달러 아파트 같은 곳에서 흔히 보는 거울이다.

몹시 여위고 민첩한 사람이라면 세로로 길쭉한 단면에 자기의 모습을 재빨리 잇달아 비추어 봄으로써, 꽤 정확히 자신의 모습을 알 수 있으리라. 델라는 홀쭉했으므로 그런 기술은 몸에 배어 있었다.

갑자기 그녀는 창문에서 획 몸을 돌려 거울 앞에 섰다. 눈은 반짝반짝 빛났지만 얼굴은 20초도 되지 않아 핏기가 싹 가셨다. 재빨리 머리를 풀어 헤쳐 길이대로 늘어뜨렸다.

그런데 제임스 딜링엄 영 부부에게는 두 사람이 무척 자랑하는 소유물이 두 가지 있었다. 하나는 일찍이 할아버지와 아버지 것이었던 짐의 금시계였고, 또 하나는 델라의 머리였다. 만일 시바의 여왕이 아파트 저편에 살고 있어서 어느 날 델라가 머리채를 창 밖에 늘어뜨려 말리는 모습을 본다면, 여왕 폐하의 보석과 보물도 무가치하다고 여겼을 것이다. 만일 솔로몬 왕이 재보를 지하실에 산더미처럼 쌓아 놓고 이 아파트 관리인을 하고 있어서, 짐이 지날 때마다 금시계를 꺼내는 것을 본다면 부러워서 턱수염을 쥐어뜯을 것이다.

지금 델라의 아름다운 머리채는 갈색 폭포수처럼 잔잔하게 파도치며 반드르르 몸 주위에 드리워져 있었다. 무릎 아래까지 닿는 머리채가 마치 긴 윗옷 같았다. 델라는 다시 신경질적으로 재빨리 머리를 땋아 올렸다. 그러다가 그녀는 잠깐 망설이며 가만히 서있더니, 이윽고 눈물이 한 방울 두 방울 낡고 붉은 융단 위로 떨어졌다.

그녀는 낡은 갈색 재킷을 걸치고, 낡은 갈색 모자를 썼다. 치맛자락을 펄럭이며, 두 눈에 아직도 반짝이는 눈물 방울을 남긴 채 문 밖으로 뛰어나가 층계를 내려가서 큰길로 나섰다.

그녀가 걸음을 멈춘 곳에는 '마담 소프로니 모든 종류의 모발 용품'이라는 간판이 걸려 있었다. 넬라는 층계를 달려 올라가서, 헉헉 숨을 몰아쉬며 마음을 가라앉혔다. 마담은 몸집이 크고 피부가 너무 흰 데다가 찬 느낌을 줘서 '소프로니'라는 이름과 어울리지 않았다.

"내 머리칼을 사시겠어요?" 델라가 물었다.

"사죠. 모자를 벗고 머리모양을 좀 보여줘요."

갈색 폭포수가 잔잔한 파도를 일으키며 흘러떨어졌다. "20달러 드리죠." 익숙한 솜씨로 머리채를 걷어올리면서 마담이 말했다.

"돈을 빨리 주세요." 델라가 말했다.

아아, 그 뒤의 두 시간은 장밋빛 날개를 타고 가볍게 날아갔다. 이런 엉터리 비유는 잊어주기 바란다. 그녀는 짐에게 줄 선물을 찾아서 가게를 샅샅이 뒤지고 다녔다.

드디어 그녀는 발견했다. 확실히 그것은 짐을 위해서 만들어졌으며, 다른 누구를 위한 것도 아니었다.

그와 같은 물건은 다른 어느 가게에도 없었다. 가게란 가게를 모조리 살펴봤던 것이다. 디자인이 산뜻하고 고상한 백금 시곗줄이었는데, 지저분한 장식에 의지하지 않고 품질만으로 그 가치를 정당하게 드러내고 있었다. 무릇 좋은 물건은 다 그렇듯이. 그것은 '그 시계'에도 결코 손색이 없었다. 그 시곗줄을 보는 순간 그녀는 이거야말로 짐의 것이어야 한다고 생각했다. 짐에게 딱 어울렸다. 고요함과 가치, 이 표현은 짐과 시곗줄 모두를 설명하기에 꼭 알맞았다. 그녀는 시곗줄에 21달러를 지불하고 87센트를 들고 서둘러 집으로 돌아왔다. 그 시계에 이 줄을 단다면 짐은 누구앞에서나 떳떳이 시계를 꺼내 볼 수 있으리라. 시계는 훌륭했지만 쇠줄 대신 낡은 가죽끈을 달아 놓고 있었으므로, 짐은 남몰래 시계를 들여다보는 일이 잦았다.

집으로 돌아온 델라는 흥분이 가라앉고 이성과 분별이 되살아났다. 그녀는 고데기를 꺼내어 가스에 불을 붙이고 애정과 관용 때문에 엉망이 되어 버린 머리를 매만지기 시작했다. 이런 것은 언제나 대단한 작업이라오. 친애하는 여러분, 거대한 작업이라오.

40분도 지나지 않아 델라의 머리는 촘촘하게 말린 고수머리로 덮이고, 학교를 빼먹는 개구쟁이를 놀랍도록 닮은 얼굴이 되어 버렸다. 그녀는 거울에 비친 자신의 모습을 오래도록 자세하게 들여다보았다.

"짐은" 델라는 혼자 중얼거렸다. "첫눈에 나를 보고 죽이진 않더라도 아마 코니아일랜드의 코러스걸 같다고 할 거야. 하지만 어쩔 수 없었는걸, 아아! 1달러 87센트로 무얼 어떻게 할 수 있었을까?"

7시가 되자 커피가 끓었고, 스토브 위의 프라이팬은 뜨거워져서 언제라도 고기를 요리할 수 있게 되었다.

짐은 늦게 돌아온 적이 없다. 델라는 시곗줄을 반으로 접어 손에 쥐고, 그가 언제나 들어오는 문 앞의 탁자 끝에 앉았다. 이어 그녀는 1층 계단을 밟는 그의 발소리를 들었을 때 한순간 하얗게 핏기를 잃었다. 그녀는 나날의 아주 작은 일이라도 반드시 짧은 기도를 드리는 버릇이 있었다. 그래서 지금도 속삭였다. "오, 하느님, 제가 여전히 예쁘다고 그이가 생각하게 해주세요."

문이 열렸고, 짐이 들어와서 문을 닫았다. 그는 여윈 체격에 매우 성실한 표정을 하고 있었다. 가엾게도 그는 이제 겨우 스물 둘인데, 가정을 부양하고 있다. 외투도 새로 지어야 하고 장갑도 없었다.

짐은 문 안쪽에 들어와서 메추라기 냄새를 맡은 사냥개처럼 꼼짝도 않고 서 있었다. 그의 눈은 델라에게서 움직이지 않았으며, 그 눈에는 델라가 읽을 수 없는 표정이 떠올라 있어서 그녀는 무서워졌다. 그것은 노여움도, 놀라움도, 비난도, 공포도 아니었으며, 그녀가 각오하던 그 어떤 감정도 아니었다. 그는 기묘한 표정을 띤 채 그녀를 가만히 바라볼 뿐이었다.

델라는 몸을 꿈틀거리며 탁자에서 떨어져 그의 앞으로 다가섰다.

"여보, 짐" 하고 그녀는 외쳤다. "그런 눈으로 보지 마. 당신에게 선물도 하지 않고 크리스마스를 보낼 순 없어서, 머리를 잘라서 팔았어. 머리는 금방 자라, 괜찮지 응? 달리 방법이 없었는걸. 내 머리는 무척 빨리 자라. '메리 크리스마스!' 이렇게 말해 줘, 짐. 그리고 즐겁게 지내자. 당신은 내가 당신에게 주려고 얼마나 근사하고……얼마나 아름답고 멋진 선물을 사왔는지 모를 거야."

"머리를 잘랐다구?" 짐은 아무리 열심히 생각해 봐야 그 틀림없는 사실이 아직 이해가 가지 않는 것처럼 간신히 물었다.

"잘라서 팔았어." 델라가 대답했다. "어쨌든 당신은 전과 다름없이 날 사랑해줄 거지? 머리카락이 없어도 나는 나일 뿐이야. 그렇잖아?"

짐은 이상한 듯이 방안을 둘러보았다.

"당신 머리카락이 이제 없단 말이지?" 그는 거의 바보 같은 표정으로 말했다.

"찾아볼 것도 없어." 델라는 거듭 말했다. "팔아 버렸다니까, 팔아서 이제 없어진걸. 오늘밤은 크리스마스이브야, 여보. 나한테 다정하게 해줘, 그건 당신을 위해서 없어진걸. 내 머리카락은 하느님께서 일일이 세어 보셨는지는 모르지만." 갑자기 그녀는 정다우면서도 진지하게 말을 이었다. "하지만 당신에 대한 내 사랑은 아무도 헤아릴 수 없어. 고기를 불에 올릴까, 짐?"

짐은 그 순간 제정신이 든 것 같았다. 그는 델라를 껴안았다. 우리는 한 10초쯤 점잖게 이들과 관계없는 다른 자질구레한 일이나 고찰해 보기로 하자. 일주일에 8달러거나 1년에 백만 달러거나, 그게 무슨 차이가 있을까? 수학자나 재담꾼에게 물어 봐야 옳은 대답은 얻지 못하리라. 동방의 현자들은 값진 선물을 갖고 왔지만, 이 대답은 그 선물 속에도 없었다. 이 분명치 않은 말의 의미는 나중에 뚜렷해질 것이다.

짐은 외투 주머니에서 조그만 꾸러미 하나를 꺼내더니 탁자 위에 놓았다.

"오해하지 마, 델라" 그가 말했다. "머리를 자르거나, 면도나 샴푸를 하는 것으로 당신에 대한 내 사랑을 조금이라도 줄일 수는 없을 거야. 아무튼 그걸 풀러 보라구. 그러면 아까 내가 왜 그토록 어리둥절했는지 알 수 있을 테니까."

하얀 손가락이 재빨리 끈과 포장지를 풀었다. 그리고 황홀한 기쁨의 소리가 터져 나왔다. 이윽고 아아! 그것은 곧 여자다운 신경질적인 눈물과 통곡으로 변하고, 이 방의 주인은 즉시 모든 힘을 다해 그녀를 달랠 수밖에 없었다.

짐의 선물은 머리빗이었기 때문이었다. 델라가 오랫동안 브로드웨이의 상점 창문에서 보고 동경하던 것, 옆머리와 뒷머리에 꽂을 수 있게 만든 빗 세트였다. 가장자리에 보석을 아로새긴 진짜 거북 등껍질로 만든 아름다운 빗이었으며, 이제는 잃어버린 그녀의 아름다운 머리에 꼭 어울리는 빛깔이었다. 비싼 물건이라는 것을 그녀는 알고 있었으며, 그러기에 그저 가슴 속으로만 열망했지 자신이 갖는다고는 꿈에도 생각지 못하고 그저 동경하던 빗이었다. 그런데 지금 그 빗이 그녀의 것이 된 것이다. 그러나 그 동경의 장식품을 장식할 삼단 같은 머리채는 이제 간 곳이 없었다.

그러나 그녀는 빗을 가슴에 꼭 끌어안고, 마침내 눈물이 글썽한 눈을 들어 방긋이 웃으면서 말했다. "내 머리는 아주 빨리 자라. 짐!"

그러고 나서 델라는 털을 그을린 새끼고양이처럼 팔짝 뛰어오르면서 소리쳤다. "오, 오!"

짐은 아직 자기의 아름다운 선물을 보지 못했다. 델라는 그것을 손바닥에 펼쳐서 열심히 그의 앞에 내밀었다.

둔한 빛깔의 귀금속은 그녀의 밝고 뜨거운 영혼을 비추어 반짝이는 것처럼 보였다.

"멋있지, 짐? 온 시내를 다 돌아니면서 찾은 거야. 앞으로는 하루에 백 번도 더 시계가 보고 싶어질걸. 시계 좀 줘봐. 이 줄이 그 시계에 얼마나 잘 어울리나 보고 싶어."

그러나 짐은 침대에 벌렁 드러눕더니 머리 밑에 두 손을 가져가서 베고는 빙그레 웃었다.

"델" 그는 말했다. "우리들의 크리스마스 선물은 한동안 잘 간직해 두자. 당장 쓰기에는 지나치게 고급이야. 나는 머리 빗을 사는 데 돈이 필요해서 시계를 팔아 버렸거든. 자, 이제 고기를 불에 올려놓지 그래?"

아시다시피 동방의 현자들은 지혜로운 사람들이었다. 말구유의 갓난아기에게 선물을 들고 온, 놀랍게 현명한 사람들이었다. 그들이 크리스마스에 선물을 하는 풍습을 생각해 냈다. 지혜로운 사람들이었으므로 그 선물도 틀림없이 현명한 선물이었으며, 아마도 중복되었을 때는 바꿀 수 있는 특전을 갖고 있었을 것이다. 그런데 여기서 나는 자신들의 가장 소중한 보물을 서로를 위해서 가장 지혜롭지 않은 방법으로 희생해 버린 두 어리석은 사람들의 이야기를 늘어놓았다. 그러나 마지막으로 한마디, 선물을 하는 모든 사람들 가운데 이 두 사람이야말로 가장 현명한 사람들이었다고 오늘날의 현명한 이들에게 말해주고 싶다. 선물을 주고받는 사람들 가운데 이런 사람들이야 말로 가장 지혜로운 사람들이다. 이들이야말로 동방박사이다.

천 달러
비용이 거의 들지 않는 것은 가치도 적다

"천 달러올시다." 변호사 톨먼은 엄숙하고 장중하게 되풀이했다. "여기 있습니다."

질리언 청년은 빳빳한 50달러 지폐의 얇은 묶음을 만지작거리면서, 무척 재미있다는 듯이 소리내어 웃었다.

"정말 처치 곤란한 액수군요." 그는 친절히 변호사에게 설명했다. "만 달러라면 남자가 한번 호기롭게 뿌려서 이름이라도 떨칠 수 있을 텐데. 하다못해 50달러만 되어도 덜 고민스러울 것 같고요."

"숙부님의 유언을 들으셔서 알겠지만" 하고 톨먼 변호사는 직업적인 건조한 어조로 말을 이었다. "그 세부사항을 주의 깊게 들으셨는지 모르겠습니다. 한 가지만 말씀드려야겠습니다. 선생은 이 천 달러를 다 쓰면 즉시 그 용도를 우리에게 보고하셔야 합니다. 유언에 이 조건이 명시되어 있습니다. 나는 선생이 돌아가신 질리언 씨의 희망을 들어 주시리라 믿습니다."

"믿으셔도 좋습니다." 청년은 정중하게 말했다. "만일 그 때문에 여분의 비용이 들더라도 말입니다. 차라리 비서를 두는 편이 좋을지도 모르겠군요, 나는 통 계산에 서툴러서요."

질리언은 클럽으로 나갔다. 거기서 그가 브라이슨 영감이라고 부르는 인물을 찾아냈다.

브라이슨 영감은 마흔에 은퇴한 조용한 인물이었다.

한구석에서 책을 읽고 있다가 질리언이 다가오는 것을 보더니 한숨을 쉬면서 책을 내려놓고 안경을 벗었다.

"브라이슨 영감, 정신 차려요." 질리언이 말을 건넸다.

"재미있는 얘기가 있습니다."

"당구실에 있는 사람들에게 이야기하지 그러나?" 브라이슨 영감이 말했다.

"내가 자네 얘기를 얼마나 싫어하는지, 자네도 알잖아?"

"다른 때보다 훨씬 근사한 얘깁니다." 질리언은 종이로 담배를 말면서 말했다. "영감한테 말씀드리는 게 전 기쁜걸요. 딸가닥거리는 당구공 소리와 함께 이야기하기에는 너무 슬프고 기묘한 얘깁니다. 전 지금 돌아가신 아저씨의 합법적인 해적들 사무실에 다녀오는 길입니다. 아저씨는 저한테 꼭 천 달러를 남겨 주셨습니다. 그런데 천 달러로 대체 무엇을 할 수 있을까요?"

"나는" 브라이슨 영감은 식초 병 속의 꿀벌만큼도 흥미를 보이지 않으며 말했다. "세상을 떠난 셉티머스 질리언이 50만 달러쯤의 값어치가 있는 분인 줄 알고 있었지."

"그렇지요." 질리언은 명랑하게 맞장구를 쳤다.

"그리고 바로 그 점이 재미있는데요. 숙부는 금화의 짐을 고스란히 세균한테 남겨 주고 가셨습니다. 말하자면 일부는 새로 세균을 발견하는 사람들한테 가고, 나머지는 그것을 퇴치하는 병원 건설비에 쓰입니다. 그밖에 한두 가지 자질구레한 유언이 있었지요. 집사와 가정부는 저마다 인장 반지와 10달러를 받았고, 이 조카는 천 달러를 받은 셈입니다."

"자네는 언제나 마음대로 쓸 수 있는 돈이 많았잖아." 브라이슨 영감은 말했다.

"그렇죠." 질리언은 말했다. "숙부는 푼돈에 관한 한, 동화 속 요정의 대모(代母)나 다름없었으니까요."

"그밖의 상속자는?" 브라이슨 영감이 물었다.

"한 사람도 없습니다." 질리언은 자기 담배를 들여다보고 이맛살을 찌푸리며 괜스레 가죽을 입힌 긴 의자를 툭 찼다. "숙부가 돌봐 주던 헤이든 양이 있습니다. 숙부 댁에 살았지요. 얌전한 아가씨입니다, 음악을 좋아하고. 불행하게도 숙부의 친구였던 분의 딸입니다. 아, 잊었습니다만 그 아가씨도 인장 반지와 10달러라는 농담 같은 유산을 받죠. 차라리 나도 그 속에 끼여 있었으면 좋았을 텐데. 그러면 술이나 한 댓병 마시고, 그 반지를 팁 대신 웨이터에게 주어 버리면 깨끗이 끝났을 텐데 말입니다. 선배랍시고 너무 창피를 주지 마십시오, 브라이슨 영감. 대체 남자가 천 달러로 뭘 할 수 있는지 좀 가르쳐 달란 말입니다."

브라이슨 씨는 안경을 닦으며 빙그레 웃었다. 브라이슨 영감이 빙그레 웃을 때는 더 치열한 공격을 가할 생각을 하고 있다는 것을 질리언은 알고 있었다.

"천 달러라면" 그는 말했다. "많기도 하고 적기도 한 액수야. 그것으로 즐거운 내 집을 사서 록펠러를 비웃어 줄 수도 있고, 마누라를 따뜻한 남부로 요양을 보내서 목숨을 건져 줄 수도 있겠지. 천 달러가 있으면, 6, 7, 8월 석 달 동안 백 명의 젖먹이에게 우유를 사 주고, 그 가운데 50명의 목숨을 구할 수도 있을 테고. 그걸 밑천으로 경계가 물샐 틈 없는 어느 비밀 화랑에서 트럼프 도박으로 한 30분쯤 기분 전환을 할 수도 있겠고, 큰 꿈을 가진 소년의 교육을 후원해줄 수도 있을 거야. 듣자하니 어제 어느 경매에서 진짜 코로*¹의 그림이 그 액수로 낙찰되었다더군, 뉴햄프셔주의 어느 도시로 옮겨가서 그 돈으로 2년쯤은 남부럽지 않은 생활을 할 수도 있을걸. 메디슨 스퀘어 가든을 하룻밤 전세내서 청중들에게, 청중이 있다면 말이지만, 추정 상속인이라는 지위의 불확실성에 대해서 한바탕 강연을 할 수도 있을 거구."

"설교만 안 하시면." 거의 흥분하지 않은 질리언은 말했다.

"사람들이 다들 브라이슨 영감을 좋아할 텐데. 천 달러로 제가 무엇을 할 수 있는지 그걸 가르쳐 달라고 부탁드리는 겁니다."

"자네가?" 브라이슨 영감은 상냥하게 웃으며 말했다. "이봐, 바비 질리언, 이론적으로 말해서 자네가 할 수 있는 일이 꼭 하나 있네. 그 돈으로 미스 로터 로리어에게 다이아몬드 목걸이나 하나 사주고, 자네 자신은 아이다호로 가서 목장 신세나 지는 거야. 양치는 목장으로 갈 것을 권하네, 나는 특히 양을 싫어하니까."

"고맙습니다." 질리언은 일어서면서 말했다. "브라이슨 영감이라면 뭐가 나올 수 있을 거라고 생각했죠. 그거 좋은 생각입니다. 저는 이 돈을 한꺼번에 내던지고 싶었습니다. 어디다 썼는지 보고서를 내야 하는데, 난 일일이 명세서를 만드는 일은 딱 질색이거든요."

---

*1 Jean Baptiste Camille Corot(1796~1875). 프랑스 화가.

질리언은 전화로 마차를 부르고는 마부에게 말했다.

"컬럼바인 극장 무대 출입구로 가 주오."

미스 로터 로리어가 분을 찍어 발라 화장을 하고 매진을 이룬 오후 공연에 나갈 준비가 거의 다 되었을 때, 그녀의 의상 담당이 질리언의 이름을 전했다.

"들어오게 해요." 미스 로리어가 말했다. "그런데 웬일이야, 바비? 난 이제 2분 뒤면 무대에 나가야 해."

"당신 오른쪽 귀는 토끼 발을 좀 닮았군." 질리언은 비판적으로 평했다. "하지만, 그편이 더 나아. 그런데 2분도 안 걸릴 일이야. 조그만 목걸이 종류 중에서 좋아하는 게 있어? 공 세 개 앞에 숫사 1이 붙을 성도의 액수라면 사 줄 수 있는데."

"어머, 당신이 골라 주는 거라면 뭐든지 좋아!" 미스 로리어는 노래하듯 말했다.

"내 오른쪽 장갑, 애덤스. 이봐요, 바비, 그날 밤 델라 스테이시가 한 목걸이 봤어? 티파니에서 2천 2백 달러 줬대. 하지만 물론……이 장식 띠를 왼쪽으로 좀 당겨, 애덤스."

"미스 로리어, 개막 합창이 시작됩니다!" 밖에서 호출하는 소년이 외쳤다.

질리언은 대기 중인 마차로 어슬렁거리며 걸어나갔다.

"만일 천 달러가 있다면, 당신은 어디다 쓰겠소?" 그는 마부에게 물었다.

"술집을 차리죠." 마부는 쉰 목소리로 곧 대답했다. "돈을 갈퀴로 쓸어 담을 수 있는 자리를 알고 있습죠. 길모퉁이에 있는 4층 건물입죠. 이건 제가 궁리한 건데요. 2층은 중국 음식점, 3층은 외국 공관, 그리고 4층에는 공개 도박장을 차리는 겁니다. 만일 선생님이 정말로 하실 생각이 계시다면……."

"아니, 아니" 질리언이 말했다. "나는 그저 호기심으로 물어 봤을 뿐이오. 당신 마차를 시간당으로 빌립시다. 내가 세우라는 데까지 달려주시오."

질리언은 지팡이로 이륜 마차의 말을 쿡 찔러 브로드웨이를 8블록쯤 달리게 하여 거리를 벗어났다. 도로에서 한 맹인이 의자에 앉아 연필을 팔고 있었다. 질리언은 마차에서 내려 맹인 앞으로 가서 섰다.

"실례합니다." 그가 말했다. "만일 선생이 천 달러가 있다면 뭘 하시겠는지, 말씀해 주시지 않겠습니까?"

"방금 멈춘 마차에서 내리신 분이죠?" 맹인이 물었다.

"맞습니다."

"한낮에." 연필 장수는 말했다. "마차를 타고 돌아다니는 것도 좋겠죠. 괜찮다면, 이것 좀 보십시오."

그는 외투 주머니에서 조그만 수첩을 꺼내어 내밀었다. 질리언이 펴 보니 은행 예금 통장이었다. 거기에는 1천 7백 85달러의 잔고가 맹인 남자의 예금으로 남아 있음을 보여주고 있었다.

질리언은 통장을 돌려주고 마차에 올라탔다.

"잊어버린 게 있었군." 그는 중얼거렸다. "톨먼 앤드 샤프 법률 사무소로 가주시오. 브로드웨이 ××번지요."

금테 안경 너머로 톨먼 변호사의 적의에 찬 눈빛이 그를 살펴보았다.

"실례입니다만" 질리언은 명랑하게 말했다. "한 가지 물어 봐도 될까요? 그리 주제넘은 질문은 아닐 줄 압니다. 헤이든 양은 숙부의 유언으로 반지와 10달러 말고 또 받은 것이 있습니까?"

"아무것도 없습니다." 톨먼이 대답했다.

"대단히 감사합니다." 이렇게 말하고 질리언은 마차로 돌아갔다. 그리고 세상을 떠난 숙부의 주소를 마부에게 일렀다.

헤이든 양은 서재에서 편지를 쓰고 있었다. 그녀는 몸집이 자그마하고 날씬했으며, 검정 옷을 입고 있었다. 그러나 그녀의 눈은 사람의 주의를 끌었다.

질리언은 마치 이 세상을 아주 하찮게 보는 태도로 어슬렁어슬렁 다가갔다.

"방금 톨먼 영감 사무실에 다녀오는 길입니다." 그가 설명했다. "거기선 열심히 서류를 살펴보고 있더군요. 그래서 그 사람들은 (질리언은 머릿속으로 법률 용어를 찾았다) 유언장에 대한 수정인지 추신인지 뭔지를 발견했습니다. 말하자면 아저씨는 생각을 바꾸어 좀 너그러워지셔서, 헤이든 양에게 천 달러를 남기신 것 같습니다. 마침 내가 이리 오는 길이라서 톨먼 씨가 그 돈을 전해 달라고 부탁하더군요, 여기 있습니다. 맞는지 세어 보십시오."

헤이든 양은 얼굴이 새하얘져서 "어머나!" 하더니 다시 소리쳤다. "어머나!"

질리언은 옆으로 조금 돌아서서 창 밖을 내다보았다.

"물론" 그는 나직한 소리로 말했다. "내가 당신을 사랑한다는 건, 알고 있겠죠."

"미안해요." 헤이든 양은 돈을 집어 들며 말했다.

"그래도 소용없습니까?" 질리언은 거의 쾌활한 어조로 말했다.

"미안해요." 그녀는 다시 말했다.

"잠깐 편지를 쓰고 싶은데, 괜찮겠습니까?" 질리언은 미소를 지으면서 물었다. 그러고는 큼직한 책상 앞에 가서 앉았다. 그녀는 종이와 펜을 갖다 주고 자기 책상으로 돌아갔다. 질리언은 천 달러의 지출 내역을 다음과 같이 썼다.

'말썽꾼 로버트 질리언은 하늘의 도움으로 영원한 행복을 위해 이 세상에서 가장 훌륭하고 가장 친애하는 여성에게 천 달러를 지불했노라.'

질리언은 이 보고서를 봉투에 넣고는 헤이든 양에게 인사하고 걸어나갔다.

그의 마차는 다시 톨먼 앤드 샤프 법률 사무소 앞에서 멈췄다.

"그 천 달러를 다 썼습니다." 그는 즐거운 듯이 금테안경을 낀 톨먼에게 말했다. "그리고 약속대로 그 내역서를 갖고 왔습니다. 바깥 공기 속엔 이제 완전히 여름을 느낄 수 있군요. 그렇지 않습니까, 톨먼 씨?" 그는 흰 봉투를 변호사의 책상 위에 얹어 놓았다. "여기 천 달러를 어떻게 썼는지 기록한 내용이 들어 있습니다."

봉투에는 손도 대지 않고 톨먼은 안쪽 문으로 가서 동업자인 샤프를 불렀다. 두 사람은 함께 거대한 금고의 동굴을 탐색했다. 그리고 탐색의 수확물로서 밀초로 봉한 큼직한 봉투를 꺼냈다. 그것을 뜯어서 알맹이를 꺼내더니, 둘은 머리를 무겁게 끄덕였다. 톨먼이 대변자가 되어 입을 열었다.

"질리언 씨" 그는 형식적인 어조로 말했다. "숙부님의 유언장에는, 보족서(補足書)가 딸려 있었습니다. 그것을 비밀리에 우리에게 맡기시면서, 선생이 유언장에 있는 천 달러를 어떻게 썼는지 설명하면 그때서야 이것을 열어보라고 지시하셨습니다. 이제 선생이 그 조건을 이행하셨으므로 방금 나와 내 동업자가 그 보족서를 읽어보았습니다. 법률 용어로 어렵게 이야기하고 싶지 않으므로, 그 내용의 요점을 짧게 설명해 드리겠습니다. 선생이 천 달러를 쓴 방법을 보고 선생이 포상을 받을 만한 충분한 자격이 있다는 것이 밝혀질 때는 막대한 재산이 선생께 돌아가게 되어 있습니다. 샤프 씨와 내가 그 판정인으로 지명되어 있으며, 우리는 정의에 따라서 엄격히 관용을 가지고 우리의 의무를 수행할 것을 선생에게 보장합니다. 질리언 씨, 우리는 질리언 씨에게 어떤 편견도 없습니다. 아무튼 보족서 이야기로 다시 돌아가겠습니다. 문제의 천 달러를 선생이 신중하고 현명하며 이타적으로 썼을 때는, 선생에게 액면가 5만 달러의 채권을 넘겨 드리는 권한을 우리는 갖고 있습니다. 그 채권은 이 목적을 위해서 우리가 보관하고 있지요. 그러나 만일, 우리의 의뢰인이신 고 질리언 씨가 명백히 조건을 달아 놓고 계시듯이 선생이 그 돈을 지난날처럼 그렇게 쓰셨을 때는, 그러니까 돌아가신 질리언 씨의 말씀을 인용한다면 불명예스러운 친구들과 함께 쾌씸한 소비를 했을 때는, 이 5만 달러는 즉시 돌아가신 질리언 씨의 피후견인인 미리엄 헤이든 양에게 지불되게 되어 있습니다. 그러면 질리언 선생, 샤프 씨와 내가 천 달러에 대한 선생의 보고서를 살펴보기로 하겠습니다. 물론 문서 형식으로 제출하셨을 줄 압니다. 우리의 판정을 완전히 믿어주시기 바랍니다."

톨먼은 손을 뻗쳐 봉투를 집으려고 했다. 그러나 질리언의 손이 조금 더 빨랐다. 그는 유유히 보고서를 봉투와 함께 쭉쭉 찢어서 주머니에 쑤셔 넣었다.

"그러실 것 없습니다." 그는 방실방실 웃으면서 말했다. "이런 일로 두 분을 성가시게 해 드릴 필요는 조금도 없으니까요. 두 분은 어차피, 일일이 사용처를 적어 놓은 도박금의 내용을 모르실 테니까요. 그 천 달러는 경마에 모조리 털어 버렸습니다. 그럼 여러분, 안녕히 계십시오."

질리언이 나가자 톨먼과 샤프는 서로 얼굴을 쳐다보며 슬픈 듯이 고개를 저었다. 왜냐하면, 그가 복도에서 엘리베이터를 기다리며 명랑하게 불고 있는 휘파람 소리를 들었기 때문이다.

20년 뒤
모든 사람은, 좋건 나쁘건 간에, 자기 운명의 창조자이다

순찰 중인 경관이 으스대며 한 걸음을 옮겼다. 으스대는 것은 버릇이지 괴시히기 위한 것은 아니었다. 보는 사람이 기의 없었기 때문이다. 시간은 겨우 밤 10시밖에 되지 않았지만, 비를 머금은 차가운 바람이 불고 있어서 거리에는 인적이 드물었다.

여러 가지 복잡하고 교묘한 솜씨로 경찰봉을 빙빙 휘두르기도 하고, 이따금 고개를 돌려 평온한 거리에 경계의 시선을 던지면서 집집의 문단속을 살펴 나가는 이 다부진 체격에 조금 뽐내는 듯한 경관의 모습은 평화의 수호자를 그린 한 폭의 그림이었다. 이 근처는 일찍 자고 일찍 일어나는 지역이었다. 이따금 담배 가게나 철야 영업을 하는 간이 식당의 불빛을 볼 수도 있었지만, 대부분은 사무실 건물이었으며 벌써 문을 닫은 지 오래였다.

어느 구획의 중간쯤 왔을 때, 경관은 갑자기 걸음을 늦추었다.

컴컴한 철물점 문간에 불을 붙이지 않은 엽궐련을 입에 문 한 남자가 기대어 서 있었다. 경관이 다가가자, 그는 얼른 말을 건넸다.

"염려 마십시오, 경관 양반." 그는 안심시키듯이 말했다.

"친구를 기다릴 뿐입니다. 20년 전에 약속했죠. 좀 이상하게 들립니까? 그럼, 제 이야기가 모두 사실이라는 걸 확인하고 싶으시다면 들려 드리죠. 20년 전의 일입니다만, 지금 이 가게가 서 있는 자리에 식당이 하나 있었습니다. '빅 조 브래디 식당'이라고 했지요."

"5년 전까지는 있었지." 경관이 말했다. "그때 헐렸소."

문간에 선 남자는 성냥을 그어 엽궐련에 불을 붙였다. 그 불빛이 날카로운 눈과 오른쪽 눈썹 가까이에 조그만 흰 상처 자국이 있는 창백하고 턱이 모난 얼굴을 비추었다. 넥타이핀은 묘하게 새긴 큼직한 다이아몬드였다.

"20년 전 오늘밤입니다." 남자가 말했다. "나는 이 '빅 조 브래디 식당'에서 지미 웰즈와 식사를 했지요. 지미는 나와 가장 가까운 친구였고, 이 세상에서 제일 좋은 놈이었습니다. 지미와 나는 이 뉴욕에서 형제처럼 함께 자랐죠. 내가 열 여덟이고, 지미는 스물이었습니다. 그 이튿날, 나는 한번 성공해 보려고 서부로 가게 되어 있었습니다. 지미를 뉴욕에서 끌어낸다는 건, 도저히 불가능한 일이었습니다. 그 녀석은 이곳만이 인간이 사는 가장 좋은 곳인 줄 알고 있었거든요. 그래서 우린 그날 밤 약속했죠. 설령 어떤 처지에 있더라도, 또 아무리 멀리서 달려와야 하더라도, 꼭 20년 뒤 이날 이 시간 여기에서 다시 만나자고 말입니다. 20년이나 지나면 어떻게 되어 있든 간에 아무튼 우리의 길도 정해져 있을 테고, 성공도 했으리라 생각한 거죠."

"꽤 재미있는 얘기군요." 경관은 말했다. "하지만, 다시 만나는 기간치고는 좀 긴 것 같네요. 선생이 떠난 뒤, 그 친구 분한테서 편지는 있었던 가요?"

"그럼요, 한참 동안은 서로 편지를 주고받았습니다." 그가 말을 이었다. "하지만 일이 년 지나니까 서로 그만 소식이 끊어지고 말았습니다. 아시다시피 서부란 엄청나게 큰 곳이거든요. 게다가 난 꽤 바쁘게 여기저기 뛰어다녔구요. 하지만 지미는 살아만 있다면, 나를 만나러 반드시 여기로 올 겁니다. 그 친구는 다시없이 성실하고 의리가 굳은 녀석이었으니까요. 결코 잊을 까닭이 없습니다. 난 오늘 밤 이 문간에 서려고 천 마일이나 떨어진 곳에서 달려왔지만, 옛 친구가 나타나 주기만 한다면야 그만한 보람은 있죠."

기다리고 있는 사나이는 훌륭한 회중시계를 꺼냈다. 그 뚜껑에는 자잘한 다이아몬드가 박혀 있었다.

"10시 3분 전이군." 그가 말했다. "우리가 이 식당 문간에서 헤어진 게 꼭 10시였습니다."

"서부에선 성공하셨나 보죠?" 경관이 물었다.

"그럼요……지미가 내 절반만이라도 잘됐으면 좋겠습니다. 그 녀석은 사람은 좋지만, 차근차근히 하는 녀석이 되어서요. 난 지금 같은 재산을 모으느라고 아주 날카로운 놈들과 겨뤄야 했습니다. 뉴욕에선 인간이 판에 박은 생활을 하게 됩니다. 서부는 인간을 면도날처럼 날카롭게 만들죠."

경관은 경찰봉을 빙빙 돌리면서 두어 걸음 걸어갔다.

"가 봐야겠습니다. 선생 친구분이 틀림없이 나타나길 빌겠습니다. 약속 시간이 지나면 가실 참인가요?"

"그렇게는 안 합니다!" 사나이는 말했다. "적어도 30분은 기다려야죠. 지미가 어디에 살아만 있다면, 그때까진 꼭 올 테니까요. 안녕히 가십시오, 경관 양반."

"안녕히 계십시오." 이렇게 말하고 경관은 일일이 문단속을 살펴보며 순회 구역을 걸어갔다.

이제 가늘고 차가운 이슬비가 내렸으며, 이따금 휙휙 변덕스럽게 불던 바람은 쉴새 없는 강풍으로 바뀌고 있었다. 그 구역을 지나가는 얼마 안 되는 통행인들은 옷깃을 세우고 주머니에 두 손을 찌른 채 음울하게 입을 다물고는 바삐 걸어갔다. 그리고 철물점 문간에서는 젊은 시절 친구와 맺은 어이없도록 불확실한 약속을 지키려고 천 마일을 달려온 사나이가 엽궐련을 피우며 기다리고 있었다.

그는 한 20분쯤 기다렸다. 그때, 긴 외투를 입고 깃을 귀까지 바싹 세운 훤칠하게 큰 사나이가 맞은편에서 바쁘게 길을 건너왔다. 그는 곧장 기다리고 있는 사나이 앞으로 다가갔다.

"봅?" 그는 의심스러운 듯이 물었다.

"지미 웰즈?" 문간에서 있던 사나이가 소리쳤다.

"야아!" 방금 온 사나이가 상대의 두 손을 쥐면서 소리쳤다.

"틀림없는 봅이구나. 난 네가 살아만 있다면, 틀림없이 올 줄 알았지. 이거, 정말! 20년이면 긴 세월이지, 옛날 그 식당도 이제 사라져 버렸다구, 봅. 그게 아직 있었으면 좋았을 텐데. 그러면 둘이서 다시 식사할 수 있을 텐데 말이야. 그래, 야, 서부는 어땠나?"

"근사했지, 갖고 싶은 건 뭐든지 손에 들어왔거든. 넌 무척 변했구나, 지미. 난 네가 이렇게 이삼 인치나 키가 더 클 줄은 몰랐는걸?"

"응, 스물이 지나고부터 키가 좀 컸지."

"뉴욕에선 잘 지내나, 지미?"

"그저, 그렇지 뭐. 시청의 한 부서에 근무하고 있지. 자, 가자구, 봅. 내가 아는 집에 가서 실컷 회포나 풀자!"

두 사나이는 서로 팔짱을 끼고 나란히 거리를 걸어가기 시작했다. 서부에서 온 사나이는 성공으로 신이 나서 그동안의 일을 대충 이야기하기 시작했다. 상대편 사나이는 외투에 폭 싸인 채 흥미 있는 듯이 귀를 기울였다.

길모퉁이에 전등불이 훤하게 빛나는 약국이 있었다. 이 눈부신 불빛 안으로 들어갔을 때, 두 사람은 동시에 서로의 얼굴을 쳐다보았다.

서부에서 온 사나이는 갑자기 걸음을 멈추더니 팔을 풀었다.

"넌 지미 웰즈가 아니야." 그가 쏘아붙였다. "20년은 긴 세월이지만, 사람의 코를 매부리코에서 경단코로 바꿀 만큼 길진 않아!"

"그 세월이 때로는 착한 사람을 악한 사람으로 바꾸기도 하지."

키 큰 사나이가 받았다. "넌 벌써 10분 전에 체포되었어, '실키' 봅. 시카고 경찰에서 네가 이쪽으로 갔을지 모른다고 생각하고, 너한테 볼일이 있다는 전보를 보내 왔다. 얌전하게 따라가겠지? 그래, 분별은 있군. 그런데 서에 가기 전에 너한테 전해달라고 부탁받은 편지가 있다. 이 진열창 앞에서 읽어보라구. 외근 순경 웰즈가 준 거야!"

서부에서 온 사나이는 건네 주는 조그만 종이 쪽지를 펼쳤다. 그의 손이 종이 쪽지를 다 읽을 무렵에는 조금 떨렸다. 편지의 사연은 짧았다.

봅. 나는 제 시간에 약속 장소에 갔네. 자네가 엽궐련에 불을 붙이려고 성냥을 그었을 때, 나는 그 얼굴이 시카고에서 수배 중인 범인의 얼굴이라는 것을 알았네. 아무래도 나는 내 손으로 자네를 잡을 수는 없었네. 그래서 서(署)로 돌아가 사복 형사에게 부탁했네.

지미

검독수리의 실종
본능이란 배우지 않은 능력이다

어느 해인가 몇 달 동안 광포한 강도가 리오그란데강 연안의 텍사스 국경 지대를 마구 털고 다녔다. 이 악명 높은 약탈자는 무엇보다 사람의 시신경을 위협했다. 그 외모의 특징 때문에 사람들은 그를 '국경의 공포, 검독수리'라는 칭호로 불렀다. 그와 부하들의 소행에 관한 무시무시한 이야기가 많이 전해졌다.

그런데 '검독수리'가 홀연히 지상에서 자취를 감추어 버렸다. 그 뒤 다시는 그의 소식을 들을 수 없었다. 그의 일당들까지도 그가 사라진 비밀을 짐작조차 하지 못했다. 국경 지대의 목장이나 마을에서는, 그가 언제 또 말을 타고 나타나 목초로 이은 집들을 털고 다닐지 몰라 불안에 떨었다. 그러나 그는 두번 다시 나타나지 않을 것이다.

이 이야기는 '검독수리'의 운명을 밝히기 위한 것이다.

이 이야기는 세인트루이스의 어느 바텐더의 발에서 시작한다. 치킨 러글스가 공짜 점심을 게걸스레 먹고 있을 때, 바텐더의 날카로운 눈이 그의 모습을 발견했다. 치킨은 '떠돌이'였다. 코가 닭부리처럼 길고, 닭요리를 무척 좋아하는 데다가, 먹을 때 제돈 내고 먹는 법이 없어서 같은 떠돌이들은 그에게 치킨이라는 별명을 붙여 주었다.

의사들은 하나 같이 식사 때 술을 마시는 것은 건강에 좋지 않다고 말한다. 그러나 술집의 건강법은 이와 반대의 주장을 펼친다. 치킨은 자기 식사에 곁들일 술을 사는 것을 게을리했다. 바텐더는 카운터를 돌아 나가서 분별 없는 손님의 귀를 레몬짜개로 집어 문간으로 끌고 가서 길거리로 차내고 말았던 것이다. 이리하여 치킨은 겨울이 다가오는 낌새를 깨닫게 되었다. 그날 밤은 추웠다. 별이 무정하게 반짝였다. 사람들은 이기적으로 밀치락달치락 두 가닥의 물결을 이루고 길을 서두르고 있었다. 사람들이 외투를 입고 있어서 그 끼운 단추 속에 갇힌 조끼 주머니의 푼돈을 우려내기가 차츰 더 어려워졌다. 해마다 언제나 그렇듯이 남부로 옮겨가야 할 시기가 닥친 것이다.

대여섯 살 먹은 사내아이가 과자 가게 진열창을 탐스러운 눈으로 들여다보고 서 있었다. 조그만 손 하나는 2온스들이 빈 병을 들었고, 다른 손은 가장자리가 깔쭉깔쭉한 은빛으로 빛나는 납작하고 동그란 것을 꼭 쥐고 있었다.

이 모습을 보자니 치킨의 머릿속에 재능과 용기에 알맞은 작전이 떠올랐다. 그는 재빨리 주위를 쭉 훑어보고 근처에 순찰 경관의 모습이 없는 것을 확인하고는, 슬쩍 먹이에 수작을 걸었다. 낯선 사람이 친근한 척 말을 건네올 때는 아주 조심해야 한다는 말을 부모한테서 미리 들었던 소년은 이 수작을 쌀쌀하게 대했다.

그래서 치킨은 행운이 흔히 자기를 차지할 사람에게 요구하는 사생결단의 일대 모험을 감행해야 한다는 것을 알았다. 그가 가진 밑천은 5센트였으며, 사내아이의 통통한 손에 꼭 쥐어 있는 것을 우려내려면 이 5센트를 걸어야만 했다. 그것은 운을 시험하는 무서운 제비뽑기라는 것을 치킨은 알고 있었다. 그러나 그는 현명하게도 힘으로 어린아이를 약탈하는 행위에는 두려움을 느꼈기 때문에 전략적으로 목적을 이뤄야 했다. 언젠가 공원에서 허기에 못 이겨, 유모차 안에서 혼자 놀던 어린아이의 병에 든 유아식을 빼앗아 먹은 적이 있었다. 화가 난 어린애가 금방 입을 열어 하늘에 통하는 벨을 눌러 버렸으므로 곧 구조대가 달려와, 치킨은 30일간 유치장 신세를 져야만 했다. 그로부터 그 자신의 말마따나 '꼬마들을 조심'하게 된 것이다.

교묘히 어떤 과자를 좋아하느냐고 물어 보는 데서 시작해 그는 조금씩 필요한 정보를 끌어냈다. 사내아이는 엄마가 약국에 가서 이 병에다 진통제 10센트어치만 담아 오라고 했어요 이렇게 말했다. 1달러 은화를 꼭 쥐고 가야 해요. 길에 서서 누구랑 얘기하면 안돼요. 거스름돈은 약국 아저씨한테 종

이에 싸 달래서, 바지 주머니에 꼭 넣어 갖고 와야 해요. 정말 아이의 바지에
는 주머니가 달려 있었다. 두 개나! 그리고 이 애가 가장 좋아하는 과자는
초콜릿크림이었다.

치킨은 과자 가게에 들어가서 무모한 투기자로 돌변했다. 단지 다음에 올
더 큰 모험의 길을 닦고자 '캔디' 주(株)에 모든 자본을 투자한 것이다.

그는 과자를 어린아이에게 주었으며, 아이가 이제 마음을 놓는 것을 보고
속으로 흐뭇해했다. 그 뒤로는 쉽게 탐험의 주도권을 쥐게 되어 투자 물건의
손을 잡고 그가 아는 같은 블록 안의 말쑥한 약국으로 데리고 갔다. 가게에
서 그는 아버지 같은 태도로 1달러 은화를 내주고 약을 부탁했으며, 그동안
소년은 물건을 사는 책임으로부터 벗어난 것이 기뻐서 오독오독 캔디를 씹
어먹고 있었다. 이윽고 성공한 투자가는 주머니를 뒤져서 외투 단추 한 개를
찾아내, 이것을 겨우살이 채비를 위한 차압 영장 삼아 거스름돈과 바꿔치고
는 알뜰히 종이에 싸서 마음 놓고 있는 아이의 바지 주머니에 쑤셔 넣었다.
아이의 얼굴을 집의 방향으로 돌려놓고 정답게 등을 토닥거려 주었다. 왜냐
하면 치킨은 깃이 달린 같은 이름의 새처럼 마음이 부드러웠기 때문이다. 이
리하여 이 투기자는 투자액의 실로 17배나 되는 이윤을 보고 거래를 마쳤다.

두 시간 뒤 철산 철도의 화물 열차가 빈 화차를 줄줄이 매달고 텍사스로
떠났다. 그 가축용 화차 하나에 치킨은 대팻밥에 가슴까지 묻혀서 반듯이
드러누워 있었다. 둥우리 안에 있는 그의 곁에는 싸구려 위스키 1쿼터들이
병과, 빵이며 치즈가 든 종이 봉지가 놓여 있었다. 이리하여 치킨 러글스는
전용차를 타고 여행을 떠난 것이다. 그 화차는 몇 번인가 다시 연결되고 정
거하고 하면서 꼬박 일주일 동안 남으로 내려갔으나, 치킨은 굶주림과 목마
름을 달랠 필요가 있을 때를 제외하고는 줄곧 화차에 틀어박혀 있었다. 그
는 이 화물 열차가 남부의 목장지대로 갈 것임을 알고 있었으며, 그 종착지
인 샌안토니오가 그의 목적지였다. 공기가 상쾌하고 온화한 고장이었다. 주
민들은 너그럽고 참을성이 많았다. 그곳 바텐더들은 그를 길바닥으로 차내
지는 않으리라. 식사 때 지나치게 오래 앉아 있거나, 같은 식당에 너무 뻔질
나게 드나들더라도, 그들은 마치 암송하듯 기계적으로 열의 없는 욕을 할
뿐일 것이다. 아주 한가한 욕설이었으며, 더욱이 그 풍부한 어휘가 바닥을
드러내지 않는 한 좀처럼 그치지 않았으므로, 치킨은 흔히 그들이 지루하게

욕지거리를 늘어놓는 동안에 실컷 음식을 쑤셔 넣곤 했다. 그곳은 언제나 봄처럼 따뜻했다. 밤이면 너른 마당에서 음악과 흥겨운 소동이 벌어져서 즐거웠다. 이따금 어쩌다가 쌀쌀하게 추울 때가 있었지만, 그런 밤을 제외하면 잠자리를 얻지 못하더라도 밖에서 기분 좋게 잘 수가 있었다.

텍사캐나에서 그가 탄 화차는 I.G.N. 선[*1]으로 바뀌었다. 그리고 다시 남하를 멈추지 않아 마침내 오스틴의 콜로라도 다리를 건너 샌안토니오를 향해 쏜살같이 일직선으로 달려 내려갔다.

화물 열차가 그 도시에서 섰을 때, 치킨은 깊이 잠들어 있었다. 10분 뒤 열차는 다시 종착역인 러레이도로 떠났다. 이 빈 가축용 화차는 주변 목장에서 나오는 가축을 실어 내리려고 연선의 각 역에 배치되고 있었다.

치킨이 눈을 떴을 때 화차는 서 있었다. 널빤지 틈으로 내다보니 달이 빛나는 밝은 밤이었다. 밖으로 기어 나온 그는 자기가 탄 화차가 다른 화차 세 칸과 함께 쓸쓸한 황무지의 조그만 대피선에 버려져 있음을 알았다. 선로 한쪽에 가축 우리와 자동 활송 장치가 보였다. 선로는 드넓고 어둑어둑한 평원을 둘로 가르고 있었으며, 치킨은 그 한가운데에서 쓸모도 없는 화차와 더불어 마치 배와 함께 무인도에 올라앉은 로빈슨 크루소처럼 완전히 내동댕이쳐지고 말았다.

선로 옆에 흰 말뚝이 서 있었다. 가까이 가 보니 위쪽에 S·A 90이라고 써 있었다. 러레이도는 남쪽으로 그와 비슷한 거리에 있다. 그러므로 그는 백 마일 주위에 도시가 거의 없는 곳에 서 있는 셈이었다. 코요테가 주위의 신비로운 바다에서 울기 시작했다. 치킨은 고독을 느꼈다. 보스턴에서는 배움의 기회 없이, 시카고에서는 기력 없이, 필라델피아에서는 갈 곳 없이, 뉴욕에서는 의지할 사람 없이, 피츠버그에서는 한 잔 술도 없이 살아 온 그였지만, 지금처럼 고독감에 사로잡힌 적은 없었다.

느닷없이 짙은 적막을 깨뜨리고 말울음 소리가 들려 왔다. 그 소리는 선로 동쪽에서 들려 왔으므로 치킨은 주저주저 그 방향으로 탐색을 나섰다. 무성하게 굽이치는 목초 밭을 따라 발을 높이 쳐들었다 옮겨 놓으면서 살금살금 걸어갔다. 어릴 때 책에서 읽은 이런 황량한 초원에 나타나는 모든 것

[*1] 인터내셔널 그레이트 노던 선.

들, 뱀, 들쥐, 산적, 지네, 신기루, 독거미, 카우보이, 판당고, 타말레*2 등등이 무서웠기 때문이다. 둥근 머리를 환상적으로 무시무시하게 일제히 하늘 높이 쳐들고 있는 부채 선인장 한 무더기를 돌아 가다가 그는 무시무시한 콧김과 요란스레 땅을 차는 소리에 소스라치게 놀랐다. 말 자신이 놀라 50야드나 뛰더니, 멈춰 서서 다시 풀을 뜯기 시작했다. 그러나 이 사람 없는 황야에서 그것에만은 치킨도 공포를 느끼지 않았다. 그는 농장에서 자랐으므로 말을 다룰 줄 알았으며 말을 이해했고 탈 줄도 알았다.

그는 달래듯이 말을 건네면서 슬금슬금 다가갔다. 말은 처음 한 번 뛰어 달아난 뒤로는 꽤 얌전해진 듯했다. 치킨은 말이 풀 속에 질질 끌고 있는 20피트쯤 되는 밧줄을 잡았다. 멕시코 목동들의 방식을 본 따 그 밧줄로 솜씨 있게 고삐를 만드는 데는 몇 초도 걸리지 않았다. 다음 순간 그는 말 등에 올라타고 고삐를 늦추어 말이 가고 싶어하는 방향으로 멋지게 달리고 있었다.

"어딘가로 데려다 주겠지." 치킨은 혼자 중얼거렸다.

달 밝은 대초원을 거침없이 말을 타고 달린다는 것은 심지어 움직이기를 싫어하는 치킨에게도 유쾌한 일이었겠지만 지금은 그럴 심정이 되지 못했다. 골치는 아프고 목마름은 점점 더 심해졌다. 더욱이 이 운 좋게 발견한 말이 실어다 주는 그 어딘가에 무엇이 기다리고 있을지 알 수 없다는 무서운 불안이 있었다.

곧 그는 말이 일정한 목표로 향하고 있음을 깨달았다. 초원이 편평한 곳에서는 동쪽으로 쏜살같이 곧장 달렸다. 이따금 언덕이나, 물 마른 깊은 골짜기나 감당 못할 가시투성이 관목 덤불 등에 길이 막혀 둘러가더라도 곧 또 어김없이 본능에 이끌려서 제 경로로 돌아갔다. 이윽고 완만한 언덕 비탈에 이르자 말은 갑자기 속도를 늦추어 천천히 걷기 시작했다. 저만치 돌을 던지면 닿을 만한 거리에 코마나무 숲이 있고 밑에 멕시코 풍의 오두막, 통나무를 세워서 진흙으로 더덕더덕 벽을 바르고 풀이나 왕골로 지붕을 이은 한 칸짜리 오두막이 서 있었다. 경험 많은 눈이라면 이것이 조그만 양 목장의 본부임을 알았을 것이다. 달빛에 오두막 주변의 땅바닥이 양의 발굽으

---

*2 멕시코 음식.

로 편평하게 밟혀서 굳어 있는 것이 보였다. 여기서 쓰이는 온갖 연장, 밧줄, 마구, 안장, 양피, 양피 부대, 구유통, 캠프용 짚 깔개 등이 여기저기 어지럽게 흩어져 있었다. 음료수통이 오두막 입구 옆에 두 마리가 끄는 마차 끝에 얹혀 있었다. 마차의 멍에채 위에는 마구가 아무렇게나 쌓여서 밤이슬에 젖었다.

치킨은 땅에 미끄러져 내린 다음 말을 나무에 맸다. 그리고 몇 번이나 소리쳐보았으나 오두막 안은 아무소리도 없었다. 문이 열려 있었으므로, 그는 조심스레 안으로 들어갔다. 달빛으로도 아무도 없다는 것을 알 수 있었다. 그는 성냥을 그어 탁자 위의 등잔을 켰다. 사는 데 필요한 것만으로 만족한 독신 양치기의 방이었다. 치킨은 재치 있게 구석구석을 뒤져서 마침내 생각지도 않던 물건을 발견했다. 조그마한 갈색 항아리에, 그가 목말라 하는 것이 아직 1쿼터 가까이나 남아 있었다.

30분 뒤 치킨은, 이제 살기 등등한 싸움닭이 되어 비틀비틀 오두막에서 걸어나왔다. 그는 누더기옷 대신 집 주인인 양치기의 복장을 하고 있었다. 윗옷은 제법 멋을 부린 놈팽이들의 볼레로로 된 거친 갈색 범포 양복을 입고 있었다. 장화를 신었는데, 걸음이 비틀거릴 때마다 박차가 짤랑거렸다. 허리에는 가지런히 탄약을 꽂은 벨트를 두르고 양옆의 총집에는 큼직한 6연발 권총이 한 자루씩 꽂혀 있었다.

그는 근처를 돌아다니며 담요와 안장과 고삐를 찾아서 말에 장비했다. 그리고 다시 말에 올라타고는 곡조도 안 맞는 노래를 큰 소리로 부르면서 잽싸게 달려갔다.

흉악범과 무법자와 가축 도둑의 집단인 버드 킹 일당이 프리오 강변의 으슥한 곳에서 야영하고 있었다. 리오그란데 연안에서 자행하는 그들의 약탈은 보통보다 그리 대담하지는 않았지만, 차츰 널리 소문이 퍼져서, 마침내 키니 대위가 인솔하는 삼림 경비대가 이들을 토벌하라는 명령을 받았다. 그래서 약삭빠른 두목 버드 킹은 법의 수호자들을 위해서 생생한 자국을 남기지 않고 그렇게 하고 싶어 날뛰는 부하들을 달래어 프리오 계곡의 가시투성이 요새로 한동안 물러나 있었던 것이다.

이 작전은 참으로 분별 있는 행동이었으며, 이름난 버드 킹의 용맹에 조금도 어긋나지 않았지만, 부하들 사이에서는 불만의 소리가 일어났다. 사실 숲 속에서 이렇게 부끄러운 잠복 생활을 하는 동안 그의 부하들은 말하자면 몰래 모여 앉아 과연 버드 킹이 두목으로서 적당한가 하는 문제를 논의하게 되었던 것이다. 버드 킹의 솜씨나 능률이 비판을 받은 적은 일찍이 한 번도 없었다. 그러나 그의 영광은 새로운 별빛 아래서 쇠잔해지고 있었다(영광의 운명이 다 그렇지만). 일당의 감정은 '검독수리'라면 더 화려하고 유익하고 뛰어난 영도력을 갖고 있으리라는 의견으로 굳어졌던 것이다. 국경의 공포라는 부제가 붙은 검독수리가 일당에 가담한 것은 석 달쯤 전의 일이었다.

일당이 산미겔이라는 조그만 호숫가에 야영하던 어느 날 밤, 사나운 말을 탄 사나이가 홀로 이 일당의 야영지에 뛰어들었다. 이 새로운 인물은 보기에도 무섭고 기친 용모를 하고 있었다. 먹이에 덤벼들 듯이 훡 굽은 부리 모양의 코가, 검푸르고 텁수룩한 구레나룻의 억센 털 위에 툭 튀어나와 있었다. 눈은 동굴처럼 푹 꺼졌고 사나웠다. 박차가 달린 장화를 신고 챙 넓은 솜브레로를 썼으며, 좌우의 허리에 권총을 차고, 거나하게 취해 도무지 겁이 없었다. 리오그란데 연안 지방에서 홀몸으로 버드 킹의 야영지에 뛰어들 만한 자는 없었다. 그런데 이 무서운 새는 조금도 두려워함이 없이 그들 위에 내려앉아 먹을 것을 요구했다.

대초원 지방에서는 누구에게나 식사를 대접하는 풍습이 있다. 예컨대 적이 지나가더라도 쏘기 전에 먼저 먹여 주어야 한다. 탄환 상자를 비우기 전에 먼저 저장 식량부터 비워야 하는 것이다. 그래서 무슨 목적으로 왔는지 알 수 없는 이 손님에게도 먼저 호화로운 식사가 주어졌다.

그는 사람을 깜짝 놀라게 하는 괴이한 이야기며 자랑거리를 풍부히 갖고 있는 입심 좋은 새였으며, 이따금 뜻이 뚜렷하지 않은 말이 섞이기는 했으나, 그것이 결코 재미없지는 않았다.

좀처럼 자기 패거리가 아닌 인간형과 접촉한 적이 없는 버드 킹의 부하들 사이에 그는 센세이션을 불러일으켰다. 그의 우쭐한 호언장담이며, 처음 듣는 외설스러운 언어, 인생과 세상과 먼 나라에 대해서 훤하게 알고 있어 남을 비웃는 듯한 지식이며, 자신의 감정을 거리낌 없이 표현하는 그 솔직함에 그들은 가슴을 두근거리며 매달렸다.

그들의 손님 눈에는 이 무법자의 무리 따위는 어리석은 촌놈의 집단에 지나지 않았으며, 말하자면 식사를 얻어먹기 위해 농가의 뒷문에서 농군들에게 '한끼를 얻어먹기 위해 허풍을 떠는' 상대나 다름없었다. 그리고 사실 이 남서부의 '악당'들은 태도나 복장이 조금도 거칠지 않았으므로, 그가 착각한 것도 무리는 아니었다. 이 도둑들을 물고기를 튀겨먹는 야유회나 호두따기하러 모인 선량한 촌놈의 모임으로 보아도 전혀 이상할 것이 없었다. 얌전한 말과 행동하며, 조용한 걸음걸이, 부드러운 말씨하며, 멋없는 차림새가 무엇 하나 겉보기에는 그들이 거듭해 온 무시무시한 범죄 경력을 나타내는 것이 없었다.

이 찬란히 빛나는 타 지방 인간은 야영지에서 이틀 동안 대접을 받았다. 그리고는 만장일치로 이 도둑단에 가담해 달라는 권고를 받았다. 그는 승낙하고, '캡틴 몬트레서'라는 거창한 이름으로 등록해 달라고 말했다. 그러나 이 이름은 당장 그 무리들이 반대했고, 대신 그 왕성하고 지칠 줄 모르는 식욕에 경의를 표하여 '돼지'라는 이름이 주어졌다.

이리하여 텍사스 국경은 일찍이 그 나직한 떡갈나무 숲 속을 질주한 악당 중에서도 가장 눈부신 도둑을 맞이하게 된 것이다.

그 뒤 석 달 동안 전과 다름없이 버드 킹이 이들을 이끌며 경비대와의 충돌을 피하면서 적당한 수확에 만족하고 있었다. 일당은 고장에서 많은 말과 몇 마리의 훌륭한 소를 훔쳐 무사히 리오그란데강을 건너가서는, 이것을 팔아 톡톡히 재미를 보았다. 또 자주 조그만 마을과 멕시코인 정착 부락을 습격해, 주민들을 위협하고 필요한 탄약과 식량을 빼앗곤 했다. 이와 같이 피를 흘리지 않는 약탈이 되풀이되는 동안 '돼지'의 몸서리나는 용모와 무서운 목소리는 말소리가 부드럽고 얼굴이 얌전한 다른 도둑들이 평생을 두고도 얻지 못할 명성을 차지해 화려하게 퍼져나갔다.

별명을 잘 붙이는 멕시코인들이 처음으로 그를 '검독수리'라고 부르게 되었으며, 이 무서운 도둑이 큰 부리로 아기를 물고 가는 이야기를 들려주고는 우는 아이의 울음을 그치게 하곤 했다. 곧 이 이름은 널리 알려져 부풀려진 신문 기사나 목장의 화제에서는 '국경의 공포, 검독수리'라고 불리게 되었다.

뉴에이서스강에서 리오그란데강에 이르는 지역은 기름진 원야로, 양과 소의 목장 지대가 되어 있었다. 목축은 방목으로, 주민 수는 적었으며, 법은 명목에 지나지 않았으므로, '돼지'가 화려하게 설치고 다니며 도적단을 부당하게 유명하게 만들어 놓은 때까지는, 도둑은 거의 저항을 받지 않았다. 그러다가 이윽고 키니 부대가 이 지역으로 옮겨오자, 버드 킹은 사태가 중대하니만큼 적을 급습해서 한 번 싸워 보거나 아니면 일시적으로 후퇴하거나 해야 한다는 것을 깨달았다. 그리하여 굳이 위험을 무릅쓸 필요가 없다고 판단한 그는 부하를 이끌고 프리오 강변의 거의 접근할 수 없는 지점으로 후퇴했다. 그래서 앞에서도 말했듯이 부하들 사이에 불만이 싹터서 버드에 대한 탄핵 절차와 '검독수리'를 새 두목으로 삼자는 논의가 벌어지게 되었다. 버드 킹은 이런 낌새를 모르지 않았다. 그는 심복 부하 캑터스 테일러를 불러서 의논했다.

"만약에 놈들이" 버드가 말했다. "나한테 불만이라면 난 기꺼이 물러앉겠다. 놈들은 저들을 다루는 내 방식이 마음에 들지 않는 모양이다. 하지만 무엇보다도 나는 놈들을 생각해서 샘 키니가 경비하는 동안은 숨기로 하고 놈들이 총 맞아 죽거나 붙들려서 주 감옥에 들어가지 않도록 구해 줬는데 그런 나를 나무란단 말이야."

"아니, 그렇게 대단치는 않습니다." 캑터스가 설명했다. "놈들은 다만 '돼지' 한테 홀딱 반했을 뿐이죠. 그 구레나룻과 매부리코가 앞장서서 휙휙 바람을 가르고 나아가는 꼴이 보고 싶은 거라구요."

"'돼지'란 놈이 그다지 신통한 짓을 한 것도 없다구." 곰곰이 생각하면서 버드는 말했다. "놈이 두드러진 공을 세우는 걸 나는 여태 한 번도 본 적이 없단 말이야. 그야 놈은, 한 번 소리치면 누구든지 벌벌 떨게 할 수도 있고, 아무도 감당 못하는 억센 말도 탈줄 안다지만, 놈은 한 번도 총을 쏜 적이 없잖나. 너도 알지만 캑터스, 놈이 우리 일당에 들어오고부터 우린 한 번도 총질을 해본 적이 없단 말이야. '돼지'가 멕시코 녀석들을 협박하고 네거리의 가게를 털고 하는 일은 정말 잘해. 노상강도나 강도질을 시키면 아마 천하 일품일 게다. 하지만 총질을 하게 되면 얼마나 잘 해내겠나, 보통 큰소리 탕탕 치는 놈도 총소리만 한 방 들으면 오금을 못쓰는 법이지."

"놈은 결투한 적도 있다고 그랬어요." 캑터스가 말했다. "코끼리도 보고 올빼미 소리도 들었고, 아무튼 세상을 다 안다고 장담합니다요."

"나도 안다." 버드는 카우보이 특유의 회의적인 어조로 대답했다. "하지만, 아무래도 곧이 들리지 않는걸!"

이 대화는 어느 날 밤 나머지 여덟 명이 모닥불을 둘러싸고 흩어져서 한 가로이 저녁을 먹는 동안에 한 천막에서 주고받은 것이다. 버드와 캑터스가 말을 그쳤을 때, '돼지'는 만족을 모르는 무서운 식욕을 억제하려고 애쓰면서, 그 무시무시한 목소리로 동료들에게 떠들어 댔다.

"황소새끼나 말을 몇 천 마일씩 쫓아가서 대체 뭘 하자는 거야?" 하고 지껄여 댔다. "무슨 소용 있어? 숲이나 덤불 속을 뛰어다니다가 맥주를 통째 들이켜봐야 여전히 갈증이나 느끼고, 끼니도 얻어먹지 못하는 게 고작이지! 이봐! 만일 내가 두목이라면 무슨 일을 하려는지 알아? 나라면 열차를 해치우겠다. 급행 열차를 습격해서, 너희들이 편하게 한숨 돌릴 수 있도록 현금을 탈취하는 거야. 너희들의 쩨쩨한 일엔 이제 진절머리가 난다. 소 도둑질 같은 시시한 일은 이제 못 견디겠단 말야."

나중에 대표가 버드를 찾아왔다. 그러고는 목초 잎사귀를 씹으며 한쪽 발에 중심을 두고 비스듬히 서서 버드의 감정을 상하지 않으려고 애쓰며 은근히 퇴진을 촉구했다. 버드는 그들의 용건을 알고 순순히 물러섰다. 그들은 좀 더 큰 위험과 더욱 큰 수확을 바라고 있었다.

열차 강도라는 '돼지'의 제안은 그들의 공상에 불을 지르고 이 선동자의 용기와 담력에 대한 존경도 차츰 더 크게 만들었다. 그들은 단순하고 인습적인 산적에 지나지 않았으므로 가축을 훔친다든가, 이따금 저항하는 아는 얼굴에 총을 들이댄다든가 하는 습관적인 행동의 범위를 넘어서는 모험을 생각해 본 적이 없었던 것이다.

버드는 '공정한 입장'에서 '검독수리'가 지휘자로서 시험에 통과할 때까지, 일당에서 부하의 지위에 만족하는 데 동의했다.

열차 시간표를 조사하고, 이 지방의 지리를 살피고, 수없이 협의를 거듭한 끝에 새로운 계획을 결행할 시간과 장소가 결정되었다. 그 무렵 멕시코에서는 사료가 말할 수 없이 모자라고 미국의 일부 지방에서는 소가 아주 모자라서, 두 나라의 국제 무역은 활발히 이루어졌으며, 두 공화국을 연결하는 철도로는 많은 현금이 수송되고 있었다. 습격에 가장 알맞은 장소로서 의견이 일치한 곳은 I.G.N. 선의 러레이도 북방 40마일쯤에 있는 조그만 정거장 에스피나였다. 열차는 그곳에서 1분간 정차할 예정이었다. 주위는 온통 미개척의 원야였으며 정거장에는 역장이 사는 집이 한 채 있을 뿐이었다.

'검독수리'가 이끄는 일당은 밤에 말을 타고 출발했다. 에스피나 가까이에 도착하자 2~3마일 떨어진 숲 속에서 종일 말을 쉬게 했다.

열차는 오후 10시 30분에 에스피나에 도착할 예정이었다. 열차를 습격한 뒤 그 약탈품을 가지고, 이튿날 아침 새벽에는 거뜬히 멕시코 국경을 넘을 수 있으리라.

공평하게 봐서 '검독수리'는 자기에게 주어진 중책의 명예에 조금도 주춤거리는 빛을 보이지 않았다.

그는 신중히 부하들에게 저마다의 위치를 지시하고 그 역할을 주의 깊게 지휘했다. 각각 네 명씩이 서로 양쪽의 나지막한 떡갈나무 숲 속에 숨는다. '귀 밝은' 로지스는 역징을 깅급한다. '야생마' 찰리는 말과 함께 남았다가 언제라도 떠날 수 있도록 준비를 갖춘다. 열차가 정지할 때의 기관차의 위치를 예측해서, 그 지점 선로의 한쪽에는 버드 킹이 잠복하고, 반대쪽에는 '검독수리' 자신이 숨는다. 두 사람은 기관사와 화부에게 권총을 들이대어 기관차에서 끌어내리고, 열차 뒤쪽으로 가게 한다. 그러고는 열차를 털고 달아난다. '검독수리'가 권총을 쏘아 신호할 때까지는 아무도 움직여서는 안 된다. 계획은 완벽했다.

열차 도착 시간 10분 전에 전원은 각자의 위치로 가서 선로 가에 무성하게 자란 나지막한 떡갈나무 숲 속에 완전히 몸을 숨겼다. 멕시코만에서 날아오는 비구름이 이슬비를 뿌려 밤은 어둡고 낮았다. '검독수리'는 선로에서 5야드쯤 떨어진 덤불 뒤에 웅크렸다. 허리 벨트에는 6연발 권총 두 자루가 꽂혀 있었다. 이따금 주머니에서 큼직한 검은 술병을 꺼내어 입에 갖다 댔다.

선로의 아득히 먼 저편에 한 점의 별이 나타나더니, 금방 커져서 다가오는 기관차의 헤드라이트로 변했다. 그것은 차츰 높아지는 소음과 더불어 전진해 왔다. 곧 기관차는 마치 숨어 있는 도둑들을 법으로 인도하기 위해 달려온 괴물처럼, 그들에게 눈을 부라리며 날카로운 소리를 지르면서 돌진해 왔다. 검독수리는 땅바닥에 납작하게 엎드렸다. 기관차는 뜻밖에도 검독수리와 버드 킹이 잠복한 지점 사이에 서지 않고 50야드는 훨씬 더 가서 멎었다.

도적단 두목은 일어서서 주위를 살폈다. 부하들은 모두 가만히 엎드려서 신호를 기다리고 있었다. 검독수리 바로 앞에 있는 무언가가 그의 시선을 끌었다. 그 열차는 보통의 여객 열차가 아니라 객차와 화차를 섞은 혼합 열차였다. 그의 눈앞에는 유개 화차가 서 있고 어찌된 셈인지 문이 그대로 조금 열려 있었다. 검독수리는 그리로 다가가서 문을 더 활짝 열었다. 냄새가 코를 꾹 찔렀다. 습기차고 훈훈하게 썩어서 익숙한 곰팡이 냄새가 났으며 사람을 황홀하게 만드는 그리운 냄새, 지나간 행복한 나날과 여행의 추억을 강하게 일깨워 주는 냄새였다. 검독수리는 마치 고향에 돌아온 방랑자가 어린 시절을 보낸 집의 산울타리에 얽힌 옛 장미꽃의 냄새를 그리워하듯 그 매혹적인 냄새를 맡았다. 그리움이 그를 사로잡았다. 그는 문 안으로 손을 쑤셔 넣었다. 대팻밥이, 보송보송하고, 꼬불꼬불 부드럽고, 유혹하는 듯한 대팻밥이 바닥에 깔려 있었다. 바깥의 이슬비는 이제 차가운 비로 변해 세차게 쏟아지고 있었다.

발차를 알리는 벨 소리가 요란스레 울렸다. 도둑단의 두목은 벨트를 끌러 권총을 꽂은 채 땅바닥에 던졌다. 박차도 챙 넓은 솜브레로도 곧 그 뒤를 따랐다. 검독수리는 허물을 벗었다. 기차는 덜컹 한 번 흔들리더니 움직이기 시작했다. '국경의 공포'는 화차에 기어올라가서 문을 닫았다. 대팻밥 위에 몸을 쭉 뻗고 드러누워 검은 술병을 가슴에 꼭 껴안고는 눈을 감았다. 무시무시한 얼굴에 조금 얼빠진 듯 행복해 보이는 미소를 띤 채, 치킨 러글스는 이제 고향으로 돌아가는 여정에 올랐다.

열차는 습격 신호를 기다리며 꼼짝도 않고 엎드려 있는 한 무리의 무시무시한 도둑들을 남겨둔 채 아무 일도 없이 에스피나역을 벗어났다. 열차가 차츰 속도를 올리고 선로 양쪽에서 나직한 떡갈나무 숲의 시커먼 덩어리가 휙휙 스쳐가고 있을 때, 차장은 파이프에 불을 붙이고 창 밖을 내다보면서 감상적으로 중얼거렸다.

"열차 강도를 하기에 꼭 알맞는 곳이군!"

손질 잘한 램프*1
예리하고 세심하게 관찰한다면, 그는 운명의 여신을 볼 것이다

물론 질문에는 두 가지 면이 있다. 그 한쪽 면을 생각해 보자. 우리는 흔히 '숍걸'이라는 말을 듣는다. 그런 인종이 따로 있는 것은 아니다. 상점에서 일하는 아가씨들이 있다. 그녀들은 그렇게 생계를 유지한다. 어째서 그녀들의 직업을 형용사로 만든단 말인가? 공평해야 한다. 5번가의 여자들을 우리는 '매리지 걸'이라고 부르지는 않는다.

루와 낸시는 사이좋은 친구였다. 그녀들은 고향에서 먹고살기가 여의치 않아 일자리를 찾아 이 도시로 나왔다.

낸시는 열 아홉, 루는 스무 살이었다. 둘 다 귀엽고 발랄했으며, 무대에 서겠다는 야심 따위는 조금도 없는 시골 처녀들이었다.

하늘에 앉아 계시는 지천사(智天使)의 인도로 두 사람은 값이 저렴하면서 견딜 만한 하숙집을 발견했다. 두 사람 모두 일자리를 구해서 급료를 받는 몸이 되었다. 여전히 두 사람은 사이가 좋았다. 여섯 달이 지났다.

독자 여러분은 앞으로 두어 걸음 나와 주시기 바란다. 이 아가씨들을 소개하고 싶으니까. 이쪽은 남의 일에 참견하기 좋아하는 독자이시고, 이쪽은 나의 친구 낸시 양과 루 양. 독자 여러분, 그녀들과 악수하는 동안에 그녀들

---

*1 〈마태복음〉 25장 1~13장 슬기로운 처녀들은 신랑을 맞이하기 위해 등잔의 심지를 고르게 자르고 기름을 넣어 두었는데, 미련한 처녀들은 기름도 준비하지 않고 있다가 신랑을 맞이할 요긴한 때에 기회를 놓쳐 버렸다. 이런 일에서 좋은 기회를 잡기 위해 평소에 준비해 두는 마음가짐을 뜻한다.

의 옷차림을 조금 조심해서 살펴보시라, 조심해서 봐야 한다. 왜냐하면 이 아가씨들도 누군가가 위아래로 훑어보면 말 품평회의 상등석에 앉은 귀부인과 마찬가지로 금방 화를 낼 테니까요.

루는 기계화 되지 않은 세탁소에서 다림질 삯일을 하고 있었다. 그녀는 몸에 잘 맞지 않는 자줏빛 원피스를 입고, 모자에 꽂은 깃 장식도 4인치쯤 너무 길었다. 흰 담비 모피 머프와 스카프는 25달러나 하지만 철이 지날 무렵이면 같은 물건이 진열창에서 7달러 95센트의 정가표가 붙는다. 그녀의 두 뺨은 분홍빛이고 파스르름한 눈이 반짝거린다. 그녀는 흡족한 마음으로 가득 차 있다.

독자는 낸시를 '숍걸'이라고 부르리라, 그런 습관이 되어 있으니까. 그러나 일정한 유형이 있는 것은 아니다. 그런데 괴팍한 세대는 언제나 유형을 찾는다. 그리고 이런 유형이라고 말한다. 머리 모양은 높고 요란하게 틀어올렸고 치마는 싸구려 모조품이지만 밖으로 잘 떨쳐져 있다. 매서운 봄바람으로부터 몸을 지켜 주는 털가죽 외투는 없었지만 비로드 천의 짧은 외투를 마치 페르시아 산양 새끼의 털옷이라도 되는 듯이 경쾌하게 입는다! 그 얼굴과 눈에는 비정한 '유형 탐색자'가 본다면 전형적인 숍걸의 표정이 떠 있다. 그것은 기만당하는 여성에 대한 무언의 경멸에 찬 반항과 다가올 복수에 대한 슬픔에 찬 예언의 표정이다. 큰 소리로 웃을 때도 이 표정은 사라지지 않는다. 이러한 표정은 가난한 러시아 농부의 눈에서도 볼 수 있다. 아마도 우리들 중에서 뒤에 남는 사람은 어느 날 우리를 꾸짖으러 찾아올 가브리엘 천사의 얼굴에서 그 표정을 보게 되리라. 남자를 우울하게 하고 무안하게 만드는 표정이다. 그러나 이미 다 알듯 남자란 능글맞게 웃으면서 딴 마음을 품고 꽃다발을 내민다. 자, 이제 독자 여러분은 루의 '또 뵙겠어요'라는 명랑한 인사와 지붕을 넘어 별 세계로 날아오르는 흰나비처럼 훨훨 떠나가는 낸시의 비웃는 듯한 그러면서도 어딘가 작별을 아쉬워하는 듯한 귀여운 미소의 전송을 받으면서, 모자를 집어 들고 물러나 줘야겠다.

두 사람은 길모퉁이에서 댄을 기다렸다. 댄은 루의 꾸준한 애인이다. 충실한 청년이냐구? 암, 성모 마리아가 열 두 사람의 하인을 소환해서 잃은 새끼 양을 찾고자 할 때는 요긴하게 쓰일 청년이다.

"춥지 않니, 낸시?" 루가 말했다. "어쩌면 그렇게도 바보 같니, 일주일에 고작 8달러 받고 그런 케케묵은 백화점에서 일하다니! 난 지난주에 18달러 50 센트나 벌었어, 애. 그야 다림질하는 일은 진열장 뒤에 서서 레이스를 파는 것처럼 보기 좋은 일은 아냐. 하지만 돈벌이가 되잖니, 다림질하는 사람치고 일주일에 10달러 못 버는 사람은 없다구. 그리구 다림질도 버젓한 일이잖니 애."

"그런 일은 너나 하렴." 코끝이 치켜 올라간 낸시는 말했다.

"난 주급 8달러와, 지금 있는 조그만 침실이면 돼. 난 훌륭한 물건과 멋진 사람들과 어울리는 게 좋아. 게다가 내 직장엔 얼마나 근사한 기회가 있는 지 아니! 지난번에도, 장갑 매장의 여자 하나는 재산이 백만 달러나 되는 피츠버그의 제강업자인지 철공장 주인인지 하는 사람하고 결혼했어, 애. 언젠 가 나도 근사한 사람을 만날 거야. 난 내 얼굴이 어떻고 뭐가 어떻고 하고 뽐내진 않아. 하지만 멋진 게 눈앞에 나타나면 기회를 놓치지 않을 거야. 세 탁소에서 다림질이나 하는 여자한테 무슨 기회가 있겠니?"

"어머, 난 세탁소에서 댄을 알게 됐는걸." 루는 승리한 듯이 말했다. "그이 는 나들이할 때 입는 와이셔츠와 옷깃을 찾으러 왔다가 1번 작업대에서 다 림질하는 나를 본 거야. 우린 모두 1번 작업대에서 일하고 싶어한단다. 그날 은 엘리 메기니니스가 병이 나서 쉬는 바람에, 내가 그 자리에 있었거든. 그 이는 처음 내 팔이 눈에 띄었대. 저렇게 토실토실하고 하얀 팔도 있나 하고 생각했다는 거야. 소매를 걷어붙이고 있었거든. 세탁소에도 아주 멋있는 사 람이 찾아온단다. 양복을 여행 가방에 넣어 갖고 와서 문을 확 밀고 성큼 들어오니까, 금방 알 수 있어."

"넌 어쩜 그런 블라우스를 다 입고 있니, 루?" 눈까풀이 좀 부석부석한 눈에 귀여운 냉소를 띠고 낸시는 눈에 거슬리는 루의 블라우스를 훑어보았 다. "나쁜 취향이 드러나 보여, 애."

"내 블라우스가!" 화가 나서 눈이 둥그레진 루는 소리쳤다. "아니, 이 블라 우스는 16달러나 준거야. 25달러나 하는 물건이라고. 어떤 여자가 세탁하라 구 맡겨 놓고는 찾아가지 않아서 내가 주인한테서 산 거야. 몇 야드나 촘촘 하게 손으로 수놓은 것이 달려 있어 그보단, 네가 입고 있는 그 보기 흉한 싸구려 옷이나 어떻게 좀 해라."

"이 보기 흉한 싸구려 옷은 말야." 낸시가 조용히 말했다.

"밴 앨스타인 피셔 부인이 입고 있는 옷을 본떠서 만든 거야. 점원들 말로는, 부인은 작년 한 해에 우리 백화점에 지불한 돈이 1만 2천 달러나 된대. 이건 내 손으로 만들었어. 1달러 50센트 들여서 말야. 10피트 떨어진 곳에서 보면, 그 부인 옷과 내 옷을 구별 못 해."

"그래, 좋아." 루는 싹싹하게 말했다. "굶어도 뽐내고 싶다면, 그러려무나. 난 지금 하는 일을 계속하면서 더 많은 급료를 받을 거야. 그리고 일이 끝난 뒤엔 내가 살 만한 화려하고 멋있는 물건이 있으면 살 테야."

마침 그때 댄이 나타났다. 기성복에 넥타이를 맨 성실한 청년으로 도시에서 보이는 경박함이 없었다. 주급 30달러를 받는 이 전기 기사는, 로미오 같은 슬픈 눈으로 루를 바라보면서, 그녀가 입은 수놓은 블라우스를 파리가 기꺼이 몸을 던지는 거미줄 같다고 생각했다.

"내가 사귀고 있는 오웬스 씨야, 내 친구와 악수해." 루가 소개했다.

"뵙게 되어 대단히 반갑습니다, 댄 포드입니다." 댄은 이렇게 말하면서 손을 내밀었다. "루한테서 말씀 많이 들었어요."

"고마워요." 낸시는 말하고 차가운 손끝으로 그의 손가락을 슬쩍 만졌다. "저도 루한테서 오웬스 씨 말씀은, 몇 번 들었어요."

루는 킥킥거리고 웃었다.

"그 악수도 밴 앨스타인의 피셔 부인 흉내를 낸 거니, 낸시?"

"그렇더라도 괜찮으니까 너두 체면차릴 거 없이 흉내내도 좋아."

"아니, 난 못해. 뽐내는 게 좀 너무 심하거든. 그런 고상한 악수는, 다이아몬드 반지를 봐 달랠 때나 하는 거야. 나도 다이아몬드 반지를 몇 개 사거든 해 볼게."

"악수하는 방법부터 먼저 배워." 낸시는 분별있게 말했.

"그러면 반지도 그만큼 쉽게 가질 수 있을 테니까."

"자아, 이 토론을 끝내기 위해서" 댄은 언제나의 명랑한 미소를 띠면서 말했다. "내가 제의 하나 하지요. 두 사람을 티파니에 모시고 가서 좋은 선물을 사 줄 수 없으니까, 어때요, 극장에라도 가면? 입장권이 있거든요. 진짜 다이아몬드를 낀 손과 악수를 할 수 없다면, 무대의 다이아몬드라도 구경하러 가는 게 어떨까요?"

충실한 기사는 도로 가장자리 가까이에서 걸어가고 그 옆에서 화려하고 아름다운 옷을 입은 루가 조금 뻐기듯 걸었다. 안쪽에서 걷고 있는 낸시는 날씬한 몸매에 복장은 참새처럼 수수했지만, 본 고장의 밴 앨스타인 피셔 풍의 걸음걸이로 걸어갔다. 이렇게 세 사람은 조촐한 밤 나들이를 갔다.

큰 백화점을 하나의 교육 시설로 보는 사람은 많지 않으리라. 그러나 낸시가 근무하는 백화점은 그녀에게는 교육 기관이나 다름없었다. 그녀는 고상하고 세련된 취미를 발산하는 아름다운 것들로 둘러싸여 있었다. 사치스러운 분위기에 젖어 살면 그 대금을 자기가 지불하든 남이 지불하든 사치가 몸에 배는 법이다.

그녀가 응대하는 손님 대부분은, 그 의상이나 예법이나 사교계에서의 지위기 표준으로서 인용될 만한 부인들이다. 그런 부인들의 한 사람 한 사람한테서 낸시는 자기가 가장 좋다고 생각하는 것을 하나하나 배우기 시작했다.

어떤 부인한테서는 습관적인 행위 또는 행동을, 다른 부인한테서는 눈썹을 치켜올리는 말없는 웅변을, 또 어떤 부인한테서는 걸음걸이를, 핸드백 쥐는 방법을, 미소짓는 방법을, 친구와 인사하는 방법을, 아랫사람에게 말을 건네는 방법을 배워서 흉내내곤 했다. 그녀의 가장 좋아하는 표본인 밴 앨스타인 피셔 부인한테서는 은처럼 맑고 지빠귀 울음소리처럼 발성이 완벽한 부드러운 저음을, 그 멋진 목소리를 흉내내려고 했다. 이런 고도의 사교적인 세련미와 우아한 예의범절이 빚어내는 공기에 싸여있는 동안에 그녀는 깊이 영향을 받았다. 좋은 습성은 좋은 원칙보다 낫다고 하듯이, 아마도 좋은 범절은 좋은 습성보다 나은 모양이다. 부모의 가르침으로 뉴잉글랜드 식 양심을 줄곧 눈뜨게 할 수는 없겠지만, 등받이 꼿꼿한 의자에 앉아 '프리즘과 필그림즈'*2라는 말을 마흔 번이나 되풀이하면 악마도 떨어져 나갈 것이다. 그런 까닭으로 밴 앨스타인 피셔 부인의 어조로 말하면, 낸시는 고귀한 사람의 의무에 관한 전율을 느끼는 것이었다.

백화점이라는 위대한 학교에는 그밖에도 배울 것이 있었다. 여점원들이 서너 명씩 모여서 철사로 세공한 팔찌로 짤랑짤랑 반주를 넣으며 무언가 부질없는 수다를 떨고 있는 것을 보더라도, 에텔의 머리 모양을 이러쿵저러쿵 화

---

*2 뻐기는 말투를 이름.

제로 삼고 있는 줄만 알아서는 안 된다. 그런 모임은 남성들의 심의회 같은 위엄은 없을지도 모르지만, 이브와 그 맏딸이 아담에게 가정에서의 자기들의 정당한 지위를 이해시키려고 얼굴을 맞대고 의논했을 때 못지않은 무게를 갖고 있다. 그것은 '공동 방위 및 사회와 남성에 대한 공격법과 격퇴법을 교환하기 위한 여성회의'라고도 할 만한 것으로서, 세상은 하나의 무대이고 남성은 어디까지나 꽃다발을 던져 주는 관객이다. 여자는—모든 젊은 동물 중에서 가장 연약한 존재—새끼사슴의 우아함은 있으나 그처럼 날렵하지는 못하고, 참새의 아름다움은 지녔어도 하늘을 날지 못하며, 꿀벌의 달콤한 꿀은 듬뿍 가졌지만 그……아니 이런 비유는 그만두는 게 좋을 것 같다. 모두가 바늘에 찔린 경험들이 있을 테니까.

이 작전 회의 동안 그녀들은 서로의 무기를 보여주고 저마다 처세술에서 생각해 낸 이론화된 전략을 서로 나눈다.

"난 그치에게 말해 줬지." 새디라는 처녀가 말한다. "당신 신출내기죠! 그런 말투가 어딨어요. 내가 누군줄 알고 그러죠? 하고 말이야. 그랬더니, 그치 뭐라구 했는지 아니?" 갈색 머리, 검정 머리, 아마빛 머리, 붉은 머리, 금발 머리, 가지각색의 머리가 고개를 끄덕인다. 해답이 나오고 돌격은 슬쩍 받아넘기기로 결정이 나서, 앞으로 공동의 적, 즉 남성과의 투쟁에서는 저마다 이 전술을 쓰기로 한다.

이렇게 하여 낸시는 방어술을 익혔다. 여성에게서 슬기로운 방어는 곧 승리를 뜻한다.

백화점의 학과목은 범위가 매우 넓다. 아마도 백화점만큼 낸시에게 그 커다란 꿈, 결혼이라는 상품을 차지하기 위한 준비를 잘 시켜 주는 학교는 없었을 것이다. 백화점 안에서 그녀의 담당 매장은 아주 편리한 곳이었다. 레코드 시청실이 바로 가까이에 있어서 그녀는 대 작곡가의 작품과 가까워질 수 있었다. 적어도 그녀가 동경하고, 그럭저럭 한쪽 발을 들여 넣어 가는 사교계에서는 감상력이라고 해도 통할 만한 '배워 익히는 성질'을 몸에 지닐 수 있었던 것이다. 미술품이며, 비싸고 고상한 옷감, 여성에게는 거의 교양이라고 해도 좋은 온갖 장식품 등이 지닌 교육적인 감화를 그녀는 흡수해 갔다.

다른 처녀들도 곧 낸시의 야심을 알아차렸다. "얘, 너한테 맞는 백만장자가 있어, 낸시!"하고 그럴 듯하게 보이는 남성이 낸시의 매장에 다가올 때마다 그녀들은 소곤거렸다. 함께 온 여성이 물건을 사는 동안 할 일 없이 그 근처를 서성거리는 남자들은 손수건 매장으로 다가가서 흰 마의 고급 손수건을 멍청하게 바라보는 것이 어느새 습관이 되었다. 눈치로 배워서 기품 있어 보이는 낸시의 행동과, 그 타고난 고상한 아름다움이 사람들의 눈길을 끌었다. 그래서 많은 남자들이 그녀 앞에서 호기를 보였다. 그 가운데에는 몇 사람 정말로 백만장자가 있었는지는 모르지만, 그밖에는 애써 백만장자인 체해 보이는 인간들에 지나지 않았다. 낸시는 그 분별법을 익혔다. 손수건 매장 끝에는 창문이 있고, 거기서 내려다보면 아래쪽 거리에서 물건 사러 들어온 손님을 기다리며 늘이선 자동차가 눈에 들어왔다. 그것을 내려다보는 동안에 그녀는 그 자동차도 그 주인처럼 저마다 다르다는 것을 깨달았다.

언젠가 멋진 신사가 손수건을 네 다스나 사고 계산대 너머로 꼭 코페투아 왕*³ 같은 태도로 그녀에게 구애한 적이 있었다. 그 신사가 떠나자 여점원 하나가 말했다. "그 사람을 냉정하게 대하다니, 어디가 마음에 들지 않아서 그래, 낸시? 아주 근사한 남자 같던데?"

"그 사람이?" 낸시는 아주 냉담하면서도 달콤하게, 게다가 마치 남의 일처럼 밴 앨스타인 피셔 부인 풍의 미소를 띠고 말했다. "나한테는 안 맞아. 그 사람이 입구에 자동차를 세우고 내리는 걸 지켜보고 있었거든. 12마력짜리 자동차에 아일랜드인 운전사였어. 그리고 그 사람이 어떤 손수건을 샀는지 너도 봤잖니? 실크였어! 게다가 손가락을 앓고 있던걸. 내가 바라는 건 진짜야, 아니면 하나도 필요 없어."

백화점 안에서 가장 세련된 여성 중의 두 사람, 매장 주임과 현금 출납계원에게는 이따금 함께 식사하는 '멋진 신사 친구들'이 있었다. 언젠가 그 모임에 낸시도 초대받은 적이 있었다. 식사 장소는 섣달 그믐날 밤에는 1년 전에 자리를 예약해 두지 않으면 들어갈 수 없는 호화로운 식당이었다.

두 사람의 '멋진 신사 친구들' 가운데 한 사람은 머리카락이 한가닥도 없었다. 사치스러운 생활을 한 탓이 틀림없다. 그 증거를 얼마든지 들 수 있다.

---

*3 아프리카의 전설적인 임금으로 퍼넬러폰이라는 거지 처녀를 사랑해 결혼했다고 하여, 흔히 민요의 주제가 되고 있다.

또 한 사람은 자기의 재물과 유식함을 두 가지 방법으로 사람들에게 각인시키려 하는 젊은 남자였다. 그는 포도주가 모두 코르크 냄새가 난다고 비난함으로써 유식한 체했고, 다이아몬드 커프스 단추를 달음으로써 부자인 체했다. 이 청년은 낸시로부터 항거하기 어려운 아름다움을 발견했다. 그의 기호가 마침 여점원에게까지 확대되고 있는 데다가, 지금 여기 그녀 자신이 속하는 계급의 개방적인 귀여움에다, 그가 속하는 상류 계급의 화법과 예법을 익힌 아가씨가 눈앞에 나타난 것이다. 그래서 그 다음 날 그는 백화점에 나타나 약초로 표백한 아일랜드 린넨으로 만든 가장자리를 뜬 손수건 상자 위로 몸을 내밀고 진지하게 청혼했다. 낸시는 거절했다. 갈색 머리를 틀어올린 젊은 여자 하나가 10피트쯤 떨어진 곳에서 상황을 엿보고 있었다. 거절당한 청혼자가 사라지자, 그 여자가 낸시에게 다가와서 비난을 퍼부어 댔다.

"넌 어쩌면 그렇게 바보니, 기가 막혀서! 그 사람은 백만장자야. 저 유명한 밴 스키틀스 노인의 조카란 말이야. 그리고 그 말투는 진심으로 하는 소리야, 너 미쳤니, 낸시?"

"내가?" 낸시가 말했다. "내가 그 사람을 잘못 봤단 말이니? 아무튼 그 사람은 네가 말하는 것처럼 대단한 부자는 아니야. 마음대로 쓸 수 있는 돈은 집에서 1년에 2만 달러 받을 뿐이라구. 지난번 밤에 식사했을 때, 그 대머리가 그러면서 그 사람을 놀리던걸?" 갈색 머리를 땋아 올린 처녀는 낸시 앞에 바싹 다가와서 눈살을 찌푸렸다.

"아니, 얘, 너 대체 뭘 바라니?" 목을 축이는 추잉껌이 없어서 그녀는 쉰 목소리로 말했다. "그걸로 아직 부족하단 말이니? 모르몬 교도가 돼 가지구, 록펠러와 글래드스톤, 스페인 왕과 모두 한꺼번에 결혼하고 싶어서 그러니? 1년에 2만 달러로는 부족하단 말이니?"

낸시는 준엄한 시선을 담은 검은 실눈을 하고 조금 얼굴을 붉혔다. "돈 문제만이 아니야, 캐리" 그녀는 변명했다. "전번날 밤에 식사할 때, 그 사람은 심한 거짓말을 하다가 친구에게 들켰어. 어떤 여자하고의 일인데, 그 사람은 그 여자와 연극 구경을 간 적이 없다고 거짓말한 거야. 아무튼 난, 거짓말하는 사람은 못 참아. 그러니까, 따지고 보면 난 그 사람이 싫단 말야. 그게 다야. 나는 내 자신을 싸구려로 팔진 않을 참이야. 어쨌든 난 남자답게 등을 쭉 펴고 의자에 앉는 그런 훌륭한 사람을 찾을 거야. 그래, 어디 하나 나무

랄데 없는 멋진 남자를 찾는 거야. 장난감 저금통처럼 그저 짤그랑거리는 재주밖에 없는 남잔, 난 싫어."

"너 같은 사람은 정신 병원에나 가야겠다." 이렇게 말하면서 갈색 머리 처녀는 저리로 가 버렸다.

주급 8달러의 생활을 하면서도, 낸시는 이상이라고까지는 할 수 없겠지만 엄청나게 큰 희망을 마음속에 줄곧 키워 나갔다. 밤잠도 자지 않고 아직 보지 못한 커다란 수확물을 쫓아서 바짝 마른 빵을 씹으며 날로 여위어 갔다. 그녀의 얼굴에는 숙명적인 사내 사냥꾼 특유의 씩씩하고 귀엽고 잔인한 미소가 가냘프게 떠 있었다. 백화점은 그녀의 사냥터였다. 훌륭한 뿔을 가진 거물로 보이는 사냥감에 그녀는 몇 번이나 총을 겨누었다. 그러나 언제나 마음 깊숙이 있는 정확한 본능이—그것은 아마도 사냥꾼으로서의 본능이기도 하고 여성으로서의 본능이기도 할 것이다—방아쇠를 잡아당기지 못하게 하고 다시 더 추적을 계속하게 하는 것이었다.

루는 세탁소에서 모든 일이 순조로웠다. 주급 18달러 50센트 가운데 6달러는 방세와 식비였다. 나머지는 주로 치장에 썼다. 취미나 예의범절을 향상해 주는 기회는 낸시에 비하면 거의 없다고 해도 좋을 것이다. 김이 가득 서린 세탁소 작업장에 있는 것은 일뿐이었다. 일과가 끝나면 무엇을 하며 놀까 생각하는 것이 고작이었다. 비싸고 화려한 옷감이 잇달아 그녀의 다리미 밑을 지나갔다. 옷에 대한 애착은 이렇게 전도성을 가진 금속을 통해서 차츰 그녀 속으로 스며들어갔는지도 모른다.

하루 일이 끝날 무렵이 되면, 댄이 바깥에서 기다리고 있었다. 그는 언제나 그녀를 따라다니는 충실한 그림자였다.

때로는 그도 고상해지기보다 차츰 화려해져 가는 그녀의 의상을 곤혹스러운 눈빛으로 바라보았다. 그러나 결코 그것은 그의 마음이 그녀에게서 떠난 탓이 아니었다. 거리를 걸어갈 때 그녀의 옷이 남의 시선을 끄는 것이 불쾌했기 때문이다.

루는 의좋은 낸시에 대한 성실성을 잃지 않았다. 댄과 놀러 갈 때는 반드시 낸시도 함께 갔다. 그 여분의 부담을 댄은 기꺼이 맡아 주었다. 이 심심풀이를 찾는 3인조에, 루는 화려함을, 낸시는 우아함을, 그리고 댄은 무게를 보태고 있었다고 할 수 있을는지 모른다. 댄은 말쑥하기는 했지만 곧 기성복인 줄 알 수 있는 양복에 기성 넥타이를 매고, 온화하여 이렇다 할 특징이 없는 취향의 소유자였으며, 결코 남을 놀라게 하는 일도 없고, 남과 싸우는 일도 없었다. 함께 있는 동안은 곧잘 그 존재를 잊어버리기 쉬워도 없으면 뚜렷이 생각나는 그런 선량한 남자였다.

낸시의 고상한 취미로 보자면, 이런 평범한 즐거움은 때로 좀 씁쓸한 맛이 났다. 그러나 그녀는 아직 젊었다. 젊음이란 미식가가 될 수 없을 때는 대식가가 되기 마련이다.

"댄은 늘 당장 결혼해 달라는 거야." 루는 언젠가 낸시에게 말했다. "하지만, 난 결혼 생각은 없어. 난 누구의 신세도 지고 싶지 않거든. 내가 번 돈으로 얼마든지 내 마음대로 살아 갈 수 있는걸. 그리고 그이는 내가 결혼 뒤에 직장에 나가는 데 절대로 반대야. 그건 그렇고 낸시, 넌 어쩌자고 옷도 제대로 해입지 못하면서 그런 케케묵은 가게에 매달려 있니? 너만 그럴 생각이면 지금 당장에라도 저 세탁소에 일자리를 찾아 줄게. 너도 돈이 더 많이 들어오게 되면, 삐기지 않아도 될 것 같은데."

"난 조금도 삐기는 게 아니야, 루" 낸시가 말했다. "하지만 조금 굶더라도 지금 가게에 그냥 있는 편이 좋아. 이제 몸에 뱄는지도 몰라. 내가 바라는 건 기회야. 언제까지나 진열대 뒤에서 있을 생각은 없어. 나는 날마다 무언가 새로운 것을 배우는 거야. 언제나 세련된 돈 많은 사람들과 얼굴을 맞대는걸? 그 사람들의 심부름을 해 줄 뿐이지만 말이야. 나는 내 주위에서 생기는 어떤 기회도 절대로 놓치진 않아."

"백만장자는 아직 못 찾았니?"

루는 놀리듯이 웃으면서 물었다.

"아직 어느 쪽으로 할지 정하지 못했어." 낸시는 대답했다.

"지금 그 사람들에 관해서 조사하는 중이야."

"어머나, 놀랐다 애, 조사를 해? 조금만 재산이 적어도 그만 밀쳐 버리는구나, 낸시. 설마 너 진심으로 그런 말을 하는 건 아닐 테지? 부자는 우리 같은 일하는 여자들은 상대도 않는단다."

"상대하는 편이 자기들한테도 좋을 텐데." 그녀는 분별 있는 듯이 침착하게 말했다. "우리들 중에는 부자에게 돈 쓰는 방법을 가르쳐 줄 수 있는 사람이 얼마든지 있는데."

"나는 부자가 말을 걸어오면, 발작이라도 일으킬 것 같아."

"그건 네가 부자를 전혀 모르기 때문이야. 부자와 그렇지 않는 사람의 차이를 알아채려면, 가까이에서 주의 깊게 관찰해야 해. 얘, 빨간 실크는 이 외투 안감으로는 너무 화려하지 않니?"

"그렇진 않을 것 같은데……하지만 네가 입은 그 바랜 옷과 나란히 보면, 그렇게 보일는지도 몰라."

"이 재킷은" 낸시는 자신만만하게 말했다. "밴 앨스타인 피셔 부인이 지난번에 입은 것과 똑같이 재단한 거란다. 천이 3달러 98센트나 들었어. 부인 것은 이것보다 백 달러는 비쌀 거야, 아마."

"그래?" 루는 가볍게 받았다. "그런 길로 백만장자를 낚을 수는 없을 섯 같다만, 어쩌면 너보다 내가 먼저 부자를 붙잡을지 모르겠는걸."

이 두 사람이 저마다 주장하는 의견 가운데 어느 쪽에 승리의 깃발을 올려 줘야 할지는 철학자가 되지 않으면 모를 것이다. 루는 백화점이나 사무실에 근무하면서 빠듯한 생활을 하는 처녀들처럼 뚜렷한 자존심이나 취향을 갖고 있지 않았으므로, 숨이 콱콱 막히는 시끄러운 세탁소에서 명랑하게 다리미를 움직이며 일해 나갈 수 있었다. 그녀의 급료는 편안히 살아가면서도 여유가 있었다. 덕분에 그녀는 옷매무새가 차츰 좋아져서, 마침내 댄의, 일정한 방향으로 걸어가고 절대로 옆길로 빠지는 일이 없는 댄의 단정하지만 멋없는 복장을 때로는 짜증스러운 듯이 곁눈질하는 일도 있었다.

낸시 같은 경우는 많고도 많았다. 비단과 보석과 레이스와 장식품, 그리고 품위 있고 취미가 고상한 상류 사회의 향수와 음악—이런 것은 여성을 위해서 만들어졌다. 그러므로 그녀도 한몫을 차지하는 것이 공평하지 않겠는가. 그런 것이 그녀에게 인생의 일부라면, 그녀의 바람대로 그 곁에서 살게 해 주면 그만이다. 그녀는 에서*4처럼 자기를 팔지는 않았다. 타고난 권리를 내놓지 않았다. 그녀가 얻는 죽*5은 언제나 시원찮았기 때문이다.

낸시는 자신이 처한 환경에서 잘 지냈다. 그 속에서 그녀는 힘차게 소박한 음식을 먹고, 견실하고 흡족한 기분으로 싸구려 드레스를 마련해 입었다. 이

---

*4 〈창세기〉 25장 21~34절. 이삭의 맏아들로서 한 그릇의 죽을 얻으려고 장자의 특권을 아우 야곱에게 팔았다.

*5 에서의 일화에서 딴 것. 일시적인 물질적 이익을 뜻한다.

미 그녀는 여자라는 동물을 알고 있었다.

지금은 남자라는 동물의 습성과 적성을 연구하는 중이었다. 어느 날엔가 바라는 사냥감을 포획하게 되겠지만, 그 사냥감은 가장 좋을 것으로 여겨지는 것이어야 하며, 그 이하는 절대로 갖지 않겠다고 맹세했다.

이렇듯 그녀는 언제나 신랑이 나타날 때를 대비해 맞이할 준비를 게을리하지 않았다.

그런데 그녀는 자기도 모르게 또 하나의 교훈을 배웠다. 가치 판단의 기준이 바뀌기 시작한 것이다. 때로는 마음의 눈에 달러 표시($)가 흐려져서 '진실'이라든가 '절조'라든가, 그리고 흔히 '상냥함' 같은 말을 쓴 글자로 변하는 것이었다. 예컨대 어느 커다란 숲에서 큰 사슴을 쫓는 사냥꾼 같다고나 할까? 사냥꾼은 초록빛 이끼로 덮인 조그만 골짜기를 발견한다. 거기에는 냇물이 흐르면서 사냥꾼에게 안식과 위안을 속삭인다. 이런 때는 니므롯*6의 창도 끝이 무뎌지는 법이다.

그래서 이따금 낸시는 페르시아 새끼양*7이란 가슴 속에 간직한 심장에 의해서 시장 가치가 평가되는 것일까 하고 생각하곤 했다.

어느 목요일 저녁, 낸시는 백화점에서 나와 6번가를 가로질러 서쪽에 있는 그 세탁소로 향했다. 루와 댄 등과 함께 음악극을 보러 갈 예정이었다. 세탁소에 도착하니, 마침 댄이 가게에서 나오는 중이었다. 그는 기묘하게 굳은 표정이었다.

"그 사람한테서 무슨 소식이나 와 있을까 하고 들러 봤습니다." 그가 말했다.

"누구요?" 낸시가 되물었다. "루가 안에 없어요?"

"아시는 줄 알았는데" 댄이 말했다. "루는 월요일부터 이 가게에도, 이제껏 살던 하숙집에도 없습니다. 짐도 하숙에서 실어가 버렸고요. 세탁소 동료 한 사람에게, 유럽으로 갈지도 모른다고 말했다는군요."

"루를 본 사람은 없나요?" 낸시가 물었다.

댄은 입을 굳게 다물고 강철처럼 차가운 잿빛 눈으로 그녀를 똑바로 바라

---

*6 〈창세기〉 10장 8~9절. 최초의 권력자로서 노아의 증손. '여호와 앞의 니므롯 같다'는 말이 있을 만큼 힘센 사냥꾼.
*7 그 모피는 의류로서 아주 귀중한 것으로 간주되고 있다.

보았다.

"세탁소 사람들 말로는." 그는 쉰 목소리로 말했다. "어제, 루가 자동차를 타고 지나가는 것을 보았답니다. 아마 당신과 루가 늘 꿈꾸던 그 백만장자 같은 사람과 타고 있었나보죠."

낸시가 남자 앞에서 움찔한 것은 처음이었다. 그녀는 가냘프게 떨리는 손으로 댄의 소맷자락을 잡았다.

"댄, 나한테 그렇게 말할 권리는 없잖아요. 마치 내가 이 일에 관계 있는 것처럼!"

"아니, 그런 뜻으로 한 말은 아닙니다." 댄은 어조를 누그러뜨리며 말했다. 그리고 조끼 주머니를 뒤졌다.

"오늘밤 공연표가 있는데요." 그는 애써 쾌활함을 보이면서 말했다. "만일, 낸시 양이……."

낸시는 사람이 꿋꿋하게 견디는 모습을 보면 언제나 마음이 움직였다.

"같이 가요, 댄." 그녀는 말했다.

낸시와 루가 다시 만난 것은 그러고부터 석 달이 지난 뒤였다.

어느 날 저녁, 이 여점원은 백화점에서 돌아가는 길에 한적한 작은 공원을 따라 바삐 걸어가고 있었다. 누군가가 이름을 부르는 소리에 뒤돌아보는 순간 루가 그녀의 품으로 뛰어들었다.

서로 포옹하고 난 뒤, 그녀들은 당장 덤벼들거나 아니면 상대편을 꼼짝도 못하게 하려는 뱀처럼 머리를 뒤로 젖히고는 재빨리 돌아가는 혀로 연거푸 서로의 소식을 물었다. 이윽고 낸시는 행운이 루를 찾아왔음을 알았다. 값비싼 모피 외투, 번쩍거리는 보석, 재단사가 솜씨를 발휘한 최신 옷이 그것을 말해 주고 있었다.

"바보야!" 루는 애정이 담뿍 담긴 큰 소리로 말했다.

"아직도 그 백화점에서 일하는구나? 변함없이 초라한 옷을 입구…… 네가 잡으려던 그 큰 사냥감은 어떻게 됐어? 보아하니 아직 아무것도 못 잡은 모양이구나."

곧 루는 친구를 바라보는 동안에, 재산 따위보다 더 소중한 그 무엇이, 눈 속에서 보석보다 더 아름답게 반짝이고, 두 뺨에서 장미보다 더 붉게 빛나고 혀 끝에서 굴러 나오려고 전기처럼 꿈틀거리는 그 무엇이 낸시에게 있음을 깨달았다.

"그래, 아직도 그 백화점에서 일해." 낸시가 대답했다. "하지만 다음 주에는 그만둘 참이야. 기어이 쏘아서 맞혔거든. 이 세상에서 가장 멋진 사냥감을 말이야. 저어 루, 이젠 너도 상관없을 테지? 나, 댄과 결혼해, 댄과. 그 사람은 이제 나의 댄이야, 근사하잖니, 루!"

머리를 말끔히 깎아 올리고, 만질만질한 얼굴을 한 젊은 경찰관이—이런 친구 덕분에 경찰은 적어도 겉보기에는 얼마쯤 볼품이 있어 보인다—공원 모퉁이를 천천히 걸어왔다. 비싼 모피 외투를 입고 다이아몬드 반지를 낀 여자가 공원의 철책 앞에 웅크린 채 심하게 흐느끼는 모습이 그의 눈에 들어왔다. 여위고 검소한 옷차림의 직장 여성이 그 곁에 쪼그리고 앉아, 울고 있는 여자를 달래고 있었다. 그러나 이 백색과 흑색과 갈색의 혼혈아인 경찰관은 새로운 시대의 인간이었으므로 못 본 체하고 그 곁을 스쳐갔다.

왜냐하면 그 소리가 가장 먼 별에 이를 때까지 경찰봉으로 길바닥을 두들겨 봤자, 그가 대표하는 경찰권으로서는 이런 문제에 관한 한 어떤 도움도 되지 않는다는 것을 그는 슬기롭게도 알고 있었기 때문이다.

매디슨 스퀘어의 아라비안나이트
아름다움은 육체의 덕이요, 덕은 영혼의 아름다움이다

카슨 챌머스는 매디슨 스퀘어 근처 그의 아파트에서 하인 필립스가 가져온 오후의 우편물을 받았다. 흔히 있는 우편물 말고도 같은 외국의 소인이 있는 편지가 두 통 있었다.

그 하나에는 여성의 사진이 들어 있었다. 또 하나에는 다른 여성으로부터 온 긴 편지가 들어 있었으며, 챌머스는 꽤 긴 시간 동안 그것을 읽었다. 거기에는 달콤한 꿀을 바른 독 가시가 감추어졌으며, 사진 속 여성에 관한 빈정거림으로 가득 차 있었다.

챌머스는 이 편지를 쫙쫙 찢어 버리고는 이어 성큼성큼 방 안을 왔다갔다 하면서, 값비싼 양탄자를 문질러 대기 시작했다. 밀림의 야수가 우리에 갇혔을 때도 그렇지만, 남자가 의혹의 밀림에 갇혀도 이처럼 쉬지 않고 움직이는 법이다.

이윽고 짜증스러운 기분이 가까스로 가라앉기 시작했다. 그의 양탄자는 마법의 융단이 아니었다. 16피트쯤이라면 타고 날을 수도 있었지만, 천 마일이나 날아갈 힘은 없었다.

필립스가 나타났다. 그는 결코 보통 걸음으로 들어오지 않았다. 마신(魔神)처럼 언제나 홀연히 모습을 나타냈다.

"식사는 여기서 드시겠습니까? 아니면 밖에서?"

"여기서 먹지." 챌머스는 대답했다. "30분 뒤에." 그리고 그는 인기척 없는 거리에서 북풍이 트롬본을 울리는 1월의 바람 소리에 음울하게 귀를 기울였다.

"잠깐 기다려." 그는 막 나가려는 마신을 불러 세웠다. "아까 돌아오면서 광장 끝을 지나오다 보니 많은 사람들이 줄을 지어 서 있더구나. 그리고 누군가가 무슨 물건 위에 올라서서 말하고 있더라. 그 사람들은 왜 거기 모여서 줄지어 서 있을까?"

"다들 갈곳 없는 인간들입니다." 필립스가 말했다.

"그 상자 위에 서 있는 사람은 그 사람들에게 하룻밤의 잠자리를 마련해 주려고 그러는 것입니다. 지나가는 사람들이 주위에 몰려서 그 사람의 말을 듣고 돈을 내 주면, 그 사람은 그 돈으로 마련해 줄만큼의 인원수를 어디 싸구려 여관으로 보낸다는군요. 그래서 그렇게 줄을 지어 기다리고 서 있는 것입니다. 선착순으로 잠자리가 얻어걸리는 셈이지요."

"그렇다면, 저녁 식사 준비가 다 되거든" 챌머스는 말했다. "그 가운데서 한 사람을 이리로 데리고 오게. 나와 함께 식사하게 말이야."

"누......누......누구를요?......" 필립스가 떠듬거린 것은 이 집에 일하기 시작한 뒤 처음 있는 일이었다.

"누구라도 좋다." 챌머스가 말했다. "주정뱅이나 불결한 사람은 곤란하지만, 그렇지 않다면 누구라도 상관없어."

카슨 챌머스가 아라비아의 왕 노릇을 하는 것은 드문 일이었다. 그러나 그날 밤은 평범한 해독제로는 울적함을 달랠 수 없을 것 같았다. 무언가 엄청나게 기상천외한 이야기 같은, 무척 향기 높은 아라비아적인 것이 아니면 직성이 풀릴 것 같지 않았다.

그로부터 30분 뒤, 필립스는 마술 램프의 노예처럼 주어진 임무를 완수했다. 아래층 식당에서 웨이터들이 맛있는 요리를 날라왔다. 두 사람의 자리가 마련된 식탁은 분홍빛 갓을 씌운 촛불 빛으로 훤하게 빛났다.

이윽고 필립스가 추기경이라도 안내하듯, 또는 도둑이라도 연행하듯 무료 숙박소로 갈 행렬에서 끌어온, 와들와들 떨고 있는 초청객을 데리고 홀연히 모습을 드러냈다. 일반적으로 이런 사람을 난파선이라고 부르는 습관이 있다. 그 비유를 쓴다면 오늘 이 자리에 끌려나온 것은 불이 나서 불운을 겪은 특별한 난파선이라고 할 수 있을 것이다. 더욱이 아직도 여기저기 꺼지지 않고 타오르는 불꽃이 표류하는 선체를 비추고 있었다. 얼굴과 손은 갓 씻어서 깨끗했다.

필립스가 무참하게 깨진 관습에 대한 선물로서 억지로 강요한 의식이었다. 촛불 빛 속에 서 있는 그의 모습은 우아하게 꾸며진 이 실내에서는 하나의 커다란 오점이었다. 얼굴은 병적으로 창백했으며, 아일랜드 산 빨간 털 스웨터 같은 수염이 거의 온 얼굴을 덮고 있었다. 길게 엉긴 연갈색 머리털은 늘 쓰고 있는 모자 때문에 고집스럽게 머리에 달라붙어서 필립스의 빗도 도무지 제 구실을 하지 못했다. 그 눈은 잔인한 학대자에게 몰린 들개의 눈처럼 절망적이고 교활한 반항이 뒤섞여 있었다. 초라한 외투에는 단추가 위쪽에 달려 있고 옷깃이 4분의 1인치쯤 그 위에 솟아 있었다. 챌머스가 동그란 만찬용 식탁 저편의 의자에서 일어나도 이 사나이의 태도에는 기묘하게 얼떨떨해하는 기미가 보이지 않았다.

"상관없다면." 주인이 말했다. "나와 함께 저녁 식사를 해 주시면 좋겠소."

"저는 플루머라고 합니다." 한길의 손님은 도전적인 어조로 말했다. "만일 주인 어른이 제 처지와 같다면, 함께 식사하는 사람의 이름쯤은 알고 싶어 하시지 않을까요?"

"이제 막 말하려던 참이었소." 챌머스는 조금 당황하는 투로 말했다. "나는 챌머스요. 자, 앉으시오."

플루머는 무릎을 가볍게 굽혀 필립스가 엉덩이 밑에 의자를 밀어 넣어주기를 기다렸다. 전에 시중을 들어 주는 식사 자리에 앉은 경험이 있는 태도였다. 필립스는 잔 생선요리와 저민 쇠고기 찜을 식탁 위에 늘어놓았다.

"야, 훌륭하군!" 플루머는 큰 소리로 말했다. "본격적인 만찬을 대접해 주실 참이시군요, 인자하신 바그다드의 임금님? 좋습니다. 그럼 저도 이쑤시개가 나오는 단계까지 주인 어른의 셰에라자드가 되지요. 주인 어른은 제가 영락한 이래 처음으로 뵙는 참으로 동양적인 풍류를 아시는 임금님이십니다. 아, 참으로 운이 좋았군! 저는 그 행렬의 43번째에 있었습니다만, 막 순번을 세고 났을 때 주인 어른의 심부름꾼이 와서 이 향연에 불러 주셨습니다. 오늘밤에 제가 잠자리를 얻기란 차기 대통령에 뽑히는 것만큼이나 확률이 낮았습니다. 그러면 알 라시드 님, 제 슬픈 신세 타령을 어떻게 얘기하면 좋겠습니까? 요리가 한 차례 끝날 때마다 한 장(章)씩 할까요, 아니면 엽궐련과 커피를 마시면서 한 권을 내리닫이로 이야기해 버리기로 할까요?"

"보아하니 당신은 이런 일을 처음 겪는 게 아닌 모양이로군."

챌머스는 미소를 띠면서 말했다.

"예언자의 턱수염을 두고 말씀드리지만, 바로 맞혔습니다! 바그다드에 벼룩이 우글거리듯이 이 뉴욕에는 싸구려 하룬 알 라시드가 우글우글하지요. 저는 벌써 스무 번이나 맛있는 음식과 바꿔 제 신세 타령을 제공해 왔습니다. 이 뉴욕에는 공짜로 무엇을 줄 사람은 아무도 없으니까요! 호기심과 자선은 그들로 봐서 똑같은 건축 재료지요. 대부분의 사람은 10센트 은화와 중국 음식 한 그릇을 베풀어주지요. 때로는 훌륭한 등심 스테이크를 곁들여 바그다드의 왕 노릇을 하는 사람도 있습니다. 아무튼 어떤 경우에나 그네들은 판에 박은 듯이 우리의 자서전을, 각주(脚註)에서 발표하지 않은 단편에 이르기까지 미주알고주알 속속들이 캐낼 때까지는 우리를 풀어 주지 않습니다. 그런데 우리가 자주 가는 바그다드 지하철 역에서 먹이가 손에 들어온다고 볼 때는 어떻게 하면 되는지 우리도 잘 알고 있어요. 아스팔트에 이마를 세 번 부딪친 다음, 저녁밥을 얻어먹을 이야기를 짜낼 준비를 갖추는 것입니다. 말하자면 저는 미리 알기 쉽게 편곡된 곡목을 사람들 앞에서 노래할 수밖에 없었던 토미 터커의 후계자지요."

"나는 당신의 신상 이야기를 들으려고 이러는 게 아니오." 챌머스는 말했다. "솔직히 말해서, 누군가 낯선 사람을 불러다가 함께 저녁 식사가 하고 싶어진 것은, 갑작스런 마음의 변덕 때문이오. 그러니까 내 호기심을 채우기 위해 고생할 필요는 조금도 없어요."

"천만의 말씀입니다!" 손님은 열심히 수프를 뜨면서 소리쳤다.

"누가 고생을 한답니까? 저는 임금님이 납시기만 하면 곧장 페이지를 자르게 되어 있는 표지가 빨간 동양의 잡지 같은 것이지요. 사실을 말씀드리면 잠자리를 구해서 줄지어 선 인간들 사이에는, 이야기 재료를 마련하기 위한 일종의 조합 같은 것이 있습니다. 발걸음을 멈추고, 우리가 어째서 이렇게도 영락했는가 알고 싶어하는 사람들이 참으로 많거든요. 샌드위치와 맥주를 사 주는 사람에게는, 술 탓으로 이렇게 됐다고 얘기해 주지요. 콘비프와 양배추와 커피를 사주는 사람에게는, 무자비한 지주와 여섯 달의 입원 생활과 실업 이야기를 들려줍니다. 고급 비프스테이크와 숙박비 25센트를 내 주는 사람한테는, 단번에 전 재산을 날리고 차츰 몰락해 간 월가의 비극을 들려주지요. 주로 이런 식입니다만, 그러나 오늘밤엔 좀 곤란해졌습니다. 이런 진수성찬이 얻어걸린 것은 처음이라서, 이에 걸맞는 얘기가 없거든요. 그래서 챌머스 선생님, 만일 들어 주시겠다면, 틀림없는 실화를 얘기해 드리기로 하지요. 이건, 지어 낸 이야기보다 더 믿기 어려우실 겁니다."

한 시간 뒤 아라비아의 손님은 흡족한 듯이 한숨을 쉬고 의자 등받이에 기댔다. 필립스가 커피와 엽궐련을 들고 와서 식탁을 치웠다.

"주인장은 혹시 세러드 플루머라는 이름을 들으신 적이 있습니까?" 그는 수수께끼 같은 미소를 띠고 물었다.

"기억에 있는 이름이군요." 챌머스는 대답했다. "몇 해 전에 꽤 유명했던 화가인 줄 압니다."

"5년 전이지요." 손님은 말했다. "그 5년 전부터 그 사람은 납덩어리처럼 가라앉아 갔습니다. 그 세러드 플루머가 바로 접니다! 제가 그린 마지막 초상화는 2천 달러에 팔렸지요. 그런데, 그 뒤로는 공짜로 그려 준대도 초상화를 부탁하는 사람이 하나도 없게 되었습니다."

"아니, 그건 또 왜요?" 챌머스는 저도 모르게 물어 보지 않을 수 없었다.

"그게 참으로 이상했습니다." 플루머는 침울하게 말했다. "나도 도무지 그 까닭을 알지 못하고 있습니다. 그때까지는 참으로 좋았거든요. 상류 계급의 주문이 여기저기서 밀려 왔습니다. 신문은 나를 유행 화가라고 불렀지요. 그런데, 곧 기묘한 일이 일어나기 시작했습니다. 내가 그림을 다 그리고 나면, 그것을 보러 온 사람들이 서로 기분 나쁜 듯이 얼굴들을 쳐다보고 뭐라고 소곤거렸습니다. 곧 나도 그 이유를 알았지요. 내가 그린 초상화의 얼굴에는 그 사람의 숨은 성격이 뚜렷이 드러났던 것입니다. 보는 대로 그렸을 뿐인데 어째서 그게 그림에 나타나는지 나도 모르겠습니다. 하지만 모두 그렇게 되었습니다. 부탁한 사람 가운데 몇몇은 몹시 화가 나서 그림을 인수해 가지도 않더군요. 사교계의 총아로 매우 아름다운 부인의 초상화를 그린 적이 있었습니다. 그런데 완성된 그림을 보러 온 그 부인의 남편이 기묘한 표정을 짓고 그것을 바라보더니, 그 다음 주에는 결국 그 부인을 상대로 이혼 소송을 일으키고 말더군요. 나를 단골로 도와주던 한 고명한 은행가의 경우도 잊지 못합니다. 아직도 그 양반의 초상화가 내 아틀리에에 걸려 있을 때, 그 친구가 찾아와서 보고는 말하지 않겠습니까? '이거 놀랍군. 정말 그 사람이 이런 얼굴을 하고 있나요?' 나는 충실하게 그렸다고 대답했지요. 그랬더니 그 사람은 '그 친구의 눈언저리에 이런 표정이 있는 줄은 여태껏 몰랐구나, 곧바로 시내로 가서 예금을 다른 은행으로 옮겨야겠다' 하고 말했습니다. 그리고 그 사람은 부랴부랴 시내로 들어갔습니다만, 그때는 벌써 그의 은행 예금은 몽땅 날라가고 없었습니다. 그 고명한 은행가는 파산해서 모습을 감추어 버리구요. 그 뒤 곧 나는 실업 상태가 되었습니다. 누구나 자기가 숨기고 있는 야비함이 초상화에 드러나는 것을 좋아할 사람은 없지요. 인간은 미소를 짓거나 얼굴을 찌푸리거나 해서 남을 속일 수 있지만, 그림은 그렇게 못합니다. 그림 주문이 딱 끊어졌으니 나는 초상화가를 폐업할 수밖에 없었지요. 한동안 신문사에서 인물을 그리기도 하고 석판용 초상화를 그리기도 했는데, 그곳에서도 같은 문제에 부딪쳤습니다. 사진을 보고 초상화를 그리면, 사진에는 없는 특징이나 표정이 나타났지요. 그런 특징이나 표정은 사진에는 드러나지 않았지만, 본디 그 사람이 지녔던 것임에는 틀림없었습니다. 손님들, 특히 여자 손님들한테서 잇달아 불평이 나와서, 내 일은 오래 가지 못했습니다. 결국 지쳐 버린 마음을 술로 달래게 되었지요. 그러다가 잘 곳 없는 인간의 행렬에 끼여서 엉터리 신세 타령으로 먹을 것을 얻는 신세가 되고 만 것입니다……어떻습니까, 임금님, 이 진짜 신세 타령이 혹시 따분하시지 않았습니까? 바라신다면, 월가의 비극 쪽으로 화제를 돌려도 좋습니다만, 그쪽은 눈물이 필요해서 이런 맛있는 진수 성찬에는 좀……."

"아니, 천만에."

챌머스는 진지하게 말했다.

"참으로 흥미 깊게 들었소. 그런데 당신이 그런 초상화에는 모두 불쾌한 특징만 나타났다는 거요? 아니면 당신의 그 특수한 화필의 시련을 받고도 추함이 나타나지 않은 사람이 더러는 있었던가요?"

"몇 사람 있었습니다." 플루머는 대답했다. "어린아이는 대부분 그렇고, 상당히 많은 여성들, 꽤 많은 남성들도 그랬습니다. 모두가 나쁜 인간만은 아니니까요. 그려지는 사람에 문제가 없다면 그림에도 문제가 없습니다. 어째서 그렇게 되는지는 설명할 수 없지만, 사실이 그렇습니다"

챌머스의 책상 위에는 그날 저녁때 외국 우편으로 도착한 그 사진이 놓여 있었다. 10분 뒤, 그는 플루머에게 부탁해 파스텔로 그 사진의 스케치를 해 달라고 부탁했다.

한 시간이 지나자, 화가는 일어서서 자못 피로한 듯이 허리를 쭉 폈다. "다 됐습니다" 하고 그는 하품을 하면서 말했다. "이렇게 시간이 오래 걸려서 죄송합니다. 매우 흥미 있게 그릴 수 있었습니다. 하지만 지쳤는걸요! 지난밤에는 잘 곳도 없었으니까요. 그럼 인자하신 임금님, 이제 슬슬 물러가야겠습니다."

챌머스는 문간까지 배웅하면서 지폐 몇 장을 그의 손에 쥐어 주었다.

"감사합니다! 고맙게 받아 두겠습니다." 플루머는 말했다. "이만하면 추워질 때까진 버티겠지요. 감사합니다. 훌륭한 만찬도 감사드립니다. 오늘밤에는 새털 이불을 덮고, 바그다드의 꿈이라도 꾸겠지요. 아침에 그 꿈이 깨지 않는다면 더더욱 좋겠습니다만……그럼, 가장 인자하신 임금님, 안녕히 계십시오!"

챌머스는 다시 초조한 듯 양탄자 위를 걸어다니기 시작했다. 그러나 이번에는 파스텔의 스케치가 놓여 있는 책상에서 방의 면적이 허용하는 한 멀리 떨어져서 걸었다. 두 번, 세 번 그 앞에 다가가려다가 하지 못했다. 짙은 갈색과 금빛과 고동색의 색채는 볼 수 있었지만, 공포가 그림 주위에 장벽을 둘러쳐서 접근을 허용하지 않았다. 그는 의자에 앉아 기분을 가라앉히려고 했다. 그리고 갑자기 일어서더니 벨을 울려 필립스를 불렀다.

"이 건물에 젊은 화가 한 사람이 살고 있을 게다." 그가 말했다. "라이먼이라든가……어느 방인지 아느냐?"

"가장 위층 앞쪽입니다." 필립스가 대답했다.

"가서, 이삼 분이라도 좋으니 이리로 좀 와주시라 그래 봐라."

라이먼은 곧 내려왔다. 챌머스가 자기 소개를 했다.

"라이먼 씨" 그는 입을 열었다. "그 책상 위에 조그만 파스텔화가 있습니다. 그 예술적인 가치와 회화로서의 가치에 대해서 선생의 의견을 들려주시면 대단히 고맙겠습니다만."

젊은 화가는 책상 앞으로 다가가서 스케치를 집어들었다. 챌머스는 반쯤 등을 돌리고 의자에 기대어 앉았다.

"어떻게……생각하십니까……그 그림을?"

그는 주저주저 물었다.

"그림으로서는." 화가가 말했다. "아무리 칭찬해도 모자랄 정도입니다. 일류 작품입니다. 대담하고, 섬세하고, 사실적입니다. 저도 좀 어리둥절합니다만, 이처럼 훌륭한 파스텔화는 몇 해 동안 본 적이 없습니다."

"그 얼굴, 인물, 주제, 다시 말해서 그 모델은 어떻게 생각하십니까?"

"이 얼굴은 바로 천사의 얼굴입니다. 대체, 이 부인이 누구신지?"

"아내입니다!" 챌머스는 휙 방향을 바꾸어 이렇게 소리치면서 깜짝 놀란 화가에게 달려가 손을 쥐고 등을 두들겼다.

"아내는 지금 유럽 여행중입니다. 그 스케치를 갖고 가서서, 선생의 생애를 건 걸작을 하나 그려 주십시오. 화료는 나한테 맡겨 주시고."

마지막 잎새
위대한 진리는 인간 영혼의 한쪽이고, 위대한 영혼은 영원의 한쪽이다

워싱턴 스퀘어 서쪽 작은 지역에는 길이 이리저리 마구 얽혀서 '플레이스'
라고 부르는 길쭉한 조각 길로 나뉘어진다. 이 '플레이스'들은 기묘한 각도와
곡선을 이룬다. 하나의 길이 한두 번은 제 자신과 엇갈린다. 일찍이 한 화가
가 이 거리에서 재미있는 가능성을 발견했다. 물감과 종이와 캔버스 계산서
를 든 수금원이 이 거리에 들어와서 외상 한푼 받지 못하고 어느새 온 길로
되돌아 나온다면 어떻게 될까!

그래서 화가들은 이 색다르고 옛스러운 그리니치 빌리지[*1]에서 18세기식
박공과 네덜란드풍의 다락방과 싸구려 월셋방을 찾아서 돌아다녔다. 이윽고
그들은 6번가에서 백랍 컵과 탁상용 풍로를 하나 둘 들고 들어와서 여기에
'예술인 마을'이 하나 생긴 것이다.

땅딸막한 3층 벽돌집 꼭대기에 수와 존시의 화실이 있었다. '존시'는 조안
나의 애칭이다. 수는 메인주가 고향이고, 존시는 캘리포니아 출신이었다. 두
사람은 8번가의 '델모니코' 식당에서 정식을 먹다가 만나, 예술에서나 치커
리 샐러드나 주교 의상의 소매에서나 취미가 같다는 것을 알고, 공동으로
화실을 갖게 되었다.

5월의 일이었다. 11월이 되면 의사들이 폐렴이라고 부르는 차갑고 눈에 보
이지 않는 손님이 이 마을을 돌아다니면서 그 얼음 같이 찬 손으로 사람들

[*1] Greenwich Village. 워싱턴 스퀘어의 서쪽에 있는 구역. 빌리 지(村)라고는 하지만 시의 일부이
며, 화가나 작가들이 모여산다.

을 쓰다듬고 다녔다. 광장 동편에서는 이 파괴자가 대담하게 으스대고 다니면서 몇십 명씩 희생자를 냈지만, 이 좁고 이끼 긴 '플레이스'의 미로(迷路)에서는 걸음이 느렸다.

폐렴 씨는 기사도적인 노신사라고 부를 만한 것이 못 되었다. 캘리포니아의 부드러운 바람으로 가냘퍼진 조그만 어린 처녀는, 이 피묻은 주먹에 숨결이 거친 늙은 협잡꾼의 정당한 사냥감이 될 수는 도저히 없었다. 그런데 그는 존시를 덮친 것이다. 그래서 그녀는 페인트를 칠한 철제 침대에 누운 채 거의 꼼짝도 못하고, 조그만 네덜란드풍 창 너머로 옆에 있는 벽돌집의 텅 빈 벽을 바라보았다.

어느 날 아침, 바쁜 의사가 털이 숭숭한 반백의 눈썹을 움직여서 수를 복도로 불러냈다.

"저 아가씨가 살아날 가망은……글쎄, 열에 하나야." 그는 체온계를 흔들어 수은을 내리면서 말했다. "그것도 살려는 의지가 있어야만 가능하지. 지금처럼 장례식을 기다리는 기분으로 있어서야, 처방이고 뭐고 다 바보 같은 짓이 되고 말지. 저 아가씬 아예 나을 수 없다고 마음먹고 있거든. 그녀가 마음속에 생각하고 있는 일이 없을까?"

"쟤는……언젠가 나폴리만을 그리고 싶어했어요." 수가 말했다.

"그림을 그려? 바보처럼! 무언가 골똘히 생각할 만한 가치 있는 것은 없을까? 이를테면 남자친구 같은?"

"남자요?" 수는 황당하다는 듯한 목소리로 되물었다. "남자가 그럴 만한 가치가……하지만 아녜요, 선생님, 그런 건 아무것도 없어요."

"응, 그렇다면, 그게 좋지 않은 점이로군." 의사가 말했다.

"내가 할 수 있는 범위에서 의술이 이룰 수 있는 모든 것을 다 해보지. 하지만, 환자가 자기 장례식 행렬의 자동차 수를 세기 시작한다면, 내 약의 효과도 절반으로 줄어들 테야. 아가씨가 잘 구슬러서, 새롭게 유행하는 겨울 외투 소매에 대해서라도 물어 보도록만 만든다면, 가망성이 열에 하나가 아니라 다섯에 하나라고 약속하지."

의사가 돌아간 뒤 수는 작업실로 들어가서 종이냅킨이 흠뻑 젖을 때까지 울었다. 그러고는 화판을 들고 휘파람으로 재즈를 불면서 힘차게 존시 방으로 들어갔다.

존시는 이불에 주름 하나 만들지 않고 얼굴을 창문 쪽으로 돌린 채 누워 있었다.

수는 그녀가 잠든 줄 알고 휘파람을 그쳤다.

수는 화판을 세워 어떤 잡지 소설의 삽화로 쓸 펜화를 그리기 시작했다. 젊은 화가는 젊은 작가가 문학에의 길을 개척해 나가기 위해서 쓰는 잡지 소설의 삽화를 그림으로써, 미술의 길을 개척해 나가야만 한다. 수가 소설 주인공인 아이다호 카우보이의 모습 위에, 말 품평회에 입고 나갈 멋있는 승마 바지와 외알안경을 그리고 있는데, 나지막한 소리가 몇 번이나 되풀이해서 들려 왔다. 그녀는 얼른 침대 곁으로 갔다.

존시는 눈을 크게 뜨고 있었다. 그녀는 창 밖을 바라보며 숫자를 거꾸로 세고 있었다.

'열 둘' 하고 그녀는 세고는 조금 있다가 '열 하나', 이어 '열', '아홉', 그러다가 거의 동시에 '여덟' '일곱' 하고 셌다.

수는 궁금해서 창 밖을 내다보았다. 무엇을 세는 걸까? 그저 살풍경하고 쓸쓸한 안마당과 20피트 저편에 벽돌집의 텅 빈 벽면이 보일 뿐이었다. 뿌리가 울퉁불퉁하게 옹이져서 썩은 한 그루의 해묵은 담쟁이덩굴이 벽돌 벽 중간쯤까지 뻗어 올라가 있었다. 차가운 가을 바람이 담쟁이 덩굴의 잎사귀를 쳐서 떨어뜨리고, 앙상한 가지가 허물어져 가는 벽돌에 매달려 있었다.

"뭘 세고 있어?" 수가 물었다.

"여섯" 존시는 거의 속삭이듯이 말했다. "이제 더 빨리 떨어지기 시작했어. 사흘 전에는 거의 백 장쯤 있었는데. 세고 있으면 머리가 다 아팠는데. 하지만 이젠 쉬워, 아, 또 하나 떨어지네. 이제 남은 것은 다섯 개뿐이야."

"뭐가 다섯이지? 내게 말해 보렴."

"잎사귀 말이야. 담쟁이덩굴 잎사귀. 마지막 남은 하나가 떨어질 때 나도 가는 거야. 나는 사흘 전부터 알고 있었어, 의사 선생님이 그러시지 않니?"

"그런 바보 같은 소린 처음 들어." 수는 몹시 어처구니 없다는 듯이 투덜거렸다. "마른 담쟁이 잎사귀와 네가 낫는 것이 무슨 관계가 있다고 그러니? 그리고 넌 저 덩굴을 아주 좋아했잖아. 이 말괄량이야, 바보 같은 소리 그만해, 선생님은 말이야, 오늘 아침에 네가 곧 완쾌할 가망성은……저어, 선생님 말씀 그대로 말한다면……하나에 열이라고 그러셨어! 그건 뉴욕 시내에서 전차를 타거나 새로운 건물 옆을 지나치게 될 확률과 같아. 자, 이제 수프 좀 마셔 봐. 그리고 나는 다시 그림을 그리게 해 줘. 그러면 그걸 잡지사 편집자에게 팔아서 앓아누운 우리 아기에겐 포도주를 사오고, 먹성 좋은 나한테는 돼지고기를 사올 수가 있으니까."

"포도주는 이제 살 필요 없어." 존시는 계속 창 밖을 바라보면서 말했다. "또 하나가 떨어지네! 아니, 수프는 먹고 싶지 않아. 이제 넉 장 뿐이야. 어둡기 전에 마지막 잎이 떨어지는 걸 보고 싶어. 그러면 나도 가는 거야."

"존시." 수는 그녀 위에 몸을 굽히고 말했다.

"내가 그림을 다 그릴 때까지, 눈을 감고 창 밖을 보지 않겠다고 약속해 주지 않겠니? 난 이 그림을 내일까지 넘겨줘야 한단 말이야. 빛이 필요하지만 않다면 커튼을 내리고 싶어."

"다른 방에서 그릴 수 없어?" 존시는 차갑게 물었다.

"네 옆에 있고 싶어서 그래." 수가 말했다. "그리고 네가 줄곧 저 쓸데없는 담쟁이 잎사귀를 쳐다보는 게 싫어서 그런다."

"다 그리고 나면 금방 알려 줘야 해." 존시는 눈을 감고 쓰러진 조각상처럼 창백하게 누워서 조용히 말했다.

"마지막 남은 잎이 떨어지는 걸 보고 싶으니까. 난 이제 기다리기에 지쳤어. 생각하는 것도 지쳤고. 모든 것에 대한 집착에서 떠나, 저 가엾고 고달픈 나뭇잎처럼 아래로아래로 떨어져 가고 싶어."

"좀 자도록 해봐." 수가 말했다. "나는 베어먼 할아버지를 불러서, 은둔한 늙은 광부 모델이 되어 달라고 부탁해야겠어. 곧 돌아올게. 내가 올 때까지 움직이지 마."

베어먼 노인은 이 집 1층에 살고 있는 화가였다. 나이는 예순이 넘었고, 미켈란젤로가 그린 모세의 수염 같은 구레나룻이 사티로스 같은 얼굴에서 도깨비 같은 몸으로 곱슬곱슬하게 흘러내렸다. 베어먼은 낙오한 예술가였다. 40년 동안 화필을 쥐어 왔지만, 예술의 여신의 치맛자락을 잡을 만큼 가까이 가 보지 못했다. 언제나 걸작을 그린다고 하면서도 아직 시작해 본 적이 없다. 지난 몇 해 동안 상업용이나 광고용 서툰 그림을 이따금 그린 것 말고는 아무것도 그리지 못했다. 그는 전문 모델을 쓸 경제 여유가 없는 이 마을 젊은 화가들의 모델이 되어 주고 조금씩 돈을 얻어 썼다. 지나치게 진을 마시면서도 여전히 머지않아 걸작을 그린다는 말을 했다. 그 밖의 점에서는 몸집은 작지만 성격이 꼿꼿한 늙은이였으며, 누구나 유약한 것을 보면 사정없이 비웃고, 특히 위층 화실에 있는 두 젊은 예술가의 보호자를 자처했다.

수가 가보니 베어먼은 아래층의 어둠침침한 골방에서 노간주나무 열매*2 냄새를 물씬 풍기며 앉아 있었다. 한쪽 구석에는 이젤 위에 아무것도 그리지 않은 캔버스가 놓여 있었는데, 거기서 걸작의 첫 획을 25년 동안이나 기다려 온 것이었다.

수는 노인에게 존시의 망상을 이야기하고, 존시는 정말 나뭇잎처럼 가볍고 연약해서 이 세상과 연결된 끈이 더 약해지면 둥둥 떠서 날아가 버리지 않을지 걱정스럽다고 말했다.

베어먼 노인은 핏발이 선 눈에 눈물을 글썽거리면서, 그 어이없는 생각을 큰 소리로 꾸짖으며 비웃었다.

"뭐라구!" 그는 소리쳤다. "아니 그래, 다 썩은 덩굴에서 잎이 떨어진다구 저두 죽는다는 그런 얼빠진 소릴 하는 사람이 이 세상에 어딨어? 이제껏 그런 말은 들어 본 적이 없어. 아니, 나는 그처럼 어리석은 바보 멍청이 아가씨의 모델 노릇은 하지 않을 거야. 어째서 아가씨는 그런 어처구니없는 생각을 그 아가씨가 하게 내버려두느냐 말씀이야? 아아, 가엾은 존시 아가씨."

"걔는 몹시 앓아서 쇠약해졌어요." 수가 말했다. "그리고 열 때문에 마음이 병적으로 돼서, 온갖 이상한 망상으로 가득 찬걸요. 좋아요, 베어먼 할아버지, 제 모델이 되어 주기 싫으시다면 필요 없어요. 하지만, 전 할아버지를 정말로 너무나 변덕스런 할아버지라고 생각하겠어요."

"여자는 금방 저래서 탈이야!" 베어먼이 소리쳤다. "누가 모델을 안 한다구 그랬나? 가라구, 나두 따라갈 테니까. 반 시간 전부터 나는 언제라도 모델이 되어 주겠다고 말하려고 했었지. 허, 참! 여긴 존시 아가씨 같은 착한 처녀가 병들어 누워 있을 자리가 못 된다구. 머잖아 나는 걸작을 그릴 게야. 그러면 우리 모두 다른 데로 옮기자구. 정말이야! 그렇게 하자구."

두 사람이 위층에 올라가 보니 존시는 잠들어 있었다. 수는 커튼을 창턱까지 끌어내리고, 베어먼에게 옆방으로 가자고 몸짓했다. 방에 들어간 두 사

---

*2 열매에서 짠 기름은 진의 향료로 씀.

람은 겁먹은 듯이 창문으로 담쟁이덩굴을 내다보았다. 그리고 잠시 서로 말 없이 쳐다보았다. 차가운 진눈깨비가 쉴새없이 내리고 있었다. 베어먼은 낡은 푸른 셔츠를 입고는, 바위 대신 주전자를 엎어놓고 앉아 은둔한 광부의 자세가 되었다.

이튿날 아침 수가 한 시간쯤 자고 눈을 떠보니, 존시는 흐릿한 눈을 크게 뜨고 내려진 초록 커튼을 바라보고 있었다.

"열어 줘, 보고 싶으니까." 그녀는 낮은 목소리로 명령했다. 수는 기운 없이 하라는 대로 했다. 바람이 휘몰아쳤는데도 벽에는 아직도 한 장의 담쟁이 잎이 또렷이 남아 있었다! 담쟁이의 마지막 잎새였다. 잎의 줄기 부분은 아직도 진한 초록빛이었지만, 톱니 모양 가장자리에는 노란 소멸과 조락의 빛을 띠고 대견하게도 땅 위에서 20피트쯤 되는 가지에 매달려 있었다.

"마지막 잎새야." 존시가 말했다. "밤중에 틀림없이 떨어질 줄 알았는데. 바람 소리를 들었거든. 오늘은 떨어질 거야. 그러면 동시에 나도 죽는 거야."

"애, 애!" 수는 지친 얼굴을 베개에 얹으면서 말했다.

"네 자신을 생각하고 싶지 않거든, 내 생각이나 좀 해줘. 난 어떡하면 좋겠니?"

그러나 존시는 대답하지 않았다. 이 세상에서 가장 고독한 것은 신비롭고 먼 여행을 떠날 채비를 하는 영혼이다. 그녀를 우정 및 이 땅과 연결해주는 끈이 하나하나 풀어짐에 따라, 그 망상이 갈수록 더 억세게 그녀를 사로잡는 듯했다.

하루 해가 저물었다. 그러나 황혼 속에서도 그 외로운 담쟁이 잎이 덩굴에 붙어 있는 것이 보였다. 그러다가 밤이 되니 북풍이 다시 사납게 휘몰아치기 시작하고, 한편 비는 여전히 창문을 두들겨 나직한 네덜란드풍 처마 밑으로 뚜둑뚜둑 흘러 떨어졌다.

이윽고 날이 새자, 존시는 사정없이 커튼을 올리라고 명령했다. 담쟁이 잎은 여전히 그 자리에 있었다. 존시는 드러누워서 오랫동안 그것을 바라보았다. 그러더니 가스 스토브 위에서 닭고기 수프를 휘젓는 수에게 말을 건넸다.

"난, 나쁜 애였어, 수." 존시가 말했다. "내가 얼마나 나쁜 애였는지 알려 주려고, 저 마지막 잎새가 저 자리에 남아 있는 거야. 죽고 싶어하다니 벌받을 일이지. 자, 그 수프 좀 갖다 줘, 우유에 포도주를 탄 것도 좀 주고. 그리고…… 아니, 손거울부터 먼저 갖다 줄래? 그리고 내 등에다 베개 몇 개 받쳐 줘. 일어나 앉아서 네가 요리하는 걸 볼 테야."

한 시간 뒤 그녀는 말했다.

"수, 난 언젠가 나폴리만을 그려보고 싶어."

오후에 의사가 왔다. 의사가 돌아갈 때, 수가 살그머니 뒤따라 나왔다.

"가능성은 반반이야." 의사는 수의 떨고 있는 여윈 손을 잡고 말했다. "간호만 잘해 주면, 희망이 있어. 그럼 이제 아래층 환자를 보러 가야지. 베어먼인가 하는 사람인데 화가 같더군. 그도 폐렴이야. 나이가 많고 몸도 약한 사람인데 갑자기 당했어. 나을 희망은 없지만, 오늘 입원하면 좀 편해지겠지."

이튿날 의사는 수에게 말했다. "이제 고비는 벗어났어. 두 사람이 이겼네. 앞으로 영양을 잘 챙기고 잘 돌봐주면 돼."

그리고 그날 오후, 수가 침대로 다가가 보니, 존시는 누운 채 무척 파란 빛깔의 도무지 쓸모 없는 숄을 만족스러운 듯이 짜고 있었다. 수는 한쪽 팔로 친구와 베개를 함께 껴안았다.

"할 얘기가 있어, 귀여운 아가씨." 그녀가 말했다. "베어먼 할아버지가 오늘 병원에서 폐렴으로 돌아가셨어. 병난 지 이틀 만에. 첫날 아침, 관리인이 그분 방에 가 봤더니, 할아버지가 몹시 괴로워하고 계시더래. 신발과 옷은 흠뻑 젖어서 얼음처럼 차갑고, 날씨가 그렇게 험한 날 밤에 대체 어디를 갔다 오셨는지 아무도 짐작하지 못했어. 그러다가 아직도 불이 켜져 있는 랜턴과, 다른 곳에서 꺼내온 사다리, 흩어진 화필, 초록과 노랑 물감을 푼 팔레트를 발견한 거야. 그리고 애, 창 밖으로 저 벽에 있는 마지막 담쟁이 잎 좀 봐, 바람이 부는데도 조금도 흔들리지 않고 움직이지도 않는 게 이상하지 않니? 아아, 애, 저건 베어먼 할아버지의 걸작이란다. 마지막 잎새가 떨어진 날 밤, 그분이 저 자리에 저걸 그려 놓으셨단다."

천창이 있는 방
상상이란 영혼의 눈이 아닌가

파커 부인은 먼저 방 두 칸이 붙어 있는 응접실을 보여 줄 것이다. 그러고
는 전에 8년 동안이나 그 방에 세들어 산 신사의 인품이 얼마나 훌륭했고,
그 방의 장점을 지루하게 늘어놓을 것이다. 당신은 끝없이 이어지는 그녀의
말을 도중에 가로막을 용기가 없을 것이다. 그래서 망설이면서 자기는 의사
도 아니고 치과 의사도 아니라는 사실을 고백하게 될 것이다. 그 고백을 듣
는 파커 부인의 태도는 그녀의 응접실에 알맞은 직업을 가질 교육의 기회를
주지 않은 당신의 부모님에 대해서 이제까지와 같은 감정을 더는 품기가 곤
란하게 만들 것이다.

다음에 당신은 계단을 올라가서, 2층 뒤쪽의 8달러 짜리 방을 보게 될 것
이다. 투센베리 씨가 팜비치 가까이에 있는 형의 오렌지 농장을 인수해 경영
하고자 플로리다로 갈 때까지 12달러씩 내고 썼다든가, 플로리다에서는 매킨
타이어 부인이 해마다 개별 욕실이 딸린 앞쪽 방에서 겨울을 나게 되어 있
다든가 하는 파커 부인의 설명에 끌려서, 당신은 진심으로 그 방이 12달러
의 가치가 있는 듯한 기분이 들기 시작해, 자기는 더 싼 방이 필요하다고 우
물쭈물 말하게 될 것이다.

만일 당신이 파커 부인의 경멸을 이겨 낼 수 있다면, 이번에는 스키더 씨
가 세 든 3층의 큰방으로 안내될 것이다.

그 방은 비어 있지 않다. 스키더 씨가 하루 내내 이 방에 틀어박혀서, 희
곡을 쓰거나 담배를 피우거나 한다.

그런데도 방을 빌리러 오는 사람은 한 사람도 빠짐없이 파커 부인의 손에 이끌려 이 방에 들어와, 창문 위쪽에 드리운 장식천을 감상해야 했다. 이런 방문객이 있을 때마다 스키더 씨는 쫓겨날까 불안해서, 방 값 말고도 얼마큼씩 더 내놓기 때문이다.

그런 다음, 그렇다. 그런 다음, 만일 당신이 땀에 젖은 주머니 속 지폐 3달러를 더운 손에 움켜쥐고 우물쭈물 그 자리에 서서 자신의 비참하고 서글픈 가난을 목멘 소리로 고백한다면, 파커 부인은 당장 당신의 안내인 노릇을 그만둘 것이다. 그녀는 요란한 소리로 "클라라" 하고 부르고는 당신에게 등을 돌려 성큼성큼 계단을 내려가 버릴 것이다. 그러면 흑인 하녀 클라라가 4층으로 통하는 융단을 깐 사다리를 올라가서, 당신을 '천창이 있는 방'으로 안내할 것이다. 그 방은 복도 중앙에 세로 7피트, 가로 8피트의 바닥 면적을 차지하며, 양쪽에는 잡동사니를 넣어두는 컴컴한 벽장이나 창고가 있다.

방 안에는 철제 침대와 세면대와 의자가 놓여 있다. 그리고 화장대용 선반이 하나 있으며 아무 장식 없는 벽이 사면에서 관처럼 압도해 온다. 당신은 숨이 막힐 것만 같아 자신도 모르게 손이 목으로 올라간다. 그리고 우물 밑 바닥에서 쳐다보듯 위를 우러러 쳐다본다. 그리고 숨을 내쉰다. 조그만 채광용 천창의 유리 너머로 네모진 무한의 푸른 하늘이 보인다.

"2달러요." 클라라는 반 터스키기 지방[*1] 사투리가 섞이고, 반쯤은 경멸하는 투가 섞인 어조로 말한다.

어느 날 리슨 양이 방을 구하러 찾아 왔다. 그녀보다 훨씬 몸집이 큰 여자가 들고 다닐 수 있게 만든 타자기를 무거운 듯이 들고 있었다. 그녀는 몸매가 아주 조그만 아가씨이지만, 눈과 머리털만은 그녀가 성장을 멈춘 뒤에도 내내 자라서, 언제나 그녀에게 "어머나, 왜 우리와 함께 더 자라지 않아요?" 이렇게 말하는 것 같았다.

파커 부인은 그녀에게 두 칸이 붙은 객실을 보여 주었다.

"이 벽장에는 인체 모형도 넣어 둘 수 있고, 마취약도, 석탄도……."

"하지만 저는 의사도 치과 의사도 아닌걸요." 리슨 양은 몸을 으스스 떨면서 말했다.

[*1] 앨라배마주 동북부 도시.

파커 부인은 의사 또는 치과 의사가 되지 못한 사람에게 늘 그러듯이 의구심과 동정, 조롱하는 싸늘한 시선을 던지고는 그녀를 2층 뒤쪽 방으로 안내했다.

"8달러라고요?" 리슨 양이 말했다. "저는 아직 세상을 잘 모르지만, 제 분수는 알아요, 저는 한낱 가난한 직장 여성에 지나지 않아요. 더 높은 곳의 더 싼 방을 보여 주세요."

스키더 씨는 문을 두드리는 소리에 깜짝 놀라 일어서면서, 담뱃재를 방바닥에 떨어뜨려 버렸다.

"실례해요, 스키터 씨……." 파커 부인은 그의 하얗게 질린 얼굴에 악마 같은 미소를 던졌다. "선생님이 계시는 줄은 몰랐네요. 이 아가씨에게 이 방의 창문 장식천을 구경시키려구요."

"정말 훌륭해요." 리슨 양은 천사처럼 미소 지으며 말했다.

그녀들이 나가자 스키터 씨는, 부랴부랴 최신작(아직 상연되지 않은) 희극 속의 키가 큰 검은 머리 여주인공을 지워 버리고, 그 대신 나슬나슬하고 밝은 머리칼을 가진 발랄한 용모의, 몸집이 작고 장난꾸러기 같은 아가씨를 써넣었다.

"안나 헬드*²가 좋아하겠지." 스키터 씨는 혼잣말을 하고는, 벽걸이 쪽으로 두 발을 쳐들고 마치 공중의 오징어처럼 담배 연기 속에 모습을 감추었다.

이윽고 "클라라!" 하고 부르는 부인의 큰 목소리가 리슨 양의 주머니 사정을 온 세상에 알렸다.

그러자 검은 도깨비가 그녀를 움켜쥐고 지옥처럼 어두운 사다리를 올라가 천장 구멍에서 겨우 빛이 들고 있는 창고에다 그녀를 밀어 넣고는 그 위협하는 듯한 신비로운 말을 중얼거렸다.

"2달러요!"

"여길 쓸게요!" 리슨 양은 삐걱거리는 쇠 침대에 걸터 앉아 마음을 가라앉히면서 한숨을 쉬었다.

리슨 양은 날마다 일하러 나갔다. 밤이 되면, 펜으로 쓴 서류를 들고 와

---

*2 Anna Held(1872~1918). 그 무렵 브로드웨이 배우이자 가수.

서 타자기로 쳤다. 밤일이 없을 때도 있었다. 그럴 때는 다른 세든 사람들과 함께 현관 입구의 높다란 층층대에 앉았다. 그녀를 창조하기 위한 설계도가 작성되었을 때, 하느님은 그녀를 이런 천창이 있는 방에서 살게 할 생각은 없었다.

그녀는 명랑하고, 상냥하며, 거침없는 공상에 차 있었다. 한번은 스키터 씨가 자기의 3막짜리 미발표 걸작 희극 '농담이 아니라구' 또는 '지하철의 상속자'를 낭독해 주기까지 했다.

리슨 양이 현관 층층대에 한두 시간 앉아 있을 여유가 있을 때는, 세 든 남자들 사이에 늘 기쁨의 소리가 터져나왔다. 그러나 공립학교 교사로 누가 무슨 말을 해도 꼭 "어머, 그래요?" 하고 말하는 키 큰 금발의 롱네커 양은, 층층대 가장 윗단에 걸터앉아 홍 하고 코웃음쳤다. 그리고 백화점 여점원으로, 일요일마다 코니아일랜드로 움직이는 오리 과녁을 사격하러 가는 돈 양은 층층대 제일 아랫단에 앉아, 마찬가지로 홍 하고 코웃음쳤다. 리슨 양은 층층대 중간쯤에 앉았는데, 그러면 남자들이 순식간에 그녀를 둘러쌌다.

특히 열을 올린 사람은 스키터 씨였으며, 그는 마음 속으로 그녀를 현실에서의 은밀한 (아직 발표되지 않은) 드라마의 여주인공으로 정해 놓고 있었다. 뚱뚱한 몸집에 얼굴이 붉고, 머리가 둔한 45세의 후버 씨도 그녀에게 남달리 열을 올리고 있었다. 특히 열심인 사람은 젊은 에반스 군으로 그는 담배를 피우지 말라는 말을 그녀에게 듣고 싶어 일부러 마른 기침을 해 보이곤 했다.

'가장 유쾌하고 기분 좋은 여성'이라는 것이 남자들의 일치된 의견이었다. 그러나 층층대 가장 위와 맨 아래에서 콧방귀 뀌고 있는 두 여성만은 이 의견에 동조하지 않았다.

여기서 드라마 진행을 잠깐 멈추고 합창대가 등장해 후버 씨의 뚱뚱한 몸에 눈물을 뿌리는 애도곡을 연주하는 것을 용서해 주기 바란다. 합창대여, 지방(脂肪)의 비극, 지나친 비만의 해악, 뚱뚱보의 재앙을 악기 소리에 맞추어 노래부르라. 어쩌면 늑골이 앙상한 로미오보다 살을 쫙 뺀 폴스타프[3]

─────────────

[3] 셰익스피어의 《헨리 4세》에 나오는 쾌활하고 재치 있으며 대담하나 싸움터에서는 겁이 많은 뚱뚱보 기사.

가 더 낭만적이었을지도 모른다. 구애하는 자는 한숨은 쉬어도 씩씩거려서는 안 된다. 뚱뚱한 사나이는 어차피 모무스*4의 시종 노릇이나 해야 한다. 아무리 충실한 심장일지라도 52인치의 허리띠 위에서 고동을 쳐서야 그다지 효과가 없다. 물러가라, 후버! 나이 45세에 얼굴이 붉고, 머리만 둔한 후버라면 혹시 헬렌*5 같은 미녀를 손에 넣을 수도 있을지도 모른다. 그러나 45세에 얼굴은 붉고 머리는 둔한 데다 뚱뚱하기까지 한 후버로는 파멸의 신의 제물이 되는 게 고작일 게다. 후버여, 그대에게는 전혀 기회가 없다.

어느 여름날 저녁, 파커 부인 집에 세 든 사람들이 여느 때처럼 현관 계단에 앉아 있을 때 리슨 양이 하늘을 쳐다보고 밝게 웃으면서 소리쳤다.

"어머, 저기 빌리 잭슨이 있어요! 이렇게 낮은 곳에서도 보이네?"

모두 고개를 들었다. 어떤 사람은 마천루의 창문을, 어떤 사람은 빌리 잭슨이 조종하는 비행선을 찾았다.

"저 별 말이에요!"

그녀는 가느다란 손가락으로 하늘을 가리키며 설명했다.

"저 반짝반짝 빛나는 큰 별 말고요, 그 옆에 꼼짝도 않고 있는 파란 별, 내 방 천창에 밤마다 저게 보여요. 내가 저 별에 빌리 잭슨이라는 이름을 붙여주었죠."

"어머, 그래요!" 롱네커 양이 말했다.

"당신이 천문학자인 줄은 미처 몰랐네, 리슨 양."

"네, 저는 천문학자예요." 귀여운 별 관측자는 말했다. "올 가을, 화성에서는 어떤 스타일의 소매가 유행할지도 아는걸요."

"어머, 그래요!" 롱네커 양은 말했다. "하지만, 당신이 말하는 저 별은 카시오페이아 자리의 감마라는 별이라고요. 2등성에 가깝고, 자오선을 지나는 것은……."

"그렇지만." 젊은 에반스 군이 가로막았다.

"나는 저 별의 이름으로 빌리 잭슨이 훨씬 좋은데."

"나도 동감이야." 후버 씨가 롱네커 양의 말에 거센 숨소리를 내며 반대했

---

*4 그리스 신화에 나오는, 남의 잘못을 견책하고 비꼬는 조롱과 냉소의 신.
*5 그리스 신화의 절세의 미인, 트로이 전쟁의 원인이 된다.

다. "리슨 양도 고대 점성가들과 마찬가지로 별에 이름을 붙일 권리가 있다고 생각하오."

"어머, 그래요?" 롱네커 양이 말했다.

"저건 별똥별이 아닐까요?" 돈 양이 끼어 들었다.

"난 지난 일요일에 코니의 사격장에서, 오리 아홉 개하고 토끼 한 개를 모두 맞혔어요."

"여기선 잘 보이지 않아요." 리슨 양이 말했다. "내 방에서 보면 아주 멋져요. 우물 속에서 보면 낮에도 별이 잘 보이잖아요? 내 방은 밤에는 탄광의 갱도 같으니까, 빌리 잭슨이 마치 밤의 여신이 옷에 단 큼직한 다이아몬드 핀처럼 보여요."

그 뒤 얼마 지나지 않아 리슨 양이 타자할 서류를 전혀 갖고 오지 않는 날이 왔다. 그녀는 아침에 나가서 일하는 대신, 이 회사에서 저 회사로 다니며 건방진 사환이 전해 주는 차가운 거절의 말을 들을 때마다 그녀의 마음은 차츰 시들어 갔다. 그런 날이 며칠이나 이어졌다.

어느 날 밤, 여느 때 같으면 식당에서 저녁을 먹고 올 시간에 그녀는 파커 부인의 현관 계단을 지친 걸음걸이로 올라가고 있었다.

현관에 들어서자 후버 씨와 마주쳤다. 후버 씨는 이 기회를 붙잡아 그녀에게 청혼했다. 그의 뚱뚱한 몸이 산사태처럼 그녀를 덮쳤다. 그녀는 재빨리 몸을 피해 계단 난간을 붙잡았다. 그가 그녀의 손을 잡으려고 했다. 그녀는 그 손을 뿌리치고 힘없이 그의 뺨을 때렸다. 그리고 난간을 붙잡고 몸을 끌어올리듯이 한 계단 한 계단 층층대를 올라갔다. 그녀가 스키터 씨의 방문을 지나갈 때, 마침 그는 그의(채택되지 않은) 희극 속의 머틀 델로미(리슨 양)를 위한 지문을 붉은 잉크로 적어 넣고 있었다. '왼쪽에서 나와 무대를 춤추 듯 가로질러 백작 곁으로 간다.'

마침내 그녀는 융단을 깐 사다리를 기어올라가 다락방의 문을 열었다.

전등을 켤 수도, 옷을 벗을 수도 없을 만큼 그녀는 쇠약해 있었다. 철제 침대 위에 쓰러졌으나, 그녀의 가냘픈 몸은 낡은 스프링마저 누르지 못했다. 밤의 에레보스*6 속에서 그녀는 천천히 무거운 눈꺼풀을 들고 생긋이 미소

---

*6 그리스 신화에서, 이승과 저승 사이에 있다는 암흑계.

를 지었다.

빌리 잭슨이 천창을 통해 조용히 밝게, 그리고 영원히 그녀 위에 빛나고 있었기 때문이다.

그녀를 둘러싼 세계는 이제 존재하지 않았다. 그녀는 어두컴컴한 갱도 속에 가라앉아 갔다.

거기에는 오직 그녀가 장난삼아 헛되이 이름지은 별을 둘러싸고 조그만 4각형의 파란빛이 있을 뿐이었다.

롱네커 양이 옳았다. 그것은 카시오페이아 자리의 감마성이었으며 빌리 잭슨이 아니었다. 그래도 그녀에게는 그것이 감마성일 수는 없었다.

그녀는 반듯이 누운 채, 두 번 팔을 들어 올리려고 했다. 세 번째에는 가까스로 가느다란 손가락을 입술에 가져가, 캄캄한 갱도에서 빌리 잭슨에게 키스를 던졌다. 그녀의 팔은 다시 맥없이 아래로 떨어졌다.

'안녕, 빌리······.'

그녀는 힘없이 중얼거렸다.

'너는 몇 백만 마일이나 멀리 떨어져 있고, 한 번도 내게 눈을 깜박여 주지 않았지. 하지만 너는 어둠 말고는 아무것도 볼 것이 없을 때라도, 늘 내가 볼 수 있는 자리에 가만히 있어 주었지, 그렇지? ······몇 백만 마일이나 저편에서······잘 있어, 빌리 잭슨······.'

이튿날 아침, 흑인 하녀 클라라는 10시가 되었는데도 이 방이 잠겨 있는 것을 발견했다. 모두 몰려와서 문을 비틀어 열었다. 리슨 양에게 식초를 먹이고, 팔목을 두들기고, 깃털을 태워서 코끝에 갖다 대고 했으나 효과가 없었다. 누군가가 구급차를 부르려고 전화기로 달려갔다.

이윽고 구급차가 요란한 경적과 함께 현관 앞에 멈춰 서고, 하얀 리넨 옷을 입은 민첩하고 발랄하며 자신에 차서 유능해 보이는 젊은 의사가 반지르르한 얼굴에 상냥하면서도 엄한 표정을 띤 채 현관 계단을 뛰어올라왔다.

"49번지에서 부른 구급찹니다. 무슨 일이죠?" 그는 간결하게 말했다.

"그게 말이에요, 선생님." 파커 부인은 자기 집에서 문제가 일어난 게 더 큰 문제라는 듯이 코를 실룩거렸다.

"그 아가씨가 대체 어찌된 일인지 나도 전혀 모르겠어요. 아무리 애써 봐도, 깨어나지 않네요. 아직 젊은 아가씨인데, 이름은 엘시······맞았어요, 엘시

리슨 양이라고 하죠. 저희 집에서는 여태까지 한 번도…….”

“어느 방이죠?”

젊은 의사는 파커 부인이 처음 들어 보는 무서운 소리로 외쳤다.

“천창이 있는 방입니다. 그 방은…….”

구급차 의사는 다락방들의 위치에 익숙한 것 같았다.

그는 한꺼번에 네 계단씩 뛰어올라갔다. 파커 부인은 위엄을 지키며 천천히 그 뒤를 따라 올라갔다.

첫 층계참에서, 부인은 천문학자를 두 팔에 안아들고 내려오는 의사와 마주쳤다. 그는 걸음을 멈추고 부인에게 큰 소리는 아니지만 수술칼처럼 날카롭게 말했다. 파커 부인은 못에 걸린 빳빳한 옷이 미끄러져 떨어지듯이 천천히 그 자리에 주저앉아 버렸다. 그때의 충격은 그 뒤 오래도록 그녀의 마음에 상처로 남았다. 이따금 세 든 사람들이 호기심으로, 그때 구급 의사가 무슨 말을 했느냐고 묻기도 했다. 그러면 부인은 언제나 이렇게 말했다.

“그건 묻지 말아 줘요. 내가 그 말을 들은 것을 하느님께서 용서해 주신다면, 그걸로 나는 만족하니까…….”

구급차의 의사는 진기한 짐승을 쫓는 사냥개 같은 구경꾼들 사이로 처녀를 받쳐 안고 성큼성큼 걸어갔다.

구경꾼들은 겸연쩍은 듯이 뒤로 물러서며 길을 비켰다. 의사의 얼굴이 마치 자신의 시체를 안고 가는 표정이었기 때문이다.

의사는 안고 온 환자를 구급차 안 침대에 내려놓으려고도 하지 않고, 운전사에게 이렇게만 말했다.

“월슨, 전속력으로 달려!”

이야기는 이로써 끝이다.

이런 것도 이야기가 될까? 다음 날 아침, 나는 신문에서 짤막한 기사를 읽었다. 그 기사의 마지막 구절은, 아마도 독자 여러분이(내가 그랬듯이) 이야기의 줄거리를 이어 맞추는 데 도움이 될 것 같다.

그 기사는, 한 젊은 여자가 굶주림으로 쇠약해져 이스트××거리 49번지에서 벨뷰 병원으로 옮겨져 입원했다는 것을 알린 뒤, 다음과 같은 말로 끝맺고 있었다…….

"환자를 이송한 응급 의사 월리엄 잭슨*7 씨는 환자가 곧 회복될 것이라고
말했다."

---

*7 월리엄의 애칭은 빌리이다.

인생 회전목마

결혼은 완전히 여자의 아이디어였다. 그런데 남자가
귀여운 멍에로서 받아들였기에 그것이 우리에게 즐겁게 되는 것이다

치안 판사 비나이저 위덥은 파이프를 피우면서 사무실 문간에 앉아 있었다. 컴벌랜드[*1]의 죽 이어진 산이 하늘을 절반쯤 차지하며 오후의 안개 속에 연한 보랏빛으로 치솟아 있었다. 얼룩진 암탉 한 마리가 싱거운 울음소리를 내면서 '마을' 큰길을 으스대며 걸어갔다.

그 거리 저편에서 삐걱거리는 바퀴 소리가 들려오더니 이어 먼지가 천천히 솟아오르고, 랜시 빌브로와 그의 아내를 태운 소달구지가 나타났다. 달구지는 판사 사무실 문 앞에서 멈추더니, 두 사람이 내렸다. 랜시는 누르스름한 갈색 피부에 누른 머리, 키가 6피트쯤 되는 여윈 사나이였다. 산의 둔중함이 갑옷처럼 그를 감싸고 있었다. 사라사 옷을 입은 아내는, 앙상한 몸집에 황갈색 살갗을 가진 여자로 얼굴은 수심에 잠겨 있었다. 그리고 이 모든 것에 이미 잃어버린 것을 잃어버린 줄도 모르고 속아 넘어간 청춘에 대한 가냘픈 항의가 어렴풋이 엿보였다.

치안 판사는 위엄을 갖추려고 얼른 구두를 신고 일어나서 그들을 맞이했다.

"우리 두 사람은요." 아내가 소나무 가지 사이로 부는 바람 소리 같은 목소리로 말했다. "헤어지려고 왔어요." 그러고는 용건을 설명하는 데 어떤 결

[*1] 미국 켄터키주와 테네시주에 걸쳐 있는 애팔래치아 산맥의 서부 고원.

함이나 모호한 말투, 또는 거짓말이나 독단, 오해 같은 것은 없나 하고 남편이 정신 차리고 듣고 있는지 보려고 힐끗 랜시를 돌아보았다.

"헤어지렵습니다요." 랜시는 묵직하게 고개를 끄덕이며 같은 말을 되풀이했다. "우리 둘은 이제 아무래도 같이 살 수 없습니다요. 남자와 여자가 서로 좋아할 때는 산 속에서 사는 게 쓸쓸해도 참을 수 있지만서두요, 여편네가 오두막 안에서 살쾡이처럼 으르렁거리고 올빼미처럼 토라져서야, 아무도 그런 여편네를 데리고 살 수는 없습죠."

"남편이 아무짝에도 쓸모가 없는 데다가." 아내는 그다지 목소리도 높이지 않고 말했다. "불한당이나 밀주꾼들과 붙어 다니거나 하구, 귀리 위스키나 옥수수 위스키를 들고 들어오거나 하구 굶주린 들개 같은 인간들이나 끌고 들어와서 밥이나 먹여 주라고 들볶구!"

"여편네가 툭 하면 냄비 뚜껑을 집어 던지질 않나." 이번에는 랜시 차례였다. "컴벌랜드 산간 지방에서 가장 억세다는 이 너구리한테 펄펄 끓는 물을 끼얹질 않나, 남편이 먹을 음식을 만들 생각은 않구서, 남편이 하는 일에 밤새도록 잔소리를 늘어놓구 잠을 못 자게 하질 않나!"

"밤낮 세무서 사람과 싸움이나 하구, 산간 지방에서 불한당으로 소문난 사내가, 잠은 무슨 잠을 잘 수 있어요?"

치안 판사는 느릿하게 일을 시작했다. 소송인들을 위해서 한 개밖에 없는 의자와 책상을 나란히 놓았다. 책상 위의 법령집을 펼쳐놓고 자세히 색인을 훑어보았다. 곧 그는 안경을 닦고 잉크병의 뚜껑을 열었다.

"법률도 법령도" 그는 입을 열었다. "이 법정의 재판권에 관한 한, 이혼 문제에 대해서는 언급이 없습니다. 그러나 형평법과 미국 헌법과 황금률에 따르면, 당사자 서로가 이행할 수 없는 협약은 아무런 소용도 없고, 또 만일 치안 판사가 한 쌍의 남녀를 결혼시킬 수 있다고 한다면 분명히 이혼시킬 수도 있겠지요. 좋습니다, 이 법정은 당신들에게 이혼 판결을 선고합니다. 대심원도 유효로 인정할 겁니다."

랜시 빌브로는 바지 주머니에서 조그만 담배쌈지를 꺼냈다. 그 쌈지를 흔들어서 책상 위에 5달러 지폐 한 장을 떨어뜨렸다. "곰 가죽 한 장과 여우 모피 두 장을 판 돈입죠." 그가 설명했다. "돈은 이것밖에 없습니다."

"이 법정의 이혼 수속 규정 요금은" 치안 판사가 말했다.

"5달러입니다." 그러고는 별 관심 없는 체하면서 모직 조끼 주머니에 지폐를 쑤셔 넣었다. 그리고 육체와 정신적으로 큰 수고를 거듭하여 오절지 절반에 판결문을 적고, 나머지 절반에 그 사본을 썼다. 랜시 빌브로와 그 아내는 판사가 자기들에게 저마다 자유를 주기 위해서 쓴 문서를 낭독하는 것을 조용히 듣고 있었다.

　랜시 빌브로와 그의 아내 애릴러 빌브로는 오늘 본 치안 판사 앞에 출두하여, 두 사람은 앞으로 어떤 사정이 있더라도 서로 사랑하지 않고 존경하지 않고 복종하지 않는다는 것과 두 사람의 심신이 모두 건전하다는 것을 서약하고, 주(州)의 실서와 손엄에 따라 이혼 선고를 수락했음을 공고함. 이를 어기지 않는 두 사람에게 신의 은총이 있기를.
　　　　　　　　　　　　　　　　　　　테네시주 피드몬트군 치안 판사
　　　　　　　　　　　　　　　　　　　비나이저 위덥

　판사는 이 문서 한 통을 랜시에게 주려고 했다. 그러자 애릴러가 그것을 막았다. 두 사나이는 그녀를 돌아보았다. 그들의 무딘 '남성'이 예기치 않은 '여성'의 그 무엇에 맞닥뜨렸다.
　"판사님, 그 서류는 아직 그 사람한테 주지 마세요. 아직 이야기가 다 된 게 아니거든요. 내 권리를 찾아야겠어요. 이혼 수당을 받아야죠. 남편이 여편네한테 이혼 수당도 한 푼 안 주는 데 이혼을 허락하는 법이 어딨어요. 저는 호그백 산에 사는 에드 오빠를 찾아갈까 생각하고 있어요. 그럴려면 신한 켤레하고 코담배를 좀 사야하고, 또 여러 가지 사야 할 게 있어요. 랜시에게 이혼을 허락하려거든 이혼 수당을 지불하게 해 주세요."
　랜시 빌브로는 어안이 벙벙해서 말도 하지 못했다. 그의 아내는 이제까지 이혼 수당에 대해서는 한마디도 입 밖에 낸 적이 없었다. 참으로 여자란 묘한 때 뜻밖의 난제를 꺼내 놓는 법이다.
　판사 비나이저 위덥은 법적 판결이 필요한 상황이라고 느꼈다. 판례집에는 이혼 수당 문제에 대해서 전혀 언급이 없었다. 그러나 여자는 맨발이었다. 더욱이 호그백으로 가는 길은 험한 돌밭길이다.
　"애릴러 빌브로." 판사는 격식을 갖추고 물었다. "그대는 이 법정에 제소한 이 사건에서, 이혼 수당을 얼마나 받는다면 충분하고도 타당하다고 생각하는가?"

"신발도 사야 하고 다른 것두 사야 하니까요." 아내가 말했다. "5달러 정도면 되겠어요. 이혼 수당이랄 것도 없는 돈이지만, 그만하면 오빠를 찾아 갈 순 있겠죠 뭐."

"그만한 액수라면" 판사가 말했다. "부당하다고는 할 수 없겠지. 랜시 빌브로, 이 법정은 이혼 판결서를 내주기 전에 원고에게 5달러 지불할 것을 명령한다."

"저는 한푼도 없습니다요." 랜시는 깊은 한숨을 내쉬며 말했다.

"가진 돈을 다 털어서 아까 판사님께 드려서요."

"만일 지불하지 않으면" 하고 판사는 안경 너머로 무섭게 그를 쏘아보았다. "그대는 법정 모욕죄에 걸리고 만다."

"내일까지 기다려 준다면" 남편이 애원했다.

"어디선가 마련해 옵죠. 이혼 수당을 내야 할 줄은 꿈에도 생각 못했습니다요."

"그럼, 이 일은" 비나이저 위덥이 말했다.

"내일 그대들이 출두해서 법정의 명령을 이행할 때까지 미룬다. 이혼 판결서는 그 뒤에 교부될 것이다."

판사는 문간에 앉아 구두끈을 풀기 시작했다.

"오늘밤엔 자이어 아저씨한테 가서 자자구." 랜시는 이렇게 말했다. 그는 소달구지 저쪽에서 타고, 애릴러는 이쪽에서 탔다. 그가 고삐를 흔들자 조그만 붉은 황소가 천천히 방향을 바꾸고 소달구지는 수레바퀴에서 솟아오르는 먼지 속으로 느릿느릿 사라져 갔다.

치안 판사 비나이저 위덥은 뻑뻑 파이프를 피웠다. 저녁때가 되자 그는 주간 신문을 집어들고, 어두워서 글자가 보이지 않게 될 때까지 읽었다. 그러고는 책상 위 촛불을 켜고, 달이 떠서 저녁 식사시간을 알릴 때까지 내내 신문을 읽었다. 그는 산비탈의 미루나무에 둘러싸인 두 채의 통나무집에 살았다. 저녁 식사를 하려고 그 집으로 돌아가면서, 월계수 숲 그늘의 컴컴한 좁은 오솔길을 가로질렀다. 그때 월계수 숲 속에서 시커먼 남자 그림자가 뛰어나와 그의 가슴에 권총을 들이댔다. 사나이는 모자를 깊숙이 눌러 썼고 얼굴 대부분을 가리고 있었다.

"잠자코 돈을 내놔!" 사나이가 말했다. "나는 지금 흥분했다. 이 손가락이 방아쇠를 당기고 싶어서 근질근질 하단 말이야."

"나는 5……5달러밖에 없소." 판사는 조끼 주머니에서 지폐를 꺼냈다.

"그걸 말아서." 사나이가 명령했다. "이 총구멍에다 꽂아."

새 지폐였으므로 벌벌 떨리는 서툰 손가락으로도 그것을 돌돌 말아 총구멍에 끼우는 것은 그리 어렵지 않았다.

"됐다, 이제 가봐." 강도는 말했다.

판사는 그런 곳에서 어물어물하지 않았다.

이튿날, 조그만 붉은 황소가 달구지를 끌고 사무소 앞에 나타났다. 비나이저 위덥 판사는 그들이 찾아올 것을 알고 있었으므로, 이미 구두를 신고 있었다. 랜시 빌브로는 판사 앞에서 아내에게 5달러 지폐를 건네주었다. 판사의 눈은 그 지폐를 보고 날카롭게 빛났다. 둥글둥글하게 말려서 총구멍에 끼웠다는 것을 보여주기라도 하듯이 말린 자국이 남아 있는 것처럼 여겨졌기 때문이었다. 그러나 판사는 아무 말도 하지 않았다. 말린 자국이 있는 지폐는 그밖에도 많을 테니 말이다. 그는 두 사람에게 저마다 이혼 판결서를 내주었다. 자유를 보장하는 서류를 천천히 집으면서, 두 사람 다 겸연쩍은 듯이 잠자코 서 있었다. 이윽고 아내가 매우 어색하고 수줍은 시선을 랜시에게 돌렸다.

"당신은 저 소달구지를 타고 산 속 오두막으로 돌아가는 거죠." 그녀가 말했다. "빵은 양철통에 넣어서 선반에 얹어 놨어요. 베이컨은 개들이 훔쳐먹지 못하게 냄비 안에 넣어 뒀고요. 오늘밤에 시계 태엽 감는 걸 잊지 말아요."

"임자는 오빠 집에 가는 게지?" 랜시는 아주 무뚝뚝하게 물었다.

"어두워지기 전에 가야겠어요. 오빠네 식구들이 뭐 그리 반가워 해 줄 리도 없지만 달리 갈 곳도 없으니까, 그렇게 하는 게 제일 좋겠죠 뭐. 이제 가봐야겠어요. 잘 가시라고 인사할게요, 랜시. 당신이 그래 주길 바란다면 말이지만……."

"잘 가라는 소리두 하구 싶지 않은" 랜시는 순교자처럼 말했다. "그런 짐승

같은 인간이 있다는 말은 내 아직 못 들어 봤어. 하기야 임자가 내 입으로 잘 가라는 말을 듣고 싶지 않을 만큼 냉큼 가 버리구 싶다면야 얘기는 다르지만서두."

애릴러는 잠자코 있었다. 5달러 지폐와 판결서를 곱게 접어서 옷섶에 쑤셔 넣었다. 판사 비나이저 위덥은 자취를 감추는 지폐를 안경 속에서 슬픈 듯이 지켜보고 있었다.

그리고 그는 다음과 같이 말함으로써, (그의 생각으로는) 동정하는 많은 사람들이나 소수의 자본가와 어깨를 나란히 하게 되었다.

"오늘밤엔 낡은 오두막에서 무척 쓸쓸하겠군, 랜시?"

랜시 빌브로는 이제 햇빛 속에 파랗게 드러난 컴벌랜드 산줄기를 물끄러미 바라보았다. 애릴러는 돌아보지 않았다.

"쓸쓸할 테지요." 그가 말했다. "하지만, 사람들이 화가 나서 이혼하려고 할 때는 누구도 말릴 수 없지요."

"우리 말고도 이혼을 원했던 사람들은 또 있어요." 애릴러는 책상을 쳐다보고 말했다. "게다가 아무도 이대로 함께 살기를 바라진 않는다구요."

"같이 살기를 원치 않는다고는 아무도 말하지 않았어."

"같이 살고 싶다고도 말하지 않았어요. 그럼 슬슬 오빠네 집으로 가 봐야겠어요."

"그 낡은 시계, 태엽 감아 줄 사람이 아무도 없어."

"내가 당신하고 달구질 타고 가서 감아 주면 좋겠수, 랜시?"

산사나이의 표정은 감정을 드러내지 않았다. 그러나 그는 큼직한 손을 뻗쳐 애릴러의 가늘고 가무잡잡한 손을 덥석 잡았다. 그녀의 무감각한 얼굴에서 살짝 영혼이 내다보고 그 얼굴을 맑게 만들었다.

"다시는 그 불한당 놈들을 데리고 와서, 임자를 괴롭히지 않을게." 랜시가 말했다. "나는 아무짝에도 쓸모없는 못된 인간이 돼버렸어. 시계 태엽은 임자가 감아 줘, 애릴러."

"내 마음은 벌써 오두막에 가 있다고요, 랜시." 그녀가 속삭였다.

"당신과 함께 말예요. 이젠 화내지 않을게요. 자, 어서 가요, 랜시, 그러면 날이 저물기 전에 집에 갈 수 있어요."

치안 판사 비나이저 위덥은 두 사람이 자신의 존재를 잊어버리고 나가려고 하자 그 앞을 막아섰다.

"나는 테네시주의 이름으로" 그는 말했다. "그대들 두 사람이 주의 법령을 무시하는 것을 금한다. 이 법정은 애정에 찬 두 가슴에서 불화와 오해가 사라지는 것을 진심으로 기쁘게 생각하고 축복하는 바이지만, 주의 도의와 질서를 유지하는 것이 이 법정에 주어진 의무이다. 그대들은 이제 부부가 아니다. 정식 소송 절차를 밟고 이혼이 성립되었다. 따라서, 혼인 관계에 따른 이익 및 그에 딸려오는 특전을 누릴 권리가 없다는 것을 나는 이 자리에서 경고한다."

애릴러는 랜시의 팔을 붙잡았다. 두 사람이 막 인생의 교훈을 배웠는데, 판사의 말은 그녀가 그를 잃어야 한다는 것을 뜻하는 것일까?

"그러나 이 법정은" 판사는 말을 이었다. "이혼 판결로 확정된 자격 상실을 취소할 용의가 있다. 법정은 엄숙한 결혼 의식을 치를 권한이 있으며, 그렇게 함으로써 사태를 수습하고, 소송 관계자를 그들이 바라는 고결하고 명예로운 부부 관계로 회복시킬 수 있다. 이 의식을 치르는 요금은, 5달러만 내면 된다."

애릴러는 이 판사의 말 속에 희망의 빛을 포착했다. 그녀의 손이 재빨리 가슴께로 갔다. 지폐는 하늘에서 날아 내리는 비둘기처럼 사뿐히 판사의 책상 위에 떨어졌다. 애릴러는 랜시와 손에 손을 잡고 다시 맺어지는 혼인의 말에 귀를 기울이고 서서, 그 누르스름한 두 뺨을 빨갛게 물들였다.

이윽고 랜시는 그녀를 부축해 소달구지에 태우고 자기도 그 옆에 올라탔다. 조그만 붉은 황소는 또다시 방향을 바꾸고 두 사람은 손을 꼭 잡은 채 산으로 떠나갔다.

치안 판사 비나이저 위덥은 사무실 문간에 앉아 구두를 벗었다. 다시 또 그는 지폐를 집어 조끼 주머니에 쑤셔 넣었다. 다시 또 그는 파이프를 피워 물었다. 다시 또 얼룩진 암탉이 싱거운 울음소리를 내면서 '마을' 큰길을 으스대며 걸어갔다.

어느 도시 보고서
모든 말들을 초월하는 동정은 사랑하는 가슴 속에 숨어 있다

도시는 긍지에 차서
도시는 서로 겨룬다
이 도시는 산기슭을 자랑하고
저 도시는 짐 쌓인 항만을 자랑한다

R. 키플링

시카고나 버펄로, 그리고 이를테면 테네시주 내슈빌을 다룬 소설을 상상해 보라! 우리 미국에는 '이야기의 도시'라고 일컬어지는 대도시가 셋 있다. 뉴욕은 물론이고 뉴올리언즈와 그중에서도 으뜸은 샌프란시스코이다.

프랭크 노리스

동쪽은 동쪽, 서쪽은 서쪽이라지만, 캘리포니아 사람들에 따르면, 서부는 곧 샌프란시스코이다. 캘리포니아 사람들이란 단지 한 주에 살고 있는 주민일 뿐 아니라 하나의 민족이다. 서부 속의 남부인이다. 그런데 시카고 사람들도 이에 못지않게 자기들 도시에 충실하다. 그 이유를 물어 보면, 그들은 어물어물 미시간호에서 잡히는 물고기 이야기나, 새로 지은 오드 펠로스 빌딩 이야기 같은 것을 꺼낼 뿐이다. 그런데 캘리포니아 사람들은 참으로 세밀하게 온갖 이야기를 들려 준다.

날씨에 대해서도 그들은 여러분이 석탄 계산서나 두꺼운 속옷 같은 것을 생각하는 동안에 넉넉히 30분은 떠벌린다. 만일 그들이 여러분의 침묵을 착각하고 감탄하여 귀를 기울이는 줄 알면 그들은 그만 자기도 모르게 도취해 저 금문교의 도시를 마치 신세계의 바그다드로 묘사한다. 그러나 여기까지는 저마다의 견해에 달렸으므로 그다지 반박할 필요도 없다. 그러나 아담과 이브의 후예인 친애하는 여러분, 만일 여러분이 지도를 가리키면서, "이런 도시에 로맨스가 어디 있겠어……여기서 대체 무슨 일이 일어날 수 있다는 거야?" 하는 따위의 말을 함부로 지껄인다면, 조금 경솔한 일이다. 사실, 단 한마디로 역사도 로맨스도 관광 안내서도 모두 부정하려 든다는 것은 지나치게 대담하고 무모한 짓이 아니겠는가.

내슈빌—컴벌랜드 강변의 도시로 화물 집산 항구이며 테네시주의 수도이다. 내슈빌—채터누가—세인트루이스 철도와 루이빌—내슈빌 철도가 있으며, 남부의 가장 중요한 교육 중심지로 여겨진다.

나는 오후 8시에 기차에서 내렸다. 이 도시를 표현할 적당한 형용사는 없을까 하고 사전을 들추어 보았으나 눈에 띄지 않아서 대신 성분표를 만들어 비교해 보았다.

런던의 안개 30퍼센트, 말라리아 10퍼센트, 누출 가스 20퍼센트, 해뜰 무렵 벽돌을 깐 안마당에 내린 밤이슬 25퍼센트, 겨우살이 덩굴의 꽃향기 15퍼센트.

내슈빌의 이슬비는, 이런 성분의 혼합으로 대충 그 느낌을 알 수 있을 것이다. 나프탈렌처럼 강한 냄새도 아니고, 완두콩 수프만큼 빽빽하지도 않다. 아무튼 이 정도의 설명이면 충분하다.

프랑스 혁명 때 쓴 사형수 호송차 같은 마차를 타고 나는 호텔로 향했다. 그 지붕 위에 뛰어올라가서 시드니 카턴[*1]의 흉내를 내보겠다는 기분을 누르려면 대단한 자기 억제가 필요한 마차였다. 더욱이 지난 세기의 유물 같은 늙은 말이 마차를 끌고 갔고 마부는 해방된 흑인 노예였다.

─────────────
*1 찰스 디킨스 《두 도시 이야기》의 주인공. 단두대에서 처형 당함.

나는 지치기도 하고 졸리기도 해서, 호텔에 도착하기가 무섭게 재빨리 마부가 요구하는 50센트를 내주었다(적당한 액수의 팁을 보태 준 것은 두말할 것도 없다). 이런 때 옛날의 '나리'에 관한 얘기나 '전쟁 전에 있었던 일' 등을 들어 주기 시작하다가는 감당 못하겠다는 생각이 들었기 때문이다.

호텔은 '신장 개축'이라고 부를 만 했다. 로비에는 새 대리석 기둥이 늘어서 있고, 바닥은 타일을 깔았으며, 전등이 켜 있고 놋쇠 타구가 놓여 있으며, 위층의 넓은 방마다 루이빌—내슈빌 철도 시간표와 룩아웃 산을 묘사한 석판화 같은 것이 걸려 있어서, 2만 달러의 경비가 들었다는 이야기였다. 관리도 나무랄데 없고, 손님을 대하는 태도도 남부적으로 어디 하나 흠잡을 데 없이 공손했으며, 서비스도 달팽이처럼 한없이 느리기는 했지만 립 밴 윙클*²처럼 상냥했다. 음식도 천리 길을 마다 않고 와서 먹을 만한 가치가 있었다. 그토록 맛있는 닭 간 꼬치구이를 먹을 수 있는 호텔은 아마 온 세계 어디를 찾아보아도 없을 것이다.

저녁 식사때 나는 흑인 웨이터에게, 시내에 무슨 구경거리는 없느냐고 물어 보았다. 그는 진지한 표정으로 잠시 생각하더니, 대답했다. "글쎄요, 날이 저문 뒤에는 볼거리가 없을 것 같습니다, 손님."

날은 이제 완전히 저물어 있었다. 벌써 오래 전부터 이슬비가 계속 내리고 있었다. 그래서 오늘밤엔 구경은 헛일이지만, 아무튼 도시의 모습이나 봐두고 싶어서 이슬비 내리는 거리로 나갔다.

도시는 기복이 많은 지면에 서 있고, 길거리에는 모두 연간 3만 2천 4백70달러의 경비가 드는 전등이 켜져 있었다.

호텔을 나서자마자 인종 소동이 벌어졌다. 흑인인지 아랍인인지 줄루*³인인지 알 수 없는 한 무리가, 무기를 손에 들고 나를 향해 몰려 왔다—그러나 잘 보니 그들이 손에 쥔 것은 라이플이 아니라 채찍이었으므로, 나는 안도의 한숨을 내쉬었다. 이어 죽 늘어선 시커멓고 조악한 마차들이 흐릿하게 눈에 들어왔다. 그리고 "손님, 50센트에 시내 어디든지 모시겠습니다" 하고 열심히 외쳐 대는 소리를 듣고서야, 나는 내가 '제물'이 아니라 '손님'이라는

*2 워싱턴 어빙의 《스케치북》에 나오는 마음씨 좋고 명랑한 인물.
*3 아프리카 원주민의 하나. 주로 남아프리카 공화국에 살고 있는 민족.

것을 깨달았다.

나는 긴 시가지의 도로를 걸어갔는데, 어느 길이나 모두 오르막길이었다. 내리막길도 있을까 하고 이상하게 여겨질 정도였다. 좀더 '완만한 경사'가 될 때까지는 아마도 내리막이 나타나지 않을 모양이었다. 몇몇 '주요 도로'에는 여기저기 가게에 불이 켜져 있었으며, 시내 전차도 시민들을 태우고 곳곳으로 달리고 있었다. 무어라고 열심히 떠들면서 지나가는 사람도 있고, 소다수나 아이스크림을 파는 가게에서는 밝게 웃으며 왁자하게 떠드는 소리가 들려 왔다. '주요 도로' 이외의 거리는 평화와 가정 생활에 전념하는 집들이 정렬해 있는 듯했다. 그 집들 중 여러 집의 창문에서 커튼 너머로 불빛이 반짝이고, 여기저기서 피아노의 차분하고 흠잡을 데 없는 음악 소리기 들렸다. '구경거리' 같은 것은 확실히 아무것도 없었다. 해가 저물기 전에 왔으면 좋았을걸 하고 나는 생각했다. 그래서 나는 호텔로 돌아왔다.

1864년 11월, 남군의 후드 장군은 내슈빌로 진격해서, 토머스 장군 휘하의 북군 부대를 포위했다. 그러나 곧 토머스 장군은 거센 반격을 개시해 격전 끝에 마침내 남군을 무찔렀다.

씹는 담배를 쓰는 지방*4에서 벌어지는 그 조용한 투쟁*5에서, 남부인이 백발백중의 사격술을 갖고 있다는 것은, 나도 오래 전부터 자주 이야기로도 들었고 감탄도 했으며 똑똑히 내 눈으로 확인도 했었다. 그런데 내가 머문 호텔에서는 놀라운 일이 기다리고 있었다. 호텔의 넓은 로비에는 용적이 크고 번쩍번쩍 빛나는 훌륭한 새 놋쇠 타구가 열 두 개나 놓여 있었는데, 이 타구는 항아리라고 부르는 편이 좋을 만큼 깊고 아가리도 커서, 여자야구팀의 으뜸 투수라면 다섯 걸음 떨어진 곳에서도 쉽게 공을 던져 넣을 수 있을 만했다. 그런데 최고조에 달한 격전이 맹렬하게 이어지고 있는데도, 적*6은 도무지 피해를 입지 않았다. 여전히 번쩍번쩍 빛나고 새롭고 훌륭하고 넉넉한 용적으로 상처 하나 입지 않고 서 있는 것이었다. 이래서야 바닥에 간

---

*4 고향 없는 사람들이 사는 지방을 뜻한다.
*5 밀려서 타구에 침을 뱉는 행위.
*6 타구를 뜻한다.

제퍼슨 사 타일에게 너무나 미안하지 않나! 그 아름다운 타일 바닥이 침으로 얼룩져 있었다! 나는 내슈빌 전투를 회상하지 않을 수 없었다. 그리고 나의 그 나쁜 버릇으로 이래서야 조상 대대의 사격술도 얼마쯤 에누리해서 평가할 필요가 있다고 생각했다.

그런데 나는 여기서 비로소 웬트워스 캐스웰 소령(다만 예의상 소령이라고 부를 뿐이지만)이라는 인물을 알게 되었다. 그의 불쾌한 용모를 보고 나는 첫눈에 그의 인품을 이해했다. 쥐는 주소가 일정치 않아 도처에서 우글거린다. 나의 오랜 친구 A. 테니슨은 무슨 일이고 참으로 슬기롭게 표현하는 시인으로, 그는 이렇게 말했다.

예언자여, 수다스런 입술에 재앙을 주시라,
그리고 영국의 해로운 짐승, 쥐에게도 재앙을 주시라.

이 '영국의'라는 말은 마음대로 바꾸어도 상관없는 것으로 하자. 어느 곳에 있든 쥐는 쥐니까.

그 남자는 뼈를 묻은 자리를 잊어버린 굶주린 개처럼 호텔 로비를 여기저기 훑고 다녔다. 그는 얼굴이 매우 넓고 붉었으며 뒤룩뒤룩 살이 쪄서 부처님 얼굴처럼 나른해 보이고 푸석푸석했다. 유일한 미덕이라면 말쑥하게 수염을 깎은 것이었다. 텁수룩하게 수염을 기르고 돌아다닌다면 그의 얼굴에서 짐승의 표정을 지울 수 없었으리라. 그가 만일 그날 수염을 깎지 않았다면 나는 그의 접근을 물리쳤을 테고 세계 범죄 연감은 살인 사건 하나를 덜었을 것이다.

캐스웰 소령이 타구를 향해서 사격을 개시했을 때 마침 나는 그 타구에서 채 5피트도 떨어지지 않은 곳에 서 있었다. 나는 이 사격수가 사용한 것이 다람쥐 소총이 아니라 기관총이라는 것을 알아차렸다. 내가 재빨리 몸을 피하자, 소령은 그 기회를 포착해 비전투원인 내게 무례를 사과했다. 그는 수다스런 입술의 소유자였다. 4분쯤 지나니 그는 벌써 내 친구가 되어 있으며, 억지로 나를 술집으로 끌고 갔다.

나는 내가 남부 출신이라는 것을 덧붙여 두고 싶다. 그러나 남부에 직장이 있는 것도, 남부에서 장사를 하는 것도 아니다. 좋은 넥타이도 매지 않았고, 앞 챙이 처진 중절모도 쓰지 않았다. 프록코트도 입지 않았으며, 셔먼법*[7]에 의해서 손해를 본 목화 상자 수에 대해서 이의를 신청하지도 않았으며, 씹는 담배도 쓰지 않는다. 교향악단이 '딕시'*[8]를 연주해도 나는 박수를 치지 않는다. 나는 모서리에 가죽을 댄 의자에 비스듬히 앉아 또 한 잔의 뷔르츠부르크 포도주를 주문하고는, 롱스트리트*[9]가 그때 좀더 버티어 주었더라면 하고 생각하는 일도 있지만, 생각해 봐야 무슨 소용 있겠는가?

캐스웰 소령이 주먹으로 쾅 카운터를 치니, 여기서 섬터 요새*[10] 포격의 첫 포성이 울렸다. 그가 애퍼매톡스*[11]에 마지막 포격을 가하기 시작했을 때에야 나는 겨우 희망을 갖기 시작했다. 그런데 그는 여기서 집안 족보 이야기를 꺼내어 아담 따위는 캐스웰 집안의 방계 사촌의 팔촌에 지나지 않는다고 기염을 토했다. 족보 얘기가 끝나자, 이번에는 지긋지긋하게도 가족 이야기를 꺼내기 시작했다. 마누라 이야기를 할 때는 그 족보가 이브에까지 거슬러 올라가서, 마침내 불경스럽게도 놋 땅*[12]에 이 친척이 살지 않았나 하는 전설의 가능성마저 부정해 버리는 것이었다.

이 무렵이 되었을 때 나는, 이렇게 줄곧 떠들고 있으면 그동안에 상대방이 진절머리가 나서 술값을 치를 것이라는 속셈으로 그가 이러는 것이 아닌가 하는 의심이 들기 시작했다. 그런데 그는 술을 마시고 나더니 호기롭게 1달러 은화를 카운터에 내던졌다. 이렇게 되면 물론 이번에는 내가 한잔 사야만 한다. 그리하여 그 대금을 치르고 나서 나는 냉정히 그에게 작별 인사를 했다. 더 이상 그와 어울린다는 것은 도저히 못 견딜 것 같았기 때문이다. 그런데 아직 완전히 그로부터 벗어나기 전에 그는 큰 소리로 마누라에게 돈이 들어왔다면서 은화 한 주먹을 꺼내 보였다.

방 열쇠를 받을 때, 호텔 직원은 정중하게 말했다. "만일 그 캐스웰이라는

---

*7 존 셔먼을 중심으로 재정된 반독점법.
*8 남부인과 남군 병사들이 즐겨 부른 남부의 노래.
*9 제임스 롱스트리트(1821~1904), 남북 전쟁 때 남군의 장군.
*10 사우스캐롤라이나주 찰스턴항에 있던 요새. 1861년 4월 12일, 남군이 처음 이곳을 포격하는 바람에 남북전쟁이 시작되었다.
*11 버지니아주 중부의 소도시. 1865년 4월 9일, 이곳에서 남군의 리 장군이 북군의 그랜트 장군에게 항복하고 남북 전쟁은 끝났다.
*12 카인이 살았다고 전해지는 에덴 동쪽의 '놋 땅'(《창세기》 4장 16절).

사람이 폐를 끼쳐 드리고 불쾌한 짓이라도 할 때는 저희들이 곧바로 쫓아내 겠습니다. 말도 못하게 귀찮은 인간이고, 빈들빈들 놀면서도 언제나 돈은 조금 갖고 있는 것 같습니다만 일정한 직업도 없습니다. 그런데 그 사람을 합법적으로 쫓아내 버릴 수단이 좀처럼 없어서 말입니다."

"그래요?" 나는 잠시 생각하다가 말했다. "뭐 딱히 이렇다 할 불평은 없지만, 그 사람과는 이제 다시는 어울리고 싶지는 않군요. 그것만은 이 자리에서 똑똑히 말해 두고 싶습니다. 그런데 이 도시는" 하고 나는 말을 이었다. "매우 조용한 도시 같군요. 대체 여기선 다른 지방에서 온 사람들을 위해 어떤 오락이나 모험이나 혹은 자극이 마련되어 있지요?"

"글쎄요." 직원이 말했다. "이번 목요일에 공연이 있을 텐데요. 그건……아니, 잘 조사해서 나중에 얼음 물과 함께 광고 전단을 방으로 보내 드리겠습니다. 그럼, 안녕히 주무십시오."

방으로 올라가서 나는 창문으로 바깥을 내다보았다. 시간은 겨우 10시밖에 되지 않았는데 거리는 조용했다. 아직도 이슬비가 내리고 흐릿한 등불이 부인용품 교환소 근처에서 팔고 있는 케이크 속의 건포도처럼 여기저기 드문드문 흩어져 있었다.

"조용한 곳이군." 나는 아랫방에 든 사람의 바로 머리 위 방바닥에다 벗은 구두를 내던지며 혼자 중얼거렸다. "동부와 서부의 도시에 개성과 유쾌한 변화를 주는 그 발랄한 활기는 전혀 없단 말이야, 평온하고, 평범하고 따분한 상업 도시에 지나지 않아."

내슈빌은 이 지방의 산업 중심지 중에서도 가장 주요한 위치를 차지하고 있다. 미국 5위의 신발 시장이며, 남부 최대의 제과 제조업 도시이다. 섬유제품, 식료품, 의약품도 대규모로 거래되고 있다.

나는 여기서 내가 어째서 이 내슈빌에 왔는지 이야기해야 할 참이지만, 이런 종류의 탈선은 독자 여러분에게도 따분할 뿐 아니라 내 자신도 매우 따분한 일이다. 실은 나는 개인 용무로 다른 곳을 여행하고 있었는데, 북부의 어느 문예 잡지사로부터 내슈빌로 가서 그 잡지의 기고가인 어젤리아 어데어를 만나 직접 출판 교섭을 하고 와달라는 부탁을 받은 것이다.

어데어는(필체 말고는 이 인물에 대해서 아무런 실마리도 없었다) 여태까지 몇 편인가의 수필(이제 잃어버린 예술이 되었지만!)과 시를 기고했었다. 잡지 편집자들은 때늦은 점심을 먹으면서 그 원고를 읽고, 이만하면 쓸만하다고 판단했다. 그래서 곧 나더러 그 어데어라는 인물을 붙잡아 다른 출판사가 한 단어에 10센트나 20센트를 제의하기 전에, 그 또는 그녀의 작품을 한 단어에 2센트로 독점 계약하라는 부탁을 받은 것이다.

이튿날 아침 9시, 닭 간 꼬치구이를(이 호텔에 머무는 일이 있으면, 이것만은 꼭 한번 먹어보기 바란다) 먹은 다음, 나는 천천히 이슬비 속으로 걸어 나갔다. 이슬비는 언제 그칠지 모르게 조용히 줄기차게 내렸다. 첫 모퉁이에서 나는 우연히 엉클 시저를 만났다. 엉클 시지는 곤긴한 체구의 흑인으로 피라미드보다도 더 늙었고, 짧은 고수머리는 반백이었으며, 얼굴은 얼른 보았을 때는 브루투스를, 그 다음 순간에는 죽은 줄루족 왕 케츠와요를 연상케 했다. 그는 내가 여태까지 본 적도 없고 앞으로도 결코 볼 일이 없을, 세상에도 보기 드문 외투를 입고 있었다. 일찍이 남군 병사가 입던 잿빛 군복으로, 옷자락이 복사뼈까지 내리덮여 있었다. 더욱이 비와 햇볕과 세월에 바래서 알록달록했으며 이에 비한다면 저 '요셉의 채색옷'*[13]도 빛을 잃고 엷은 단색으로 보일 것이다. 그런데 이 외투에 대해서는 좀 길게 이야기 할 필요가 있다. 왜냐하면 이 외투와 이 이야기와는 끊을 수 없는 연관이 있기 때문이다. 이야기도 이제 너무 서두가 길어져서, 아마도 독자 여러분은 대체 내슈빌 시에서 어떤 사건이 일어날 참인가 하고 몹시 궁금할 것이다.

그 외투가 전에 장교의 군복이었다는 것은 틀림없으리라. 거기에 달려 있던 망토는 사라졌지만, 그 가슴에 한때는 위에서 아래까지 늑골장식과 술이 화려하게 장식되어 있었으니 말이다. 그러나 지금은 그 늑골 장식도 술도 다 떨어져 나가고 없었다. 그 대신 보통 삼실을 곱게 꼰 끈으로 만든 새로운 늑골 장식이 (아마도 장수한 흑인 유모의 손에 의해), 바느질로 꼼꼼히 꿰매져 있었다. 이 끈도 이제는 닳아서 너덜너덜하게 처져 있었다. 아마도 그것은 지난날의 화려함 대신이라고 해서, 비록 모양은 없지만 끈기 있게 정성껏 이 외투에 꿰매 붙인 것이 틀림없었다. 이미 사라진지 오래인 늑골 장식

---

*13 〈창세기〉 38장 23~31절.

의 곡선 자국을 알뜰히 찾아서 붙여 놓았기 때문이다. 게다가 이 옷을 더욱 완전하게 우습고 구슬픈 느낌이 나게 하는 것은, 단추가 오직 한 개만 남고 나머지는 죄다 떨어져 나가고 없다는 것이다. 위에서 둘째 단추밖에 남아 있지 않았다. 그래서 외투는 단추 구멍과 그 반대쪽에 거칠게 뚫린 구멍에 다른 노끈을 꿰어서 매놓고 있었다. 이렇게 색다른 장식을 달고, 이토록 갖가지 빛깔이 얼룩진 이상한 옷은 아마 그 어디에도 없을 것이다. 하나밖에 남지 않은 단추는 크기가 1달러 은화의 절반쯤 되는 누런 뿔단추였으며 거친 실로 꿰매어져 있었다.

이 흑인은 한 마차 옆에 서 있었다. 더욱이 그 마차가 또한 함*[14]이 매두었던 두 마리의 동물을 끌고 방주(方舟)에서 나와 그 마차로 영업을 시작해 그대로 오늘날까지 계속해 온 것이 아닐까 하는 생각이 들 만큼 낡은 물건이었다. 내가 가까이 가자 그는 마차 문을 확 열고 깃으로 만든 먼지떨이를 꺼내더니, 그것을 쓰지는 않고 그저 흔들기만 하면서 굵고 쉰 목소리로 말했다.

"어서 타십시오. 손님, 먼지는 티끌만큼도 없습니다. 장례식에서 막 돌아왔으니까요, 손님."

장례식 같은 의식이 있을 때는 마차도 특별히 깨끗하게 청소하는 모양이구나 하고 나는 생각했다. 나는 길 양옆을 둘러보고, 길가에 늘어선 전세 마차 중 어느 것을 골라 봐야 별 차이가 없다는 것을 알았다. 나는 수첩을 꺼내어 어젤리아 어데어의 주소를 살펴보았다.

"제서민 가 861번지." 나는 이렇게 말하고 마차를 타려고 했다. 그 순간 굵고 긴 고릴라 같은 흑인의 팔이 나를 가로막았다. 문득 흑인의 크고 무뚝뚝한 얼굴에 한순간 의혹과 적의의 표정이 스쳤다. 그러나, 곧 이래서는 안되겠다고 마음을 고쳐 먹었는지 비위를 맞추듯이 말했다.

"뭘 하시러 그런 델 가십니까요, 손님?"

"그런 건 왜 묻나?" 나는 좀 거칠게 되물었다.

"별다른 까닭은 없습니다요, 손님. 정말로 아무것도 없습니다요. 다만 거긴 여기서도 아주 쓸쓸한 곳이라서요. 그런 곳에 볼일이 있는 사람도 없고요.

---

*14 〈창세기〉 10장 1절 노아의 둘째 아들.

어쨌든 타십쇼. 자리는 깨끗합니다요. 장례식에서 막 돌아와서요."

목적지까지의 거리는 1마일 반은 되었을 것이다. 울퉁불퉁한 벽돌 길을 달리는 낡은 마차의 덜컹거리는 요란한 소리 말고는 아무것도 들리지 않았다. 아까보다 더 강해진 석탄 연기의 냄새와, 타르에 서양 유도화 향기를 뒤섞은 듯한 악취가 섞인 이슬비 냄새 말고는 아무 냄새도 나지 않았다.

이 도시의 면적은 10제곱마일이다. 도로는 1백 81마일로, 그중 1백 37마일은 포장되어 있다. 또 공사비 2백만 달러를 들인 수도 시설이 있는데, 수도관의 본관(本管)은 77마일에 이른다.

제서민 거리 861번지는 황량한 저택이었다. 큰길에서 30야드쯤 들어간 곳에 있었으며, 울창한 숲과 멋대로 자란 관목 속에 파묻혀 있었다. 한 줄로 늘어선 회양나무가 힘차게 치솟아 저택을 둘러싼 울타리를 거의 덮다시피 하고 있었다. 문은 문기둥과 문짝의 첫째 문살에 감은 밧줄로 꼭 닫혀 있었다. 그러나 한걸음 안으로 들어가 보니, 이 861번지가 지난날의 영광과 화려함의 빈 껍질이자 환영이며 망령이라는 것을 알 수 있었다. 그러나, 이야기의 줄거리로 말한다면 나는 아직도 안으로 들어가지 않았다.

마차가 덜컹거리던 소리를 그치고 지친 네 발이 걸음을 멈추었을 때, 나는 마부에게 50센트를 주었다. 그리고 25센트를 팁으로 더 주면서 나는 내 호기에 혼자 기분이 좋아 속으로 흐뭇해했다. 그런데 그는 받지 않았다.

"2달럽니다요, 손님." 그가 말했다.

"어째서?" 내가 물었다. "나는 자네가 호텔 앞에서 외치는 소리를 똑똑히 들었단 말이야. '50센트에 시내 어디든지 모시겠습니다.' 이렇게 말하지 않았나?"

"2달럽니다요. 손님." 그는 고집스레 되풀이했다.

"호텔에서 무척 먼 길이라서요."

"그래도 시내잖아? 여기는 아직도 엄연한 시내란 말이야." 나도 우겼다. "동서남북도 모르는 북부 사람을 만났다고 생각한다면, 천만의 말씀이다. 봐라, 저기 저 산이 보이나?" 나는 동쪽을 가리키며 (이슬비 때문에 나 자신은 볼 수 없었지만) 말을 이었다.

"알겠나? 나는 저 산 너머에서 태어나, 그곳에서 자랐단 말이야. 이 노망난 검둥이 늙은이 같으니라구. 사람 분간도 제대로 못한단 말이냐!"

케츠와요 왕의 무서운 얼굴이 부드러워졌다.

"아이구, 손님은 남부 분이었습니까요? 손님이 신고 계신 그 구두를 보구 그만 잘못 알았지 뭡니까요. 남부 신사분들 신은 끝이 뾰족하거든요."

"그럼, 요금은 50센트면 되는 거지?" 나는 단호히 말했다.

욕심과 적의가 섞인 아까 그 표정이 다시 그의 얼굴에 떠오르더니 한 10초쯤 머물다가 사라졌다.

"손님" 그는 말했다. "50센트면 되겠습니다요. 하지만 전 꼭 2달러가 있어야 해서 그럽니다요, 손님. 무슨 일이 있어도 2달러가 없으면 낭패 납니다요. 하지만 그걸 손님한테서 받고 싶어서 이러는 건 아닙니다요. 손님 고향을 알았으니까요. 다만 전 오늘 밤 안으로 꼭 2달러를 만들어야 하는데, 도무지 손님이 없다는 말씀을 드릴 뿐입니다요."

그 엄숙한 얼굴에 유화와 확신이 뚜렷이 떠올라 있었다. 말하자면 그는 예상 밖으로 운이 좋았던 셈이다. 마차 요금을 전혀 알지 못하는 어느 시골 뜨기를 태우는 대신 부자 손님을 태웠으니까.

"이놈의 엉터리 불한당 늙은이 같으니!" 나는 주머니에 손을 넣으면서 말했다. "너 같은 놈은 경찰에 끌고 가야 하는 건데."

나는 처음으로 그가 빙그레 미소짓는 것을 보았다. 그는 눈치챘던 것이다. 멀쩡하게 눈치를 채고 있었던 것이다. 모조리 알고 있었던 것이다.

나는 1달러 지폐를 두 장 꺼내 주었다. 주면서 그중에 한 장이 지금까지 모진 고생을 해 왔다는 것을 깨달았다. 위쪽 귀퉁이가 잘려 나가고, 가운데도 찢어져 있었지만, 그 부분은 땜질이 되어 있었다. 파란색 종이가 가느다랗게 찢어진 자리에 붙어 있었다. 그 덕분에 가까스로 지폐로서의 생명을 유지하고 있었다.

이 아프리카 불한당은 이것으로 충분한 셈이다. 나는 아주 기뻐하는 마부와 헤어져서 밧줄을 끄르고 삐걱거리는 대문을 열었다.

그 집은 아까도 말했지만 형태만 남아 있는 물건이었다. 벌써 20년 동안이나 칠을 한 적이 없었다. 집 주위를 단단히 둘러싼 나무들을 볼 때까지는, 종이로 만든 집 같은 이 집이 강풍에 날아가지 않은 것이 여간 이상하지 않았다. 저 내슈빌 전투를 목격한 이 나무들이 보호의 가지를 뻗어, 지금도 여전히 폭풍우와 외적과 한기로부터 집을 지키고 있는 것이었다.

나를 맞이해 준 어젤리아 어데어는 나이가 쉰으로, 머리는 희고, 기사의 후손이며, 살고 있는 집처럼 앙상하게 여위고 약했으며, 싸구려지만 말쑥한 옷을 입고, 거동이 여왕처럼 당당한 부인이었다.

응접실은 사방이 1마일은 될 듯한 기분이 들었다. 그럴 수밖에 없는 것이, 거기에는 칠을 하지 않은 흰 소나무 책꽂이에 늘어서 있는 몇 줄의 책과, 금 간 대리석을 얹은 탁자, 낡은 양탄자, 털이 다 빠진 말총 소파, 두세 개의 의자 말고는 아무것도 없었기 때문이다. 하기야 벽에 그림이 한 폭 걸려 있었는데, 그것은 군생한 삼색 제비꽃을 그린 크레용화였다. 나는 앤드루 색슨[*15]의 초상화와 솔방울 바구니는 걸려 있지 않나 하고 둘러보았으나 보이지 않았다.

나는 어젤리아 어데어와 이야기를 나누었다. 그 내용의 몇 가지를 지금부터 전할까 한다. 그녀는 옛 남부 태생으로 사회와 차단된 집안에서 호젓이 자라났다. 배움의 범위가 넓지는 않았지만 그 범위 안에서는 깊이도 있고 반짝이는 독창성도 있었다. 그녀는 집 안에서 교육을 받았다. 따라서 세상에 대한 지식은 오로지 추측과 영감에서 나온 것이었다. 그러나 귀한 소수의 수필가들은 이렇게 태어나는 법이다. 그녀가 이야기하는 동안, 나는 무의식중에 손가락을 움직여 송아지 가죽을 입힌 램·초서·해즐릿·마르쿠스 아우렐리우스·몽테뉴·후드 등의 책에서, 있지도 않은 먼지를 죄스러운 기분으로 쓸고 있었다. 훌륭한 여성이었다. 귀중한 발견이었다. 요즘은 거의 모든 사람들이 너무나도 많이, 참으로 너무나도 많이 실생활을 알고 있기 때문이다.

어젤리아 어데어가 매우 가난하게 살고 있다는 것은 똑똑히 짐작할 수 있었다. 가구도 있고 옷도 한 벌 있었지만 그 밖에는 거의 아무것도 없는 것이 아닌가 싶은 생각이 들었다. 그래서 나는 잡지사에 대한 의무와 컴벌랜드 강변에서 토머스 장군과 싸운 시인이나 수필가들에 대한 존경 사이에 끼여서, 하프시코드 소리 같은 그녀의 목소리에 귀를 기울이면서 아무리 해도 계약에 관한 말을 입 밖에 낼 수가 없었다.

---

*15 미국 제7대 대통령.

아홉 명의 뮤즈와 미의 세 여신*16 앞에서, 화제를 2센트로 떨어뜨린다는 것은 누구나 주저할 것이다. 한 번 거래에 관한 일로 화제를 돌려 봐야, 금방 다른 화제로 옮겨 갈 것이 틀림없다. 그러나 마침내 나는 용건을 꺼냈다. 그리하여 이튿날 오후 3시에 계약에 관한 협의를 하기로 했다.

"이 도시는" 나는 떠날 준비를 하면서 말했다(이런 때는 평범한 세상 이야기를 하는 것이 어울린다). "꽤 조용하고 차분한 곳이군요. 색다른 사건 같은 것은 일어난 적도 없는 평화로운 고향 마을이라고 할 만한 곳입니다."

이 도시는 스토브와 그릇류를 서부 및 남부와 광범위하게 거래하고 있다. 그리고 시의 제분 공장은 일당 2천 배럴 이상의 생산 능력이 있다.

어젤리아 어데어는 무언가 생각에 잠기는 것 같았다.

"저는 이 도시를 그렇게 생각한 적이 한 번도 없어요." 그녀는 타고난 성격으로 보이는 성실하고 열의에 찬 어조로 말했다. "정말 사건이 일어나는 곳은 오히려 이런 조용하고 차분한 곳이 아닐까요? 하느님이 첫 월요일 아침 이 지구를 만들기 시작하셨을 때, 창 밖을 내다보았다면 하느님이 영원한 언덕을 만드시는 그 삽 끝에서 흙탕물이 튀는 소리를 들을 수 있지 않았을까, 이런 것을 공상하곤 합니다. 이 세상에서 가장 시끄러웠던 공사, 바벨 탑 건설 이야깁니다만 결국 어떤 결과로 끝났지요? 참, '북미 평론'에 한쪽 반짜리 에스페란토 난(欄)이 생겼다더군요."

"물론" 나는 시시한 소리를 했다. "인간성이란 어디나 같다고 생각합니다. 다만 어떤 도시에는 다른 도시보다 더 많은 개성, 말하자면 보다 많은 드라마와 파란, 낭만이 있겠지요."

"겉으로는 그럴지도 모르겠어요." 어젤리아 어데어가 말했다. "여태까지 저는 두 개의 날개로 떠오르는 황금의 비행선을 타고—책과 공상 말씀입니다만—몇 번이나 세계를 여행하고 돌아다녔지요. 저는(그런 공상 여행의 하나에서) 터키 임금님이 군중 앞에서 얼굴의 베일을 벗은 왕비 한 사람을 활시위

---

*16 뮤즈는 그리스 신화에 나오는 아홉 자매의 신으로 문예와 학술을 맡아보았다. 미의 세 여신은 아글라이아·에우프로시네·탈레이아의 세 여신으로 각각 아름다움과 광채, 유쾌함과 환희, 풍요로움과 축제를 상징한다.

로 손수 목 졸라 죽이는 걸 본 적이 있어요. 또 내슈빌의 어떤 남자가, 아내가 얼굴에 쌀가루를 바르고 극장에 가려고 했다고 해서 입장권을 찢어 버리는 것을 본 적도 있고요. 샌프란시스코 중국인 거리에서는 싱이라는 노예처녀를 미국인 연인과 다시는 만나지 않겠다고 다짐을 받는다면서, 펄펄 끓는 아몬드 기름에다가 서서히 1인치씩 담그는 것도 보았습니다. 펄펄 끓는 기름이 무릎 위 3센티미터까지 왔을 때, 마침내 처녀는 두 손들고 말더군요. 전번날 밤, 동부 내슈빌에서 열린 트럼프 경기 대회에서, 키티 모건이란 여자가 페인트쟁이와 결혼했다는 이유로 일곱 명의 동창생과 친구들한테서 외면당하고 무시당하는 것도 보았습니다. 말하자면 펄펄 끓는 기름이 가슴까지 올라왔던 셈인데, 그럼에도 그 여자가 탁자에서 탁자로 돌아다니며 보여 주던 그 아름다운 미소를 선생님에게도 보여 드리고 싶네요. 그래요, 확실히 여긴 평범한 도시예요. 붉은 벽돌집, 진흙탕, 목재소가 있을 뿐이거든요."

집 뒷문을 누군가가 힘없이 두들겼다. 어젤리아 어데어는 내게 나직한 소리로 사과하고는 그 소리를 살펴보러 나갔다.

3분쯤 지나더니 그녀는 눈을 빛내면서 돌아왔는데, 얼굴에는 조금 핏기가 올라 마치 10년이나 젊어진 것 같았다.

"돌아가시기 전에 꼭 차를 한 잔 대접해 드리고 싶어요" 하고 그녀는 말했다. "그리구 과자도요."

그녀는 손을 뻗쳐 조그만 쇠종을 흔들었다. 그러자 아주 말쑥하지는 않은 열두 살쯤 된 맨발의 흑인 소녀가 입에 엄지손가락을 물고 뒤룩거리는 눈으로 나를 쏘아보면서 발을 끌며 들어왔다.

어젤리아 어데어는 조그마한 낡은 지갑을 열고 1달러 지폐를 꺼냈다. 그것은 위로 오른쪽 귀퉁이가 떨어져 나가고, 둘로 찢어진 것을 파란색 얇은 종이로 가느다랗게 바른 1달러 지폐였다. 내가 그 해적 같은 늙은 흑인에게 준 지폐 가운데 한 장이었다. 틀림없는 그 지폐였다.

"모퉁이의 베이커 아저씨네 가게까지 갔다 오너라, 임피." 그녀는 그 1달러 지폐를 소녀에게 주면서 말했다. "가서 차를 4분의 1파운드만 사오너라, 늘 쓰는 것으로. 슈거 케이크 10센트어치하고. 얼른 갔다 온. 차가 다 떨어져서." 그녀는 나를 돌아보고 변명했다.

임피는 뒷문으로 나갔다. 씩씩하게 맨발을 끄는 소리가 뒷문에서 채 사라지기도 전에 요란스러운 비명이—그 흑인 소녀의 비명이 틀림없었다—횡뎅그렇한 집안에 울렸다. 이어 노기에 찬 굵고 거친 남자의 목소리가 비명을 지르면서 지껄이는 소녀의 알아들을 수 없는 목소리와 섞여서 들려 왔다.

어젤리아 어데어는 놀란 기색도 동요의 빛도 보이지 않고 일어서서 나갔다. 한 2분쯤 남자의 목쉰 고함 소리가 들려 오더니, 이어 욕설과 격투라도 벌이는 듯한 소리가 들려 왔다. 이윽고 그녀가 조용히 의자로 돌아왔다.

"집이 넓어서" 그녀가 말했다. "일부를 다른 사람에게 빌려 주고 있어요. 죄송합니다만 차를 대접하겠다는 말씀을 취소해야겠어요. 늘 쓰는 물건을 가게에서 사지 못했답니다. 아마 내일은 베이커 씨가 갖다 놓을 줄 압니다만."

임피는 틀림없이 집에서 나갈 시간이 없었다고 나는 생각했다. 그래서 시내 전차 노선을 물어 보고 작별을 고했다. 꽤 멀리 오고 나서야 나는, 깜박 잊고 어젤리아 어데어의 이름을 물어 보지 않은 것을 깨달았으나 내일 해도 되겠지 하고 생각했다.

같은 날, 나는 이 평화로운 도시가 내게 강요한 범죄 사건에 휘말려들었다. 나는 이 도시에 온 지 이틀밖에 지나지 않았지만, 도착한 지 이틀 만에 벌써 전보로 뻔뻔스럽게 거짓말을 하고, 살인의, 과연 이것이 올바른 법률 용어인지 뚜렷하지 않지만 사후 공범자가 되어 버린 것이다.

호텔에서 가장 가까운 길모퉁이를 돌아가는데, 그 진기한 얼룩 무늬 외투를 입은 악마 같은 마부가 나를 붙들더니, 움직이는 관 같은 마차의 음침한 문을 쑥 열고는, 닭털 먼지떨이를 휘두르며 여느 때의 판에 박은 문구를 늘어놓기 시작했다. "어서 타십시오, 손님. 마차는 깨끗합니다. 장례식에서 막 돌아왔으니까요. 50센트에 시내 어디라도……."

그러고는 나라는 것을 깨닫고는 얼굴을 찌푸리면서 웃었다.

"아이고, 미안합니다요, 손님. 오늘 아침에 제 차를 타셨던 손님이시네요, 정말 고마웠습니다요."

"내일 오후 3시에 한 번 더 그 861번지에 갈 생각이네." 나는 이렇게 말했다. "만일 자네가 이곳에 있으면 또 타지. 그런데 자넨 어젤리아 어데어를 아는 모양이군."

나는 그 1달러 지폐가 생각나서 말했다.

"저는 그분 아버님 어데어 판사님의 하인으로 있었습죠, 손님." 그는 대답했다.

"짐작컨대 어데어 부인은 매우 곤란하신 모양이더군." 나는 이렇게 말하고 덧붙여 물었다. "돈이라곤 거의 없는 게 아니냐?"

한순간 그는 다시 케츠와요 왕의 무서운 표정을 보였으나 곧 본디의 불한당 같은 늙은 흑인 마부로 되돌아왔다.

"하지만 굶어 죽진 않습니다요, 손님." 그는 천천히 말했다.

"그분에겐 재산이 있습니다요, 손님, 재산이 말입니다."

"이번엔 50센트밖에 못 주겠다." 나는 잘라 말했다.

"그거면 됩니다요, 손님." 그는 죄송해하며 내답했다.

"오늘 아침엔, 무슨 일이 있어도 2달러를 장만해야 했습니다요, 손님."

나는 호텔로 돌아가서 거짓 전보를 쳤다. 잡지사 앞으로 이런 전보를 보낸 것이다.

'A. 어데어는 한 단어 8센트를 주장함.'

곧 회답이 왔다.

'즉각 그 조건으로 계약하길, 얼간이.'

저녁 식사 직전 웬트워스 캐스웰 '소령'이 오래간만에 만나서 인사하는 친구 같은 태도로 염치없이 다가왔다.

그토록 금세 싫어지고 더욱이 이렇게 쫓아버리기 어려운 인간을 나는 본 적이 없었다. 그가 내게 다가왔을 때 마침 나는 바 안에 서 있었다. 그러니 그 앞에서 금주법을 찬성하는 흰 리본을 흔들 수도 없었다. 다시 만나지만 않아도 된다면, 나는 기꺼이 술값을 낼 작정이었다. 그런데, 이 친구는 부질 없고 어이없는 일에 쓰는 한푼의 낭비에도 금방 요란스레 폭죽을 쏘아 올려 선전하지 않고는 직성이 풀리지 않는 천하고 소란스러운 떠벌이 주정뱅이였다.

몇 백만 달러라도 꺼내는 듯한 몸짓으로, 그는 주머니에서 1달러 지폐를 두 장 꺼내더니 한 장을 카운터에 던졌다. 여기서 나는 또다시 위로 오른쪽 귀퉁이가 떨어져 나가고 찢어진 가운데를 파란 색 얇은 종이로 가느다랗게 붙여 놓은 그 1달러 지폐를 보았던 것이다. 그것은 내가 갖고 있던 1달러 지폐였다. 틀림없는 그 지폐였다.

나는 내 방으로 올라갔다. 울적하고 변화 없는 남부 도시의 이슬비와 단조로움에 지치고 따분해져 있었다. 잠들기 조금 전, 그 1달러 지폐의 수수께끼(그것은 샌프란시스코를 무대로 한 멋있고 재미있는 미스터리 소설의 단서가 될 만한 재료였다)를 생각하고 졸면서 혼잣말을 한 것을 기억한다. "이 도시에서는 아마도 많은 사람들이 '마부 협회'의 주주가 된 모양이지 배당금도 즉시 지불되는 것 같고. 하지만 이상한데, 만일……." 그리고 나는 잠에 곯아 떨어져 버렸다.

이튿날 케츠와요 왕은 여느 때의 그 자리에 있었다. 그리고 돌을 깐 길을 달려 내 뼈를 삐걱거리게 하면서 861번지로 실어 갔다. 그는 거기서 기다렸다가 볼일이 끝나면 다시 나를 태워다 주기로 했다.

어젤리아 어데어는 어제보다 더욱 얼굴빛이 나쁘고 힘이 없었으며 약해 보였다. 한 단어 8센트의 계약서에 서명을 끝내더니 더 창백해져서 의자에서 당장 미끄러져 내릴 듯이 되었다. 나는 그다지 힘들이지 않고 그녀를 말총을 채운 구식 소파로 안고 가서 눕히고는, 집 앞 거리로 뛰어나가 그 커피빛 해적에게 의사를 불러오라고 소리쳤다. 그는 내가 기대하지 못했던 현명함을 발휘해 마차를 버리고 뛰어갔다. 한시가 급하다는 것을 알았기 때문이다. 10분쯤 있으니 그는 백발의 점잖고 유능해 보이는 의사를 데리고 돌아왔다. 나는 몇 마디로(한 단어 8센트는 도저히 안되지만) 내가 이 휑뎅그렁한 신비로운 집에 와 있는 까닭을 설명했다. 의사는 잘 알겠다는 듯이 묵묵히 고개를 끄덕이고 늙은 마부를 돌아보았다.

"엉클 시저" 하고 그는 조용히 일렀다. "우리 집에 뛰어가서 루시 양에게 전하게. 신선한 우유 한 주전자하고 포트와인 반잔만 달란다고. 빨리 돌아와야 하네. 마차로 가지 말구 뛰어가게. 그리고 이번 주에 우리 집에 다시 한 번 들러."

이 매리먼 의사도 해적이 모는 말의 속도를 믿지 않는구나 하고 나는 생각했다. 엉클 시저의 쿵쿵거리는 발소리가 재빨리 거리로 달려가 버리고 나자 의사는 얘기해도 괜찮은 상대라는 것을 확인할 때까지 매우 정중하게 그리고 이에 못지 않게 아주 면밀히 나를 관찰했다.

"이건 단순한 영양실조입니다." 의사는 말했다.

"가난과 자존심과 굶주림의 결과라고 할 수 있지요. 캐스웰 부인에게는 기꺼이 도와 줄 우정이 두터운 친구들이 많습니다만 부인은 전에 데리고 있던 저 늙은 시저 말고는 그 누구한테도 무엇 하나 받으려고 하지 않습니다."

"캐스웰 부인요!" 나는 놀라면서 말했다. 그리고 계약서를 살펴보니 분명히 '어젤리아 어데어 캐스웰'이라고 서명되어 있었다.

"나는 독신인 줄만 알았습니다."

"술만 마시는 쓸모없는 놈팽이와 결혼했지요." 의사가 말했다. "저 늙은 충복이 생계에 보태 쓰라고 주는 몇 푼 안 되는 돈마저 부인한테서 빼앗아 간다는 말이 있습니다."

우유와 포트와인이 오자, 의사는 곧 어젤리아 어데어의 의식을 되찾아 주었다. 그녀는 일어나 앉더니 지금 한창 아름다운 색조를 띠고 있는 가을 난풍의 아름다움을 이야기했다. 은근히 자기가 까무러친 데 대해서도 언급하여, 지병인 심계항진증(心悸亢進症)이 도진 것이라고 말했다. 소파에 눕는 그녀에게 임피가 부채질을 해 주었다. 의사는 다른 데 왕진이 있다면서 일어섰으므로 나는 현관까지 그를 배웅했다. 나는 어젤리아 어데어가 앞으로 잡지에 기고하는 원고에 대해서 상당한 선금을 지불할 권한을 내가 갖고 있으며, 또 그렇게 할 작정이라고 말하자, 의사는 기뻐하는 것 같았다.

"그런데 참" 의사가 말했다. "선생이 왕족 한 사람을 마부로 부렸다는 사실을 아신다면, 아마 유쾌하실 겁니다. 실은 저 시저 영감의 할아버지는 콩고의 왕이었답니다. 선생도 알아차리셨겠지만, 시저한테서는 어딘지 왕자다운 풍모를 엿볼 수 있지요."

의사가 떠나가자 집 안에서 엉클 시저의 목소리가 들려 왔다.

"그 1달러 지폐를 두 장 다 빼앗아 갔단 말씀입니까, 마님?"

"그렇단다, 시저." 어젤리아 어데어가 힘없이 대답하는 소리가 들렸다. 그리고 나는 방으로 들어가서 우리 잡지사의 기고가와 사무적인 협의를 마쳤다. 나는 이 계약을 맺는 데 필요한 절차라면서 내 권한으로 50달러의 선금을 건네주었다. 엉클 시저는 나를 호텔까지 실어다 주었다.

내가 목격자로 증언할 수 있는 것은 이것이 전부다. 나머지는 사실을 그대로 설명하는 수밖에 없을 것이다.

6시쯤 나는 산책을 나갔다. 엉클 시저는 여느 때의 길모퉁이에 있었다. 그는 마차 문을 쑥 열고 먼지떨이를 휘두르면서 그 음산한 판에 박은 문구를 늘어놓기 시작했다.

"어서 타십시오, 손님. 50센트에 시내 어디나 모시겠습니다, 마차는 아주 깨끗합니다요, 손님. 장례식에서 막 돌아와서요."

문득 그는 나라는 것을 깨달았다. 시력이 매우 나쁜 모양이었다.

외투는 전보다 얼마간 더 색이 바랬고 실을 꼰 끈도 닳아서 너덜너덜했다. 그리고 단 하나 남아 있던 단추, 그 노란 뿔 단추는 떨어지고 없었다. 얼룩덜룩한 옷을 입은 임금님의 후예, 그가 이 엉클 시저였을 줄이야!

두 시간쯤 뒤에 나는 흥분한 군중이 약국 앞에 몰려 있는 것을 보았다. 아무런 색다른 일도 일어나지 않는 사막에 하느님이 주신 변고였다. 나는 군중을 헤치고 안으로 들어갔다. 빈 상자와 의자로 만든 임시 침대 위에 웬트워스 캐스웰 소령의 몸뚱이가 길게 늘어져 있었다. 의사가 숨이 붙어 있는지 살펴보았다. 숨이 끊겼다는 것이 그의 진단이었다.

조금 전에 소령이 어두운 길바닥에 숨겨 있는 것이 발견되어 호기심이 많고 따분하기만 한 시민들의 손으로 이 약국으로 옮겨져 온 것이었다. 이미 숨이 끊어진 이 사나이가 맹렬한 격투를 벌인 듯하다는 것이, 여러 가지 세밀한 점에서 드러났다. 놈팽이에 불한당이기는 했지만, 그도 한때는 무인의 말석을 차지했던 인간이다. 그러나 그는 쓰러지고 말았다.

그의 두 손은 아직도 꽉 움켜쥔 채 아무리 해도 손가락이 펴지지 않았다. 그를 아는 마음씨 부드러운 시민들은 둘러서서 무언가 그를 칭찬할 말을 열심히 찾았다. 이것저것 생각한 끝에, 친절해 보이는 한 남자가 말했다. "캐스는 열 네 살쯤 났을 때, 학교에서 누구보다 철자를 잘 아는 학생이었지."

내가 그 자리에 서 있는 동안 흰 소나무 상자 옆에 쳐져 있던 '이러이러한 사람이었던 그'의 오른손 손가락이 펴져서 무언가가 내 발 앞에 떨어졌다. 나는 그것을 한쪽 발로 살며시 밟고 있다가 잠시 뒤집어서 주머니에 넣었다. 마지막 안간힘을 쓰면서 그의 손이 무의식중에 이것을 쥐어뜯어 그대로 쥐고 있었구나 하고 나는 짐작했다.

그날 밤 호텔에서의 화제는 정치와 금주법을 제외한다면, 캐스웰 소령의 죽음이 중심이 되었다. 어떤 사람이 청중들에게 말하는 소리가 들렸다.

"이건 내 의견이지만, 여러분, 캐스웰은 돈 때문에 어떤 악질 검둥이 놈에게 죽은 겁니다. 그가 이 호텔에서 몇몇 사람에게 보여 주었는데 오늘 오후

50달러나 갖고 있었단 말입니다. 그런데 발견되었을 때는 온몸을 뒤져봐도 그 돈이 나오지 않았거든요."

이튿날 아침 9시, 나는 이 도시에 작별을 고했다. 기차가 컴벌랜드강의 철교에 다다랐을 때, 나는 가장자리가 닳고 아직도 실이 붙어 있는 50센트 동전 만한 노란 뿔 단추를 주머니에서 꺼내어 차창 밖으로 유유히 흐르는 흙탕물에다 던졌다.

버펄로에서는 무슨 일이 일어나고 있을까?

추수감사절 두 신사

인생은 무한한 모순으로 가득하다. 그러나 이상하게도
그 모순들은 진실이므로 그럴싸하게 보여야 할 필요까지는 없다

우리의 날이 하루 있다. 자수성가하지 않은 우리 모든 미국인이 옛 집으로 돌아가 소다로 부풀린 비스킷을 먹고 낡은 펌프가 전과는 달리 현관에 훨씬 더 가까워 보인다고 놀라는 날이다. 이날을 축복하라.

루스벨트 대통령이 주는 날이다. 청교도 이야기를 듣지만 그들이 누군지 우리는 잊었다. 아무튼 그들이 다시 상륙해 온다면 우리는 물리쳐 버릴 수 있다. 플리머스록?[*1] 글쎄, 친숙하게 들리는 말이다. 칠면조 조합이 생긴 이래 많은 사람들이 닭을 먹을 신세로 떨어졌다.

워싱턴에 있는 누군가가 추수감사절 선포에 관한 선행 정보를 그들에게 누설하고 있나보다.

뉴욕에서는 추수감사절이 제도화되어 있다. 11월 마지막 목요일은 뉴욕이 바다 건너에 있는 본토를 인식하는 1년 중의 단 하루이다. 이날은 순수히 미국적인 날이다. 그렇다, 오직 미국에만 있는 명절이다.

이제는 이야기의 본줄거리로 들어가서, 대서양 이쪽에도 전통이 있어서 영국의 전통보다 훨씬 빠른 속도로 해묵어 가고 있는 것을 밝혀야겠다. 우리의 추진력과 개척 정신 덕분이다.

스터피 피트는 유니언 스퀘어 공원을 동쪽 문으로 들어가 분수 맞은편 길 오른쪽으로 세 번째 벤치에 가서 앉았다. 지난 9년 동안 추수감사절마다

---

*1 1620년 청교도들이 상륙했다는 매사추세츠주 플리머스항에 있는 바위. 그런데 여기서는 미국이 원산인 닭 '플리머스록' 종과 겹쳐서 한 말이다.

오후 1시가 되면 그는 부랴부랴 이곳에 와서 자리를 잡았다. 그때마다 찰스 디킨스의 소설 같은 좋은 수가 생겨서 조끼 밑 가슴 아래 위가 두루룩하게 불러졌기 때문이다.

오늘 스터피 피트가 해마다 앉는 이 자리에 나타난 것은 그런 버릇 때문이지, 자선가들이 생각하듯 가난한 사람들이 1년 중 이맘때 한 번씩 무척이나 허기진 배를 안고 찾아오는 그런 것은 아니었다.

정말 피트는 배가 고프지 않았다. 진수성찬을 먹고 겨우 남은 힘으로 땀을 뻘뻘 흘리며 허덕허덕 걸어오는 길이었기 때문이다. 고깃국 냄새가 스민 피트의 가면 같은 푸석푸석한 얼굴에는 푸른 구스베리 같은 눈이 쿡 박혀 있었다. 숨소리는 가랑거리고, 상원 의원처럼 굵은 목의 지방 조직은 곤두선 외투 깃 속에서 가만있지 않았다. 고마운 구세군 사람이 일주일 전에 달아 준 의복 단추가 옥수수 튀기듯 날아가 주위 땅바닥에 흩어졌다. 셔츠 앞이 찢어져 가슴까지 드러난 그는 참으로 남루했다. 그러나 부드러운 눈송이를 실은 11월의 찬바람도 그에겐 시원하고 고마울 뿐이었다. 왜냐하면 스터피 피트는 진수성찬을 먹고 지금 칼로리가 과다하게 채워졌기 때문이다. 먼저 굴에서 시작해 건포도를 넣은 푸딩으로 끝난 식사에는 이 세상의 (그에게는 그렇게 여겨졌다) 모든 구운 칠면조와 구운 감자, 치킨 샐러드와 호박 파이, 아이스크림이 다 나왔었다. 그래서 그는 목구멍까지 그득 차서 배부른 인간의 경멸의 눈으로 세상을 바라보고 앉아 있었던 것이다.

생각지 못한 잔치였다. 그는 5번가 어귀에 있는 어느 붉은 벽돌 저택 앞을 지나고 있었다. 이 집에는 전통을 존중하는 오래된 집안의 두 할머니가 살고 있었다. 이 할머니들은 심지어 뉴욕의 존재마저 인정하지 않았으며 추수감사절은 오직 워싱턴 스퀘어를 위해서만 선포된 것으로 믿었다. 이 집의 오랜 풍속의 하나는 이날 뒷문에 하인 하나를 세워 놓았다가 정오에 그곳을 가장 먼저 지나가는 굶주린 사람을 불러들여서 완벽한 성찬을 대접하는 일이었다. 스터피 피트는 마침 공원으로 가는 길에 이 앞을 지나다가 하인들이 끌어들이는 바람에 대궐의 관례를 지키게 되었던 것이다.

스터피 피트는 한 10분쯤 앞을 바라보다가, 문득 다른 곳도 보고 싶은 생각이 들었다. 무척 애를 써서 가까스로 고개를 왼쪽으로 돌렸다. 그러자 공포로 두 눈이 튀어나왔다. 숨이 콱 막혔고 낡은 신발을 신은 짧은 다리는 덜

덜 떨리며 자갈 위에서 허우적거렸다.

그 노신사가 4번가를 지나서 그의 벤치 쪽으로 걸어오고 있었기 때문이다.

지난 9년 동안 추수감사절만 되면 노신사는 이 자리에 나타나 이 벤치에서 스터피 피트를 찾았다. 노신사는 이 일을 하나의 전통으로 삼고 있었다. 지난 9년 동안 추수감사절 때마다 이곳에서 스터피를 찾아서는 식당으로 데리고 가서 한 상 잘 차려 주고 그가 먹는 것을 지켜보곤 했다. 영국에서는 이런 일을 무의식적으로 한다. 그러나 미국은 신생국가요, 어린 나라의 9년이면 그리 짧은 기간도 아니다. 노신사는 성실한 미국의 애국자였으며, 미국의 전통을 세워나가는 선구자로 자처하고 있었다. 무슨 일이든 아름답게 보이려면 그 일을 한 번도 빠지지 않고 오랫동안 계속해야 한다. 산업 보험 회사에서 주마다 10센트씩 보험료를 거둬들이는 일이 그렇고 거리를 청소하는 일이 그렇다.

노신사는 곧장 점잖게 그가 만들어가고 있는 '관습'을 향해서 걸어왔다. 사실상 해마다 스터피 피트를 부양하는 것은 영국의 마그나카르타(대헌장)나 아침에 잼을 먹는 것 같은 그런 전국적인 성격을 띤 것이 아니었다. 그러나 그것은 첫걸음이었다. 이제는 거의 봉건 제도처럼 굳어졌다. 그것은 적어도 뉴욕, 아니, 미국에서도 하나의 관습이 불가능하지 않음을 보여 준 것이었다.

노신사는 깡마르고 키가 큰 육십대였다. 수수한 검정 옷차림에 코에서 자꾸만 흘러내리는 구식 안경을 썼다. 머리는 지난해보다 더 희고 더 듬성했으며, 손잡이가 구부러진 울퉁불퉁한 지팡이에 더 의지하게 된 것 같았다.

이 정해진 보호자가 앞에 다가오자마자 스터피는 숨을 가랑거리면서, 마치 안주인을 따라가던 살찐 강아지가 거리에서 으르렁대는 큰 개를 만난 듯이 몸을 떨었다. 도망가 버리고 싶었지만, 산토스뒤몽[2]의 재주로도 그를 벤치에서 떠내지는 못했을 것이다. 두 할머니의 하인들은 맡은 직무를 잘도 해낸 것이다.

"안녕하시오!" 노신사가 말을 건넸다. "다사다난한 한 해를 무사히 잘 보내

＊2 Alberto Santos-Dumont(1873~1932). 브라질 출신인 프랑스의 항공기 발명가.

고, 아름다운 이 세상에서 건강하게 살고 계시는 것을 보니 반갑구려. 그것을 축복하기 위해서라도 이 추수감사절은 우리를 위해 참으로 잘 된 일이라 하겠소. 자, 가십시다, 당신의 몸도 정신만큼 기운 차리게 식사를 대접해 드리리다."

이것이 그때마다 노신사가 하는 말이다. 9년 동안 추수감사절마다 해 온 말이다. 이 말 자체가 거의 하나의 관습이 되었다. 독립 선언서 말고는 이에 비견할 만한 것이 없다.

전에는 이 말이 스터피의 귀에 늘 음악처럼 들렸다. 그러나 오늘 그는 눈물겹도록 괴로운 표정으로 노신사의 얼굴을 쳐다보았다. 부드러운 눈송이가 그 땀에 젖은 얼굴에 내리면 기의 곧바로 녹을 지경이었다. 그러나 노신사는 조금 몸을 떨면서 바람에 등을 돌리고 돌아섰다.

스터피는 노신사가 왜 언제나 좀 슬픈 듯이 말하는지 궁금했다. 노신사가 대를 이을 아들이 없는 것이 언제나 한이 되어 그런다는 사실을 그는 몰랐다. 자기가 세상을 떠난 뒤 이 자리에 찾아올 아들, 후세의 스터피 앞에 늠름하게 서서 '선친을 기념해서' 하고 말할 아들이 갖고 싶었던 것이다. 그러면 이것은 관례로서 단단히 굳어질 것이다.

그러나 노신사는 가족이 없었다. 공원 동쪽의 조용한 거리에 있는 낡은 적갈색 석조 주택에서 셋방살이를 하고 있었다. 겨울에는 대형 트렁크 만한 온실에 푸크시아 꽃을 길렀다. 봄이면 부활제 행렬에 끼여 돌아다녔다, 여름에는 뉴저지주의 산 속 농가에 틀어박혀 살면서 등의자에 앉아 언젠가는 꼭 찾아내고 싶은 '오르니톱테라 암프리시우스'과 나비 이야기를 했다. 그리고 가을에는 스터피에게 저녁을 사 먹였다. 이런 것이 노신사의 직업이었다.

스터피 피트는 몸이 닳아오르고 가엾은 절망감에 빠져 30초 가량 노신사를 쳐다보았다. 노신사의 눈은 적선하는 기쁨으로 빛났다. 그의 얼굴에는 해마다 주름이 늘어나도, 조그마한 검정 나비 넥타이는 언제나와 다름없이 멋있게 매여있었으며, 와이셔츠는 하얗고 깨끗했으며 흰 콧수염 끝이 우아하게 말려 올라가 있었다. 이윽고 스터피는 냄비에서 콩이 끓는 소리를 냈다. 무슨 말을 할 참이었다. 노신사는 과거에 아홉 번이나 이 소리를 들었으므로 마땅히 그것을 초대를 받아들이는 스터피의 다음과 같은 해묵은 표현으로 해석했다.

"고맙습니다, 영감님. 따라가겠습니다. 대단히 감사합니다. 전 무척 배가 고픕니다요, 영감님."

지나치게 포식해 정신은 혼미했지만, 스터피는 스스로 어떤 관습의 기반이 되어 있다는 확신을 뿌리칠 수는 없었다. 자기의 추수감사절의 식욕은 자기 것이 아니었다.

그것은 확립된 관습의 모든 신성한 권리에 따라서 선취권을 가진 이 노신사의 것이었다. 물론 미국은 자유의 나라다. 그러나 하나의 전통을 세우려면 누군가가 순환부(循環部), 즉 하나의 순환소수가 되어야 한다. 영웅은 반드시 강철과 금이 있어야만 되는 것이 아니다. 보라, 여기에 다만 서툴게 은을 도금한 쇠와 양철 무기를 휘두르는 영웅이 있지 않은가!

노신사는 1년에 한 번씩 자기 뒤를 따라오는 자선 대상자를 데리고 남서쪽으로 가서 그 식당으로 들어가, 늘 저녁을 대접하는 그 식탁에 앉았다. 식당 종업원들도 그들을 알아보았다.

"그 노인이 온다." 웨이터가 말했다. "감사절마다 똑같은 떠돌이에게 밥을 사 먹이는 그 영감이야."

노신사는 식탁 맞은편에 앉아 유구한 '전통'의 주춧돌이 되어 우윳빛 진주알처럼 빛나고 있었다. 웨이터들은 명절 음식을 식탁에 늘어놓고, 스터피는 허기진 사람의 한탄이라 오해받은 한숨을 내쉬더니, 칼과 포크를 집어 들고 불멸의 월계관을 위해 고기를 잘라먹기 시작했다.

이보다 더 용감하게 적진으로 쳐들어간 영웅은 일찍이 없었다. 칠면조, 고깃덩어리, 수프, 채소, 파이 등이 앞에 나오기가 무섭게 사라져 갔다. 식당으로 들어올 때 이미 목구멍까지 가득 차 있어 음식 냄새가 벌써 그의 신사 체면을 위협했지만, 그는 참된 기사처럼 온 힘을 다하여 버텼다.

그는 노신사의 얼굴에 인자한 행복의 빛을, 푸크시아 꽃이나 '오르니톱테라 암프리시우스'과의 진기한 나비에서 얻는 것보다 더 행복으로 넘치는 빛을 보았으며, 스터피는 차마 이 빛이 사라지는 것을 볼 수가 없었던 것이다.

한 시간이 지나자, 스터피는 전투에 이기고 의자에 기대앉았다.

"고맙습니다, 영감님." 그는 마치 구멍 난 증기 파이프 같은 소리를 냈다. "맛있는 음식, 정말 고맙습니다."

그러고는 무거운 몸을 간신히 일으키더니 멍한 눈으로 주방을 향해 가기 시작했다. 웨이터 한 사람이 팽이처럼 그를 돌려 문간을 가리켰다. 노신사는 은화로 1달러 30센트를 차근차근히 세고, 웨이터에게도 5센트 짜리 세 닢을 팁으로 놓았다.

두 사람은 해마다 그렇게 하듯이 문 앞에서 헤어져, 노신사는 남쪽으로 가고 스터피는 북쪽을 향했다.

첫 모퉁이를 돈 스터피는 잠깐 그대로 서 있었다. 그러더니 올빼미가 날개를 퍼드덕거리듯 누더기를 털고는 더위 먹은 말처럼 길바닥에 쓰러졌다.

구급차로 달려온 젊은 의사와 운전사는 환자가 몹시 무거웠으므로 나직이 투덜거렸다. 술 냄새가 나지 않았기에 경찰차로 넘길 구실도 없어서 스터피와 그가 먹은 두 차례의 성찬은 병원으로 옮겨졌다. 그리고 그들은 그를 침대에 뉘어 놓고 메스를 들고는 어떤 문제를 풀 실마리라도 얻을 수 있을까 하는 희망으로 이상한 병을 찾고자 그를 살펴보기 시작했다.

그런데 보라! 한 시간 뒤 다른 구급차가 노신사를 싣고 왔다. 그래서 또 하나의 침대에 그를 뉘어 놓고 맹장염이라고 떠들어댔다. 노신사는 치료비를 감당할 수 있을 것처럼 보였기 때문이다.

그러나 잠시 뒤 젊은 의사가 눈이 아름다워서 좋아하는 젊은 간호사를 만나 걸음을 멈추고 두 환자 이야기를 꺼냈다.

"저기 있는 저 훌륭한 노신사 말이야." 그는 말했다. "굶어 죽을 뻔했다고는 누구도 생각지 못할걸. 자존심 강한 옛 가문 출신인가 봐. 사흘 동안 아무것도 먹지 못했다는군."

붉은 추장의 몸값
누가 어린아이의 생각을 알고 있는가?

왠지 너무 쉽다고 생각했지. 아 기다리라고, 지금 얘기할 테니까. 이 납치 사건을 생각한 것은 우리가, 나와 빌 드리스콜이 남부의 앨라배마에 갔을 때야. 나중에 빌이 말했듯이 정말 '저도 모르게 도깨비에 홀려 버린' 거지. 깨달았을 때는 이미 늦었으니까.

앨라배마에는 핫케이크처럼 납작한 읍이 하나 있지, 이름은 거창하게 '서 밋(Summit)'이지만 말이야. 그곳 주민들은 모두 농민들인데, 5월 봄 축제에 몰려든 흔히 볼 수 있는 무척 원만한 얼굴들을 한 좋은 사람들뿐이더군.

빌과 나는 둘이 합쳐서 모두 6백 달러쯤 밑천이 있었지만 서부 일리노이 근처에서 부동산 사기로 한몫 보려면 아무래도 2천 달러는 더 필요했어. 여관 현관의 계단에 앉아서 우리는 의논했지. 그래서 이런 반 시골 같은 읍에선 어린아이를 귀여워하는 마음이 특히 강하다는 이야기가 나오고, 그래서 —아니, 뭐 다른 까닭도 있었지만—어린아이를 하나 납치해 보는 것도 괜찮겠다고 생각하게 된 거야. 그 근처는 기자를 보내서 사건을 마구 떠들어 댈 만큼 신문사의 손길이 미치지 않는 곳이니까 틀림없이 잘 될 것 같았지. 서 밋읍 정도면, 고작해야 순경이나 얼빠진 경찰견이 우릴 쫓든지 아니면 '주간 농업'에서 한 두 번 호되게 까고 말 줄 알았던 거야. 그래서 이거 수지 맞겠다고 생각했지 뭐.

우리는 애브니저 도싯이라는 이 읍 유지의 외아들을 점찍었지, 그 애 아버지는 제법 으스대는 유지인데도 아주 인색해서 고리대금업을 하고 있더군. 교회에도 땡전 한 푼 기부하지 않고, 저당을 잡으면 사정없이 처분해 버리는 그런 작자야. 꼬마 녀석은 열 살인데, 얼굴에는 얇게 새긴 것처럼 주근깨가 가득 덮였고, 머리털은 기차를 타러 갈 때 가판대에서 사는 잡지 표지 같은 빛깔이었어. 이 애브니저 같으면 틀림없이 몸값으로 2천 달러는 내겠지 하고 빌과 나는 생각했지. 아, 기다리라고, 이제부터 얘기할 테니까.

서밋에서 한 2마일쯤 떨어진 곳에 온통 삼목이 무성한 조그만 언덕이 있다. 이 언덕 뒤쪽 조금 높다란 곳에 동굴이 하나 있는데, 그곳에 우리는 식량을 비축했다.

어느 날 저녁 해가 진 뒤에 우리는 말 한 마리가 끄는 마차를 몰고 도싯네 집 앞을 지나갔다. 꼬마가 길바닥에 나와서 맞은편 담 위에 있는 새끼 고양이에게 돌을 던지고 있었다.

"얘, 꼬마야!" 빌이 말을 긴넸다. "과자 사줄 테니 잠깐 마차를 타고 놀까?"

꼬마가 벽돌 조각을 빌의 눈언저리에다 명중시켰다.

"이 대가로 그놈한테 5백 달러는 더 우려낼 테다."

수레바퀴에 발을 걸치고 마차에 올라앉으면서 빌이 투덜거렸다.

개구쟁이는 웰터급 검정 곰처럼 날뛰었지만, 마침내 우리는 아이를 마차에다 밀어 넣고 마차를 몰았다. 동굴까지 데리고 와서 나는 삼목 숲 속에 말을 매놓았다가, 어두워진 뒤에 3마일 떨어진 마을로 가서 마차를 돌려주고는 걸어서 산으로 돌아왔다.

빌은 얼굴 가득 손톱 자국과 얻어맞은 생채기가 생겨서 거기에 반창고를 붙이고 있었다. 동굴 입구의 큼직한 바위 뒤에는 훨훨 모닥불이 타고 꼬마는 붉은 머리털에 매의 깃을 두 개 꽂은 채, 부글부글 끓고 있는 커피 주전자를 가만히 들여다보고 있었다. 내가 가까이 가자, 꼬마는 막대기를 들이대면서 소리쳤다.

"야, 이 흰둥이 놈아, 이 대평원에서 이름을 떨치고 있는 붉은 추장의 진지에, 네놈은 인사도 없이 들어온단 말이냐?"

"이 꼬마 녀석, 그냥 신이 나서 말이야." 빌이 바지를 걷어올려 정강이의 타박상을 살펴보며 말했다. "인디언 놀이의 상대를 해주고 있는 판이라고. 이것에 비하면 버펄로 빌의 쇼[1]도 마을 공회당에서 환등기로 보는 팔레스타인 풍경 같을걸. 나는 덫으로 새나 짐승을 잡는 사냥꾼 올드 행크인데, 붉

---

[1] 서부 모험을 소재로 한 보드빌 공연.

은 추장한테 사로잡혀 내일 새벽엔 머리 가죽을 벗기게 된대! 내 참, 이 개구쟁이한테 당해 보라구. 정말 진저리가 쳐진다니까, 나 원!"

확실히 아이는 아주 신이 난 것 같았다. 동굴에서 야영하는 것이 재미있어서, 자신이 납치되었다는 사실도 까맣게 잊고 있었다. 꼬마는 그 자리에서 나에게 '뱀눈깔'이라는 이름의 스파이 역을 정해주고 곧 부하들이 싸움을 마치고 돌아오면, 내일 아침 해가 떠오를 때 나를 불태워 죽이겠다고 선언했다.

이윽고 우리는 저녁 식사를 시작했다. 꼬마는 베이컨과 빵과 고기 국물을 입 가득히 쑤셔 넣으면서 지껄여 댔다. 식사 중에 꼬마가 한 얘기는 대충 이러했다.

"난 이런 일이 아주 좋아. 밖에서 야영해 본 적이 없는걸. 하지만 주머니쥐를 잡아서 기른 일은 있어. 난 지난번에 생일이 지났으니까 아홉 살이야. 난 학교 가는 게 제일 싫더라. 쥐가 말이야, 지미 탤벗 아줌마네 달걀을 여섯 개나 먹어 버렸어. 이 숲엔 진짜 인디언 있어? 고기 국물 더 줘. 나무가 움직여서 바람이 부는 거야? 우리 집엔 강아지가 다섯 마리나 있었거든. 행크, 넌 코가 왜 그렇게 붉니? 우리 아버진 말이야 부자야. 별은 뜨거워? 토요일에 에드 워커를 두 번이나 두들겨 패 줬지. 여자애들은 싫어. 노끈 없이는 두꺼비 못 잡지? 황소도 울어? 오렌지는 왜 동글동글하지? 이 동굴엔 침대 없어? 에이머스 메어리의 발가락은 여섯 개라구. 앵무새는 말을 할 줄 아는데, 원숭이나 물고기는 말할 줄 모르나봐. 얼마에 얼마를 보태면 12가 되는지 알아?"

이삼 분마다 꼬마는 자기가 눈치 빠른 인디언이라는 것이 생각나서는 막대기 총을 집어들고 동굴 입구로 살금살금 다가가서, 못된 백인놈의 척후는 없나 하고 목을 뽑았다. 이따금 인디언 함성을 질러 사냥꾼 올드 행크를 공포에 떨게 했다. 꼬마는 처음부터 아예 빌의 혼을 빼놓았던 것이다.

"붉은 추장" 내가 꼬마에게 물었다. "집에 돌아가고 싶지 않니?"

"왜?" 꼬마가 지껄였다. "집은 하나두 재미없어. 난 학교 가는 게 제일 싫거든. 이렇게 야영하는 편이 훨씬 좋아. '뱀눈깔' 너 날 집으로 데리고 가진 않겠지?"

"지금 당장은 아니야." 내가 대답했다. "이 동굴에 좀더 있을 거야."

"야, 신난다." 꼬마가 말했다. "이렇게 재미있긴 태어나서 처음이야."

우리는 11시쯤 잤다. 폭이 넓은 담요와 홑이불을 몇 장 깔아서 붉은 추장을 가운데에 눕히고 잤다. 꼬마가 달아날 걱정은 없었다. 꼬마는 우리를 세 시간도 잠들지 못하게 했다. 벌떡벌떡 일어나서 그 총을 집어들고는 나와 빌의 귓전에다 대고 "애들아, 가만있어!" 하고 빽빽 소리치는 것이었다. 어디서 나뭇가지 부러지는 소리가 나거나 나뭇잎이 부스럭거리기만 해도 그때마다 꼬마는 어린아이다운 상상력으로 무법자 무리가 습격해 왔다고 생각했다. 그런 방해 속에서 겨우 눈을 붙여 잠이 들었는데, 이번에는 내가 붉은 머리의 사나운 해적에게 납치되어 나무에 꽁꽁 묶이는 꿈을 꾸는 형편이었다.

막 날이 셀 무렵, 빌이 잇따라 날카롭게 비명을 지르는 바람에 잠이 깼다. 외치는 소리도 고함소리도 짖는 소리도 아니고, 발광하는 소리도 비명 소리도 아닌, 무릇 남자의 발성 기관에서 나온다고는 상상도 할 수 없는 소리였다. 여자가 귀신이나 송충이를 보았을 때 쥐어 짜내는 도무지 듣기 흉하고, 겁에 질린 서글픈 비명이었다. 이른 새벽 동굴 속에서 대담한 일을 꾸미는 강인한 뚱보 사나이가 쉴새없이 질러 대는 비명 소리를 듣는 것만큼 기분 나쁜 일은 없다.

무슨 일인가 하고 나는 후다닥 뛰어 일어났다. 붉은 추장이 빌의 가슴 위에 걸터앉았는데, 한쪽 손에 빌의 머리칼을 꽉 움켜쥐었고, 나머지 한 손에는 베이컨을 자를 때 쓰는 날카로운 칼을 쥐고 있었다. 지난밤에 선고한 대로, 진짜로 빌의 머리 가죽을 벗기려 하고 있었던 것이다.

나는 꼬마의 손에서 칼을 빼앗고 다시 자리에 눕혔다. 그러나 이 일이 있은 뒤로 빌은 그만 맥이 탁 풀려 버렸다. 제자리에 눕기는 했으나 꼬마가 곁에 있는 한 다시는 눈을 감으려 하지 않았다. 나는 잠깐 자는 둥 마는 둥 하다가 날이 훤히 셀 무렵 문득, 붉은 추장이 해가 떠오를 때 나를 불태워 죽이겠다고 말한 것이 떠올랐다. 겁이 나거나 무서워서가 아니라 아무튼 나는 일어나서 파이프를 붙여 물고 바위에 기대어 앉았다.

"샘, 왜 그렇게 빨리 일어나나?" 빌이 물었다.

"나? 어깨가 좀 뻐근해서 말이야, 일어나 앉아 있으면 좀 나을까 하고."

"거짓말 마! 너, 무섭지? 해가 떠오를 때 불태워 죽이겠다는 말을 들었으니까, 정말 당할까봐 겁이 나서 그러지? 정말이지 꼬마 녀석, 성냥만 보면 능히 하고 말 거야. 이거 정말 야단났는데? 샘, 이런 개구쟁이를 데려가려고 돈을 낼 놈이 있을 것 같아?"

"그야 있지." 나는 대답했다. "이런 개구쟁이일수록, 부모에게는 더 귀여운 법이야. 자, 너도 추장도 일어나서 아침 먹을 준비를 해. 그동안에 나는 산꼭대기에 올라가서 주변 좀 살펴보고 올 테니까."

나는 조그만 언덕 꼭대기로 올라가서, 시야가 미치는 데까지 주변을 둘러보았다. 서밋읍 쪽으로 풀 베는 낫과 갈퀴 같은 것으로 무장한 건장한 농민들이 비겁한 유괴범들을 쫓아 부근을 샅샅이 뒤지고 있는 광경을 볼 수 있겠지 하고 생각했다. 그런데 눈에 띤 것은, 한 남자가 진한 갈색 노새를 부리며 밭을 갈고 있는 한가한 경치뿐이었다. 냇물 바닥을 훑는 사람도 없었고, 미칠 듯이 슬픔에 잠긴 부모에게 아무런 실마리도 없다는 전갈을 전해 주러 서둘러 달려가는 심부름꾼의 모습도 보이지 않았다. 내 눈앞에 펼쳐진 앨라배마 겉표면의 그 부분에는 한적하고 나른한 졸음이 번져 있을 뿐이었다. '암만해도' 하고 나는 속으로 생각했다. '이리떼가 울안에서 귀여운 새끼 양을 납치해 간 줄 아직 모르나 보다. 하느님, 이리들에게 은혜를 베풀어 주소서!' 그리고 나는 아침을 먹으러 산에서 내려왔다.

동굴로 돌아와 보니, 빌은 동굴 벽에 몰려서 숨을 헐떡이고 있었다. 꼬마는 야자열매의 절반쯤 되는 큼직한 돌을 빌에게 던지려고 움찔거리고 있었다.

"이 꼬마 녀석, 시뻘겋게 익은 감자를 내 등에다 쑤셔 넣잖겠어?" 빌이 설명했다. "그러군 발로 마구 으깼단 말이야. 그래서 귀싸대기를 한 대 갈겨 줬지. 너 총 가졌지 샘?"

나는 꼬마의 손에서 돌을 빼앗고 가까스로 이 자리를 수습했다. "두고 봐!" 꼬마는 빌에게 씨근거렸다. "붉은 추장을 때린 놈한테는 꼭 복수당하고 말 테니까. 두고 봐!"

아침을 먹고 난 꼬마는 주머니에서 노끈을 둘둘만 조그만 가죽 조각을 꺼내더니, 노끈을 풀면서 동굴 벆으로 나갔다.

"이번엔 또 뭘 할 작정이지?" 걱정스러운 듯이 빌이 말했다. "저 녀석, 설마 달아나진 않겠지, 응, 샘?"

"그럴 걱정은 없어." 나는 말했다. "집에 가고 싶어하는 것 같지는 않으니까. 그건 그렇고 몸값을 받아낼 계획을 짜야겠는데, 꼬마가 없어졌는데도 서 밋읍에서는 그다지 떠드는 눈치가 안 보인단 말이야.

꼬마가 없어진 걸 아직 모르나봐. 꼬마가 간밤에 제인 아줌마네나 어디 이웃집에 가서 잤을 거라고 생각하는지, 아무튼 오늘 안으로는 없어진 걸 알게 되겠지. 오늘밤에 2천 달러 내놓고 꼬마를 찾아가라고 도싯에게 편지를 보내야겠어."

마침 그때 다윗이 골리앗을 쓰러뜨렸을 때 지른 환성을 떠올리게 하는 고함 소리가 들렸다. 붉은 추장이 주머니에서 꺼낸 것은 돌팔매질에 쓰는 가죽이었다. 꼬마는 그것을 머리 위로 빙빙 돌리고 있었다.

나는 재빨리 몸을 피했지만 쿵 히고 육중한 소리가 들리더니 빌이 끙 하고 안장을 벗길 때 말이 내는 것과 비슷한 한숨 소리를 냈다. 달걀 만한 검은 돌이 빌의 왼쪽 귀 뒤에 명중했던 것이다. 빌은 완전히 뻗어서 설거지용 뜨거운 물이 담겨 있는 프라이팬 옆의 불 속에 쓰러졌다. 나는 빌을 옮겨 눕히고 반시간 동안이나 찬물을 머리에 끼얹었다.

이윽고 빌은 깨어났다. 그리고 귀 뒤를 만지면서 말했다. "샘, 성경 속에서 내가 좋아하는 인물이 누군지 알아?"

"자, 진정해." 나는 말했다. "곧 나을 테니까."

"헤롯*² 왕이야. 이봐, 샘, 설마 나 혼자 여기 두고 가 버리진 않겠지?"

나는 밖으로 나가서 꼬마를 붙들고 얼굴의 주근깨가 따닥따닥 소리가 나도록 쥐어박아 주었다.

"너, 얌전히 있지 않으면" 나는 경고했다. "당장 집으로 쫓아 보내 버릴 테다. 말 들을 거야, 안 들을 거야?"

"난 그냥 장난으로 그랬는데" 꼬마는 시무룩해져 말했다.

"올드 행크를 해칠 생각은 없었어. 하지만, 그놈은 왜 나를 때렸지? 응, 뱀눈깔, 나를 집으로 안 보낸다면 얌전히 있을게. 그리구 오늘 블랙 스카우트 놀이를 시켜 준다면 얌전히 있을게."

"나는 그런 놀이 모른다." 나는 말했다. "빌 아저씨하고 해라. 오늘은 그 아저씨하고 놀아. 나는 일이 있어서 좀 나갔다 올 테니까. 자, 안으로 들어가서

---

*2 어린 그리스도를 살해하기 위해 베들레헴의 어린아이를 모두 죽인 유대의 왕 〈마태복음〉 2장.

아저씨와 화해해라. 아프게 해서 미안합니다 하고 사과하란 말이야. 안 그러면 당장 집으로 쫓아 보내 버릴 테다."

나는 꼬마와 빌을 악수시킨 다음 빌을 한쪽으로 데리고 가, 이 동굴에서 3마일쯤 떨어진 포플러 코브라는 조그만 마을에 가서, 납치 사건이 서밋에서 어떤 반응을 일으키고 있는지 되도록 자세히 조사해 오겠다고 말했다. 그리고 오늘 중으로 도싯에게 몸값을 요구하고, 지불 방법을 지시한 강경한 편지를 보내는 것이 상책이라고 생각했다.

"이봐, 샘!" 빌은 말했다. "여태껏 나는 지진이나 화재나 홍수 속에서도 눈 하나 깜짝 않고 너를 도왔어. 포커게임을 하거나 폭발물을 터뜨릴 때, 경찰의 습격이 있었을 때, 열차 강도를 할 때, 회오리 바람이 일 때도. 저 다리가 둘 달린 꼬마를 잡아 올 때까지 난 한 번도 겁을 먹은 적이 없단 말이야. 그런데 저 녀석한텐 두 손 바짝 들었어. 샘, 나와 저 꼬마를 너무 오래 단둘이 있게 하지 마."

"점심때 조금 지나서 돌아올게." 나는 말했다. "내가 돌아올 때까지 저 꼬마와 놀아 주고, 얌전히 있게 해. 그럼, 도싯 영감에게 편지를 써야겠어."

빌과 나는 종이와 연필을 꺼내어 편지를 쓰기 시작하고 그동안 붉은 추장은 담요를 몸에 두르고 동굴 입구에서 왔다갔다하며 감시를 했다. 빌은 몸값을 2천 달러가 아니라 천 5백 달러로 하자고 울다시피 부탁했다.

"부모의 사랑이라는, 숭고한 가치를 트집잡을 생각은 손톱만큼도 없지만 말이야" 하고 빌은 말했다. "그렇지만 상대도 인간이잖아. 어떤 인간이 저런 40파운드의 주근깨투성이 들고양이를 위해 2천 달러나 내려고 들겠어? 나는 천 5백 달러로 줄이면 좋겠어. 모자라는 건 내 몫에서 빼도 좋아!"

그래서 빌을 안심시키기 위해 나도 승낙하고, 둘이서 다음과 같은 편지를 썼다.

애브니저 도싯 귀하
우리는 댁의 아드님을 서밋에서 멀리 떨어진 장소에 숨겨 놓고 있다. 댁이나 또는 가장 눈치 빠른 형사가 아드님을 발견하려고 애써 봐야 헛일이다. 아드님을 되찾을 수 있는 유일한 조건은 다음과 같다. 우리는 아드님을 돌려보내는 조건으로 고액권으로 천 5백 달러를 요구한다. 돈은

오늘 밤 자정, 아래에 설명해 놓은 상자에 넣어 적어 놓은 장소에 넣어
둘 것. 이 조건을 승낙한다면, 오늘밤 8시 반에 회답을 서면으로 적어
심부름꾼을 통해 배달해야 한다. 포플러 코브 마을로 가는 길목의 올
빼미 강을 건너면 오른쪽으로 밀밭이 보이고, 그 밀밭 울타리 가까이에
약 1백 야드 간격으로 세 그루의 큰 나무가 서 있다. 그 세 번째 나무의
맞은편 울타리 말뚝 밑에 조그만 마분지 상자가 놓여 있다.

　심부름꾼은 이 상자에 회답을 넣고 곧바로 서밋으로 돌아가야 한다.

　만일 배신을 시도하거나 위의 요구에 응하지 않을 경우, 당신은 두 번
다시 아드님을 보지 못할 것이다.

　그러나 요구한 금액을 지불하면 이드님은 세 시간 안으로 안전히 집
으로 돌아갈 것이다. 조건에 대한 협상은 불가능하며, 만일 이에 응하지
않을 경우 앞으로 연락은 없을 것이다.

겁을 모르는 두 사람으로부터

나는 편지에다 도싯의 주소를 쓰고 주머니에 쑤셔 넣었다. 막 떠나려고
하는데 꼬마가 다가와서 말했다.

　"뱀눈깔, 아저씨가 없는 동안 블랙 스카우트 놀이를 해도 된다고 했지?"

　"그래 해도 된다." 나는 말했다. "빌 아저씨가 같이 놀아 줄 거다. 그런데
그게 대체 어떤 놀이냐?"

　"내가 블랙 스카우트가 되는 거야." 붉은 추장이 말했다.

　"정착민들에게 인디언의 습격을 알려 주려고 울타리까지 말을 달리는 거
야. 난 이제 인디언 역할에는 진력이 났어. 블랙 스카우트가 되고 싶단 말이
야."

　"그래, 알았다." 나는 말했다. "그럼 대수롭지도 않겠군. 그 억센 야만인들
을 무찌를 작전을 빌 아저씨가 도와 줄 거야."

　"그래서, 난 뭘 하는 거냐?" 좀 수상쩍다는 듯이 빌이 꼬마를 쳐다보며 물
었다.

　"말이 되는 거야." 블랙 스카우트가 말했다. "두 손과 무릎을 꿇고 엎드리
는 거야. 말이 없으면 울타리까지 달려갈 수 없잖아?"

　"우리 계획이 얼마쯤 진행될 때까지 꼬마를 즐겁게 만들어 줘야 해!" 하고

나는 빌에게 귀띔했다. "적당히 해두라고."

빌은 엎드렸다.

눈이 덫에 걸린 토끼 같았다.

"울타리까지 얼마나 머냐, 꼬마야?" 빌은 쉰 목소리로 물었다.

"90마일이야." 블랙 스카우트가 말했다.

"힘껏 속력을 내지 않으면 늦어, 자, 달려!"

블랙 스카우트는 빌의 등에 올라타고 발꿈치로 그의 옆구리를 찼다.

"제발" 빌은 말했다. "되도록 빨리 돌아와 다오, 샘. 몸값을 천 달러 아래로 할 걸 그랬다. 야, 차지 마라! 더 이상 차면 일어나서 호되게 패 줄 테다!"

나는 걸어서 포플러 코브에 가서 우체국을 겸한 잡화점에 앉아, 장사하러 그곳에 찾아온 마을 농민들과 이야기를 나누었다. 얼굴에 수염이 텁수룩하게 난 사나이가 애브너저 도싯 댁 아들이 길을 잃었는지 납치당했는지 해서, 서밋읍에서는 굉장한 소동이 벌어지고 있다고 말했다. 알고 싶은 사실은 이것이었으므로, 나는 담배를 사고 완두콩 값을 물어 보곤 하다가, 편지를 슬쩍 우체통에 넣고 밖으로 나왔다. 우체국장은 한 시간쯤 있으면 우체부가 서밋으로 가는 우편물을 가지러 올 것이라고 말했었다.

동굴로 돌아가 보니, 빌과 꼬마가 보이지 않았다. 동굴 부근을 두루 찾아보고 한두 번은 위험을 무릅쓰고 야호 외쳐 보았으나 대답이 없었다.

그래서 파이프를 붙여 물고 이끼 긴 둑에 앉아 상황을 지켜보기로 했다.

반시간쯤 지나자, 부스럭부스럭 관목을 헤치고 빌이 동굴 앞 조그만 빈터로 비틀거리며 걸어나왔다. 그 뒤에서 꼬마가 빙글빙글 웃으면서, 척후병처럼 발소리를 죽이면서 따라왔다.

빌은 걸음을 멈추더니, 모자를 벗고 붉은 손수건으로 얼굴을 닦았다. 꼬마도 빌의 8피트 뒤에서 걸음을 멈췄다.

"샘" 빌이 말했다. "나를 배신자라고 생각할지는 모르지만, 어쩔 도리가 없었어. 나도 성인이야, 남자답고 자기 방어를 할 줄 아는 성인이지. 하지만 인간은 때로 오기구 배짱이구 모조리 사라질 때가 있는 법이야. 꼬마는 가버렸어. 내가 집으로 돌려보냈지. 이제 모든 게 다시 원점으로 돌아가 버렸다구."

빌은 말을 이었다.

"옛날 순교자들 중에는 자기들이 누렸던 특권을 단념하느니 차라리 죽는 편을 택한 자도 있지만, 그자들도 내가 받은 초자연적인 고문을 당한 적은 없었을 거야. 나도 되도록 우리의 원칙에 충실하려고 했는데, 일에는 한도라는 게 있다구."

"무슨 변을 당했나, 빌?" 내가 물었다. "울타리까지 1인치도 에누리 없이 정확히 90마일을 그놈을 태우고 달려갔단 말이야." 빌이 설명했다. "정착민들이 무사히 구출된 뒤에 말먹이라고 귀리를 주는데, 그게 모래였으니 그걸 어떻게 먹나, 그리고 그 뒤 한 시간 동안은 어째서 구멍 속은 텅 비었느냐, 어째서 길은 양옆으로 갈렸느냐, 어째서 풀은 초록빛이냐, 이런 걸 묻는 꼬마에게 일일이 설명해 줘야 했단 말이야. 아니 샘, 인간이라면 여기서 더는 참을 수는 없어. 나는 그놈 목덜미를 쥐고 산에서 끌어 내렸지. 그러는 도중에도 꼬마 놈은 마구 내 정강이를 걷어차지 않겠어. 덕분에 무릎 아래는 온통 멍투성이고, 엄지손가락과 손은 두세 번씩 물려서 감각도 없다고."

"아무튼 꼬마는 이제 없어." 빌은 계속 말했다. "집으로 돌아갔어. 나는 서밋읍으로 가는 길을 가르쳐 주고, 엉덩이를 한 번 걷어차서 8피트 쯤 읍 쪽으로 쫓아 보냈지. 몸값이 날아간 건 분하지만, 그렇게라도 하지 않고선 이 빌 드리스콜이 정신병원에 가야 할 판이란 말이야."

빌은 숨을 헐떡였는데, 이제 장밋빛으로 상기된 그 얼굴은 이루 말할 수 없는 안도감과 차츰 짙어 가는 만족감에 싸여 있었다.

"빌." 내가 물었다. "네 집안에 심장병 내력은 없지?"

"없어." 빌이 대답했다. "말라리아와 사고 말고는 지병은 없다구, 왜?"

"그렇다면, 뒤를 좀 봐."

빌은 고개를 돌려 꼬마를 보더니 얼굴빛이 싹 변하면서 땅바닥에 털썩 주저앉아, 손에 잡히는 대로 풀과 잔가지를 마구 뜯기 시작했다.

한 시간쯤 나는 빌이 혹 머리가 어떻게 되지 않았나 하고 걱정했다. 그래서 나는 빌에게 얼른 우리의 계획을 마무리짓고, 도싯이 이쪽 제의에 응한다면 몸값을 가지고 자정쯤에는 달아날 참이라고 말해 주었다. 그러자 빌도 가까스로 힘을 되찾고 꼬마에게 힘없는 미소를 던지면서, 기분이 좀 나아지면 러일전쟁 놀이에서 러시아 병정이 되어 주마고 약속했다.

나는 붙들릴 위험 없이 몸값을 손에 쥘 수 있는, 전문적인 납치범조차 깜짝 놀랄 기막힌 생각이 있었다. 도싯의 답신이—그리고 그 위에 돈이—밑에 놓여 있을 예정인 나무는, 길가의 울타리 옆에 서 있었는데, 그 주위는 둘레에 아무것도 없는 벌판이었다. 그래서 만일 경찰이 편지를 찾으러 오는 사람을 감시하려면 들판을 가로지르거나 거리로 질러오거나 멀리서 쉽게 알 수 있을 것이다. 그러나 누가 그런 계략에 걸려들겠는가. 8시 반에는 벌써 나는 그 나무 위에 올라가 두꺼비처럼 교묘히 숨어서 심부름꾼이 오기를 기다렸던 것이다. 정확한 시간에 이제 어른이 다 돼 가는 한 소년이 자전거를 타고 달려오더니, 울타리 말뚝 밑에 마분지 상자를 발견하고는 접은 종이쪽지를 그 속에 던져 놓더니 다시 서밋 쪽으로 페달을 밟고 돌아갔다.

나는 한 시간쯤 기다려 보고 이제 마음을 놓아도 되겠다고 판단했다. 나무에서 미끄러져 내려와 편지를 꺼내 들고 울타리를 따라 살금살금 숲까지 와서는 다시 30분쯤 걸려서 동굴로 돌아왔다. 랜턴을 옆에 놓고 편지를 펼쳐서 빌에게 읽어 주었다. 펜으로 쓴 알아보기 힘든 필적이었으며 사연을 요약하면 다음과 같은 것이었다.

겁을 모르는 두 사람 귀하

오늘 우편으로, 내 아들을 돌려보내는 조건으로 몸값을 요구하시는 귀하의 편지 틀림없이 받았습니다. 귀하의 요구는 지나치게 비싼 것 같아서, 여기에 대안을 제의하겠습니다. 아마도 수락해 주실 줄 믿습니다. 두 분이 조니를 집에 데려오셔서 현금으로 2백 50달러를 지불해 주신다면, 제 아들을 즉시 받아들이겠습니다. 밤에 오시는 편이 좋을 것입니다.

왜냐하면 이웃 사람들이 벌써 내 아들이 행방불명이 된 줄 믿고 있으며, 그 애를 데리고 오는 사람을 발견했을 때, 그 사람에게 어떤 짓을 할는지 나로서는 책임질 수 없기 때문입니다.

애브니저 도싯

"이런 악당 같은 놈." 나는 말했다. "뻔뻔하게 이런 제의를 하다니!"

그러나 빌을 돌아보고 나는 망설이지 않을 수 없었다. 말을 못하거나 표정이 풍부한 동물에게서 볼 수 있는 그런 서글픈 눈초리를 하고 있었던 것이다.

"샘" 빌은 말했다. "따져 보면 2백 50달러가 어쨌다는 거야. 그만한 돈은 우리도 있잖아. 이 꼬마하고 하룻밤만 더 자다가는 난 아마 틀림없이 정신 병원으로 가게 될 거야. 도싯이라는 사람은 참으로 훌륭한 신사일 뿐 아니라, 이런 관대한 제안을 하는 걸 보면 아주 너그러운 분 같아. 설마 이 기회를 놓치진 않겠지?"

"사실은 말이야." 내가 말했다. "도무지 종잡을 수 없는 이놈의 꼬마한텐, 나도 두 손 들었어. 이놈을 집으로 데려다 주고, 몸값을 내고 달아나기로 하자."

그날 밤 우리는 아이를 집으로 데리고 갔다. 제 아빠가 은징식을 한 총과 사슴 가죽으로 만든 구두를 사 놓았다, 그리고 내일은 모두 곰 사냥을 간다고 속이고 가까스로 데리고 갔던 것이다.

애브니저네 현관문을 두들긴 건, 꼭 12시였다. 본디 계획 대로라면 나무 밑에 있는 상자에서 천 5백 달러를 손에 넣고 있어야 할 바로 그 시각에, 빌은 도싯의 손에 2백 50달러를 넘겨주고 있었던 것이다.

꼬마는 우리가 저를 집에 남겨 두고 가 버릴 것 같은 눈치를 채더니 증기 오르간처럼 소리를 지르면서 거머리처럼 빌의 다리에 매달렸다. 도싯이 반창고를 뜯듯이 꼬마를 빌에게서 천천히 뜯어 놓았다.

"애를 얼마 동안 붙잡아 놓을 수 있습니까?" 빌이 물었다.

"나도 이젠 전처럼 힘은 없지만." 도싯이 대답했다.

"글쎄 한 10분쯤은 장담하지요."

"됐습니다요." 빌이 말했다. "10분만 있으면, 중부나 남부나 중서부의 주를 지나서 캐나다 국경으로 열심히 달리고 있을 테니까요."

날은 어두웠고 빌은 뚱뚱한 데다가 달리기 솜씨가 나와 비슷한데도, 내가 따라 붙을 때까지 빌은 서밋읍에서 거의 1마일 반은 앞서가고 있었다.

흔들이
습관은 제2의 천성이다

"81번가입니다, 출입구에서 비켜 주십시오." 푸른 제복을 입은 양치기[1]가 큰 소리로 외쳤다.

그러자 시민이라는 이름의 양들이 한 떼 내려오고, 또 다른 한 떼가 우르르 올라탔다. 땡그랑땡그랑, 맨해튼 고가선의 가축 전차는 시끄러운 소리를 내며 달려갔다. 존 퍼킨스는 해방된 양떼에 섞여서 기차역 계단을 내려갔다.

존은 자기 아파트로 나른하게 걸어갔다. 나른하게 걸어간 까닭은, 그의 일상 생활 사전에는 '어쩌면' 같은 말은 없기 때문이다. 결혼한 지 2년, 더욱이 아파트 생활을 하는 사나이에게 뜻밖의 일 따위가 기다리고 있을 까닭이 없다. 터벅터벅 걸어가면서 존 퍼킨스는 우울하게 냉소를 깨무는 기분으로, 단조로운 하루의 결말을 속으로 예언했다.

케이티가 콜드크림과 버터 스카치 냄새를 풍기며 문간에서 키스로 맞이해 주겠지. 나는 외투를 벗고, 긴의자 걸터앉아 석간을 펼쳐 들고, 러시아 사람들과 일본 사람들을 혹독하게 비난하는 기사를 읽겠지. 저녁 식사에는 냄비에 볶은 고기와 절대로 피부가 상하지 않는다는 보장이 붙은 드레싱으로 양념한 샐러드와, 대황 스튜와, 화학적으로 순수하다는 낯뜨거운 주장이 쓰여 있는 병에 든 딸기 마멀레이드가 나오겠지. 저녁 식사가 끝나면, 케이티는 그 바보 같은 조각보에 새로 붙인 조각을 보여 주며, 얼음 배달부가 넥타

---

[1] 전차 차장.

이 끝을 잘라 준 거라고 말하겠지. 7시 반이 되면 우리는 가구 위에 신문지를 덮게 되겠지. 위 층 뚱보가 체조할 때 벽에서 떨어지는 석회가루를 받기 위해서. 8시 정각에는 복도 맞은편 방에 사는 연극 배우(지금은 어느 극장과도 출연 계약을 맺지 않은)인 히키와 무니가 가벼운 섬망증 발작을 일으켜서, 흥행주 해머스타인[2]이 주급 5백 달러에 계약하려고 자기들의 꽁무니를 쫓아다니고 있다는 망상에 사로잡혀 의자를 뒤집기 시작하겠지. 이윽고 통풍구를 사이에 둔 맞은편 창문의 신사가 플루트를 꺼내겠지. 길거리에선 밤의 가스등이 여기저기 명랑하게 깜박이기 시작하겠지. 둔한 종업원이 요리 운반 수레를 놓치고 말겠지. 관리인이 자노위츠키 부인의 다섯 꼬마들을 압록강 저편으로 내몰듯이 쫓아 버리겠지. 샴페인 빛깔의 구두를 신고 스카이테리어를 끌고 나온 부인이 총총히 층계를 내려가서, 초인종과 우편함에 그녀의 목요일 이름을 써 붙이겠지. 이렇게 프로그모어 아파트의 밤은 여느 때나 다름없이 깊어가겠지.

존 퍼킨스는 이런 일이 일어날 것을 알고 있었다. 이어 8시 15분이 되면 자기가 용기를 내어 모자에 손을 가져간다는 것도, 그리고 아내가 성난 목소리로 이렇게 묻는 것도 알고 있었다.

"어딜 가는 거야? 나도 좀 알고 싶은데, 존 퍼킨스?"

"잠깐 매클로스키 집에 들러서, 친구들과 당구나 두어 판 치고 올까 하고……."

요즘은 이것이 존 퍼킨스의 습관이었다. 10시나 11시에 집으로 돌아온다. 케이티는 잠들어 있을 때도 있고, 어떤 때는 훨훨 타는 분노의 도가니에 결혼이라는 강철 사슬을 넣고 거기에서 도금한 금을 조금이라도 더 벗기려고 자지 않고 기다리는 수도 있다.

이 모든 일에 대해서 사랑의 신이 프로그모어 아파트의 그의 희생자들과 함께 심판의 마당에 섰을 때 해명하지 않으면 안될 것이다.

그날 밤 문간에 도착한 존 퍼킨스는, 그런 평범한 생활에 일어난 커다란 변화를 맞닥뜨렸다. 그 귀엽고 과자 냄새 나는 입맞춤을 해 주는 케이티의 모습이 어디론지 사라져 버린 것이다. 세 개의 방이 무섭게 어지러져 있었다.

---

[2] 그 무렵 유명 극장의 흥행사였던 오스카 해머스타인 1세.

그녀의 소지품은 마구 흩어져 있었다. 구두가 방 한가운데서 뒹굴고, 고데기며 머리 장식용 리본, 일본식 옷과 분갑 같은 것이 모두 뒤섞여서 경대와 의자 위에 흩어져 있었다. 분명히 케이티의 방식이 아니었다. 존은 그녀의 곱슬곱슬한 갈색 머리칼이 엉켜서 말려 있는 빗을 멍청하니 바라보았다. 무언가 무척 바쁜 일이나, 얼이 빠질 만한 사건이 일어나서 뛰어나간 것이 틀림없었다. 여느 때의 그녀는 이런 머리칼은 말끔히 뭉쳐서 모두가 부러워할 '딴머리'를 만들기 위해 난로 위의 조그마한 파란 꽃병 속에 알뜰히 넣어 두기 때문이다.

깨끗이 접은 쪽지가 눈에 띄기 쉽도록 가스등 꼭지에 끈으로 매달려 있었다. 존은 그것을 뜯었다. 다음과 같이 급히 써 내려간 아내의 편지였다.

사랑하는 존

방금 어머니께서 위독하시다는 전보를 받았어. 4시 30분 차를 타려고. 동생 샘이 거기 정거장에 마중 나와 주기로 했어. 아이스박스에 차가운 양고기가 있어. 후두염이 재발한 게 아니었으면 좋겠어. 우유 배달부에게 50센트를 줘. 어머니는 작년 봄 후두염을 심하게 앓았거든. 계량기에 관한 일로 가스 회사에 편지를 쓰는 것 잊지 말고. 갈아 신을 양말은 가장 위쪽 서랍에 있어. 내일 도착하는 대로 편지할게.

케이티

결혼한 지 2년, 그와 케이티는 단 하룻밤도 따로 잔 적이 없었다. 존은 어찌할 바를 몰라 아내가 갈겨 쓴 쪽지를 몇 번이나 되풀이해서 읽었다. 일찍이 단 한 번도 바뀐 적이 없는 일정한 생활방식에 지금 하나의 금이 생긴 것이다. 그는 그저 멍청히 서 있었다.

의자 등에 걸쳐진 검정 물방울무늬 빨간 앞치마가 휑했다. 서둘러 뛰어나갔기 때문에 평상복도 여기저기 던져져 있었다. 좋아하는 버터스카치가 든 조그만 종이 뭉치가 주둥이 끈이 풀린 채 그대로 놓여 있었다. 기차 시간표가 오려져서 그 자리만 네모 구멍이 나 있는 신문지가 펼쳐진 채 방바닥에 떨어져 있었다. 방 안의 모든 것이 상실을, 소중한 것을 잃었음을, 영혼과 생명이 사라져버렸음을 말해 주고 있었다. 존 퍼킨스는 기묘하게 황량한 느낌에 싸인 채, 이 잔해 속에 우두커니 서 있었다.

그는 되도록 말끔히 방 안을 치우기 시작했다. 그녀의 옷에 손이 닿았을 때, 무언가 마치 공포 같은 전율이 몸을 훑어 내려갔다. 케이티 없는 생활이 어떤 것인가를, 그는 이제까지 한 번도 생각해 본 적이 없었다. 그녀는 이제 완전히 그의 생활 속에 녹아들어 있었으므로, 아내란 그에게는 마치 호흡하는 공기처럼, 꼭 필요하면서도 그것을 깨닫는 일은 좀처럼 없었던 것이다. 그런데 지금 그녀는 아무런 예고도 없이 가 버리고 없다. 마치 처음부터 존재하지 않았던 것처럼 홀연히 사라져 버렸다. 물론 이삼 일이나 아니면 길어야 한 두 주일일 것이다. 그러나 존은 마치 죽음의 손이 태평한 그의 가정에 표시를 한 듯한 느낌까지 들었다.

존은 아이스박스에서 양고기를 꺼내고 커피를 끓여서 뻔뻔스럽게 화학적 순수함을 보장하는 상표를 붙인 딸기 마멀레이드를 앞에 놓고 외로운 식탁에 앉았다. 냄비에 볶은 고기와 황갈색 구두약 같은 드레싱을 친 샐러드가, 잃어버린 행복 속에서 이제는 헛된 환영처럼 보였다. 내 가정은 해체되고 말았다. 후두염을 앓는 장모가 내 가정의 수호신을 하늘 저편으로 쫓아 버렸다. 쓸쓸한 식사를 마친 존은 거리로 나 있는 창가에 가서 앉았다.

담배를 피울 기분도 나지 않았다. 창 밖의 거리가 어서 나와서 어리석음과 환락의 춤에 끼라고 요란스레 그를 유혹했다. 오늘밤은 존 혼자만의 밤이었다. 그럴 생각만 있다면, 누구의 잔소리도 듣지 않고 외출할 수 있으며, 길거리의 명랑한 독신자처럼 자유로이 환락의 현(絃)을 뜯을 수도 있다. 밤새도록 술을 마시거나, 정신 없이 떠들어대거나, 여기저기 헤매 다니거나, 무엇이든지 하고 싶은 짓을 할 수 있다. 환락의 여운이 떠도는 채로 돌아오는 그를 잔뜩 벼르며 기다리는 케이티도 없다. 원한다면 새벽의 여신이 전등불을 흐릿하게 만드는 시간까지 놈팽이 친구들과 매클로스키 집에서 당구를 쳐도 전혀 상관없다. 이 프로그모어 아파트가 말할 수 없이 무미 건조하게 느껴졌을 때도 언제나 그를 묶어 놓고 있던 결혼이라는 사슬이 이제 풀렸다. 케이티는 가 버린 것이다.

존 퍼킨스는 자기 감정을 분석하는 습관이 없었다. 그러나 지금 케이티 없는 너비 10피트, 길이 12피트의 방에 이렇게 앉아 있으니, 자신이 불안한 주된 이유가 무엇인지 뚜렷이 깨달았다. 자신의 행복에는 케이티가 없으면 안

된다는 것을 새삼스레 깨달은 것이다. 변화 없는 가정 생활의 되풀이 때문에 의식 속에 잠재워졌던 그녀에 대한 감정이, 그녀의 존재를 잃어버림으로써 심하게 일깨워진 것이다. 인간은 아름다운 목소리의 새가 날아가 버리기 전에는 그 아름다운 목소리를 진실로 감상하려고 하지 않는다는 것을, 속담이나 설교, 우화, 또는 그 이상의 설득력 있는 명언으로 이미 신물이 나도록 들어오지 않았던가?

'나는 정말 나쁜 놈이었군' 존 퍼킨스는 생각에 잠겼다. '지금까지 케이티를 그렇게 다루어 오다니. 밤마다 아내와 함께 집에서 시간을 보내는 대신, 바깥으로 뛰어나가 젊은 놈들과 당구를 치고 술을 마시고 떠들어대곤 하지 않았는가. 가엾게도 케이티는 무엇 하나 마음의 위안도 받지 못하고 외로이 집에 앉아 기다리고 있는데도 그동안 나는 바보짓만 했다. 존 퍼킨스, 너는 정말 죄 많은 인간이구나! 사랑하는 케이티를 위해서 무언가 보상해 주자. 밖에 데리고 나가서 무언가 재미있는 구경을 시켜주자. 그리고 매클로스키의 놈팽이 친구들과는 오늘 이 시간부터 단단히 손을 끊자.'

창 밖의 거리가 존 퍼킨스를 향해서 모모스*³를 따라 함께 춤을 추라고 요란스레 불러대고 있었다. 매클로스키네 집에서는 사람들이 밤의 승부를 시작할 때까지의 시간을 메꾸려고 하릴없이 공을 구멍에 쳐 넣고 있었다. 그러나 이제는 환락의 길도 당구의 큐 소리도 케이티를 잃은 퍼킨스의 지난날의 잘못을 후회하는 마음을 유혹할 수는 없었다. 사랑하는 것을 여태까지는 그리 중요하게 생각지도 않았고, 오히려 반쯤 경멸하고 있다가 빼앗기고 보니 지금은 그녀가 애닯도록 그리웠다. 후회에 가슴이 저미는 퍼킨스는 자기의 계보를 더듬어 낙원에서 천사에게 쫓겨난 아담에까지 거슬러올라갈 수 있었다.

존 퍼킨스의 오른손 옆에 의자가 하나 놓여 있었다. 그 등에 케이티의 파란 블라우스가 걸려 있었다. 그것은 아직도 케이티의 모습을 희미하게 간직하고 있었다. 소매 중간쯤에 그를 편안하게 해 주고 기쁘게 만들어 주기 위해 일할 때 그녀의 팔의 움직임이 만들어 낸 가느다란 주름이 남아 있었다. 가냘프면서도 마음 설레게 하는 야생 히아신스의 향기가 블라우스에서 떠

---

*3 냉소의 신.

올라왔다. 존은 블라우스를 집어 들었다. 그리고 언제까지나 그 차가운 얇은 옷을 들여다보았다. 케이티는 한 번도 이렇게 차가운 적이 없었다. 눈물이, 그렇다! 눈물이 존 퍼킨스의 눈에 솟았다. 이번에 케이티가 돌아오면 모든 것이 변할 것이다. 나는 여태까지 무심했던 태도를 보상할 것이다. 아내 없는 생활을 어떻게 생각할 수 있겠는가.

문이 열렸다. 케이티가 조그만 손가방을 들고 들어왔다. 존은 깜짝 놀라 그녀를 바라보았다.

"아아, 돌아오게 돼서 잘됐어." 케이티가 말했다. "어머니는 그리 대단치 않으셨어. 샘이 정거장에 나왔어. 그리고 말하기를, 엄마는 그저 잠깐 발작을 일으키셨는데, 전보를 친 뒤에 바로 깨어나셨대. 그래서 다음 기차로 돌아왔어. 아, 커피 한 잔 마셨으면."

프로그모어 아파트의 3층 정면에 있는 방이 '여느 때의 질서'로 그 기계를 되돌리기 시작했을 때 그 삐걱거리는 톱니바퀴 소리를 들은 사람은 아무도 없었다. 벨트가 미끄러져 나가고, 용수철이 움직이고 기어가 조정되어 수레바퀴는 다시 여느 때의 궤도를 돌기 시작했다.

존 퍼킨스는 벽시계를 쳐다보았다. 8시 15분이었다.

그는 모자를 집어 들고 문간으로 걸어갔다.

"여보, 어딜 가는 거야? 나도 알아야겠어, 존 퍼킨스."

케이티가 성난 목소리로 물었다.

"잠깐 매클로스키네 집에 들러서" 존이 대답했다. "친구들과 당구나 두어 판 치고 올까 하고."

악운의 충격

우리의 의지와 운명은 반대로 나아가기 때문에 마음 속 계획은 늘 뒤엎어지고 만다.
생각은 우리 것이지만 결과는 하나도 우리 자신의 것이 아니다

공원에도 귀족 계급이 있고, 그곳을 개인용 아파트로 쓰고 있는 떠돌이들 중에도 귀족 계급이 있다. 밸런스는 이렇게 생각했다. 아니, 그보다도 막연히 그런 생각이 들었다. 이제까지의 세계에서 떨어져 떠돌이 신세가 되고 보니, 그의 발걸음은 곧장 매디슨 스퀘어로 향했다.

젊은 5월이, 싹이 트기 시작한 나무 사이에서 여학생—그것도 지난날의 여학생—처럼 싱싱하게, 몸이 꽉 죄듯이 조심스레 숨쉬고 있었다. 밸런스는 외투의 단추를 채우고는, 마지막 담배에 불을 붙여 물고 벤치에 걸터앉았다. 그러고는 3분 동안 마지막 천 달러 중에서 마지막 백 달러를 마지막 자동차 여행을 멈추고 교통 경찰에게 주어야 했던 일을 아깝게 생각하고 후회했다. 그는 주머니를 모두 뒤져보았으나 1센트짜리 하나 나오지 않았다. 지금까지 살던 아파트를 그날 아침 그는 깨끗이 버리고 나왔다. 가구는 빚 대신 빼앗겨 버렸다. 옷도 지금 입은 것을 제외하고는 모두 급료 대신으로 하인의 손에 넘어갔다. 지금 이렇게 벤치에 앉아 있는 그로서는, 친구를 찾아가서 거짓말을 늘어놓으며 빌붙거나 사기라도 치지 않는 한, 온 시내 어디로 가더라도 침대 하나, 바닷가재, 선차표 한 장, 단추 구멍에 꽂을 카네이션 한 송이 구할 수 없었다. 그래서 그는 공원을 택했다.

그럴 수밖에 없는 것이, 그는 숙부에게 의절당해 지금까지 넉넉하게 얻어 쓰던 생활비를 전혀 받을 수 없게 되었기 때문이다. 그렇게 된 것은 모두 조

카인 밸런스가 그 아가씨와의 일로 숙부의 말을 듣지 않았기 때문이다. 그러나 미리 말해 둘 것은, 이제부터 할 이야기가 그 처녀에 관한 것이 아니라는 것이다. 그러니 그런 이야기를 미주알 고주알 캐묻고 싶은 독자는, 여기서부터는 읽지 않아도 좋다. 그런데 이 조카와는 계보가 다른 조카가 또 한사람 있었다. 일찍이 그는 미래의 후계자로서 숙부의 총애를 받았다. 그런데 그는 이렇다할 장점도 없고 앞날의 가망도 그다지 없어서 오래 전에 영락해 어디론가 자취를 감추어 버렸다. 숙부는 그를 다시 찾아내어, 본디 지위로 끌어올리기로 했다. 그래서 밸런스는 루시퍼[1]가 나락으로 떨어지듯이 화려하게 전락해, 이 조그만 공원의 누더기를 걸친 망령들 사이에 끼게 되었던 것이다.

딱딱한 벤치에 앉은 그는 몸을 뒤로 젖히고 웃으면서, 담배 연기를 나무 아래쪽 가지로 불어 보냈다. 인생의 모든 기반을 단숨에 끊을 수 있어서 마음 두근거리는 해방감과 가슴 설레는 기쁨을 느꼈다. 기구를 타는 사람이 줄을 끊고 기구를 높이 띄웠을 때의 흥분, 바로 그것이었다.

이럭저럭 10시였다. 벤치에서 빈둥거리는 사람의 그림자도 그다지 눈에 띄지 않았다. 공원 주민들은 늦가을의 추위에는 고집스레 저항하면서도, 차가운 봄 군세의 전선 공격 때는 좀처럼 나타나지 않는다.

그때 분수에 가까운 벤치에서 한 사나이가 일어나더니, 밸런스 앞으로 걸어와서 그의 곁에 앉았다. 그는 젊어 보이기도 하고 늙어보이기도 했는데, 싸구려 여관의 퀴퀴한 곰팡이 냄새가 몸에 배고, 수염도 깎지 않은 데다 머리에 빗질도 하지 않았으며, 술은 한 방울도 마시지 않은 것 같았다. 사나이는 성냥을 빌려 달라고 했다. 공원 벤치의 거주자들끼리 처음 만나서 주고받는 인사다.

"당신은 여기 단골이 아니군그래." 사나이가 밸런스에게 말했다. "맞춤옷을 입은 걸 보면 금방 알 수 있지. 공원을 지나다가 잠깐 앉아서 한 대 피우는 게지? 하지만 잠깐 내 얘기 좀 들어 보라구. 나는 지금 도저히 혼자 있을 수가 없단 말야. 무서워서……무서워서 말야. 방금 저기 있는 떠돌이들에게도 그 얘기를 했는데, 저놈들은 모두 나를 미치광이로 안단 말야. 어쨌든 내

---

[1] 반역한 천사. 〈이사야〉 14·12.

이야기 좀 들어 보라구. 오늘 내가 먹은 것이라곤 비스킷 두어 개와 사과 한 개 뿐야. 그런데, 내일 나는 3백만 달러를 상속받는다구. 그렇게 되면, 저기 저 자동차들이 둘러싼 식당도 아마 내가 식사하기엔 너무 싸구려일걸. 내 말을 당신도 믿지 않을 테지?"

"아니, 조금도 의심하지 않습니다." 밸런스는 웃으면서 말했다. "나도 어제 까지만 해도 저기서 점심을 먹었는데, 오늘은 5센트짜리 커피 한 잔 못 마실 형편이니까요."

"당신은 뭐, 우리 패거리로 보이지 않아. 하지만 뭐, 그런 일도 있을 수 있지. 나도 멋진 생활을 한 적이 있다구. 몇 해 전에 말야. 그런데 당신은 어쩌다가 그런 신세가 되었지?"

"나는……아니, 실직했지요 뭐." 밸런스가 말했다.

"피도 눈물도 없는 지옥이거든, 이 도시는" 하고 사나이는 말을 이었다. "오늘 도자기 식기가 있는 고급 식당에서 식사를 하는가 하면, 내일은 벌써 싸구려 식당에서 밥을 먹게 되거든. 나 같은 인간도 불운이라면 차고도 넘치게 겪었소. 지난 5년 동안, 거지나 다름없는 생활을 했다구. 아무 일도 하지 않아도 사치스럽게 살 수 있는 팔자로 태어났는데도 말야. 실은……이렇게 됐으니 모든 걸 털어놔야겠군. 누군가에게 말하지 않을 수 없단 말야. 무서워서, 무서워서 말씀야. 내 이름은 아이드야. 저 리버사이드 거리의 억만장자 폴딩 늙은이가 내 숙부라고 말해 봤자 믿어 주지 않겠지만, 사실이 그렇다구. 그 저택에 살면서 얼마든지 돈을 쓸 수 있었던 시절도 있었지. 그런데, 혹시 술 한잔 살 돈 있나, 응? 그런데, 당신 이름은?"

"도슨이오." 밸런스가 말했다. "유감스럽지만 무일푼이오."

"나는 지난 일주일 동안, 디비전 가의 지하 석탄 창고에서 살았지" 하고 아이드는 이어 말했다. "'눈깜박이' 모리스라는 불한당과 둘이서 말야. 달리 갈 곳이 없었거든. 그런데 오늘 내가 밖에 나와 있는 동안에, 웬 녀석이 주머니에 서류를 쑤셔 넣고 그리로 나를 찾아오지 않았겠나, 사복 경찰인 줄 알고 나는 캄캄해질 때까지 거기엔 일쎈도 안했지. 그랬더니 그 녀석이 쪽지를 써 놓고 갔는데, 알겠나 도슨, 그게 시내의 유명한 변호사 미드가 쓴 편지였단 말이야. 앤 가에서 그자의 간판을 본 적이 있지. 폴딩 숙부가, 나더러 방탕 조카의 역할을 하라는 얘기야. 다시 말하면, 돌아와서 다시 재산을 상속

받아서 돈을 실컷 써 보라는 얘기란 말야. 그래서 내일 아침 10시에 변호사 사무실로 찾아갈 예정이라구. 다시 그런 지위로 돌아갈 수 있는 셈이지. 3백만 달러의 상속인으로 말야, 도슨. 게다가 연간 1만 달러의 푼돈을 얻어 쓸 수 있단 말씀이야. 하지만……나는 무서워졌어. 무서워졌단 말씀야."

부랑자는 느닷없이 벌떡 일어서더니 떨리는 두 팔을 머리 위로 쳐들고, 숨을 죽인 채 격렬하게 신음 소리를 냈다.

밸런스는 그의 팔을 붙잡고 억지로 벤치에 끌어다 앉혔다.

"진정하시오!" 그는 조금 진저리난다는 투로 그리 말했다. "이러다가 재산을 손에 넣게 된 사람이 아니라, 재산을 다 털린 인간인 줄 알겠구먼. 대체 뭐가 무섭소?"

아이드는 벤치에 몸을 웅크리고 떨고 있었다. 밸런스의 소매 끝에 매달려서 놓지 않았다. 이 의절당한 지 얼마 안 된 사나이는, 브로드웨이의 흐릿한 불빛 속에서도 뭔지 모를 공포 때문에 아이드의 이마에 배어 나온 땀방울을 똑똑히 볼 수 있었다.

"날이 새기 전에 내게 무슨 일이 일어날 것만 같은 기분이 들어서 무섭단 말야. 그게 무슨 일인지는 알 수 없지만, 그 돈을 내가 갖지 못할 어떤 일이 일어날 것만 같은 기분이 든단 말야. 어쩌면, 나무가 내 머리 위에 넘어질지도 모르고, 마차에 깔려 죽을지도 모르지, 지붕에서 돌이 굴러 떨어질지도 모르고……이렇게 무서운 생각에 사로잡힌 적은 여지껏 한 번도 없었는데, 여태까지 나는 내일 아침 끼니가 어디서 굴러 들어올지 짐작도 못하면서도, 조각처럼 유연히 이 공원에서 몇 백 번이나 밤을 지내곤 했다네. 그런데 지금은 그렇게 안 된단 말야. 이봐, 도슨, 나는 돈을 아주 좋아하지. 돈이 내 손가락 사이로 새어 나가게 된다면, 나는 아마 하느님처럼 행복한 기분이 될 수 있을 거야. 그러면 모두 나한테 굽신굽신 절을 할 테고, 나는 음악과 꽃과 고운 옷에 둘러싸이게 될 거야. 그런 일이 나와 아무런 관계도 없다고 생각할 때는 그다지 신경도 쓰지 않았지. 누더기를 입고 쫄쫄 굶으면서도 이 벤치에 걸터앉아 분수 물소리에 귀를 기울이고, 마차가 한길을 달려가는 광경을 바라보고만 있어도 얼마든지 행복했네. 그런데 돈이 다시 들어오게 되고, 더욱이 그게 거의 확실해지고 보니, 이렇게 열 두 시간이나 기다려야 한다는 게 도무지 견딜 수가 없게 됐단 말이야. 도슨, 도무지 견딜 수가 없어. 그

때까지 온갖 일이 다 일어날 수 있거든. 눈이 멀지도 모르고, 심장마비를 일으킬 지도 모르지. 돈이 내 손에 들어오기 전에 이 세상이 끝장날지도 모르고……."

아이드는 다시 외마디 소리를 지르며 벌떡 일어났다. 다른 벤치에 있던 사람들도 고개를 돌려 이쪽을 바라보기 시작했다. 밸런스는 그의 팔을 붙잡았다.

"자, 좀 걸어봅시다." 그는 달래듯이 말했다. "그리고 진정해요. 흥분하고 겁을 집어먹을 건 조금도 없습니다. 아직은 당신에게 아무 일도 일어나지 않았으니까. 딱히 색다른 밤도 아니잖소."

"그래." 아이드가 말했다. "나와 함께 있어 줘, 도슨. 제발 부탁이니 잠시 함께 걸어 줘. 이렇게 녹초가 된 적은 처음이야. 무척 고생했지만 말야. 어떻게든 뭐좀 요기가 될 만한 걸 얻어 줄 수 없을까? 이젠 온몸이 지쳐서 구걸도 못하겠단 말야."

밸런스는 그를 데리고 인기척이 거의 끊어진 5번가로 걸어가 이윽고 30번로로 꺾어져서 서쪽에 있는 브로드웨이로 향했다. "여기서 이삼 분만 기다리시오." 그는 아이드를 조용한 모퉁이에 남겨 놓고 걸어갔다. 그러더니 단골 호텔에 들어가서, 어제까지와 다름없는 침착한 태도로 당당히 바로 다가갔다.

"지미, 바깥에 불쌍한 친구가 있네." 그는 바텐더에게 말했다. "배가 고프다는데, 거짓말은 아닌 모양이야. 돈을 줘 봐야 저런 친구들은 어디다 쓸지 뻔하니까, 샌드위치를 좀 만들어서 갖다주지 않겠나? 헛일은 안 시킬 테니까."

"알겠습니다, 밸런스 씨." 바텐더는 말했다. "떠돌이라구 다 가짜는 아니니까요. 굶은 사람을 본체만체 할 순 없습죠."

그는 냅킨에 공짜 식사를 푸짐하게 싸 주었다. 밸런스는 그것을 들고 친구에게로 돌아갔다. 아이드는 그것에 덤벼들어 게걸스레 먹었다. "올 들어 이렇게 맛있는 음식을 얻어먹긴 처음이야" 하고 그가 말했다. "당신도 좀 먹지, 도슨?"

"고맙소. 하지만, 나는 배가 고프지 않소."

"공원으로 돌아가자구." 이윽고 아이드가 말했다. "그곳에서는 경찰이 성가시게 굴지 않을 테니까. 이 햄 같은 건 내일 아침에 먹게 갖고 가야지, 이제 배불리 먹었으니까. 복통이라도 일으키면 큰일이거든. 오늘밤에 갑자기 배앓이를 해서 그 돈을 갖지 못하게 되는 날엔 그야말로 큰일이란 말야. 변호사를 만날 때까지 아직 열 한 시간이나 남았잖아. 나와 같이 있어 주겠지, 도슨? 무슨 일이 일어날 것만 같은 기분이 들어서 못 견디겠네. 당신, 갈 데 없지?"

"없소." 밸런스는 말했다. "오늘밤엔 갈 데가 없소. 함께 벤치에서 잡시다."

"거참 묘하게 침착한걸." 아이드는 말했다. "거짓말을 하는 건 아닐 테지? 좋은 자리에 있던 사람이 하루만에 떠돌이 신세가 되었다면, 머리를 쥐어뜯을 만도 한데."

"그렇게 이야기한다면, 아까도 말했지만" 밸런스는 웃으면서 말했다. "내일 한 재산 굴러 들어올 사람이라면, 마음 턱 놓고 침착할 만도 한데."

"아무튼, 재미있어." 아이드는 초탈한 듯이 말했다. "인간이 하는 일이란 말야. 자, 이게 당신 벤치야. 바로 내 옆이고, 불빛이 눈에 비치지도 않아. 이 봐요, 도슨, 내가 집에 들어가게 되면, 숙부를 설득해서 당신 직장을 구할 수 있도록 소개장을 써 달래지. 오늘밤엔 무척 신세를 졌으니까. 당신을 만나지 않았으면, 오늘밤은 지내지 못했을지도 몰라."

"고맙소." 밸런스는 말했다. "잘 때는 여기서 누워 자는 거요? 아니면 그대로 앉아서 자는 거요?"

몇 시간이나 밸런스는 거의 눈도 깜박거리지 않고 나뭇가지 사이로 가만히 별을 쳐다보며, 남쪽 아스팔트 바닥에서 날카롭게 들려오는 말발굽 소리에 가만히 귀를 기울였다. 두뇌는 활발히 활동했지만 감정은 잠들어 있었다. 모든 감정이 사멸해 버린 것 같았다. 후회도 공포도 고통도, 그리고 불안도 느끼지 않았다. 그 아가씨 생각이 났을 때도, 그녀가 마치 지금 이렇게 바라보고 있는 저 아득히 먼 별에 살고 있는 사람같이만 느껴졌다. 옆에 있는 친구의 기묘한 어릿광대 노릇을 생각했을 때도, 미소가 조금 떠올랐을 뿐 웃을 기분은 조금도 나지 않았다. 이윽고 우유 배달 마차들이 덜컹덜컹 시끄러운 소리를 울리면서 거리를 행진해 갔다. 밸런스는 불편한 잠자리에서 푹 잤다.

이튿날 아침 10시에, 두 사람은 앤 가에 있는 미드 변호사 사무실 문 앞에 서 있었다. 시간이 가까워지자 아이드의 신경은 점점 더 심하게 떨리기 시작했다. 밸런스는 그토록 무서워하는 그를 도저히 혼자 남겨두고 떠날 수가 없었다.

두 사람이 사무실에 들어가니, 미드 변호사가 이상한 듯이 두 사람을 바라보았다. 그와 밸런스는 오래전부터 잘 알고 지낸 사이였기 때문이다. 그는 인사를 마치고 아이드를 돌아보았다. 아이드는 파국을 예감한 사람처럼 얼굴이 하얗게 질린 채 온몸을 부들부들 떨며 서 있었다.

"아이드 씨, 지난밤에 선생 주소에 두 번째 편지를 보냈습니다만" 변호사가 말했다. "선생이 계시지 않아서 그 편지를 받아보지 못하셨다는 걸 오늘 아침에야 알았습니다. 실은 폴딩 씨가 선생에게 상속인으로서 복귀해 달라고 하신 것을 재고하신 결과, 결국 취소하셨습니다. 그래서 선생에게, 폴딩 씨와의 관계는 종전대로 아무 변화도 없다는 것을 알려드리라는 말씀이었습니다."

아이드의 전율이 갑자기 딱 멎었다. 낯빛이 제 혈색으로 돌아오고 등이 쭉 펴졌다. 턱을 반 인치쯤 앞으로 내밀더니 눈도 다시 빛나기 시작했다. 그는 한 손으로 찌부러진 모자를 머리에 삐딱하게 얹고, 다른 손은 변호사 앞으로 똑바로 내밀었다. 그러고는 깊숙이 숨을 한 번 들이켜고 비웃었다.

"폴딩 늙은이한테, 당신 따위 뒈져 버리란다고 전해요." 그는 큰 소리로 똑똑히 말하고는 몸을 획 돌려 사무실에서 나갔다.

미드 변호사는 밸런스를 돌아보고 빙그레 웃었다.

"마침 잘 오셨습니다." 그는 상냥하게 말했다. "폴딩 씨께서 선생더러 당장 집으로 돌아오시라는 말씀이십니다. 그분은 자신이 너무 성급했다고 생각하시고 결국 다 양해하시고, 모든 것을 그전대로……."

"이봐, 애덤스!" 미드 변호사는 말을 하다 말고 큰 소리로 비서를 불렀다. "물 한 컵 갖다 줘. 밸런스 씨가 기절했네."

나팔 소리
자만은 만족에 대한 불구대천의 원수이다

이 이야기의 절반은 경찰서의 기록으로 알 수 있지만, 나머지 절반은 신문사의 경제부로 가야지만 알 수 있다.

억만장자 노크로스가 아파트에서 강도에게 살해된 시체로 발견된 지 2주일이 지난 어느 날 오후, 범인이 태연스럽게 브로드웨이를 어슬렁거리다가 바니 우즈 형사와 딱 마주쳤다.

"이게 누구야, 조니 캐넌이잖아?" 우즈가 소리쳤다. 그는 5년쯤 전부터 근시가 되어 있었다.

"그래" 캐넌도 반가운 듯이 소리쳤다. "넌 틀림없이 세인트 조의 바니 우즈야, 내 눈은 못속이지. 동부에서 뭘하고 있나? 멀리 이 뉴욕까지 나오다니, 수고가 많군그래."

"나는 몇 해 전부터 뉴욕에 와 있다네." 우즈가 말했다. "시 경찰에 근무하고 있어."

"저런, 그랬었나?" 캐넌은 즐거운 듯이 웃으며 형사의 팔을 가볍게 두드렸다.

"잠시 맬러의 카페에라도 들어가서" 우즈가 말했다. "조용한 테이블이나 찾자구. 자네와 이야기도 하고 싶고."

4시까지는 시간이 좀 남아 있었다. 아직은 손님이 뜸해질 시간이 아니었지만, 그들은 카페 안으로 들어가 한쪽 구석에 조용한 자리를 발견할 수 있었다. 한치의 빈틈도 없는 차림으로 조금 뻐기면서 자신만만한 캐넌은, 몸집이 자그마한 형사와 마주 보고 앉았다. 형사는 연한 모래빛 수염을 기르고 눈은 사팔뜨기였으며, 체비요트 천의 기성복을 입고 있었다.

"그래, 자넨 지금 무슨 일을 하지?" 우즈가 물었다. "내가 너보다 1년 뒤에 세인트 조를 떠났지."

"구리 광산 주식을 팔고 있어." 캐넌이 말했다. "어쩌면 뉴욕에 사무실을 낼지도 몰라. 그러나저러나, 옛 친구 바니가 뉴욕의 형사가 될 줄이야. 하기야 넌 옛날부터 그 편이 맞는 것 같기는 했지. 내가 세인트 조를 떠난 뒤, 넌 그곳 경찰에 잠시 있었잖나."

"6개월쯤 있었지." 우즈가 말했다. "그런데, 또 하나 물어 보고 싶은 게 있어, 조니. 난 네가 사라토가 호텔에서 저지른 사건이래 상세히 네 기록을 조사해 봤는데, 예전엔 결코 권총을 쓴 적이 없더군. 그런데 노크로스는 왜 죽였지?"

캐넌은 잠시 집중해서 하이볼 속의 레몬 조각을 들여다보았다. 그러더니 갑자기 빙그레 웃으며 형사를 쳐다보았다.

"어떻게 알았나, 바니?" 그는 감탄한 듯이 말했다. "그 일만은 껍질 벗긴 양파처럼 깨끗이 해치운 줄 알고 있었는데, 어디 노끈이라도 한 가닥 걸려 있었나?"

우즈는 시곗줄 장식에 쓰는 조그만 금빛 연필을 테이블 위에 놓았다.

"이건 말이야, 세인트 조에서 마지막 크리스마스날 내가 너한테 준 선물이야. 난 아직도 네가 준 면도용 컵을 갖고 있지. 이걸 노크로스의 방 구석 양탄자 밑에서 발견했지. 아니, 변명은 필요 없어. 틀림없이 이건 네 거야. 우린 옛 친구야. 하지만 나는 내 의무를 다해야 해. 노크로스 사건으로 너도 결국 전기 의자에 앉겠군그래."

캐넌은 웃었다.

"나한테는 끝발이 있지. 옛친구 바니가 나를 붙잡으려고 하는 줄 누가 알겠나!" 그는 한 손을 외투 안쪽으로 밀어 넣었다. 그러나 다음 순간 우즈는 벌써 권총을 그의 옆구리에 갖다 대고 있었다.

"그건 넣어 둬." 캐넌은 콧등에 주름을 지으면서 말했.

"난 그저 조사해 봤을 뿐이야. 후후후, 양복 가게에선 옷 한 벌 짓는 데 아홉 사람이나 손이 필요하다지만, 사람을 죽이는 덴 한 사람으로 충분하다구. 이 조끼 주머니엔 아마 구멍이 뚫렸나보지. 격투가 벌어질 걸 생각하고 일부러 그 연필을 끌러서 조끼 주머니에 넣어 두었었거든. 권총은 치우게, 바니. 그러면 어째서 노크로스를 쏴 죽여야 했는지 그 경위를 이야기해 줄 테니까. 그 바보 영감쟁이가 내 외투의 등 단추를 겨누고 조그만 22구경 소형 권총을 탕탕 쏘면서, 내 뒤를 쫓아 현관 홀까지 따라 오잖아. 그래서 나도 그걸 멈추게 했어야 했네. 영감쟁이 마누라는 기특한 여자더군. 침대 속에 기어 들어가서는 1만 2천 달러 짜리 다이아몬드 목걸이를 들고 가도 우는 소리 한마디 없이 쳐다보고만 있었으니까. 그런데 3달러 짜리 밖에 되지 않는 석류석을 끼운 조그만 얇은 금반지만은 돌려달라고 애걸복걸하지 않겠어. 아마 재산을 노리고 노크로스와 결혼한 여자가 틀림없어. 여자란 죽은 남자한테서 얻은 자질구레한 장신구에는 그리 집착을 안 느끼는 게 아냐? 반지가 여섯, 브로치가 두 개, 허리띠 장식용 시계가 하나, 모두 해서 1만 5천 달러나 될까."

"그만 해." 우즈가 말했다.

"아니, 걱정할 것 없다고." 캐넌은 대답했다. "물건은 어김없이 호텔의 내 여행 가방에 들어 있으니까. 그런데 어째서 내가 이런 이야기를 하는지, 그 까닭을 들려줄까? 지껄여도 아무런 걱정이 없기 때문이지. 내가 이야기하고 있는 상대는 내가 잘 아는 인간이거든. 넌 나한테 천 달러 빚이 있어, 바니 우즈. 그래서 만일 나를 체포하고 싶더라도, 네 손이 아마 말을 듣지 않을 걸."

"나도 잊지 않아." 우즈는 말했다. "너는 아무 말 없이 20달러짜리 지폐 50 장을 선뜻 세어줬거든. 언젠가 꼭 갚을게. 그 천 달러 덕분에 나는 살았으니까. 정말이지, 그때 집에 돌아가 보니까 놈들은 벌써 내 살림살이를 모조리 집 밖에 내다가 쌓아 놓았더군."

"그러니까 말야." 캐넌은 말을 이었다. "네가 틀림없는 바니 우즈고, 강철처럼 성실한 데다가 신사적으로 승부를 해야 하는 인간이라면, 은혜를 입은 사람을 체포한답시고 손가락 하나 쳐들 순 없을거야. 그래, 나도 직업상 자물쇠나 창문 자물쇠를 연구하는 것과 마찬가지로, 인간도 연구하겠군. 그런데 종업원을 부를 테니까 잠시 얌전하게 있게. 나는 지난 일 이 년 동안 금주를 했지. 좀 괴롭더군. 하지만, 이렇게 나를 붙잡았으니, 재수 좋은 형사님으로서라도 그리운 술과 명예를 옛친구와 나누고 싶은 생각이 들지 않겠나. 나는 영업 중엔 절대로 술을 안 마시지. 그렇지만 작업을 하나 끝낸 지금은, 떳떳하게 옛친구 바니와 한 잔 기울일 수도 있다 이 말씀이야. 넌 뭘 마실래?"

종업원이 조그만 술병과 사이펀을 갖다 놓고 갔다.

"네 말대로 승부는 네가 이겼어." 우즈는 엄지손가락으로 천천히 조그만 금연필을 굴리면서 말했다. "나는 너를 그냥 놔 줘야겠지. 너한테 손을 댈 수는 없단 말이야. 그 돈을 갚았더라면……하지만 아직 갚지 못했거든. 그러니 두 손 들 수밖에. 이런 실수가 또 어디 있나. 하지만 나는 어물쩍 넘어갈 수는 없어, 조니. 전에 너는 나를 도와 주었어. 오늘 그것과 똑같은 일이 요구되고 있는 거야."

"암, 그렇구 말구." 캐넌은 이렇게 말하며 술잔을 쳐들었다. 얼굴 가득히 만족스러운 미소가 떠 있었다. "나는 사람 볼 줄 아는 눈이 있다구. 자, 바니 군을 위해서 건배. 왜냐하면, 네가 '유쾌하고 좋은 놈'이기 때문이야."

"정말이지" 우즈는 마치 소리내어 무엇을 생각하는 것처럼 말을 이었다. "나와 너와의 관계가 깨끗이 청산되었더라면, 설령 온 뉴욕의 은행돈을 다 갖다 쌓아 준대도, 오늘밤 여기서 너를 놓아주지는 않을 텐데."

"그럴 테지." 캐넌은 말했다. "아무튼 상대가 너라면, 나도 안심이야."

"대부분의 인간은" 형사는 말을 이었다. "내 직업을 제대로 정당하게 봐 주지 않더군. 이 직업을 가진 인간을 결코 예술가나 지적인 전문가와 똑같이 봐주지는 않는단 말이야. 하지만 나는 내 직업에 말할 수 없을 만큼 긍지를 갖고 있네. 그러나 이제 다 물거품이 됐어. 나는 무엇보다도 먼저 인간이거든, 형사이기 전에 말이야. 나는 너를 놓아 줄 수밖에 없어. 다음에는 경찰을 그만둬야겠지. 뭐, 속달 우편차 운전사쯤은 할 수 있겠지. 하지만 그렇게 되면 네 천 달러는 점점 더 갚기가 어려워지겠는걸, 조니."

"그까짓 거 조금도 걱정 말게." 캐넌은 대범하게 말했다. "그까짓 빚쯤 없는 걸로 해도 좋지만, 네가 응낙하질 않겠지. 네가 그 돈을 빌려간 게, 나로서는 행운이었던 셈이야. 아무튼 이 얘긴 이제 그만하지. 나는 내일 아침 차로 서부로 떠날 참이야. 그리로 가면 노크로스의 귀금속을 처리할 수 있는 곳을 아니까. 자, 신나게 마시라구. 바니, 마시고 힘든 일은 잊어버려. 경찰이 노크로스 사건을 조사하느라고 끙끙 앓는 동안, 우리는 유쾌하게 실컷 마시자구. 오늘밤엔 사하라 사막처럼 목이 몹시 마르구나. 나는 옛 친구 바니에게 붙잡혀 있단 말이야, 경찰에 붙잡혀 있는 게 아냐. 그러니까, 이제 경관은 꿈도 꾸지 않을 거야."

이렇게 말하는 동안에도 캐넌의 민첩한 손가락은 쉴새없이 벨을 눌러 종업원을 분주하게 뛰게 했으므로, 어느 새 그의 약점, 어처구니없는 허영심과 불손한 자존심이 고개를 쳐들기 시작했다. 그는 보기 좋게 성공한 절도 행위며, 교묘한 수법, 아주 파렴치한 범행 같은 것을 잇달아 털어놓았으므로, 웬만한 악당에는 꿈쩍도 하지 않는 우즈도, 지난날 자기 은인이었던 이 대악당에게는 소름이 끼치는 혐오를 느꼈다.

"물론, 나는 지금 너한테 딩하고 있다만" 한참 사이를 두었다가 우즈가 말했다. "그렇긴 하지만 너는 한참 동안 숨어 있는 게 좋을걸. 신문이 노크로스 사건을 다룰지도 몰라. 올 여름에는 이곳에서 강도 사건, 살인 사건이 이상하게 많이 일어나고 있거든."

이 말에 캐넌의 분노와 복수심이 세차게 불타올랐다.

"신문 따위는 시시하군." 그는 툴툴거리면서 말을 이었다. "큼직한 활자로 요란하게 있는 소리 없는 소리 마구 써 대고는, 고작해야 뇌물이나 받아 처먹는 자식들이 뭘 할 줄 안다구? 그래, 그 녀석들이 사건을 다뤘다구 하자, 그게 어쨌다는 거야? 경찰도 물러빠졌지만, 신문이 대체 뭘 할 수 있지? 먼저 얼빠진 기자들을 잔뜩 현장에 내보내겠지. 그러면 그놈들은 당장 가까운 술집에 틀어박혀서 맥주 한 잔을 기울이며, 바텐더 큰딸에게 이브닝드레스를 입히고 사진을 찍겠지. 그걸 아파트 10층에 사는 젊은 남자의 약혼녀 어떠니 하고 신문에 실어 버린단 말이야. 그자가 살해되던 날 밤, 아래층에서 무슨 소리를 들은 것 같으니 어쩌니 하고 써 대는 수법이야. 강도를 찾아내겠다고 큰소리쳐 봤자, 신문이 하는 짓이라곤 고작해야 그런 정도라구."

"그래, 나는 잘 모르지만" 우즈는 무언가 골똘히 생각에 잠기면서 말했다. "그래도 그 가운데에는 그 분야에서 훌륭한 활동을 한 신문도 있잖아. 이를테면 〈모닝 마스〉지 같은 게 그렇네. 몇 가지 단서를 철저하게 조사해서, 경찰이 수사를 포기한 뒤에도 끝내 범인을 찾아내고 말거든."

"좋아, 그럼 보여 주마." 캐넌은 이렇게 말하며 일어서서 가슴을 쭉 펴 보였다. "내가 신문이라는 걸, 특히 네가 말하는 그 〈모닝 마스〉지를 어떻게 생각하는지 보여 주겠단 말야."

그들의 테이블에서 3피트쯤 떨어진 곳에 전화 부스가 있었다. 캐넌은 부스 안으로 들어가서 문을 열어 둔 채 전화 앞에 걸터앉았다. 전화번호부에서 번호를 찾아 수화기를 들고 센트럴 전화국을 불렀다. 우즈는 가만히 앉아, 수화기를 귀에 대고 기다리는 잔인하고 빈틈없는 얼굴을 지켜보면서, 비웃는 듯한 옅은 웃음에 비뚤어진 얇고 냉혹한 입술에서 흘러나오는 말에 귀를 기울였다.

"〈모닝 마스〉인가요? 주필에게 할 말이 있는데……그래, 주필에게 말하라구, 노크로스 살인 사건에 대해서 할 말이 있다구 말야.

당신이 주필이오? 그래요. ……내가 노크로스 영감을 죽인 범인인데…… 아니, 잠깐 기다려! 끊으면 안돼. 끊으면 쓰나? 나는 흔해빠진 깡패들과 다르다구……아니, 위험한 건 조금도 없지. 사실은 지금도 내 친구인 형사와 이야기하는 중인데 말야. 나는 내일로 꼭 2주일이 되는 새벽 2시 30분에 그 영감을 죽였지……어때, 같이 한 잔 하지 않겠나? 농담 말라구. 그런 이야기는 당신 신문사의 만화쟁이한테나 맡겨 두면 어때. 내가 당신을 놀리고 있는지, 아니면 당신의 그 걸레 조각 같은 신문이 한 번도 잡아 본 적이 없는 대특종을 제공하고 있는지, 당신은 전혀 판단이 안 서나?……그야 그렇지, 어중간한 특종이지만 말야. 뭐, 이름과 주소를 똑똑히 말하고 전화를 걸라고? 그건 좀 너무 뻔뻔하잖아……왜냐고? 후후후, 당신 신문사는 경찰도 잘 해결하지 못하는 미궁에 빠진 범죄를 해결하는 게 장기라구 들었거든……아니, 그뿐 아니지. 당신네 신문처럼 썩어빠진 엉터리 삼류 신문은, 눈먼 푸들 개처럼 영리한 살인범이나 강도를 아무리 쫓아다녀 봐야 아무 소용도 없다는 말을 당신한테 한마디 해 두고 싶었던 거야……뭐라구!……아니, 그렇지 않아, 나는 경쟁 신문의 편집장이 아니라고. 정확한 정보야, 노크로스 사건은 내가 했지. 빼앗은 보석은 내 여행 가방에 몽땅 들어있다구……'이름을 밝힐 수 없는 호텔'에 말야. 어때, 이 말 알아듣겠나? 알아듣지 못한다면 우스운걸, 당신네가 자주 쓰는 말인데. 공정하고 정확한, 거대하고 전능한 기관이 정체 불명의 살인자에게 전화로 불려 나와 가지구, 무능하다느니 허풍선이라느니 실성한 놈이라느니 하는 말을 들으니까 당신도 조금은 당황했나? 아니, 그건 그만두는 게 좋을걸. 당신도 그런 바보는 아닐 테지. 그래, 당신은 내가 거짓말하는 줄 아나보군. 그런 정도야 목소리만 들어도 안다구……알겠나, 잘 들어 두라구, 살짝 힌트를 줄 테니까. 물론 당신은 틀림없이 멍청한 풋내기 기자들을 동원해서 이 살인 사건을 조사하겠지. 노크로스 노파의 잠옷 두 번째 단추가 반쯤 깨진 것 아나? 나는 노파 손가락에서 석류석 반지를 뽑을 때 봤지. 루비인 줄 알았는데……아니, 그러진 말게! 그런 짓을 해봐야 소용이 없으니까."

캐넌은 악마 같은 미소를 띠고 우즈를 돌아보았다.

"멋있게 됐어. 이제 내 말을 다 믿는 모양이야. 송화기를 완전히 막지도 않구, 누군가가 다른 전화로 센트럴 전화국을 불러서 이쪽 번호를 확인하라고 이르잖아. 한 가지만 더 놀려 줘야지. 그런 다음 날아나자고."

"여보세요! 암, 난 아직 여기 있지. 그따위 쩨쩨하고 수다스런 편의주의 엉터리 신문한테서, 아니 그래 내가 달아날 수 없을 것 같아? 나를 48시간 안으로 붙잡아 보겠다구? 이봐, 이봐, 웃기면 못 써. 어른이 하는 일에 쓸데없는 참견일랑 말구, 이혼 사건이나 전차 사고라도 쫓든지, 아니면 당신네 밥벌이 재료가 되는 쓰레기 같은 사건이나 스캔들이라도 열심히 파헤치라고. 그럼 잘 있어, 영감! 당신을 찾아 볼 여유가 없어 유감이군. 사실 당신네의 그 저능아들 소굴 속에 깊숙이 들어가 버리면, 그게 가장 안전한데, 잘 있으라구!"

"놈은 쥐를 놓친 고양이처럼 노발대발이야." 캐넌은 수화기를 내리고 나오면서 말했다.

"자, 바니, 극장에라도 가서 잘 시간이 될 때까지 시간이나 보내지. 나는 네 시간만 자면 되니까. 그 뒤엔 서부로 가는 기차만 타면 돼."

두 사람은 브로드웨이의 어느 식당에서 저녁을 먹었다. 캐넌은 기분이 말할 수 없이 좋았다. 그는 소설 속 왕자처럼 물쓰듯 돈을 썼다. 그런 다음 재미있고 명랑한 뮤지컬 코메디를 열심히 구경했다. 그 뒤에 다시 일품 요리점에서 밤참을 먹었다. 샴페인까지 터뜨리면서 캐넌은 흐뭇해했다.

새벽 3시 반에 그들은 밤새 영업하는 카페 안 구석에 앉아 있었다. 캐넌은 여전히 케케묵은 제 자랑을 지루하게 늘어놓았다. 우즈는 법의 수호자로서의 자기 임무를 다해야 할 때가 시시각각 다가오고 있음을 생각하고 침울하게 있었다.

그런데, 생각에 잠긴 동안 그의 눈이 갑자기 빛나기 시작했다.

'가능성이 있을까?' 그는 속으로 줄곧 생각했다. '가능할까?'

이윽고 카페 밖에서 이른 새벽의 정적을 깨는 가냘프고 희미하며 조그만, 반딧불이 외치는 듯한 소리가 들려 왔다. 어떤 것은 차츰 뚜렷해졌고, 어떤 것은 차츰 희미해졌다. 우유 배달차와 이따금 지나가는 자동차의 소음에 섞여서, 그 외치는 소리는 커졌다작아졌다했다. 그것은 가까이 다가갔을 때 들으면 귀청이 떨어질 듯 큰 외침인데, 이 대도시에서 아직도 잠들어 있는 몇백만 시민들이 일어나서 들을 때는, 온갖 뜻을 전해 주는 귀에 익은 소리였다. 그 뜻 깊고 짧은 음향 속에, 인간 세상의 탄식과 웃음, 기쁨과 고통이 담겨서 배달되는 소리였다. 밤이라는 덧없는 덮개의 비호 아래 숨어서 몸을 웅크린 사람들에게는 마음 내키지 않는 눈부신 낮의 도래를 알려 주었고, 행복한 잠에 잠겼던 사람들에게는 어두운 밤보다 더 어둡게 밝아 가는 아침을 알려 주었다. 많은 부자들에게는 별이 반짝이는 동안에만 그들의 것이었던 것들을 쓸어 내는 비를 갖다 주었고, 가난한 사람들에게는 새로이, 또 하나의 가난한 하루를 가져다 주었다.

외치는 소리는 이 도시의 구석구석에서 일어났다. 날카롭게 울려 퍼지는 목소리로, 시간이라는 기계의 한 톱니바퀴가 회전하며 만들어 내는 온갖 기회를 예고하며 다니고, 운명의 손에 몸을 맡긴 채 잠든 사람들에게는 달력의 새로운 숫자가 날라 오는 복수와 이득과 피해와 보수와 숙명을 배달하며 돌아다녔다. 그 부르는 소리는 드높으면서도 슬픔을 자아냈다. 마치 소리를 외치는 젊은이들이, 그들의 두려움을 모르는 손에 너무나도 많은 악이 있고 너무나도 적은 선이 있는 것을 슬피 한탄하듯이 그 목소리는 찌르듯이 날카롭고 구슬프게 울려 퍼졌다. 이리하여 구원 없는 도시의 거리거리에 새로운 선의 말을 전해 주는 신문팔이의 외침 소리가 우렁차게 메아리쳤다. 그것은 신문 나팔의 음향이었다.

우즈는 10센트 은화를 종업원에게 주면서 말했다.

"〈모닝 마스〉 한 장 사다 줘."

신문이 오자 그는 일면을 쓱 훑어보았다. 그리고 수첩을 한 장 찢어, 그 조그만 종이에 그 오래된 작은 연필로 무언가를 썼다.

"무슨 소식이라도 있나?" 캐넌이 하품을 하면서 말했다.

우즈는 쓴 종이 쪽지를 그 앞에 던져 주었다.

뉴욕 〈모닝 마스〉 신문사 귀중
존 캐넌 체포 및 그의 유죄 선고로 저에게 주어질 상금 천 달러를, 위의 존 캐넌에게 지불해 주실 것을 바람. 그를 상금 수취인으로 지정함.
버너드 우즈

"신문사가 틀림없이 이런 수법을 쓸 줄 알았지." 우즈는 이렇게 말했다. "자네가 전화로 열심히 그들을 놀리고 있을 때 말이야. 자, 조니, 나와 함께 경찰서로 가자구."

물레방아 있는 교회
자연의 선물 중에서 자녀보다 더 귀여운 것이 무엇인가?

레이크랜드는 상류사회 사람들이 모이는 피서지 안내책자에는 이름이 실려 있지 않다. 그것은 클린치강의 조그만 지류를 따라 나간 컴벌랜드 산맥의 나지막한 돌출부에 있다. 본디 레이크랜드는 한적한 협궤철도의 연선에 스무 채쯤 집이 서 있는 평화로운 마을이다.

어쩌면 이 철로가 솔밭 속에서 길을 잃고 두려움과 쓸쓸함을 견디다 못해 레이크랜드로 달려온 것이 아닌가 하는 생각도 들고, 아니면 레이크랜드가 길을 잃고 미아가 되어 철로가에 몰려서 기차가 집에 데려다 주기를 기다리는 것이 아닌가 하는 생각도 든다.

어째서 여기를 레이크랜드라고 부르게 되었는지, 그것도 이상한 일이다. 레이크(호수)가 있는 것도 아니고, 주변의 랜드(토지)도 이렇다 할 가치가 없을 만큼 빈약하다.

이 마을에서 반 마일쯤 떨어진 곳에 '독수리 집'이 있다. 이 큼직하고 넓은 저택은 조시아 랭킨이 운영하는 것으로, 적은 비용으로 산 공기를 마시러 오는 손님들에게 숙박을 제공하고 있다. 그런데 '독수리 집'의 경영은 기분 좋게 서툴다. 새로운 장식으로 바꿀 줄은 모르고 예스러운 장식으로만 바꾼다. 게다가 대부분은 우리네 가정과 다름없이 편안하게 느껴질 만큼 방치되어 있고 기분 좋을 정도로만 흐트러져 있다. 그러나 여기에는 깨끗한 방과 맛있고 풍부한 음식이 마련되어 있다. 나머지는 모두 손님과 솔밭에 맡겨져 있다. 자연은 약수터와 포도 덩굴 그네와 크리켓 놀이*¹를 제공해 준다. 크리켓 쇠문도 이곳에서는 나무 막대로 되어 있다. 감사해야 할 인공의 것이라고는, 한 주일에 두 번 통나무로 짠 여흥장에서 베풀어지는 무도회의 바이올린과 기타 음악이 고작이었다.

'독수리 집'의 단골 손님들은 여가를 즐기기 위해서 뿐 아니라 그것이 필요해서 찾아오는 사람들이었다. 그들은 참으로 바빠서 이를테면 톱니바퀴를 1년 내내 어김없이 회전하기 위해 2주일에 한 번은 태엽을 감을 필요가 있는 시계나 다름없다. 산아래 읍에서 찾아오는 학생도 있고, 때로는 예술가도 눈에 띄며, 산의 오랜 지층을 조사하느라 여념이 없는 지질학자도 찾아온다. 두어 쌍의 호젓한 가족들이 한 여름을 이곳에서 보내는 일도 있고, 레이크랜드에서는 '학교 선생님'으로 통하는 그 부지런한 종교 부인 단체의 지칠 대로 지친 회원도 한두 사람 찾아오곤 한다.

'독수리 집'에서 4분의 1마일쯤 떨어진 곳에, 만일 '독수리 집'이 안내책자라도 발행한다면 아마도 틀림없이 '명소'라고 손님들에게 소개할 만한 것이 있다. 아주 오래된 물레방앗간으로 이제는 더이상 방앗간으로 쓰이지는 않는다. 조시아 랭킨의 말을 빌면, '미국에서 단 하나의 물레방아가 있는 교회이자, 세계에서 단 하나의 걸상과 파이프오르간이 있는 물레방앗간'이다. '독수리 집'에 드는 손님들은 안식일마다 이 오래된 물레방앗간 교회에 나가서, 죄를 깨끗이 씻은 기독교인은 경험과 고뇌의 절구에 빻아서 체로 걸러서 쓸모 있게 된 밀가루와 같은 존재라고 말하는 목사의 설교를 듣는다.

해마다 초가을이 되면 에이브럼 스트롱이라는 인물이 '독수리 집'에 찾아와서, 존경과 사랑을 받는 소중한 손님으로서 잠시 동안 머문다. 레이크랜드에서는 그를 '에이브럼 신부님'이라고 부른다. 머리가 새하얗고 얼굴이 늠름하면서도 상냥하고 혈색이 좋은 데다, 웃음소리가 매우 맑으며, 그 검정 옷과 챙 넓은 모자가 얼핏 보기에 신부처럼 보였기 때문이다. 새로 온 손님도 사나흘만 그를 접하면 어느 새 이 친근한 호칭으로 그를 부르게 되곤 했다.

에이브럼 신부는 멀리서 일부러 이 레이크랜드에 찾아왔다. 그는 북서부의 어느 활기찬 도시에 살았다. 그곳에 그는 몇 군데 제분 공장을 갖고 있었

---

*1 잔디 위에 조그만 쇠문을 여섯 개 세워, 그 사이로 나무 망치로 나무 공을 쳐서 통과시키는 놀이.

는데, 걸상과 파이프오르간이 놓인 조그만 방앗간이 아니라 개미가 제집 주위를 돌 듯 화물 열차가 종일 그 주위를 기어다니는, 거대하고 흉한 산더미 같은 제분 공장이었다. 그러면 이제부터 에이브럼 신부와 교회가 된 물레방앗간 이야기를 하기로 하겠다. 왜냐하면 이 두 이야기는 하나이기 때문이다.

이 교회가 아직 물레방앗간이었을 무렵, 스트롱 씨는 이 방앗간의 주인이었다. 이 지방에서 이 사람만큼 유쾌하고, 바쁘며, 온통 밀가루 투성이지만 행복한 방앗꾼도 없었다. 그는 방앗간과 길하나를 사이에 둔 조그만 오두막에 살고 있었다. 솜씨는 서툴렀지만 방아삯이 싸서, 산간에 사는 사람들은 몇 마일이나 바윗길을 허덕거리며 그의 방앗간까지 곡물을 날라 오곤 했다.

이 방아꾼의 생활의 기쁨은 어린 딸 아글라이아[2]였다. 아마빛 머리의 뒤뚱뒤뚱 걸어다니는 어린아이 이름치고는 지나치게 거창하지만, 산지에 사는 사람들은 흔히 멋있고 의젓한 이름을 좋아한다. 어머니가 어느 책에서 이 이름을 발견하고 딸에게 붙여준 것이었다. 아글라이아 자신은 어릴 때 평소에 이 이름으로 불리는 것을 싫어해 멋대로 자기를 덤즈라고 불렀다. 방아꾼과 그의 아내는 몇 번이나 아글라이아를 달래고 구스르면서, 이 이상한 이름이 어디서 나왔는지 그 출처를 알아내려고 했지만 헛일이었다. 마침내 두 부부는 하나의 의견에 이르렀다. 집 뒤의 조그만 마당에 딸이 특히 좋아하는 로도덴드론[3] 꽃밭이 있었다. 아마도 딸은 '덤즈'라는 이름에 자기가 좋아하는 이 꽃의 어려운 이름과 무언가 서로 어울리는 점이 있다고 생각했나 보다고 풀이한 것이었다.

아글라이아가 네 살이 되었을 때, 딸과 아버지는 날마다 오후가 되면 물레방앗간 안에서 조촐한 행사를 치름으로써 하루의 일을 끝마치기로 하고 있었다. 날씨만 좋으면 으레 이 행사가 벌어졌다. 저녁 식사가 준비되면, 어머니는 딸의 머리에 빗질을 하고 깨끗한 앞치마를 입혀서 방앗간으로 아버지를 맞이하러 보냈다. 방아꾼은 딸이 방앗간 입구에 나타나는 것을 보면, 밀가루를 덮어쓰고 온통 하얗게 되어 나오면서, 손을 흔들며 이 지방에 옛날부터 전해 내려오는 방아꾼의 노래를 불렀다. 이런 노래였다.

---

[2] 그리스 신화의 빛의 여신 아글라이아.
[3] 만병초 속의 식물.

물방아가 돌아가면
밀가루가 빻아지네.
밀가루를 덮어쓰고
방아꾼은 즐겁네.
아침부터 밤까지
노래 속에 살아가네.
큰 애기를 생각하면
이런 일도 즐겁네.

아글라이아는 웃으면서 달려와 소리쳤다. "아빠, 덤즈를 집에 대려다 줘."
그러면 방아꾼은 덥석 딸을 안아 어깨에 얹고, 방아꾼의 노래를 부르면서
성큼성큼 저녁 식사 쪽으로 행진해 갔다. 날마다 저녁때면 반드시 이 행사
가 벌어졌다.

아글라이아가 네 살 생일을 맞이한 지 일주일이 되는 어느 날, 소녀의 모
습이 홀연히 사라졌다. 마지막에 보았을 때 소녀는 집 앞 길바닥에서 들꽃
을 따고 있었다. 잠시 뒤 어머니가 너무 멀리 가지 않도록 주의를 주려고 나
와 보았을 때는, 이미 딸의 모습은 보이지 않았다.

물론 아글라이아를 찾으려고 온갖 노력이 다 기울여졌다. 이웃 사람들이
몇 마일 둘레에 걸쳐 숲과 산 속을 샅샅이 뒤지고 다녔다. 물레방아로 흘러
드는 수로며 시냇물 바닥을 멀리 둑 밑까지 훑어보았지만 아무런 흔적도 발
견되지 않았다. 그 하룬가 이틀 전에 가까운 숲 속에서 집시 가족이 야영하
고 있었다. 어쩌면 그들이 아이를 납치해 갔을지도 모른다는 말이 나돌았다.
그러나 집시의 마차를 쫓아가서 뒤져보았으나 아무것도 발견할 수 없었다.

방앗간 주인은 2년쯤 이 물방앗간에 머물렀으나, 그동안에 딸을 찾는 희
망은 깨끗이 사라졌다. 부부는 북서부로 이사해 갔다. 이삼 년이 지나는 동
안에 그는 제분업이 번창한 그 지방 도시에서 근대적인 제분 공장의 주인이
되었다. 스트롱 부인은 아글라이아를 잃은 마음의 상처를 끝내 떨쳐내지 못
하고, 이사간지 2년 만에 세상을 떠났으며, 스트롱 씨는 혼자 남아 슬픔을
견뎌야만 했다.

생활이 유복해지자 에이브럼 스트롱은 레이크랜드와 옛 물레방앗간을 찾

았다. 그곳 풍경은 그에게는 상심의 씨였다. 그러나 그는 강했다. 그래서 겉보기에는 언제나 명랑하고 친절했다. 그가 문득 이 오래된 물레방앗간을 교회로 고쳐 지을 생각을 한 것은 이때였다. 레이크랜드 사람들은 너무나 가난해서 교회를 세울 수가 없었다. 그보다 더 가난한 산간 벽지 사람들은 물론 이들을 도와줄 힘이 없었다. 따라서 주변 20마일 안에는 교회가 하나도 없었던 것이다.

방앗간 주인은 되도록 물레방앗간의 외관을 바꾸지 않기로 했다. 위에서 물줄기를 쏟는 커다란 물레바퀴를 그대로 남겨 두었다. 이 교회를 찾는 젊은이들은, 물레바퀴의 물컹하게 썩어 가는 목재에 흔히 자기 이름의 머릿글자들을 새기곤 했다. 둑의 일부가 허물어져서, 깨끗하고 맑은 산골의 물이 거침없이 잔잔한 파도를 일으키면서 바위 바닥을 흘렀다. 방앗간 내부는 크게 달라졌다. 방아굴레, 방아확, 벨트, 도르레 등은 물론 모두 제거되었다. 가운데의 통로를 사이에 두고 걸상이 두 줄로 놓이고, 안쪽으로 한 단 높은 곳에 설교단이 설치되었다. 머리 위 2층에는 삼면에 좌석이 마련되고 내부와 층계로 연결되었다. 2층에는 오르간, 진짜 파이프오르간이 있었다. 이것은 '옛 물방앗간 교회'의 모든 신도들의 자랑거리였다. 오르간 연주자는 피비 서머스 양이었다. 레이크랜드의 소년들은 주마다 주일 예배 때 그녀를 위해 번갈아 오르간의 공기 펌프질을 해 주는 것을 자랑으로 삼았다. 설교자는 베인브릿지 목사였으며, 예배일에는 '다람쥐 계곡'에서 늙은 백마를 타고 어김없이 찾아왔다. 모든 비용은 에이브럼 스트롱이 부담했다. 1년에 설교자에게는 5백 달러, 피비 양에게는 2백 달러를 지불했다.

이렇게 하여 옛 물레방앗간은 아글라이아를 기념하기 위해, 일찍이 그녀가 살던 마을 사람들로서는 하느님의 은총을 얻는 고마운 장소로 탈바꿈했다. 아글라이아의 짧은 생애는 많은 사람의 70년보다 큰 선행을 가져다 준 것 같았다. 그런데 에이브럼 스트롱은 그밖에 또 하나 그녀를 기념하는 것을 만들었다.

북서부에 있는 그의 공장에서 '아글라이아 표' 밀가루를 발매하기 시작한 것이다. 더할 나위 없이 훌륭한 상질의 밀로 만든 것이었다. 온 나라 사람들은 '아글라이아 표' 밀가루에 두 가지 가격이 있다는 것을 알았다. 하나는 최고의 시가이고, 또 하나는 공짜였다.

사람들을 곤궁에 빠뜨리는 재해, 이를테면 화재나 홍수나 회오리바람이나 파업이나 기근 따위가 일어나면, 그곳이 어디든 곧 '아글라이아 표' 밀가루가 '공짜'로 넉넉히 수송되었다. 신중하고도 주의 깊게 제공되었으며, 더욱이 자유로이 분배되고 굶주린 사람들은 1페니도 값을 치르지 못하게 했다. 도시의 빈민가에 큰불이 일어나면 반드시 소방단장의 마차가 먼저 현장에 도착하고, 이어 '아글라이아 표' 밀가루를 실은 짐차가 도착했으며, 그 다음에야 소방차가 온다고들 쑥덕거리게 되었다.

이것이 아글라이아에 대한 에이브럼 스트롱의 또 하나의 기념비였던 것이다. 시인의 눈에는 이것이 아름다움의 주제로서는 지나치게 실용적으로 보일지 모른다. 그러나 어떤 사람들에게는, 순수하게 빻은 하얀 밀가루가 사랑과 자선의 사명을 띠고 운반되어 가는 것이, 이를테면 그 기념비가 상징하는 이제는 죽고 없는 사랑하는 딸의 영혼 같은 것이라는 생각과 이어져서, 마음 훈훈해지는 아름다운 일로 여겨질 것이 틀림없다.

어느 해인가, 컴벌랜드 지방에 불경기의 파도가 밀려왔다. 어디서나 흉작이고 전혀 수확을 얻지 못한 땅도 있었다. 게다가 산사태가 사람들의 재산에 큰 손해를 입혔다. 숲 속의 사냥도 수확이 아주 적어서, 사냥꾼들은 끼니를 연명할 만한 것조차 들고 돌아오지 못했다. 레이크랜드 일대가 특히 심했다.

이 소식을 들은 에이브럼 스트롱은 곧바로 명령을 내렸다. 조그만 협궤철도가 레이크랜드에 '아글라이아 표' 밀가루를 부리기 시작했다. 밀가루는 '옛 물방앗간 교회'의 2층에 쌓아 두고, 교회에 오는 사람에게 저마다 한 부대씩 들려 보내라는 것이 스트롱 씨의 지시였다.

그리고 2주일 뒤, 에이브럼 스트롱은 여느 해처럼 '독수리 집'을 찾아와서 다시 '에이브럼 신부'가 되었다.

그해에는 '독수리 집'의 손님이 여느 때보다 적었다. 그 가운데 로즈 체스터가 있었다. 체스터 양은 애틀랜타에서 왔으며, 애틀랜타의 어느 백화점에 근무하고 있었다. 이것은 그녀가 태어나서 처음으로 가져 보는 휴가 여행이었다. 백화점의 지배인 부인이 언젠가 한 여름을 '독수리 집'에서 보낸 적이 있었다. 부인은 로즈 양을 무척 귀여워해서, 3주일 동안의 휴가를 꼭 그리로 가라고 권했다. 그리고 지배인 부인은 랭킨 부인 앞으로 소개장을 써서 로즈에게 들려 보냈다. 랭킨 부인은 기꺼이 로즈를 맞이해 스스로 그녀의 감독과 뒷바라지를 맡아 주었다.

체스터 양은 그리 건강하지 못했다. 이제 스무 살쯤 되었으며, 실내 생활 때문에 얼굴빛이 나쁘고 허약했다. 그러나 레이크랜드에서 한 주일쯤 보내는 동안에 알아보지 못할 만큼 혈색이 좋아지고 힘을 되찾았다. 9월 초로 컴벌랜드 지방이 가장 아름다운 때였다. 산의 나무들은 단풍으로 불타고, 공기는 샴페인처럼 달콤했으며, 밤은 상쾌하고 시원해서 '독수리 집'의 폭신한 담요를 덮고 싶을 정도였다.

에이브럼 신부와 체스터 양은 아주 의좋은 친구가 되었다. 늙은 제분 공장주는 랭킨 부인으로부터 체스터 양의 형편을 들었다. 그리하여 그는 곧 자활의 길을 걷는 이 연약하고 외로운 처녀에게 관심을 갖게 된 것이다.

체스터 양은 산지가 처음이었다. 이제까지는 줄곧 애틀랜타의 따뜻한 평지에서 생활해 왔으므로, 컴벌랜드 지방의 웅대함과 변화무쌍함이 그녀를 기쁘게 했다. 그녀는 이곳에 머무는 동안의 한 순간 한 순간을 빠짐없이 즐기기로 결심했다. 얼마 안 되는 저금은 이런저런 경비를 생각하여 면밀히 예산을 짜 두어서, 다시 직장에 돌아갔을 때 얼마나 남을 것인가 하는 것까지 다 알고 있었다.

체스터 양이 말벗으로서 또는 친구로서 에이브럼 신부를 알게 되었다는 것은 참으로 다행스러운 일이었다. 그는 레이크랜드 부근의 산 속 어느 길이나 봉우리나 고개나 모르는 곳이 없었다. 그로 말미암아 그녀는 솔밭 속 나무에 덮인 어둑어둑한 오솔길의 거룩한 아름다움이며, 그대로 드러난 바위의 장엄함, 공기가 수정처럼 해맑은 상쾌한 아침이며, 신비로운 정적에 찬 꿈같은 황금빛 오후를 알게 되었다. 이리하여 그녀의 건강은 회복되고 정신도 밝아졌다. 누구나 아는 에이브럼 신부의 밝은 웃음소리처럼, 그녀도 여자다움이 담뿍 담긴 따뜻한 미소를 머금게 되었다. 두 사람은 똑같이 타고난 낙천가였으며, 온화하고 부드럽고 밝은 얼굴로 사람들을 대하는 방법을 터득하고 있었다.

어느 날, 체스터 양은 숙박 손님 가운데 한 사람한테서 에이브럼 신부의 잃어버린 딸 이야기를 들었다. 얼른 나가 보니 제분 공장주는 광천 약수터 옆에 있는 그가 좋아하는 통나무 벤치에 앉아 있었다. 그는 이 귀여운 동무가 손을 살며시 자기 손바닥 안으로 밀어 넣으면서, 눈물이 글썽한 눈으로 자기를 쳐다보는 것을 깨닫고 은근히 놀랐다.

"에이브럼 신부님." 그녀가 말했다. "참 안됐어요. 저는 신부님의 어린 따님에 대해서, 지금까지 조금도 몰랐어요. 하지만 틀림없이 찾으시게 될 거예요. 아아, 찾게 되셨으면 좋겠어요."

제분 공장 주인은 곧 씩씩한 미소를 띠고 그녀를 내려다보았다.

"고마우이, 로즈 양." 그는 여느 때의 밝은 어조로 말했다. "하지만 아마 아글라이아는 이제 찾지 못할 게야. 처음 몇 해 동안은 부랑자들에게 납치되었을 테니 틀림없이 아직도 살아 있겠지 하는 희망을 품었지만, 이제는 그 희망도 다 사라졌어. 아마 물에 빠져 죽었나보이."

"어쩌면 그럴지도 모른다는 생각 때문에, 얼마나 애를 태우셨는지 저는 잘 알 수 있어요. 그런데도 신부님은 언제나 명랑하시고, 끊임없이 남의 무거운 짐을 가볍게 해 주시려 하고 계세요. 정말 에이브럼 신부님은 다정한 어른이세요."

"정말 로즈 양이야말로 다정한 처녀야." 제분 공장주는 로즈를 흉내 내며 웃었다. "로즈 양만큼 동정심이 많은 사람도 드물걸."

문득 체스터 양은 장난기를 일으켰다.

"저어, 에이브럼 신부님." 그녀가 말했다. "만일 제가 신부님의 따님이라고 밝혀진다면 어떨까요? 정말 낭만적이지 않아요? 하지만 신부님은 만일 제가 따님이 된다면, 아마 반갑지 않으실 거예요."

"아니 아니, 꼭 그렇게 되면 좋겠구먼." 제분 공장주는 정색하고 대답했다. "만일 아글라이아가 살아 있다면, 무엇보다도 로즈 양처럼 귀여운 처녀로 성장해 있었으면 좋으련만 하고 나는 바라고 있지. 어쩌면 정말로 로즈 양은 아글라이아인지도 모르겠는걸?" 그녀의 장난기에 장단을 맞추어 그는 말을 이었다. "혹시 우리가 물방앗간에 살고 있을 때 일을 기억하지 않나?"

체스터 양은 금방 진지하게 생각에 잠겨 버렸다. 그 큼직한 눈동자는 무언가 먼 것을 모호하게 응시했다. 에이브럼 신부는 그녀가 갑자기 진지해진 것이 우스웠다. 이렇게 그녀는 한참 동안 앉아 있다가 입을 열었다.

"틀렸어요." 그녀는 깊은 한숨을 쉬면서 간신히 말했다. "물레방아에 대해서 아무것도 생각이 나지 않아요. 신부님의 저 색다른 조그만 교회를 볼 때까지, 전 물레방아를 한 번도 본 적이 없는 것 같은 기분이 들어요. 만일 제가 신부님의 따님이라면, 무언가 틀림없이 기억할 거예요, 그렇잖아요? 정말 안타까워요, 에이브럼 신부님."

"나 또한 유감스럽군." 그는 달래듯이 말했다. "하지만 로즈 양, 설령 내 딸이었다는 기억은 없더라도, 누군가 다른 사람의 아이였다는 기억은 있을 테지. 물론 부모님은 기억하겠지?"

"네, 잘 기억하고 있어요······특히 아버지는. 아버지는 신부님과는 아주 딴판인 사람이었어요, 에이브럼 신부님. 저는 그저 장난으로 말씀드려 본 것뿐이에요. 자, 이제 많이 쉬셨잖아요? 오늘 오후에는 송어가 헤엄치는 것이 보이니 연못에 데려다 주시겠다고 약속하셨죠? 저는 아직 송어를 본 적이 없는걸요."

어느 날 오후 늦게, 에이브럼 신부는 혼자서 옛 물방앗간을 찾아갔다. 그는 흔히 그곳에 가서 걸상에 앉아, 길 하나를 사이에 둔 맞은편 오두막에 살았을 때를 회상하곤 했다. 세월이 슬픔의 날카로운 고통을 어루만져 주어, 이제는 그 무렵을 생각해도 그리 가슴아프지 않았다. 그러나 우울한 9월의 오후, 에이브럼 스트롱이 '덤즈'가 날마다 노란 고수머리를 휘날리며 달려 들어오던 곳에 앉아 있을 때만은, 레이크랜드 사람들이 언제나 그의 얼굴에서 보는 그 미소가 없었다.

제분 공장주는 꼬불꼬불 가파른 길을 천천히 걸어 올라갔다. 나무가 길 바로 옆에까지 무성하게 자라 서 있어서 그는 모자를 벗어 들고 그늘 밑을 걸어갔다. 다람쥐 몇 마리가 오른쪽의 오래된 울타리 위를 즐거운 듯이 뛰어 다녔다. 메추라기가 보리 그루터기 속에서 새끼를 불렀다. 나직이 기운 해가 서쪽으로 트인 산골짜기에 연한 황금빛 광선을 힘차게 내뿜고 있었다. 9월 초! 아글라이아가 행방불명이 된 날이 며칠 뒤로 다가와 있었다.

산 덩굴에 반쯤 덮인 오래된 상사식 물레방아는, 나무 사이로 흘러내리는 따뜻한 햇살을 받아 얼룩져 있었다. 길 맞은편 오두막은 아직도 서 있었지만, 올 겨울의 사나운 바람에는 쓰러질 것 같았다. 나팔꽃과 야생 호리병박 덩굴이 온통 퍼져 있었으며, 문짝도 경첩 하나로 붙어 있었다.

에이브럼 신부는 물방앗간 문을 밀고 조용히 안으로 들어갔다. 거기서 그는 의아해 하며 걸음을 멈추었다. 안에서 누군가 애닲게 흐느끼는 소리가 들렸기 때문이다. 보니 체스터 양이 어둑어둑한 벤치에 앉아, 두 손에 펼쳐 든 편지에 얼굴을 묻고 울고 있었다.

에이브럼 신부는 다가가서, 그 억센 손 하나를 그녀의 손 위에 묵직하게 포개놓았다. 그녀는 얼굴을 들고, 가냘픈 목소리로 그의 이름을 부르고는 무슨 말을 하려고 했다.

"아니, 아니, 로즈 양." 제분 공장주는 부드럽게 가로막았다.

"지금은 아무 말도 하지 마. 마음이 슬플 때는, 조용히 실컷 우는 게 가장 좋지."

늙은 제분 공장주는 자기도 깊은 슬픔을 겪어 왔으므로, 사람의 가슴 속에서 슬픔을 쫓아내 주는 데는 마술사였다. 체스터 양의 흐느낌은 차츰 가라앉았다. 곧 그녀는 가장자리 장식이 없는 조그만 손수건을 꺼내어 자기 눈에서 에이브럼 신부의 큼직한 손으로 굴러 떨어진 눈물 방울을 살며시 닦았다. 그러고는 얼굴을 들어 눈물이 가득 괸 눈으로 방긋이 웃었다. 체스터 양은 언제나 눈물이 마르기 전에 미소를 지을 줄 알았다. 그것은 에이브럼 신부가 슬픔 속에서 웃는 얼굴을 보일 수 있는 것과 같았다. 그런 점에서 두 사람은 매우 닮았다.

제분 공장주는 그녀에게 아무것도 묻지 않았다. 그러나 체스터 양은 차츰 그에게 이야기를 털어놓기 시작했다. 어느 때나 젊은 사람들에게는 매우 중요한 일로 여겨지고, 나이든 사람들에게는 추억의 미소를 불러일으키는 아주 흔한 이야기였다. 이쯤되면 얼마쯤은 짐작이 가겠지만, 그 주제는 연애였다. 매우 착하고 이런저런 장점을 가진 한 청년이 애틀랜타에 살고 있었다. 그는 체스터 양이 애틀랜타의 어느 여자보다도, 아니 그린란드에서 파타고니아에 이르기까지 그 어느 여자보다도 뛰어난 장점을 지녔다는 것을 알았다. 그녀는 지금 자기를 울린 그 편지를 에이브럼 신부에게 보였다. 그것은 남자다운 애정이 담뿍 담긴 편지이기는 했으나, 착하고 훌륭한 세상 청년들이 쓰는 여느 연애 편지와 다름없이 얼마쯤 과장과 성급함을 드러내 보이고 있었다. 그는 지금 당장 결혼해 달라고 청혼하고 있었다. 그녀가 3주일 동안 여행을 떠나고부터 자기는 이제 살아가기가 힘겨워졌다고 호소했다. 곧 회답을 달라고 간청하고는, 만일 긍정적인 회답이라면 협궤철도고 뭐고 상관없이 레이크랜드로 곧장 뛰어오겠다는 것이었다.

"그런데, 대체 무엇이 곤란하단 말이지?" 제분 공장주는 편지를 다 읽고 나서 물었다.

"저는 그이와 결혼할 수 없어요." 체스터 양이 말했다.

"그 사람과 결혼하고 싶기는 한데 말이지?" 에이브럼 신부가 물었다.

"네, 저는 그이를 사랑해요. 하지만……." 그녀는 고개를 푹 숙이고 다시 흐느꼈다.

"자, 자, 로즈 양" 제분 공장주는 그녀를 달래며 말했다. "나를 믿어 줘. 미주알고주알 캐묻진 않겠지만, 아마 로즈 양은 나를 믿어 줄 것으로 알고 있는데."

"저는 신부님을 진심으로 믿어요." 그녀가 말했다. "제가 어째서 랠프의 청혼을 거절해야 하는지, 그 까닭을 말씀드릴게요. 저는 보잘것없는 여자예요. 이름도 없고요. 지금 부르는 이름은 가짜예요. 랠프는 훌륭한 청년이거든요. 저는 진심으로 랠프를 사랑해요. 하지만, 저는 그이의 아내가 될 수는 없어요."

"무슨 말을 하는 거야?" 에이브럼 신부는 다시 말을 이었다. "로즈 양은 부모님을 기억한다고 했잖아? 그런데 어째서 이름이 없다는 게야? 나는 이해할 수 없는걸."

"확실히 부모님은 기억해요." 체스터 양이 설명했다. "슬프도록 잘 기억해요. 제 첫 기억은 어느 먼 남부에서의 생활이었어요. 저희들은 몇 번이나 여러 도시와 주를 옮겨다니며 살았어요. 저는 목화도 따고, 공장에서 일도 했어요. 먹을 것도 입을 것도 넉넉지 못한 때가 자주 있었어요. 어머니는 더러 상냥하게 대해 주셨지만, 아버지는 늘 난폭해서 저를 자주 때렸어요. 아버지도 어머니도 게을러서, 한 군데에 눌러 앉아 살 수 없는 분들이었나봐요.

어느 날 밤, 애틀랜타에 가까운 강가의 조그만 읍에 살고 있었을 때 일인데, 부모님이 크게 싸움을 했어요. 서로 마구 욕을 해 댔는데, 그때 알았어요. 아아, 에이브럼 신부님, 저는 그때 비로소 안 거예요. 저한테는 권리마저 없다는 것을. 아시겠죠? 저는 이름을 가질 권리마저 없었어요. 저는 누구의 딸인지도 모르는 사람이었던 거예요.

그날 밤, 저는 집을 뛰쳐나왔죠. 애틀랜타까지 걸어가서 일자리를 얻었어요. 그러고는 제가 멋대로 로즈 체스터라는 이름을 짓구, 그때부터 줄곧 혼자 힘으로 살아왔어요. 이제 제가 랠프와 결혼할 수 없는 이유를 아셨죠? 아아, 저는 아무리 해도 그 사람에게 이런 얘기를 털어놓을 수가 없어요."

이 경우, 그 어떤 동정보다도 그녀에게 힘을 주고 그 어떤 연민보다도 효과가 있는 것은, 에이브럼 신부가 그녀의 슬픔을 아주 대수롭지 않게 다뤄주는 일이었다.

"나는 또 뭐라구, 그런 건가?" 신부는 이렇게 말했다. "원참, 어처구니없기는. 나는 무언가 아주 큰 문제라도 있는 줄 알았지. 만일 그 청년이 훌륭한 남자라면, 로즈 양의 가문 따위는 털끝만큼도 신경 쓰지 않을 거야. 이봐요, 로즈 양, 내 말 잘 들어요. 그 사람이 사랑하는 것은 로즈 양 자신이야. 방금 나한테 말해 주었듯이, 솔직하게 그에게도 털어놓는 거야. 그러면 반드시 그런 일은 한 번 웃어 넘기고, 오히려 로즈 양을 더 사랑하게 될 거야."

"저는 도저히 말할 수가 없어요." 체스터 양은 슬픈 듯이 말했다. "저는 그이와도, 아니 다른 누구와도 결혼하지 않겠어요. 저는 결혼할 권리가 없는걸요."

그때 햇빛이 비치는 길을 흔들흔들 걸어오는 긴 그림자 하나가 두 사람의 눈에 들어왔다. 그리고 그와 나란히 또 하나의 짧은 그림자가 깡충깡충 따라오는 것이 보였다. 누군지 알 수 없는 두 개의 그림자는 곧 교회로 다가왔다. 긴 그림자는 오르간 연습을 하러 온 피비 서머즈 양의 것이고, 짧은 그림자는 열두 살 난 토미 티그였다. 오늘은 토미가 피비 양을 위해서 오르간에 공기를 넣어 주는 날이었다. 토미의 맨발은 자랑스러운 듯이 길바닥의 먼지를 차올리고 있었다.

피비 양은 라일락 무늬 사라사 드레스를 입고, 귀 위에는 조그맣게 돌돌 말린 머리칼이 예쁘게 드리워져 있었다. 그녀는 에이브럼 신부에게 무릎을 굽혀 공손히 인사하고, 체스터 양에게 가볍게 말린 머리칼을 흔들어 의례적으로 가볍게 인사했다. 그리고 조수 소년과 함께 급히 층계를 지나 오르간이 있는 2층으로 올라갔다.

아래층의 짙어 가는 저녁 어스름 속에서, 에이브럼 신부와 체스터 양은 아직도 떠나지 못하고 머물러 있었다. 두 사람 모두 말이 없었다. 아마도 저마다 자기의 추억에 잠겼던 모양이다. 체스터 양은 두 볼에 손을 괴고, 어딘가 먼 곳을 바라보았다. 에이브럼 신부는 그 옆의 벤치 사이에 서서 바깥 길과 허물어져 가는 오두막집을 깊은 감개에 젖어 바라보고 있었다.

그 순간 주위의 풍경이 갑자기 변해 20년 전의 과거로 그를 이끌고 갔다. 왜냐하면, 토미가 펌프질을 하고 있는데, 피비 양이 오르간에 들어간 공기의 양을 알아보려고 오르간 저음부 건반을 줄곧 누르고 있었기 때문이다. 에이브럼 신부에게는 이제 교회가 존재하지 않았다. 이 조그만 목조 건물을 흔들고 있는 깊은 진동음은, 그에게는 오르간 소리가 아니라 둥둥거리는 물레방아 소리였다. 틀림없이 옛날의 상사식 물레방아가 돌고 있다고 그는 생각했다. 옛날 산 속의 물방앗간에서 온통 밀가루 투성이가 되었던 그 명랑한 방아꾼으로 되돌아간 느낌이었다. 이미 저녁 때였다. 아글라이아가 저녁을 먹으러 가자고 곧 노란 고수머리를 휘날리며 깡충깡충 길을 가로질러 올 것이다. 에이브럼 신부의 눈은 오두막집의 부서진 문에 가서 가만히 못박혔다.

그때 또 하나의 놀라운 일어났다. 머리 위 2층에는 밀가루 부대가 몇 줄이나 길게 쌓여 있었는데, 아마도 쥐가 그 가운데 하나에 구멍을 뚫었던지 커다랗게 울려퍼지는 오르간 소리의 진동으로 2층의 마룻바닥 틈으로 밀가루가 흘러 떨어져 에이브럼 신부를 머리에서 발끝까지 새하얗게 만들어 버린 것이다. 그러자 늙은 제분 공장주는, 벤치 통로로 나가서 두 팔을 흔들며 그 방아꾼의 노래를 부르기 시작했다.

물방아가 돌아가면
밀가루가 빻아지네.
밀가루를 덮어쓰고
방아꾼은 즐겁네.

이때 나머지 기적이 일어났다. 체스터 양이 벤치에서 몸을 일으키더니, 밀가루처럼 새하얀 얼굴로 백일몽을 꾸는 사람처럼 눈을 크게 뜨고 에이브럼 신부를 쳐다보았다. 그가 노래를 부르기 시작하자 그녀는 두 팔을 그에게 내밀었다. 입술이 떨렸다. 꿈꾸는 듯한 어조로 그녀가 말했다.

"아빠, 덤즈를 집에 데려다 줘!"

피비 양은 오르간 저음부 건반에서 손을 뗐다. 그녀는 훌륭히 자기 역할을 다 한 것이었다. 그녀가 울린 소리가 닫혔던 기억의 문을 두들겨 부순 것이다. 에이브럼 신부는 한 번 잃어버렸던 아글라이아를 두 팔로 꽉 껴안았다.

레이크랜드를 찾는 사람들은 더 자세한 이야기를 들을 수 있을 것이다. 이 이야기의 경과가 그 뒤에 어떻게 발전했는지, 또 9월 어느 날, 집 없는 집시가 덤즈의 앳된 귀여움에 마음이 끌려서 납치해간 이후에 그녀가 어떻게 살아왔는지 하는 것을 들려 줄 것이다. 그러니 상세한 것은 '독수리 집' 포치의 나무 그늘에 편안히 자리잡을 때까지 기다리는 게 좋다. 그리고 한가로운 기분으로 귀를 기울이는 게 좋으리라. 내가 맡은 부분은, 피비 양의 힘찬 저음이 아직도 조용히 울리는 동안에 마치는 편이 나을 것 같다.

그러나 내 생각에 이 이야기의 최고의 장면은, 에이브럼 신부와 그의 딸이 너무나 기뻐서 말도 못하고 '독수리 집'으로 돌아갔을 긴 황혼 길에서 일어난 것 같다.

"아버지" 그녀는 조금 주저하면서 아직도 믿어지지 않는 듯한 어조로 말했다. "아버지는 돈이 많은가요?"

"돈이 많냐구?" 제분 공장주는 말했다. "글쎄, 그것도 생각하기 나름이지. 달님이라든가 뭐 그처럼 비싼 것을 사고 싶은 게 아니라면, 많다고 해도 좋겠지."

"애틀랜타에 전보를 치려면, 돈이 무척 많이 들까요?" 언제나 세밀하게 돈을 계산하는 습관이 있는 아글라이아가 물었다.

"아, 그래." 그만 한숨을 쉬면서 에이브럼 신부가 말했다. "이제 알았다, 랠프를 부르고 싶단 말이지?"

아글라이아는 정답게 방긋이 웃으며 아버지를 쳐다보았다.

"그 사람더러 기다려 달래야겠어요." 딸이 말했다. "전 겨우 아버지를 찾았잖아요? 그러니까, 한동안은 아버지와 단둘이 지내고 싶어요. 그 사람에겐 좀 더 기다려 달라고 말하려고요."

차가 기다리는 동안
모든 사람들은 예외없이 허영심을 가지고 있는 데다가
두 개의 허영심은 결코 상대를 용납할 수 없다

땅거미가 지기 시작할 무렵, 그 조그만 공원의 한적한 모퉁이에 회색 드레스를 입은 여자가 다시 모습을 나타냈다. 그녀는 벤치에 앉아 책을 읽었다. 아직도 30분쯤은 활자에 몰두할 수 있을 것이었다.

되풀이하지만, 그녀의 드레스는 회색이었다. 스타일도 바느질 솜씨도 어디하나 흠잡을 데가 없었지만, 지나치게 수수해서 두드러지게 눈에 띠지는 않았다. 얇은 베일이 터번 형 모자와 함께 얼굴을 감쌌는데, 베일 속의 그 얼굴에서는 차분하고 얌전한 아름다움이 빛나고 있었다. 그녀는 어제도 그제도 같은 시각에 이곳에 나타났다. 그런데 이 사실을 아는 남자가 있었다.

그것을 아는 청년은 근처를 서성거리면서, 위대한 행운의 신에게 바친 희생의 효과를 기대하고 있었다. 그의 이 믿음은 보람이 있었다. 왜냐하면 그녀가 책장을 넘기는 동안 책이 손에서 미끄러져 벤치에서 1야드 저편으로 굴러 떨어졌기 때문이다.

청년은 때를 놓치지 않고 달려가 공원이나 사람들이 많은 곳에서 곧잘 볼 수 있는 태도로, 즉 정중함과 기대와 순찰중인 경찰에 대한 세심한 주의 등이 뒤섞인 행동으로 그 책을 집어 주인에게 돌려주었다. 그러고는 쾌활한 목소리로 날씨에 대해 사소한 몇 마디를 건네 보았다.—실은 이런 화제야말로, 이 세상의 불행 가운데 매우 많은 부분에 책임이 있다.—그리고 잠시 가만히 서서 자신의 운명을 기다렸다.

여자는 천천히 그를 훑어보았다. 평범하고 단정한 차림새, 표정에도 이렇다 할 특징이 없는 것이 특징이라 할 용모이다.

"괜찮으면, 좀 앉아요." 그녀는 차분하고 낮은 음성으로 말했다. "사실은 앉아 주면 좋겠어요. 책을 읽기에는 이제 너무 어두워서요. 이야기를 하는 편이 더 좋겠어요."

행운의 신의 하인은 기꺼이 그녀 곁에 앉았다.

"아시나요?" 그는 공원에서 열리는 집회의 의장이 개회사를 할 때 쓰는 듯한 형식적인 용어로 말했다. "저는 많은 여성분을 보아 왔습니다만, 부인만큼 진심으로 황홀해지는 분은 일찍이 본 적이 없습니다. 저 어제도 부인에게 온통 시신을 빼앗겼습니다. 부인의 그 아름나운 눈동자에 한 사나이가 넋을 잃어버렸다는 사실을, 당신은 아마 모르실 겁니다."

"어떤 분인지 모르지만" 여자는 차가운 어조로 말했다. "제가 숙녀라는 것을 기억해야 할 거예요. 하지만, 방금 하신 말씀은 용서해 드릴게요. 잘못이긴 하지만, 선생님 같은 분들 사이에선 자연스러운 것일 테니까요. 앉으시라고 말씀은 드렸지만, 그 때문에 저에게 그렇게 허물없이 구신다면, 방금 그 제안을 취소하겠어요."

"진심으로 실례를 사과드립니다." 청년은 사과하고 더듬거리며 말을 이었다. 조금 전까지의 흐뭇한 표정은 후회와 부끄러움의 표정으로 바뀌어 있었다. "제가 잘못했습니다. 실은……말하자면, 공원에는 온갖 여자들이 있기 때문에……그래서……물론, 부인께선 모르실 테지만……."

"그런 이야기는 제발 그만둬요. 물론 전 알고 있어요. 그보다는 저한테 좀 가르쳐 줘요, 여기저기 오솔길을 거니는 사람들에 대해서. 저 사람들, 대체 어딜 가죠? 왜 저렇게 서둘러 가는 거죠? 저 사람들은 행복할까요?"

청년은 그때까지의 친근한 태도를 재빨리 바꿨다. 이제 자기의 역할은 완전히 수동적이라는 것을 깨달은 것이다. 그러나, 어떤 자세를 취해야 할지 짐작할 수 없었다.

"저 사람들을 보고 있으면 참 재미있습니다." 그는 여자의 기분을 슬쩍 탐색하면서 대답했다. "이거야말로 참으로 멋진 인생 드라마입니다. 저녁 식사를 하러 가는 사람도 있고, 또……저……어디 다른 곳에 가는 사람도 있지요. 저 사람들은 과연 어떤 과거를 갖고 있을까요?"

"전 그런 건 생각지 않아요." 여자가 말했다. "저는 남의 일을 꼬치꼬치 파헤치는 걸 좋아하지 않거든요. 제가 여기 와서 이렇게 앉아 있는 것은, 인간의 위대하고 보편적이면서 약동하는 마음에 그나마 접촉할 수 있는 곳은 여기뿐이기 때문이에요. 인생에서 제게 주어진 역할은, 그런 활발한 움직임을 조금도 느낄 수 없는 곳에 있거든요. 어째서 제가 선생님께 말을 건넸는지, 그 까닭을 알겠어요? 저어……."

"파큰스태커입니다." 청년은 그 뒤에 자기 이름을 덧붙였다. 이때 그는 열렬한 희망이 넘치는 표정이 되었다.

"모르죠?" 여자는 가는 손가락을 한 개 세우고 가냘프게 웃었다. "하지만 곧 알게 될 거예요. 신문이나 잡지에 이름이 나는 것을 막을 도리가 없으니까요. 사진도 그렇고요. 이렇게 하녀의 베일과 모자를 쓰고서야 그럭저럭 신분을 감추고 외출할 수 있답니다. 우리 집 운전사가 내가 지켜보는 줄도 모르고, 모자를 빤히 쳐다보던 모습을 봤어야 해요. 사실을 말씀드리면, 가장 고귀한 집안을 나타내는 성이 대여섯 있는데 제 성은 태어날 때부터 그 가운데 하나랍니다. 제가 말을 건넨 것도, 스타크퍼트 씨……."

"파큰스태컵니다." 청년은 망설이는 듯 하더니 정정했다.

"파큰스태커 씨, 하다 못해 한 번이라도 자연 그대로의 인간과……천한 재물의 허식이나 사회적 우월감 따위에 물들지 않은 사람과 이야기를 나누고 싶었기 때문이에요. 아아! 제가 얼마나 따분해하는지, 아마 모를 거예요. 돈, 돈, 돈! 정말 지긋지긋해요. 게다가 내 주위에 있는 사람들은 모두가 똑같은 틀에서 만들어진 꼭두각시 인형처럼 춤추고 있답니다. 오락도, 보석도, 여행도, 사교도, 모든 사치도 이젠 정말 지긋지긋하고 진절머리가 나요."

"저는 언제나 생각했습니다." 청년은 망설이면서도 용기를 내어 말했다. "돈이란 아마 근사한 것이겠지 하고 말입니다."

"부족하지도 넘치지도 않는 재산, 그게 가장 바람직하다고 생각해요. 몇백만 달러가 있어 보세요, 그러면……." 그녀는 절망적인 몸짓으로 결론을 내렸다. "그야말로 단조로움, 바로 그 자체에요." 그리고 그녀는 다시 말을 이었다. "정말로 진절머리가 나요. 드라이브, 정찬회, 연극, 무도회, 만찬회, 게다가 그게 모두 넘치도록 많은 돈으로 꾸며졌거든요. 샴페인 잔 속에서 울리는 얼음 소리만 들어도 머리가 다 이상해질 때가 있답니다."

파큰스태커는 매우 천진난만한 얼굴로 흥미를 드러내 보였다.

"저는 언제나" 그는 말을 이었다. "돈 많은 상류 계급 분들의 생활을 그린 책을 읽거나 그런 이야기를 즐겨 들었습니다만, 이제 보니 제 지식은 아직 어중간한 것이었나 봅니다. 그래서 제 지식을 정확하게 만들고자 여쭤 보고 싶습니다만, 저는 이제까지 샴페인은 병째로 차게 하지, 잔에 얼음을 넣어서 차게 하는 것이 아닌 줄 알고 있었는데, 어떻습니까?"

여자는 무척 우습다는 듯이 음악적인 웃음소리를 냈다.

"그건" 그녀는 차분하게 설명했다. "우리 유한계급 사람들은, 통례적인 습관을 깨는 게 유쾌하기 때문이랍니다. 요즘은 이상하게도, 샴페인 잔에 얼음을 넣는 게 유행이죠. 요즘 이곳에 온 타타르 왕사님이, 워도프 호텔에서 만찬회를 베풀었을 때 생각한 게 그 시작이에요. 하지만 이것도 곧 또다른 변덕에 자리를 내주어야 할 거예요. 이번 주에 매디슨 애비뉴에서 열린 만찬회에서만도, 손님들 접시 옆에 저마다 초록빛 새끼 염소 가죽 장갑이 놓여 있어서, 올리브를 먹을 때, 그 장갑을 쓰도록 했으니까요."

"아, 그렇습니까?" 청년은 겸허한 태도로 말했다. "그런 사교계 내부의 파격은 서민들이 전혀 알지 못하지요."

"이따금 저는" 여자는 그가 잘못을 받아들이자 가볍게 고개를 끄덕여 보이며 말을 이었다. "만일 내가 사랑을 하게 된다면, 상대는 신분이 낮은 사람이 아닐까 생각하는 일이 있어요. 빈들빈들 놀고 먹는 사람이 아니라 노동하는 사람 말이에요. 하지만 결국은 내 희망보다 신분이나 재산이 요구하는 것이 승리할지도 몰라요. 지금도 제게 두 사람이 청혼했답니다. 한 사람은 독일 어느 공국의 대공이죠. 그 사람에게는 대공의 주정 때문에 머리가 돌아버린 부인이 어디 살고 있지 않을까 또는 있지 않았는가 하는 그런 생각이 들어요. 또 한 사람은 영국의 후작인데, 매우 박정하고 돈만 알아서, 오히려 대공의 악마주의 쪽을 택하고 싶을 정도예요. 제가 어째서 이런 말을 선생님께 하지 않을 수 없는지 알겠어요, 패킨스타커 씨?"

"파큰스태컵니다." 청년은 조그만 소리로 바로잡았다. "정말 제가 부인의 신뢰를 얼마나 고맙게 생각하는지, 아마 부인은 모르실 것입니다."

여자는 자못 두 사람의 신분의 차이를 나타내는 데 알맞은 침착하고 초탈한 듯한 눈초리로 그를 쳐다보았다.

"어떤 일을 해요, 파켄스태커 씨?" 그녀가 물었다.

"매우 천한 직업이지요. 그렇지만, 저는 출세를 바라고 있습니다. 아까 부인께서는 신분이 낮은 사람이라도 사랑할 수 있다고 말씀하셨습니다만, 그건 진심으로 하신 말씀입니까?"

"그럼요. 하지만 저는 '할지도 모른다'고 말한 거예요. 그럴 수밖에 없는 것이, 지금은 대공도 후작도 있으니까요. 하지만 사람 직업이든지 결코 너무 천할 수는 없을 거예요, 제 이상에만 맞는 사람이라면."

"저는 지금 식당에서 일하고 있습니다." 파큰스태커는 똑똑히 말했다.

여자는 좀 당황하는 것 같았다.

"종업원은 아닐 테죠?" 그녀는 다소 애원하듯이 말했다. "노동은 신성해요, 하지만……하인이라든가……종업원이라든가."

"저는 종업원은 아닙니다. 경리를 맡아보고 있지요." 맞은편의 공원 반대쪽에 나 있는 큰 거리에 '레스토랑'이라고 써진 화려한 전광판이 번쩍거렸다. "저기 보이는 저 식당에서 경리를 맡아보고 있습니다."

여자는 왼쪽 팔목의 고운 장식이 달린 팔찌에 새겨진 조그만 시계를 들여다보더니 바쁘게 일어섰다. 그러고는 허리께에 걸려 있는 화려한 손가방에 읽던 책을 쑤셔넣었다. 그 손가방에 들어가기에는 책이 지나치게 컸다.

"왜 오늘은 근무 안해요?" 그녀가 물었다.

"오늘은 야근입니다." 청년은 대답했다. "근무 시간까지는 아직 한 시간이 있습니다. 다시 뵐 수 있을까요?"

"모르겠어요. 아마 만날 수 있겠죠. 하지만 다시는 이런 변덕을 일으키지 않을 지도 몰라요. 아무튼 얼른 가 봐야겠어요. 만찬회도 있고, 연극도 가 봐야 하거든요. 아아, 날마다 똑같은 일의 되풀이예요! 이미 당신은 여기 올 때, 공원 저편 입구에 세워 놓은 자동차를 봤을 거예요. 차체가 흰 자동차죠."

"바퀴가 빨간 자동차 말씀이군요." 청년은 무엇을 생각하는 듯이 미간을 찌푸리며 되물었다.

"그래요, 저는 언제나 그걸 타고 오지요. 거기서 운전사 피에르가 기다리고 있어요. 피에르는요, 내가 광장 저편의 백화점에서 물건을 사고 있는 줄 알 거예요. 자기 운전사까지 속여야 할 만큼 자유롭지 못한 생활을 상상해

봐요. 그럼, 잘 있어요."

"이제 꽤 어두워졌습니다." 파큰스태커가 말했다. "공원에는 불량배들이 많습니다. 괜찮으시다면, 제가······."

"제 기분을 조금이라도 존중해 줄 생각이라면" 여자가 또렷한 어조로 말했다. "제가 떠난 뒤 10분만 이 벤치에 머물러 줘요. 당신을 어쩔게 할 생각은 없지만, 자동차에는 대부분 소유자의 이름을 새긴 글자가 붙어 있잖아요? 그럼, 다시 한 번, 잘 있어요."

민첩하고 당당하게 그녀는 저녁의 어둠 속으로 사라져 갔다. 청년이 그 아름다운 모습을 황홀히 바라보고 있으려니, 그녀는 공원 끝에서 포도를 따라 자동차가 서 있는 모퉁이로 걸어갔다. 그는 그녀와의 약속을 어기고, 망설임 없이 공원의 나무숲과 관목 사이로 그녀가 걸어가는 방향과 나란히 그 모습을 놓치지 않도록 뒤를 밟기 시작했다.

그녀는 모퉁이까지 가더니 힐끗 자동차를 한 번 보고는, 그대로 자동차 옆을 지나 성큼성큼 거리를 건너갔다. 마침 서 있던 차 뒤에 숨어서, 청년은 가만히 그녀의 행동을 지켜보았다. 공원 저편의 보도를 걸어 내려간 그녀는, 화려하게 전광판이 번쩍이는 식당 안으로 들어갔다. 그곳은 이 근처에서 흔히 볼 수 있는 번들번들한 식당 가운데 하나로 안에는 흰 페인트 칠을 마구 했고 거울이 붙어 있었으며, 저렴하면서도 조금은 사치스러운 기분으로 식사할 수 있는 곳이었다. 여자는 식당 안쪽의 구석방으로 들어가더니 곧 모자와 베일을 벗어 놓고 나타났다.

경리의 책상은 입구 옆에 있었다. 그때까지 그 자리에 앉아 있던 붉은 머리의 젊은 여자가 의자에서 내려오며, 좀 보라는 듯이 힐끗 벽시계를 쳐다보았다. 그 자리에 회색 드레스를 입은 여자가 앉았다.

청년은 두 손을 주머니에 찌르고, 천천히 보도를 되돌아갔다. 길모퉁이에서 그의 발 앞에 떨어져 있는 조그만 책을 걷어찼다. 책은 잔디밭으로 날아갔다. 표지의 그림으로 아까 그 여자가 읽던 책이라는 것을 알았다. 그는 무심코 책을 집어서 들여다보았다. 제목은 '신 아라비안 나이트' 지은이는 스티븐슨이라는 이름이었다. 그는 책을 다시 잔디 위에 던져 버리고, 잠시 어떻게 할까 망설이듯 근처를 어슬렁거렸다. 이윽고 그 자리에 서 있는 자동차에 올라타고는 쿠션에 몸을 기대며 운전사에게 두 마디만 말했다. "앙리 클럽."

몹시 바쁜 증권 중개인의 로맨스
사랑하는 것은 인간적이요, 몰두하는 것도 인간적이다

증권 중개인 하비 맥스웰이 9시 반에 젊은 여자 속기사와 함께 대단한 기세로 사무실에 들어왔을 때, 그의 비서 피쳐는 여느 때의 무표정한 얼굴에 가벼운 흥미와 놀람의 빛을 보였다. "여어, 피쳐" 하면서, 맥스웰은 마치 뛰어넘을 듯이 자기 책상 앞으로 돌진하더니 그곳에서 자기를 기다리는 산더미 같은 편지와 전보 속으로 뛰어 들었다.

그 젊은 여성은 지난 1년쯤 맥스웰의 속기사로 일했다. 그녀는 아름다웠다. 도무지 속기와는 관계없는 아름다움이었다. 머리 모양도 남의 눈을 끄는 화려한 올림머리도 아니었고, 장식용 사슬도, 팔찌도, 앞가슴에 로켓도 달지 않았다. 언제라도 점심 식사 초대에 응하겠어요 하는 따위의 기색도 보이지 않았다. 회색 드레스는 화려하지는 않았지만 그녀에게 썩 잘 어울렸다. 품위 있는 검은 터번 형 모자에는 금빛과 초록빛이 섞인 앵무새 깃털이 꽂혀 있었다. 이날 아침의 그녀는 나긋하고 수줍은 듯한 얼굴이 빛났다. 꿈꾸듯이 빛나는 눈, 두 볼은 연분홍으로 물들었으며, 매우 행복한 표정으로 무언가 추억에 잠겨 있는 것 같았다.

여전히 얼마쯤 호기심을 품으면서, 피쳐는 오늘 아침 그녀의 태도에 어딘가 평소와 다른 데가 있음을 깨달았다. 그녀는 자기 책상이 있는 옆방으로 곧장 가지 않고, 사장실에서 결심을 못하는 듯 꾸물거렸다. 한 번은 사장에게 자신의 존재를 깨닫게 할 만큼 그의 책상 가까이까지 다가가기도 했다.

그러나 책상에 앉아 있는 것은 이미 기계이지 인간이 아니었다. 윙윙 소리

내며 돌아가는 톱니바퀴와, 역전하는 태엽으로 움직이는 정신없이 바쁜 뉴욕의 증권 중개인이었다.

"그런데, 뭐야? 무슨 볼일이야?" 맥스웰 사장이 날카롭게 물었다. 겉봉이 뜯긴 우편물이, 여러 가지가 잡다하게 놓여 있는 책상 위에 무대의 눈처럼 쌓여 있었다. 인간성을 잃어버린 냉담하고 날카로운 그의 잿빛 눈이, 조금 짜증스러운 듯이 그녀를 보며 번쩍였다.

"아무것도 아니에요." 가냘프게 미소 지으면서, 책상 앞을 떠나며 속기사는 대답했다.

"피쳐 씨" 그녀는 비서에게 말했다. "사장님이 새로 속기사를 채용하는 일에 대해서, 무슨 말씀 없었어요?"

"말씀하셨습니다." 피쳐는 대답했다. "새 속기사를 채용하란 말씀이었습니다. 그래서 오늘 아침에 후보자 두어 사람을 보내 달라고, 어제 오후 직업소개소에 부탁해 놨지요. 9시 45분이나 되었는데, 아직 아무도 오지 않네요."

"그럼, 내가 평소처럼 일하겠어요." 젊은 여성이 말했다.

"새로 다른 분이 올 때까지." 그러고는 곧 자기 책상으로 가서, 초록과 금빛이 섞인 앵무새 깃 장식을 단 검은 터번 형 모자를 여느 때의 자리에 걸었다.

일이 한창 바쁠 때 맨해튼의 증권 중개인이 정신을 못 차리는 광경을 본적이 없는 사람은, 인류학을 직업으로 삼기에는 적당치 않다. 시인은 '빛나는 인생의 현기증 나는 한때'를 읊지만, 중개인의 한때는 현기증이 날 뿐 아니라 1분 1초가 모두 가죽 손잡이에 매달려 앞뒤 승강구까지 콩나물 시루가된 만원 전차와 같다.

게다가 이날 하비 맥스웰은 특히 바빴다. 주가 표시기는 경기를 일으킨 듯이 좁다란 테이프를 쉴새없이 토해내기 시작했고, 전화기는 발작을 일으키듯 쉴 새 없이 울려댔다. 많은 손님들이 사무실에 몰려들어 계단 저편에서 기쁜 듯이, 혹은 맹렬하게, 혹은 노기를 띠고, 혹은 흥분해 맥스웰을 불러대기 시작했다. 심부름하는 소년들이 전언과 전보를 쥐고 달음박질로 들어갔다 나왔다 하고 있었다. 직원들은 폭풍우를 만난 선원처럼 이리 뛰고 저리 뛰었다. 피쳐의 얼굴까지 이와 비슷한 활기를 띠기 시작했다.

증권거래소에는 태풍과 산사태, 폭풍설과 빙하, 화산이 일었는데, 그런 천

재지변이 중개인 사무실에서 소규모로 재현되고 있었다. 맥스웰은 의자를 벽에 밀어붙이고 발끝으로 춤을 추는 듯한 동작으로 일을 처리해 나갔다. 주가 표시기에서 전화통으로, 책상에서 문으로, 수련을 쌓은 어릿광대처럼 가볍게 뛰어다녔다.

갈수록 더 바빠져 가는 한창 중요한 시각에, 간들거리는 타조 깃 장식을 단 비로드 모자 아래 높다랗게 땋아올린 금발, 인조 바다표범 가죽 외투와 호두만한 구슬을 염주처럼 꿰어 끝에 하트형 은메달을 단 목걸이가 갑자기 중개인의 시선을 끌었다. 그런 장신구를 두르고 나타난 젊은 여자가 침착하게 서 있었다. 그 옆에 이 여자를 설명하려고 피쳐가 서 있었다.

"속기사 소개소에서 오신 분입니다." 피쳐가 말했다.

서류와 주가 표시기의 테이프를 두 손에 가득 쥔 채, 맥스웰은 반쯤 몸을 틀어 그쪽을 보았다.

"무슨 일이야?" 미간을 찌푸리며 그가 물었다.

"속기 일입니다." 피쳐가 대답했다. "사장님이 어제 말씀하시기를, 소개소에 부탁해 오늘 아침에 한 사람 보내 달라고 하셨기에."

"자네, 어떻게 된 거 아냐, 피쳐?" 맥스웰이 말했다. "내가 그런 말을 할 까닭이 없잖아? 레슬리 양이 우리 회사에 온 뒤로, 지난 1년 동안 말끔히 일하고 있잖아? 스스로 그만둘 생각이 없는 한, 속기 일은 레슬리 양 거야. 아가씨, 지금은 빈자리가 없습니다. 소개소 쪽은 취소해, 피쳐. 그리고, 앞으로는 이런 분을 보내지 말라고 일러 놔."

하트 형 은메달을 단 여자는 투덜거리며 나가면서 사무실 비품에 마구 부딪치면서 돌아갔다. 피쳐는 틈을 보아 사장은 날이 갈수록 더 멍청해져서 이런저런 일을 깜박깜박 잊는 것 같다고 다른 직원에게 말했다.

일은 점점 더 바빠져서 눈이 빙빙 돌만큼 맹렬하게 돌아갔다. 거래소 매장에서는 맥스웰 회사의 손님들이 크게 투자하는 대여섯 종의 주가 한창 상장되고 있었다. 샀다 팔았다 하는 고함 소리가 제비처럼 재빨리 뒤섞였다. 자기 자신이 보유한 주도 몇 개가 위태로워졌으므로, 그는 고속 기어가 달린 정교하고 강력한 기계처럼 움직이기 시작했다. 극도로 긴장해 전속력으로, 한치의 망설임도 없이, 태엽 장치처럼 민첩하게, 정확한 말과 결단력, 행동으로 그는 움직였다. 주식과 채권, 대부금과 담보, 선금과 유가증권, 여기에는 금융의 세계는 있어도 인간과 자연의 세계가 끼어들 여지는 없었다.

점심 시간이 가까워지자, 그토록 소란스럽던 소음도 잠시나마 잠잠해졌다.

맥스웰은 전보와 메모를 손에 가득 들고, 오른쪽 귀에 만년필을 끼운 채, 마구 헝클어진 머리로 책상 옆에 서 있었다. 창문은 활짝 열려 있었다. '봄'이라는 사랑스러운 여신이 눈을 뜬 대지의 통풍구에서 훈훈한 산들바람을 보내고 있었다.

그 창문에서 은근하게—아마도 저절로 섞여 들어왔겠지만—향긋한 향기가, 달콤한 라일락 향기가 흘러 들어왔다. 중개인은 한순간 그것에 넋을 빼앗겨 꼼짝도 안했다. 레슬리 양의 향기였기 때문이다. 그녀 자신의 것이고, 그녀만의 것이었기 때문이다.

이 향기는 생생하게, 거의 손으로 만질 수 있을 만큼 그녀의 모습을 눈앞에 그려 놓았다. 금융의 세계가 갑자기 조그만 얼룩처럼 오므라들었다. 더욱이 그녀는 바로 옆방에 있다. 스무 걸음밖에 안되는 곳에.

"무슨 일이 있어도 지금 해야 한다." 맥스웰은 반은 소리내어 말했다. "지금 청혼하자. 왜 진작 하지 않았을까?"

그는 공을 잡으려는 유격수처럼 날쌔게 안쪽 사무실로 뛰어들어갔다. 그리하여 곧장 속기사의 책상으로 돌진해 갔다. 그녀는 방긋이 웃으며 그를 쳐다보았다. 뺨은 엷게 홍조를 띠고, 눈은 정답고 순하게 반짝였다. 맥스웰은 책상 위에 한쪽 팔꿈치를 세웠다. 아직도 두 손에는 펄럭거리는 서류를 들었고 귀에는 만년필이 끼워져 있었다.

"레슬리 양" 그는 얼른 말을 꺼냈다. "시간이 조금밖에 없는데, 그동안 이야기하고 싶소. 나와 결혼해 주시지 않겠소? 나는 사회 일반 절차를 밟아서 청혼할 여유가 없소. 하지만, 진심으로 당신을 사랑하오. 제발 당장 대답해 주시오. 저 친구들이 지금 유니온 퍼시픽 주를 상장하려 하고 있으니까."

"어머나, 무슨 말을 하는 거예요!" 젊은 여성이 소리쳤다. 일어서더니 동그래진 눈으로 맥스웰을 바라보았다.

"내 말을 못 알아듣겠소?" 맥스웰은 집요하게 매달렸다. "나와 결혼해 주시오. 당신을 사랑하오, 레슬리 양. 이 말이 하고 싶어서 일을 하다 말고 잠깐 빠져 나왔소. 벌써 저렇게 전화가 시끄럽게 걸려 오고 있소. 잠깐 기다리게 해 줘, 피쳐. 어떻소, 레슬리 양?"

속기사는 이상한 태도를 보였다. 처음에는 기가 막히는 듯이 멍하니 있더니, 이윽고 그 놀란 눈에서 눈물이 괴어 떨어지기 시작했다. 그러고는 환하게 미소 지으며 주식 중개인의 목에 다정하게 한쪽 팔을 감았다.

"이제야 알았어요." 그녀는 상냥하게 말했다. "일하는 동안에, 잠시 다른 일을 모두 다 잊었나봐요. 처음에는 깜짝 놀랐어요. 잊었어요, 하비? 우리는 어젯밤 8시에 '모퉁이의 작은 교회'에서 결혼했잖아요."

아이키 션스타인의 사랑의 묘약
정당하게 행하는 자에겐 충분한 후원자가 있다

블루 라이트 약국은 맨해튼 남부 바워리 가와 1번 가의 중간쯤 되는 번화가, 두 도로간 거리가 가장 짧은 곳에 있다. 블루 라이트 약국은 약국이란 화장품이나 향수나 아이스크림 따위를 파는 가게가 아니라고 생각한다. 그러므로 만일 여러분이 이 가게에 가서 진통제를 달라고 했다가 봉봉 과자를 받아들 염려는 없을 것이다.

블루 라이트 약국은, 현대 약학의 노동 절감 기술을 경멸한다. 여기서는 아직도 손수 아편을 녹이고, 진통제나 아편액을 만든다. 오늘도 여전히 그곳 높다란 조제대 뒤에서는 환약이 만들어진다—환약은 반죽판에 반죽해 주걱으로 잘라 집게손가락과 엄지손가락으로 동글동글하게 비벼서 산화 마그네슘을 바른 다음, 얇고 동그란 마분지 환약 상자에 담는다. 이 약국이 있는 길모퉁이 근처는 낡은 옷을 걸친 기운찬 어린아이들의 놀이터가 되었는데, 머지않아 이 아이들도 약국에서 그들을 기다리는 기침약이나 진정 시럽의 애용자가 될 것이다.

아이키 션스타인은 블루 라이트 약국의 밤 근무자로, 단골 손님에게는 좋은 친구였다. 비록 약국은 이스트 사이드에 있었지만, 이 약사의 마음은 결코 차갑지 않았다. 이런 곳에서는 당연한 일이지만, 약제사는 변호사이자 고해를 듣는 성직자이고 조언자였으며, 다른 사람의 일을 잘 봐 주는 유능한 목사이자 교사였다. 그 학식은 사람들의 존경을 받았고, 그 신비로운 지식은 숭배받았으며, 그가 조제하는 약은 흔히 내용도 살펴지지 않고 곧바로 목구멍으로 넘겨졌다. 따라서, 안경을 낀 아이키의 쇠뿔처럼 뾰족한 코와 지식의 무게로 휜 듯한 여윈 몸집은, 블루 라이트 약국 근처에서는 누구 하나 모르는 사람이 없었으며, 그의 조언이나 충고를 듣고 싶어하는 사람도 매우 많았다.

아이키는 가게에서 두 구획쯤 떨어진 리들 부인네 방 하나에 세 들어 살았으며, 아침 식사는 거기서 먹었다. 리들 부인에게는 로지라는 딸이 있었다. 여기서 완곡한 설명을 해 봐야 소용없으리라. 이미 독자도 짐작했겠지만, 아이키는 로지를 사랑했다. 그의 모든 생각은 로지로 말미암아 물들었다. 로지야말로 화학적으로 순수하고, 조제 원리에 알맞는 모든 에센스의 복합체였다. 약품 가운데 그녀에게 필적할 만한 것은 아무것도 없었다. 그러나, 아이키는 마음 약한 사나이였다. 그의 희망은 수줍음과 불안의 용매 속에서 언제까지나 녹지 않고 남아 있었다. 카운터 앞에 서면 의젓하고 당당한 존재였으며 전문적인 지식과 가치를 은근히 자부했지만, 한 걸음 밖에 나가면 약품 얼룩이 묻고 하제(下劑)인 소코트린 알로에와 암모니아 진정제 냄새가 밴 보기 흉한 옷을 걸친, 우유부단하고 둔감하며, 자동차 운전사에게 늘 욕을 먹으면서 두리번두리번 길을 걸어가는 그런 사나이였다.

아이키의 '향료기름 속 파리'[1]—이 얼마나 멋진 비유인가—는 청크 맥고원이었다.

이 맥고원도 로지가 던지는 빛나는 미소의 공을 잡으려고 부심하고 있었다. 그러나 그는 아이키처럼 그저 멍청하게 서 있는 외야수가 아니었다. 그는 로지의 방망이에 탁 맞아 나온 미소의 공을 곧 잡아 버렸다. 더욱이 그는 아이키의 친구이자 단골 손님이기도 했다. 바워리 가에서 즐거운 하루 저녁을 보낸 뒤에는, 곧잘 블루 라이트 약국에 들러서 타박상에 요오드를 발라 달래거나 생채기에 반창고를 붙여 달래곤 했다.

어느 오후, 맥고원은 여느 때처럼 인사도 없이 어슬렁거리고 들어와서는, 가게 안의 동그란 의자에 걸터앉았다. "내 말 좀 들어봐. 실은 꼭 부탁하고 싶은 약이 있는데, 자네한테 있으면 좀 나눠주지 않겠나?"

아이키는 맥고원의 얼굴에 여느 때처럼 싸운 흔적이 있나 살펴보았으나 그런 자국은 전혀 없었다.

---

[1] 구약 성서에서 인용한 '옥에티'라는 뜻. 〈전도서〉 10·1.

"윗도리를 벗게." 아이키가 말했다. "대충 짐작이 가는군. 칼로 늑골이라도 찔렸나? 그 이탈리아나 스페인 계 인간들을 상대로 하다간, 언젠가 한 번은 혼쭐이 날 거라고 몇 번이나 충고하지 않았나?"

맥고원은 빙그레 웃으며 말했다. "그게 아냐. 그 인간들이 아니라고. 하지만, 자네 진단이 맞아떨어지기는 했어. 정말로 상처는 윗도리 밑 늑골 가까이니까. 알겠어, 아이키? 로지와 나는 오늘밤에 함께 달아나서 결혼할 참이야."

약사발 가장자리를 꽉 쥔 아이키의 왼쪽 집게손가락에 힘이 들어가서, 약사발 속을 쑤셔 대면서도 자기는 깨닫지 못했다. 이윽고 맥고원의 얼굴에서 미소가 사라지고, 낭패한 듯이 우울한 표정으로 바뀌었다.

"하지만, 그것도" 맥고원은 말을 이었다. "로지가 그때 가서 갑자기 마음이 변하지 않는다면 말이지. 우리는 2주일 전부터 둘이서 몰래 달아날 계획을 짜 왔다구. 그런데 로지는 낮에 달아나자고 했다가도, 저녁때 가서는 역시 그만두는 게 낫겠다고 하잖아. 그래도, 어찌어찌해서 오늘밤에는 반드시 결행하기로 했지. 로지도 이번만은 이틀째 마음이 변하지 않고 있어. 하지만, 약속 시간까지는 아직도 다섯 시간이나 남았단 말이야. 막상 그때 가서 로지에게 또 골탕을 먹지 않을까 하고 난 무척 걱정이 돼."

"자네 무슨 약이 필요하다고 했지?" 아이키가 물었다.

맥고원은 침착하지 못하고 난처한 표정을 지었다. 평소의 그와는 전혀 다른 태도였다. 그는 매약품 일람표를 둘둘 말아서, 어이없도록 열심히 손가락에 감았다.

"오늘밤에는, 이 두 가지 불리한 조건을 돌파하고 말 거야. 백만달러를 준대도 실패하지는 않을걸" 하고 그는 말했다. "벌써 할렘에 조그만 방까지 얻어 놨다고. 테이블 위에는 국화꽃도 장식해 놓았고, 주전자는 언제라도 물을 끓일 수 있게 되어 있고 말이야. 게다가 9시 반에는 우리를 위해서 준비해 주시도록 목사님과도 약속이 되어 있어. 모든 준비가 다 되어 있지. 로지만 다시 마음이 변하지 않는다면 말이야." 맥고원은 의심과 불안에 사로잡혀 입을 다물었다.

"그렇다면 도무지 이해할 수 없군그래." 아이키가 냉정하게 말했다. "왜 약 얘기는 꺼냈지? 대체 약을 어쩌라는 건가?"

"로지의 아버지 리들 씨가 왠지 나를 좋아하지 않는 모양이야." 이 불안한 구혼자는 어떻게든 자기가 하고 싶은 이야기를 표현해 보려고 애를 쓰면서 말을 이었다. "지난 한 주일 동안, 영감님은 로지가 나와 함께 한 걸음도 외출하지 못하게 했거든. 하숙인이 한 사람 줄어든다는 사실만 없었다면, 그는 아마 진작 나를 쫓아냈을 거야. 나는 일주일에 20달러나 벌고 있으니까, 로지도 이 청크 맥고원과 달아나는 것을 조금도 후회하진 않을 텐데 말이야."

"미안하네, 청크." 아이키가 말을 이었다. "난 이제 곧 찾으러 올 약을 조제해야 하네."

"이봐." 맥고원이 갑자기 얼굴을 쳐들고 말했다. "이봐, 아이키, 무슨 약이 없을까. 말하자면, 여자에게 먹이면, 어쩔 수 없이 그 남자가 좋아져 버리는 그런 가루약 같은 것 말이야."

아이키의 코 밑에서 윗입술이 자기의 지적 우월감으로 말미암아 경멸하듯 일그러졌으나, 그가 무슨 말을 하기도 전에 맥고원이 다시 말을 이었다.

"팀 레이시한테서 들었는데, 그 녀석은 언젠가 주택가에 있는 어떤 의사한테서 그런 약을 얻어가지고, 그걸 소다수에 타서 어떤 여자에게 먹였대. 그랬더니 한 모금만 마셨는데 그 녀석을 아주 열렬하게 사랑하게 돼서 그 아가씨 눈엔 이제 다른 남자는 모두 도무지 값어치 없는 인간으로 보이기 시작했다는 거야. 그 뒤 2주일이 채 되기도 전에 두 사람은 결혼했지."

청크 맥고원은 굳건하고 단순한 청년이었다. 아이키 이상으로 사람을 관찰하는 눈을 가진 독자라면, 맥고원의 굳건한 몸뚱이가 가느다란 줄이 팽팽하게 감긴 악기처럼 몹시 긴장해 있음을 알 수 있을 것이다. 적지에 쳐들어가려는 명장처럼, 그는 절대로 실패하는 일이 없도록 모든 준비를 갖추려 했던 것이다.

"그런 약을 구해서" 청크는 기대에 찬 어조로 계속했다. "오늘 밤 저녁을 먹을 때 로지에게 먹인다면, 그녀도 용기를 얻어서 둘이 달아날 약속을 깨진 않겠지 싶어. 뭐, 로지를 데리고 나가는데 노새를 동원해서 끌게 할 것까지는 없겠지만, 아무래도 여자는 자기 스스로 해내기보다는 코치해 주는 편이 성질에 맞는 모양이야. 그 약이 그저 두 시간만 들어 준다면 모든 일이 해결될 텐데 말이야."

"둘이서 달아난다는 그 바보 같은 행동은 대체 몇 시에 하기로 했나?" 아이키가 물었다.

"9시야." 맥고원이 말했다. "7시에 저녁을 먹고, 8시에 로지는 머리가 아프다면서 자기 방으로 갈 거야. 9시에는 옆집 바벤자노 노인이 나를 노인집 뒷마당에 들여보내 주게 되어 있는데, 그 뒷마당과 리들 씨 집 사이에 있는 울타리의 판자 하나가 떨어져 있지. 나는 로지의 방 창문 밑에 가서, 로지가 비상 사다리를 타고 내려오는 것을 도와 주는 거야. 그런 다음 즉각 뒷일을 목사님에게 맡기는 거지. 로지가 그때 가서 뒷걸음질만 치지 않는다면, 일은 아주 쉽다고. 이봐, 아이키, 그런 약을 한 첩 지어 줄 수 없을까?"

아이키 션스타인은 천천히 코를 문질렀다. "청크" 그는 이렇게 말을 이었다. "그런 것은 약제사로서 가장 조심해야 하는 성질의 약이네. 친한 사이기도 하니 자네라면 그런 약을 지어 줘도 괜찮다고는 생각하지만 말일세. 그래, 다름아닌 자네를 위해서니까 한 첩 지어 주지. 로지가 그걸 먹고, 자네를 어떻게 생각하게 되는지, 한번 확인해 보게나."

아이키는 한쪽에 있는 조제대 앞으로 갔다. 거기서 그는 아주 적은 양의 모르핀이 함유된 수용성 알약 두 개를 갈아서 가루로 만들었다. 그리고 부피를 늘리기 위해 소량의 유당을 섞어서 이 혼합물을 흰 종이에 깨끗이 쌌다. 이 가루는 어른이 먹으면 아무 위험도 없이 몇 시간은 푹 잘 수 있을 것이다. 그는 되도록 물이나 더운물에 타서 먹이라고 주의하면서 이것을 청크에게 주었다. 그리고 이 뒷마당의 '로킨바'[2]로부터 진정으로 고맙다는 인사를 받았다.

아이키의 수법이 얼마나 교묘한지는, 그 뒤 그의 거동을 설명하면 저절로 분명해질 것이다. 그는 심부름꾼을 보내어 리들 씨를 불러와서는, 로지와 달아날 예정인 맥고원의 계획을 모두 일러바쳤다. 리들 씨는 붉은 벽돌 가루를 덮어 쓴 것처럼 얼굴이 붉고, 성질이 급하며 싸움 솜씨가 날랜 건장한 사나이였다.

"그래요, 이것 참 고맙소." 그는 무뚝뚝하게 아이키에게 감사했다. "이놈의 아일랜드 건달녀석 같으니라구! 내 방은 바로 로지 방 위니까, 저녁을 먹고 얼른 윗방을 올라가서, 엽총에 총알을 재고 기다려야지. 이놈 우리 집 뒷마당에 들어오기만 해 봐라. 갈 때는 결혼식 마차 대신 구급차로 돌아가게 해

---

*2 월터 스콧의 서사시 《마미온》의 주인공으로, 뒷마당에 들어가서 신부를 훔쳐 간다.

줄 테다!"

잠의 신 모르페우스[3]에 의해 몇 시간이나 정신없이 잠들어 있을 로지며, 미리 경고를 받아 무장하고 대기할 피에 주린 아버지를 생각하니, 아이키는 이제야 연적이 바로 파멸의 한 걸음 앞에 있는 것을 느꼈다.

그는 밤새도록 블루 라이트 약국에서 가게를 지키며 뜻밖의 비보를 기다렸다. 그러나 아무 소식도 없었다.

이튿날 아침 8시가 되자 낮 당번 약사가 출근했으므로, 아이키는 지난밤의 결과가 어떻게 되었는지 궁금해서 서둘러 리들 부인 집으로 향했다. 그런데 이게 대체 어찌된 일인가? 약국에서 막 뛰쳐나가려는데, 틀림없는 청크 맥고원 바로 그 사람이 지나가던 전차에서 뛰어내려와 느닷없이 그의 손을 덥석 잡았다. 더욱이 얼굴에는 승리자의 미소와 함께 두 뺨에는 훨훨 기쁨의 불꽃이 타오르고 있었다.

"대성공이야!" 청크는 행복의 절정에 있는 듯이 웃으면서 말했다. "로지는 1분 1초도 어김없이 비상 사다리 있는 데로 나타나더니, 9시 30분 15초에는 목사님 앞에서 결혼식을 올렸지. 로지는 지금 내 방에 있네—오늘 아침엔 파란 옷을 입고 달걀 요리를 만들어 주더군. 아아, 이 얼마나 행복한 놈인가, 나는! 이봐, 아이키, 언제 한번 우리 집에 놀러와 줘. 함께 식사라도 하자고. 나는 다리 곁에 좋은 일자리를 구했지, 지금 그리로 가는 길이야."

"그래서……저어……그 약은?" 아이키는 더듬거리며 물었다.

"아, 자네가 준 그 약" 청크는 더더욱 기쁜 듯이 웃으면서 대답했다. "그건 이렇게 했지. 어젯밤 나는 리들 부인 댁에서 저녁 식탁에 앉았을 때, 로지를 바라보며 내 마음을 타일렀지. '청크, 그녀를 손에 넣으려거든, 정정당당하게 해라.—이런 순수한 여자에게, 시시한 수를 써서는 안된다' 하고 말야. 주머니에는 자네가 준 그 약봉지가 들어 있었지. 그런데, 그때 내 눈은 무심코 그 자리에 앉아 있는 다른 사람에게로 옮겨간 거야. 그래서 나는 또 나 스스로 타일렀지. '이 영감님은 미래의 사위에게 아직 제대로 된 애정을 못 느끼고 있다' 하고 말야. 그래서 나는 기회를 엿보아 리들 영감의 커피 잔에 그 가루약을 쏟아 넣었다네. 어때, 이제 알겠나?"

---

[3] 그리스 신화에 나오는 잠의 신 히프노스의 아내로서 꿈의 신. 그러나 통속적으로는 '잠의 신'이라고 한다.

졸음과의 싸움
우리는 결코 속는 것이 아니다. 자신을 속이는 것이다

톰 홉킨스가 어째서 그런 실수를 저질렀는지, 나는 도무지 이해할 수 없다. 그는 큰어머니의 유산을 상속하기 전에 한동안 의학 전문 학교에서 공부했고, 특히 치료학은 그중에서도 그의 장기로 여겨졌기 때문이다.

그날 밤 우리는 함께 어떤 사람을 방문했다. 그곳에서 돌아오는 길에 톰은 자신의 고급 아파트로 가기 전에, 담배나 한 대 피우면서 잡담이나 하자며 내 하숙집에 들렀다. 내가 잠시 옆방에 가 있는데 톰이 큰 소리로 외치는 말이 들렸다.

"빌리, 키니네를 4그레인*¹쯤 먹으려네, 괜찮겠지? 왠지 몸이 찌뿌드드한 게 으슬으슬 한기가 드는군. 감기인 모양이야."

"그래" 나는 대답했다. "병은 두 번째 선반에 있어. 유칼리 기름을 한 스푼쯤 타서 먹으면 좋을 거야. 쓴 맛을 없애 주니까."

나는 다시 방으로 돌아가서 그와 함께 난로 앞에 앉아 파이프 담배를 피웠다. 그런데 8분쯤 지나더니 톰이 잠에 곯아떨어져서 의자에 쓰러졌다.

나는 얼른 약 선반에 가 보았다.

"이런, 멍청한 녀석!" 나는 소리쳤다. "기껏 돈을 써서 공부한 결과가 이 꼴이라니."

톰이 마개를 뽑은 채로 놓아둔 모르핀 병이 그곳에 있었던 것이다.

---

*1 약 0.24그램.

나는 위층에 사는 또 한 사람의 젊은 의사를 깨워서, 두 광장쯤 떨어진 곳의 경륜 있는 의사 게일스 선생을 부르러 보냈다. 톰은 젊은 풋내기 개업의 손에만 맡길 수 없는 큰 부자였다.

게일스 선생이 온 뒤, 톰은 의술이 허용하는 한 가장 비싼 치료를 받았다. 먼저 완화제를 먹인 뒤, 이어 곧 구연산 카페인을 먹이고, 다시 진한 커피를 먹였다. 그런 다음 나와 게일스가 양쪽에서 부축해 방 안을 이리저리 걷게 했다. 게일스 선생은 톰의 몸을 꼬집고 뺨을 때리고 하면서 머지않아 받게 될 많은 사례금을 생각하며 열심히 노력했다. 위층에서 데리고 온 젊은 의사도 눈이 번쩍 뜨이도록 힘껏 톰을 걷어차고는, 변명하듯 나한테 말했다.

"어쩔 수 없잖습니까? 그렇기는 하지만, 백만장자를 걷어차 보기는 오늘이 처음이군요. 앞으로 또 이런 기회가 있겠습니까?"

"자아" 게일스 선생은 두 시간쯤 지났을 때 말했다. "이제 걱정 없소. 하지만, 앞으로 한 시간만 더 잠을 재우지 말아야 하오. 자주 말을 걸고 흔들고 하면 될 거요, 맥박과 호흡이 정상이 되거든 재우시오. 그럼, 뒷일은 선생에게 맡기겠소."

그 뒤에는 나와 톰만 남았다. 톰은 이미 침대에 누웠다. 그는 눈을 반쯤 감은 채 꼼짝도 하지 않았다. 나는 그를 내내 깨어 있게 하는 작업에 들어갔다.

"이봐, 이봐" 나는 말했다. "아주 위험했었는데 그럭저럭 위기는 넘긴 것 같다. 학교에서 강의를 들을 때, 자넨 교수가 m·o·r·p·h·i·a의 철자는 결코 q·u·i·n·i·a가 아니라고 말하는 것을, 우연히나마 들은 적이 없나? 더구나 4 그레인이나 먹다니. 하지만, 멀쩡하게 일어날 때까지는 너무 골리지 않기로 하지. 그건 그렇고, 어쨌든 약을 제대로 썼어야지. 처방할 자격이 충분한 사람이 말이야."

톰은 빙그레 웃으면서 내 얼굴을 쳐다보았다.

"이봐, 빌리" 그는 속삭이듯이 말했다. "지금 나는 말이야, 가득 피어 있는 값비싼 장미꽃 주위를 날아다니는 벌새가 된 기분이야. 귀찮게 굴지 말라고, 지금부터 잘 테니까."

2초쯤 지나니 그는 벌써 잠들어 버렸다. 나는 그의 어깨를 붙잡고 흔들었다.

"이봐, 톰." 이번에는 좀 엄하게 말했다. "안돼. 적어도 앞으로 한 시간은 자면 안된대. 게일스 박사가 말했잖아? 자, 눈을 뜨라고. 자네는 아직도 완전히 마음을 놓을 수 없단 말이야. 자, 눈을 떠."

톰 홉킨즈는 몸무게가 1백 98파운드나 되는 거구였다. 그는 다시 졸린 듯 빙그레 웃고는, 아까보다 더욱 깊이 잠들어 버렸다. 나는 그의 몸을 움직이려고 했으나, 그것은 클레오파트라의 첨탑[*2]과 방 안에서 왈츠를 추는 것처럼 도무지 불가능한 일이었다. 그러는 동안에 톰은 코를 골기 시작했다. 이것은 모르핀 중독의 경우 위험을 의미한다.

그래서 나는 생각했다. 몸을 아무리 해도 움직일 수 없다면, 어떻게든 마음에 자극을 주어야 한다.

'화나게 하자'는 생각이 자연스레 내 머리에 떠올랐다. 묘안이라고 여겨졌다. 그런데, 어떻게 화를 내게 한다? 톰은 도무지 결점이 없는 인간이다. 정말 좋은 녀석이다. 인품은 온후하고 품위 있는 데다가 성실하며, 햇빛처럼 청결하고 어디 하나 나무랄 데 없는 신사였다. 그는 아직도 이상이니 도덕이니 하는 것이 남아 있는 남부의 어느 주 출신이다. 그는 뉴욕에 매혹당했으나 오염되지는 않았다. 그래서 여성에 대해서 옛날 같은 의협적인 존경심을 품고 있었다. 좋아, 그것으로 하자, 잘 됐다, 나는 이 생각을 일이 분 동안 머릿속에서 이리저리 굴려 보았다. 하필이면 이 톰 홉킨스 같은 인간에게 그런 트집을 잡아야 한다고 생각하니, 나는 저도 모르게 킥킥 웃음이 솟아 나왔다. 그래서 그의 어깨를 잡고, 귀가 흔들리도록 마구 흔들어 주었다. 그는 나른하게 눈을 떴다. 나는 조롱과 경멸의 표정을 짓고, 코 끝 2인치까지 손가락을 들이대며 말했다.

"야, 홉킨스, 내 말 잘 들어." 나는 신랄하고 단호한 어조로 말했다. "너와 난 오늘까지 친구였다. 하지만 너처럼 악당 같은 짓을 하는 놈은, 앞으로 우리 집에 다시는 발을 들여놓지 못하게 할 테니 그런 줄 알아라."

톰은 아무런 반응도 보이지 않았다.

"왜 그래, 빌리?" 그는 침착하게 중얼거렸다. "어디 옷이라도 끼니?"

"만일 내가 네 처지라면" 나는 계속했다. "다행히도 아니기에 망정이지, 아

*2 고대 이집트의 대형 오벨리스크. 지금은 런던의 템즈 강변과 뉴욕의 센트럴파크에 각각 하나씩 옮겨져서 남아 있다.

마 나는 편안히 잠도 못 잘 게다. 쓸쓸한 나무의 솔밭 속에 내동댕이치고 온 그 아가씨는, 대체 어떻게 될 것 같냐……네가 그 하찮은 재산을 손에 넣은 뒤로 까맣게 잊어버린 그 아가씨 말이야. 나는 다 알고 있어. 네가 가난한 의학생이었을 때는, 그 아가씨로 만족했었지. 그런데 이제 백만장자가 되고 보니, 그럴 수 없게 됐다 이 말이지. 그 아가씨가 존경하도록 교육받아 온 특별한 계급 사람들, 이른바 남부 신사의 너와 같은 태도를 그 여자는 어떻게 생각하겠나? 너한테 이런 말을 해야 하다니, 나로서도 무척 유감이다. 아무튼 너라는 놈은 시치미를 떼고 연극하는 게 꽤 익숙한 인간이구나. 덕분에 하마터면 나는 네가 그런 비열한 인간이 아니라고 사람들 앞에서 증언할 뻔했다."

가엾은 톰, 그가 안간힘을 쓰며 마취제 힘에 저항하는 모습을 지켜보노라니, 그만 웃음이 터져 나올 것만 같았다. 분명히 그는 화를 내고 있었다. 무리도 아니다. 톰에게는 남부의 피가 흘렀다. 그는 이제 눈을 뜨고 있었다. 그 눈이 한두 번 불처럼 번뜩였다. 그러나 약기운 때문에 아직도 머리가 멍청해서 혀가 제대로 움직이지 않았다.

"이……이 자식!" 말을 듣지 않는 혀로 그는 말했다. "두……두……두들겨 줄 테다!"

그는 침대에서 일어나려고 애썼다. 이 거구의 사나이도 이제는 완전히 힘이 빠져 있었다. 나는 한 손으로 떠다밀어 버렸다. 그는 덫에 갇힌 사자처럼 눈을 번쩍이면서 누워 있었다.

"이것으로 한참은 견디겠지. 정말 성가신 녀석이군." 나는 속으로 중얼거렸다. 한 대 피우고 싶었으므로 일어서서 파이프에 불을 붙였다. 나의 멋진 생각에 혼자 우쭐해져서 나는 코를 벌름거리며 잠시 걸어다녔다.

코고는 소리가 들렸다. 돌아보니 톰은 다시 잠들어 있었다. 다가가서 턱을 한 대 갈겼다. 그런데 그는 바보처럼 기쁜 듯이, 그리고 기분 좋은 듯이 나를 쳐다보았다. 나는 파이프를 물고 거칠게 호통쳤다.

"빨리 정신 차리고, 냉큼 이 방에서 나가!" 나는 모욕하듯 말했다. "내가 널 어떻게 생각하는지는 방금 내가 말한 대로다. 아직 조금이라도 염치와 성실성이 있다면, 신사들 사이에 끼기 전에 다시 한 번 잘 생각해 봐. 가엾은 아가씨가 아니냐." 나는 이 부분에서 비웃어 보였다. "그래 너한테 돈이 생겼다고, 당장 못나고 멋없는 여자로 보이기 시작하더냐? 아마도 5번가를 함께 거닐기가 부끄러워졌겠지. 너는 보통 비열한 놈의 마흔 일곱 배나 비열한 놈이야. 누가 네 돈을 탐낸다던? 나는 탐내지 않는다. 그 아가씨도 탐내지 않을 게다. 돈만 들어오지 않았더라도, 너는 좀 더 성실한 인간이 되었을 텐데. 그런데 너는 네 스스로 야비한 인간이 되어 버렸다. 그러고는……." 이건 제법 연극조가 그럴싸하다고 스스로 감탄했다. "한 정숙한 여인을 실망시켰단 말이다." (우리의 톰 홉킨스가 정숙한 여인을 실망시키다니, 그런 우스꽝스러운 일이 어디 있어?)

"자, 냉큼 나갓!"

나는 톰에게 등을 돌리고, 거울에 비치는 내 얼굴에 눈을 찡긋해 보였다. 톰이 움직이는 기척이 들려서 얼른 돌아보았다.

1백 98파운드의 거구가 등 뒤에서 덮쳤다간 견뎌 낼 재간이 없다. 그런데 톰은 조금 돌아누웠을 뿐이며, 얼굴 위에 한쪽 팔을 올려놓고 아까보단 조금 뚜렷하게 중얼거렸다.

"설령 온 세상 사람들이……너에 대해서 터무니없는 소릴 했다고 하더라도……난, 빌리, 난 너한테……그런 식으로는 말할 수 없을 거야. 일어서기만 해 봐라, 당장……네 목을 분질러 놓을 테다. 잊지 말아라."

이때 나는 좀 꺼림칙한 기분이 들었다. 그러나 이것도 모두 톰을 살리기 위한 일이다. 날이 샌 뒤 까닭을 이야기하면, 한바탕 우스개 소리로 들어넘기지 않겠는가.

20분쯤 지나니 톰은 편안히 잠들어 버렸다. 나는 그의 맥을 짚어 보고 호흡을 살펴 본 뒤, 그대로 재워 두웠다. 모든 것이 정상이었다. 톰은 살아난 것이다. 나는 옆방에 가서 침대로 기어들어갔다.

이튿날 아침에 눈을 떠보니, 톰은 벌써 일어나서 옷을 입고 있었다. 기분은 여느 때와 조금도 다름없었으며, 다만 신경이 바르르 떨리고 혀가 흰 떡갈나무 조각처럼 되어 있을 뿐이었다.

"나 참, 얼이 빠져도" 그는 깊이 생각하는 듯이 말했다. "그 약을 먹으면서, 키니네 병치고는 좀 이상하다고 생각했던 기억은 나는군. 나를 정신차리게 하느라고 무척 애썼지?"

아니, 하고 나는 대답했다. 이제까지 있었던 일을 그는 딱히 기억하지 못하는 것 같았다. 특히 그가 잠들어 버리지 않게 하려고 내가 무던히 고생한데 대해서는 전혀 기억이 없는 것 같았으므로, 아무 말도 하지 않기로 했다. 언젠가 그의 기분이 더 좋아졌을 때 털어놓고 한바탕 웃어야지 하고 생각했다.

나갈 준비를 다 끝낸 톰은 문을 열고 서서 나와 악수했다.

"정말 고마워." 그는 조용히 말했다. "그렇게 애를 써줘서……그리고, 여러 가지를 말해 줘서. 지금 곧 그 여자에게 전보를 치러 갈 참이야."

인생은 연극
인생은 운명의 신이 꾸며내는 농담 같은 것

며칠 전에 신문 기자인 친구한테서, 지금 한창 인기인 어떤 소극장의 초대권을 얻었으므로 그와 함께 공연을 보러 갔다.

공연 목록 가운데 바이올린 독주가 있었다. 연주자는 아직 마흔을 넘지 않았는데, 풍성한 머리가 아주 하얗게 센 특이한 용모의 남자였다. 나는 음악에는 크게 흥미가 없었으므로, 소리 구성 등에는 도무지 관심이 없고 그저 연주자의 얼굴만 바라보았다.

"실은 한두 달 전에 저 사람이 화제의 인물이 된 적이 있지." 기자가 말했다. "내가 그 사건을 취재하게 되었는데, 가벼운 흥미 위주의 읽을거리로 만들어서 박스 기사로 낼 예정이었지. 편집장은 내가 이따금 쓰는 3면 기사의 유쾌한 분위기의 기사가 마음이 드는 모양이야. 사실 지금 코메디 같은 읽을 거리를 하나 쓰고 있는 중이긴 해……아무튼 나는 곧바로 분장실에 들어가서 여러 재료를 모았지. 그렇지만, 그게 아무리해도 잘 정리가 되지 않는단 말이야. 신문사로 돌아가서 써 보았더니 마치 이스트 사이드의 장례식 기사를 희화화한 것 같은 얘기가 돼 버렸잖아. 왜냐구? 유쾌한 어조의 문장만 써 온 내 펜으로는, 잘 파악할 수 없었다는 이야기가 될지도 몰라. 자네라면 그것을 소재로 해서 도입부용으로 1막짜리 비극을 하나 만들 수도 있을 거야. 나중에 내 자세히 이야기해 주지."

극이 끝난 뒤 친구인 신문 기자는 포도주를 마시면서 그 이야기를 들려주었다.

"어째서 그게" 나는 그가 이야기를 다 마쳤을 때 말했다. "저도 모르게 웃음이 터져 나오는 재미있고 유쾌한 읽을 거리가 되지 않을까? 만일 그 세 사람이 실제로 무대에서 연극하는 배우였더라도, 그보다 기묘하고 어이없는 연기는 할 수 없을 것 같은데 말이야. 아니, 솔직한 얘기로 무대란 하나의 사회고, 거기에 나오는 배우들도 이 세상의 흔해빠진 남녀에 지나지 않는다고 나는 생각하네. 셰익스피어의 말을 인용한다면, 인생은 연극이라고 말하고 싶어."

"그럼, 자네가 한번 써 보지 않겠나?" 기자가 권했다.

"좋아, 해보지." 내가 말했다. 그리하여 어떻게 하면 그 이야기가 신문 박스 기사에 적합한 재미있는 읽을 거리가 될 수 있는지 그에게 보여 주고자 다음과 같은 이야기를 썼다.

애빙던 스퀘어 가까이에 건물이 한 채 있다. 그 아래층에 지난 25년 동안 장난감과 잡화와 문방구 등을 팔고 있는 조그만 가게가 있다.

20년 전 어느 날 밤, 그 가게 2층에서 결혼식이 치러졌다. 이 가게와 건물은 메이오라는 미망인의 소유물이었다. 이 부인의 딸 헬렌이 프랭크 배리라는 청년과 결혼식을 올린 것이다. 들러리는 존 델러니라는 청년이었다. 헬렌은 열 여덟 살로 전에 어느 조간 신문에 몬테나주 뷰트 출신의 '여자 살인마' 기사 바로 옆에 그녀의 사진이 실린 적이 있었다. 그러나 독자가 눈과 머리를 써서 이 둘의 연관성을 부인하고 얼른 확대경을 집어 들어 사진 밑을 보았다면, 그녀가 로어웨스트사이드 지역 미인 대회 출연자라는 것을 알았을 것이다.

프랭크 배리와 존 델러니는 한동네에 살았으며, 동네에서 으뜸가는 미남들인 데다가 둘도 없는 친한 친구였다. 막이 오를 때마다 싸움 장면을 기대하고 싶어질 만큼 의좋은 친구였다. 오케스트라의 좌석이나 소설책에 돈을 내는 사람은, 모두 그런 장면을 기대하는 법이다. 사실 이 이야기도 그런 어이없는 발상에서 전개된다. 다시 말해서, 두 사람은 헬렌을 차지하기 위해 맹렬한 경쟁을 벌였던 것이다. 그리하여 프랭크가 승리를 거두자 존은 남자답게 그와 악수하고 그를 축복했다. 진심으로 축복했다.

식이 끝나자 헬렌은 모자를 가지러 3층으로 달려 올라갔다. 그녀는 여행용 드레스를 입은 채 결혼식에 나갔었다. 그녀와 프랭크는 이제부터 일주일 동안 올드 포인트 컴퍼트 해안으로 신혼 여행을 떠날 참이었다. 아래층에서는 왁자하게 떠들기 좋아하는 그 아파트 주민들이, 손에 손에 낡은 구두며 옥수수 가루 봉지를 들고 기다렸다.

그때 드르륵 소리도 요란하게 비상용 승강구가 열리더니, 거의 반 미친 상태가 된 존 델러니가 머리를 헝클어뜨리고 그녀의 방으로 뛰어들어왔다. 그러고는 이제 친구의 아내가 되어 버린 여자에게 격렬하게 책망하듯 연모의 정을 호소하고, 자기와 함께 리비에라나 브롱크스, 아니면 '하늘'과 '달콤한 꿈'이 있는 이탈리아의 어느 옛 도시로 달아나자고 간청했다.

야멸차게 거절하는 헬렌의 단호한 태도를 보았더라면, 아무리 희극물이 장기인 블레이니 씨라도, 아마 뒤로 벌렁 나자빠져서 까무러쳐 버렸을 것이다. 그녀는 커다랗게 뜬 눈에 경멸의 빛을 띠고, 정숙한 숙녀에게 그런 음란한 말을 하다니 그게 무슨 짓이냐고 심하게 꾸짖어 그의 기를 꺾어버렸다. 이어 그녀는 그에게 나가 달라고 명령했다. 평소의 사내다움도 없이 그는 고개를 푹 숙이더니, '나도 모르게 충동에 못 이겨서' 그랬으며, '당신의 모습은 평생 내 가슴에서 사라지지 않을 것'이라는 말을 떠들어댔다. 그녀는 여기서 떠나라고 말없이 비상구를 가리켰을 뿐이었다.

"나는 지구 끝으로 가겠소." 델러니가 말했다. "가장 먼 지구 끝으로 가 버릴 것이오. 당신이 다른 남자의 여자라는 것을 알면서 가까이에 머물러 살 수는 도저히 없소. 나는 아프리카로 가겠소. 그리고 낯선 땅에 살면서, 어떻게든……."

"제발 빨리 나가요." 헬렌은 말했다. "누가 와요."

남자는 한쪽 무릎을 꿇었다. 헬렌은 그가 작별의 입맞춤을 할 수 있도록 하얀 손을 내밀었다.

세상 여자들이여, 그대들은 열렬히 원한 남성을 손에 넣어 놓고, 한편에서는 사랑하지도 않는 남자로 하여금 이마의 머리칼이 땀에 젖은 채 달려오게 하고, 그대 앞에 무릎을 꿇게 하고, 먼 지구 끝으로 가겠다는 말을 뇌까리게 하고, 무슨 일이 있어도 자기의 가슴 속에는 아마란스 꽃*¹이 영원히 피어

---

*1 영원히 시들지 않는다는 전설의 꽃.

있을 것이라고 고백하게 하는, 그런 최고의 은총을 그대들은 작고 위대한 사랑의 신 큐피드로부터 받은 적이 있는가? 자신의 아름다움의 힘을 알고, 자기의 행복한 처지를 황홀히 확인하면서, 사랑을 잃은 남자가 그대들의 손등에 마지막 입맞춤을 할 때, 자기의 손톱이 깨끗이 손질되어 있는 것을 좋아하면서 이 불행한 남자도 마침내 먼 이국으로 떠나 버리는구나 하고 생각한다는 것은 오오, 세상 여자들이여, 감히 말하노니 그것은 고염(苦鹽) 덩어리이니라! 절대로 집어서는 안되는 고염 덩어리이니라!

왜냐하면, 그때—짐작이 가겠지만—갑자기 방문이 확 열렸기 때문이다. 신부가 모자끈을 매는 데 너무 시간이 걸려서 이상하게 여긴 신랑이 방으로 뛰어들어온 것이다.

그때 헬렌의 손에 작별의 입맞춤을 한 존 델러니는 창문으로 해서 비상구로 뛰어나가는 중이었다.

바란다면 여기서 잠깐 느린 음악을 넣어도 좋다. 구슬픈 바이올린과 희미한 클라리넷 그리고 첼로. 아무튼, 방 안의 정경을 상상해 주기 바란다. 치명적일 수 있는 깊은 상처를 마음에 입은 프랭크는, 그만 흥분하여 창백한 얼굴로 뭐라고 소리치기 시작했다. 헬렌은 그에게 매달려 사정을 설명하려고 안간힘을 썼다. 그는 그녀의 팔목을 움켜쥐어 자기 어깨에서 떼어내고는 한 번, 두 번, 세 번 그녀를 이리 밀어내고 저리 밀어 던지고……어떻게 했는지 자세한 것은 무대 감독에게 묻기 바란다. 마침내 그녀는 떠밀려서 방바닥에 쓰러져 몸부림치며 울었다. 그는 이제 두 번 다시 네 얼굴을 보고 싶지 않다고 고함을 치며 달려나가서, 눈이 둥그래진 손님들을 헤치고 집 밖으로 뛰쳐나갔다.

그런데 이것은 연극이 아니라 실제로 있었던 일이므로, 다음 막이 오를 때까지의 20년 동안 관객들의 신상에도 변화가 생겨 결혼을 했거나, 죽었거나 머리가 하얗게 세었거나, 부자가 되었거나 가난해 졌거나, 행복하게 되었거나, 불행해졌거나 하는 온갖 일들이 일어나야 한다.

배리 부인은 그 건물과 가게를 상속받았다. 서른여덟 살이 되었지만, 지금도 미인 대회에 나가면 열여덟 살 먹은 처녀들을 상대로 당연 최고점을 딸 것이 틀림없다고 여겨질 정도였다. 그녀의 결혼식의 희극을 기억하는 사람은 거의 없었지만, 그녀는 결코 그것을 숨기려 하지 않았다. 장뇌나 나프탈렌 속에 간직해 두려고도 하지 않는 대신, 그것을 잡지 따위에 팔아먹지도 않았다.

어느 날, 돈 잘 버는 중년 변호사가 그녀의 가게에 법률 용지와 잉크를 사러 와서, 카운터 너머로 그녀에게 청혼했다.

"무척 기쁘게 생각해요." 헬렌은 상냥하게 대답했다. "고마워요. 하지만 전 20년 전에 어떤 사람과 결혼한 몸이에요. 그 사람은 남자답다기보다 오히려 바보 같다고 말하는 편이 어울리지만, 저는 아직도 그이를 사랑하는 것 같은 기분이 들어요. 하기야, 그와 함께 있었던 시간은 결혼식이 끝난 뒤 고작 30분 정도밖에 안되지만요. 저, 필요하신 잉크는 복사용 잉크예요, 아니면 필기용 잉크예요?"

변호사는 고풍스런 예법에 따라 카운터 너머로 머리를 숙여 헬렌의 손등에 정중히 입을 맞추고 나갔다. 헬렌은 한숨을 쉬었다. 작별의 입맞춤은 아무리 낭만적이라도, 조금은 야단스러운 몸짓이 더 나은 것 같다. 지금 그녀는 서른여덟 살이지만 아직도 충분히 아름답고 누구에게나 존경받고 있었다. 그런데 그녀가 청혼하는 이들로부터 받는 것은 언제나 비난이 아니면 작별의 말뿐이었다. 더욱 더 나쁜 점은, 이 마지막 청혼자의 경우는 단골 손님까지 하나 잃게 되는 셈이었다.

장사가 제대로 되지 않아 헬렌은 방을 세놓는다는 쪽지를 써서 집 앞에 매달았다. 3층의 넓찍한 방 두 칸이 세들 사람을 위해서 치워졌다. 세들겠다는 사람들이 잇달아 찾아와서는 아쉬운 듯이 떠나갔다. 배리 부인의 집은 깨끗이 정돈되고 쾌적했으며, 고상한 취향의 주거지였기 때문이다.

어느 날, 바이올린을 켜는 라몬티라는 남자가 3층 앞방을 빌릴 계약을 했다. 시끄러운 주택가는 이 음악가의 섬세한 귀에는 감내할 수 없는 것이었으므로, 한 친구가 소음의 사막에 있는 이 오아시스로 그를 보냈던 것이다.

라몬티는 짙은 눈썹과, 아직도 젊은 얼굴, 끝이 뾰족한 이국형 턱수염, 특징적인 회색 머리털, 밝고 쾌활하고 인자한 태도로 드러나는 예술가 기질로 하여, 이 애빙던 스퀘어 옆의 옛집으로서는 환영할 만한 사람이었다.

헬렌은 가게 2층에 살았다. 이 집의 구조는 좀 색달랐다. 홀이 크고 거의 정사각형이었다. 그 한 변 끝을 가로질러 3층으로 가는 층계가 있었다. 이 홀을 거실 겸 사무실로 쓰려고 그녀는 여기에 알맞은 세간들을 갖다 놓았다.

책상을 가져다 놓고 장사에 필요한 편지를 썼으며, 밤에는 훈훈한 난로 앞에 앉아 밝은 등불 아래 뜨개질을 하고 책을 읽고 했다. 라몬티는 이 방의 분위기가 무척 마음에 들어 많은 시간을 여기서 보냈으며, 자기가 사사한 어느 저명하고 꽤 까다로운 바이올리니스트와 함께 생활했던 파리의 낭만적인 삶을 배리 부인에게 들려주곤 했다.

그 다음에 두 번째로 방을 얻어 든 사람은 이제 사십대에 들어선 우울한 표정의 잘생긴 남자로, 신비로운 갈색 턱수염을 기르고 묘하게 호소하는 듯한 텅빈 눈을 가진 사람이었다. 그도 헬렌의 사교장을 좋아하게 되었다. 로미오의 눈과 오델로의 혀로써 그는 먼 이국 이야기를 헬렌에게 들려주어 그녀를 황홀하게 만들기도 하고, 품위 있는 부드러운 표현으로 그녀의 속을 떠보곤 했다.

헬렌은 처음 만났을 때부터, 이 남자 앞에 있으면 이상하게 끌리며 강렬한 전율을 느꼈다. 그의 목소리는 어쩐지 그녀를 다시 청춘의 낭만 시대로 데려다 주었다. 이 감정은 차츰 발전했으며, 그녀는 점점 그 속으로 빠져 들어갔다. 그리하여 그것은 이 사람이 그 젊은 날의 로맨스 속의 주요 인물 가운데 한 사람이었다는 본능적인 확신을 그녀에게 심어 주었다. 여기서 그녀는 여성 특유의 논리로써(그렇다, 여성이란 흔히 그런 법이다) 보통의 삼단 논법이나 정리(定理)나 논리를 껑충 뛰어넘어 버렸다. 남편이 돌아왔다고 생각해 버린 것이다. 왜냐하면, 헬렌은 그의 눈동자 속에서 여자라면 결코 잘못 볼 수 없는 사랑의 표시와 무서운 회한과 비탄을 보았으며, 그것들은 사랑에 보답하려면 그것이 가장 지름길이라고 여기게 할 만큼 강한 연민의 정을 그녀의 마음 속에 불러 일으켰기 때문이다. 사랑의 보답은 인간이 지은 집의 필수 요소였다.

그러나 그녀는 그런 기색을 전혀 보이지 않았다. 20년 동안 곳곳을 돌아다니다 문득 돌아온 남편이, 언제나 신을 수 있도록 슬리퍼가 가지런히 놓여 있다든가, 언제라도 담배에 불을 붙일 수 있도록 성냥이 준비되어 있기를 기대할 수는 없을 것이다. 그 전에 죄를 뉘우치는 설명이나 해명쯤은 있어야 마땅했고, 이쪽에서도 넋두리 한자리쯤 늘어놓을 만도 하잖은가. 조금은 속죄의 고통을 맛본 뒤에 진심으로 부끄러워한다면, 하프와 왕관을 맡기는 것도 좋으리라. 그래서 그녀는 남편이라고 짐작하고 있거나 느끼는 것을 손톱만큼도 내색하지 않았다.

그런데, 내 친구인 신문 기자는 이 이야기에서 우스꽝스러운 데를 조금도 발견할 수 없다고 말한다. 아주 유쾌한 어이없고 우스꽝스러운 이야기를 만들라는 지시를 받았는데 도무지 그 재미를 모르겠다는 것이니……아니, 나는 친구를 헐뜯을 생각은 없다. 이야기를 더 진행해 나가기로 하자.

어느 날 밤, 라몬티는 헬렌의 거실 겸 사무실에 들어와서, 예술가의 부드러움과 열정으로 사랑을 고백했다. 그 말은 몽상가와 실천가가 동거하는 사나이의 마음에 타오른 성화(聖火)의 불꽃이었다.

"부인의 대답을 듣기 전에, 한 가지 말씀드려 둬야 할 일이 있습니다." 라몬티는 헬렌이 당돌함을 책망할 겨를도 주지 않고 말을 이었다. "라몬티는 부인 앞에서 내세울 저의 유일한 이름입니다. 제 매니저가 지어 준 이름이지요. 저는 자기가 어떤 인간인지, 어디 출신인지 전혀 모릅니다. 어느 날 병원에서 눈을 떴을 때가, 저의 첫 기억입니다. 저는 그때 이미 청년이었습니다. 그 뒤 몇 주일 동안 그 병원에서 살았습니다. 그 전의 생활은 깨끗이 비어 있습니다. 다른 사람들한테서 들은 말로는, 머리에 상처를 입고 길바닥에 쓰러져 있다가 발견되어, 구급차로 병원에 실려왔답니다. 쓰러졌을 때 포석에 머리를 부딪친 것 같다는 얘기더군요. 저의 신원을 밝힐 만한 것이 아무것도 없고, 과거에 관한 것은 무엇 하나 기억에 남아 있지 않습니다. 병원에서 나온 뒤, 저는 바이올린을 배웠지요. 그리고 바이올리니스트로서 성공했습니다. 배리 부인, 저는 부인의 이름을 이것밖에 모릅니다. 저는 부인을 사랑합니다. 처음 부인을 만났을 때, 부인이야말로 제가 평생 찾던 이 세상의 유일한 여성임을 깨달았습니다. 그리고……" 이런 종류의 사랑 고백이 오래오래 이어졌다.

헬렌은 다시 젊음을 느꼈다. 처음에는 여자로서의 긍지의 파도가, 이어 허영의 감미로운 전율이 온몸에 밀어닥쳤다. 그녀는 라몬티의 눈을 보았다. 그러자, 무서운 고동이 심장을 뚫고 지나갔다. 이 고동은 그녀가 전혀 예기치 않던 것이었다. 그녀는 소스라치게 놀랐다. 이 음악가가 이미 그녀의 인생에 커다란 요소가 되어 있음을 처음으로 깨달은 것이다.

"라몬티 씨, 정말 미안합니다만, 전 이미 결혼한 여자예요." 그녀는 슬픈 듯이 말했다. (잊어버리지 않도록 말해 두지만, 여기는 무대가 아니라 애빙던 스퀘어에 가까운 낡은 옛집의 안이다.) 그리고 헬렌은 희극의 여주인공이 이윽고 그렇게 하지 않을 수 없듯이, 자기의 슬픈 과거를 털어놓았다.

라몬티는 그녀의 손을 잡아 몸을 굽혀 입을 맞추고는, 위층의 자기 방으로 물러갔다.

헬렌은 의자에 깊숙이 앉아 슬픈 듯이 자기 손을 들여다보았다. 그것도 무리는 아니다. 세 청혼자가 모두 이 손에 입을 맞추고는, 적토마를 타고 달려가 버렸으니 말이다.

한 시간쯤 지났을 때, 그 텅빈 눈동자의 신비롭고 신원이 뚜렷하지 않은 남자가 들어왔다. 그때 헬렌은 흔들거리는 등의자에 앉아 털실로 어디에 써야 할지도 모르는 것을 뜨고 있었다. 그는 계단을 내려와서 이야기하기 위해 걸음을 멈추었다. 테이블을 사이에 두고 마주 앉더니, 그도 느닷없이 사랑의 말을 쏟아 놓았다. "헬렌, 당신은 나를 기억하지 못하오? 나는 당신의 눈이 그것을 말하는 줄 알고 있소. 지난 일은 다 없는 것으로 돌리고, 20년 동안이나 간직해 온 내 사랑을 떠올려 주지 않겠소? 나는 당신에게 몹시 미안한 짓을 해 버렸소. 당신 곁으로 돌아오기가 무서웠소. 그러나 내 이성은 사랑에 지고 말았소. 여보, 나를 용서해 줄 수는 없소?"

헬렌은 일어섰다. 신비로운 사나이는 떨면서 그녀의 한 손을 꼭 쥐었다. 그녀는 꼼짝도 않고 서 있었다. 이런 멋진 장면을, 그리고 그녀의 마음의 움직임을 누구도 무대에서 표현할 수 없었다는 것은 참으로 유감스러운 일이다.

실은 그녀의 마음은 둘로 갈라져 있었다.

신랑에 대한 잊지 못할 처녀의 애정은 틀림없이 그녀의 것이었으며, 처음에 선택한 남자에 대한 깨끗하고 곱고 귀하게 간직된 추억은 그녀 마음의 반을 채우고 있었다. 그녀는 그 순수한 감정으로 기울어져 갔다. 존경과 정절과 언제나 사라지지 않는 달콤한 로맨스가 그녀를 거기에 묶어 놓았다. 그러나, 그녀의 마음과 영혼의 나머지 절반은 다른 것으로 채워져 있었다. 현재의 더욱 충실하고 더욱 친근한 감동으로 차 있었던 것이다. 이리하여, 옛 것과 새것이 그녀의 마음 속에서 거세게 싸웠다. 그녀가 망설이고 있는데, 위층 방에서 부드럽고 가슴을 옥죄는 듯한, 슬프게 울리는 바이올린 소리가 들려왔다. 음악이라는 마녀는 왕자의 마음조차 움직이는 법이다. 심장이 소매 위에 나와 있는 사람이라면 까마귀가 쪼아봐야 아프지도 가렵지도 않겠지만, 심장이 고막에 있는 사람에게는 음악이 더없이 훌륭한 효과를 빚어내는 법이다.

그 음악과 음악가가 그녀를 불렀다. 동시에 체면과 옛 사랑이 그녀를 붙잡았다.

"나를 용서해 주오." 그는 애원했다.

"당신이 사랑한다고 하는 그 사람과 떨어져 살기에는, 20년이란 세월이 너무나도 길지 않았을까요?"

그녀는 원망스러운 듯이 말했다.

"어떻게 설명하면 좋겠소?" 그는 간절히 말했다. "그래 모든 것을 다 털어 놓겠소. 그날 밤, 그가 이 집에서 뛰쳐나갔을 때 나는 그 뒤를 따라갔소. 나는 질투에 미쳐 있었던 거요. 어두운 거리에서 나는 그를 후려쳤소. 그는 쓰러져서 일어나지 않았소. 살펴보니, 돌에 머리가 부딪쳤던 것이오. 그를 죽일 생각까지는 없었소. 그저 사랑과 질투로 미쳤을 뿐이었소. 나는 근처에 숨어서 그가 구급차에 실려 가는 것을 보았소. 여보, 헬렌, 물론 당신은 그와 결혼했었소. 하지만……."

"아니! 당신은 대체 누구죠?" 그녀는 눈을 커다랗게 뜨고 그의 손을 뿌리치며 소리쳤다.

"나를 기억하지 못하겠소, 헬렌, 언제나 당신을 누구보다 깊이 사랑해 온 나를? 존 델러니요. 만일 당신이 용서해 준다면, 나는……."

그러나 그녀는 이미 그 자리에 없었다. 달리며, 뒹굴며 뛰면서 층계를 올라간 그녀는, 음악과 이미 그녀를 기억에서 잃어버렸지만 두 번째 인생에서 그녀를 유일한 여성으로 알고 있는 사람 앞으로 달려갔다. 그녀는 흐느끼며, 소리쳐 불렀다.

"프랭크! 오오, 프랭크! 나의 프랭크!"

이렇게 세 영혼이 세 개의 당구공처럼 세월에 희롱당한 것이다. 내 친구인 신문 기자가 이 이야기에서 조금도 우스꽝스러움을 발견하지 못했다니, 대체 무슨 말일까?

할렘의 비극
누구나 자기의 지혜로 알 수 있는 것만을 존중한다

할렘[1]

핑크 부인은 아래층에 사는 캐시디 부인 집에 들렀다.

"어때, 내 얼굴, 굉장하지?" 캐시디 부인이 물었다.

그러고는 핑크 부인에게 보여 주려고 자랑스러운 듯이 얼굴을 그녀 쪽으로 돌렸다. 한쪽 눈이 자줏빛으로 커다랗게 부어 올라 거의 감겨 있었다. 입술은 터져서 아직도 피가 조금 났고, 목 양쪽에는 억센 손가락 자국이 벌겋게 남아 있었다.

"우리 남편은 나한테 그런 심한 짓을 할 엄두도 내 본 적이 없어, 애." 핑크 부인은 부러움을 감추면서 말했다.

"나는 적어도 일주일에 한 번쯤은 마누라를 패주는 남편이 아니면 싫더라." 캐시디 부인은 이렇게 선언했다. "때리는 것도 애정이 있으니까 그러는 게 아니겠니? 이번에 잭의 폭력은 내버려두면 자연히 낫는 그런 것과는 좀 달라. 지금도 아픈걸. 하지만 우리 남편은 때린 뒤엔 그 보상으로 얼마나 잘 해 주는지 몰라. 이런 눈이면 적어도 극장표와 실크 블라우스쯤은 틀림없이 사줄 거야."

"우리 집 그인 신사니까, 나한테 손 대는 일은 절대로 없단다." 핑크 부인은 자못 자랑스러운 듯이 말했다.

---

[1] 뉴욕시 맨해튼 북동부에 있는 흑인 주택 지구.

"농담 말아, 매기." 캐시디 부인은 이렇게 비웃으며 하마멜리스[*2]를 상처에 발랐다. "정말은 부럽지? 네 남편은 냉담하고 용기가 없어서 널 때리지도 못하는 거야, 애. 집에 돌아와서도 그저 꿀 먹은 벙어리처럼 앉아서 신문이나 읽을 뿐이고. 어때, 내 말 틀리니?"

"물론 그이는 집에 돌아와서 신문을 읽지." 핑크 부인은 고개를 뒤로 치켜들고 상대의 말을 인정했다. "하지만 나를 장난삼아 스티브 오도넬[*3]처럼 온통 상처투성이로 만들지는 않거든."

캐시디 부인은 남편의 사랑을 받는 행복한 부인답게 만족스러운 웃음을 지었다. 그리고 코르넬리아[*4]가 보석이라도 보이는 듯한 몸짓으로 옷깃을 들어 올리브 빛과 오렌지 빛으로 가장자리가 물든 암홍색의 묵은 상처를 보여 주었다. 이제 거의 다 나아가고 있었지만, 그래도 그리운 추억이 깃든 상처였다.

핑크 부인도 그만 두 손 들고 말았다. 사납던 눈빛이 부드러워져서 찬양의 빛으로 변했다. 본디 핑크 부인과 캐시디 부인은 저마다 1년 전에 결혼할 때까지는 번화가의 종이 상자를 만드는 공장에서 사이 좋게 함께 일했다. 그래서 지금도 핑크 부인과 남편은 메임과 그 남편이 사는 방 위층에 살고 있는 것이다. 그러니 상대가 메임이고 보면 그저 '점잔'을 뺄 수가 없는 것이다.

"얻어맞을 때, 아프지 않던?" 핑크 부인이 호기심을 보이면서 물었다.

"아프지!" 캐시디 부인은 즐거운 듯이 목소리를 높이며 환성을 질렀다. "글쎄, 어떻게 말하면 좋을까……넌 벽돌집에 깔려 본 적 없니? 아마 그런 기분일 거야. 벽돌 밑에서 끌려나올 때의 기분 말이야. 왼손에 맞으면, 극장의 주간 공연 2회분과 새 옥스퍼드 구두 한 켤레를 얻을 수 있지. 그리고, 음, 그 오른손! 그 보상은 코니아일랜드 여행과, 실크 레이스 스타킹 여섯 켤레쯤 될까?"

"그런데, 네 남편은 왜 널 때리니?" 핑크 부인은 눈을 커다랗게 뜨고 물었다.

"바보야!" 캐시디 부인은 가엾은 듯이 말했다. "술이 취했으니까 그렇지. 그

[*2] 피부 상처 치료용 액체.
[*3] 호주의 권투 선수.
[*4] 고대 로마 정치가인 그라쿠스 형제의 어머니로, 그녀가 자랑한 '보석'은 아들들을 뜻한다.

러니까 주로 토요일 밤이란다, 애."

"하지만 무슨 까닭이 있을 게 아냐?" 핑크 부인은 끈질기게 물고 늘어졌다.

"그야 있지, 난 그 사람 아내잖아. 잭이 곤드레만드레가 돼서 돌아오잖아? 그리고, 내가 여기 있잖아. 그 사람이 이 세상에서 마음 놓고 때릴 수 있는 건 나뿐이라고. 만일 그이가 나 말고 다른 여잘 때리기만 해 봐, 내가 그냥 두나! 어떤 때는 저녁 식사를 얼른 안 차린다고 때리고, 그런가 하면 저녁 식사를 차렸다고 때리는 거야. 까닭이야 별것도 아니지 뭐. 그저 마누라가 있다는 생각이 날 때까지 어디서 실컷 마시다가, 그 생각이 나면 돌아와서 나를 때리는 거야. 그래서 토요일 밤엔 모서리가 뾰족한 가구 같은 건 거추장스럽지 않게 치워 두지. 그이한테 얻어맞을 때, 머리라도 부딪쳐서 생채기가 나지 않도록 조심하느라고 말야. 그이한테 왼손으로 한 대 얻어맞으면, 온몸에 충격이 온다구! 1라운드에 뻗어 버리는 수도 있어. 하지만 그 주일에 무언가 즐거운 일이 하고 싶다든가, 아니면 새 옷이라도 사 주었으면 싶을 때는 다시 맞아 주는거야. 지난밤에도 그랬지. 한 달 전부터 내가 검정색 실크 블라우스를 갖고 싶어하는 걸 잭도 알고 있지만, 한쪽 눈이 멍드는 정도로는 사 줄 것 같지 않았어. 애, 매기, 두고 봐, 오늘은 그이가 틀림없이 아이스크림을 사 올 거야."

핑크 부인은 그만 생각에 잠겨 버렸다.

"우리 마틴은 한 번도 나를 때린 적이 없어. 네 말이 맞아, 메임. 시무룩한 얼굴로 돌아와서는 한마디 말도 없어. 나를 어디 데려다 준 적도 없고 말야. 그런 사람을 아마 마음이 없다고 하나 봐. 뭔가 사 주긴 하지만, 늘 시무룩한 얼굴을 하고 있으니, 조금도 고맙지 않지 뭐니."

캐시디 부인은 친구의 어깨를 안고 말했다.

"아이구, 가엾어라! 하지만 모든 사람이 다 잭 같은 남편을 가질 순 없어. 세상 남자가 모두 잭 같다면, 결혼 생활의 실패가 어디 있겠니? 결혼 생활에 불만을 가진 여자들의 말은 흔히 듣지만, 그런 사람들이 찾는 남자란 일주일에 한 번쯤은 갈빗대를 걷어차 주고, 나중에 키스와 초콜릿 크림으로 보상해 주는 그런 남자라고. 그러면 여자도 조금이나마 생활에 흥미가 생기거든. 내가 좋아하는 건 강한 남자야. 취하면 두들겨 패고, 그렇지 않을 때는 꼭 껴안아 주는 남자. 그 어느 쪽도 마음 놓고 하지 못하는 남잔, 난 싫더라!"

핑크 부인은 한숨을 쉬었다.

갑자기 복도가 어수선해졌다. 캐시디 씨가 발로 문을 차서 열었다. 보니 두 팔에 가득 종이 꾸러미를 안고 있었다. 메임은 달려가서 그의 목에 매달렸다. 그녀의 멀쩡한 쪽 눈이 사랑의 빛으로 불타 올랐다. 연인 때문에 까무러쳐서 끌려온 마리오족 처녀가, 오두막 안에서 정신을 차렸을 때 그 눈에 떠오르는 사랑의 빛이었다.

"이제 왔어!" 캐시디는 소리쳤다. 그리고 종이 꾸러미를 내던지고는 메임을 높다랗게 안아 올렸다. "버넘 앤드 배일리 쇼 표를 두 장 사왔지. 그리고, 종이 봉투에는 실크 블라우스가 들어 있으니까, 꺼내 보라고. 아 이거, 안녕하십니까, 핑크 부인? 이제야 봤군요…… 마틴은 잘 있습니까?"

"네, 고마워요, 덕분에 잘 있어요, 캐시디 씨." 핑크 부인이 말했다. "그럼, 난 가 봐야지. 마틴도 슬슬 저녁 먹으러 돌아올 시간이니까. 메임, 아까 네가 보고 싶다는 옷본은 내일 갖다 줄게!"

핑크 부인은 자기 집으로 올라가서 훌쩍거렸다. 아무 뜻도 없는 울음, 여자만이 아는 울음, 그다지 까닭도 없는 울음, 도무지 이치에 맞지 않는 울음, 한탄의 목록 중에서도 가장 덧없고 가장 가벼운 울음이었다. 어째서 마틴은 나를 때리지 않을까? 잭 캐시디 못지 않게 키도 크고 힘도 센데? 나를 사랑하지 않는 것일까? 그는 한 번도 싸운 적이 없고, 집에 돌아와도 점잖은 얼굴로 묵묵히 아무것도 하지 않은 채 빈들거릴 뿐이다. 돈은 꽤 버는 편이지만, 인생의 감칠맛을 더하는 양념을 잊고 지냈다.

핑크 부인의 꿈을 실은 배는 겨우 진정했다. 선장인 그녀의 남편은 플럼더프[*5]와 해먹 사이를 오갈 뿐이었다. 이따금 배의 널빤지라도 두들겨 부수든지, 아니면 하다 못해 뒷 갑판에서 발이라도 쾅쾅 구르며 설치기라도 한다면 얼마나 유쾌할까? 그녀는 재미있는 여러 섬에 들르면서 유쾌한 항해를 하고 싶은 희망으로, 배를 떠나왔다. 그런데 지금은 비유를 바꾸어 말한다면, 자기가 선택한 스파링 파트너와 남에게 보여 줄 찰과상 하나 입지 않는 무기력한 라운드를 몇 회나 이어간 끝에, 벌써 지쳐서 경기를 포기하고 싶은

[*5] 건포도나 건과를 넣은 푸딩.

기분이 된 것이다. 한순간 그녀는 메임이 밉다고 생각했다. 찢어진 상처며 타박상을 입고는, 남편이 사다 주는 온갖 물건과 남편의 입맞춤을 즐기는 메임, 싸움을 좋아하고 잔인하면서도 애정이 깊은 선장과 폭풍 속 항해를 이어가는 메임을.

핑크는 7시에 돌아왔다. 그는 가정 생활의 저주에 옴쭉달싹 못하게 묶여 있었다. 할 일 없이 아늑한 가정 밖으로 나가 헤매고 다닐 생각은 조금도 없었다. 전차를 타고 다니며, 먹이를 삼킨 뱀처럼 만족하고, 쓰러지면 그대로 꼼짝 않고 누워있는 나무나 다름없었다.

"저녁은 먹을 거지, 마틴?" 핑크 부인이 물었다. 그녀는 정성껏 저녁 식사를 마련해 두었다.

"으음……" 핑크는 무뚝뚝하게 말했다.

저녁 식사가 끝나자 그는 신문을 모아서 읽기 시작했다. 신발을 벗고 아예 의자 위에 올라앉아 버렸다.

어딘가 있을 단테의 후예여, 일어나라. 그리고 양말 바람으로 방 안에 주저앉은 남자가 떨어질 지옥의 노래를 불러다오. 온갖 관계와 의무에 묶여서, 견사, 무명이나 레이스 실이나 털실 양말을 신은 남편의 무례를 참고 있는 참을성 많은 아낙네들이여, 새로운 지옥의 노래는 이런 남자들에게 바쳐야 할 것이 아닌가!

이튿날은 노동절이었다. 캐시디와 핑크는 일을 하루 쉰다. 노동자들은 승리를 자랑하며 시가 행진을 하거나, 아니면 다른 방법으로 하루를 즐긴다.

핑크 부인은 아침 일찍 캐시디 부인의 옷본을 돌려주기 위해서 아래층으로 내려갔다. 메임은 새 실크 블라우스를 입고 있었다. 부은 쪽의 눈까지 가늘기는 했지만 휴일의 빛을 내고 있었다. 잭은 매우 뉘우치는 듯, 공원에서의 피크닉 등 하루를 즐겁게 보낼 계획을 짜고 있었다.

자기 집으로 돌아갔을 때, 핑크 부인은 분노의 질투심에 사로잡혔다. 그 많은 상처와 그 뒤를 따라오는 위로! 이 얼마나 행복한 메임인가? 그 행복을 메임만 독차지해야 하는가? 확실히 남편 마틴 핑크는 잭 캐시디 못지 않게 좋은 사람이다. 그런데 나는 두들겨 맞지도 않고, 위로받는 일도 없이 한평생을 이대로 보내야 한단 말인가? 갑자기, 눈부시고 아찔한 생각이 핑크 부인의 머릿속에 떠올랐다. 잭처럼 맹렬히 주먹을 휘두르며, 그런 뒤 잭처럼 애정이 깊어질 수 있는 남편이 세상에 얼마든지 있다는 것을, 어떻게든 메임에게 보여 줘야 한다.

핑크네 집에서는, 휴일도 여느 때나 전혀 다른 점 없이 지나갈 것 같았다. 부엌의 붙박이 세탁조에는, 두 주일치 빨랫감이 어젯밤부터 물에 담겨 있었다. 남편 핑크는 양말바람으로 올라앉아 신문을 읽고 있었다. 그렇게 노동절도 순식간에 지나갈 것처럼 보였다.

핑크 부인의 마음 속에서는 질투의 파도가 높이 일고, 그것이 다시 대담한 결심이 되어 소용돌이쳤다. 만일 남편이 자기를 때리려고 하지 않는다면, 만일 그가 남성이라는 것을 입증하고 남편으로서의 특권과 결혼 생활에 대한 흥미를 입증할 생각이 없다면, 남편으로서의 의무를 수행하도록 이끌어야 한다.

핑크는 파이프에 불을 붙여 물고 자못 평화로운 듯이, 양말을 신은 발가락 끝으로 복사뼈를 문지르고 있었다. 그는 푸딩 속에서 채 녹지 못한 기름 덩어리처럼, 무기력하게 결혼생활 속에 안주했다. 이렇게 하는 것이, 다시 말해서 편안히 앉아 아내가 거품 빨래를 하고 아침 식사를 치우고 이윽고 식탁에 나올 점심을 차리는 사이, 신문을 읽으며 그 위에서 세계를 여행하는 것이 그에게는 가장 큰 즐거움이었다. 그에게는 생각지도 못할 일이 많았지만 아내를 때린다는 것만큼 상상을 넘어서는 일은 없었다.

핑크 부인은 뜨거운 물을 빨래통에 붓고, 비누 거품 속에 빨래판을 담갔다. 아래층에서 캐시디 부인의 명랑한 웃음소리가 들려왔다. 아직 남편에게 얻어맞아 본 적이 없는 2층의 가엾은 여자에게는, 일부러 자기의 행복을 과시하려는 듯한 비웃음처럼 들렸다. 지금이 기회였다.

갑자기 그녀는 복수의 여신처럼 신문을 읽고 있는 남편에게 덤볐다.

"이 게으른 건달아!" 그녀는 소리쳤다. "당신처럼 아무 쓸모 없는 인간을 위해서, 나는 왜 빨래를 하고 팔이 빠지도록 일해야 하지? 그래도 당신이 남자야? 아니면 집 없는 개야?"

핑크는 깜짝 놀라 신문을 떨어뜨리고 멍청히 앉아 있었다. 그녀는, 이 정도로는 남편이 자기를 때리지 않을 것이다, 아직 도발이 충분하지 않다고 생각했다. 그래서 덤벼들어 주먹으로 남편의 얼굴을 힘껏 때렸다. 그 순간, 그녀는 남편에게 오랫동안 느끼지 못했던 강렬한 애정이 느껴졌다. 분발하라,

마틴 핑크여, 지금이야말로 네가 천국에 들어갈 때다! 이제 아내는 틀림없이 남편 주먹의 아픔을 느끼게 될 것이다. 자기를 사랑하고 있다는 것을 입증하기 위해서, 오직 그것만을 위해서.

핑크는 벌떡 일어섰다. 매기는 한 손을 크게 휘둘러 또 한 번 남편의 턱을 갈겼다. 그리고 남편의 주먹이 날아오기를 기다렸다. 두렵고도 황홀한 순간, 눈을 감았다. 속으로 남편의 이름을 부르면서, 맹렬한 주먹이 떨어질 것을 간절히 바라듯 앞으로 조금 몸을 굽혔다.

아래층 방에서는 캐시디가 후회로 겸연쩍은 얼굴을 하고 놀러 나갈 준비를 하기 위해 메임의 눈에 분을 발라 주고 있었다. 그때 2층 방에서 여자가 악을 쓰는 소리와, 무언가가 부딪치는 소리와, 사람이 넘어지는 소리, 다리를 질질 끄는 소리, 의자가 뒤집히는 소리, 의심할 것도 없는 부부 싸움의 소음이 들려왔다.

"아니, 마틴과 매기가 싸우는 모양인데" 캐시디가 말했다. "참 별일도 다 있네. 잠깐 올라가서 말려 주고 올까."

캐시디 부인의 한쪽 눈이 다이아몬드처럼 번쩍였다. 다른 쪽 눈은 적어도 인조 보석만큼은 빛났다.

"오오!" 그녀가 여성스러운 감탄을 내뱉으며 부드럽고 모호하게 말했다. "어쩌면? 혹시…… 잭, 잠깐 기다려, 올라가 보고 올 테니."

그녀는 층계를 달려 올라갔다. 그녀의 발이 2층 복도 끝을 밟았을 때, 핑크 부인이 부엌 문으로 뛰어나왔다.

"오오, 매기! 네 남편이, 때렸니? 드디어, 때렸어?" 캐시디 부인은 즐거운 속삭임으로 물었다.

핑크 부인은 달려와서 친구의 어깨에 얼굴을 묻더니 서글픈 듯이 흐느껴 울었다.

캐시디 부인은 두 손으로 매기의 얼굴을 잡고 정답게 들어 올렸다. 눈물에 젖은 그녀의 얼굴은 불그레했지만, 귀여운 주근깨로 덮인 그 부드러운 연분홍빛 얼굴에는 긁힌 자국도 맞은 자국도, 남편의 주먹이 남긴 상처는 아무것도 눈에 띄지 않았다.

"매기, 어떻게 됐나 말해 봐. 말 안하면 내가 방에 들어가서 알아볼 테야. 대체 어떻게 됐어? 네 남편이 때렸니? 응? 대체, 어떻게 된 거야?"

핑크 부인은 다시 친구의 가슴에 힘없이 얼굴을 묻었다.

"제발, 메임, 그 문 열지 마." 그녀는 흐느끼면서 말했다. "그리고, 아무한테
도 얘기하지 마. 너 혼자만 알고 있으란 말이야. 실은 그 사람은…… 나한테
손끝도 대지 않았어. 그리고…… 지금…… 아아, 이게 무슨 꼴이람. 자기가 빨
래를 하고 있어, 애. 자기 손으로 빨래를 하고 있단 말야!"

희생타

역설에 직면하는 자는 자신이 실재함을 드러낸다

'하드스톤 매거진' 편집장은 잡지에 싣는 원고를 선택할 때 독자적인 생각을 갖고 있다. 그의 의견은 그다지 비밀이 아니었다. 그는 마호가니 책상에 앉아 정답게 미소를 지으면서 금테 안경으로 톡톡 무릎을 치면서 기꺼이 자기 의견을 설명해 줄 것이다.

"우리 '하드스톤'은" 그는 이렇게 말할 것이다. "원고를 심사하는 사람을 따로 고용하고 있지는 않습니다. 편집부에 보내 오는 원고는, 온갖 계급의 독자들에게 직접 의견을 구하고 있지요."

이것이 이 편집장의 의견이다. 그리고 그 의견은 대부분 이렇게 실행된다. 먼저 한 묶음의 원고가 도착하면, 편집장은 그것을 주머니마다 가득 쑤셔 넣고 온종일 여기저기 돌아다니며 원고를 뿌려놓는다. 회사 직원, 접수, 수위, 엘리베이터 안내원, 메신저 보이, 늘 점심을 먹으러 가는 식당 종업원, 언제나 석간을 사는 가두 신문 판매원, 잡화점, 우유 가게, 5시 30분 교외선 고가 철도 차장, 60 몇 가의 정거장 개찰원, 자기집 요리사와 가정부, 이런 사람들이 '하드스톤 매거진'에 보내 오는 원고의 좋고 나쁘고를 결정했다. 만일 그가 즐거운 자기 가정에 돌아가서도 아직 원고가 남아 있을 때는, 어린 애가 잠든 뒤에 읽으라고 아내에게 넘겨줬다. 며칠 뒤 편집장은 일정한 순회로를 따라 원고를 거두러 다니면서 독자의 온갖 평을 다 듣는다.

이 편집 제도는 큰 성공을 거두어서, 광고료로 미루어 보더라도 참으로 놀랄 만한 속도로 부수가 늘어갔다.

한편 '하드스톤'사는 단행본도 출판하고 있었다. 이 회사 이름과 주소가 인쇄된 책으로서 큰 성공을 거둔 것이 몇 가지 있는데, 편집장 말을 들어 보면 그것도 모두 하드스톤의 많은 독지가적 선자들이 추천한 것들이라고 한다. 때로는 (수다스러운 편집원들의 말에 따르면) 이 잡다한 선자들의 권고 덕분에 놓쳐 버린 원고가, 나중에 다른 출판사에서 나와 유명한 베스트셀러가 된 것도 있다고 한다.

이를테면 (쑥덕공론을 들어 보면), 《사일러스 레이덤의 부침(浮沈)》은 엘리베이터 안내원에게 가치 없다는 판정을 받았고, 《보스》는 편집실 급사에게 단칼에 거부당했다.

《주교의 마차 안에서》는 전차 차장이 시덥지 않게 보고 상대도 하지 않았다. 《구출》은 예약 접수계 사무원이 쓸모없다는 판정을 내렸는데, 그때는 마침 그의 집에 장모가 두 달 머물 예정으로 찾아온 지 며칠 되지 않은 때였다. 《여왕의 서(書)》 원고는, 현관 문지기가 '이 책도 동류'라는 평과 함께 되돌려주었다.

그럼에도 '하드스톤'은 이 방침을 버리지 않았으며, 또 독지가적 선자들이 모자랄 걱정도 없었다. 왜냐하면, 편집부의 젊은 여자 속기사에서 석탄 때는 보일러 화부 (이 사람이 반대하는 바람에 하드스톤 사는 《암흑 사회》를 출판하지 못하고 말았지만)에 이르기까지 널리 흩어져 있는 선자들이 저마다 언젠가는 잡지 편집자가 될 수 있다는 기대를 품고 있었기 때문이다.

앨런 슬레이튼이 《사랑은 나의 모든 것》이라는 단편을 완성했을 때, 그는 하드스톤 사의 이 방법을 잘 알고 있었다. 슬레이튼은 언제나 모든 잡지 편집실 주변만 돌아다녔기 때문에, 뉴욕의 잡지사라는 잡지사의 내부 사정은 모르는 데가 없었다.

그는 '하드스톤' 편집장이 온갖 사람들에게 원고를 돌려서 읽힌다는 사실뿐만 아니라 감상적인 연애소설류는 편집장의 타자수인 펌프킨 양에게 돌아간다는 것도 알고 있었다. 그리고 이 편집장의 독특한 습관 가운데 또 한 가지는, 작가 이름을 원고 선자들에게는 반드시 숨긴다는 것이었다. 작가의 명성이 그들의 공정한 판단에 영향을 주지 않게 하기 위한 배려에서였다.

슬레이튼은 《사랑은 나의 모든 것》에 온 정열을 쏟았다. 6개월 동안 이 작품에 몸도 마음도 다 쏟아 넣었다. 그 작품은 순수한 연애 소설로, 섬세하고 고상하고 낭만적인 데다가 정열적이었다. 원고 속에 있는 작가의 말을 빌리면 사랑은 하느님이 베풀어주신 것으로서 지상의 그 어떤 선물이나 명예보다도 훨씬 귀하고, 하늘이 주신 가장 값진 보배의 목록에 기록되어야 할 산문시였다. 슬레이튼의 문학적 야심은 참으로 대단했다. 그는 스스로 택한 이 예술로써 이름을 떨칠 수만 있다면, 기꺼이 이 세상의 모든 소유물을 희생할 수 있었다. 자기 노력의 결정적인 작품의 하나가 하드스톤 지에 발표되는 꿈만 이루어진다면, 오른손을 잘라 내거나 아니면 맹장염 전문의의 메스에 몸을 내맡기는 것쯤 조금도 망설이지 않을 것이다.

슬레이튼은 《사랑은 나의 모든 것》을 완성하자, 직접 '하드스톤'사에 갖고 갔다. 이 잡지사는 여러 사무실이 모여있는 큰 빌딩 안에 있었으며 입구에 있는 수위가 빌딩을 관리하고 있었다.

이 작가가 건물 안에 들어가서 막 엘리베이터 쪽으로 걸어가고 있는데, 난데없이 삶은 감자를 으깨는 공이가 홀 안으로 날아와 슬레이튼의 모자를 짓눌러 버린 다음 다시 유리창을 박살내 놓았다. 이 부엌용품이 날아온 뒤를 쫓아 몸집이 크고 낯빛이 좋지 않은 수위가, 바지 앞단추가 열린 채 너절한 몰골로 헐레벌떡 뛰어들어왔다. 이어 뚱뚱하게 살이 찐 꾀죄죄한 여자 하나가 머리를 풀어헤친 채 날아가는 연장을 뒤쫓아왔다. 수위는 타일 바닥에 발이 미끄러져 요란하게 비명을 지르면서 나자빠졌다. 여자가 덤벼들어 그의 머리털을 휘어잡았다. 남자는 시끄럽게 죽는 소리를 냈다.

분을 다 풀고 나더니, 여자는 일어서서 미네르바*¹처럼 승리를 자랑하며 뒤쪽에 있는 사택으로 유유히 철수했다. 수위는 숨을 헐떡이며 겨우 일어났다.

"결혼 생활이란 다 이런 것입죠." 그는 시무룩한 얼굴로 슬레이튼을 돌아보며 말했다. "저 여편네도 젊었을 때는, 내가 밤잠도 못 자고 그리워한 적이 있는 아가씨였습죠. 모자를 버려 놔서 죄송합니다요, 손님. 이 일은 빌딩 사람들에겐 제발 말씀하지 말아 주십쇼. 제 모가지가 달아나면 큰일이니까요."

슬레이튼은 홀 안쪽에서 엘리베이터를 타고 하드스톤 사로 갔다. 그리고 《사랑은 나의 모든 것》의 원고를 편집장에게 넘겼다. 일주일 뒤에 원고 채택

---

*1 로마 신화에 나오는 전술과 지혜의 여신.

여부를 대답해 주겠노라고 편집장은 말했다.

슬레이튼은 아래층으로 내려가면서 멋진 승리 계획을 체계적으로 세웠다. 이 계획은 순간적으로 그의 머리에 떠올랐지만, 천재적인 생각에 자기 자신도 감탄하지 않을 수 없었다. 더욱이 그는 그날 밤으로 곧 실천에 옮겼다.

하드스톤 사의 타자수인 펌프킨 양은 이 작가와 같은 집에 세들어 살았다. 구식인 데다가, 괴팍하고, 감상적인 말라깽이 노처녀였다. 슬레이튼은 언젠가 꽤 오래 전에 이 여자를 소개받았다.

이 작가의 대담하고 용맹스런 계획이란 다음과 같았다. 그는 하드스톤 편집장이 로맨틱하고 감상적인 소설일 때는 펌프킨 양의 평가를 높이 사고 있다는 것을 알고 있었다. 그녀의 기호가 이런 종류의 장편이나 단편을 즐겨 읽는 일반 여성 대다수를 대표했기 때문이다. 첫눈에 반한 사랑, 남자나 여자나 서로 마음과 마음이 닿기가 무섭게 곧바로 상대편을 내 영혼의 동반자라고 생각지 않을 수 없는, 저 황홀하고 저항할 수 없는, 영혼이 떨리는 듯한 느낌, 그것이 《사랑은 나의 모든 것》의 주제이자 기조였다. 만일 자기 스스로 이 진리를 펌프킨 양의 가슴 속에 새겨 준다면 아마도 그녀는 단편 소설 《사랑은 나의 모든 것》을 하드스톤 편집장에게 온갖 말로 칭찬함으로써 그녀가 처음으로 경험한 흥분을 뒷받침하지 않겠는가?

슬레이튼은 이렇게 생각했다. 그래서 그날 밤 펌프킨 양을 극장에 초대했다. 다음 날 밤에는 어둑어둑한 하숙집 홀에서 열렬히 사랑을 고백했다. 《사랑은 나의 모든 것》 속에서 온갖 아름답고 매력적인 문구를 마구 끌어다가 인용했다. 그녀를 다 구슬리고 났을 때 펌프킨 양은 그의 어깨에 머리를 기대고 있었고, 그의 머릿속에서는 문학적 명성의 환영이 춤을 추었다.

슬레이튼은 펌프킨 양에게 사랑을 고백하는 것만으로 그치지 않았다. 이거야말로 내 인생의 일대 전기(轉機)다 하고 그는 자기 자신에게 타일렀다. 그리하여 진짜 투기사답게 가는 데까지 가 버렸다. 말하자면, 목요일 밤 그와 펌프킨 양은 시 중앙에 있는 커다란 교회를 찾아가서 결혼한 것이었다.

용감한 슬레이튼이여! 저 샤토브리앙[2]은 다락방에서 죽었다. 바이런[3]

---

*2 프랑수와 르네 샤토브리앙, 프랑스의 작가, 정치가, 1768~1848.
*3 조지 바이런, 영국의 낭만파 시인. 1788~1824.

은 과부를 사랑했다. 키츠*⁴는 굶어죽었다. 포*⁵는 온갖 술을 제멋대로 섞어 마셨다. 드 퀸시*⁶는 아편 중독자가 되었다. 에이드*⁷는 시카고 같은 데서 살았고, 제임스*⁸도 그곳에 살고 있었다. 디킨스*⁹는 흰 양말을 신었고, 모파상*¹⁰은 미치광이가 입는 구속복(拘束服)을 입었다. 왓슨*¹¹은 인민당에 가입했고, 예레미야*¹²는 슬픔의 눈물에 젖었다. 그런 사람들은 모두 문학을 위해서 그런 짓들을 했다. 그러나 슬레이튼이여, 그대는 그 이상의 것을 해냈다. 명성의 교회에 그대 자신을 위한 벽감(壁龕)을 파기 위해 아내를 맞이한 것이다.

금요일 아침, 슬레이튼 부인은 이제부터 하드스톤 사에 가서, 편집장이 읽어보라고 맡긴 한 두편의 원고를 돌려주고 타자수 자리도 사직하고 오고 싶다고 말했다.

"당신이 돌려주러 가는 원고 속에……혹시……말하자면……특히 당신 마음에 든 작품은 없었소?" 슬레이튼은 설레는 가슴으로 물었다.

"한 편 있었어요. 단편이지만 마음에 아주 쏙 들던데요." 그의 아내가 대답했다. "그 절반이라도 인생의 진리를 표현한 작품이라고 여겨진 것은, 지난 몇 해 동안 읽은 적이 없는 걸요."

그날 오후 슬레이튼은 허둥지둥 하드스톤 사로 달려갔다. 드디어 노력의 보람을 보게 되리라고 생각했다. '하드스톤'에 실리는 작품으로 문학적 명성은 당장 자기 것이 되는 것이다.

잡지사의 급사가 입구 사무실 계단에서 슬레이튼을 맞이했다. 서투른 원고를 쓴 작가가 직접 편집장과 면담하기란, 아주 드문 경우를 제외하고는 거의 없는 일이다.

---

*4 존 키츠, 영국의 서정시인 1795~1821.
*5 에드거 앨런 포, 미국의 시인, 소설가, 비평가. 1809~49.
*6 토머스 드 퀸시, 영국의 수필가. 1785~1859.
*7 조지 에이드, 미국의 풍자 작가. 1866~1944.
*8 헨리 제임스, 미국의 소설가, 만년에 영국으로 귀화. 1843~1916.
*9 찰스 디킨스, 영국 소설가. 1812~70.
*10 기 드 모파상, 프랑스의 소설가. 1850~93.
*11 톰 왓슨, 미국의 정치가, 역사가. 1856~1922.
*12 구약성서 〈예레미야 哀歌〉의 저자.

슬레이튼은 속으로 회심의 미소를 지으면서, 머지않아 이 급사 녀석도 나의 성공으로 끽 소리 못하게 만들 수 있다는 아찔한 기대로 가슴이 부풀었다.

그는 자기의 단편에 대해 물었다. 급사는 신성한 궁전 안으로 들어가더니 천 달러 수표 두께보다 두꺼운 커다란 봉투를 들고 나왔다.

"죄송합니다만, 선생님 원고는 우리 잡지엔 실을 수 없다고 편집장이 말씀하셨습니다."

슬레이튼은 입이 딱 벌어졌다. "자네는 모르는가?" 그는 더듬거리며 말했다.

"펌프킨 양이……아니 내 아내가……아니, 펌프킨 양이 맡았던 원고를, 오늘 아침 편집장에게 돌려줬을 텐데."

"네, 틀림없이 돌려주셨습니다." 급사는 빈틈없이 대답했다.

"훌륭한 작품이라고 펌프킨 양이 이야기하시더랍니다. 편집장이 그렇게 말씀하셨습니다. 그 작품 제목은《돈을 위한 결혼, 또는 일하는 여자의 승리》라는 것이죠."

"아니, 선생님은" 급사는 허물없는 어조로 말했다. "슬레이튼 씨죠? 제가 그만 실수를 했군요. 지난번에 여기저기 나누어 드리라고 편집장님으로부터 몇 편의 원고를 맡았었는데, 펌프킨 양에게 줄 원고와 수위에게 줄 원고가 바뀌어 버렸지 뭡니까? 하지만 그래도 큰 지장은 없었던 것 같습니다만."

슬레이튼이 자세히 보니, 자기 원고 표지에《사랑은 나의 모든 것》이라고 적힌 제목 아래 수위가 숯으로 휘갈긴 다음과 같은 단평이 붙어 있었다.

"얼빠진 소리 마라!"

기회를 놓친 귀신
마음은 아주 미묘한 증거이며, 그 증거를 본 사람은 아직 하나도 없다

"정말, 이게 어찌된 일인가요, 호드*¹라니!" 하고 킨솔빙 부인은 개탄하듯이 되풀이했다.

벨러미 벨모어 부인은 연민을 담아 눈썹을 치켜올렸다. 애도와 엄청난 놀라움의 표시였다.

킨솔빙 부인은 다시 설명을 되풀이했다.

"아 글쎄, 그 여자가 이 방에, 우리 아파트에서 가장 좋은 객실에서 자고 있는데, 호드를 짊어진 귀신이, 작업복을 입고 파이프를 물고 호드를 짊어진 귀신이 나왔다고 여기저기에 떠벌이고 다닌다는데, 이 얼마나 어이없는 이야기예요? 그 어이없는 점으로 미루어 보더라도, 그게 악의로 조작된 일이라는 것은 틀림없어요. 우리 킨솔빙 집안에는 호드를 짊어진 사람은 한 사람도 없었으니까요. 우리 시아버님이 큰 건축 공사를 맡아서 재산을 모은 것은 세상이 다 아는 일이지만, 그 시아버님도 몸소 노동하신 적은 하루도 없어요. 이 집도 시아버님이 손수 설계해서 지은 거예요. 하지만 직접 호드를 짊어지다니……그런……참 어처구니 없어요. 어째서 그 여자는 잔인하고 악의에 찬 거짓말을 퍼뜨리는 거죠?"

"정말 반갑지 않은 얘기네요." 벨모어 부인은 그 아름다운 눈매로, 라일락빛과 어두운 금빛으로 꾸민 넓은 객실을 마음에 드는 듯이 둘러보았다. "이

---

*1 공사장에서 날품팔이들이 벽돌이나 흙 같은 것을 담아 나르는 나무 상자.

방에서 귀신을 보았다는 거죠? 전 귀신 같은 건 조금도 두렵지 않아요. 그러니까 그 점은 염려하지 마세요. 저는 오히려 여길 제 방으로 정해 주셨으면 하는걸요. 저택에 나타나는 귀신이라니, 참 재미있군요. 하지만 그 얘기는 확실히 어딘가 앞뒤가 안 맞아요. 피셔심프킨즈 부인 본인에게 물어 보면, 더 잘 알 수 있을지도 모르겠네요. 호드는 벽돌을 지고 나르는 나무 상자 아네요? 아무리 귀신이라도, 대리석과 석재로 지은 집에 벽돌을 날아온다는 건 좀 우스워요. 안타까운 말이지만, 피셔심프킨즈 부인도 이제 나이가 들면서 예전 같지 않은가 봐요."

"이 집은" 킨솔빙 부인은 계속 말했다. "독립 전쟁 때 조상이 살던 옛 집터에 세운 거예요. 그러니까 그런 낡은 저택에 귀신이 나온다는 건 그다지 이상할 것도 없을지 몰라요. 그걸 증명할 자료는 아직 손에 넣지 못했지만, 그린 장군 밑에서 싸운 킨솔빙 대위가 있었어요. 이 집에 귀신이 나온다면, 벽돌을 나르는 인부 대신 그런 사람이어야 하지 않을까요?"

"글쎄요, 독립 전쟁 시대의 유령도 나쁘지 않네요." 벨모어 부인은 고개를 끄덕이며 말했다. "하지만, 귀신이란 본디 변덕스럽고, 흐릿한 게 아니겠어요? 연애와 마찬가지로, '그 사람의 눈에서 생긴 것'일 거예요. 귀신을 보았다는 사람의 유리한 점은, 아무도 그 말을 부정할 반대증거가 없다는 거예요. 그러니까 악의에 찬 눈으로 본다면, 독립 전쟁 시대에 군인이 메던 배낭이 벽돌을 나르는 호드로 보이는 것쯤 간단하죠 뭐. 저, 킨솔빙 부인, 마음 쓰실 것 없어요. 그건 틀림없이 배낭이었을 거예요."

"하지만 그 여자는 여러 사람들 앞에서 떠벌리고 다닌답니다." 킨솔빙 부인이 아직도 분한 듯이 한탄했다. "파이프니 작업복이니 자질구레하게 분석까지 해 가면서 말이에요. 작업복은 어떻게 생각해요?"

"어차피 입을 만한 것이 못되죠 뭐." 벨모어 부인은 얌전하게 하품을 삼켰다. "뻣뻣하고 잘 구겨지고……아, 펠리스니? 목욕 준비를 좀 해 다오. 킨솔빙 부인, 이 클리프톱 별장에서는 저녁 식사가 7시였죠? 식사 전에 이야길 하러 들러 주셔서 정말 기뻤어요. 손님을 자기 집처럼 편안한 기분으로 만들어 주는 것이, 뭐니뭐니해도 가장 바람직스러운 일이죠. 그런 집은 언제 찾아가도 마음이 느긋하고 편하거든요. 잠깐 실례할게요……옷을 갈아입어야 해서. 전 어찌나 게으른지, 언제나 시간이 다 돼서야 허둥지둥 옷을 갈아입는 답니다."

피셔심프킨즈 부인은 본디 킨솔빙 집안이 사교계라는 파이에서 주운 첫 번째 굵은 건포도였다. 그 파이는 오랫동안 손이 닿지 않는 높은 선반 위에 있었다. 그것을 돈과 끈질긴 노력을 발판으로 겨우 밑에 내려놓은 것이다. 피셔심프킨즈 부인은 상류 사교 대열의 태양이었다. 그녀의 기지와 행동의 빛은 대열 사이를 뚫고 빛났으며, 그 요지경 놀이에서 가장 참신하고 가장 대담한 전파를 내뿜고 있었다. 얼마 전까지 그녀의 명성과 지도권은 아주 확고하고 든든했으므로, 무도회의 선물로 몰래 산 개구리를 넣어 깜짝 놀라게 하는 잔재주를 피울 필요가 전혀 없었다. 그러나 이제는 왕좌를 확보하기 위해 그런 것도 필요해졌다. 아울러 중년이라는 나이가 그녀의 발걸음을 관리하기 시작했다. 선정적인 신문들은 그녀에게 할애하던 한 페이지를 2단짜리 박스 기사로 축소했다. 그녀의 기지는 독설로 변했다. 그녀의 태도는 차츰 무례해지고 독살스러워졌으며, 마치 자기보다 한 단계 낮은 권력자들을 결부시키는 인습적인 관습을 마구 헐뜯는 것이, 자기의 독재 체제 확보에 꼭 필요하다고 느끼는 듯했다.

킨솔빙 집안과 관계 있는 어떤 방면으로부터의 압력에 못 이겨, 마침내 그녀는 이 집의 별장에서 하룻밤 하루 낮을 머무는 영광을 베풀지 않을 수 없게 되었다. 그래서 그녀는 짓궂은 기쁨에 고소한 비꼼을 섞어서 그 호드를 짊어진 귀신 이야기를 세상에 퍼뜨려 초대자 측인 안주인에게 복수했던 것이다. 오랜 세월 동경의 표적이었던 사교계의 중심 속으로 파고 들어갈 수 있어서 넋을 잃고 좋아하던 킨솔빙 부인은, 그 결과 납작하게 찌부러지는 듯한 절망에 빠지고 말았다. 사람들은 모두 킨솔빙 부인을 동정하거나 또는 웃었는데, 이 두 가지 표현이 사실은 같았다.

그러나 얼마 지나지 않아 킨솔빙 부인의 희망과 생기는 더 큰 상품을 손에 넣음으로써 되살아났다.

벨러미 벨모어 부인이 크리프톱 별장 방문을 승낙했을 뿐만 아니라 사흘 동안이나 머물게 되었기 때문이다. 벨모어 부인은 사교계의 젊은 스타로서, 그 미모와 가문과 재력으로 아무런 지원 공작도 필요없는 신성한 지위를 차지하고 있었다. 이렇게 그녀는 호기롭게 킨솔빙 부인의 열망에 답해 별장 방문의 영예를 주었는데, 그와 동시에 그녀는 이것이 테렌스를 무척 기쁘게 해주겠구나 하고 생각했다. 그리고 또 이것으로 아마 그에 관한 일도 해결되겠

거니 생각했다.

테렌스는 킨솔빙 부인의 아들로 스물아홉 살의 상당한 미남이며 매력도 있는 데다가 신기한 특징이 있는 청년이었다. 그는 어머니를 무척 생각하는 아들이었으며, 그의 효성은 사람들의 눈을 끌 만큼 남달랐다. 또 신경에 거슬릴 만큼 말수가 적고, 소심한 건지 아주 심오한 건지 도무지 종잡을 수 없었다. 이 청년은 벨모어 부인의 흥미를 끌었는데, 그가 어느 쪽인지 뚜렷하지 않았기 때문이다. 부인은, 흥미가 사라질 때까지 좀 더 그를 관찰해 보자고 생각했다. 만일 그저 소심하기만 한 남자라면 버릴 참이었다. 소심한 남자만큼 따분한 것도 없기 때문이다. 심오한 사나이라면 역시 버리자고 생각했다. 심오한 인간은 마음을 놓을 수 없기 때문이다.

그녀가 방문한 지 사흘째 되는 날 오후, 테렌스는 벨모어 부인을 찾았다. 그러다가 부인이 저택 안의 조용한 구석에서 열심히 사진첩을 보고 있는 것을 발견했다.

테렌스는 부인에게 말을 건넸다. "일부러 저희 집에 오셔서 저희 명예를 회복해 주셔서 정말 고맙습니다. 피셔심프킨즈 부인이 이 집을 떠나면서 우리들의 배를 가라앉히고 가버렸다는 이야기는 이미 다 들으셨을 줄 압니다. 심프킨즈 부인은 벽돌을 나르는 호드로 배를 가라앉혀 놓았습니다. 그 때문에 어머니는 몹시 속상해하고 계십니다. 그래서 부탁드릴 말씀이 있는데, 부인께서 여기서 지내는 동안에, 저희들을 위해서 귀신을, 그것도 머리에는 귀족 관을 쓰고 겨드랑이에는 수표책을 낀 아주 최고급 귀신을 보신 것으로 해 주실 수 없습니까?"

"그런 어이없는 말을 퍼뜨리다니, 그 부인이 너무 고약했어요." 벨모어 부인은 이렇게 말했다. "여러분이 아마 맛있는 음식을 너무 많이 대접하신 탓인지도 몰라요. 그렇다고 어머니께서 그런 것을 그리 심각하게 여기시는 건 아니시겠죠?"

"아닙니다, 어머니는 매우 심각하게 생각하고 계십니다." 테렌스는 이렇게 대답하며 말을 이었다. "호드에 담은 벽돌이 모조리 머리 위에 쏟아진 것 같은 상탭니다. 정말, 좋은 어머니지요. 그래서 어머니가 괴로워하시는 걸 그저 보고 있을 수가 없습니다. 그 귀신이 벽돌공 조합에 가입해서 파업이라도 벌여 주면, 정말 고맙겠습니다. 그렇게라도 하지 않으면, 저희 집의 평화는 언제까지나 되찾을 수 없을 것입니다."

"나는 지금도 그 귀신 방에서 자고 있지만" 벨모어 부인은 생각에 잠기듯이 말했다. "무척 편하고 좋아서, 방을 바꿀 생각은 전혀 없어요. 그래요, 만일 무섭더라도……아니 조금도 무섭지 않아요. 그런데 내가 그 유령 얘기에 맞서서 귀족적인 유령 얘기를 만들어 낸다고 과연 효과가 있을까요? 효과가 있다면야 기꺼이 그렇게 하겠지만, 오히려 너무나도 속이 빤히 들여다뵈는, 그 귀신 이야기의 교정수단 같은 것이라서 효과가 없지 않을까요?"

"그것도 그렇군요." 테렌스는 곱슬곱슬한 갈색 머리를 무언가 생각하는 듯이 손가락으로 쓱쓱 쓸어 올리면서 말했다. "효과가 없을지도 모르겠습니다. 그렇다면 같은 귀신을 보신 것으로 하고, 작업복이 아니라 다른 옷을 입은 데다가 호드 안에는 금덩어리가 들어 있었다는 것으로 하면 어떨까요? 그러면 그 귀신을 벽돌 운반 인부에서 재산가의 지위로 끌어올릴 수 있습니다. 그러면 모두 존경해 줄 것입니다."

"조상 가운데 영국과 전쟁을 한 분이 계시잖아요? 어머님이 뭐 그런 말씀을 하시는 것 같던데?"

"그런가 봅니다. 그 래글런 형 조끼에 골프 바지 차림의 구시대 사람들이지요. 아니, 저는 유럽의 전통이나 문화 같은 것은 아무렇지도 않게 생각합니다. 하지만 어머니는 가문이라든가 위신이라든가 화려함이라든가 하는 것을 무척 신경 쓰시거든요. 그리고 저는 되도록 어머니를 기쁘게 해드리고 싶습니다."

"참 훌륭한 아들이군요." 벨모어 부인은 실크 드레스 자락을 쓸 듯이 자기 쪽으로 끌어당겼다. "그렇게 어머님을 생각하니 말이에요. 자, 내 곁에 앉으세요. 그리고 20년 전의 사람들이 그렇게 했듯이, 함께 이 사진첩을 보기로 해요. 자, 이 속에 있는 이분들을 하나하나 설명해 주세요. 이 코린트식 기둥에 손을 집고 기대어 선 후리후리한 훌륭한 신사는 누구죠?"

"그 다리 긴 노인 말씀입니까?" 테렌스는 목을 쭉 뽑아 들여다보며 되물었다. "그건 백부 오브래니건입니다. 바워리에서 술집을 경영했다더군요."

"테렌스 씨, 여기 앉으라고 내가 분명히 말했죠? 나와 재미있게 놀아 주지 않는다면, 또, 내 말을 들어 주지 않는다면, 내일 아침, 앞치마를 두르고 맥주 잔을 나르고 있는 귀신을 보았다고 말하겠어요. 그래, 됐어요. 저, 테렌스

씨, 그 나이에 그렇게 소심한 건 보기 흉하다는 걸 알아야 해요."

이튿날 아침, 마지막 날 아침 식사 때, 벨모어 부인은 귀신을 보았다고 말해 동석한 사람들을 깜짝 놀라게 했다.

"그래, 그 귀신은 역시 갖고 있습니까……저……그것을?" 킨솔빙 부인은 불안과 긴장으로 말을 잇지 못했다.

"아뇨, 달라요……전혀 달랐어요."

식탁에 앉은 다른 사람들이 동시에 질문을 쏟아냈다.

"무서웠죠?" "귀신은 어떤 행동을 합디까?" "어떤 얼굴이었어요?" "복장은요?" "무슨 말을 했어요?" "부인은 비명을 지르지 않았어요?"

"지금 곧 여러분의 질문에 모조리 대답해 드리겠어요." 벨모어 부인은 당당하게 말했다. "사실 몹시 시장합니다만……전 무슨 일로 어쩌다 눈을 떴어요. 그것이 무슨 소리였는지, 아니면 무엇이 닿았는지, 그건 또렷하지 않아요. 아무튼 눈을 떠보니, 그 자리에 귀신이 서 있지 않겠어요? 나는 잘 때는 불을 끄고 자기 때문에 방 안은 캄캄했지만, 귀신의 모습은 똑똑히 보였어요. 물론 꿈이 아녜요. 머리 꼭대기에서 발끝까지 부옇고, 키가 큰 사람이었어요. 옛날 식민지 시대의 정장을 하고, 가루를 뿌린 가발을 쓰고, 레이스의 소매 장식이 달린 헐렁한 코트를 입은 데다 칼을 차고 있었어요. 그것이 어둠 속에서 안개처럼 허옇게, 더욱이 빛을 내면서 소리도 없이 움직이는 거예요. 그래요, 저도 처음에는 좀 놀랐죠. 아니 가슴이 덜컥 내려앉았다고 할까요. 귀신은 태어나 처음 보거든요. 귀신은 아무 말도 없었어요. 저도 잠자코 있었고요. 내가 한쪽 팔꿈치를 짚고 일어서려고 하니까, 귀신은 쓱 물러가더니 사라져 버렸어요."

킨솔빙 부인은 제7천국*²에라도 있는 듯이 기뻐했다. "그런 차림을 하고 있었다면, 그건 틀림없이 그런 장군 밑에 있던 우리 조상 킨솔빙 대위님이에요!" 그 목소리는 안도와 긍지로 떨렸다. "벨모어 부인, 저희 조상님 유령을 대신해서 사과 말씀드리겠어요. 주무시지도 못하게 해서, 정말 죄송해요."

테렌스는 어머니를 돌아보고 기쁜 듯이 축하의 미소를 보냈다. 마침내 킨솔빙 부인의 소원이 이루어진 것이다. 테렌스는 어머니가 기뻐하는 것이 좋

---

*2 유대인들이 신과 천사의 집으로 알고 있는 가장 높은 하늘.

왔다.

"이런 얘기를 털어놓는다는 게, 부끄럽게 생각해야 할 일인지 모르지만."

벨모어 부인은 맛있게 아침을 먹으면서 말했다.

"실은 그다지 자는 데 방해를 받지도 않았어요. 보통 같으면, 비명을 지르거나 기절하거나 해서 여러분을 정신없이 허둥대게 했겠지요. 하지만 나는 처음에 좀 놀랐을 뿐, 그 뒤로는 소리를 지르고 떠들어 댈 생각이 조금도 없었어요. 귀신은 잠깐 움직임을 보이고 나서는 조용히 무대에서 사라져 버렸고, 난 그대로 다시 또 잠들어 버린걸요."

이 말을 들은 거의 모든 사람들은, 벨모어 부인의 이야기를 피셔심프킨즈 부인이 보았다는 매정한 환영을 지워 버리기 위한 호의적인 조작담으로서 예의바르게 받아들였다. 그러나 그 자리에는 그녀의 이야기에 생생한 진실이 깃들어 있다고 인정한 사람도 한둘은 있었다. 그녀의 말 한마디 한마디에 진실과 솔직함이 담겨 있는 듯했다. 귀신 이야기라면 아예 처음부터 웃어 버리는 사람도, 주의 깊게 귀를 기울였다면, 그녀가 적어도 매우 선명한 꿈속에서 그 괴이한 방문자를 정말로 보았다는 것만은 인정하지 않을 수 없었을 것이다.

곧 벨모어 부인의 하녀가 짐을 꾸리기 시작했다. 두 시간 뒤에는 자동차가 와서 부인을 기차역까지 모시고 가게 되어 있었다. 테렌스가 동쪽 정원을 어슬렁어슬렁 거닐고 있는데, 벨모어 부인이 친근한 눈으로 다가왔다.

"다른 분들한테는 얘기하고 싶지 않았지만" 부인은 말은 말을 이었다. "테렌스 씨에겐 말해 두고 싶어요. 어느 의미에선 테렌스 씨에게도 책임이 있을 것 같아서요. 어젯밤에 그 귀신이 어떻게 내 잠을 깨웠는지 아세요?"

"쇠사슬을 쩔그락 거렸습니까?" 테렌스는 잠시 생각하더니 말했다. "아니면, 신음 소리를 냈습니까? 귀신이란 놈은 보통 둘 중 하나를 하는 법인데요."

"어쩌면, 난……." 벨모어 부인은 이렇게 말하더니 갑자기 화제를 바꾸었다. "묘지에서 조용히 잠자코 있을 수 없는 이 댁의 선조 킨솔빙 대위님의 근친 가운데 어떤 부인과 내가 닮았나요? 혹시 몰라요?"

"모르겠어요." 테렌스는 정말 어리둥절한 얼굴로 대답했다.

"우리 조상 가운데 부인 같은 미인이 있었다는 말은 들어 보지 못했습니다."

"그럼, 어째서……." 벨모어 부인은 청년의 눈을 주의 깊게 들여다보았다. "어째서 그 귀신은 내게 키스했을까? 틀림없이 그랬어요."

"예!" 테렌스는 깜짝 놀라며 눈이 휘둥그레져서 소리쳤다. "설마, 그런…… 정말로 그 사람은 부인에게 키스했습니까?"

"난 그 사람이라고는 말하지 않았어요. 그거라고 말했어요." 벨모어 부인은 정정했다. "비인칭대명사를 쓰는 편이 옳은 표현이라고 생각하거든요."

"그런데, 어째서 부인께선 제게 책임이 있다고 말씀하십니까?"

"그 귀신의 친척으로서 현재 살아 있는 남성은 테렌스 씨 한 분뿐이니까요."

"그렇군요, 확실히 저는 3대짼가 4대째의 남자가 되기는 합니다……그렇지만, 진지하게 말해서, 그 사람이……아니 그것이……키스했다는 것을, 대체 부인은 어째서 그걸……."

"알았느냐, 이 말씀이에요? 어떻게 알았는지 그건 나도 모르죠. 아무튼, 나는 자고 있었어요. 그러다가 그것으로 잠이 깬 거예요. 그것만은 거의 확실해요."

"거의?"

"그렇잖아요? 막 내가 눈을 뜨니까……테렌스 씨는 내 말뜻을 잘 모르시나 봐. 누구라도 갑자기 잠이 깨면, 그게 뭔지 금방은 판단할 수 없잖아요? 꿈인지, 아니면……하지만 짐작은 할 수 있을 거예요. 아니, 이게 뭐예요, 테렌스 씨, 난 당신의 실용적인 지식에 봉사하기 위해서, 가장 기본적인 감각까지 분석해 보여야 하나요?"

"하지만 키스하는 귀신이라면" 테렌스는 미안하다는 듯이 말했다. "가장 초보적인 강의가 필요합니다. 전 아직 한 번도 귀신과 키스한 적이 없으니까요. 말하자면……그것은……그것은……."

"그 감각은" 벨모어 부인은 일부러 시치미를 떼면서도 가볍게 웃음을 띠고 대답했다. "테렌스씨가 설명이 필요하다면 감히 말하지만, 정신적인 것과 물질적인 것이 혼합된 거예요."

"물론 그건" 테렌스는 갑자기 진지한 표정이 되어 말했다. "꿈이나 아니면 일종의 환각일 겁니다. 요즘 세상에 영혼의 존재를 믿는 사람은 아무도 없습니다. 만일 부인께서 좋은 뜻에서 그 얘기를 해 주셨다면, 무어라 고맙다는 인사를 드릴 말씀이 없을 정돕니다. 덕분에 어머니는 매우 기뻐하고 계십니다. 그 혁명 시대의 조상을 택하셨다는 것은 정말 멋진 생각이었습니다."

벨모어 부인은 한숨을 쉬었다. "끝내 내 운명도, 귀신을 본 다른 사람들의 운명과 같은 것이 되는 셈이네." 부인은 다시 한숨을 쉬었다. "귀신과 얼굴을 맞대는 다시없는 기회를 얻었는데도, 마치 착각이나 거짓말 탓으로 돌려지다니. 어쨌거나 적어도 나는 이 난파 사고에서 기념품을 하나 얻었어요. 눈에 보이지 않는 세계에서 온 키스예요. 킨솔빙 대위는 용감한 분이셨나요? 테렌스 씨?"

"얘기를 들으니까, 요크 타운 전투에서 졌답니다." 테렌스는 회상에 잠겨 말했다. "그 첫 싸움에서 지고 나서 부대와 함께 퇴각했다고 하더군요."

"소심하셨나 보군요." 벨모어 부인은 혼잣말처럼 중얼거렸다. "한 번 싸웠으면 좋았을 텐데."

"한 번 더 싸운다구요?" 테렌스는 어리석은 질문을 했다.

"그래요, 왜 다시 한 번 덤벼들지 않았나 하는 뜻이에요. 자, 이제 떠날 준비를 해야지. 자동차는 한 시간 있으면 올 거예요. 이 클리프톱 별장 생활은 무척 즐거웠어요. 이, 얼마나 아름다운 아침이에요, 테렌스 씨!"

기차역으로 가는 길에 벨모어 부인은 핸드백에서 실크 손수건을 꺼내더니 조금 기묘한 미소를 띠고 잠시 들여다보았다. 그리고는 그것을 한 번 매고 두 번 매어 몇 개나 단단한 매듭을 만들어서 기회를 보아 도로 옆 절벽 아래로 던졌다.

한편 테렌스는 자기 방에서 하인 브룩스에게 몇 가지 지시를 내렸다.

"이 물건들을 포장해서 그 명함에 적힌 주소로 보내게."

그 표는 뉴욕 어느 의상실의 명함이었다. 그리고 물건들은 하얀 공단으로 만들어 은제 버클을 단 옷, 흰 실크 양말과 흰 염소 가죽 구두 등, 1870년대의 신사 옷이었다. 여기에 가루를 뿌린 가발과 한 자루의 칼까지 들어 있었다.

"그리고 말이야, 브룩스" 테렌스는 이렇게 말하더니 좀 걱정스러운 듯이 덧붙였다. "귀퉁이에 내 이름의 머리 글자를 수놓은 실크 손수건이 보이지 않는데, 어디서 떨어뜨렸는지 모르겠어."

그리고 한 달 뒤 벨모어 부인은 몇몇 상류 사교계 친구들과 캐츠킬스로 마차 여행을 떠날 사람들의 명단을 만들고 있었다. 벨모어 부인은 마지막으로 명단을 훑어보았다. 거기에는 테렌스 킨솔빙의 이름도 있었다. 벨모어 부인은 그 이름을 연필로 싹 지워 버렸다.

"이 사람은 너무 소심해." 부인은 부드럽게 중얼거렸다.

잃어버린 혼합주
술은 용기를 주고 사람을 정열적으로 만든다

　술집이 목사에게 축복의 기도를 부탁하고, 상류 계급 사람들도 만찬을 칵테일로 시작하는 세상이고 보면, 술집 이야기를 한다고 해서 그다지 나쁠 것도 없으리라. 금주를 맹세한 사람은 싫으면 굳이 듣지 않아도 좋다. 자판기에 10센트를 넣으면 드라이 마티니가 나오는 식당은 어디에나 있다.

　콘 랜트리는 케닐리 술집 카운터의 안쪽에서 일하고 있었다. 독자 여러분이나 나 같은 사람은 그 맞은편에 거위처럼 한쪽 발로 기대어 서서 1주일치 급료를 기꺼이 털어 버리곤 한다. 그러면 그 앞에서는 청결하고, 온화하고, 영리하고, 예의바르고, 언제나 새하얀 윗도리를 걸치고 있는, 성실하고, 믿음직스럽고, 젊고 책임감이 강한 콘이 바삐 돌아다니며 우리들한테서 돈을 거두어 간다.

　그 술집은(축복인지 저주인지 모르지만) 골목길에 의해 평행사변형으로 둘러싸인, 시가라고도 할 수 없는 뒷골목에 있었으며, 그 주변에는 세탁소라든가, 몰락한 네델란드 계 뉴욕시민이라든가, 그 어느 쪽과도 관계 없는 보헤미안이라든가, 이런 사람들이 살았다. 술집 2층에는 케닐리와 그 가족이 살았다. 딸 캐서린은 아이슬란드인다운 검은 눈동자로—아니, 그런 것까지 여러분이 알 필요는 없다. 여러분은 제럴딘이나 일라이저 앤이나, 아무튼 각자 사귀고 있는 여성으로 만족하시라. 왜냐하면, 그녀는 콘이 꿈에서도 볼만큼 홀딱 반해 있으니 말이다. 그녀가 뒤 계단을 내려와 저녁 식사에 내놓을 한 잔의 맥주를 나직한 소리로 부탁하거나 하면, 그의 심장은 그만 혼합기 속의 우유 펀치처럼 출렁거렸다. 로맨스라는 것은 순서대로 정확히 일이 진행되는 법이다. 말하자면, 여러분이 주머니에 한 닢 남은 동전을 카운터에 던져 놓고 위스키를 마시면, 바텐더는 그 돈을 받아 주인 딸과 결혼하고, 그리하여 행복이 싹튼다는 식이다.

그러나 콘은 그렇게 되지 않았다. 왜냐하면 여자 앞에만 서면 그만 혀가 말려들고 얼굴이 새빨개지기 때문이다. 술기운을 빌어 아무렇게나 떠들어대는 시끄러운 풋내기를 눈짓 하나로 입을 다물게도 하고 폭행을 일삼는 주정뱅이를 레몬 짜는 기계로 후려갈기기도 하고, 취하기만 하면 싸우는 취한을 넥타이에 주름 하나 잡히지 않고 길거리에 던져 놓곤 하는 콘이지만, 여자 앞에만 서면 말도 목소리도 나오지 않게 되고 어물어물 입만 웅얼거리며 부끄럽고 괴로움에 시달려서 그만 피가 머리에 꽉 치밀어 오르는 것이었다. 그러면 캐서린 앞에서는 어떻게 되었을까? 그저 벌벌 떨 뿐 제 자신에 대해서는 한마디도 못하고, 아첨을 하기는커녕 돌덩어리같이 굳어서 여신처럼 우러러보는 여자 앞에서 언제나 날씨 이야기만 하는, 정말로 어리숙한 짝사랑꾼이 되어 버리는 것이었다.

그런데 라일리와 매커크라는 햇빛에 그을은 두 사나이가 케닐리 술집에 나타났다. 두 사람은 케닐리와 의논하더니 뒤쪽의 방 하나를 빌려 술병과 사이편, 주전자와 조제용 계량컵 같은 것을 잔뜩 들여놓았다. 술집의 모든 장비와 주류가 거기 있었는데, 두 사람은 이 술로 장사를 하는 것도 아닌 듯했다. 온종일 방에 틀어박혀서 땀을 뻘뻘 흘리며 준비한 알콜 원료를 타고 섞고 하여 뭔지 모를 양조주와 증류주를 만들고 있었다. 라일리는 배운 사람인지 열심히 액체들의 양을 미세하게 조절하면서 여러 장의 종이에 계산을 했다. 매커크는 눈이 붉게 충혈된 괴팍한 사나이였으며, 조제가 끝날 때마다 나직이 쉰 목소리로 욕지거리를 하면서 실패한 혼합액을 배수관에 쏟아 붓곤 했다. 그들은 4대 원소를 황금으로 바꾸려고 애쓰는 두 연금술사처럼, 무언가 이상야릇한 용액을 만들어 내려고 지칠 줄 모르고 꾸준히 노력했다.

어느 날 밤, 일이 끝난 뒤 콘은 어슬렁거리며 이 안쪽 방에 들려 보았다. 손님에게 술을 파는 것도 아니고 보람없고 헛된 실험을 계속하기 위해, 날마다 케닐리가 사 둔 술을 갖고 가는 이 신비로운 바텐더에게 콘은 직업적인 호기심을 느끼지 않을 수 없었다.

그위바라만*1의 해돋이 같은 미소를 지으며 캐서린이 뒤계단을 내려왔다.

"안녕하세요, 랜트리 씨" 그녀가 말을 건넸다. "오늘은 무슨 특별한 일 없었어요?"

"비, 비가 올 것 같습니다." 수줍음이 많은 콘이 다급해져서 더듬더듬 대답했다.

"다행이에요, 물이 부족해지면 아주 곤란하거든요."

안쪽 방에서는 라일리와 매커크가 수염을 기른 마녀처럼 정체모를 혼합물과 열심히 씨름하고 있었다. 50개의 술병에서 라일리가 미리 계산한 분량의 액체를 신중히 유리 그릇에 담아 함께 휘저었다. 이윽고 매커크가 음침한 소리로 욕지거리를 하면서 이 혼합물을 쏟아 버리고, 두 사람은 다시 처음부터 시작했다.

"거기 좀 앉아요" 라일리가 콘에게 말했다. "그리고 내 말 좀 들어봐요."

"작년 여름, 나와 팀은 니카라과에서 아메리카식(式) 술집을 차리면 성공할 거라고 생각했죠. 키니네와 럼주밖에 마실 만한 것이 아무것도 없는 도시가 바닷가에 있었거든요. 그 지방 사람들이나 다른 데서 온 사람들이나 한기가 든다면서 자리에 드러눕기 일쑤이고 겨우 일어났는가 하면 또 열이 나곤 했습니다. 그런 열대성 병도 고급 칵테일이면 자연히 낫거든요. 그래서 우리는 뉴욕에서 몰래 술을 사들이고 이런저런 비품과 술잔 같은 것을 사서는 정기선을 타고 그 산타 팔마라는 항구로 떠났습니다. 도중에 나와 팀은 날치를 보기도 하고, 선장이나 승무원을 상대로 세븐업*2을 하면서 시간을 보냈는데, 그 무렵부터 벌써 우리는 남회귀선 일대의 하이볼 왕이라도 된 듯한 기분이 되더군요. 우리가 술 마시는 방법과 거스름돈을 슬쩍하는 방법을 소개해 주러 가는 나라까지 앞으로 다섯 시간쯤 남았을 때, 선장이 오른쪽 뱃전의 나침반 있는 데로 우리를 부르더니, '방금 생각이 났는데' 하면서 이런 말을 하더군요. '자네들한테 얘기하는 걸 잊었는데, 지난달부터 니카라과에서는 병에 든 상품은 그게 뭐든 판매 가격의 48퍼센트나 되는 관세를 부과하게 되었소. 대통령이 병에 담은 신시내티 제(製) 헤어토닉을 타바스코 소스로 잘못 알고 먹는 바람에 그 분풀이를 하게 된 거요. 그 대신 나무통

---

*1 아일랜드 북서부 해안에 위치.
*2 미국식 트럼프 놀이의 일종.

에 담은 것은 모두 무관세라오.' '그 말을 진작 해주었으면 좋았을 텐데' 우리는 말했죠. 아무튼 42갤런들이 통 두 개를 선장한테서 사 가지고 병에 든 술을 모두 비워서 이 통으로 옮겼습니다. 48퍼센트나 관세를 물었다간 파산하고 말테니까요. 말하자면, 한 가지씩 팔기를 단념하고는 에라 모르겠다 하고 운을 하늘에 맡기고 천 2백 달러어치나 되는 속성 칵테일을 만든 셈이죠. 그렇게 해서 상륙하자마자 우리는 그중 한 통에다 꼭지를 달고 빼내 봤습니다. 그런데 그놈의 혼합주가 심장이 터질 것 같은 물건이 되고 만 거예요. 빛깔은 바워리 거리의 콩죽 같고, 맛은 노름판에서 잃기만 하여 풀이 죽어 있을 때 아줌마가 끓여주는 가짜 커피나 다름없었습니다. 시험삼아 한 흑인에게 4핑거쯤*3 먹여 봤더니, 놀랍게도 그자는 사흘 낮 사흘 밤 코코넛 나무 아래 드러누워서 발꿈치로 모래를 차며, 죽어도 추천문에 사인을 하지 않더군요. 그런데 나머지 술통은! 이봐요, 바텐더 양반, 노오란 리본을 두른 밀짚모자를 쓰고, 8백만 달러쯤 주머니에 쑤셔넣고는 예쁜 여자와 경기구(輕氣球)를 타본 적이 있습니까? 그 술통에 든 술을 30방울만 마셔도 대강 그런 기분이 되더라고요. 2핑거나 뱃속에 쏟아 넣는 날이면, 짐 제프리스*4 같은 시시한 놈밖에 때려 눌 만한 놈이 주변에 없다면서 얼굴을 손에 묻고 통곡이라도 할 그런 물건이었죠. 정말입니다. 정말 이 둘째 술통에 든 술은 싸움이든, 돈이든, 사치스러운 생활이든, 무엇이든 뜻대로 그 기분을 맛볼 수 있는 아주 경험이 대단한 증류주였습니다. 황금빛으로 유리처럼 투명했지요. 날이 저문 뒤에도 햇빛을 가두어 놓은 듯이 빛났고요. 앞으로 천 년은 지나야 바에서 그런 술을 마실 수 있을걸요. 그래서 우리는 그 술통 하나로 장사를 시작했습니다. 다른 것은 필요가 없었죠. 그 나라 신사 양반들이 흑인, 백인 할 것 없이 모두 마치 벌통에 벌떼가 몰리듯 이 술에 몰려들더군요. 만일 그 술이 좀 더 있었더라면, 그 나라는 아마 야단났을걸요, 아침마다 가게를 열면, 장군이라든가 대령이라든가 전 대통령이라든가, 심지어는 혁명가까지도 한 모금 마시려고 다음 블록까지 줄을 서 있었습니다. 처음에는 한 잔에 50센트 은화 한 닢에 팔았는데 마지막 10갤런은 한 모금에 5달러를 불러도 불티나게 팔려 나가더군요. 굉장한 고급 주였으니까요. 그걸 마시면 용기

---

*3 1핑거는 약 4분의 3인치.
*4 왕년의 헤비급 권투 선수권자.

와 야망이 솟아나서, 무엇이고 못할 일이 없는 대담한 기분이 되었지요. 더욱이 자기 돈이 더러운 것이거나, 제빙업 트러스트에서 나온 부정한 돈이거나 도무지 신경 쓰지 않게 되고 술통이 절반쯤 비었을 때, 니카라과는 국채(國債) 지불을 중지한다, 담배세를 중지한다 하고 법석을 떨더니, 심지어 미국과 영국에게 선전포고까지 하려고 들더군요. 우리가 이 술의 왕을 발견한 것은, 정말 우연이었습니다. 그러니까 운만 좋으면 다시 만들 수도 있습니다. 그래서 우리는 열 달 동안이나 이것저것 다 해 봤습니다. 이 방면의 전문가라면 해롭다는 것쯤 다 알고 있는 성분을 모조리 조금씩 섞어 보는 동안에, 몇 통이나 버렸는지 모릅니다. 나하고 팀이 버린 위스키나 브랜디, 리큐르, 비터스진, 포도주를 모두 합치면 아마 술집을 열 군데는 차릴 수 있을 걸요. 그런 최상급 고급 술은 도저히 이 세상에서 맛 볼 수 없을 겁니다. 돈을 다 털어 버리고 나니 정말 화가 나서 못 견디겠습니다. 그런 술이라면 미국이 국가로서 장려금을 내줘도 괜찮은 일일 텐데요."

그동안에도 매커크는 쉬지 않고 라일리가 연필로 갈겨서 놓은 새 처방대로 주의깊게 달아서, 아까 이름이 나온 갖가지 알콜 종류를 조금씩 혼합하고 있었다. 완성된 혼합주는 보기만 해도 속이 메스꺼워지는 얼룩진 초콜릿빛이었다. 매커크는 한 모금 맛 보더니 그에 알맞은 형용사를 늘어놓으면서 개수대에 쏟아 버렸다.

"사실이겠지만, 좀 색다른 얘기군요" 콘이 말했다. "자, 나는 저녁이나 먹으러 가겠습니다."

"한 잔 하시죠. 그 혼합주는 없어졌지만, 다른 것이 뭣이든지 있으니까요."

"나는 물보다 독한 것은 마시지 않아요. 방금 계단 옆에서 캐서린 양을 만났는데, 그 아가씨 좋은 말을 했죠. '물이 부족한 것만큼 곤란한 일은 없다'고 말입니다."

콘이 나가자 라일리는 하마터면 엎어질 만큼 세게 매커크의 등을 때렸다.

"야, 방금 그 말 들었어?" 하고 그는 소리쳤다. "우리는 둘 다 상바보들이야. 우린 병에 든 폴리나리스 생수 여섯 상자쯤 배에 싣고 갔었잖아! 네가 그 마개를 땄는데……그걸 어느 통에 넣었지? 응? 어느 통이냐고, 이 멍청아."

"내 기억으로는" 매커크는 천천히 말했다. "두 번째 통인 줄 아는데, 확실히 파란 종이 쪽지가 옆면에 붙어 있었어."

"알았다!" 라일리가 큰 소리로 외쳤다. "빠진 게 바로 그거야. 비결은 물에 있었어. 다른 것은 모두 갖추어져 있었단 말야. 이봐, 빨리 가게에 가서 폴리나리스 두 병만 가져와. 그동안 나는 조제 비율을 계산해 둘 테니까."

한 시간 뒤, 콘은 보도를 어슬렁어슬렁 케닐리 술집으로 걸어갔다. 충실한 고용인은 쉬는 시간에도 이처럼 무언가 이상한 힘에 끌려서 직장 근처를 서성거리는 법이다.

경찰 순찰차가 문 앞에 서 있었다. 보기에도 억센 경관 세 사람이, 거의 떠메다시피 하여 라일리와 매커크를 뒤 계단 위로 끌고 밀고 하며 올라갔다. 험악하고 집요한 싸움의 흔적으로, 두 사람의 얼굴과 눈은 온통 부어오르고 찢어져 있었다. 그런데도 두 사람은 어쩐지 신이 나는 듯 떠들어대면서, 이제 막 가라앉아 가는 미치광이처럼 남아 있는 광기를 경관에게 쏟아붓고 있었다.

"그 방에서 격투를 벌였단 말야" 하고 케닐리가 콘에게 사정을 들려주었다. "그러더니 노래를 부르기 시작하잖아. 정말 두 손 바짝 들었다. 닥치는 대로 마구 두들겨 부수고 말야. 하지만 아주 좋은 녀석들이니까 나중에 다 변상해 주겠지. 둘이서 새로운 칵테일을 만들고 있었거든. 낼 아침에는 정신을 차리고 나올 테지."

콘은 전쟁터를 보러 뒷방으로 갔다. 복도를 지나가는데 마침 캐서린이 계단에서 내려왔다.

"안녕하세요. 오늘 여기서 벌써 두 번이나 만나네요, 랜트리 씨" 그녀가 말을 건넸다. "날씨에 대한 새 소식은 없나요?"

"여……역시……비……비가……올 것 같습니다." 희고 매끈한 뺨을 붉히며 그녀 옆을 빠져나가면서 콘이 대답했다.

라일리와 매커크는 신나게 한바탕 한 모양이었다. 깨진 술병과 잔이 여기저기 흩어져 있었다. 방 안에 알콜 냄새가 가득하고, 바닥은 쏟아진 술로 얼룩덜룩했다. 32온스 용량의 계량컵이 탁자 위에 엎혀 있었다. 그 밑바닥에 두 숟가락 분량의 액체가 남아 있었다. 태양을 가두어 둔 듯이 황금빛으로 빛나는 액체였다.

콘은 냄새를 맡아보았다. 조금 맛을 보았다. 홀짝 마셔 버렸다. 그가 복도로 돌아 나왔을 때, 캐서린은 막 계단을 올라가려 하고 있었다.

"아직도 특별한 소식은 없어요, 랜트리 씨?" 놀리듯이 웃으면서 그녀가 말했다.

콘은 그녀를 번쩍 들어 올려 꽉 껴안았다.

"새 소식은 말이죠" 그가 말했다. "우리가 결혼한다는 것입니다."

"아이, 내려 줘요!" 그녀가 화를 내며 소리쳤다. "그렇지 않으면, 나……어머, 콘, 그런데 어디서 그런 용기가 생겼죠?"

운명의 길

나는 상상한다. 그러므로 나는 소속됨과 함께 자유롭다

미래의 운명을 찾아서
나는 여러 길을 간다.
예지의 빛을 찾는 성실하고 억센 마음과 사랑
내 운명을 정하고, 피하고, 지배, 형성하는 싸움에서
이것이 나를 지탱해 줄까?

다비드 미뇨의 미발표 시에서

노래가 끝났다. 가사는 다비드가 지었고 곡은 이 지방의 가곡 중 하나이다. 목로주점의 탁자에 둘러앉은 사람들은 진심으로 손뼉을 쳤다. 이 젊은 시인이 술값을 치렀기 때문이었다. 다만 공증인 파피노 씨만은 가사가 조금 마음에 들지 않아 고개를 저었다. 그는 배운 사람이고 다른 사람들처럼 취하지도 않았기 때문이었다.

다비드는 마을 거리로 나갔다. 밤 공기가 머리에서 술기운을 쫓아 주었다. 그는 문득 이날 이본느와 싸웠다는 사실과 명성과 명예를 찾아 고향을 떠나 넓은 세상으로 나아갈 결심을 한 것이 생각났다.

"모든 사람이 내 시를 노래하게 되면" 그가 명랑한 기분으로 중얼거렸다.

"아마도 그녀는 오늘 그 지나친 말을 후회하게 될 거야."

목로주점에서 마시고 떠드는 이들을 제외한 마을 사람들은 모두 잠들어 있었다. 다비드는 아버지의 시골집 헛간에 있는 자기 방으로 몰래 들어가 얼마 되지 않는 옷가지를 보따리에 쌌다. 그 보따리를 막대 끝에 꿰어 메고, 베흐누와[1]에서 뻗쳐나간 큰길로 나섰다.

가축 우리 안에 갇혀 있는 아버지의 양 떼 옆을 지나갔다. 날마다 그가 종이 쪽지에 시를 끼적이는 동안, 멋대로 돌아다니게 내버려두면서 지켜 온 양들이다. 이본느의 창문에 아직 불이 켜져 있는 것을 보니, 금방 마음이 약해져서 결심이 흔들리기 시작했다. 불이 켜져 있다니, 그녀가 화낸 것을 후회해 잠 못 이루고 있기 때문이 아니겠는가. 날이 새면 아마도—아니 안된다. 나는 결심하지 않았는가? 베흐누와는 내가 살 만한 땅이 못된다. 내 생각을 이해해 줄 만한 사람은 하나도 없다. 내 운명과 미래는 저 길 너머에 있다. 그 길은 달빛에 어렴풋이 보이는 들판을 가로질러, 농부들이 갈아 놓은 밭고랑처럼 똑바로 9마일쯤 뻗쳐나가 있었다. 마을 사람들은 이 길이 적어도 파리까지 통한다고 믿었다. 걸어가면서 시인은 그 도시 이름을 몇 번이나 입 속으로 중얼거렸다. 다비드는 베흐누와에서 그렇게 멀리까지 여행해 본 적이 아직 한 번도 없었다.

왼쪽 길

도로는 9마일쯤 나아가서 수수께끼의 벽에 부딪쳤다. 길은 또 하나의 더 넓은 길과 직각으로 맞닿는다. 다비드는 잠시 망설이다가 이윽고 왼쪽 길을 택했다.

이 큰길에는 조금 전 어떤 운송 수단이 지나간 바퀴 자국이 남아 있었다. 30분 뒤 험한 산기슭을 흐르는 시냇물의 진흙 바닥에 무거운 마차 한 대가 빠져 있는 것을 보았다. 그래서 수레바퀴 자국이 이 마차가 남긴 것임을 알았다. 마부와 기수들이 소리를 지르며 고삐를 잡아당기고 있었다. 길가에 검은 옷을 입은 몸집이 커다란 사나이와 길고 가벼운 망토를 두른 날씬한 여자가 서 있었다.

다비드는 하인들이 안간힘을 쓰고는 있지만, 일 솜씨가 매우 서툰 것을

---

[1] 프랑스 중북부 소도시.

알아보았다. 그는 속으로 자기가 이 일을 해결하리라 마음먹고, 말에게 고함을 치거나 사납게 수레바퀴를 움직이려고 하지 말라고 하인들에게 충고했다. 마부가 평소와 다름없는 어조로 말을 부추기고, 다비드는 마차 뒤를 어깨로 힘껏 밀어 올렸다. 호흡을 맞추어 한 번에 확 밀어 올리자 거대한 마차가 용케 단단한 땅 위로 굴러나갔다. 하인들은 저마다 안장에 기어올라갔다.

다비드는 잠시 한쪽 다리를 쉬며 서 있었다. 몸집이 큰 신사가 그에게 손짓하며 말했다. "당신도 타지 않겠소?" 몸집만큼이나 컸으나, 훈련과 습관으로 꽤 다듬어진 목소리로 말했다. 이런 목소리로 권하면 따르는 수밖에 없다. 젊은 시인은 잠시 망설였으나 다시 권하는 바람에 그렇게 하기로 했다. 다비드의 발이 마치 발판을 디뎠다. 어둠 속에서 뒷좌석에 앉은 여자의 모습이 어렴풋이 눈에 들어왔다. 그가 여자의 맞은편에 앉으려 하자, 아까 그 목소리가 다시 그를 복종시켰다. "숙녀분 옆에 앉으시오."

신사는 무거운 몸을 앞좌석으로 옮겼다. 마차는 산을 올라갔다. 여자는 말없이 구석에 몸을 움츠리고 앉아 있었다. 젊은 여자인지 나이 들었는지 도무지 짐작이 가지 않았지만, 옷에서 풍기는 달콤한 향기는 다비드의 공상을 자극해, 그 신비의 그늘에는 틀림없이 아름다움이 숨겨져 있으리라는 생각이 들었다. 이제까지 수없이 공상한 모험이 지금 여기에 있는 것이다. 그러나 그는 아직 신비를 풀 열쇠가 없었다. 왜냐하면 이 미지의 사람들은 한 자리에 앉아 있으면서도 말 한마디 주고받지 않았기 때문이다.

한 시간쯤 지나서, 다비드는 창밖을 내다보고, 마차가 어느 고장을 지나가는지 알았다. 이윽고 마차는 문이 굳게 닫힌 컴컴한 집 앞에 섰다. 기수가 내려가서 다급하게 문을 두들겼다. 이윽고 2층 격자창이 열리더니, 나이트 캡을 쓴 머리가 창 밖으로 튀어나왔다.

"이런 밤중에 누가 잠을 깨우는 거요? 여관 문은 닫았소. 이렇게 늦게까지 돌아다니다니, 제대로 된 나그네라면 이런 짓을 하지 않을 거요. 문은 그만 두들기고 냉큼 떠나시오."

"열어라!" 하인이 큰 소리로 말했다. "브페르튀 후작님의 행차시다."

"옛?" 2층의 목소리가 말했다. "아이고 이걸 어쩌나! 용서하십시오, 후작님을 몰라 뵙고…… 이런 한밤중에……예, 예, 당장 문을 열겠습니다. 편히 쉬도록 하십쇼."

안에서 사슬과 빗장을 끄르는 소리가 들리더니, 문이 열렸다. 실버 플래건 여관 주인은 옷을 반쯤 걸친 채 추위와 두려움에 떨면서 촛대를 손에 들고 문간에 서 있었다.

다비드는 후작 뒤를 따라 마차에서 내렸다. "숙녀분을 부축해 드리시오." 후작이 명령했다. 시인은 그 말을 따랐다. 여자를 도와줄 때 그는 그녀의 조그만 손이 떨고 있는 것을 느꼈다. 후작은 집 안으로 들어가라고 명령했다.

그들은 여관의 길쭉한 식당으로 들어섰다. 큼직한 떡갈나무 탁자가 방을 가득히 채우고 있었다. 몸집이 큰 신사는 입구에 가까운 의자에 앉았다. 여자는 매우 지친 듯, 벽을 등진 의자에 맥없이 걸터앉았다. 다비드는 이 일행에게 작별 인사를 하고 여행을 계속하려면 어떻게 해야 하나 궁리하면서 그 자리에 서 있었다.

"후작님" 하고 주인은 방바닥에 닿도록 머리를 숙이면서 말했다. "오, 오시는 줄……미리 알았더라면, 뭐……뭐 좀……드실 걸 마련했을 것입니다만, 포도주와 식은 닭고기하고 그, 그리고……."

"초를 가져오너라." 후작은 독특한 몸짓으로, 살이 통통하게 찐 하얀 손을 펼치면서 말했다.

"예예, 후작님." 주인은 초를 여섯 개쯤 가져와서 모두 탁자 위에 세워 놓고 불을 켰다.

"혹시, 부르고뉴 포도주를 드시겠다면……한 통이 있습니다만."

"초를 가져오너라." 한쪽 손을 펴며 후작은 말했다.

"예, 알겠습니다……냉큼 가서…… 갖고 오겠습니다, 후작님."

다시 초 열두 개에 불이 켜져서 식당 안을 비추었다. 후작의 큰 몸이 의자에서 비어져 나올 듯이 보였다. 손목과 깃에 새하얀 주름 장식이 있을 뿐, 머리 꼭대기에서 발끝까지 온통 새까만 복장이었다. 칼 손잡이와 칼집까지 검었다. 그의 표정은 사람을 비웃듯이 거만했다. 뾰족하게 휘어 올라간 콧수염 끝이 사람을 조롱하듯 거의 눈꼬리까지 올라가 있었다.

여자는 꼼짝도 않고 앉아 있었는데, 이때 다비드는 그녀가 젊으며 매혹적인 아름다움을 간직하고 있음을 깨달았다. 그 우수에 찬 아름다움을 정신 없이 바라보던 그는, 굵은 목소리에 깜짝 놀라 정신을 차렸다.

"자네 이름이 어떻게 되나? 그리고 직업은?"

"다비드 미뇨라고 합니다. 시인입니다."

후작의 수염 끝이 눈까지 치켜 올라갔다.

"무엇을 하며 사는가?"

"저는 양치기 일을 합니다. 아버지와 양을 돌보고 있었지요." 그는 의젓하게 고개를 쳐들었으나 왠지 얼굴이 붉어졌다.

"그렇다면 양치기이자 시인인 다비드 군, 오늘밤 자네가 뜻하지 않게 만난 행운을 잘 들어라. 이 내 조카딸 뤼 시드 발레느이다. 고귀한 가문에 태어나서 이 아이 자신의 재산으로도 1년에 1만 프랑의 수입이 있다. 매력은 자네가 보는 바와 같다. 만일 이 아이 재산 목록이 자네 마음에 든다면, 단 한마디로 애는 자네의 아내가 된다. 그래, 잠사코 내 말을 들어라. 오늘 밤, 나는 이 아이를 약혼자 빌모르 백작의 성으로 데리고 갔었다. 손님도 모여 있었고, 사제도 기다렸다. 신분과 재산이 모두 어울리는 남자와의 결혼식이 언제라도 치러질 예정이었다. 그런데 제단 앞에서 얌전하고 정숙한 처녀가 갑자기 암표범처럼 내게 덤벼들더니 나더러 잔인하고 죄 많은 사나이라 욕설을 퍼부은 끝에, 멍청해진 사제 앞에서 내가 정한 약혼을 파기해 버렸다. 그래서 나는 곧바로 이 아이는 성에서 나온 뒤 가장 처음 만나는 남자와 설령 그 사람이 왕자거나 숯을 굽는 머슴이거나 도둑이거나 상관없이―결혼하지 않으면 안된다고 모든 악마에게 맹세했다. 자네가 그 첫 남자다. 이 아이는 오늘 밤 안으로 결혼해야 한다. 자네와 결혼하지 않더라도 누군가와 결혼해야 한다. 10분간 시간을 줄 테니, 그동안 결심하라. 말하거나 질문해서 나를 성가시게 해서는 안된다. 알겠나, 10분이다. 날아가듯이 사라지는 시간이다."

후작은 허옇게 살찐 손가락으로 세게 탁자를 두들겼다. 그러고는 입을 다물고 대답을 기다렸다. 그 태도는 큰 저택이 접근하는 자를 막으려고 문과 창문을 꽉 닫는 것과 비슷했다. 다비드는 무슨 말인가 하고 싶었다. 그러나 이 몸집이 큰 사나이의 태도에 차마 입이 떨어지지 않았다. 그래서 그는 여자의 의자 앞에 다가가서 고개를 숙였다.

"아가씨" 그가 말했다. 이토록 정숙하고 아름다운 여성 앞에서 쉽게 말이 나온 것이 그 자신도 놀라웠다.

"들으셨다시피 저는 양치기올시다. 때로는 제 스스로 시인이라고 공상하는 일도 있습니다. 만일 아름다운 사람을 찬양하고 사랑하는 것이 시인의 증거라면, 그 공상은 이제 확증된 셈입니다. 어떻게 아가씨를 도와 드릴 수 있을까요?"

젊은 여성은 눈물이 마른 슬픈 눈을 들어 그를 바라보았다. 이 놀라운 모험 앞에 진지해진 그의 솔직하고 밝은 얼굴, 늠름하고 늘씬한 체격, 푸른 눈동자에 담긴 연민의 눈물, 오랫동안 아무 도움도 배려도 받지 못하고 살아온 자신에게 지금 그것이 절실하게 필요하다는 것을 느끼면서 그녀는 갑자기 울음을 터뜨렸다.

"당신은" 그녀는 나직이 말했다. "성실하고 친절하신 분이시군요. 저 사람은 나의 백부, 나에게는 하나밖에 없는 친척입니다. 백부는 제 어머니를 연모했습니다. 그래서 내가 어머니를 닮았다고 나를 미워하는 거예요. 백부 때문에 나는 오랜 세월 무섭게 지냈습니다. 나는 백부의 얼굴만 보아도 무서워서, 이제까지 한 번도 백부의 지시를 어긴 적이 없어요. 하지만, 백부는 오늘 밤 나를 세 배나 나이가 많은 남자와 결혼시키려고 했던 거예요. 당신에게까지 생각지 않던 폐를 끼치게 되어 정말 죄송합니다. 백부가 당신에게 강요하는 이런 미친 짓은 제발 거절하세요. 하지만 당신의 따뜻한 말에는 적어도 고맙다는 인사를 해야겠어요. 오랫동안 저는 누구한테서고 그렇게 따뜻한 말을 들어 본 적이 없습니다."

시인의 눈에는 친절 이상의 것이 있었다. 그는 시인이었나 보다. 왜냐하면 그는 이 순간 이본느를 까맣게 잊고 처음 만난 더없이 아름다운 처녀의 순진함과 우아함에 사로잡혔기 때문이다. 그녀에게 감도는 가냘픈 향기는 그의 마음을 알 수 없는 감동으로 채웠다. 그의 애정을 담뿍 담은 뜨거운 눈물이 그녀에게 쏟아졌다. 그녀는 굶주린 듯이 그 시선에 매달렸다.

"몇 해가 걸려야 해낼 만한 일을 하기 위해서, 10분이라는 시간이 지금 제게 주어져 있습니다" 다비드가 말했다. "나는 아가씨를 동정한다고는 말하지 않습니다. 그렇게 말하면 거짓말이 됩니다. 나는 아가씨를 사랑합니다. 나는 아직도 아가씨의 사랑을 요구할 생각은 없습니다. 그러나 어떻게든 저 잔인한 인간으로부터 아가씨를 구하는 것을 제게 허락해 주십시오. 그러면 머지않아 아가씨의 마음속에도 사랑이 싹틀 것입니다. 제게는 미래가 있습니다. 언제까지나 양만 치며 살고 싶지는 않습니다. 아무튼 앞으로 저는 진심으로 아가씨를 섬기고, 아가씨의 생활에서 슬픔을 없애 드리고 싶습니다.

아가씨의 운명을 제게 맡겨 주시지 않겠습니까?"

"당신은 연민 때문에 자기를 희생하려고 하시는군요."

"아니, 사랑 때문입니다. 자, 이제 시간이 없습니다, 아가씨."

"반드시 후회하실 거예요. 그리고 저를 경멸하실 거예요."

"아가씨를 행복하게 만들고, 제 자신을 당신에게 알맞은 인간으로 만드는 것만이 제 삶의 목적입니다."

그녀의 아름답고 조그만 손이 망토 밑에서 살며시 그의 손 안으로 미끄러져 들어왔다.

"제 인생을" 그녀가 속삭였다. "당신께 맡기겠어요. 그리고……그리고 사랑도, 당신이 생각하시듯이 그렇게 멀리 있지는 않을 거예요. 백부에게 대답해 주세요. 백부의 눈에 띄지 않는 곳으로 갈 수만 있다면, 그 무서움을 잊을 수도 있을지 몰라요."

다비드는 후작 앞에 가서 섰다. 검은 형체가 움직였고 경멸을 담은 눈이 식당의 커다란 시계를 흘긋 쳐다보았다.

"2분 남았군. 돈 많은 아름다운 신부를 맞이하는 일을 결정하는 데, 양치기가 8분이나 필요하단 말이냐? 자, 양치기, 주저말고 말하라, 너는 이 아이 남편이 되는 데 이의가 없느냐?"

"아가씨는" 그가 우뚝 서서 말했다. "영광스럽게도 아내가 되어 달라는 제 소원을 들어 주셨습니다."

"잘됐다" 후작은 말했다. "자네는 청혼자로서의 자격을 충분히 갖추고 있는 것 같구나. 양치기 양반, 이 아이는 더 심한 변을 당해도 어쩔 수 없었다. 그럼, 교회와 악마가 허락하는 한 한시 바삐 결혼식을 마치기로 하자."

후작은 칼 손잡이로 탁자를 쳤다. 여관 주인은 후작의 변덕에 대비해 많은 초를 들고 다리를 후들거리며 나타났다. "사제를 불러오너라" 후작이 말했다. "사제다, 알았느냐? 10분 안으로 이 자리에 데리고 오너라. 그렇지 않으면……."

주인은 초를 내동댕이치고 뛰어나갔다.

사제는 잠이 덜 깬 눈으로 시무룩하게 들어왔다. 그리고 다비드 미뇨와 뤼시 발레느를 결혼시키고는, 후작이 던져 주는 금화를 주머니에 넣고 다시 느릿느릿 밤 거리로 나갔다.

"술 가져와." 후작은 그 기분 나쁜 손가락을 주인에게 펼치면서 명령했다. 탁자 상석의 촛불 빛 속에 서 있는 그의 모습은 악의와 오만에 찬 검은 산 같았고, 그의 눈은 지난날의 사랑의 추억이 독으로 변해 조카딸에게 떨어지고 있었다.

"미뇨 군" 술잔을 치켜들면서 후작은 말했다. "마시기 전에 먼저 내 말을 들어라. 너는 네 일생을 지긋지긋하고 무참하게 만들 여자를 아내로 맞이했다. 이 아이는 독한 거짓과 잔학한 파멸을 가져오는 피를 물려받았다. 애는 아마도 너에게 오욕과 불안을 가져다 줄 것이다. 이 아이에게 들린 악마는 교태를 팔아서 농부를 희롱하는 것조차 예사로 할 저 눈과 피부와 입 속에까지 숨어 있다. 시인인 미뇨 군, 행복한 네 인생에 약속된 것은 바로 이것이다. 자, 네 잔을 비워라. 발레느야, 이제야 겨우 귀찮은 너를 떨쳐 버리게 되었구나."

후작은 잔을 쭉 비웠다. 그러자 마치 갑자기 상처라도 입은 듯이 안타까운 비명이 나직하게 처녀의 입에서 새어 나왔다. 다비드가 손에 잔을 든 채 세 걸음 앞으로 걸어나가서 후작과 마주보고 섰다. 그 태도에는 양치는 사람다운 데가 조금도 없었다.

"방금" 다비드가 말했다. "영광스럽게도 나를 군으로 불러 주셨습니다. 아가씨와의 결혼으로 나는 각하와 조금 가까워졌습니다―말하자면 아내의 신분으로 내 신분도 올라간 셈입니다―그래서 내가 생각하는 조그만 일에 대해 각하와 대등한 위치에서 말할 수 있는 권리가 주어졌다고 생각합니다만, 어떠신지요?"

"좋아" 하고 후작은 비웃었다.

"그렇다면" 하고, 다비드는 자기를 비웃는 후작의 오만한 눈에 술잔의 술을 끼얹었다.

"외람되지만, 나와 결투해 주시오."

후작은 느닷없이 불어 대는 뿔피리처럼 무시무시한 욕설을 하며 분노를 터뜨렸다. 그는 검은 칼집에서 칼을 쑥 뽑더니, 겁에 질려 정신을 차리지 못하는 주인을 돌아보며 호통쳤다. "거기 있는 칼을 이 시골뜨기에게 줘라." 그러고는 조카딸을 돌아보고, 심장도 얼어 버릴 만큼 무서운 웃음을 소리 높여 웃더니 말했다. "너는 나를 참 못 살게 구는구나. 암만해도 하룻밤 사이에 나는 신랑감을 찾아 주고, 또 너를 과부로 만들어 줘야 할 모양이구나."

"나는 검술을 모릅니다." 다비드는 얼굴을 붉히면서 아내에게 털어놓았다.

"칼을 쓸 줄 모른다고?" 후작이 조롱했다. "그렇다면 시골뜨기는 농군답게 떡갈나무 몽둥이로 싸울까? 이봐, 프랑소와, 권총을 갖고 오너라."

마부 하나가 마차에 달아 둔 권총 주머니에서 은장식이 달린 번쩍번쩍 빛나는 권총 두 자루를 갖고 왔다. 후작은 한 자루를 탁자 위에 던졌다. "자, 탁자 저쪽 끝에 가서 서라" 후작이 외쳤다. "양치기라도 방아쇠쯤은 당길 수 있을 테지. 드 보페르튀 후작의 손에 죽는다면 이 또한 큰 영광인 줄이나 알아라."

양치는 청년과 후작은 기다란 탁자 양 끝에서 미주 보고 섰다. 여관 주인은 공포에 질려 허공을 움켜쥐며 떠듬거렸다. "후……후……후작님……제발 부탁입니다……제……제발……집 안에서만은……하지 말아 주십쇼……피만은 흘리지 말아 주십쇼……장사를 못해 먹습니다요……."

그러나 후작의 무시무시한 얼굴에 질려 주인의 혀는 오므라들어 버렸다.

"이봐, 겁쟁이." 보페르튀 후작이 호통쳤다. "결투 신호를 하는 동안만이라도, 와들와들 안 떨 수는 없느냐?"

여관 주인은 비틀비틀 방바닥에 쓰러지더니 까무라쳐 버렸다. 말도 하지 못하고, 소리도 내지 못했다. 그래도 여전히 몸짓으로 여관과 손님의 이름으로 제발 좀 봐 달라고 애원하고 있었다.

"내가 신호를 할게요" 맑은 목소리로 여자가 말했다. 그녀는 다비드 앞으로 다가가서 정답게 입을 맞추었다. 그녀의 눈은 밝게 빛나고 두 뺨은 발그레 물들어 있었다. 그녀는 벽을 등지고 섰다. 두 결투자는 그녀가 수를 세는 동안 권총을 겨누었다.

"하나—둘—셋!"

두 개의 총 소리가 거의 동시에 났으므로, 촛불은 한 번밖에 흔들리지 않았다. 후작은 왼쪽 손가락을 펼쳐 탁자 끝에 얹고 빙그레 웃으며 서 있었다. 다비드는 똑바로 선 채 천천히 고개를 돌려 눈으로 아내를 찾았다. 이윽고 그의 몸이, 벽에 걸린 옷이 툭 떨어지듯 방바닥에 쓰러졌다.

공포와 절망의 소리를 나지막이 지르면서, 과부가 된 젊은 여자는 달려가 그를 들여다보았다. 그녀는 다비드의 상처를 살펴보더니 창백하고 우수에 찬 표정으로 되돌아가서 후작을 쳐다보았다.

"심장에 맞았어요" 속삭이듯 말했다.

"심장이!"

"자아" 후작의 굵은 목소리가 집 안에 울렸다. "마차에 타라. 날이 새기 전에 나는 너를 누군가에게 넘겨줘야 한다. 오늘 밤 안으로 한 번 더 살아 있는 남자와 결혼해야 한다. 다음에는 노상 강도나 농군이라도 만나게 되겠지. 길에서 남자를 만나지 못하면, 그때는 어느 집 대문을 열어 주는 문지기의 차례다. 자, 마차에 타라."

거구에 집념을 담은 후작과 다시 신비로운 망토에 몸을 감싼 여자와 권총을 쥔 기수……그들은 밖으로 나가 기다리고 있는 마차로 걸어갔다. 멀어져 가는 묵직한 수레바퀴 소리가 잠든 마을에 메아리쳤다. 실버 플래건 여관 식당에서는 반쯤 넋이 나간 주인이 시인의 시체 위에서 두 손을 비틀고 있었으며, 탁자 위에서는 스물 네 개의 촛불이 하늘하늘 춤을 추고 있었다.

오른쪽 길

도로는 9마일쯤 나아가서 수수께끼의 벽에 부딪쳤다. 길은 또 하나의 더 넓은 길과 직각으로 맞닿는다. 다비드는 잠시 망설이다가 이윽고 오른쪽 길을 택했다.

그 길이 어디로 이어지는지 몰랐지만, 다비드는 아무튼 그날 중으로 베호누와에서 멀리 떠나야겠다고 결심했다. 3마일쯤 가서 커다란 성문 앞을 지나쳤는데, 그곳에서는 연회가 막 끝난 모양이었다. 창문마다 불빛이 찬란하게 빛나고, 커다란 석조문 밖에는 손님들의 마차 바퀴 자국이 흙 위에 이리저리 나 있었다.

다시 9마일쯤 가서 다비드는 지쳐 버렸다. 그는 걸음을 멈추고 길가 소나무 가지를 잠자리 삼아 잠시 눈을 붙였다. 그리고 일어나서 다시 미지의 길을 걸어나갔다.

이렇게 닷새 동안 그는 큰길을 따라 여행을 계속했다. 어느 날은 자연의 아늑한 침대에서 자고, 또 어느 날은 농가의 건초 더미에서 잤다. 어떤 때는 농부들의 친절한 흑빵을 얻어먹고, 어떤 때는 시냇물을 마셨으며, 어떤 때는 양치기들이 주는 술로 목을 축였다.

마침내 그는 큰 다리를 건너, 이 세상의 다른 어느 고장보다 많은 시인을 짓누르기도 하고 영광을 주기도 한 미소의 도시에 발을 들여 놓았다. 사실 파리가 그를 위해 나직이 활기에 찬 환영의 노래—사람들의 목소리와 발소리와 수레바퀴 소리—를 불러 주었을 때, 그의 숨결은 가빠졌다.

다비드는 콩티 가에 있는 오래된 집의 높다란 다락방을 빌려 나무 의자에 걸터앉아 시를 쓰기 시작했다. 전에는 신분 높은 유력한 시민들이 살았으나, 이제는 몰락의 길을 걷는 사람들에게 자리를 비워 준 거리였다.

집들은 황폐해진 가운데에도 높이 치솟아 흘러간 위용의 잔재를 간직하고 있었지만, 그 대부분은 빈 집이라 먼지와 거미줄만 잔뜩 끼여 있었다. 밤이 되면 칼날 부딪치는 소리며, 쉴새없이 이 술집에서 저 술집으로 떠돌아다니는 주정뱅이 싸움꾼들의 욕설과 고함 소리가 들려 왔다. 전에는 우아한 사람들이 살던 곳이지만, 이제는 불결하고 거친 황폐한 장소였다. 그러나 다비드는 이 숙소가 자기의 서글픈 주머니 사정에 알맞다는 것을 알았다. 낮에는 햇빛으로 밤에는 촛불 빛 아래 그는 펜을 쥐고 종이 앞에 앉았다.

어느 오후 다비드는 식량을 구하러 아래 세상으로 내려가서, 빵과 치즈와 멀건 포도주 한 병을 사들고 돌아왔다. 어두운 계단 중간쯤에서, 시인의 상상력으로도 묘사할 수 없을 만큼 아름다운 젊은 여자와 마주쳤다. 아니, 그녀가 계단에서 쉬고 있었으므로, 우연히 얼굴을 마주쳤다고 하는 편이 좋을지 모른다. 헐렁한 검은 망토를 가볍게 걸쳤는데, 그 밑으로 아름다운 드레스가 내다보였다. 그녀의 눈은 생각의 작은 변화에도 빠르게 잘 변했다. 한 순간에 어린아이 눈처럼 앳되고 순진해지는가 하면, 금방 집시처럼 가늘고 유혹적인 눈이 되었다.

한 손으로 드레스 자락을 집어 드니, 조그만 구두 끈이 풀려 있는 것이 보였다. 그녀는 천사처럼 고귀해서 몸을 굽혀 손수 자기 구두 끈을 매기에는 어울리지 않았으며, 사람을 매혹해 그에게 명령하는 것이 알맞았다. 그녀는 다비드가 올라오는 것을 보고, 그의 도움을 기다리는 것 같았다.

"계단을 막아서서 미안해요. 하지만 이 구두가—정말 못 쓰겠어요, 이 구두! 자꾸만 리본이 풀려요. 정말 죄송합니다만······."

변덕스러운 구두의 리본을 매면서 시인의 손가락은 떨렸다. 다 묶고 난 그는 눈앞의 위험에서 달아나려고 했으나, 집시의 눈처럼 가늘고 유혹적인 그녀의 눈에 붙들려 꼼짝할 수 없었다. 그는 신 포도주 병을 꼭 쥔 채 난간에 기댔다.

"친절, 감사해요" 그녀는 미소를 띠고 말했다. "선생님도 이 집에 사세요?"

"네…… 그렇습니다."

"그럼, 3층?"

"아닙니다, 더 위입니다."

그녀는 짜증스러워하는 눈치를 조금도 보이지 않고 손을 저으며 말했다.

"용서하세요. 이런 무례한 질문을 해서 정말 죄송해요. 사시는 곳을 물어보다니, 이런 실례가 어디 있겠어요?"

"천만의 말씀입니다. 제가 사는 방은……."

"아녜요, 아녜요, 말씀하지 않으셔도 돼요. 제가 실수했어요. 하지만 저는 이 집과 이 집 안에 있는 모든 것에 대한 관심을 버릴 수가 없답니다. 예전에 제 집이었거든요. 그래서, 이따금 여길 찾아와서는 즐거웠던 그 무렵을 꿈꾸곤 하죠. 이만하면 변명이 될지 모르겠어요."

"어떤 변명도 하실 필요가 없습니다" 시인은 떠듬거렸다. "저는 가장 위층에 살고 있습니다. 구석의 조그만 방입니다."

"정면쪽?" 여자는 고개를 조금 기울이면서 말했다.

"아니, 뒤쪽입니다."

이 말을 듣더니 그녀는 마음이 놓이는 듯이 한숨을 쉬었다.

"이젠 더 붙잡지 않겠어요" 이번에는 앳되고 순진한 눈이 되어 말했다. "제발 우리 집을 사랑해 주세요. 아아, 지금은 이 집의 추억만이 제 거예요. 그럼, 안녕히. 친절, 고맙습니다."

미소와 이루 말할 수 없는 달콤한 향기를 남기고 그녀는 사라졌다. 다비드는 꿈 속 같은 기분으로 계단을 올라갔다. 그러나 꿈에서 깬 뒤에도 그 미소와 향기는 언제까지나 그에게서 떠나지 않았으며 영원히 사라지지 않을 것 같았다. 이 낯선 여성의 아름다움은 그의 마음을 자극해, 눈동자를 찬양하는 서정시를, 첫눈에 반한 사랑의 샹송을, 돌돌 말린 머리칼의 아름다움을 읊은 송가를, 날씬한 발에 신은 실내화를 찬미하는 소네트를 그로 하여금 짓게 만들었다.

짐짓 그는 시인이었나 보다. 왜냐하면, 그는 이 순간 이본느를 까맣게 잊고, 처음 만난 이 더없이 아름다운 처녀의 순진함과 우아함에 사로잡혔기 때문이다. 그녀에게 감도는 가냘픈 향기는 그의 마음을 이상한 감동으로 채웠다.

어느 날 밤, 같은 집 3층에 있는 한 방에서 세 남녀가 탁자에 둘러앉았다. 의자 셋과 한 개의 테이블, 그 위에 얹혀 있는 초 말고는 가구는 아무것도 없었다. 그중 한 사람은 검은 옷을 입은 몸집이 큰 남자였다. 그의 표정은 사람을 비웃듯이 거만했다. 뾰족하게 휘어 올라간 콧수염 끝이 사람을 우롱하듯 거의 눈꼬리까지 올라가 있었다. 한 사람은 젊고 아름다운 여자였으며 그 눈은 때로 어린애처럼 앳되고 순진해지는가 하면, 때로는 집시처럼 가늘고 유혹적이었는데 지금은 다른 공모자들의 눈과 마찬가지로 날카롭게 야망에 불타고 있었다. 나머지 한 사람은 활동가나 또는 투사라고나 할까, 대담하고 성질이 급한 실천형 남자였으며 불꽃같은 기세를 내뿜고 있었다. 그를 다른 사람들은 데로르 대위라고 불렀다.

세 번째 사나이는 주먹으로 탁자를 쾅 치고, 들뜨는 기분을 억누르며 말했다.

"오늘밤이다. 오늘 밤 그자는 심야 미사에 나간다. 그때다. 아무런 결실도 없는 계획은 이제 신물이 난다. 신호니 암호니 비밀 회합이니 하는 잠꼬대는 이제 지긋지긋해졌다. 정면에서 당당히 반역자가 되자. 만일 프랑스가 그를 추방해야 한다고 생각한다면, 계략이나 모함을 쓰지 말고 보란 듯이 죽여 버리자. 오늘밤이다. 나는 내가 한 말은 반드시 실행한다. 내 손이 반드시 해치운다. 오늘밤에 해야 한다. 그자가 심야 미사에 갈 때 해야 한다."

여자는 은근한 눈길을 그에게 돌렸다. 여자란 음모에 가담하고 있으면서도, 언제나 이런 무모한 용기를 찬양하는 법이다. 몸집이 큰 사나이는 뾰족하게 휘어 올라간 수염을 쓰다듬었다.

"대위" 습관으로 부드러워진 큰 목소리로 몸집이 큰 사나이가 말했다. "이번에는 나도 자네와 같은 의견이다. 괜스레 기회만 엿보고 있어 봐야 얻는 것이 없다. 일을 무사히 성사시키는 데 넉넉한 수의 궁전 호위병이 우리 편이다.”

“오늘밤이다” 데로르 대위는 다시 탁자를 쾅 두들기고 되풀이했다. “후작, 방금 말했듯이 나는 반드시 실행한다.”

“하지만” 몸집이 큰 사나이는 부드럽게 말했다. “한 가지 문제가 있다. 궁전에 있는 동지에게 지령을 전달해야 하고 신호를 미리 의논해야 한다. 그리고 가장 믿을 수 있는 동지가 국왕 마차를 수행해야 한다. 그런데 이런 시간에 사자를 남문(南門) 깊숙이 들여보낼 수 있을까? 남문에는 리브가 있다. 그에게 비밀지령만 전달할 수 있다면, 모든 일이 잘 될 것 같은데.”

“제가 그 비밀 지령을 전달하죠” 여자가 말했다.

“백작 부인이?” 후작은 눈썹을 치켜올리며 말했다. “부인의 충성에는 언제나 경탄하고 있습니다만, 그러나……”

“제 말씀 좀 들어 보세요” 백작 부인은 일어서 탁자에 두 손을 짚고 말했다. “이 집 다락방에 시골에서 갓 올라온 청년이 한 사람 살고 있어요. 그 사람은 자기가 시골에서 기르던 양처럼 정직하고 온순한 청년이에요. 저는 계단에서 몇 번 만난 적이 있어요. 어쩌면 그 사람이 우리가 늘 모이는 이 방 가까이에 살고 있지 않나 하고 좀 걱정이 되어서 여러 가지로 물어 봤죠. 그 청년은 제가 마음대로 다룰 수 있어요. 다락방에서 시를 쓰고 있는데, 눈치를 보니까 저한테 호감 있는 것 같아요. 제 말이면 무엇이든 들어 줄 거예요. 그 사람에게 지령을 전달시키도록 해요.”

후작은 의자에서 일어나 고개를 숙였다. “백작 부인, 아까 내 말을 끝까지 듣지 않으셨는데” 그가 말했다. “실은 이렇게 말하고 싶었지요. ‘부인의 충성에는 경탄하는 수밖에 없지만 더 경탄스러운 점은 부인의 기지와 아름다움입니다’ 하고 말입니다.”

반역자들이 이렇게 비밀 회의를 하고 있을 때 다비드는 ‘계단의 연인’에게 바치는 몇 줄의 시를 다듬고 있었다. 가만히 방문을 두드리는 소리가 들렸으므로 설레는 가슴으로 문을 열었다. 그 자리에는 그녀가 어린애처럼 앳된 눈을 크게 뜨고, 곤경에 처한 듯 숨을 헐떡이며 서 있었다.

“생각다 못해 찾아왔어요” 여자는 속삭이듯이 말했다. “당신은 친절하시고 성실한 분 같아서, 또 달리 의지할 만한 사람도 없고 해서, 남자들이 으스대며 걸어다니는 길을 마구 달려왔어요. 실은 어머니가 다 돌아가시게 되었어요. 작은 아버지가 왕궁의 근위병 대장으로 계시는데, 그분을 모시러 가야 해요. 혹시 부탁드릴 수 있으면……."

"아가씨." 그녀에게 힘이 되고 싶은 열망을 빛내면서 다비드가 말했다. "바라신다면, 제가 기꺼이 심부름을 해 드리겠습니다. 숙부님을 찾아가는 방법을 가르쳐 주십시오."

여자는 봉인한 편지를 그의 손에 쥐어 주었다. "남문에 가셔서—남문이에요.—거기 있는 위병에게 '매는 둥우리를 떠났다'고만 말씀하세요. 그러면, 당신을 들여 보내 줄 거예요. 그런 다음 궁전의 남쪽 입구로 가세요. 거기서도 같은 말을 되풀이 하세요. 그리고, '매는 희망할 때 습격하라'고 대답하는 남자에게 이 편지를 주세요. 이것이 작은 아버지께서 몰래 기르쳐 주신 암호예요. 지금은 나라 안이 어지럽고 국왕의 목숨을 노리는 사람들이 있어서, 이 암호를 모르면 해가 진 뒤에는 누구도 궁전 안에 들어갈 수가 없어요. 만일 심부름을 해 주신다면, 어머니가 눈을 감으시기 전에 마지막으로 작은 아버지를 만나실 수 있도록 이 편지를 꼭 전해 주세요."

"편지 이리 주십시오." 다비드는 열의를 보이며 말했다. "그건 그렇지만, 이렇게 늦은 시각에 아가씨가 혼자서 걸어가신다는 것은 좀 위험합니다. 제가……."

"아니, 아녜요, 그건 걱정 마세요. 그보다는 얼른 출발해 주세요. 지금은 한 시가 보석처럼 귀중해요. 나중에 제가……." 집시의 눈처럼 가늘고 유혹적인 눈으로 그녀는 말했다. "당신의 은혜에 보답해 드릴 때가 있을 거예요."

시인은 편지를 주머니에 넣고 나는 듯이 계단을 내려갔다. 그가 떠나자 백작 부인은 아래층 방으로 돌아갔다.

후작이 눈썹을 움직이며 그녀에게 어찌 되었냐고 물었다. "갔어요." 그녀가 말했다. "자기가 기르던 양처럼 순한 그 젊은이는 편지를 전하려고 뛰어갔어요."

데로르 대위가 주먹을 내리쳐서 탁자가 심하게 흔들렸다.

"아뿔싸!" 대위가 소리쳤다. "권총을 잊어버리고 왔구나. 다른 사람은 못 믿는데."

"이걸 갖고 가게." 후작이 말하며 망토 밑에서 은장식이 달린 번쩍거리는 권총을 꺼냈다. "이보다 정확한 것은 없지. 하지만 아주 조심해 줘야해. 거기에는 우리 집 문장(紋章)이 새겨져 있는 데다가 나는 이미 의심받고 있는 몸이니까. 나는 오늘 밤 파리에서 멀리 떠나 있겠네. 그러니까 내일까지는 성 안에 가 있어야 해. 그럼, 모셔다 드릴까요, 백작 부인?"

후작은 촛불을 껐다. 망토를 푹 덮어쓴 여자와 두 신사는 소리 없이 계단을 내려가 콩티 가의 좁은 보도를 오가는 인파 속에 섞여 들어갔다.

다비드는 서둘렀다. 왕궁 남문에서 근위병이 가슴에 창 끝을 들이댔으나, '매는 둥우리를 떠났다'고 말하여 창 끝을 피할 수 있었다.

"통과하라, 동지" 근위병이 말했다. "빨리 가라."

궁전 남쪽 계단까지 갔을 때, 감시병이 튀어나와 그를 붙잡았다. 그러나 여기서도 암호가 근위병들에게 마술을 걸었다. 그 가운데 하나가 앞으로 나서면서 '매가 희망할 때……' 하고 말을 꺼냈다. 그런데 이때 근위병들 사이에 일어난 동요가 무언가 심상찮은 일이 생겼음을 알려 주었다. 날카로운 눈으로 군인답게 성큼성큼 다가온 웬 사나이가 근위병들을 헤치고 들어오더니 다비드가 손에 쥔 편지를 가로채 버렸다.

"따라와" 그는 말하더니 다비드를 넓은 홀로 끌고 갔다. 그러고는 겉봉을 뜯어 편지를 읽었다. 그런 다음 마침 지나가던 머스킷 총을 맨 군복 차림의 사나이를 불렀다.

"테트로 대위, 남쪽 출입구와 남문 근위병들을 모조리 체포해서 감금하시오. 그리고 확실하게 믿을 수 있는 부하와 교대시키시오."

그러고는 다비드를 돌아보며, "따라와" 명령했다.

그는 복도와 대기실을 지나 다비드를 넓고 휑뎅그렁한 방으로 데리고 갔다. 거기에는 검은 옷을 입은 우울해 보이는 사나이가 가죽을 입힌 큼직한 의자에 앉아 무언가 골똘히 생각하고 있었다. 그 사나이에게 그는 말했다.

"폐하, 전에도 말씀드렸듯이, 이 궁전은 간첩과 반역자의 소굴입니다. 시궁창에 쥐가 번식하는 것과 같습니다. 폐하는 그것을 저의 망상이라고 생각하시는 것 같습니다만, 이놈만 하더라도 그런 일당과 짜고 폐하의 방 가까이에 잠입했습니다. 이놈이 편지를 지니고 있기에 제가 빼앗아 두었습니다. 이놈을 여기까지 끌고 온 것도, 이제는 폐하께서 저 혼자만의 괜한 걱정이 아니라는 것을 알아 주십사 하는 바람에서입니다."

"내가 심문해 보지" 국왕은 말하면서 의자에서 몸을 움직였다. 그리고 흐릿한 막이 덮여 혼탁해진 눈으로 다비드를 보았다.

"어디서 왔느냐?" 국왕이 물었다.

"외르에루아르의 베흐누와 마을에서 왔습니다."

"파리에서는 무엇을 하고 있느냐!"

"저…… 저는 시인이 되고자 합니다, 폐하."

"베흐누와에서는 무엇을 했더냐?"

"아버지의 양을 돌봤습니다."

국왕은 다시 몸을 움직였다. 그러자 그 눈에서 막이 사라졌다.

"오오, 들판에서 말이냐?"

"그렇습니다, 폐하."

"그대는 들판에 살면서, 서늘한 아침에 집을 떠나 초원의 산울타리 밑에 벌렁 드러누워 뒹굴지. 양들은 산허리에 흩어져 있고, 그대는 흐르는 시냇물을 마시고 나무 그늘에서 노랗게 구운 맛있는 빵을 먹지. 숲 속에서 지저귀는 검은새들 울음소리에 귀를 기울일 수도 있을 테고. 어떠냐, 양치기야, 그렇지 않느냐?"

"맞습니다, 폐하" 다비드는 한숨을 쉬면서 말했다. "그 밖에 꽃에 몰려드는 꿀벌의 윙윙거리는 날개 소리에도, 언덕에서 포도를 따는 사람들의 노랫소리에도 귀를 기울입니다."

"그럴 테지, 그럴 테지" 국왕은 초조한 듯이 말했다. "그런 것도 귀에 들어올 테지. 그런데 검은새의 울음 소리는 확실히 들었느냐? 검은새는 흔히 숲 속에서 지저귀지 않느냐?"

"외르에루아르 지방만큼 검은새가 아름답게 우는 곳은 없습니다. 저는 몇 편의 시에서 검은새의 울음 소리를 표현하려고 애써 보았습니다."

"어디, 그 시를 읽어 보아라" 국왕은 열성적으로 말했다.

"무척 오래된 일이다만, 나도 검은새의 울음 소리를 들은 적이 있느니라. 만일 검은새의 노래를 정확히 사람의 말로 표현할 수만 있다면, 한 나라를 손에 넣는 것보다 더 훌륭할 게다. 밤이 되면 그대는 양을 우리 안에 몰아넣고, 그런 다음 조용히 평화롭게 즐거운 식탁에 앉겠지. 자, 그 시를 읊어서 들려 주지 않겠느냐!?"

"그 시는 이렇습니다" 다비드는 공손하게 정성껏 읽었다.

게으른 양치기야, 보아라, 너의 어린 양을,
목장에서 신나게 뛰놀지 않느냐.
보아라, 산들바람에 춤추는 전나무를.
들으라, 목양신(牧羊神)이 부는 풀피리 소리를.
들으라, 나뭇가지에서 불러대는 우리의 지저귐을.
보아라, 양 등에 내려앉은 우리들을.
양털을 좀 주지 않겠느냐,
가지 속에 따뜻한 둥우리를 지을 테니.

"황공하옵니다만, 폐하" 거친 목소리가 끼어들었다.
"이 삼류 시인의 심문을 제게 맡겨 주십시오, 지금은 분초를 다투는 중요한 때입니다. 부디 폐하의 안전을 바라는 제 마음을 살펴 주십시오."
"드마르 공작의 충정은" 왕이 말했다. "잘 알고 있소. 괘념치 마오."
국왕은 의자에 몸을 깊이 묻었고 흐린 막이 다시 눈을 덮었다.
"먼저 이놈이 갖고 온 편지를 읽어 드리겠습니다." 공작이 말했다.

오늘밤은 황태자의 기일이다. 만일 그가 관례대로 죽은 황태자의 명복을 빌고자 심야 미사에 참석한다면, 송골매는 에스플라나드 가의 모퉁이에서 습격할 것이다. 그의 뜻이 이와 같다면, 송골매의 주의를 끌기 위해 왕궁의 남서 모퉁이 2층에 붉은 등불을 내걸어라.

"이놈, 이 시골뜨기 녀석!" 공작이 날카롭게 말했다. "편지 내용은 방금 네가 들은 바와 같다. 누가 이 편지를 네게 주어 보냈느냐!"
"공작님" 다비드가 정직하게 말했다. "말씀드리겠습니다. 실은 어떤 숙녀분이 주셨습니다. 그 숙녀분의 어머님이 병이 나셔서, 이 편지를 숙부님에게 전하고 모셔와 달라는 부탁이었습니다. 저는 이 편지 내용은 아무것도 알지 못합니다. 그러나 그 숙녀분이 아름답고 착한 것만은 맹세코 틀림없습니다."
"그 여자에 대해서 상세하게 말해 보라" 공작이 명령했다.
"그리고 어떻게 해서 네가 그 여자의 앞잡이가 되었는지도 말하라."
"그 숙녀분에 대해서 이야기하라는 말씀이십니까?" 다비드는 부드럽게 미소를 띠면서 되물었다.

"그것은 기적을 행하라고 명령하시는 거나 다름없습니다. 그렇습니다. 그 숙녀분은 찬연한 햇빛과 깊은 그림자로 빚어졌습니다. 오리나무처럼 날씬하고 행동거지 또한 우아합니다. 그 눈은 바라보는 동안에도 끊임없이 변화하여 한순간 앳되게 보였는가 하면, 다음 순간에는 두 구름 사이로 내다보는 태양빛처럼 가늘게 감겨집니다. 그 숙녀분이 모습을 나타내면 온 주위가 천국이 되고, 그 부인이 떠나 버리면 세상이 모두 막막해져서 아가위나무의 꽃향기가 남을 뿐입니다. 그분이 콩티가 29번지 제 집에 찾아오신 것입니다."

"그 집이 바로" 공작이 왕을 돌아보고 말했다. "저희들이 감시하던 집입니다. 이 시인의 설명으로 그 악명 높은 케브도 백작 부인의 존재가 이제야 뚜렷이 드러났습니다."

"폐하, 그리고 공작님" 다비드는 열심히 말했다. "형편없는 제 언어가 그분의 모습을 분명히 전해 드렸다면 더 바랄 것이 없겠습니다만, 저는 그분의 눈을 보았습니다. 편지 사연이 어떻든 간에 그분은 천사가 틀림없습니다. 목숨을 걸고 맹세합니다."

공작은 가만히 그를 내려다보았다. "정 그렇다면 네 말이 진실인지 그렇지 않은지 시험해 보기로 하자" 그는 천천히 말했다. "너는 폐하와 같은 옷차림으로 폐하의 마차를 타고 심야 미사에 참석하라. 어떠냐, 하겠느냐?"

다비드는 미소 지었다. "저는 그 숙녀분의 눈을 제 눈으로 똑똑히 보았습니다. 그리고 그 눈 속에서 진실을 보았습니다. 어서 마음내키시는 대로 얼마든지 시험해 보십시오."

12시 30분 전, 드마르 공작은 손수 왕궁의 남서쪽 창문에 빨간 등불을 걸어 놓았다. 12시 10분 전 다비드는 머리 꼭대기에서 발끝까지 국왕의 옷을 입고 망토로 얼굴을 가린 채, 공작의 부축을 받으며 조용히 국왕의 방을 나서서 대기 중인 마차로 걸어갔다. 공작은 그를 도와 마차에 태우고 문을 닫았다. 마차는 대사원으로 질주해 갔다.

테트로 대위는 20명의 부하를 거느리고, 에스플라나드 거리 모퉁이에 있는 집에서 반역자들이 나타나면 금방 공격할 태세를 갖추고 감시하고 있었다.

그런데 어떤 이유에서인지 반역자들은 처음의 계획을 조금 변경한 것 같앉다. 국왕의 마차가 에스플라나드 가의 한 구획 앞에 있는 크리스토퍼 가에 이르렀을 때, 국왕 시해자를 자칭하는 무리를 거느린 데로르 대위가 느닷없이 뛰쳐나와 마차를 습격했다. 예상보다 빠른 습격에 놀라면서도, 마차 호위병들은 곧바로 마차에서 뛰어내려 용감하게 싸웠다. 이 소동이 테트로 대위 부대에 전해지자, 그들은 즉각 구원하러 달려갔다. 그러나 그동안에 대위는 결사적으로 국왕의 마차문을 부수고 마차 안의 검은 그림자에 권총을 발사했다.

이윽고 국왕측의 원병이 달려왔고 거리에는 함성과 칼날 부딪치는 소리가 요란스레 울렸으며 공포에 질린 말은 달아나 버렸다. 마차 좌석에는 가엾게도 보페르튀 후작의 권총에 목숨을 잃은 가짜 국왕인 시인이 늘어져 있었다.

오던 길

도로는 9마일쯤 나아가서 수수께끼의 벽에 부딪쳤다. 길은 또 하나의 더 넓은 길과 직각으로 맞닿는다. 다비드는 잠시 망설이다가 이윽고 길가에 앉아서 쉬었다.

그 길들이 저마다 어디로 통하는지 그는 알지 못했다. 어느 길을 가든지 기회와 위험이 가득한 커다란 세계가 있을 것 같은 기분이 들었다. 그곳에 앉아 있는 동안에 곧 그의 눈은, 이본느와 함께 두 사람의 별이라고 이름 붙인 밝은 별을 발견했다. 그러자 이본느가 떠올랐다. 그리고 자기가 지나치게 경솔하지 않았나 하는 생각이 들었다. 두 사람 사이에 조금 심한 말이 오고 갔다고 해서 그녀를 버리고, 집마저 뛰쳐 나와야 할 까닭이 어디 있는가?

사랑의 증거에 지나지 않는 질투로 말미암아 파괴될 만큼 우리의 사랑이 약했던가? 아침은 언제나 지난밤의 조그만 가슴속 아픔을 고쳐주는 법이다. 편히 잠든 베흐누와의 그 누구도 깨닫지 못하게 집으로 돌아갈 생각이라면 아직도 시간은 있다. 내 마음은 이본느의 것이며, 오랜 세월 정 붙이고 살아 온 그 마을이라야 나는 시를 쓰고 행복을 발견할 수 있을 것이다.

다비드는 일어섰다. 그리고 그때까지의 불안과 그를 부추긴 광기 어린 기분을 털어 버렸다. 다시 베호누와에 도착했을 때는 방랑에 대한 동경은 이미 사라지고 없었다.

그는 양우리 옆을 지나갔다. 양 떼가 평소보다 늦게 다가온 그의 발소리를 듣고 소란스럽게 달려왔다. 그 그리운 소리가 그의 마음을 달래 주었다. 그는 소리가 나지 않게 살며시 자기 방으로 들어가 자리에 누웠다. 그리고 이날 밤 자기가 미지의 길에 발을 들여놓고 고생하지 않게 된 것을 축복했다.

어쩌면 그는 그토록 여자의 마음을 잘 이해했을까! 이튿날 저녁, 젊은이들이 사제를 기다리며 모여 있는 길가 샘 근처에 이본느도 와 있었다.

그녀는 변명이 필요없다는 듯이 입술을 꼭 다물고 있었지만, 눈은 다비드의 모습을 찾고 있었다. 다비드는 그녀의 표정을 보자 이제 그 고집스러운 입매 따위는 문제 삼지 않았다. 그리하여 마침내 그 입으로 전날의 말을 취소하게 했을 뿐 아니라, 그 뒤 함께 집으로 돌아갈 때는 입맞춤을 하고 있었다.

석달 뒤에 두 사람은 결혼했다. 다비드의 아버지는 현명한 데다 재산도 있었다. 그는 두 사람을 위해서 근처 9마일까지 소문이 날 만큼 성대한 결혼식을 배풀어 주었다. 신랑 신부는 마을의 인기를 독차지했다. 행렬이 거리를 누볐으며, 초원에서는 무도회가 벌어졌다. 또 드루에서 꼭두각시 인형극과 곡예사를 불러다가 손님들을 환대했다.

그 1년 뒤에 다비드의 아버지가 죽었다. 양과 집은 다비드가 물려받았다. 그는 이미 마을에서 가장 아름다운 아내를 갖고 있었다. 이본느의 우유통과 놋 냄비는 언제나 잘 닦여져서 번쩍 번쩍 빛이 났다. 정말이지, 태양이 빛날 때 그 옆을 지나가면 누구나 눈이 부실 정도였다.

그러나 무엇보다 눈을 크게 뜨고 꼭 봐 주었으면 싶은 것은 그녀의 정원이다. 흐려진 시력이 당장 회복될 만큼, 이본느의 화단은 너무나 가지런하고 화려했다. 더욱이 그녀의 노랫소리는 아득히 먼, 그렇다, 그루노 노인의 대장간 위로 뻗은 두 그루 밤나무에까지 들려올 정도였다.

그러던 어느 날 다비드가 오랫동안 닫아 둔 서랍을 열어 종이를 꺼내 놓고, 연필 끝을 물었다. 봄이 돌아와서 그의 마음을 흔들기 시작한 것이다.

짐짓 그는 시인이었나보다. 왜냐하면 어느덧 이본느를 거의 까맣게 잊고 있었기 때문이다. 대지의 신성하고 훌륭한 아름다움은 그 매력과 우아함으로 그의 마음을 사로잡아 버렸다. 숲과 목장에서 풍겨 오는 달콤한 향기는 묘하게 그의 기분을 휘저었다. 그는 날마다 아침에 양 떼를 몰고 나가서, 밤에는 안전하게 데리고 돌아왔다. 그러나 이제는 산울타리 밑에 한가로이 드러누워, 종이 쪽지에 무언가를 적느라 정신이 없었다. 양들은 제멋대로 헤매고 다녔다. 그러자 이리들이 그가 시를 짓느라 넋을 잃고 있을 때 쉽게 양고기를 얻을 수 있음을 알고, 대담하게 숲에서 나와 그의 새끼 양들을 훔쳐 갔다.

다비드의 시는 날마다 늘어갔지만, 양의 수는 나날이 줄어갔다. 이본느의 코와 성격이 날마다 뾰족해지고, 말투도 차츰 퉁명스러워졌다. 그녀의 냄비와 솥은 빛을 잃어 갔지만, 그 대신 눈이 날카롭게 빛나기 시작했다. 그녀는 그가 게으름을 피우기 때문에 양이 줄어들고 생활이 어려워진 것을 몇 번이나 시인에게 일러 주고 주의를 일깨우곤 했다.

다비드는 양 떼를 지키는 소년 하나를 고용하고, 자기는 조그만 다락방에 문을 닫아 걸고 틀어박혀 열심히 시를 썼다. 양 지키는 소년은 타고난 시인이었지만, 종이에다 시정(詩情)을 쏟아 놓을 줄 몰랐으므로 오로지 낮잠만 잤다. 이리 떼는 곧바로 시를 짓는 일과 조는 일이 똑같다는 것을 눈치챘으므로 양의 마릿수는 차츰 더 줄어 갔다. 이본느의 분노도 이에 비례해서 더 커져갔다. 때로는 정원에 서서 다락방의 높은 창문을 향해 남편에게 욕설을 퍼붓는 일도 있었다. 그 목소리는 그루노 노인의 대장간 위로 뻗은 두 그루의 밤나무에까지 들려 왔다.

친절하고 어질며 남의 일 돌봐 주기를 좋아하는 늙은 공증인 파피노 씨는, 자기의 눈이 향한 방향에 있는 것은 무엇이나 알아차렸으므로, 이 부부의 상태도 곧 낌새를 챘다. 노인은 다비드를 찾아가서, 한줌의 코담배를 집어 들고는 말했다.

"미뇨 군, 나는 자네 아버지의 혼인 증명서에 도장을 찍었네. 그 아들인 자네의 파산 서류를 공증해야 한다면, 그 슬픔은 참으로 견디기 어려울 게야. 그런데 자네가 그렇게 되는 것도, 그리 멀지는 않은 것 같군그래. 나는 지금 자네의 옛 친구로서 얘기하는 거야. 내 말을 잘 듣게. 내가 보건대 자네는 시를 짓느라 정신이 없는 모양이야. 드루에 내 친구로 브릴—조르쥬 브릴이라는 사람이 살고 있지. 온 집안이 책으로 가득하고, 그 조그만 틈바귀에서 살고 있는 그런 인간이야. 꽤 학식도 있고, 해마다 꼭꼭 파리에 나가고, 저서도 몇 권인가 있네. 로마의 지하 묘지는 언제 만들어졌고, 별의 이름은 무엇에서 유래하고, 물떼새 부리는 왜 긴가 하는 이유 등 무엇 하나 모르는 게 없지. 자네가 양 울음 소리를 잘 알 듯이, 그이는 시의 뜻이나 형식에 통달한 사람이야. 내가 그 친구 앞으로 소개장을 써 줄 테니, 자네가 지은 시를 갖고 가서 봐 달라면 어떨까? 그러면 앞으로도 시를 계속 쓰는 게 좋은지, 아니면 아내와 가업에 더 정신을 쏟는 편이 좋은지 자네도 똑똑히 알게 되잖겠는가?"

"소개장을 써 주십시오" 다비드가 말했다. "좀 더 일찍 그렇게 말씀해 주셨으면 좋았을걸."

이튿날 아침 해가 뜰 무렵, 그는 소중한 시의 원고 뭉치를 옆에 끼고 드루로 가는 길에 올랐다. 마침내 점심 때 브릴 씨 댁 현관에서 신발 먼지를 털었다.

이 박학한 인물은 파피노 노인의 편지를 뜯고는 번쩍거리는 안경 너머로 햇빛이 물을 끌어당기듯이 그 내용을 빨아들였다. 그런 다음 다비드를 자기 서재로 안내해, 책의 파도가 몰려드는 조그만 섬에 앉혔다.

브릴 씨는 성실한 사람이었다. 손가락 길이 만큼의 두께에, 잘 펴지지 않게 돌돌 말린 다비드의 원고 뭉치를 전혀 귀찮아하지 않았다. 그는 말려 올라가는 원고를 무릎에 대고 펴면서 읽기 시작했다. 그는 한 단어 한 구절도 소홀히 하지 않았다. 벌레가 심을 찾아 나무 열매 속으로 파고 들 듯 그 많은 시 속을 헤치고 들어갔다.

그동안 다비드는 산더미처럼 쌓인 책의 물보라를 맞아 몸을 떨면서 혼자 외딴 섬에 걸터앉아 있었다. 그 소리가 귓속에서 우렁차게 울렸다. 더욱이 그는 그 바다를 헤쳐나갈 지도도 나침반도 없었다. 이 엄청난 책을 보고 있으니, 세상 사람 절반은 아마도 책을 쓰는가 보다 하는 생각이 들 지경이었다.

브릴 씨는 시의 마지막 쪽을 읽어 나가고 있었다. 이윽고 그는 안경을 벗어 손수건으로 유리알을 닦았다.

"나의 옛 친구 파피노는 잘 있소?"

"아주 건강하십니다" 다비드가 대답했다.

"미뇨 군은 양을 몇 마리나 갖고 있소?"

"어제 셀 때는 3백 9마리였습니다. 제 양에게는 나쁜 일이 잇따라서 8백 50마리나 되던 것이 그렇게 줄어 버렸습니다."

"자네는 아내도 있고 집도 있어서 편안히 살았소. 양은 자네에게 많은 수입을 갖다 주었소. 그 양을 끌고 들판에 나가서 신선한 공기를 마시며 아무런 부족도 없이 맛있는 빵을 먹고 살았소. 숲 속에서 지저귀는 검은새 소리를 들으면서 자연의 품에 안겨, 그저 양만 지키고 있으면 되었던 것이오. 여기까지는 내 말이 맞소?"

"말씀대롭니다" 다비드가 대답했다.

"자네의 시를 다 읽어 보았소" 브릴 씨가 말했다. 그 눈은 하나의 돛을 찾아 수평선 위를 주의깊게 훑어나가듯 책의 바다를 둘러보았다.

"저 밖을 보시오, 미뇨 군. 저 나무에 무엇이 보이오?"

"까마귀가 보입니다" 다비드는 그쪽으로 시선을 돌리면서 말했다.

"어쩌다가 의무를 회피하고 싶은 생각이 들 때" 브릴 씨가 말을 이었다. "내게 용기를 불어넣어 주는 새라오. 저 새를 아오, 미뇨 군? 저것은 하늘의 철학자요. 저것은 자기 운명에 순종하기 때문에 행복하다오. 변덕스러운 눈과 장난기 어린 걸음을 걷는 저 새만큼 즐거워 보이고 그러면서도 배불리 먹는 새도 아마 없을 것이요. 들판은 저 새가 갖고 싶은 것을 무엇이나 제공해 주기 때문이오. 저 새는 날개가 앵무새처럼 화려하지 않은 것을 결코 슬퍼하지 않소. 미뇨 군은 자연이 저 새에게 준 목소리를 들은 적이 있을 테지? 자네는 목소리가 아름다운 나이팅게일이 저 새보다 조금이라도 더 행복하다고 생각하시오?"

다비드는 일어섰다. 까마귀가 나무 위에서 쉰 목소리로 울었다.

"감사합니다, 브릴 선생님" 다비드가 천천히 말했다. "그럼, 제 노래 속에는 나이팅게일의 울음 소리가 하나도 없단 말씀입니까?"

"있다면, 내가 못 볼 까닭이 없소" 브릴 씨는 한숨을 쉬며 말했다. "나는 한 글자도 빼놓지 않고 읽었소. 자네 삶이 곧 시요, 미뇨 군. 시를 쓰는 것은 이제 그만두시오."

"감사합니다" 다비드는 다시 한 번 말했다. "그럼 저는 양 떼에게로 돌아가겠습니다."

"혹시 나와 함께 식사하면서 듣기 싫은 소리라도 듣고 싶다면" 하고 이 독서가는 말했다. "상세히 그 이유를 설명해 드리겠소."

"아닙니다" 하고 시인이 말했다. "저는 양을 지키기 위해 들판으로 돌아가야 합니다."

그는 시 원고를 옆에 끼고, 베호누와로 가는 길을 터벅터벅 걸어갔다. 마을에 도착해 차이글러라는 사람의 가게에 들렀다. 그는 아르메니아 출신 유대인으로 손에 넣은 물건은 무엇이나 팔았다.

"안녕하시오" 다비드가 말했다. "이리가 숲에서 나와 언덕에 있는 우리 집 양을 습격해서 애를 먹고 있소. 양을 지키기 위해서 총이 한 자루 필요한데, 좋은 게 있을까요?"

"어서 오십시오. 오늘은 아주 불운한 날이군요, 미뇨 씨" 차이글러는 두 팔을 벌리면서 말했다. "제 값의 십 분의 1밖에 안 되는 값으로 이 총을 당신한테 팔아야 하니까요. 바로 지난주 왕실에 드나드는 상인이 차린 경매에서 산 물건을 손에 넣은 어떤 행상인한테서 마차 한 대분을 샀지요. 경매 물건은 모두 성에 있었던 것인데, 어떤 귀족의 소유물이었다나요—그 귀족의 칭호는 모르지만—얘기를 들으니까 뭐 임금님에 대한 반역죄로 추방당했다는구먼요. 그 물건 속에 아주 고급 총이 몇 자루 있었지요, 이 권총은 어떻소—정말이지, 왕자님이 쓰시기에 알맞은 물건이지요! 다른 사람이 아니라 당신이니까 단돈 40프랑에 드리리다, 미뇨 씨! 그 값에 팔면 10프랑쯤 손해를 보지만 말이죠. 그런데 당신한테는 오히려 화승총이 더……."

"아니, 이게 좋아요" 다비드는 돈을 계산대 위에 던져 주면서 말했다. "총알은 장전돼 있소?"

"총알은 넣어 드리지요" 차이글러가 말했다.

"10프랑만 더 내면, 화약과 총알을 더 주죠."

다비드는 외투에 권총을 쑤셔 넣고 집으로 돌아갔다. 이본느는 집에 없었다. 요즘 그녀는 마을에 다니는 일이 많았다. 그러나 부엌 스토브에는 불이 밝게 빛나고 있었다. 다비드는 스토브 뚜껑을 열고 석탄 위에 시 뭉치를 쑤셔 넣었다. 그것이 타오를 때, 굴뚝 안에서 노래부르는 듯한 거친 목소리가 들렸다.

"까마귀의 노래구나" 시인이 말했다.

그는 다락방으로 올라가서 문을 닫았다. 마을은 몹시 조용했으므로, 몇십 명이나 요란한 총소리를 들었다.

마을 사람들이 소리가 난 곳으로 몰려들어 연기가 흘러나오는 것을 보고 그곳 계단을 달려 올라갔다.

남자들은 시인의 시신을 침대에 눕혔다. 그리고 가엾은 까마귀의 상처 입은 날개를 숨기려고, 서툰 솜씨로 잠자리를 매만졌다.

여자들은 연민에 빠져서 수다를 떨었다. 몇몇 여자들은 이 일을 이본느에게 알리러 달려갔다.

가장 먼저 달려온 사람 중에는 남의 일에 큰 관심을 보이는 파피노 노인도 끼어 있었다. 노인은 권총을 집어들고 안목과 슬픔이 섞인 눈길로 그 은세공을 살펴보았다.

"이 총에 새겨진 문장은" 그는 옆에 있는 사제에게 나직하게 말했다. "드 브페르튀 후작 각하의 것이군요."

사랑의 심부름꾼

사랑은 마음의 명령에서 시작되지만, 마음의 명령으로 물리쳐지지 않는다

공원은 사람이 쏟아져 나올 계절도 아니고, 또 그럴 시간도 아니었다. 그러나 보도 가장자리 벤치에 앉아 있는 그 젊은 여자는 봄기운에 마음이 끌려 잠시 그 자리에 앉았는지도 모른다.

그녀는 골똘히 생각에 잠겨 꼼짝도 않고 그 자리에 앉아 있었다. 그 얼굴은 조금 우울해 보였지만, 아주 최근부터 우울해진 것이 틀림없었다. 왜냐하면 그녀의 아름답고 젊은 뺨의 윤곽은 아직도 그대로였고, 입술도 굳게 닫혔기는 했지만 매력적인 입술 선이 무너지지는 않았기 때문이다.

키가 훤칠하게 큰 청년이 성큼성큼 공원을 가로질러 그녀가 앉은 곳에 가까운 오솔길을 통해서 걸어왔다. 그 뒤에서 여행 가방을 든 소년이 따라오고 있었다. 청년은 젊은 여성을 보더니 얼굴이 새빨개졌다가 곧 본디대로 창백해졌다. 그는 처녀의 태도를 살피면서 차츰 다가왔는데, 그 얼굴에는 희망과 불안이 뒤섞여 있었다. 청년은 그녀에게서 고작 5,6야드 떨어진 곳을 지나갔지만 그녀는 그의 모습이나 존재를 조금도 신경 쓰지 않았다.

청년은 그대로 한 50야드쯤 가더니 우뚝 걸음을 멈추고 옆에 있는 벤치에 가서 앉았다. 소년은 여행 가방을 내려놓고 빈틈없는 눈으로 수상쩍다는 듯이 청년을 살폈다. 청년은 손수건을 꺼내 얼굴을 닦았다. 손수건도 고급스러웠지만, 얼굴도 풍채도 기품이 넘쳤다. 그는 소년에게 말했다.

"저기 저 벤치에 앉아 있는 젊은 여성한테 심부름을 좀 다녀오렴. 저 숙녀분에게 가서, 나는 지금 샌프란시스코에 가려고 기차역에 가는 길인데, 거기

서 알래스카 사슴 사냥 원정대에 참가할 예정이란다고 말씀드려라. 그리고, 말은 해도 편지를 쓰면 안된다는 명령을 받았기에 어쩔 수 없이 이런 수단으로 숙녀분의 공정한 판단에 마지막으로 호소하는 것이다. 그런 취급을 받을 까닭이 없는 사람에게 어떤 이유도 알려주지 않고, 더구나 해명할 기회도 주지 않고 비난하고 내친다는 것은, 내가 믿는 저 숙녀분의 인품답지 않다. 이런 방법을 쓰는 것은 얼마쯤 당신의 명령을 어기는 일이지만, 이것도 다 그대가 공정한 판단을 하셨으면 하는 희망에서다―이렇게 말씀드려라. 자, 얼른 가서 저 여성에게 방금 한 말을 전하고 오너라."

청년은 반 달러짜리 은화를 소년에게 쥐어 주었다. 소년은 때가 꾀죄죄하지만 영리해 보이는 얼굴에서 반짝반짝 빛나는 조심스러운 눈으로 잠시 청년을 쳐다보더니 곧 달려갔다. 소년은 조금 불안한 듯했으나 그다지 주저하는 기색도 없이 벤치에 앉아 있는 여자 앞으로 다가갔다. 그러고는 삐딱하게 눌러쓴 격자 무늬 낡은 자전거용 모자 챙에 손을 가져갔다. 부인은 편견도 호의도 없이 무관심하게 소년을 쳐다보았다.

"아가씨" 소년은 말했다. "저쪽 벤치에 있는 저 사람이 아가씨한테 '노래와 춤'*1을 전해 드리라고 나를 보냈어요. 저 사람이 아가씨가 모르는 사람이면 아마 뭔가 좋지 않은 일을 꾸미고 있을 테니까, 모르면 모른다고 말하세요. 그러면, 달려가서 경찰을 불러올게요. 아가씨가 저 사람을 안다면 그리 나쁜 사람은 아닌 것 같으니까, 그러면 아가씨에게 전하라고 한 뜨거운 말을 알려드릴게요."

젊은 여자는 관심을 조금 보이기 시작했다.

"노래와 춤이라고!" 침착하고 아름다운 그녀의 목소리는 마치 눈에 보이지 않는 투명한 비아냥의 옷을 입고 있는 것처럼 들렸다.

"새로운 생각이네―연애시에라도 나오는지 모르겠구나. 나는―너를 심부름꾼으로 보낸 저이를 전에는 잘 알았단다. 그러니까 경찰을 부를 필요는 없어. 아무튼, 너의 그 '노래와 춤'이나 보여주렴. 너무 큰 소리로 하지는 마. 야외극을 하기에는 아직 이른 시간이고 사람들이 몰려오면 곤란하니까."

"그래요" 소년은 온몸을 움직여 어깨를 움츠리며 말했다. "그럼, 아가씨, 내

말 아셨죠? 뭐 대단한 건 없어요. 저 사람은 아가씨에게 이렇게 말해 달랬어요. 옷깃과 소맷부리를 여행 가방에 쑤셔넣고 프리스코[2]로 간대요. 거기서 클론다이크[3]로 뇌조를 쏘러 간대요. 아가씨가 러브레터를 쓰거나 집 앞에서 기웃거리거나 하지 말라고 해서, 아가씨가 알아 달라고 이런 방법을 쓴대요. 아가씨는 자기를 지난날의 인간마냥 다루는데, 어떻게든지 그 생각을 깨뜨리고 싶어도 기회를 안 준대요. 아가씨는 자기를 마구 두들겨 놓고는 그 까닭도 말해 주지 않는다—이렇게 말해 달랬어요."

젊은 여자의 눈에 싹트기 시작한 희미한 관심은 조금도 약해지지 않았다. 아마도 그것은 그녀가 보통의 전달 방법을 금해 버렸으므로, 어쩔 수 없이 이런 수단을 쓴 뇌조 사냥을 떠나는 남자의 독창성 또는 대담성이 불러일으킨 관심이었을 것이다. 그녀는 사람 그림자가 뜸한 공원에 초라하게 서 있는 조상(彫像)을 응시하더니, 이윽고 심부름 온 소년을 돌아보고 말했다.

"저 신사분에게 말씀드리렴. 이제 와서 새삼 내 이상에 대해서 설명을 되풀이할 필요는 없을 거라고. 내 이상이 전에는 어떠했고, 지금은 어떤지 저분은 잘 알고 계실 거야. 내 이상은 이번 경우에 관한 한, 절대적인 성실과 진실이 무엇보다도 중요하단다. 나는 내 마음을 할 수 있는 데까지 헤아려 봤으니, 그 결점이나 필요한 것이 뭔지 잘 알고 있단다. 그러니까 저분의 변명은 그게 뭐든지 듣고 싶지 않아. 내가 남의 소문이나 확실하지도 않은 증거로 저분을 책망한 건 아니란다. 그러니 나한테는 죄가 없어. 저분이 이미 다 알고 있는 이야기를 다시 듣고 싶어하신다면, 이 이야기를 해드려도 좋아. 그리고, 저분에게 말씀드려 줘. 그날 저녁 때 나는 어머님께 드리려고 장미꽃을 자르러 뒷문으로 해서 온실에 들어갔었어. 거기서 저분과 애슈번 양이 복숭아나무 밑에 서 있는 것을 봤다고. 아름다운 한 폭의 그림 같았지. 그런데 그 자세와 병치(竝置)는, 설명을 들을 것도 없이 모든 것을 똑똑히 말해 주고 있었어. 나는 온실에서 나왔지. 그때 나는 장미도 이상도 모두 버렸단다. 이 '노래와 춤'을 네 연극의 단장님에게 전해 다오."

"아가씨, 내가 모르는 말이 있어요. 병……병……뭔가 하는 말, 그게 뭐죠?"

"병치야—접근이라고 해도 좋아. 아니면, 보통 있어야 할 위치치고는 지나

---

*2 샌프란시스코를 말한다.
*3 캐나다 북서부 유콘강 유역에 있는 한 지방으로, 1897~1898년의 골드러시로 유명해졌다.

치게 가깝다고 해도 좋을 거야."

소년은 발 아래에 모래를 흩으며 달려갔다. 그리고 또 다른 벤치 앞에 가서 섰다. 청년의 눈이 굶주린 듯이 소년에게 물었다. 소년의 눈은 오로지 통역자로서의 열의로 빛났다.

"여자라는 건 꿈 같은 얘기나 달콤한 말을 들으면 곧 흐늘흐늘해진다는 걸 알고 있으니까, 다시 아첨 같은 걸 듣고 싶지 않대요. 저 아가씨는 아저씨가 온실 안에서 여자를 껴안고 있는 걸 똑똑히 봤대요. 꽃을 자르려고 옆으로 발길을 돌렸더니 아저씨가 다른 여자를 껴안고 있더래요. 아주 예쁜 여자였대요. 그건 상관없는데 그 때문에 저 아가씬 아주 기분이 나빠졌대요. 아저씨는 멍청하게 서 있지 말고 빨리 기차나 타 버리는 게 좋을 거라고 그랬어요."

청년은 나직하게 휘파람을 불었다. 갑자기 무언가 생각이 난 듯이 눈이 빛났다. 재빨리 윗도리 주머니에 손을 넣어 한 다발의 편지를 꺼냈다. 그중에서 한 통을 골라 소년에게 주었다. 그리고 조끼 주머니에서 1달러짜리 은화를 꺼내 소년에게 주었다.

"이 편지를 저 숙녀분에게 갖다 드려라" 그가 말했다. "그리고 이걸 좀 읽어 보시란다고 그래라. 이걸 읽으면, 그때의 상황은 설명이 될 게다. 만일 당신이 이상으로 삼는 그 개념에 조금이나마 신뢰가 섞여 있다면, 조금도 마음이 상하지는 않았을 것이다. 당신이 진심으로 소중히 여기는 성실성은 조금도 흔들리지 않았다. 당신의 답을 기다린다. 가서 이렇게 말씀드리렴."

심부름꾼은 젊은 여성 앞에 달려가서 섰다.

"저 아저씨는 아무 죄도 없는데 억울한 죄를 덮어썼대요. 자기는 놈팡이가 아니래요. 아가씨, 이 편지를 읽어 보세요. 아저씨는 아주 좋은 사람인 것 같아요."

젊은 여자는 좀처럼 의심을 거두지 못한 표정으로 편지를 펼쳐서 읽었다.

친애하는 아놀드 선생

지난 금요일 저녁 월든 부인의 리셉션에 참석했을 때, 그 댁 온실에서 마침 저희 딸이 지병인 심장 발작을 일으켜 선생의 친절하신 간호를 받게 되어 참으로 감사했습니다. 마침 그 자리에 계신 선생께서 쓰러지는 딸을 받아 주시지 않았더라면, 그리고 그때 적절한 치료를 취해 주시지 않았더라면, 딸의 목숨은 어떻게 되었을지 모를 일입니다.

딸의 치료를 위해 왕진을 부탁드릴 수 있다면 그보다 더한 기쁨이 없을 것 같습니다.

로버트 애슈번

젊은 부인은 편지를 접어서 소년에게 돌려 주었다.

"저 아저씨는 아가씨의 대답을 기다리고 있는데요" 심부름 온 소년이 말했다. "뭐라고 대답할까요?"

소년을 쳐다보던 처녀의 눈은 기쁨으로 빛났고 미소를 띠며 젖어 있었다.

"저 벤치에 계시는 분에게 말씀드리렴" 그녀는 기쁘고도 수줍은 듯이 웃으며 말했다. "내가 만나고 싶어한다고."

1달러의 가치

누가 연인들에게 진리를 줄 수 있는가? 사랑은 그 자체가 더 위대한 진리이다

리오그란데강 국경 연변에 있는 미합중국 지방 법원 판사는, 어느 날 아침 우편물에서 다음과 같은 편지를 발견했다.

판사에게
나를 4년 동안 형무소에 집어넣으면서 네놈은 온갖 소리를 지껄였다. 갖가지 심한 소리들 중에 방울뱀이라는 호칭도 있었지. 과연 그럴지도 모른다. 오늘도 이렇게 떨렁거리며 독을 뿜고 있으니까. 내가 형무소에 들어간 지 1년 뒤에 내 딸이 죽었다—가난과 세상에 대한 부끄러움 때문에 죽었다고 모두들 말하더라. 판사야, 네놈에게도 딸이 있겠지. 그래서 딸을 잃는 기분이 어떤 것인지, 네놈에게도 꼭 알려 줄 참이다. 그리고 나에게 심한 소리를 한 그 검사놈도 물어 줄 참이다. 나는 이제 자유로운 몸이다. 어김없이 그전의 방울뱀으로 돌아가 있다. 진짜 방울뱀이 된 기분이다. 더 너절하게 늘어놓지 않겠다. 이것이 방울뱀의 인사다. 내가 언제 덤빌지 모르니 조심해라.

더웬트 판사는 편지를 아무렇지도 않은 듯이 옆으로 밀어 놓았다. 그가 법정에서 판결을 내린 범법자들로부터 이런 편지를 받는 것은 드물지 않았다. 그는 조금도 놀라지 않았다. 나중에 그는 이 편지를 젊은 지방 검사 리틀필드에게 보여 주었다. 리틀필드의 이름도 이 협박장에 있기 때문이기도

했지만, 판사는 자기와 동료에 관한 일에는 아주 경우가 바르기 때문이었다.

리틀필드 검사는 그 편지 주인의 독설에는 한 번 비웃고 말았지만, 판사의 딸에 대해 언급한 구절에 이르자 눈살을 조금 찌푸렸다. 그와 낸시 더웬트는 올 가을 결혼할 사이였기 때문이다.

리틀필드는 법원 서기를 찾아가서, 그와 함께 기록을 훑어보았다. 그 결과 그 편지가 4년 전 국경 지방에서 날뛰다가 살인죄로 투옥된 혼혈아 멕시코 샘한테서 온 것임을 알았다.

그러나 일이 잔뜩 밀려서 어느 새 이 일은 그의 마음에서 떠났고, 그는 집념이 강한 방울뱀의 협박을 잊어버리고 말았다.

순회 재판이 브라운즈빌에서 열렸다.

재판에 회부된 대부분의 사건은 국경 지방에서 일어난 밀수, 화폐 위조, 우체국 습격, 주 법령 위반 사건 등이었다. 그중의 하나는 젊은 멕시코인 라파엘 오르티스 사건이었다. 1달러짜리 위조 은화를 써 먹으려다가 눈치 빠른 경관에게 현장에서 체포된 것이다. 지금까지 그는 이런저런 부정 행위 혐의를 받고 있었지만, 증거가 있는 현장에서 잡힌 것은 이번이 처음이었다.

오르티스는 유치장에서 태평하게 싸구려 담배를 피우며 공판 날을 기다렸다. 보안관 킬패트릭은 1달러짜리 위조 은화를 재판소 사무실에 있던 지방 검사에게 넘겨주었다. 킬패트릭과 약국 주인은, 오르티스가 그 위조 은화를 한 병의 약값으로 지불했다는 증언을 할 예정이었다. 그 은화는 무르고 탁한 빛깔의 납으로 만든 싸구려 위조품이었다. 오르티스 사건 공판이 있는 전날 아침, 지방 검사는 재판 준비에 바빴다.

"이 은화가 위조라는 사실을 증명하기 위해서, 비싼 비용을 들여 가며 감정인을 부를 필요는 없을 것 같은데, 어때요, 킬?"

리틀필드가 그 1달러 은화를 탁자 위에 던지자, 가짜 은화는 금속성 소리 대신 퍼티[*1] 덩어리 같은 소리를 냈다. 그 광경을 보고 리틀필드는 웃으면서 말했다.

"그 멕시코인은 이제 철창 안에 가둔 거나 다름없습니다" 보안관은 권총 가죽띠를 풀면서 말했다. "이제 끽 소리 못하지요. 이게 처음 범행이라면, 이

[*1] 유리를 창틀에 끼울 때 바르는 접착제.

근처 멕시코인들도 진짜와 가짜를 구별하지 못했을지도 모릅니다. 그렇지만, 그 얼굴이 누런 신출내기 악당이 화폐 위조단 일당이라는 것은 틀림없습니다. 하기야 그놈이 속임수를 쓰는 현장을 잡은 것은 내가 처음이지만 말입니다. 강가의 멕시코인들 소굴에 그놈 여자가 있지요. 언젠가 놈을 잡으려고 잠복해 있을 때, 그 여자를 본 적이 있습니다. 예쁘장한데, 꽃밭 속의 붉은 암소 같더군요."

리틀필드 검사는 위조 은화를 주머니에 넣고 사건 기록을 봉투에 넣었다.

바로 그때 사내아이처럼 쾌활하고 명랑한, 밝고 귀여운 얼굴이 입구에 나타났다. 낸시 더웬트였다.

"어머, 밥, 법원은 12시부터 내일까지 쉬잖아요." 그녀가 리틀필드에게 물었다.

"그렇습니다" 지방 검사가 대답했다. "그래서 나도 살았지요. 조사할 일이 많고, 또……."

"정말 당신답군요. 아버지와 당신이 법률 책과 판례같은 것을 보지 않을 때도 있나 몰라! 오늘 오후 메추라기 사냥에 데려다 주면 좋을 텐데 해서 왔어요. 롱프레리는 지금 메추라기로 가득해요. 제발 싫다는 말은 하지 말아요! 새로 산 12연발총을 시험해 보고 싶거든요. 마차 대여소에 사람을 보내서, 플라이와 베스가 마차를 끌기로 벌써 약속을 해 놨어요. 그 두 마리는 총소리에 아주 익숙하거든요. 당신이 꼭 갈 줄 알고 왔는데."

두 사람은 올 가을에 결혼할 예정이었다. 지금은 그 기쁨이 최고조에 이른 때이다. 마침내 메추라기는 그날—아니 정확하게는 그날 오후—양피 장정의 법률 서적을 이겼다. 리틀필드는 서류를 치우기 시작했다.

그때 문을 두드리는 소리가 들렸다. 킬패트릭이 응답했다.

연한 레몬빛 피부에 아름다운 검은 눈동자의 젊은 여자가 들어왔다.

여자는 검은 숄로 머리를 감싸고 그 끝을 목에 둘둘 말았다.

슬픈 음악 같은 스페인어가 그녀의 입에서 빠르게 흘러 나오기 시작했다. 리틀필드 검사는 스페인 말을 몰랐다. 보안관은 알아들었으므로 이따금 손을 들어 그녀의 말을 끊으며 부분 통역을 해 주었다.

"검사님, 이 여자는 검사님을 만나러 왔답니다. 이름은 호야 트레비니아스, 어떤 일로 검사님과 이야기하고 싶어서 여길 찾아왔는데……가만 있자, 라파엘 오르티스와 관계 있는 것 같군요. 그래. 이 여잔……그 녀석 여잡니다. 이 여자는 그 녀석이 전혀 죄가 없다고 말하네요. 자기가 그 가짜 돈을 만들어서 그 남자에게 쓰게 했다는 겁니다. 하지만 검사님, 이 여자 말은 거짓말입니다. 멕시코 여자의 흔한 수법이지요. 멕시코 여자들은 사랑하는 남자를 위해서라면 예사로 거짓말도 하고, 도둑질도 하고, 때로는 살인조차 서슴치 않거든요. 남자에게 홀딱 반한 여자의 말을 믿어서는 안됩니다!"

"킬패트릭 씨!"

낸시 더웬트가 언짢은 듯이 날카롭게 외쳤으므로 보안관은 그만 자기 의견을 솔직히 털어놓은 데 대한 해명을 하느라고 잠시 시간이 걸렸다. 그리고 그는 다시 통역을 이어갔다.

"이 여자는, 만일 검사님이 그 남자를 풀어주신다면, 자기가 기꺼이 감방에 들어가겠답니다. 이 여자는 열병에 걸려서 누워 있었는데, 약을 먹지 않으면 죽는다고 의사가 말하더랍니다. 그래서 그 남자가 약국에 가서 납으로 만든 위조 은화를 썼답니다. 그 덕분에 자기는 목숨을 건졌답니다. 확실히 라파엘이란 신출내기는 이 여자 연인이 틀림없습니다. 이 여자의 말에는, 듣는 쪽이 오히려 무색해질 만큼 달콤한 표현이 나오거든요."

이런 호소 경험은 지방 검사에게는 조금도 드물지 않았다.

"이 여자에게 말해 주시오" 검사가 말했다. "나는 어떻게 할 도리가 없다고 말입니다. 이 사건은 내일 아침 심리하게 되어 있으니까, 그 사람은 법정에서 싸우면 됩니다."

낸시 더웬트는 그리 무자비하지는 않았다. 그녀는 동정이 깃든 관심의 눈으로 호야 트레비니아스와 리틀필드를 번갈아 쳐다보았다. 보안관은 지방 검사의 말을 되풀이해 여자에게 전했다. 여자는 나직하게 무언가 한두 마디 내뱉고는 숄로 얼굴을 꼭 싸고 방에서 나갔다.

"저 여자가 뭐라고 합디까?" 지방 검사가 물었다.

"별 건 아닙니다만" 하고 보안관은 말했다. "만일에 목숨이……아니, 뭐라고 했더라……만일에 당신이 사랑하는 여자의 목숨이 위험해진다면, 라파엘 오르티스를 생각하라……이런 말을 했습니다."

킬패트릭은 어슬렁 복도를 지나 보안관실 쪽으로 갔다.

"밥, 그 사람들을 위해서 어떻게 해 줄 수 없어요?" 낸시가 말했다. "아주 사소한 일이잖아요. 고작 1달러짜리 가짜 은화 한 갠데……그 때문에 두 사람 인생의 행복이 엉망이 되는 거예요. 그 여자가 다 죽어가는 것을 구하려고 한 일이었잖아요. 법률은 왜 연민을 모르는지 몰라."

"법률에는 그런 것이 끼어들 여지가 없어요, 낸시" 리틀필드 검사가 말했다. "특히 지방검사의 직책에서는 말입니다. 기소가 보복성이 아니라는 것은 똑똑히 단언할 수 있습니다. 그러나 사건이 공판에 회부되면, 그 사람은 틀림없이 유죄 판결을 받을 것입니다. 증인들은 '증거물 A'로 내가 지금 주머니에 갖고 있는 이 위조 달러 은화를 그 사람이 썼다고 증언할 것입니다. 배심원 중에는 멕시코인이 한 사람도 없으니까, 아마도 그 자리에서 유죄 판결을 내릴걸요."

그날 오후의 메추라기 사냥은 훌륭했다. 사냥의 흥분으로 라파엘 사건도 호야 트레비니아스의 슬픔도 잊어버렸다. 지방 검사와 낸시 더웬트는, 시내에서 3마일쯤 마차를 몰고 나가서 부드러운 풀로 덮인 길을 지나 피에도라 시내의 물가에서부터 이어진 울창한 숲으로 경사진 초원을 횡단할 참이었다.

이 시내 저편에 메추라기가 살기 좋은 서식지인 롱프레리가 펼쳐진다. 두 사람이 시내에 접근하고 있을 때, 오른쪽에서 말발굽 소리가 들려 왔다. 머리털이 검고 햇빛에 그을은 사나이가 그때까지 그들 뒤에서 멀찍이 따라오더니, 갑자기 방향을 바꾸어 숲으로 말머리를 돌렸다.

"저 친구, 어디서 본 듯한데." 온갖 사람의 얼굴을 다 기억하는 리틀필드가 말했다. "그런데 똑똑히 생각나지 않는군, 아마 어느 집 카우보이가 지름길로 해서 돌아가는 길이겠지."

두 사람은 마차 위에서 총을 쏘며 한 시간쯤 롱프레리에서 보냈다. 바깥활동을 좋아하는 발랄한 서부 아가씨 낸시 더웬트는, 새로 산 12구경 엽총을 아주 마음에 들어했다. 그녀가 사냥 부대에 넣은 메추라기의 수는 동반자의 수확보다 두 마리가 모자랄 뿐이었다.

두 사람은 천천히 말을 몰아 집으로 돌아오기 시작했다. 피에도라 시내에서 백 야드쯤 떨어진 곳에 이르렀을 때, 한 사나이가 숲에서 곧장 그들 쪽으로 말을 몰아왔다.

"아까 올 때 본 그 남자 같아요" 더웬트 양이 말했다.

서로 거리가 좁혀졌을 때, 지방 검사는 갑자기 마차를 세우고 곧장 이리로 달려오는 남자를 쏘아보았다. 남자가 안장 주머니에서 윈체스터 총을 뽑아 팔 위로 바꾸어 쥐었기 때문이다.

"알았다. 멕시코 샘이구나!" 리틀필드 검사는 혼잣말처럼 중얼거렸다. "너였구나, 그 고상한 편지로 꼬리를 딸랑딸랑 울린 놈은."

멕시코 샘은 행동을 오래 미루지 않았다. 그는 사격에서는 눈이 꽤 날카로웠다. 그래서 자기가 가진 라이플 총의 유효 사정 거리 안에 들어와 있지만, 상대편의 메추라기 사냥용 8번 산탄으로는 해를 입을 위험이 없음을 확인하고, 성큼 윈체스터 총을 겨누어 마차에 탄 두 사람에게 발사했다.

첫째 총알은 리틀필드 검사와 디웬드 양의 어깨 사이 2인치쯤 되는 공간을 스쳐 뒷좌석 등받이에 가서 박혔다. 두 번째 총알은 마차 앞 흙받이 널빤지를 꿰뚫고 리틀필드의 다리에 맞았다.

지방 검사는 황급히 낸시 양을 마차에서 부축해 내렸다. 그녀는 조금 창백했지만 아무것도 묻지 않았다. 위급할 때는 필요 없는 말을 하지 않고 사태를 그대로 받아들이는 개척자의 본능을 갖고 있었던 것이다. 두 사람은 저마다 손에 총을 쥐고 있었다. 리틀필드는 재빨리 자리에 있는 마분지 상자에서 탄약을 한 웅큼 집어 주머니에 쑤셔 넣었다.

"말 뒤에 숨어요, 낸시!" 그가 날카롭게 명령했다. "저놈은 전에 내가 형무소에 보낸 악당입니다. 그 빚을 갚으려는 거겠지요. 저놈은 우리 총알이 저기까지 미치지 못한다는 걸 알고 있습니다."

"걱정없어요, 밥" 낸시가 침착하게 말했다. "나, 무섭지 않아요. 밥도 이쪽에 바짝 붙어요. 자, 자, 베스, 움직이면 안돼!"

그녀는 베스의 말갈기를 쓰다듬어 주었다. 리틀필드는 총을 겨누고 일어서서 무법자가 사정 거리 안으로 들어오기를 빌었다.

그러나 멕시코 샘은 안전 거리를 유지하면서 복수를 벼르고 있었다. 그는 메추라기와는 다른 새였다. 그의 정확한 눈은 새를 잡는 엽총알이 이르는 위험 범위 주위에 가공의 원을 그려 놓고 있었다. 그리고 그 선 위에서 말을 타고 움직이며 왔다갔다했다. 말은 오른쪽으로 움직여 갔다. 사냥감들이 엄호물인 말 뒤에 몸을 숙였을 때, 그가 쏜 총알이 지방 검사의 모자를 날렸다. 한 번, 그는 말을 되돌리는 동안에 잘못 헤아려 자기가 설정한 안전선을 넘어 버렸다. 그 기회를 잡아 리틀필드의 총이 불을 뿜었으나, 멕시코 샘은 재빨리 고개를 숙여 총알을 피했다. 산탄 몇 개가 샘의 말에 맞았으나, 말은 재빨리 안전선 뒤로 물러가 버렸다.

무법자는 다시 총을 쏘아댔다. 낸시 더웬트의 입에서 조그만 비명이 터져 나왔다. 리틀필드가 깜짝 놀라 돌아보니 낸시의 볼에서 피가 흐르고 있었다. "괜찮아요, 밥……파편에 맞았을 뿐이예요. 수레바퀴 살이 부서졌나봐요."

"이런!" 리틀필드가 신음했다. "사슴 사냥에 쓰는 총알이 있으면 좋은데!"

악당은 말을 세우고 신중히 겨누었다. 플라이가 목덜미를 맞아 크게 울더니 마구를 단 채 쓰러졌다. 베스는 메추라기 사냥이 아니라는 사실을 깨달았는지 줄을 끊고 미친 듯이 달려가 버렸다.

멕시코 샘이 쏜 총알이 낸시 더웬트의 불룩한 수렵복을 꿰뚫었다.

"엎드려요! 엎드리라고!" 리틀필드가 날카롭게 소리쳤다. "말에 더 딱 붙어서……땅바닥에 납작하게 엎드리는 거야." 옆으로 쓰러진 플라이의 등 뒤 풀 위로 그녀를 밀어 던지듯이 쓰러뜨렸다. 기묘한 일이지만, 이 순간 문득 그 멕시코 여자의 말이 떠올랐다.

"만일 당신의 사랑하는 여자가 위험해질 때는 라파엘 오르티스를 생각하라."

리틀필드는 저도 모르게 소리를 질렀다.

"낸시, 말 등 너머로 저놈을 쏴요! 될 수 있는 대로 멈추지 말고 쏴요. 저놈을 해칠 수는 없겠지만, 1분만이라도 저놈을 방어에만 몰아붙일 수 있다면, 그동안 나는 한 가지 생각을 실행해 보고 싶으니까."

낸시가 힐끔 리틀필드를 돌아보니, 그는 주머니칼을 꺼내 펴고 있었다. 그녀는 명령대로 얼굴을 적 쪽으로 돌리고 총을 잇따라 쏘아댔다.

멕시코 샘은 조금의 위협도 되지 않는 이 사격이 끝날 때까지 가만히 끈기있게 기다렸다. 서두를 필요도 없고, 조금만 주의하면 산탄을 눈에 맞을 위험은 피할 수 있었으니 굳이 위험을 무릅쓸 필요가 없었다.

그는 묵직한 스테트슨 제 모자를 눈 위로 깊숙이 고쳐 쓰고, 사격이 끝나기를 기다렸다. 그러다가 그는 조금 가까이 다가가서 쓰러진 말 위로 상대의 모습이 조금 내다보이자 그것을 향해 신중히 겨누어서 총을 쐈다.

두 사람은 꼼짝도 하지 않았다. 그는 다시 대여섯 걸음 말에 가까이 다가

갔다.

그는 검사가 한쪽 무릎을 세우고 신중히 엽총을 겨누는 것을 보았다. 그는 모자를 깊숙이 끌어내리고, 조그만 산탄이 의미 없는 소리를 내며 날아오기를 기다렸다.

검사의 엽총이 육중한 소리를 내며 불을 뿜었다. 멕시코 샘은 신음 소리와 함께 쓰러지더니 이윽고 허물어지듯 말에서 굴러 떨어졌다. 이제는 죽은 방울뱀이었다.

이튿날 10시에 법정이 열리고 합중국 대 라파엘 오르티스 사건의 공판이 시작되었다. 지방 검사는 한쪽 팔에 부목을 댄 채로 일어서서 진술하기 시작했다.

"재판장님에게 부탁드릴 일이 있습니다" 그가 말했다. "본 검사는 이 사건에 대한 공소 취소 동의를 얻고자 합니다. 피고는 마땅히 유죄여야 합니다만, 죄상을 인정할 만한 충분한 증거가 당국의 손에는 없습니다. 이 사건의 핵심은 위조 화폐의 진위 여부에 있습니다만, 그 위조 화폐는 이제 증거물로서 제시하기가 불가능합니다. 이와 같은 이유로, 본 검사는 이 사건의 재판을 종결짓기를 희망하는 바입니다."

그날 낮 휴식 시간에 킬패트릭 보안관이 검사실로 들어왔다.

"방금 멕시코 샘의 시체를 보고 왔습니다" 보안관이 말했다. "마침 검시를 하는 중이더군요. 검사님이 무엇으로 그놈을 쏘았는지 모두 궁금해하더군요. 못으로 쏘았다고 주장하는 사람도 있습니다. 나는 아직 그런 구멍을 낼 수 있는 총알을 장전할 수 있는 총을 본 적이 없습니다."

"보안관이 준 그 위조 사건의 '증거물 A'를 총에 재고 쏘았소. 그게 참으로 조악한 금속이었다는 게, 오히려 아주 행운이었던 셈이지. 덕분에 용케 탄환 모양으로 깎을 수가 있었거든. 그런데 킬, 미안하지만 멕시코인 소굴에 가서 그 멕시코 여자가 어디 살고 있는지 좀 알아 봐 주지 않겠소? 더웬트 양이 꼭 알고 싶어하니까 말이야."

가문을 팔아먹은 사나이

나는 속지 않으련다.

또 나는 순간의 기쁨을 위해 오랜 세월을 뉘우치며 보내지도 않으련다

앤시 골리의 변호사 사무실에서 가장 평이 나쁜 것은 삐걱거리는 낡은 안락의자에 번듯이 앉아 있는 그 자신의 모습이었다. 붉은 벽돌로 지은, 곧 쓰러질 듯이 흔들거리는 그 초라한 사무실은 거리—말하자면 베일 읍의 중심가와 같은 평면에 자리한다.

베일 읍은 블루리지 기슭 언덕 위에 있었다. 그 맞은편에는 하늘 높이 솟은 산맥이 있었다. 아득히 아래쪽으로는 탁한 키토버강의 물결이 음울한 골짜기를 따라 누렇게 반짝였다.

6월의 하루는 무더웠다. 베델 읍은 후덥지근한 그늘 아래 졸고 있었다. 모든 상업 활동은 멈춘 상태였다. 너무나 조용해서 의자에 기대앉은 골리의 귀에, '법원의 불한당들'이 카드 놀이를 하고 있는 배심원실에서 점수를 계산하는 패조각 소리가 똑똑히 들려왔다. 사무실 뒤쪽의 열어 젖힌 문에서 풀이 무성한 빈터를 가로질러 수많은 발걸음에 다져진 오솔길이 꼬불꼬불 법원까지 이어져 있었다. 골리는 이 오솔길을 오가며 그가 가진 모든 소유물을—처음에는 몇 천 달러의 유산, 다음에는 오래된 저택, 그리고 최근에는 그 자신의 자존심과 사내다움의 마지막 한 조각까지 빼앗겨 버렸다. '불한당들'은 그를 껍데기까지 깨끗이 벗겨 버린 것이다. 이 파멸한 노름꾼은 주정뱅이가 되고 기생충 같은 존재가 되었다. 살아 남기는 했으나 자기를 발가벗긴 인간들로부터 승부의 자리에 끼는 것을 거부당하는 서글픈 형편이 되고

만 것이다. 그의 말은 이제 누구도 귀담아듣지 않았다. 카드 놀이의 승부는 날마다 골리 없이 마련되었으며 그에게는 구경꾼이라는 불명예스러운 역할만 주어졌다. 보안관, 군 주사, 놀기 좋아하는 판사보, 쾌활한 지방 검사, '골짜기'에서 나온 분필 같은 얼굴의 사나이 등이 탁자에 둘러앉았지만 털이 쥐어 뜯긴 양은 다시 가지런히 털이 날 때까지 오지 말라는 암묵의 권고를 받았다.

이 추방을 못 견디고 골리는 곧 사무실로 돌아왔다. 무언가 입 속으로 투덜거리면서, 불운의 오솔길을 불안한 걸음으로 더듬어갔다. 탁자 밑에서 데미존*¹을 꺼내 옥수수 위스키를 한 모금 들이켜고 의자에 몸을 푹 기댔다. 눈물 어린 듯한 흐릿한 눈으로 여름철의 뿌연 안개 속에 기리앉은 먼 신들을 바라보았다. 블랙잭 산허리 저편으로 조그맣고 하얗게 보이는 것은, 그 근처에서 그가 태어나서 자란 로럴 마을이었다. 또한 골리 집안과 콜틀레인 집안의 암투가 시작된 곳이기도 했다. 골리 집안의 직계 상속인은 이제 깃이 뜯기고 털이 불살라진 이 불운한 시골뜨기 말고는 한 사람도 남지 않았다. 콜틀레인 집안 또한 남자 후계자는 단 한 사람밖에 없었다—주 의회 의원이자 재산도 지위도 있고, 골리의 아버지와 같은 연배인 애브너 콜틀레인 대령이다. 두 집안의 싸움은 우리 주변에서 흔히 볼 수 있는 그런 종류의 것이기는 했지만, 증오와 오해로 살육의 피비린내 나는 기록을 남겼다.

그러나, 앤시 골리가 생각하는 것은 두 집안의 암투가 아니었다. 술이 취한 머릿속에는 앞으로 자기 자신과 자기의 도락을 어떻게 적당히 둘러맞추어 나가느냐 하는 문제를 막연히 궁리했던 것이다. 요즈음에는 골리 집안의 오랜 연고자들도 그가 먹고 자는 일은 걱정해 주었지만, 위스키까지 사 주지는 않았다. 그런데 그는 위스키 없이는 잠시도 견딜 수 없었다.

그의 변호사 사무실은 개점 휴업 상태였으며, 지난 2년 동안 한 건의 사건도 의뢰해 오는 사람이 없었다. 돈을 빌리고 폭음하는 것이 그의 직업이 되었다. 그가 더 타락하지 않은 것은 오직 더 타락할 기회가 없었기 때문일 뿐이라고까지 여겨졌다. 다시 한 번 해 볼 기회만 있으면—하고 그는 혼잣말로 중얼거렸다. '다시 한 번 돈을 걸 수만 있으면 틀림없이 딸 텐데' 이렇

---

*1 채롱에 든 목이 가는 술병.

게 그는 생각했다. 그러나 팔 것은 이제 아무것도 없었고, 신용도 거의 바닥이었다.

이런 비참한 상황 속에서도, 여섯 달쯤 전에 오래된 골리네 저택을 산 사나이를 생각하면, 그는 저절로 미소 짓지 않을 수 없었다. 산 속 '오지'에서 말할 수 없이 기묘한 두 인간, 파이크 거베이라는 사나이와 그의 아내가 나타난 것이다. 산 쪽을 가리키며 '오지'라고 말하면 산지 사람들 사이에서는 멀리 마을에서 떨어진 산 속의 오두막집, 깊이를 알 수 없는 골짜기, 범죄자 소굴, 이리 떼의 집, 그리고 곰 굴을 가리키는 것으로 정해져 있었다. 이런 벽지에서도 가장 황량한 곳, 블랙잭 꼭대기를 끝까지 따라 올라간 곳에 있는 오두막에 이 기묘한 부부는 20년 가까이나 살았다. 두 사람은 산 속의 깊은 정적을 깨뜨릴, 개도 어린애도 없었다. 파이크 거베이는 이 근처 부락에서는 거의 알려지지 않았지만, 그와 만난 적이 있는 사람은 모두 그를 '머리가 돈 기인'이라고 말했다. 그는 다람쥐잡이 사냥꾼 이외의 직업을 스스로 인정하지 않았지만, 때로는 심심풀이로 위스키를 밀조했다. 언젠가 '세무소'가 테리어처럼 시끄럽게 울부짖지도 않고 결사적으로 설치기만 하는 파이크를 오두막에서 끌어 낸 적이 있었다. 그는 주 형무소에서 2년 동안 감옥살이를 했다. 풀려나자 그는 골난 족제비처럼 곧장 자기 소굴로 뛰어가 버렸다.

행운의 여신은 수많은 열렬한 구애자를 제쳐 놓고, 변덕스럽게도 블랙잭 덤불에 덮인 우묵한 땅으로 뛰어들어 파이크와 그의 충실한 아내에게 미소를 던졌다.

어느 날, 안경을 끼고 니커보커스를 입은 성깔이 다부진 광부 일행이 거베이의 오두막 가까이까지 침입해 왔다. 파이크는 못에서 다람쥐 쏘는 라이플 총을 벗겨 들고, 보나마나 세무소에서 온 놈들이겠지 하고 지레 짐작하고는 멀리서 한 방 쏘았다. 다행히도 총알은 빗나갔다. 의식하지 못한 행운의 대리인들은 거베이의 오두막에 다가와서, 자기들은 법률이나 당국과 아무런 관계도 없음을 밝혔다. 잠시 뒤 그들은 거베이 부부가 개간한 30에이커의 땅을 현금으로, 그것도 어마어마한 액수의 빳빳한 새 지폐로 사겠다고 제의했다. 그러고는 상식적으로는 도저히 생각할 수 없는 이런 말을 꺼낸 이유로서, 문제의 땅 밑에 묻혀 있는 운모(雲母) 광맥과는 전혀 관계없는 말도 안되는 군소리를 늘어 놓았다.

계산하기도 어려운 많은 돈을 쥐게 된 거베이는 블랙잭 생활에서 부족했던 것이 차츰 눈에 띄기 시작했다. 파이크는 새 신과 방에 놓아둘 담배통과 새 라이플총이 갖고 싶다고 말했다. 또 산허리 한 지점에 아내 머텔러를 데리고 가서, 오두막에 다가갈 수 있는 오직 한 길목에 작은 대포를 설치해 오두막으로 향하는 유일한 통로를 방어할 수 있다고, 그래서 세무소 사람들이나 참견하기 좋아하는 낯선 사람들을 혼란에 빠뜨릴 수—그 값은 두 사람이 가진 돈으로 넉넉히 살 수 있었다—있다고 설명했다.

　그러나 아담은 이브를 헤아리지 못했다. 이런 계획은 그가 가진 돈의 힘이 미치는 범위를 나타내는 일이기는 했지만, 한편, 그의 우중충한 오두막 안에서는 그의 원시적인 욕망을 훨씬 넘어서는 야심이 잠자고 있었다. 거베이 아내의 가슴 한구석에는, 블랙잭 생활 20년에도 사멸하지 않은 '여성의 본능' 한 조각이 아직도 숨쉬고 있었다. 그 긴 세월 동안 그녀의 귀에 들려온 것이라야, 낮에는 숲의 나무 껍질이 벗겨져 떨어지는 소리였고, 밤에는 바위틈에서 우는 이리 떼의 울음 소리였다. 그것은 그녀의 허영심을 홀날려 버리기에 족했다. 그녀는 살이 쪘으며 꾀죄죄해지고, 생기와 빛을 잃었다. 그러나 막대한 돈이 굴러들어 오자, 여자라는 특권을 차지하고 싶은 욕망이 다시 불타오르는 것을 느꼈다—그것은 탁자 앞에 앉기도 하고, 필요도 없는 것을 사들이며 외모를 조금 꾸며 보기도 하고, 격식을 차려보기도 하는 생활의 무서운 진실을 겉으로나마 꾸며보는 일이다. 그래서 그녀는 파이크가 제안한 방위 시설 계획을 차갑게 거절하고는, 아래 세상으로 내려가 사회와 어울려보자고 선언했다.

　마침내 일은 결정되고 실천에 옮겨졌다. 로럴 마을에 산다는 것은 산기슭의 큰 읍으로 옮기고 싶다는 아내의 소망과, 원시적인 벽지에 살고 싶다는 파이크의 소망 사이의 타협안이었다. 로럴은 조금이나마 사회 생활의 즐거움을 누릴 수 있다는 점에서 아내의 야심을 채워주었으며, 파이크가 보기에도 그곳은 전혀 쓸모없지 않았다. 그곳은 산과 접해 있어서 세상과의 사귐이 싫어질 때는 즉각 산 속으로 물러갈 수 있는 편리한 점이 있었기 때문이다.

　두 사람이 로럴 마을로 내려오고자 하는 마음과, 집을 돈으로 바꾸고 싶다는 앤시 골리의 열렬한 희망이 용케 맞아떨어졌다. 두 사람은 낭비가 방탕아의 떨리는 손에 현금으로 4천 달러를 쥐어 주고 오래된 골리 집안의 집을 샀다.

이렇게 하여 골리 집안의 악명 높은 후예는 그 악명 높은 사무실에 도사려 앉게 되고, 끝내 그를 뜯어먹은 친구들로부터 냉대를 받게 되었으며, 조상 대대로 내려온 주택마저 다른 사람이 들어와 살게 되었던 것이다.

연기 같은 흙먼지가 그 중심에 무언가 움직이는 것을 감싼 채 찌는 듯한 거리를 천천히 굴러왔다. 가냘프게 바람이 불어 흙먼지가 한쪽으로 날리자 갓 칠해 번쩍거리는 새 마차 한 대가, 꾀죄죄한 회색 말에 끌려서 모습을 드러냈다. 마차는 골리의 사무실에 가까워짐에 따라 길 옆으로 붙더니 사무실 현관 앞 도랑에 빠지면서 섰다.

앞자리에는 기괴한 얼굴의 후리후리한 사나이가 앉아 있었다. 검은색 고급 나사옷을 입고, 뼈마디가 굵은 손에는 노란 양가죽 장갑을 꼭 끼고 있었다. 뒷자석에는 6월 더위에도 끄떡없는 귀부인이 타고 있었다. 빛의 상태에 따라서 화려한 색채가 가지각색으로 변한다고 해서 '비단벌레 천'이라는 이름으로 알려진 비단 드레스를 뚱뚱한 몸에 꼭 맞게 입고 있었다. 그녀는 윗몸을 꼿꼿이 세우고 앉아, 더덕더덕 장식이 붙은 부채를 움직이며 아득히 길 저편을 표정 없이 바라보고 있었다. 아마도 머텔러 거베이의 마음은 새 생활의 기쁨으로 춤을 추고 있었을 것이다. 그러나 블랙잭이 그녀의 외모에 남긴 흔적은 결정적이었다. 미간에는 공허와 무표정의 상(像)이 새겨졌고, 몸에는 바위산의 둔중함과 고독한 내부로 들어가지 못하도록 거부하는 산의 완고함이 배어 있었다. 주위가 어떻게 변하든 언제나 그녀는 산 속에서 나무껍질 떨어지는 소리에 귀를 기울이는 것 같았다. 그녀는 언제나 밤의 정적 깊숙이에서 전해 오는 블랙잭의 무서운 침묵에 귀를 기울이고 있었다.

골리는 이 위풍당당한 마차가 사무실 현관 앞으로 다가오는 것을 그다지 흥미도 없는 듯이 바라보다가, 키가 후리후리한 마부가 고삐를 채찍에 말고 어색한 움직임으로 마차에서 내려와 사무실 안으로 들어오자, 그가 새로 변신해 문명인이 된 파이크 거베이라는 것을 깨닫고 비틀비틀 자리에서 일어나 그를 맞이했다.

산 사나이는 골리가 권하는 의자에 앉았다. 거베이의 정신 상태에 의문을 품는 사람은 그의 외모에서 그 강력한 증거를 발견할 것이다. 그의 얼굴은 아주 길고 우중충한 사프란 빛깔이었으며 조각처럼 움직임이 없었다. 눈썹

이 없는 푸르스름하고 좀처럼 깜박이지도 않는 우묵한 두 눈이, 그 기분 나쁜 용모를 한층 괴이하게 만들었다. 골리는 이 방문이 무엇을 뜻하는지 도무지 짐작이 가지 않았다.

"로럴에서는 별일 없나요, 거베이 씨?" 골리가 물었다.

"아무 일 없습니다요, 선생님, 아내도 나도 그 저택을 무척 좋아하고 있습죠. 아내는 선생님의 옛집을 매우 좋아하며 그 이웃사람들도 좋아합니다요. 사교가 거베이 부인이 가장 바라던 것인데, 그 소망이 이루어진 셈입죠. 로저 집안, 해프구트 집안, 플래트 집안, 그리구 트로이 집안 사람들이 제 아내를 찾아와 주었습니다요. 아내는 찾아와 준 사람들에게 대부분 식사를 대접했습죠. 가장 훌륭한 집안 사람들이 여러 가지 일에 아내를 초청해 주기도 했고요. 하지만 골리 선생님, 그런 일은 나한테 도저히 알맞다고 생각할 수가 없군요. 나한테는 역시 저쪽이 맞습니다." 이렇게 말하면서 거베이는 노란 장갑을 낀 엄청나게 큰 손을 산 쪽으로 흔들어 보였습니다. "나한테 맞는 것은 저쪽입죠. 꿀벌과 곰이 살고 있는 곳 말씀입니다요. 하지만 나는 그런 말씀을 드리러 온 게 아닙니다요, 골리 선생님. 선생님이 갖고 계신 것 중에 나와 아내가 사고 싶은 게 하나 있습니다요."

"사고 싶어요?" 골리는 이 말을 되받았다. "나한테서요?" 그는 거칠게 웃었다. "당신 뭔가 착각하고 있는 게 아니오? 나는 당신도 말했듯이 '총기도 개머리판도 총신도' 모조리 팔아 버렸잖소. 이제 팔 것이라곤 지팡이 한 개 남아 있지 않다고요."

"아니올시다, 아직도 선생님은 갖고 계십니다요. 우리는 그게 갖고 싶습니다요. '돈을 갖고 가서, 제값을 드리고 사오라'고 아내가 말했습니다요."

골리는 머리를 설레설레 저었다. "장도 벽장도 텅텅 비었소." 그가 말했다.

"우리는 엄청난 부자가 되었습죠." 산 사나이는 상대의 말은 듣지도 않고 말을 이었다. "우리는 주머니쥐처럼 가난했지만, 이제는 남에게 식사를 대접할 만한 형편이 되었습니다요. 우리는 가장 훌륭한 집안 사람들한테도 인정을 받고 있다고, 아내가 말하고 있습죠. 그런데 우리에게 없어서 꼭 필요한 게 하나 있습니다요. 경매 시장에 가면 살 수 있다고 아내가 말하지만, 암만해도 그런 데선 눈에 띄지 않는 것 같습니다요. '돈을 갖고 가서, 제값을 드리고 사오라'고 아내가 말했습니다요."

"그만두게!" 골리는 차츰 짜증이 나서 참을 수 없게 되었다.

거베이는 챙이 처진 모자를 탁자에 던져 놓고 윗몸을 앞으로 내밀어 좀처럼 깜박이지 않는 눈으로 골리의 눈을 지그시 들여다보았다.

"선생님 집안과 콜틀레인 집안은" 거베이는 뚜렷한 어조로 천천히 말했다. "옛날부터 싸워 왔습죠?"

골리는 불쾌한 듯이 이맛살을 찌푸렸다. 싸우는 당사자에게 싸움에 대해서 물어보는 것은 산의 예의에 어긋났다. 산의 '오지'에서 나온 이 사나이도 변호사와 마찬가지로 그 사실을 잘 알고 있을 것이다.

"너무 노여워 마십쇼" 사나이는 말을 이었다. "그저 흥정하려고 말을 꺼냈을 뿐이니까요. 아내는 집안 사이의 싸움에 관해서 죄다 조사했습죠. 그리구 산에서 집안이 좋은 사람은 대부분 원수가 있는 걸 알았습죠. 세틀 집안도, 고포스 집안도, 랭킨즈 집안도, 보이드 집안도, 사일러 집안도, 갤로웨이 집안도 모두 20년 동안이나 백 년 동안이나 서로 싸우고 있습니요. 원수를 죽인 가장 마지막 양반은, 선생님의 숙부님이신 페이즐리 골리 판사님이었는데, 골리 판사님은 재판을 하다 말구 판사석에서 일어나 렌 콜틀레인을 쏘았습죠. 아내나 나나 하찮은 가난뱅이였다가 졸부가 됐습죠. 우린 청개구리 집안이나 다름없어서, 누구도 싸워 주지 않는 답니요. 가문이 좋은 집안은 어느 집이나 원수가 있는 법이라고 마누라가 말합니다요. 그래서 우리도 집안은 좋지 않지만, 될 수 있는 대로 무엇이나 사와서 좋은 집안이 되고 싶습니요. '돈을 갖고 가서, 제값으로 골리 집안의 원수를 사오'고 아내가 말했습니요."

다람쥐 사냥꾼은 한쪽 다리를 사무실 한가운데까지 쭉 뻗더니, 주머니에서 돌돌 만 지폐 뭉치를 꺼내 탁자 위에 던졌다.

"2백 달럽니요, 골리 선생님. 선생님의 원수를 사는 데는 이만하면 제값인 줄 압니요. 이 원수지간에서 선생님 집안에 남아 있는 분은 선생님뿐인데, 선생님으로서는 아무래도 죽이는 일이 무리라는 생각이 드네요. 나는 그 원수를 선생한테서 물려받고 싶습니요. 그러면 아내와 나는 좋은 집안 사람들 속에 한몫 낄 수가 있습죠. 이게 그 대금입니요."

탁자 위의 조그맣게 말린 지폐 뭉치가 천천히 펴지면서 몸부림치며 파닥거렸다. 말을 다 마친 거베이가 조용해지자 법원 쪽에서 포커 점수패 소리가 뚜렷이 들려 왔다. 골리는 보안관이 땡잡은 것을 알았다. 그는 따면 꼭 나직이 소리를 지르는데 지금도 그 소리가 아지랑이가 피어오르는 빈터를 건너왔기 때문이다. 골리의 이마에 땀방울이 맺히기 시작했다. 그는 몸을 굽혀 탁자 밑에서 데미존 병을 꺼냈다. 술잔에 넘실넘실 부었다.

"옥수수 위스키 좀 들겠소, 거베이 씨? 물론 당신은 농담하는 거겠지? 가만 있자, 무슨 얘기였더라? 새 시장을 차린다는 얘기였던가? 원수······1등품······2시 50분부터 3시까지······원수······약간의 타격 2백 달러······틀림없이 뭐 이런 말을 한 것 같은데, 거베이 씨?"

골리는 어처구니 없다는 듯이 웃었다.

사나이는 골리가 내미는 술잔을 받아 들고, 깜박거리지도 않는 눈으로 지그시 변호사를 바라보며 쭉 들이켰다. 변호사는 그의 술 들이켜는 솜씨에 감탄하며 부러운 듯이 지켜보았다. 그리고 자기 잔에 술을 따르고는, 술 냄새와 맛에 몸을 떨면서 만취한 인간처럼 쭉쭉 들이켰다.

"2백 달럽니다요" 거베이가 되풀이했다. "돈은 거기 있습니다요."

갑자기 격렬한 감정이 골리의 가슴속에서 치밀었다. 그는 주먹으로 쾅 탁자를 쳤다. 지폐가 한 장 튀어 올라 그의 손에 닿았다. 그는 무엇에 쒼 듯이 꿈틀 몸을 움츠렸다. "아니 당신은 제정신으로 그런 시시하고 사람을 무시하는 터무니없는 부탁을 하러 여길 찾아왔단 말야?" 그가 소리쳤다.

"그만하면 제값은 되는 줄 아는 뎁쇼" 다람쥐 사냥꾼이 말했다. 그리고 돈을 다시 집어넣으려는 듯이 손을 내밀었다. 골리는 곧 자신이 그토록 격분한 까닭은 긍지가 상했거나 분해서가 아니라, 자기 자신에 대한 노여움에서 나온 것을 깨달았다. 그리고 자기는 지금 눈앞에 입을 벌리고 있는 더 깊은 심연에 발을 들여놓으려 하고 있음을 깨달았다. 그런데도 다음 순간 그는, 모욕당한 신사에서 자기 물건을 비싸게 팔아먹으려고 애쓰는 장사치로 탈바꿈하고 있었다.

"그렇게 서둘지 말게, 거베이" 그가 말했다. 얼굴이 붉게 달아오르고, 혀도 제대로 돌아가지 않았다. "좋아, 자······자네의 그 요······요······요청을 들어주기로 하지. 2백 달러는 너무 싸지만 말야. 사······살 사람과 파······팔 사람이 서로 하······합의하면, 거래는 성립되는 거야. 물건을 싸지 않아도 되겠는가, 거베이?"

거베이는 일어서서 검은 나사 옷 앞자락을 펼쳤다. "아내가 무척이나 기뻐할 겁니다요. 그러면, 이제 싸움은 선생님과는 관계가 없어지고, 콜틀레인과 거베이 것이 된 셈입죠. 그러면 저, 골리 선생님, 한마디 써 주지 않겠습니까요? 선생님은 변호사니까, 우리가 거래한 걸 증명해 주셔야죠."

골리는 종이와 펜을 움켜쥐었다. 어느새 지폐는 땀에 젖은 손아귀에 쥐어져 있었다. 갑자기 그 밖의 모든 것이 다 하찮고 아무래도 좋은 것으로 여겨지기 시작했다.

"그래, 매도 증서를 작성해야겠지. '소유권, 사용권 및 기타 모든 기득권을……영구히 보증하고, 아울러…….'아니, 가만 있자, 이봐, 거베이, '보호한다'는 문구는 빼야겠다." 이렇게 말하면서 골리는 큰 소리로 웃었다. "이 사용권은 자네 자신이 보호해야 하니까."

산 사나이는 변호사가 내미는 참으로 훌륭한 서류를 받아 들고 갖은 애를 쓰며 그것을 접어서 소중히 포켓에 넣었다.

골리는 창가에 서 있었다. "이리 와 봐" 하고 손가락을 들며 그는 말했다. "자네가 새로 산 원수를 가르쳐 주지. 봐, 지금 길 저편을 걸어가는 사람 있지, 저게 자네 원수야."

산 사나이는 긴 허리를 굽히고는 창 너머로 골리가 가르키는 쪽을 바라보았다. 남부의 주 의회 의원들이 입는 긴 더블 프록코트를 입고, 낡은 실크햇을 높게 쓴 오십쯤 되어 보이는 당당한 신사 에브너 콜틀레인 대령이, 길 저편을 걸어가고 있었다. 거베이가 그쪽을 바라볼 때, 골리는 흘끗 그의 얼굴을 쳐다보았다. 만일 누런 이리가 있다면, 여기 있는 이자는 바로 그 동류였다. 거베이는 걸어가는 사람의 모습을 인간의 눈이라고 할 수 없는 눈길로 쫓으면서, 신음 소리를 내며 긴 호박색 이빨을 드러냈다.

"저게 콜틀레인이라는 놈인가요? 나를 형무소에 넣은 놈도 바로 저놈이죠."

"저 사람은 지방 검사를 했거든" 골리는 아무 생각도 없이 말했다. "그리고 저 사람은 사격의 명수라네."

"나는 백 야드 떨어진 곳에서 다람쥐 눈깔을 맞힐 수 있다고요" 거베이가 말했다. "그렇구나, 저게 콜틀레인이구나! 이러고 보니 나는 생각한 것보다 훨씬 이득이 되는 거래를 한 것 같군요. 이 원수는 지금부터 내가 다루죠,

골리 선생님. 선생님보다 훨씬 잘 다룰걸요."

그는 문간으로 걸어가더니, 좀 망설이는 듯이 그 자리에서 머뭇거렸다.

"아직도 뭐 필요한 게 있나?" 골리가 조금 비꼬면서 말했다. "조상의 귀신이라든가, 장 속의 해골이라든가……필요하다면 아주 싸게 해 주지."

"아내가 생각하고 있는 게 또 한가지 있습니다요." 다람쥐 사냥꾼은 조금도 동요하지 않고 대답했다. "아내가 생각하고 있는 게 말씀이죠. 이것도 아까 것처럼 나한테는 그다지 맞는 일이 아닌데, 거베이 부인은 열심히 알아보고 오라고 그럽디다요. 골리 선생님만 승낙해 주신다면, '제 값으로 사오라'고 아내가 말합니다요. 저 골리 선생님의 그전 저택 정원에, 히말라야 삼목을 심은 묘지가 있잖습니까요? 거기 묻힌 것은 콜틀레인 집안 놈들에게 죽은 선생님의 집안 사람들입죠. 비석에 이름이 새겨져 있습니다요. 개인이 묘지를 갖는다는 건, 집안이 좋다는 무엇보다도 확실한 증거라고 아내가 말합니다요. 원수를 손에 넣거든, 그와 함께 꼭 사야 하는 게 또 하나 있다고 거베이 부인은 말합니다요. 비석에 씌어 있는 이름은 골리지만, 그건 우리 이름으로 바꿀 수가 있으니까……."

"나가라, 이놈!" 골리는 얼굴빛이 자주색으로 변하면서 호통쳤다. 산 사나이의 앞으로 내민 두 손의 손가락은 굽어서 부들부들 떨렸다. "나가라, 이 묘 도둑놈아! 주…… 중국인도 자기 조상 무덤만큼은 소중히 한다! 냉큼 나가!"

다람쥐 사냥꾼은 등을 구부리고는 문간에서 그 마차로 걸어갔다. 그가 마차에 올라타는 동안, 골리는 손에서 떨어져 방바닥에 흩어진 지폐를 미친듯이 허둥대며 주워 모았다. 마차가 천천히 방향을 바꿀 무렵, 새로 털이 난 양은 허둥지둥 법원을 향해 그 오솔길을 달려가고 있었다.

이튿날 오전 3시, 법원의 불한당들은 털이 몽땅 뜯겨서 정신을 잃은 골리를 사무실로 들고 갔다. 보안관과 놀기 좋아하는 판사보와 군 주사, 쾌활한 검사가 그를 들고 옮겼으며, '골짜기에서 나온' 분필 같은 얼굴을 한 사나이는 그 옆을 따라갔다.

"탁자 위가 좋겠군" 그중 하나가 말했다. 그들은 골리를 탁자 위에 흩어진, 아무 소용도 없는 서류와 책 속에 뉘었다.

"앤시는 술만 취하면 듀스의 페어를 만들 생각만 한단 말이야" 보안관이 비난하듯 한숨을 쉬었다.

"그래" 쾌활한 검사가 맞장구를 쳤다. "이 친구처럼 곤드레만드레가 되어 가지고 카드놀이를 한다는 건 말이 안되지. 오늘 밤엔 이 친구, 얼마나 잃었지?"

"한 2백 달러 될걸. 어디서 그런 돈이 생겼을까. 지난 한 달 내내 1센트도 없었는데."

"누가 사건 의뢰라도 했나보지. 자, 날이 새기 전에 물러가자고. 이 친구, 잠이 깰 무렵에는 정신을 차리겠지. 하기야 머리는 벌통처럼 울퉁불퉁해지겠지만."

그들은 이른 새벽 어스름 속을 소리없이 나갔다. 가엾은 골리에게 그 다음에 쏟아진 시선은 태양이었다. 햇빛은 커튼을 치지 않은 창문으로 들여다 보고, 처음에는 어스름한 황금빛 홍수 속에 잠든 사나이를 잠가 놓더니, 이윽고 하얗고 따가운 여름빛을 그의 벌겋게 얼룩진 몸에 쏟아 부었다. 탁자 위의 잡동사니 속에서, 골리는 거의 무의식적으로 몸을 움직여 창문에서 얼굴을 돌렸다. 몸을 움직이는 바람에 법률 책이 밀려서 쿵 하고 방바닥에 떨어졌다. 눈을 떠보니 검은 프록코트를 입은 사람이 자기를 들여다보는 것이 보였다. 위쪽으로 시선을 옮기니 몹시 낡은 실크햇이 보이고, 그 아래로 애브너 콜틀레인 대령의 친절해 보이는 수염 없는 얼굴이 있었다.

대령은 일이 어떻게 될지 조금 의심쩍어하면서도 상대가 자기를 알아보는 기색을 기다렸다. 지난 20년 동안, 두 집안의 남자들은 서로 평화로운 가운데 얼굴을 마주한 적이 없었다. 골리는 흐릿한 시야 속에서 이 방문자의 모습을 확인하려고 미간을 찌푸렸다.

"스텔러와 루시를 함께 놀게 데려와 주셨습니까?" 그가 부드럽게 물었다.

"나를 알아보겠는가, 앤시?" 콜틀레인 대령이 물었다.

"물론이죠, 언젠가 끝에 피리가 달린 채찍을 저한테 갖다 주시지 않았습니까?"

그런 일도 있었지─24년이나 전 일이다. 앤시 아버지가 대령과 아주 사이가 좋았을 때 일이다.

골리의 눈은 방 안을 더듬었다. 대령은 그 의미를 알아챘다.

"가만히 누워 있게. 곧 갖다 줄 테니까."

뒷마당에 우물 펌프가 있었다. 골리는 눈을 감은 채 펌프 손잡이의 삐걱이는 소리와 촬촬 흘러나오는 물소리를 황홀히 듣고 있었다. 콜틀레인 대령은 차가운 물을 주전자에 담아서 들고 왔다. 그러고는 골리가 마실 수 있도록 받쳐 주었다. 골리는 곧 일어났다—삼베 여름옷은 꾀죄죄 때가 묻어 온통 구겨지고, 창피하게도 머리털은 텁수룩하게 헝클어져서 무어라 말할 수 없이 비참한 몰골이었다. 그는 콜틀레인 대령을 향해 한쪽 손을 움직이려고 했다.

"이거, 참……부끄럽습니다" 그가 말했다. "지난밤에는 위스키를 너무 마셔서, 탁자 위에 곯아떨어진 모양입니다." 그는 얼굴을 찌푸리며 두 손으로 머리를 감쌌다.

"그 사람들과 어디 갔었던가?" 콜틀레인 대령이 상냥하게 물었다.

"아니오, 아무데도 안 갔습니다. 지난 두 달 동안, 쓸 수 있는 돈은 한 푼도 없었으니까요. 여느 때나 다름없이 데미존 술을 너무 마셨나 봅니다."

콜틀레인 대령은 그의 어깨에 손을 얹었다.

"여보게, 앤시, 자네는 아까 스텔러와 루시를 함께 놀게 데리고 왔느냐고 물었지? 아직도 잠이 완전히 안 깬 것 같더니, 아마 어린 시절의 꿈이라도 꾸었나보지. 이제 잠도 깼으니, 내 말좀 들어 보게. 나는 스텔러와 루시한테서 개들의 소꿉 동무이며 내 옛 친구의 아들을 찾아온 걸세. 우리 딸애들은 내가 자네를 집에 데려오기를 기다리네. 자네는 그애들한테 옛날과 다름없는 환영을 받을 걸세. 나는 자네가 우리 집에 와서 본디 자네를 되찾을 때까지, 아니 자네만 좋다면 언제까지라도 우리와 함께 살아 주었으면 좋겠네. 우리는 자네가 전락해서, 나쁜 유혹 속에 빠지고 말았다는 말을 들었네. 그래서 다시 한 번 우리 집에 와서 편히 살아달라고 자네에게 부탁하기로 가족들끼리 의논한 걸세. 어떤가, 오겠는가? 두 집안의 그 따위 해묵은 분쟁은 다 집어치우고, 나와 함께 가 주게나."

"분쟁이라니요!" 골리는 눈을 둥그렇게 뜨고 말했다. "우리 사이에는 아무런 분규도 없습니다. 우리는 언제나 의좋은 친구 사이였습니다. 하지만, 저 같은 인간이 어떻게 댁엘 갈 수 있겠습니까……주정뱅이에다 아무 쓸모도 없고, 비참하게 타락해 버린 이 방탕자, 더욱이 노름에 미친 저 같은 인간이……."

골리는 탁자에서 안락의자에 비틀비틀 쓰러지더니, 진심으로 회한과 부끄러움이 섞인 눈물을 흘렸다. 콜틀레인 대령은 그를 끈기있게 열심히 달래고 타일러서 일찍이 골리가 그토록 사랑한 산 생활의 소박한 기쁨을 상기시키려고 애썼다. 그리고 집에 와 주기를 바라는 간절한 마음을 열심히 이해시키려고 했다.

마지막으로 콜틀레인 대령은, 실은 벌채한 많은 목재를 높은 산허리에서 수로(水路)까지 반출하는 수송 방법이며, 그것을 실행하는 데 골리의 도움이 필요하다는 말을 꺼냄으로써 겨우 그를 설득했다. 골리가 전에 그런 목적을 위해 자동 활주 운반장치를 고안하고 무척 자랑한 것을 대령은 알고 있었기 때문이다. 자기가 누군가를 도울 수 있다는 생각에 그만 마음이 흐뭇해진 이 가엾은 사나이는, 곧바로 탁자 위에 종이를 펼쳐놓고, 자기가 할 수 있으며 또 하려 하는 일을 보여 주려고 재빨리, 그러나 딱하도록 떨리는 선을 긋기 시작했다. 그는 날마다의 보람없는 생활이 이제 말할 수 없이 지긋지긋해져서, 그 방탕에 젖은 마음이 다시 산의 생활로 향하려고 했다. 머릿속은 아직 기묘하게 무거웠지만, 생각과 기억이 폭풍의 바다를 건너는 통신 비둘기처럼 하나하나 되살아났다. 콜틀레인 대령은 자기 힘으로 그가 이렇게 변하는 것을 기뻐했다.

그날 오후, 콜틀레인 집안의 당주와 골리 집안의 당주가 말을 타고 마을을 가로질러 가는 것을 보고 배델 거리는 일찍이 없었던 놀라움에 사로잡혔다. 두 사람은 말 머리를 나란히 하여, 먼지 낀 거리와 어이없이 쳐다보는 사람들 사이를 빠져나가서, 시냇물에 걸린 다리를 건너 산으로 올라갔다. 방탕으로 타락한 사나이는 옷은 솔질을 하고, 얼굴을 씻고, 머리에 빗질을 해 얼마쯤 볼 만한 몰골이 되었지만, 말을 타고 가면서도 어딘가 침착하지 못하고 무언가 마음에 걸리는 문제가 있어 골똘히 생각하는 것 같았다. 콜틀레인 대령은 그를 그대로 내버려 두었다. 환경이 바뀌면 마음의 안정도 되찾으려니 생각했기 때문이다.

골리는 한 번 경련 발작이 일어나 하마터면 까무러칠 뻔했다. 그는 말에서 내려 길가에서 잠시 쉬어 가지 않으면 안되었다. 대령은 이런 일이 일어날 것을 미리 짐작하고, 조그만 휴대용 위스키 병을 준비해 왔는데, 술병을 내밀자 골리는 난폭할 만큼 밀어내면서, 자기는 절대로 술을 마실 생각은 없다고 단호히 말했다. 곧 그는 상태가 좋아져 1, 2마일쯤 묵묵히 나아갔다. 그러더니 갑자기 고삐를 당기고 말했다.

"저는 지난밤에 카드 놀이로 2백 달러 잃었습니다. 제가 어디서 그런 돈을 손에 넣었을 것 같습니까?"

"너무 생각지 말게, 앤시. 산 공기를 마시고 살면, 기분도 곧 상쾌해질 걸세. 먼저 피나클 폭포에서 낚시라도 하자고. 송어가 개구리처럼 뛰고 있다네. 그리고 스텔러와 루시를 데리고, 이글 로크로 피크닉을 가세나. 낚시하러 가서 배가 고플 때, 말린 히콜리와 햄을 넣은 샌드위치가 얼마나 맛있는지, 자넨 다 잊었는가, 앤시?"

날려버린 재산 이야기를 해봐야 대령이 곧이들을 것 같지도 않았으므로 골리는 다시 묵묵히 생각에 잠겨 버렸다.

해거름이 될 때까지 두 사람은 베델과 로럴 사이의 12마일 중에서 10마일을 지나왔다. 이곳에서 로럴을 향해 반 마일쯤 간 곳에 옛날 골리네가 살던 저택이 있다. 콜틀레인네 집은 로럴에서 1, 2마일 더 간 곳에 있다. 여기까지 오면 길이 험해지고 걷는 데도 힘이 들기 시작하지만, 그것을 보상해 줄 만한 것이 얼마든지 있었다. 숲 속 비탈길은 나뭇잎과 새와 갖가지 꽃으로 풍요롭게 둘러싸여 있었다. 사람의 마음을 북돋아 주는 이 상쾌한 공기에 비하면, 강장제 따위는 아예 문제가 되지 않았다. 숲 속 오솔길은 때로는 이끼 낀 응달 속에 어둑어둑해지고, 때로는 양치식물과 월계수 덤불 너머로 반짝반짝 빛나는 수줍은 시냇물로 훤해졌다. 저 아래쪽으로, 가까운 군엽(群葉)으로 가장자리가 장식되고 젖빛 안개로 흐릿해진 먼 골짜기의 아름다운 경관을 바라볼 수 있었다.

콜틀레인 대령은 동행이 산과 숲의 매력에 넋을 잃는 모습을 보고 기뻐했다. 이제 페인터의 벼랑 기슭을 돌아서서, 그 뒤로 엘더 브랜치를 가로질러 맞은편 산을 넘으면, 골리는 그가 탕진한 조상 대대로 내려온 저택과 어쩔 수 없이 맞닥뜨리지 않을 수 없었기 때문이다. 바위 하나, 나무 한 그루, 길의 한 피트 한 피트가, 그에게는 모두 그립기만 했다. 숲은 잊었지만, 그것은 '홈 스위트 홈' 노래처럼 그의 마음을 설레게 했다.

그들은 벼랑 기슭을 돌아, 엘더 브랜치로 내려가서 걸음을 멈추고, 세차게 흐르는 시냇물에서 말에게 물을 먹이기도 하고 목욕을 시키기도 했다. 오른쪽에 울타리가 있었다. 길과 시냇물을 따라 둘러친 울타리로, 거기서 굽어 돌아가 있었다. 울타리 안부터 골리가 태어난 집의 옛 사과밭이었다. 집 자체는 아직도 험한 산 끝에 가려져서 보이지 않았다. 울타리를 따라 아메리카 자리공과 말오줌나무와 사사프라스와 거먕옻나무 등이 높다랗게 밀집해 무성하게 자라고 있었다. 그 가지가 와삭와삭 소리를 냈으므로 골리와 콜틀레인은 눈을 들었다. 그리고 누런 이리 같은 길쭉한 얼굴이 깜박임 없는 푸르스름한 눈으로 울타리 위에서 이쪽을 쏘아보는 것을 보았다. 그 머리가 재빨리 사라지고, 나무 숲이 심하게 흔들렸다. 흉한 모습이 사과밭을 빠져 집 쪽으로 나무 사이를 지그재그로 달려갔다.

"거베이구나" 콜틀레인 대령이 말했다. "사람에게 자네가 집을 팔았지. 머리가 아주 돌아버린 것은 의문의 여지가 없는 것 같군. 나는 5~6년 전에 저 사람을 형무소에 보내야만 했었네. 저 사람에게는 책임질 만한 능력이 없다는 건 알고 있었지만 말일세. 아니, 왜 그러나, 앤시?"

골리는 이마의 땀을 문질렀다. 얼굴에는 핏기가 없었다.

"저도 머리가 돌아버린 인간으로 보이지 않습니까?" 미소를 띠려고 애쓰면서 골리가 말했다. "방금 어떤 일이 생각났습니다." 알코올 기운이 이미 머릿속에서 증발한 뒤였다. "그 2백 달러가 어디서 났는지 이제야 겨우 생각이 났습니다."

"그런 건 이제 생각지 말게" 콜틀레인 대령이 밝게 말했다.

"나중에 천천히 생각하면 되잖는가?"

두 사람이 옆길에서 빠져나가 산기슭에 이르렀을 때 골리는 다시 말을 세웠다.

"저를 허세가 몹시 심한 인간이라고 생각하신 적은 없습니까, 대령님?" 하고 그는 물었다. "부질없이 겉모습을 과시하기만 좋아하는 인간이라고 말씀입니다."

대령의 눈은 꾀죄죄하게 때가 묻고 구겨진 삼베 여름옷과 챙이 처지고 색이 바랜 모자를 보지 않으려 했다.

"그런 기분도 드는구먼." 대령은 이상하게 생각하면서도 그에게 맞장구를 쳤다. "그리고 보니 몸에 꼭 끼는 옷을 입고, 머리에 번들번들 기름을 바르고, 안장 위에 턱 버티고 올라앉아 지나가던 스무 살 남짓한 젊은 멋쟁이가 블루리지에 있었던 것이 떠오르네."

"맞습니다" 골리가 열심히 말했다. "겉으로는 드러나지 않지만, 그게 여전히 저한테는 남아 있습니다. 그렇습니다. 저는 뒤룩거리는 칠면조처럼 허세가 많고, 루시퍼*[2]처럼 오만합니다. 그래서 실은 부탁드릴 일이 있습니다. 아주 하찮은 일입니다만, 저의 이 부질없는 성벽을 만족시켜 주시지 않겠습니까?"

"말해 보게, 앤시. 원한다면야, 자네를 로럴의 공작으로도, 블루리지의 남작으로도 만들어 주지 뭐. 자네가 모자에 장식하고 싶다면, 스텔러의 공작 꽁지에서 깃을 한 개 뽑아 줘도 좋아."

"저는 진심으로 말씀드리는 겁니다. 앞으로 몇 분 뒤면, 제가 태어난 지의 (집안이 백 년 가까이나 살아 온 언덕 위의) 집 앞을 지나게 됩니다. 그 집 안에는 지금 다른 사람이 살고 있습니다. 그런데 저를 보십시오! 누더기를 걸치고 초라하게 집도 없는 거지꼴을 지금 그들 앞에 드러내야 할 판입니다. 콜틀레인 대령님, 저는 그 사실이 몹시 부끄럽습니다. 그 집에서 우리의 모습이 보이지 않게 될 때까지 대령님의 프록코트와 모자를 좀 빌려 주시지 않겠습니까? 어리석은 허세라고 생각하시겠지만, 저로서는 옛집 앞을 지날 때만이라도 되도록 훌륭한 모습을 하고 싶습니다."

"가만 있거라, 대체 이게 뭘까?" 골리는 제정신이었으며 태도도 냉정했는데 이런 기묘한 부탁을 비교하자 콜틀레인 대령은 속으로 중얼거렸다.

그러나 대령은 이 변덕스러운 생각을 조금도 기묘하게 여기지 않는 듯이, 선뜻 그의 부탁을 들어 주었다. 그리하여 어느새 윗도리 단추를 열기 시작하고 있었다. 프록코트도 모자도 골리에게 꼭 맞았다. 만족스러운 듯이 거드름을 피우는 표정으로, 골리는 프록코트 단추를 끼웠다. 그와 콜틀레인 대령의 몸집은 거의 비슷했다—키는 큰 편이고 몸집이 큰 당당한 체구였다. 나이는 25년이나 차이가 있었지만, 겉보기에 형제라고 해도 될 정도였다. 골리는 나이보다 늙어 보였고, 얼굴은 부석부석하게 주름이 잡혀 있었다. 대령의 얼굴은 절제된 생활을 하는 사람의 매끄럽고 싱싱한 낯빛을 띠고 있었다. 대령은 골리의 누더기 같은 삼베 여름옷을 입고, 빛바랜 모자를 썼다.

---

*2 반역한 천사 〈이사야 서〉 14·12.

"자" 고삐를 집어 들면서 골리가 말했다. "이제 준비가 다 됐습니다. 저 집에 사는 사람들이 제 모습을 잘 볼 수 있도록, 10피트쯤 떨어져서 와 주시겠습니까? 그러면 그들 눈에 저도 아직 조금은 쓸모 있는 인간으로 비칠 테니까요. 아무튼 저는 말짱하다는 것을 다시 한 번 저들에게 보이고 싶습니다. 그럼 가실까요."

골리는 빠른 걸음으로 늠름하게 언덕을 올라가기 시작했다. 대령은 하라는 대로 조금 처져서 뒤를 따랐다.

골리는 안장 위에서 허리를 쭉 펴고 머리를 꼿꼿이 쳐들었지만, 두 눈은 오른쪽의 옛 정원 숲이며, 산울타리, 숨을 만한 곳을 빈틈없이 날카롭게 훑어나갔다.

그는 혼잣말로 중얼거렸다. "그 미친 바보 녀석, 정말로 할 참일까? 아니면 내 망상이었을까?"

그가 찾던 것을 드디어 발견한 것은, 골리 집안의 좁은 묘지 반대쪽에 이르렀을 때였다. 그 한쪽 구석에 울창하게 서 있는 히말라야 삼목 사이에서 흰 연기가 확 솟았다. 골리는 천천히 왼쪽으로 쓰러졌으므로, 콜틀레인 대령이 그쪽으로 말을 달려 한쪽 팔로 그를 붙잡을 여유가 있었다.

다람쥐 사냥꾼의 사격 솜씨는 거짓말이 아니었다. 총알은 그가 겨눈 바로 그 자리, 그리고 골리가 예측한 바로 그 자리를 파고 들어가 있었다. 애브너 콜틀레인 대령의 검은 프록코트의 가슴 부분을 꿰뚫고 있었던 것이다.

골리는 콜틀레인 대령에게 묵직하게 기댔다. 그러나 말에서 떨어지지는 않았다. 두 필의 말은 머리를 나란히 하여 나아갔으며, 대령의 팔은 단단히 그를 안고 있었다. 반 마일 앞에 로럴 마을의 조그만 흰 집들이 나무 사이로 스쳐지나가며 반짝였다. 골리의 한쪽 손이 무엇을 더듬더니 이윽고 그 손은 고삐를 쥔 콜틀레인 대령의 손가락에 가서 멎었다.

"고맙습니다, 대령님……." 이뿐이었다.

이리하여 앤시 골리는 말을 타고 옛집 앞을 지나갈 때, 어쨌거나 자기의 힘이 미치는 한 가장 의젓한 모습을 보인 것이었다.

벽돌 가루 연립주택

쓰라린 빈곤에는, 그게 인간을 조롱거리로 만든다는 것보다 더 심한 고통은 없다

블링커는 불쾌했다. 만일 교양과 자제심과 재산이 없는 인간이었더라면 마구 욕지거리라도 퍼부었을 것이다. 그러나 블링커는 늘 자기가 신사라는 것을 잊지 않았다(만일 진짜 신사라면 그럴 수 없는 일이지만……). 그래서 그는 그 마음내키지 않는 곳에 마차를 타는 동안에도 그저 지겹다는 듯이 냉소적인 표정을 지었을 뿐이었다. 그가 가기 싫어하는 곳이란 브로드웨이에 있는 변호사 올드포트의 법률 사무소였다. 올드포트는 블링커의 재산 관리인이었다.

"나는 왜 언제나 이런 지긋지긋한 서류에 서명해야 하는지, 까닭을 모르겠습니다. 이제 짐도 다 꾸려 놓고, 오늘 아침에 노스우즈로 떠날 예정이었단 말입니다. 이렇게 되면 다시 내일 아침까지 출발을 미룰 수밖에 없습니다. 본디 나는 밤차를 가장 싫어하니까요. 잘 드는 면도칼은 어느 트렁크 밑바닥에 들어 있는지도 모르고, 싫어도 싸구려 향수와 혼자서 중얼거리는 그 서툰 이발사의 손에 얼굴을 내맡겨야 하거든요. 긁히지 않는 펜을 주시오. 긁히는 펜은 싫습니다."

"아무튼 좀 앉게나" 이중턱에 머리가 하얗게 센 변호사 올드포트가 말했다. "가장 나쁜 소식은 아직 말하지 않았으니까. 부자는 정말 고역이군. 서류는 아직 준비되지 않았네. 내일 오전 11시쯤에는 서명할 수 있을 걸세. 하루 더 출발을 미뤄야지, 별수 있는가. 블링커라는 인물의 코도 가엾지만 이발사의 손에 두 번 맡겨지는 셈인데, 서글프긴 하겠지만, 면도를 할 뿐 머리까지

깎지는 않아도 되는 걸 다행으로 알게나."

"만일 지금보다 더 많은 서류에 서명해야 하는 성가신 일만 없다면, 재산 관리 업무를 당장 그만두게 했을겁니다. 엽궐련이나 한 개 주십시오." 블링커는 일어서면서 말했다.

"만일 옛 친구의 외동아들이 상어에 덥썩 삼켜 버리는 것을 예사로 보고 있을 수만 있다면, 나도 벌써 옛날에 재산 관리 업무를 자네 손에 넘겨줬을 걸세. 그런데, 앨릭잰더, 농담은 그만 하고, 내일은 30통쯤 되는 서류에 서명하는 귀찮은 일 말고도 또 하나 사무적인 용건이 있다네. 사무적인 문제이기도 하고, 또 굳이 말한다면 인도주의적인 또는 인권상의 문제이기도 하네. 이 일은 5년 전에도 자네에게 말한 적이 있네만, 자네는 귀담아 듣지 않더군. 마차 여행을 떠난다든가 하면서 무척 바빴던 것 같아. 그 문제가 다시 떠오른 걸세. 그 부동산은······." 올드포트 변호사는 말했다.

"아이참, 또 부동산입니까" 블링커는 변호사의 말을 가로막았다. "저, 올드 포트 씨, 아까 내일이라고 하셨지요? 그 이야기도 내일 한꺼번에 하기로 합시다. 서명이고, 토지·가옥이고, 탁 튀는 고무 밴드고, 불쾌한 냄새가 나는 피봉용 밀랍이고 뭐고 다 한꺼번에 해 버립시다. 점심 식사도 함께 하시는 거지요? 그럼, 내일 오전 11시에 잊지 않고 오겠습니다. 안녕히 계십시오."

블링커 집안의 재산은 법률 용어로 말한다면, 토지, 건물, 그리고 상속 재산이었다. 올드포트 변호사는 전에 한 번 앨릭잰더를 자신의 소형 자동차에 태워서, 그가 이 도시에서 소유한 건물과 연립 주택 등을 보여 준 적이 있었다. 앨릭잰더가 단일 상속인이었기 때문이다. 앨릭잰더는 흥미있어 했지만, 올드포트가 자기를 위해 은행에 예치해둔 그 막대한 돈이 그 건물들에서 나온다고는 도저히 생각할 수 없었다.

저녁때, 블링커는 식사를 하려고 그가 소속된 한 클럽으로 갔다. 그곳에는 그에게 무척 정중하게 말을 걸거나 야만스러우리만큼 경멸적인 눈초리를 던지는 노인네들만 남아서 카드놀이를 하고 있었다. 이런 계절에 시내에 남아 있는 사람은 아무도 없다. 그런데 자기는 학교에 남아서 종이 위에 이름을 몇 번이고 끊임없이 써야하는 초등학생처럼 이곳에 붙들려 있는 것이다. 그의 마음의 상처는 깊었다.

블링커는 노인네들에게 등을 돌리고, 신선한 연어알에 대한 농담이라도 하려는 듯이 다가오는 종업원에게 말을 걸었다.

"사이먼즈, 나 코니아일랜드*¹에 갔다 오겠네."

그 말투는 마치, "모든 일이 다 끝났어. 나는 자살이나 할 테야" 말하는 것처럼 들렸다.

이 농담은 사이먼즈를 기쁘게 만들었다. 그는 예의에 어긋나지 않을 정도로 쿡 하고 웃었다.

"그렇습니까?" 그는 소리 없이 웃었다. "정말 선생님은 코니에서나 만나 뵐 그런 인물이십니다, 블링커 선생님."

블링커는 신문을 들고고 일요일의 기선 시간을 찾아보았다. 그리고 첫 번째 길모퉁이에서 전세 마차를 발견하고, 노스 리버 선창으로 달리게 했다. 그는 일반 승객과 똑같이 민주적으로 줄을 서서 표를 사고는 사람들에게 밀리고 밟히면서 가까스로 기선 상갑판에 올라갔는데, 어느새 접는 의자에 혼자 앉은 어떤 아가씨를 체면도 없이 바라보고 있는 자기를 발견했다. 물론 블링커는 염치없는 행동을 할 생각은 없었다. 그 아가씨가 말할 수 없이 아름다웠으므로, 자기가 신분을 숨긴 채 돌아다니고 있으며 사교계나 다름없는 행동 거지를 해야 한다는 것을 그만 깜박 잊어버린 것이다.

그녀도 그를 쳐다보았는데, 비난하는 눈빛은 아니었다. 바람이 불어 블링커의 밀짚모자가 날아갈 뻔했다. 그는 조심스레 모자를 눌러 머리 위에 단단히 썼다. 그 동작은 마치 인사하는 모습으로 보였다. 처녀는 고개를 끄덕이고 미소를 지었다. 다음 순간 그는 그녀 곁에 앉아 있었다. 여자는 새하얀 드레스를 입고, 여태까지 그가 소젖 짜는 처녀나 신분이 낮은 여자들한테서 상상하던 것보다 얼굴빛은 더 창백했지만, 벚꽃처럼 청초하고 차분하며 앳된 잿빛 눈동자가 고생을 모르는 밝고 대담한 마음속 깊숙이에서 우러나오고 있었다.

"왜 모자에 손을 대고 인사를 하셨죠?" 그녀는 비난조를 미소로 부드럽게 하여 물었다.

"아니, 나는 딱히……." 하고 말하려다가, 그는 얼른 말을 바꾸어 그녀의 짐작을 얼버무렸다.

---

*1 뉴욕시 남쪽 브루클린 서남단에 있는 서민들이 잘 가는 해수욕장 겸 유흥지이다.

"아가씨를 본 순간 인사하지 않을 수 없었기 때문이지요."

"저는 정식으로 소개받지 않은 남자분과 나란히 앉아 있을 순 없어요." 그녀는 갑자기 태도가 도도해지면서 말했다. 그는 그 말에 주눅이 들어 유감스러운 듯이 자리에서 일어났다. 그러나 곧 그녀의 밝고 놀리는 듯한 웃음소리가 들려와 다시 그 자리에 엉덩이를 내려놓을 용기가 생겼다.

"당신은 무례한 행동을 하실 분이 아닌 것 같아요." 그녀는 미인 특유의 자신감을 갖고 말했다.

"아가씨는 코니아일랜드에 가는 길이지요?"

"저요?" 그녀는 장난기 어린 놀라움이 깃든 눈을 크게 뜨고 그를 바라보았다. "어머, 무슨 말씀하세요? 제가 공원에서 자전거를 타고 있는 게 안 보이세요?" 그녀는 장난하듯 말했다.

"그렇다면, 나는 큰 공장 굴뚝에 벽돌을 놓고 있는 중이로군요" 블링커가 말했다. "아무튼, 함께 코니에 가지 않겠습니까? 나는 아직 혼자서 코니에 가본 적이 없습니다."

"그건 당신이 어떻게 행동하느냐에 달렸어요. 그쪽의 제안은 저기에 닿을 때까지 생각해 보겠어요." 여자가 말했다.

블링커는 자기 제의가 거절당하지 않도록 여러 가지로 마음을 썼다. 여자의 비위를 맞추려고 할 수 있는 노력을 다했다. 그의 어처구니없는 비유를 빌린다면, 높다란 봉사의 굴뚝 위에 다시 봉사의 벽돌을 한 장 한 장 쌓아가서, 마침내 이제 틀림없다는 데까지 몰고 갔던 것이다. 상류 사교계의 예의범절이란 결국 단순성으로 돌아오는데, 이 아가씨 또한 천성이 소박했으므로 두 사람은 처음부터 터놓고 이야기를 나눌 수 있었다.

그는 여자의 나이가 스무 살이고, 이름은 플로렌스이며, 어느 여성용 모자점에서 모자에 장식을 다는 일을 하고 있다는 것, 창문턱 위에 배달되는 우유병에서 따른 한 잔의 우유와, 머리를 매만지는 동안에 익힌 달걀 한 개면 충분히 아침 식사가 된다는 것을 알았다. 플로렌스는 청년이 자기 이름이 '블링커'라고 말하는 순간 웃음을 터뜨렸다.

"어머나 그 말만 들어도 당신이 공상가라는 걸 알 수 있어요. 아무튼, 그런 이름을 내세우는 동안에는 스미스니 뭐니 하는 진짜 이름은 잠시 쉴 수 있을 테니까요." 그녀가 말했다.

두 사람은 코니아일랜드에 상륙했는데, 어마어마한 관광객 인파에 휩쓸려서, 마치 극장으로 변해 버린 듯한 이 선경(仙境)의 큰길로 밀려 나갔다.

　　블링커는 호기심에 찬 눈과 비평적인 마음으로 신중하게 사원과 탑과 조그마한 정자 같은 것을 감상했다. 군중이 그를 짓밟고 밀어붙이고 꼼짝도 못하게 가두어 버렸다. 도시락 바구니를 들고 다니는 사람과 부딪치기도 했다. 얼굴과 손이 사탕으로 온통 찐득해진 어린아이들이 발아래 넘어져서 울부짖으며, 그의 옷에 끈적한 손을 문질러 댔다. 없는 돈을 털어 지팡이를 사서 옆에 끼고, 쉽게 사귄 젊은 여자와 팔짱을 낀 채 노점 사이를 어슬렁거리는 건방진 젊은이들은 싸구려 엽궐련 연기를 그의 얼굴에 뿜어 댔다. 확성기를 둔 거리의 노점 상인들은 저마다 자기의 알량한 상품 앞에 서서, 나이아가라 폭포 같은 우렁찬 소리를 그의 귀에 울려 댔다. 금관악기, 피리, 북, 현악기 등을 쥐어짜는 듯한 온갖 소리가 공중에서 서로 경쟁 상대를 굴복시키려고 넘실거렸다. 그러나 비명을 지르고 몸부림치며 재촉해 대고, 헐레벌떡 체면도 예의도 없이 잔뜩 흥분해, 겉만 번지르르한 사이비 환락의 전당으로 앞을 다투어 쏟아져 들어가는 이 군중, 이 서민 계급의 사람들은 블링커의 마음을 사로잡았다. 동시에 그 야비함과, 그가 속하는 상류 사회가 믿고 따르는 인내의 미덕이나 고상한 취미를 예사로이 짓밟고 조금도 서슴지 않는 그 방식은 몹시 그를 불쾌하게 만들었다.

　　심한 혐오를 느끼면서 그는 고개를 돌려 나란히 걷는 플로렌스를 보았다. 그녀는 얼른 방긋이 미소를 보이면서, 송어가 뛰노는 냇물처럼 밝고 맑은 행복한 눈을 들어 그의 눈을 바라 보았다. 그 눈은 행복으로 빛날 권리가 있다고 말하는 듯 했다. 왜냐하면 그 눈의 주인은―적어도 지금 당장은―자기만의 남성, 남자 친구, 재미있는 환락의 도시에 들어가는 열쇠를 쥔 사람과 함께 걸어가고 있었기 때문이다.

　　블링커는 그녀의 표정을 정확히 읽을 수는 없었지만, 어떤 이상한 힘으로 문득 코니를 똑똑히 이해할 수 있었다.

　　야비한 환락을 찾는 속물들의 무리도 더는 그렇게 보이지 않았다. 지금은 또렷이 엄청난 몽상가 집단으로 보였다. 불쾌한 면은 깨끗이 지워졌다. 번쩍번쩍 꾸며진 전당의 화려한 환락은 겉보기로는 가짜이지만, 그 도금한 표면 속 깊숙이에서는 그것이 불안한 사람들의 마음에 구원과 위안과 만족을 주고 있음을 깨달았다. 거기에는 적어도 로맨스의 잔재가 있었다. 옛날 기사도의 덧없고도 빛나는 면모가 남아 있었다. 안전하기는 하지만 공중에 솟아오르고 물 속으로 뛰어내리고 하는 아찔아찔한 모험이 있었다. 그곳으로 가는 길은 고작 몇 야드밖에 안되지만, 그들을 동화의 나라로 이끌어 주는 마법 양탄자가 있었다. 그의 눈에 비치는 것은 이제 거친 군중이 아니라 꿈을 찾는 사람들이었다. 여기에는 시나 예술의 매력은 없었지만, 그들의 공상의 마력은 노란 사라사를 비단으로 바꾸고, 확성기를 즐거움을 예고하는 은나팔로 바꾸어 놓았다. 블링커는 오만한 기분을 버리고 마음의 예복을 벗어 던지고는 몽상가들 속에 뛰어들었다.

"당신은 선생님입니다" 그는 플로렌스에게 말했다. "이 유쾌한 동화의 나라를 어디서부터 어떻게 구경하면 좋은지 가르쳐 주시죠."

"저기서부터 시작하기로 해요" 공주님은 사람의 바다 끝에 서 있는 기묘한 모양의 탑을 가리키며 말했다. "그런 다음, 여기 있는 것을 모두 하나하나 구경하기로 해요."

두 사람은 8시에 섬을 떠나는 기선을 타고 돌아왔는데, 뱃머리 난간에 기대어 이탈리아인이 켜는 바이올린과 하프 소리에 귀를 기울이고 있을 때, 두 사람 모두 흐뭇한 피로감에 젖어 있었다. 블링커는 모든 근심을 벗어던졌다. 노스우즈 따위는 인간이 살 수 없는 황야처럼 여겨졌다. 왜 서명 따위의 하찮은 일로 그런 소동을 피웠을까—어이가 없다. 그까짓 서명 몇 백 번이라도 해 주겠다. 그리고 그녀의 이름은 그녀 자신처럼 아름다웠다—플로렌스—그는 이 이름을 몇 번이나 입 속으로 중얼거려 보았다.

기선이 노스 리버 선창 가까이까지 갔을 때 굴뚝이 두 개 있는 원양 항로의 외국 배로 보이는 갈색 배 한 척이 만을 향해 강을 내려왔다. 관광객을 태운 기선은 부두 쪽으로 뱃머리를 돌렸다. 외국 배는 강 가운데로 나가려고 하는 듯이 방향을 바꾸었으나, 곧 항로에서 벗어나 속력이 붙은 듯 코니 섬을 오가는 이 정기선의 고물에 가까운 옆구리에 충돌해, 심한 충격과 무서운 파괴음을 내면서 옆구리를 뚫었다.

유람선에 탄 6백 명의 승객이 공포에 질려 비명을 지르면서 갑판 위를 우왕좌왕하는 동안에, 선장은 외국 배를 향해, 물러서면 부서진 틈으로 물이 들어오니 잠시 그대로 있으라고 소리쳤다. 그런데 외국 배는 사나운 톱상어

처럼 난폭하게 뱃머리를 유람선 옆구리로부터 떼냈다. 그러고는 몰인정하게
도 파도를 헤치면서 전속력으로 달려가 버렸다.

유람선은 고물에서부터 가라앉기 시작하면서 선창을 향해 느릿느릿 움직
여 갔다. 선객들은 보기에도 혐오스러운 미친 군중으로 돌변했다.

블링커는 배가 바로 설 때까지 플로렌스를 꼭 껴안았다. 그녀는 소리 지르
지 않았으며, 공포의 빛도 보이지 않았다. 그는 접는 의자에 올라서서, 머리
위의 얇은 널빤지를 뜯어 구명조끼를 잔뜩 끌어내렸다. 그중 하나를 플로렌
스의 몸에 두르고 버클을 채우기 시작하자, 캔버스 천이 찢어지며 그 안에
서 바스라진 모조 코르크 가루가 흘러나왔다. 플로렌스는 그것을 한 줌 쥐
고 재미있다는 듯이 웃었다.

"꼭 아침 식사에 쓰는 밀가루 같아요" 그녀가 말했다. "풀러 줘요. 이런 것,
아무 소용도 없어요."

그녀는 자기 손으로 버클을 끌러 갑판 위에 던졌다. 그러고는 먼저 블링커
를 앉히고 자기도 그 옆에 앉아 손을 그의 손 위에 포갰다.

"정말 당신은 무사히 선창까지 갈 수 있다고 생각해요?" 이렇게 말하더니
입 속으로 나직이 노래를 부르기 시작했다.

선장은 승객들 사이를 돌아다니면서 진정하라고 외치고 있었다. 배는 틀
림없이 부둣가에 닿는다, 그러니 여자와 어린아이는 금방 상륙할 수 있도록
이물 쪽으로 가 있으라고 그는 명령했다. 배는 고물을 물 속에 담근 채, 늠름
하게 선장의 약속을 지키려고 몸부림쳤다.

"플로렌스" 블링커는 그녀가 그의 팔과 손에 꼭 매달렸을 때 말했다. "당신
을 사랑합니다."

"남자들은 다 그렇게 말하죠" 그녀는 가볍게 받아넘겼다.

"나는, 그중의 한 사람이 아닙니다" 그가 주장했다. "나는 지금까지 내가
사랑할 만한 여자를 만나지 못했습니다. 평생을 당신과 함께 생활할 수 있
다면, 나날을 행복하게 살 수 있을 것 같습니다. 나는 재산도 있어요. 무엇이
나 당신이 하고 싶은 대로 할 수 있습니다."

"남자들은 다 그렇게 말하죠." 여자는 건성으로 부르는 콧노래 속에 이
말을 다시 한 번 되풀이했다.

"다시는 그런 말 해서는 안 돼요." 블링커의 말투가 뜻밖에 진지했으므로

여자는 분명히 놀라는 빛을 띠고 그를 돌아보았다.

"그런 말을 하면 왜 안되죠?" 그녀가 조용히 물었다. "남자들은 다 같은 말을 하잖아요?"

"남자라니, 누굴 말하는 거죠?" 태어나 처음으로 질투를 느끼면서 그가 되물었다.

"내가 아는 남자들이죠 뭐."

"당신은 그렇게 많은 남자를 알고 있나요?"

"그럼요, 난 아무도 거들떠보지 않는 '벽의 꽃'이 아니거든요." 여자는 조금 만족스러운 듯이 말했다.

"어디서—그—남자들과는—어디서 만나죠? 집에서?"

"물론 아녜요. 당신과 만났듯이 밖에서 만나는 거죠. 기선에서 만나는 수도 있고, 공원에서 만나기도 하고, 길거리에서 만나는 수도 있죠. 이래봬도 제법 남자들을 보는 눈이 있는걸요. 첫눈에 그 사람이 이상한 짓을 하는 사람인지 아닌지 금방 알아요."

"이상한 짓이라뇨?"

"아이 참, 입맞추고 싶어하는 것 말예요."

"입맞춤 하려드는 사람이 있었나요?" 블링커는 몰래 이를 악물고 물었다.

"그럼요. 남자는 모두 그래요. 잘 알면서."

"그래, 입맞춤을 하게 하나요?"

"상대에 따라서죠 뭐. 하지만, 그리 많진 않아요. 그렇게 하지 않으면, 아무 데도 데려다 주지 않는걸요."

그녀는 고개를 돌려 살피듯 블링커를 쳐다보았다. 그 눈은 어린아이처럼 순진했다. 다만 거기에는 상대편의 속셈을 알 수 없는 당황의 빛이 떠돌았다.

"남자와 만나는 게 뭐가 나빠요?" 플로렌스는 이상한 듯이 물었다.

"뭐든지 다 나빠요." 거의 골이 난 어조로 그가 말했다. "왜 아무나 만나고 다니죠? 그리고 왜 집에서 손님을 접대하지 않는 거에요! 길거리에서 만날 필요가 어디 있죠?"

처녀는 순수하고 솔직한 눈으로 블링커의 눈을 똑바로 쳐다보았다.

"제가 사는 집을 보면 당신도 그런 말은 못할 거예요. 난 벽돌 가루 연립

주택에 살고 있어요. 온 집안에 뻘건 벽돌 가루가 떨어져서, 다들 그렇게 부른답니다. 저는 벌써 4년 넘게 거기 살고 있죠. 손님이 들어올 방이 어디 있어요. 그러니까 당신도 자기 방에 누굴 초대할 수는 없을 거예요. 그러니 어떡해요? 젊은 여잔걸요, 남자와 만나지 않을 수는 없잖아요?"

"그야 그렇죠" 그는 쉰 목소리로 말했다. "젊은 여자니까, 남자와—아니, 남자들과 만나지 않을 수 없는 건 당연하죠."

"처음 길거리에서 남자가 말을 걸어 왔을 때는" 그녀가 말을 이었다. "저는 막 집으로 달려와서 밤새도록 울었답니다. 하지만, 사람은 금방 길이 드나보죠. 저는 교회에서 남자들과 많이 사귀었어요. 비오는 날에 교회 입구에 서서 우산을 든 남자가 오기를 기다린 적도 있었어요. 우리 집에 응접실이 있으면 좋을 텐데—그러면, 당신을 우리 집에 가자구 초대할 수도 있을 텐데—저, 블링커 씨, 당신은 아직도 '스미스'가 아니라 '블링커'라고 우길 참이세요?"

기선은 무사히 선창에 닿았다. 블링커는 조용한 골목을 처녀와 나란히 걸어가는 데 어쩐지 곤혹스러웠지만, 이윽고 그녀는 큰길 모퉁이에 이르자 걸음을 멈추고 손을 내밀었다.

"내가 사는 곳은 여기서 한 블록 더 가요" 여자가 말했다.

"당신 덕분에 아주 즐거운 오후를 보냈어요. 고마워요."

블링커는 무언가 입 속으로 중얼거리면서 북쪽으로 달려가, 겨우 전세 마차를 발견하고 올라탔다. 오른쪽으로 커다란 회색 교회가 흐릿하게 보이기 시작했다. 블링커는 창 너머로 그 건물을 바라보며 주먹을 휘둘렀다.

"나는 지난 주 네놈에게 천 달라나 기부했다!" 그는 소리를 죽이고 외쳤다. "그런데, 그 여자는 네놈의 문간에서 남자들과 만나고 있단 말야. 우습지 않나?"

이튿날 아침 11시, 블링커는 올드포트 변호사가 마련해 준 새 펜으로 30통쯤 되는 서류에 서명했다. "그럼, 이제 노스우즈에 가기로 할까요?" 그가 시무룩하게 말했다.

"안색이 좋지 않군그래" 올드포트 변호사가 말했다. "여행은 건강에 좋을 걸세. 그런데 미안하지만, 어제도 말했고, 5년 전에도 말한 적이 있는 그 일에 대해서 잠시 귀를 기울여 주게나. 실은 열 다섯 동의 빌딩이 있는데, 그게 이번에 다시 5년간의 임대 계약을 맺게 되어있네. 자네 아버지는 그 계약 조항을 바꿀 생각이었네만, 실행에 옮기지 못하고 돌아가셨지. 아버지께서 생각하신 것은 그 집에 붙어 있는 객실은 다시 남에게 세를 줄 수 없으며 세입자 자신의 응접실로서 사용해야 한다는 조항을 덧붙이고 싶어하셨네. 그 빌딩은 상점가에 있어서 주로 젊은 여점원들이 세들어 있네. 지금 그 여자들은 어쩔 수 없이 밖에서 친구들과 만나고 있다네. 이 붉은 벽돌 연립 주택은……."

블링커는 갑자기 큰 소리로 웃으면서 변호사의 말을 가로막았다.

"벽돌 가루 연립 주택 말이죠?" 그가 외쳤다. "그리고 그건 내 것이죠? 맞습니까?"

"세든 사람들은 뭐 그런 이름으로 부르는 모양이더군" 올드포트 변호사가 말했다.

블링커는 일어서서 모자를 푹 눌러썼다.

"좋을대로 하십시오" 그가 사나운 어조로 말했다. "새로 수리하시든지, 불살라 없애든지, 두들겨 부수든지……하지만 이제 늦었습니다. 다 틀렸습니다. 너무 늦었단 말입니다."

백작과 결혼식 하객

참된 삶을 사는 사람은 누구나 참된 사랑을 할 것이다

어느 날 저녁, 앤디 도노반이 2번가에 있는 하숙집에서 저녁을 먹으러 내려가니, 안주인 스콧 부인이 새로 온 하숙인을 소개했다. 콘웨이 양이라는 젊은 여자다. 콘웨이 양은 몸집이 작고 소박한 처녀였다. 수수한 진갈색 옷을 입고, 흥미 없는 듯이 나른한 눈길로 접시를 바라보다가, 망설이듯 눈을 들어 맑고 영리해 보이는 눈으로 도노반 씨를 힐끗보며 예의바르게 그의 이름을 중얼거리고는, 다시 양고기 요리를 먹기 시작했다. 도노반 씨는, 사교나 사업이나 정치에서 빠르게 그의 인기를 올려 주고 있는 그 정중한 태도와 흰한 웃음으로 그녀에게 인사했다. 그러고는 진갈색 옷의 이 여자를 마음의 수첩에서 지워 버렸다.

2주일 뒤, 앤디는 현관 앞 계단에 걸터앉아 엽궐련을 피우고 있었다. 등 뒤 위쪽에서 부드럽게 치맛자락 스치는 소리가 들렸다. 앤디는 뒤돌아 보고는 계속 바라보았다.

콘웨이 양이 문에서 나왔었다. 그녀는 밤처럼 새까만 크레이프 드……크레이프 드……아무튼 그 검고 얇은 천을 입고 있었다. 모자도 새까맸으며, 그 모자에서 거미줄처럼 얇은 새까만 베일이 한들거렸다. 그녀는 계단 맨 위에 서서 새까만 장갑을 끼고 있었다. 그 옷차림에는 한 점의 흰색도 다른 색도 없었다. 풍부한 금빛 머리칼은 목덜미 아래쪽에서 품위 있게 묶여 반지르르르 윤이 났다. 얼굴은 아름답다기보다는 평범했지만, 지금은 그 큼지막한 잿빛 눈이 그녀를 한결 아름답게 만들었다. 그 눈은 호소력 있는 슬픔과 우수가 깃들어 지붕들을 넘고 길을 넘어 멀리 하늘 저편을 바라보고 있었다.

세상 아가씨들이여, 그대들도 취향을 좀 바꿔 보면 어떠실까? 위에서 아래까지 온통 새까만 빛깔, 그것도 천은 크레이프 드…… 그래, 크레프 드 신*¹……크레프 드 신을 택할 것. 이렇게 온통 새까맣기만 한 의상을 입고 슬픈 듯 방심한 듯한 표정으로, 검은 베일 아래 반지르르한 머리칼(물론 머리는 금발이어야 한다)을 빛내면서, 마치 이제 자신의 젊은 인생이 막 세상의 문턱을 넘으려는 순간 참담한 재난에 맞닥뜨렸지만 지금 이 순간은 공원을 산책하고 싶다는 표정을 지어라. 그리고 중요한 것은 적절한 순간에 문을 나설 것―그러면 언제라도 반드시 남자의 마음을 휘어잡을 수 있을 것이다. 그러나, 아무리 필자가 비꼬기를 잘 하더라도 이건 너무 심하지 않을까―상복에 대해서 이런 말을 한다는 것은.

도노반 씨는 부랴부랴 마음의 수첩에 다시 콘웨이 양의 이름을 적어 넣었다. 그리고 1인치와 4분의 1쯤 남아 있는 엽궐련을 던졌다. 여느 때 같으면, 앞으로 8분은 충분히 피울 수 있는 길이다. 그러고는 재빨리 몸의 중심을 고급 가죽 단화로 옮겼다.

"참으로 기분 좋게 갠 저녁입니다. 콘웨이 양" 그가 말했다. 만일 기상청이 들었더라면, 틀림없이 네모난 흰 기상 신호판을 높다란 기둥에 걸터 놓을 자신만만한 말투였다.

"좋은 날씨를 즐길 수 있는 여유가 있는 분에게는 그러네요, 도노반 씨" 한숨과 더불어 콘웨이 양이 말했다.

도노반 씨는 속으로 갠 하늘을 저주했다. 이 얼마나 무정한 하늘인가? 콘웨이 양의 마음에 맞추어 진눈깨비가 내리고, 찬바람이 휘몰아치고, 눈이 펑펑 쏟아져야 할 것이 아닌가.

"혹시 가족 중에……불행한 일을 당하신 분이라도?" 도노반 씨는 큰마음 먹고 물어 보았다.

"돌아가신 분은" 콘웨이 양은 조금 망설이면서 대답했다.

"가족이 아니고, 저……하지만, 제 슬픔을 강요하고 싶진 않아요, 도노반 씨."

---

*1 크레프 드 신(crêpe de Chine). 오글오글한 잔주름이 많은 얇고 부드러운 비단의 하나.

"강요라뇨?" 도노반 씨는 이의를 제기했다.

"천만에, 무슨 말씀이십니까. 콘웨이 양을 위로해 드릴 수 있다면 저는 기쁠 것 같습니다. 저보다 진심으로 콘웨이 양의 슬픔에 공감할 수 있는 사람은 없을 거라고 저는 믿습니다."

콘웨이 양은 가냘프게 미소를 지었다. 그녀가 가만히 있을 때보다 훨씬 더 슬퍼 보였다.

"……웃어라, 그러면 세상은 그대와 더불어 웃으리라. 울어라, 그러면 사람들은 그대에게 웃음을 주리라……" 콘웨이 양은 어디선가 인용한 말을 중얼거렸다. "이 말을 이제야 절실히 깨달았어요, 도노반 씨. 저는 이곳에 친구도 없구 아는 사람도 없어요. 선생님은 제게 아주 친절히 해 주셨어요. 진심으로 감사해요."

그는 식사 때 두 번인가 그녀에게 후춧가루를 집어 준 적이 있었다.

"뉴욕에서 혼자 산다는 건 잔인한 일입니다……정말 잔인합니다" 도노반 씨가 말했다. "그렇지만—이 오래된 해묵은 도시가 터놓고 친근함을 보여 준다면, 이런 쓰라린 일도 사라질 것입니다. 공원이라도 거닐어 보시면 어떻겠습니까, 콘웨이 양?……그러면, 울적함을 조금은 떨어버릴 수도 있을 텐데요? 상관없으시다면, 제가……."

"고마워요, 도노반 씨, 가슴 속이 슬픔으로 가득한 여자도 상관없으시다면, 기꺼이 따라가겠어요."

일찍이 선택된 사람들이 거닌, 번화가의 오래된 공원의 철문으로 두 사람은 걸어 들어가서 조용한 벤치를 발견했다.

젊음의 슬픔과 노년의 슬픔은 차이가 있다. 젊음의 무거운 짐은 남이 나누어짐으로써 그만큼 가벼워지지만, 노년의 슬픔은 아무리 남에게 나누어 주어도 여전히 같은 슬픔이 남는다.

"제 약혼자예요." 한 시간쯤 뒤에 콘웨이 양이 털어놓았다. "내년 봄에 결혼할 예정이었죠. 괜한 소리라고 생각하시면 곤란하지만, 그이는 틀림없는 백작이었어요, 도노반 씨. 이탈리아에 영지와 성이 있죠. 페르난도 마치니 백작이라는 이름이에요. 고상하기로는 그보다 더한 사람을 본 적이 없어요. 물론 아버지가 반대하셨습니다. 한 번은 둘이서 도망치기까지 했지만, 아버지가 뒤쫓아 오셔서 저는 다시 끌려와 버렸죠. 아버지와 페르난도는 꼭 격투라도 벌일 것 같았어요. 아버지는 말을 빌려 주는 사업을 하고 계세요……피킵시에서. 그러다가 아버지도 마침내 고집을 꺾으시고 우리의 결혼을 허락하시면서, 내년 봄에는 식을 올려도 좋다고 말씀하셨어요. 페르난도는 아버지에게 작위와 재산을 증명하는 서류를 보여 드리고는 우리의 신혼 생활에 대비해서 성을 손질하러 이탈리아로 돌아갔죠. 아버지는 긍지가 아주 높으셔서, 페르난도가 내 결혼 준비금으로 몇 천 달런가 증정하겠다고 했을 때도, 무서운 얼굴로 거절하셨어요. 반지 한 개, 선물 하나 허락하지 않으셨어요. 페르난도가 배를 타고 떠났을 때, 저는 이 도시로 왔죠. 그리고 사탕 가게의 경리직을 구한 거예요. 사흘 전에 이탈리아에서 온 편지가, 피킵시에서 전송되어 왔습니다. 페르난도가 곤돌라 사고로 죽었다는 소식이었어요. 제가 상복을 입은 것은 그런 까닭에서죠. 제 심장은 영원히 그이 무덤 속에 있어요, 도노반 씨. 어쩌면 저를 침울한 여자라고 생각하실 거예요. 하지만 저는 이제 어떤 사람에게도 흥미를 느낄 수가 없어요. 명랑한 기분으로, 그리고 웃는 얼굴로 선생님을 즐겁게 해 드릴 친구한테서, 언제까지나 선생님을 붙들어 놓아서는 안되겠죠? 아마 선생님은 이제 슬슬 하숙집으로 돌아가고 싶으실 거예요, 그렇죠?"

자아, 세상 아가씨들, 젊은 남자가 당신을 구슬리려고 애를 쓰는 것이 보고 싶거든 자기의 심장은 다른 남자의 무덤 속에 있다고 고백하시라. 젊은 남자란 본디 묘 도둑이다. 어느 미망인에게나 물어 보시라. 크레이프 드 신을 입고 우는 천사들의 잃어버린 기능을 되찾아주려고, 온갖 노력이 다 시도되는 것은 틀림없으니까. 죽은 사람이란 암만해도 짓밟히고 걸어차이는 변을 당하기 마련인가 보다.

"정말 안됐습니다" 앤디가 정답게 말했다. "아니, 아직 하숙집으로 돌아가지 않아도 됩니다. 나는 진심으로 콘웨이 양을 가엽게 생각합니다. 내가 콘웨이 양의 친구라는 것, 그리고 진심으로 콘웨이 양의 슬픔을 안타깝게 생각한다는 것을 믿어 주십시오."

"이 목걸이 함 속에 그이 사진이 들어 있어요." 콘웨이 양은 손수건으로 눈을 닦고 나서 말했다. "여태까지 누구한테도 보이지 않았지만 선생님에겐 보여 드리겠어요, 도노반 씨. 선생님을 정말로 친구로 믿으니까요."

콘웨이 양이 옆에서 보여 준 목걸이 함 속의 사진을 도노반 씨는 오랫동안 깊은 관심을 가지고 들여다 보았다. 마치니 백작의 얼굴은 참으로 그의 관심을 끌 만했다. 수염도 없고, 지적이며 밝은 미남자라고 해도 좋을 용모, 친구들의 지도자로 추대될 만한 굳세고 늠름하고 싱싱한 모습이었다.

"제 방에는 더 큰 사진을 액자에 넣어서 걸어 놓았죠" 콘웨이 양이 말을 이었다. "하숙집에 돌아가면 보여 드리겠어요. 제가 페르난도를 추억할 수 있는 것은 이것뿐이에요. 하지만 그이는 언제까지나 제 마음속에 살아 있어요. 이것만은 확실해요."

참으로 미묘한 작업에 도노반 씨는 부딪쳤다—불운한 백작을 콘웨이 양의 마음 속에서 쫓아 내는 작업이다. 그녀를 찬미하는 마음이 이 작업을 해낼 결심을 굳혀 주었다. 그러나, 이 작업의 무게가 그의 정신을 억누른 깃 같지는 않았다. 다정하고 쾌활한 친구라는 것이 그가 도전한 역할이었다. 그는 이 역할을 보기 좋게 해냈다. 그래서 그로부터 30분 뒤에는, 콘웨이 양의 큼직한 잿빛 눈은 여전히 슬픔을 간직하기는 했지만, 두 사람은 아이스크림 접시 두 개를 사이에 두고 정답게 대화를 나누고 있었다.

그날 저녁, 복도에서 헤어지기 전에 그녀는 2층으로 올라가더니, 하얀 비단 천에 소중하게 싼 사진틀을 들고 내려왔다. 도노반 씨는 무척 착잡한 수수께끼 같은 눈으로 그것을 들여다 보았다.

"그이가 이탈리아로 떠난 날 밤, 이걸 주었어요" 콘웨이 양이 설명했다. "목걸이 함의 사진은 이걸로 만들었죠."

"참으로 훌륭한 풍채를 지녔군요" 도노반 씨가 말했다. "그런데 오는 일요일 오후, 코니아일랜드에 모시고 갈 수 있으면 영광이겠는데요, 어떻습니까, 콘웨이 양?"

그리고 한 달 뒤, 두 사람은 스콧 부인과 다른 하숙인들에게 약혼을 발표했다. 콘웨이 양은 여전히 검은 드레스를 입고 있었다.

이 발표가 있은 지 1주일 뒤, 두 사람은 번화가 공원의 언젠가의 그 벤치에 나란히 앉아 있었다. 바람에 흔들거리는 나뭇잎들이 달빛 속에서 두 사람의 모습을 초기 영화의 화면처럼 흐릿하게 드러내고 있었다. 그러나 도노반 씨는 이날따라 하루 종일 얼이 빠진 듯이 침울한 표정이었다. 오늘밤의 그가 지나치게 말이 없으므로, 사랑하는 입술은 사랑하는 마음에 떠오르는 의문을 더는 미룰 수가 없었다.

"왜 그래요, 앤디? 오늘 밤엔 몹시 기분이 언짢아 보여."

"아무것도 아니야, 매기."

"아닌데. 내가 모를 줄 알아. 여태까진 한 번도 그런 적이 없었어. 정말, 왜 그래?"

"별일 아냐, 매기."

"아니, 그렇지 않아. 난 이유가 알고 싶어. 아마 다른 여자를 생각하나 봐. 만일 그 여자를 사랑한다면, 망설일 것 없이 그 사람을 쫓아가면 되잖아? 제발, 이 팔 좀 놓아줘."

"그럼 말하지" 도노반 씨가 사려깊게 말했다. "어차피 정확히는 알아주지 못할 줄은 알지만, 매기는 마이크 설리번이라는 사람 얘기를 들은 적 있어? 모두가 빅 마이크 설리번이라고 부르는 인물인데?"

"아뇨, 몰라" 매기가 대답했다. "그리고, 그 사람 때문에 당신이 지금처럼 된다면, 그런 사람 얘긴 더더욱 듣고 싶지 않아. 어떤 사람인데?"

"뉴욕에서 제일 가는 거물이야" 도노반 씨는 거의 숭배에 가까운 어조로 말했다. "태머니 홀*²이나 다른 어떤 정치 집회이거나 뭐든지 마음대로 할 수 있는 사람이라고. 키는 1마일이나 되고, 몸은 이스트강만큼이나 클걸. 누구든지 빅 마이크를 험담하기라도 하는 날엔 2초도 되지 않아서 그 사람의 빗장뼈 위에 백만 명은 덮칠 거야. 얼마 전 그 사람이 잠시 옛집에 들렀을 때 다른 거물이라는 인간들은 모두 토끼처럼 슬금슬금 구멍으로 들어가 버렸다구. 그 빅 마이크와 나는 잘 아는 사이야. 영향력에 관한 한, 나 같은 건 그와 견줄 수조차 없지만, 마이크는 힘 있는 사람들에게와 마찬가지로 힘 없고 가난한 사람들에게도 좋은 친구이거든. 오늘 바워리에서 그 사람을 만났는데, 나한테 어떻게 했는지 알아? 내 앞에 다가오더니 악수를 청하면서 이렇게 말하는 거야, '앤디, 나는 줄곧 주의깊게 자네를 지켜보았는데, 자네의 영역에선 썩 잘하는 것 같더군. 나는 자네를 자랑으로 생각하네. 어때, 한 잔하지 않겠나?' 하고 말야. 그 사람은 엽궐련을 피우고 나는 하이볼을 마셨지. 그때 나는 앞으로 2주일이면 결혼한다는 얘기를 했지. 그랬더니, '나한테도 청첩장을 보내 주게나, 그러면 잊지 않고 결혼식에 갈 테니까.'

---

*2 1789년 뉴욕시에서 설립된 민주당의 강력한 정치단체 태머니 협회의 회관.

이렇게 말하는 거야. 그런데, 그 사람은 자기가 한 말은 꼭 실행하는 사람이라고. 무슨 말인지 잘 알아 듣지 못하겠지, 매기? 나는 우리 결혼식에 빅 마이크를 참석시키기 위해서라면 팔 하나쯤 떨어져 나가도 좋다고까지 생각하는 거야. 아마 그날은 내 평생 가장 자랑스러운 날이 될 거야. 그 사람이 내 결혼식에 참석한다는 것은, 그 신랑 처지에서는 한평생 운이 트이는 결혼을 한 것이 되거든. 그래서 오늘 밤 나는 걱정스러운 얼굴을 하고 있는 거야."

"아니, 그렇게 고마운 분이라면 초대하면 되잖아?" 매기가 밝게 말했다.

"초청 못할 까닭이 있으니까" 앤디가 슬픈 듯이 말했다. "그가 참석해서는 안될 이유가 있단 말야. 그 이유는 묻지 말아 줘. 내 입으로는 말할 수 없으니까."

"난 조금도 신경 쓰지 않아" 매기가 말했다. "정치적인 일인가 봐? 그렇다고 그게 당신이 웃는 얼굴을 보여 주지 못할 이유는 안 돼."

"매기" 이윽고 앤디가 말했다. "날 사랑해? 전에 매기가 그 사람을……그 마치니 백작을 사랑한 것만큼 말야."

그는 오랫동안 기다렸다. 그러나 매기는 대답하지 않았다. 갑자기 그녀는 앤디의 어깨에 얼굴을 기대며 흐느끼기 시작했다……그의 팔을 꽉 움켜쥐고, 크레프 드 신을 눈물에 적시면서 부들부들 떨며 흐느껴 울었다.

"아니, 매기" 앤디는 자신의 걱정거리를 제쳐놓고 그녀를 달랬다. "대체, 왜 이러는 거야?"

"앤디" 그녀가 훌쩍였다. "난 거짓말을 했어. 이제 당신은 나와 결혼하지 않을 테고, 사랑도 식어버릴 거야. 하지만, 이젠 사실을 말해야 하겠어. 앤디, 백작이니 뭐니 했지만, 그런 사람은 실제로는 없었어. 난 여태까지 연인이라고는 한 사람도 없었어. 다른 애들은 모두 연인이 있었고, 모두 연인 얘기를 하잖겠어? 남자들은 그런 여자가 더 좋아지나 봐. 그리고, 앤디, 난 검은 옷이 아주 잘 어울려. 당신도 그렇게 생각하지? 그래서 사진관에 가서 그 사진을 사고 목걸이 함에 넣으려고 작게 만들었어. 그러곤 백작이니, 백작이 죽었으니 하는 얘기를 꾸며서, 검은 옷을 입었던 거야. 하지만, 누구도 거짓말쟁이 여자를 사랑하고 싶지는 않겠지. 앤디도 이젠 나를 버리겠지. 부끄러워서 죽고만 싶어. 난 당신 말고는 아무도 좋아한 사람은 없었어. 이게 전부야."

그녀는 밀려날 줄 알았더니 뜻밖에도 앤디의 팔이 힘껏 자기를 껴안는 것을 느꼈다. 눈을 들어 보니, 그의 얼굴은 환하게 밝아져서 미소 짓고 있었다.

"날……날 용서해 주는 거야, 앤디?"

"그럼" 앤디는 말했다. "까짓거 전혀 상관없어. 백작 따윈 무덤으로 쫓아 보내라고, 매기. 덕분에 모든 일이 해결됐어. 실은 매기가 결혼식 날까지는 그 얘기를 해 주길 바라고 있었지. 매기는 정말 멋져!"

"앤디" 그가 용서해 준 것을 확인하자, 매기는 조금 겸연쩍은 미소를 띠고 말했다. "백작에 대한 얘기, 모두 진실인 줄 알았어?"

"아니, 곧이듣지 않았지." 담배갑에 손을 뻗으면서 앤디가 말했다. "그럴 수 밖에. 매기가 목걸이 함에 넣고 다니는 사진은 빅 마이크 설리번이거든."

요술쟁이 제프
속는 가장 확실한 방법은, 자신이 남보다 영리하다고 생각하는 것이다

사우스캐롤라이나주 찰스턴에는 쌀 요리법이 무척 많지만, 제프 피터스는 그에 못지않게 많은 온갖 돈벌이 방법을 실행해 왔다.

그의 이야기 중에서도 나는 특히 그의 젊은 시절 행적에 관한 이야기를 즐겨 듣는다. 그 무렵 그는 바르는 약이나 기침약 같은 것을 길 모퉁이에서 팔아 하루 벌어 하루 먹고 사는 생활을 했으며, 누구하고나 서슴없이 사귀고 언제나 마지막에 남은 동전 한닢을 던져 운을 점쳐 보곤 했다.

"내가 아칸소 피셔힐에 갔을 때는" 그가 말했다. "사슴가죽 옷에 사슴가죽 구두를 신고, 머리는 길게 기르고, 30캐럿짜리 다이아몬드 반지를 꼈었지. 이 반지는 텍사캐너에서 어느 순회극단 배우로부터 손에 넣었는데, 내가 반지와 교환해 준 주머니칼을 그 친구가 어떻게 처리했는지, 그건 나도 짐작이 안 가네.

나는 유명한 인디언 주술사 워프 박사로 행세했지. 나는 딱 한 가지 물건에 운을 걸었는데, 다름아닌 '쓴맛 소생액'이라는 거였어. 촉토족 추장의 아름다운 아내 타쿠아라가 연례 옥수수 춤 행사 때 대접할 개고기 찜요리에 쓸 산나물을 캐러 갔다가 발견한 약초로 만든 특효약이라는 게 선전 문구였지.

그 전 마을에서는 장사가 그다지 신통치 않아서, 그때 내 주머니에는 겨우 5달러밖에 없었네. 그래서 즉각 피셔힐 약국에서 코르크 마개가 있는 8온스짜리 빈 병을 여섯 다스쯤 외상으로 샀지. 라벨과 원료는 쓰다 남은 게 여행 가방에 들어 있었으니까. 여관 방으로 돌아와서, 힘차게 물이 쏟아지는 수도꼭지와 테이블 위에 소생액 몇 다스가 쭉 늘어선 광경을 봤을 때는, 인

생이 다시 장밋빛으로 빛나기 시작하는 기분이더군.

가짜 약이 아니냐고? 천만에, 그 여섯 다스의 소생액에는, 키니네*¹ 2달러어치와 아닐린*² 10센트어치가 들어 있었는걸. 그 뒤 몇 핸가 지나서 옛날에 소생액을 팔러 다니던 마을엘 갔더니 마을 사람들이 그 약 좀 더 갖다 달라고 그러더라니까. 아무튼, 나는 그날 밤, 대형 짐마차를 빌려서 당장 마을 큰 거리에서 그 물건을 팔기 시작했지. 피셔힐은 지대가 낮아서 말라리아에 걸리기 쉬운 고장이야. 그래서 나는, 이 마을 사람들은 무엇보다도 먼저 폐 심장 괴혈병 복합제제를 복용해야 한다고 떠들어 댔지 뭐. 그랬더니 이 소생액이 어떻게 잘 나가는지, 마치 채식주의자들의 식탁에 달콤한 토스트 빵이 나온 것처럼 사라지더군. 한 병에 50센트씩 2다스쯤 팔았을 때, 누가 내 외투 자락을 잡아 당기지 않겠어? 나는 금방 눈치를 채고, 짐마차에서 내려가 옷깃에 은성 휘장을 단 놈의 손에 5달러 지폐를 슬쩍 쥐어 줬지 뭐야.

'안녕하슈, 경찰 나리' 인사했지.

'당신은 약이라면서 엉터리 상품을 팔고 있는 모양인데 시장 허가증을 갖고 있나?' 경관은 말하더군.

'그런 건 없는데요' 나는 말했지. '이곳이 마을이 아니라 시였군요. 그런 줄 몰랐습니다. 그럼 내일 이곳이 시라는 걸 똑똑히 확인한 다음 필요하다면 허가증을 받아 오도록 하죠 뭐.'

'허가가 날 때까지 장사는 멈춰' 경관이 말하더군.

그래서 장사를 그만두고 여관으로 돌아갔는데 여관 주인에게 이 얘기를 했더니, 주인이 그러는 거야.

'이 피셔힐에서는 그런 장사는 해먹기 어려울 걸요. 여기는 의사가 호스킨스 박사 한 사람뿐인데, 그이가 시장과 처남 매부 사이거든. 그러니까 여기서는 돌팔이 의사 노릇이 하고 싶어도 절대로 허가가 나오지 않을 거요.'

'뭐 의사 개업을 하자는 게 아니요' 나는 설명했지. '주 정부의 행상 허가증이 있으니까, 시 허가증이 필요할 때는 언제라도 시청에 가서 허가증을 받으면 돼요.'

이튿날 아침에 시청에 가봤더니, 시장은 아직 출근하지 않았고 언제 올지

---

*1 기나나무 껍질에서 얻는 알칼로이드. 말라리아 치료 특효약으로, 해열제 강장제로도 쓰인다.
*2 염료, 의약품 합성용 원료.

도 모른다는군. 그래서 위프 박사님은 여관으로 돌아가서 응접실 의자에 몸을 깊숙이 파묻고는 가짜 리게리아 엽궐련에 불을 붙여 물고 잠시 기다리게된 거야.

그러고 있는데 파란 넥타이를 맨 웬 젊은 녀석이 옆에 있는 의자에 앉더니, 지금 몇 시냐고 묻더군.

'10시 반이야' 나는 대답했지. '그런데 자네 앤디 터커지? 자네 일하는 걸본 적이 있네. 남부 주에서 큐피드 모음 주머니로 사기 장사를 한 게 자네가아닌가? 칠레 산 다이아몬드 약혼 반지, 결혼 반지, 감자 으깨기, 진통제 한병, 《도로시 버논》[3]······. 이런 걸 모두 주머니 하나에 담아서 50센튼가 받았을 거야.'

앤디는 내가 자기를 기억한다는 것을 알고 무척 좋아하더군. 놈은 꽤 솜씨 있는 거리의 흥행사였는데, 그뿐 아니라······ 자기 직업을 아주 소중하게생각했네. 3백 퍼센트의 돈벌이에 만족한 거야. 그때까지도 가짜 약을 팔라든가, 원예 종자 장사를 하라든가 여러 권유도 받았지만 한 번도 그 말을 따른 적은 없고, 그저 자기 직업만 소중히 지켜 온 사나이지.

마침 나도 파트너가 있었으면 하던 참이라, 앤디와 나는 함께 일하기로 의견을 모았네. 나는 앤디에게 지금 내가 피셔힐에서 맞닥뜨린 사정을 얘기하고, 이 도시의 시정(市政)과 하제(下劑)의 혼합[4] 덕분에 주머니가 매우 허전하다는 말을 했지. 앤디도 그날 아침에 막 기차로 도착해서 주머니가 텅텅비어 있었지, 그래서 마침 유레카 스프링스에서 전함 건조를 위한 모금 운동이 벌어지고 있는 판이라, 여기서도 꼭 협력해 달라고 속이고 몇 달러 슬쩍 하자는 꿍심이었다는 거야. 나와 앤디는 정면 베란다로 나가서 의자에앉아, 이 일에 대해서 여러 가지로 의논했지.

이튿날 아침 11시쯤 내가 혼자 여관 의자에 앉아 있는데, 한 흑인이 다리를 질질 끌 듯이 들어오더니, 의사 선생님께 뱅크스 판사님을 좀 진찰해 주십사고 부탁드리러 왔다고 하잖겠어. 뱅크스 판사는 바로 그 시장인데, 병으로 몹시 괴로워한다는 거야.

'나는 의사가 아니네' 내가 말했지.

---

*3 찰스 메이저가 지은 통속 소설 이름.
*4 시장과 의사가 처남 매부지간이라는 뜻.

'의사한테 가서 부탁하지 그러나?'

'선생님' 흑인이 설명하더군. '호스킨스 선생님은 다른 환자를 진찰하시려고 20마일이나 떨어진 시골에 가셨는걸요. 시내에는 의사가 그 선생님 밖에 없습니다요. 그런데, 우리 뱅크스 나리는 지금 몹시 편찮으시단 말입니다. 그래서, 나리가 선생님께 꼭 와 주시도록 부탁드리라고 저를 보내신 겁니다요. 제발 가주십쇼, 선생님.'

'그렇다면, 한 인간으로서' 나는 말했지. '가보기로 하지.'

그래서 나는 소생액을 한 병 주머니에 쑤셔 넣고, 언덕 위에 있는 시장 저택을 찾아갔다네. 시장댁은 시내에서 가장 훌륭한 집이었으며 지붕은 2단 경사로 되어 있고, 정원 잔디밭에는 쇠를 부어서 만든 개 동상이 두 개나 있더군.

뱅크스 시장은 발끝만 이불 밖에 내놓고 침대에 누워 있었는데, 샌프란시스코 시민이라면 또 지진이냐고 깜짝 놀라 당장 공원으로 달아나고 싶어질 만큼 무시무시한 신음 소리를 내고 있더군. 침대 곁에는 한 청년이 물을 담은 컵을 들고 서 있고 말이야.

'의사 선생' 시장이 말하더군. '지독한 병에 걸려서 애를 먹고 있소. 당장 죽을 것만 같구려. 어떻게 좀 해 주시오.'

'시장님' 내가 말했네. 'S.Q. 라퓌우스*5의 정당한 후계자가 될 만한 운명으로 태어나지 못했습니다. 의학교 문 앞에도 가본 적이 없으니까요. 다만 인간 대 인간으로서, 혹시 제가 도움이 되어 드릴 수 있다면 하고 찾아왔을 뿐입니다.'

'참으로 고맙소, 감사하오' 시장은 말하더군. '워프 선생, 여기 있는 이 사람은 내 조카 비들이오. 아까부터 내 고통을 덜어 주려고 무던히 애는 써 주고 있지만, 도무지 효과가 없구려. 응, 아이고 죽겠다!' 시장은 자꾸만 앓는 소리를 내는 거야.

나는 비들 씨에게 눈으로 인사하고는 침대 옆에 걸터앉아 시장의 맥을 짚어 봤지. '간장……아니, 혀……혀를 좀 보여 주십시오.' 이렇게 말하고 나는 시장의 눈꺼풀을 뒤집어서 동공을 살펴봤지.

---

*5 로마 신화에서 의술과 의학의 신 아스클레피우스를 말한다.

'언제부터 좋지 않으십니까?'

'지난밤부터요······아이고······갑자기 심해지더니······ 선생님, 빨리 어떻게 좀 해 주시오.'

'그 창문 블라인드를 좀 열어 주지 않겠습니까, 피들 씨?' 나는 청년에게 말했네.

'비들입니다' 청년이 말하더군.

'제임스 아저씨, 햄에그를 과식하신 게 아닐까요?'

'시장님' 나는 시장의 오른쪽 견갑골 언저리에 귀를 갖다 대고 자세히 들어 본 다음 말했지. '오른쪽 하프시코드*6 빗장뼈가 아주 심한 염증을 일으킨 것 같습니다.'

'그거 큰일이로군' 시장은 신음 소리를 내더군. '무슨 약을 바르든지 붙이든지, 아무튼 약 좀 써 주구려.'

나는 모자를 집어 들고 문간으로 걸어가기 시작했지.

'아이고, 선생님, 날 이대로 두고 가시면 어떡합니까!' 시장이 허겁지겁 소리치더군. '선생은, 내가 그······클랩보드*7 과다······로 괴로워하는 걸 본체만체 이대로 가 버릴 참이오?'

'워워 선생' 하고 비들 씨도 한몫 끼어들며, '동료가 괴로워하는 것을 그대로 내버려 두시다니, 인간으로서 그러시면 안 됩니다.'

'밭갈이 작업이 끝나거든,*8 제발 워프라고 불러 주면 좋겠소' 이렇게 나는 대꾸하고, 다시 침대로 돌아가서 긴 머리털을 쓸어올렸지.

'시장님' 나는 시장에게 다시 말했지. '시장님을 구하는 방법이 꼭 한 가지 있습니다. 약은 아무 소용도 없습니다. 약도 물론 효능이 좋지만, 약보다 훨씬 훌륭하게 잘 듣는 게 있지요.'

'그게 뭔가요?'

'과학적 선언입니다. 말하자면, 사르사파릴라*9에 대한 정신의 승리지요. 고통이나 질환은 몸 상태가 좋지 않을 때 자기 자신이 만드는 것이지 실은

---

*6 피아노의 전신. 여기서는 엉터리로 지껄인 것.
*7 벽에 대는 널빤지. 앞에서 말한 하프시코드를 다시 또 엉터리로 받은 것.
*8 워워는 말을 모는 소리.
*9 강장제.

존재하지 않는다고 믿는 것입니다. 지금 여기서 선언해 보십시오. 똑똑히 선언하는 것입니다.'

'선생이 말씀하시는, 그 파라펠나리*10인가 뭔가 하는 것이 대체 무엇이오? 설마 선생은 사회주의자는 아니실 테지?'

'제가 말씀드리는 것은 심령사술(心靈詐術)*11의 대원리—허망증(虛妄症)이나 뇌막염을 원격적, 잠재 양심적*12으로 치료하는 최신 학설—에 관한 것입니다. 다시 말해서, 수면술(睡眠術)*13이라고 알려진 그 신기하기 짝이 없는 정신 요법에 대한 것이지요.'

'선생은 그 요법을 시술하시오?'

'저는 내부 설교단의 유일한 산헤드린*14이자 명목 선전단 일원입니다. 내가 한 번 손을 대기만 하면 절름발이가 금방 입을 열고, 맹인은 목을 뽑고 두리번거리게 되지요. 나는 영매자(靈媒者)인 동시에 콜로라투라*15 수면술사이고, 주정적*16(酒精的)인 영(靈)입니다. 일전에는 앤아버에서 열린 강신술 대회에서, 고인이 된 소생액 회사의 사장이 다시 이 땅에 나타나 누이동생인 제인 부인과 교신했는데, 그것도 내가 영매 역할을 했기 때문입니다. 나는 거리에서 가난한 사람들에게 약을 팔지만, 그런 사람들에겐 결코 수면술을 시술하진 않으니까요. 그 사람들은 돈이 없거든요.'

'나한테는 그 치료를 해 주시겠소?'

'그 전에 잠깐 내 말씀부터 들어 보시지요.' 내가 말했지. '나는 어디를 가나 그 지방 의사회와 반드시 문제를 일으킵니다. 그래서 치료는 하지 않기로 했지요. 그러나 시장님의 생명을 구하기 위해서라면, 나도 어떻게든 정신 요법을 시술해 보고 싶습니다. 다만, 이에 대해서 시장님은 의료허가증에 관해서 이러쿵저러쿵 입에 올리지 않겠다고 약속해 주시지 않으면 곤란합니다.'

'물론 약속하겠소.' 시장이 말했다. '그러니까, 얼른 좀 치료를 시작해

---

*10 사르사파릴라를 잘못 말한 것.
*11 심령요법이라고 말할 것을 엉터리로 말한 것.
*12 잠재 의식적이라고 말할 것을 엉터리로 말한 것.
*13 최면술을 엉터리로 말한 것.
*14 고대 유대의 최고 의결 기관
*15 이것은 성악의 극히 화려한 기교 장식인데, 마구 지껄이고 있는 것.
*16 스피리추얼(정신적)이라고 할 것을 이렇게 말한 것.

주······ 아이고 응, 또 아프기 시작하네.'

'치료비는 2백 50달러입니다. 그 대신, 치료 두 번만으로 완쾌하신다는 것을 보장합니다.'

'좋소. 치료비는 지불하지요. 내 생명도 그만한 가치는 있을 테니까.'

그래서 나는 침대 옆에 기대앉아 그의 눈을 똑바로 쏘아보았다.

'자아' 나는 시작했지. '이제 병을 머리에서 다 털어 버리시오. 당신은 지금 병들지 않았소. 당신은 이제 심장도 빗장뼈도 척골(尺骨) 끝도 뇌수도 아무것도 없소. 고통도 아니오. 그것은 착각이라고 선언하십시오. 자, 있지도 않은 고통이 이제 사라져 가는 것을 당신도 알 수 있을 것이오. 어떻소, 그렇지 않소?'

'과연 조금 나아지는 듯한 기분이 드는군' 시장도 인정하더군. '하긴 그렇지 않으면 곤란하지. 이번에는 왼쪽 옆구리에 난 이 종기도 실은 없는 것이라는 주문을 두어 마디 해주지 않겠소? 그러면, 누가 부축만 해 주면 일어날 수 있고, 소시지와 메밀과자 한두 개는 먹을 수 있을 것 같은 기분이 드는구려!'

나는 다시 이번에는 최면술 흉내를 조금 내 보였지.

'자, 이제 염증은 다 사라졌소. 근일점(近日點)의 부기도 빠졌소. 당신은 차츰 졸리기 시작하오. 이제 당신은 눈을 더 뜨고 있을 수 없소. 병의 뿌리는 이제 완전히 가눠졌소. 이제 당신은 잠이 듭니다!'

시장은 천천히 눈을 감더니 이윽고 코를 골기 시작하더군.

'이제 아시겠소, 피들 씨, 이 현대 과학의 경이를?'

'비들입니다' 청년은 바로잡더니, '큰아버지의 다음 치료는 언제 해 주시겠습니까, 푸프 선생님?'

'워프라고 부르시오. 내일 11시에 다시 오겠소. 백부님께서 눈을 뜨시거든, 테레빈유 여덟 방울과 비프스테이크를 3파운드쯤 드리십시오. 그럼 실례합니다.'

이튿날 아침, 나는 그 시간에 찾아갔지.

'안녕하시오, 비들 씨? 오늘 아침 백부님의 상태는 어떠시오?'

'훨씬 나아지셨습니다.'

시장의 낯빛도 맥박도 훨씬 좋아졌더군. 내가 다시 한 번 치료를 해 줬더니, 시장은 고통이 싹 가셨다고 아주 좋아하지 않겠어.

'그러나 앞으로 하루 이틀은 그대로 침대에 누워 계시는 게 좋습니다. 그러면 깨끗이 회복되실 것입니다. 그나저나 내가 마침 이 피셔힐에 와 있어서 참으로 다행이었습니다. 시장님, 보통 의학교에서 가르치는 코뉴코피아*17로는 어떤 약을 써 봐야 시장님을 구할 수는 없을 것입니다. 그런데, 이로써 시장님의 착각도 싹 가셨고 고통도 가짜라는 것이 드러난 이상, 이제 얘기를 좀 더 즐거운 화제로 돌리기로 합시다······말하자면, 2백 50달러의 치료비 말씀입니다. 수표는 안 됩니다. 수표에 내 이름을 쓰는 것은 앞면에는 물론이거니와 뒤에 쓰는 것도 난 좋아하지 않으니까요.' 내가 말했네.

'물론 다 현금으로 마련해 두었소.' 시장은 말하면서 베개 밑에서 지갑을 꺼내더군.

그러고는 50달러 지폐를 다섯 장 세어서 들고, 비들을 돌아보더니 '영수증을 가져오너라' 말하는 거야.

내가 영수증에 서명하고 시장은 돈을 넘겨 주길래 나는 조심스레 안주머니에 넣었지.

'자, 형사님, 이제 당신 임무를 수행하시오.' 갑자기 시장은 이런 말을 하더니, 도저히 병자라고는 여겨지지 않는 얼굴로 빙글빙글 웃지 않겠어.

그러자 비들이 느닷없이 내 팔을 꽉 움켜쥐는 거야 '워프 박사, 다시 말해서 제프 피터스' 하고 형사는 말하더군. '허가없이 의료 행위를 한 혐의로 주법에 따라서 당신을 체포한다.'

'당신은 대체 누구요?' 내가 되물었지.

'그가 누구인지 내가 설명하지.' 시장이 침대 위에 일어나 앉더군. '그는 주의사회에서 파견된 형사야. 5개 군에 걸쳐서 줄곧 자네 뒤를 밟아 왔다네. 어제 나한테 찾아와서는, 자네를 현행범으로 체포하려고 둘이서 이런 책략을 꾸몄다네. 자, 돌팔이 의사 선생, 자네도 이쯤이면 이 근처에선 의사 흉내를 내고 다니지는 못할 걸. 그런데, 선생, 선생의 진찰로는 내 병명이 뭐더라?'

시장이 웃더군. '복합······아무튼 뇌연화증이 아닌 것만은 확실한 것 같은

---

*17 파마코피아라고 할 것을 엉터리로 말한 것.

데.'

'형사라고?' 내가 말했지.

'그렇다' 하고 비들은 '지금부터 당신을 지방 경찰에 인도하겠네' 말하지 않겠어.

'해 보려면, 해봐라' 나는 비들의 멱살을 움켜쥐고 거의 창문 밖으로 밀어낼 뻔했는데, 그때 비들이 권총을 꺼내서 내 턱에 들이대는 바람에 어쩔 수 없이 얌전하게 물러섰지 뭐. 그랬더니 형사가 내게 수갑을 채우고는, 내 안주머니에서 아까 그 지폐를 꺼내잖겠어.

'뱅크스 판사님' 비들이 말하더군. '이건, 시장님과 내가 표시를 한 지폐가 틀림없습니다. 경찰에 가서 이걸 서장에게 인계할 테니까, 수령증은 서장이 시장님께 보내 드리게 될 겁니다. 지폐는 이 사건의 증거물로서 경찰에서도 필요할 테니까요.'

'좋습니다, 비들 씨' 시장은 말하면서 나를 돌아보더니, '그런데, 워프 선생. 왜 그 주문을 외지 않나? 자네의 수면술인가 뭔가 하는 것의 마개를 이빨로 뽑고, 그까짓 수갑 따위는 주문으로 끌러 버리면 되잖은가?' 하더군.

'자, 형사님' 하고 나는 큰소리쳤지. '갑시다. 이렇게 된 이상 나도 얌전히 따라 가지요.' 그리고 뱅크스 노인을 돌아보며 수갑 사슬을 찰칵찰칵 흔들어 보였지.

'시장님, 언젠가 당신도 수면술의 효능을 믿어야 할 때가 반드시 올 거요. 그때 가면 이 사건도 끝내는 수면술이 이겼다는 것을 똑똑히 알게 될 거요.'

사실 그대로였다고 나는 생각해.

우리가 문 밖으로 왔을 때 나는 말했거든. '자, 이제 보는 사람도 없겠지, 앤디, 이제 슬슬 이 수갑을 풀러 줘도 되잖아? 그리고……'

응? 뭐라고? 물론 비들은 앤디 터커지 뭐. 앤디의 각본으로 한바탕 연극을 한 거야. 아무튼 덕분에 우리 두 사람은 공동 사업 밑천을 잡았다는 얘기야."

손해본 연인

편견은, 스스로 합리적이라고 얼버무리지 않으면 결코 안심이 되지 않는다

비게스트 백화점에는 3천명의 여점원이 있었다. 메이시도 그 가운데 한 사람이었다. 나이는 열 여덟, 신사용 장갑 매장의 점원이다. 여기서 그녀는 두 종류의 인간을 알게 되었다. 하나는 백화점에서 자기 장갑을 사는 신사들이고, 하나는 불행한 신사들을 위해서 장갑을 사 주는 여성들이다. 인간에 관한 이 해박한 지식에 덧붙여서 메이시는 다른 지식도 몸에 지니고 있었다. 그녀는 다른 2천 9백 99명의 여점원들이 털어놓는 지혜 가득한 말에 귀를 기울여서, 마르타섬에서 나는 고양이의 두뇌처럼 비밀을 좋아하고 조심스러운 머릿속에 그것을 모조리 간직해 둔 것이다. 아마도 하느님은 메이시에게 현명한 의논 상대가 없다는 것을 미리 알고, 값진 모피를 가진 은빛 여우에게 다른 동물에게는 없는 교활함을 주었듯이 그녀에게는 그 미모와 함께 빈틈없는 자기 방어적인 요소를 섞어 둔 모양이다.

왜냐하면 메이시는 매우 아름다웠기 때문이다. 짙은 빛깔 금발로, 창문 저편에서 버터케이크를 굽는 주부처럼 태도가 차분한 아가씨였다. 그녀는 이 비게스트 백화점에서 언제나 진열대 안에 서 있었다. 신사들은 장갑의 치수를 재려고 손을 줄자 위에 내밀 때는 헤베[*1]를 생각하고, 그런 다음 무심코 눈을 들어 그녀가 미네르바[*2]의 아름다움을 지닌 것을 발견하고 놀라곤 했다.

매장 감독이 보지 않을 때 메이시는 설탕에 절인 과일을 씹었다. 감독이 보면 하늘에 뜬구름이라도 쳐다보듯 눈을 치켜뜨고 그를 바라보며 의미 있

---

*1 그리스 신화, 제우스와 헤라의 딸로 젊음의 여신.
*2 로마 신화, 미술, 공예, 전쟁, 지혜의 여신.

는 미소를 환하게 짓고는 했다.

이것이 여점원의 미소였다. 좀처럼 감동받지 않는 마음으로 무장하거나, 캐러멜이라도 빨거나, 아니면 사랑의 신 큐피드의 변덕을 가볍게 받아넘길 만한 기분으로 있지 않은 한, 이런 미소는 피하는 것이 무난하다. 이런 수법의 미소를 메이시는 휴식 시간 때는 썼지만, 매장에 섰을 때는 사용하지 않는다. 그러나 매장 감독 입장으로 본다면, 그 자신의 은밀한 즐거움이 없으란 법도 없다. 그는 백화점의 샤일록이다. 백화점 안을 냄새맡고 돌아다닐 때 그의 콧마루(브리지)는 유료 다리(브리지)이다. 예쁜 여자를 볼 때의 그는 야비한 눈으로 "좋아, 너그럽게 봐 주지" 하고 신호를 보낸다. 물론 매장 감독이라고 다 그렇지는 않다. 그러나 바로 며칠 전 신문에도, 여든이 넘은 매장 감독에 대한 기사가 지면을 장식했을 정도이다.

어느 날, 화가이자 백만장자이며 여행가이자 시인으로서, 언제나 자동차를 타고 돌아다니는 어빙 카터가 불쑥 비게스트 백화점에 나타났다. 그가 스스로 이 백화점을 찾아온 것이 아님은, 그를 위해서도 밝혀 둘 필요가 있다. 어머니가 청동과 테라코타 조각을 여기저기 물색하고 다니는 바람에 효도라는 의무감 때문에 어쩔 수 없이 이 백화점에 끌려 들어왔던 것이다.

카터는 되도록 시간을 헛되이 보내지 않으려고 성큼성큼 백화점 안을 가로질러 장갑 매장으로 걸어갔다. 그가 장갑을 사겠다고 생각한 것은 그럴 필요가 있었기 때문이다. 깜박 잊고 장갑을 갖고 나오지 않았던 것이다. 그러나 그 후 그의 행동은 거의 변명할 필요가 없을 것이다. 왜냐하면, 이제까지 그는 장갑 매장에서 연애를 할 수 있다고는 꿈도 꿔 본 적이 없었기 때문이다.

그는 자기 운명의 주변으로 다가갔을 때 조금 망설였다. 사랑의 신이 하려고 하는, 그다지 가치도 없는 미지의 작업을 문득 깨달았기 때문이다. 가볍기 짝이 없는 싸구려 복장의 싸구려 신사들 서너 명이 중개자인 장갑을 만지작거리면서 진열대에 기대어 서 있었다. 여점원들도 킥킥거리며 남자들에게 맞장구를 쳐주면서, 아양을 부리는 떠들썩한 소리로 명랑하게 알토를 연주하고 있었다. 카터는 되돌아서려고 했으나 그때는 이미 지나치게 가까이 가 있었다. 메이시가 진열대 저쪽에서, 남극의 바다에 떠도는 빙산 위에 반짝이는 한여름의 햇빛처럼 차갑고 아름답게, 그리고 궁금한 듯한 따뜻한 갈색 눈으로 지그시 그를 바라보고 있었다.

화가이자 백만장자이며 그 밖에 여러 가지인 어빙 카터는, 자신의 귀족적인 흰 얼굴이 뜨겁게 붉어지는 것을 느꼈다. 그러나 그것은 기가 죽은 탓이 아니었다. 얼굴이 붉어진 원인은 완전히 지적인 이유였다. 다른 진열대에서 킥킥거리는 여점원들의 환심을 사려고 애쓰고 있는 기성품 같은 젊은 남자들과 자기도 같은 위치에 있다는 것을 그때 문득 깨달았기 때문이다. 그 자신 또한 속으로 은근히 장갑 매장의 그 여점원의 호감을 사고 싶어 하면서, 떡갈나무로 만든 큐피드의 데이트용 진열대에 끈적하게 기대어 서 있었다. 그 또한 우리 주변에 흔한 빌이나 잭이나 미키와 전혀 다를 것이 없었다. 그러자 그런 젊은이들에 대해서, 문득 너그러운 기분이 들기 시작했다. 이어 이제까지 보고 자라 온 온갖 인습에 대해서, 억누르기 어려운 경멸이 치솟아 올랐다. 그리하여 조금도 망설이지 않고 이 완벽한 미의 화신을 자기 것으로 만들겠다고 결심했던 것이다.

장갑 값을 치르고 나서 포장한 것을 받아 든 카터는 잠시 그 자리에서 우물쭈물했다. 메이시의 분홍빛 입가에 보조개가 살포시 패였다. 장갑을 산 신사들은 모두 이렇게 우물쭈물하기 때문이었다. 메이시는 블라우스 소매 끝에서 나온 프시케*3 같은 팔을 굽혀 진열대 가에 팔꿈치를 세웠다.

지금까지 카터는 자기가 그 자리의 완전한 지배자가 아닌 상황에 부닥친 적이 한 번도 없었다. 그런데 이때만은, 우리 주변에 흔한 빌이나 잭이나 미키보다 훨씬 어색한 모습으로 우두커니 서 있었다. 이 아름다운 아가씨와 사귈 계기가 도무지 떠오르지 않았다. 그의 머릿속은 이제까지 책에서 읽었거나 사람들한테서 들은 여점원의 기풍과 습관을 생각해 내려고 안간힘을 썼다. 가까스로 여점원이란 정규적인 소개 절차에 그리 까다롭게 얽매이지 않는다는 말을 어디선가 읽었든지 들었든지 떠올렸다. 이 사랑스럽고 순결한 처녀에게 형식에 얽매이지 않는 방법으로 데이트를 신청할 것을 생각하니, 그의 심장은 몹시 두근거리기 시작했다. 이 심장 박동이 그에게 용기를 주었다.

그는 슬쩍 평범한 화제로 그녀에게 친근히 말을 건네 보고, 그녀가 상냥

---

*3 그리스 신화, 에로스의 사랑을 받은 아름다운 소녀.

하게 대답해 주자, 진열대에 올려놓은 메이시의 손 옆에 자기의 명함을 놓았다.

"뻔뻔하다고 생각하실지 모르겠습니다" 그가 말했다. "실례를 용서해 주십시오. 진심으로 부탁드리는 소원인데, 아가씨와 다시 한 번 만날 수 있다면 얼마나 기쁠지 모르겠습니다. 내 이름입니다. 나는 맹세코 모든 존경을 담아 말씀드립니다. 부디 내 친구가……아니, 당신 친구의 한 사람으로 끼워 주십시오. 그 특권을 내게 주실 수 있겠습니까?"

메이시는 남자들, 특히 장갑을 사는 남자들을 잘 알고 있었다. 그녀는 주저없이 솔직하게 미소를 띠면서 그의 눈 속을 들여다보며 말했다.

"좋아요. 당신은 믿을 수 있을 것 같으니까요. 하지만 평소에 전 모르는 남자와 함께 나가진 않아요. 숙녀답지 않거든요. 그래, 언제 만나죠?"

"되도록 빨리" 카터는 대답했다. "만일 댁을 방문해도 괜찮다면, 나는……"

메이시는 아름다운 목소리로 웃었다.

"아니요. 그건 안 돼요!" 그녀는 강하게 말했다. "제 아파트를 보면 아마 깜짝 놀랄 거예요. 방 셋에 다섯 명이 살고 있는걸요. 남자 친구를 집에 데리고 갔다간, 엄마가 어떤 얼굴을 하실지 모르겠어요."

"그렇다면, 어디라도 좋습니다" 완전히 혼을 빼앗겨 버린 카터가 말했다. "아가씨가 좋은 곳에서."

"그렇다면" 메이시는 복숭아꽃처럼 아름다운 얼굴에 빛나는 표정을 띠며 말했다. "목요일 밤이 좋겠네요. 7시 반에 8번가와 48번가 모퉁이로 오겠어요? 전 그 모퉁이 가까이에 살아요. 하지만, 11시까지는 집에 돌아가야 해요. 11시가 넘도록 돌아다니는 건 엄마가 절대로 허락하시지 않아요."

카터는 기꺼이 이 만남을 약속했다. 그리고 청동 다이아나 상을 사는 데 아들의 양해를 얻으려고 카터를 찾던 어머니에게로 갔다.

눈이 조그맣고 코끝이 동그란 여점원이, 흥허물없는 곁눈질을 하면서 메이시 곁으로 다가왔다.

"그 황금 표적을 잘 쏘아 맞혔니, 메이시?" 그녀는 친근하게 물었다.

"그 신사, 우리 집을 찾아와도 괜찮냐고 묻더라." 메이시는 카터의 명함을 블라우스 주머니 속으로 살며시 밀어 넣으면서 좀 뽐내는 태도로 대답했다.

"찾아와도 괜찮냐고?" 눈이 조그만 여자는 킥킥거리면서 같은 말을 되풀이했다. "그리고 월도프*⁴에서 만찬을 하고, 자동차로 드라이브나 하자고 하진 않던?"

"그만둬, 애!" 메이시는 귀찮은 듯이 말했다. "넌 뭐든지 부풀려서 말하더라. 그 소방 호수차 운전사와 싸구려 중국 음식점에 한 번 갔다 오더니, 넌 아주 자신만만해졌구나. 그 사람은 월도프 얘긴 한마디도 하지 않았어. 하지만 명함에는 5번가 주소가 써 있어, 애. 그러니까 그가 저녁을 산다면, 적어도 주문을 받으러 오는 종업원이 변발(辮髮)을 한 그런 음식점*⁵이 아닌 것만은 틀림없다고."

카터는 소형 전기 자동차에 어머니를 태우고 비게스트 백화점에서 미끄러져 나오며, 가슴에 둔한 아픔을 느끼고는 입술을 깨물었다. 그는 스물아홉 해의 생애에서 처음으로 사랑이 찾아왔음을 알았다. 그러나 그 사랑의 상대가 그렇듯 선뜻 길 모퉁이에서 만날 약속을 해 준 데 대해서, 그것이 자기의 소망이 이루어지는 첫걸음이라고는 하더라도 의혹과 불안을 조금이나마 느끼지 않을 수 없었다.

그는 이 여점원에 대해서 아는 것이 아무것도 없었다. 그녀의 집이 살기에는 지나치게 좁다는 것도 알지 못했고, 자주 집안 친척들이 몰려와서 넘칠 듯이 꽉 차 버린다는 것도 몰랐다. 그녀에게는 길모퉁이가 응접실이고, 공원이 객실이며, 큰길이 정원의 산책길이었다. 그러나 그런 곳에 살면서도, 그녀의 생활은 우아한 저택에서 사는 귀부인의 그것처럼 거의 더러움을 몰랐다.

두 사람이 처음 만난 지 2주일이 지난 어느 날 저녁, 카터와 메이시는 팔장을 끼고 희미하게 가로등이 켜진 공원 안으로 어슬렁어슬렁 걸어들어 갔다. 나무 밑에 그다지 눈에 띄지 않는 벤치를 발견하고는 둘이서 앉았다.

그는 처음으로 그녀의 등에 정답게 팔을 둘렀다. 그녀는 금발머리를 살짝 그의 어깨에 기댔다.

"아아!" 메이시는 즐거운 듯이 한숨을 쉬었다. "어째서 더 빨리 이렇게 해 주실 생각을 못 하셨을까?"

"메이시." 카터는 열정적으로 말했다. "내가 메이시를 사랑한다는 건, 이제 알아 주겠지. 나는 진심이야. 나와 결혼해 줘. 나라는 인간에 대해서는, 이제

---

*4 뉴욕의 일류 호텔인 월도프 아스토리아를 말한다.
*5 중국 음식점.

의문의 여지가 없을 만큼 잘 알았을 거야. 나는 메이시를 원해. 메이시 없이
는 이제 살 수가 없어. 우리 둘의 신분의 차이쯤은 나는 아무렇지도 않아."

"신분의 차이가 뭐야?"

"아니, 그런 건 없어." 카터는 조금 당황하며 말했다. "그런 건 어리석은 인
간들 마음속에만 있는 거야. 나는 메이시가 어떤 사치스러운 생활이라도 할
수 있도록 해줄 힘이 있어. 내 사회적 지위에 대해서는 의문의 여지가 없을
테고, 재산도 남아 돌아갈 만큼 있단 말이야."

"남자들이란 모두 그런 말을 하는가봐." 메이시가 말했다.

"그러곤 여자를 놀리는 거야. 당신도 사실은 식료품 가게에서 일하거나, 아
니면 경마라도 하나 봐? 난 보기보다 그렇게 어리석진 않아."

"바란다면 어떤 증거라도 다 보여 주겠어." 카터는 부드럽게 말했다. "나는
당신을 원해, 메이시. 처음 보았을 때부터, 나는 메이시를 사랑하게 된 거야."

"남자가 여자를 구슬릴 때는……." 메이시는 재미있다는 듯이 웃으면서 말
했다. "모두 똑같은 말을 해. 세 번째 만났을 때 비로소 내가 좋아졌다는 남
자가 있으면, 난 그 사람을 좋아해도 괜찮겠지."

"제발 그런 소리 하지 말아 줘." 카터는 애원하듯 말했다.

"내 말 좀 들어 봐. 처음 메이시의 눈을 본 뒤로, 내게는 메이시가 이 세상
에서 오직 하나밖에 없는 여자가 되어 버렸어."

"당신은 말도 참 잘 하네." 메이시는 웃었다. "이제까지 몇몇 여자한테 그런
말을 했어?"

그러나 카터는 끈질기게 물고 늘어졌다. 그리하여 마침내 이 여점원의 귀
여운 가슴 속 어딘가에 잠겨 있는, 불안정하게 흔들거리는 조그만 영혼을
찾아내고 말았다. 그 가벼운 유연함을 가장 안전한 호신술로 삼고 있던 그
녀 마음의 중심부를, 마침내 그의 말이 꿰뚫었던 것이다. 그녀는 가만히 살
피는 눈으로 그를 쳐다보았다. 그러자 그 차가운 밤에 따뜻한 피가 떠올라
왔다. 그녀는 가슴의 떨리는 나비 날개를 접으면서 주저주저 사랑의 꽃 위
에 막 앉으려 하는 것처럼 보였다. 가냘픈 생명의 빛과 그 가능성이, 장갑 매
장의 진열대 너머로 그녀를 찾아왔다. 카터는 이 변화를 깨닫고 기회를 놓치
지 않으려고 마지막 공세를 폈다.

"나와 결혼해 줘, 메이시." 그는 나직이 속삭였다. "결혼하면, 이런 구질구질

한 거리를 떠나서 깨끗한 곳으로 가자고. 일어나 장사 따위는 모두 잊어 버리자고. 인생은 우리들에겐 긴 휴일이 될 거야. 메이시를 어디로 데려가면 좋은지, 나는 벌써 정해놓았어. 내가 자주 가 본 곳이야. 상상해 봐, 잔잔한 파도가 쉴새없이 아름다운 물가로 밀려오는 언제나 여름인 해안을. 사람들은 어린아이처럼 행복하고 자유롭지. 우리는 배를 타고 그런 해안으로 가서, 마음내키는 대로 언제까지나 그곳에 머무르는 거야. 그런 먼 도시에는 아름다운 그림과 조각이 많이 있는 멋진 궁전과 탑이 있지. 길은 물이고, 사람들이 오고갈 때……."

"나도 알고 있어." 갑자기 몸을 일으키며 메이시가 말했다.

"곤돌라를 타는 거지?"

"응." 카터는 미소를 지었다.

"그런 다음" 카터는 속삭였다. "우리는 여행을 계속해서, 온 세계의 보고 싶은 것을 모두 구경하고 다니는 거야. 유럽의 도시를 다 보고 나면, 그 다음엔 인도로 가서 아직도 고대 그대로 있는 도시들을 찾자고. 코끼리를 타고 돌아다니면서 힌두교와 바라문교의 훌륭한 사원들을 구경하고, 그 다음 이번에는 일본의 정원과, 대상(隊商)이 이끄는 낙타와, 페르시아의 전차 경주, 그 밖에 외국의 여러 가지 진기한 경치를 남김없이 보고 다니자고. 그렇게 하고 싶지 않아, 메이시?"

메이시는 일어섰다.

"이제 집에 돌아가는 게 좋을 것 같아." 그녀는 차갑게 말했다.

"너무 늦었어."

카터는 그녀가 하자는 대로 했다. 엉겅퀴 관모(冠毛)처럼 가볍고 변덕스러운 그녀의 마음도 이제는 이해가 가기 시작했고, 거기에 거역해 봐야 아무 소용이 없다는 것도 알게 되었다. 그러나 그는 어떤 행복한 승리감을 느꼈다. 아주 짧은 한순간이기는 했지만, 더욱이 명주실처럼 가느다란 실이기는 했지만, 아무튼 한 번은 이 야생적인 프시케의 영혼을 붙잡을 수 있었던 것이다. 한 번은 그녀도 그 날개를 접고 그 차가운 손으로 그의 손을 감쌌다.

그 이튿날, 비게스트 백화점에서는 메이시의 친구 룰루가 진열대 모퉁이에서 그녀를 기다리고 있었다.

"그 멋진 남자와는 어떻게 됐니? 잘됐니?" 룰루는 물었다.

"아, 그 남자?" 메이시는 얼굴 옆의 돌돌 말린 머리칼을 손으로 쓸어올리면서 말했다. "도무지 말이 안 돼, 애. 글쎄 루, 그 남자가 나더러 뭘 하자고 했는지 아니?"

"여배우라도 되라던?" 룰루는 이런 짐작을 하고 숨을 삼켰다.

"천만에, 그런 말을 할 만큼 고상한 사람도 못돼. 글쎄 자기와 결혼해서, 신혼 여행을 코니아일랜드로 가자는 거야, 애."

마음과 손
너그러움은 많은 것을 주는 것보다는 때맞춰 주는 데 존재한다

동부로 가는 B.M. 선 급행 열차 객차에 덴버역에서 승객들이 우르르 올라탔다. 한 객차에는 고상한 차림에 모든 것이 여행에 익숙한 여행자의 고급 용품에 둘러싸인, 무척 아름다운 젊은 여자가 타고 있었다. 새로 올라온 승객 가운데 두 젊은 남자가 끼여 있었다. 한 사람은 표정과 태도가 밝고 명쾌하며 이목구비가 반반했고 다른 하나는 몸집이 튼튼하고 음울하게 어두운 얼굴로 복장에는 딱히 관심이 없어 보였다. 두 사람은 서로 수갑으로 엮어져 있었다.

그들이 차칸의 통로를 지나려니 남아 있는 공석은, 그 매력적인 젊은 여자의 맞은편 자리뿐이었다. 젊은 여자는 무심코 두 사람을 쳐다보았다. 그러자 부드러운 미소가 그녀 얼굴에서 빛나고, 붉은 빛이 살짝 그 통통한 두 볼을 물들였다. 그녀는 회색 장갑을 낀 조그만 손을 내밀었다. 그녀가 말을 건넬 때 그 풍부하고 아름다우며 또렷한 어조는, 그 목소리의 주인공이 말할 때는 언제나 상대편으로 하여금 귀를 기울이게 하는 습관이 되어 있음을 나타냈다.

"좋아요 이스튼 씨, 만일 선생님이 제가 먼저 말을 건네길 바란다면, 저도 그렇게 해야한다고 생각해요. 선생님은 서부에서 옛 친구를 만나실 땐 늘 모르는 체하기로 하셨나요?"

이목구비가 반반한 젊은 사나이는 그녀가 말을 건네자 한순간 움찔하며 조금 당황하더니, 금방 그 당황한 기색을 지우고 왼손으로 그녀의 손가락을

잡았다.

"안녕하십니까, 페어차일드 양" 그는 미소를 지으며 말했다. "왼손으로 실례합니다. 지금 오른손이 좀 바빠서요."

그는 번쩍거리는 '팔찌'를 들어서 옆에 있는 남자의 왼손에 엮여 있는 자기의 오른손을 조금 보여주었다. 여자의 눈에 떠 있던 기쁨의 표정이 서서히 곤혹스런 불안으로 변했다. 뺨의 핏기도 사라졌다. 입술은 모호한 공포로 반쯤 벌어졌다. 이스튼이 이 사태를 재미있어하듯이 조금 웃고 다시 무슨 말을 하려고 했을 때, 옆에 있던 청년이 먼저 입을 열었다. 음울한 표정의 사나이는, 아까부터 젊은 여자의 모습을 그 꿰찌르는 듯한 날카로운 눈으로 몰래 관찰하고 있었다.

"느닷없이 말을 건네서 죄송합니다만, 아가씨, 이 보안관과 매우 친하신 모양이네요. 아가씨가 이 보안관에게, 내가 형무소에 가거든 나를 위해서 한마디 해주라고 부탁해 주시지 않겠습니까? 그러면 보안관도 아마 한마디 해주겠죠. 보안관이 한마디만 해주면, 형무소에서 여러 가지로 도움이 되거든요. 지금 보안관은 나를 리본워드 형무소로 데리고 가는 중이죠. 위조 지폐를 만든 죄로 7년형을 받았습니다요."

"어머나!" 젊은 여자는 깊은 한숨을 쉬며 말했다. 이윽고 얼굴빛이 되살아났다. "그럼 선생님은 여기서 그런 일을 하셨군요? 하지만 보안관이 되다니, 놀랐어요!"

"페어차일드 양" 이스튼이 침착하게 말했다. "나는 무언가 해야 했으니까요. 돈이란 놈은 날개가 달려서 저절로 날아가 버리지요. 더욱이 페어차일드 양도 잘 알듯이, 워싱턴에서 그 친구들과 사귀려면 꽤 돈이 들잖습니까? 나는 서부에서 이 일을 시작했지요. 그야 물론 보안관은 외교관만큼 고급 직업은 아닙니다. 그러나……."

"그 외교관은" 그녀는 부드럽게 말했다. "그 뒤 한 번도 만난 적이 없어요. 본디 그분은 저를 찾아올 필요가 없었죠. 그 까닭은 선생님도 알잖아요. 그럼, 지금 선생님은 씩씩한 서부의 용사로서, 말을 타고, 총을 쏘고, 온갖 위험 속으로 뛰어들곤 하시는 셈이네요. 워싱턴 때의 생활과는 완전히 달라졌겠어요. 그 무렵 친구들은 아마 무척 쓸쓸해하겠어요."

젊은 여자의 눈은 그때를 생각하는 듯이 황홀해지더니, 이윽고 그 눈이 가늘게 벌어져서 번쩍거리는 수갑에 가서 멎었다.

"이런 거에 신경 쓸 건 없습니다요, 아가씨" 또 한 사나이가 말했다. "보안관이라면 누구나 다 범인이 달아나지 못하도록 자기 손목과 범인의 손목을 수갑으로 엮어 두니까요. 이스튼 씨는 직무상 이렇게 하고 있는 겁니다."

"워싱턴에서 또 만날 수 있을까요?" 여자가 물었다.

"당장에는 아마 어렵겠죠." 이스튼이 말했다. "유감스럽게도 내가 놀던 시대는 이제 지나가서요."

"저는 서부가 좋아요." 그녀는 느닷없이 엉뚱한 말을 꺼냈다. 눈은 정답게 빛났다. 그녀는 차창 밖을 내다보더니 위엄과 격식을 벗어던지고 솔직한 어조로 성실하게 말하기 시작했다.

"어머니와 전 덴버에서 지난 여름을 보냈죠. 어머니는 아버지의 건강이 나빠지셔서 일주일쯤 전에 집으로 돌아가셨어요, 저는 서부에서도 훌륭하고 행복하게 살아갈 수 있다고 생각해요. 이곳 공기는 저한테 맞아요. 돈이 전부가 아니랍니다. 그런데 세상 사람들은 언제나 사물을 올바로 이해하지 못하고, 여전히 부질없는 생각에……."

"그런데, 보안관 나리" 음울한 표정의 사나이가 신음하듯 말했다. "이거 얘기가 심상찮은데요. 한잔하고 싶어요. 그리구, 종일 아직 한 대도 피우지 못했잖습니까요. 이야긴 이제 많이 했으니까, 흡연실로 데려가 주시죠, 한 대 피우고 싶어서 죽을 지경이라고요."

수갑으로 연결된 두 여행자는 일어섰다. 이스튼은 아까처럼 얼굴에 엷은 웃음을 띠고 있었다.

"담배가 피고 싶다는 이 사람의 간절한 바람을 거절할 수 없군요." 이스튼은 가벼운 어조로 말했다. "그게 불행한 사람의 유일한 위안이니까요. 그럼 실례하겠습니다, 페어차일드 양. 직무상 어쩔 수 없군요."

그는 작별 인사를 나누려고 손을 내밀었다.

"선생님이 동부로 가는 게 아니라서 참 유감스러워요." 다시 그녀는 위엄과 격식을 몸에 걸치며 말했다. "선생님은 꼭 리본워드로 가야 해요?"

"그렇습니다" 이스튼이 대답했다. "꼭 리본워드에 가야 합니다."

두 사나이는 몸을 옆으로 돌려 흡연차 쪽으로 통로를 걸어갔다.

가까운 자리에 있던 두 승객이 그들이 주고받는 이야기를 모두 듣고 있었다. 한 사람이 동행에게 말했다.

"저 보안관은 꽤 멋있는걸. 서부 사람 중에도 더러는 저런 사람이 있긴 있군그래."

"아직 나이도 젊은데, 저런 직무를 훌륭하게 해내고 있으니."

"젊다고?" 먼저 말을 꺼낸 사람이 되받았다. "어째서? 아, 그렇군! 자넨 진상을 눈치채지 못했군그래! 이봐, 보안관이 수갑으로 자기 오른손을 범인과 묶는 수도 있던가?"

금발의 위력
아, 아름다움은 가장 강한 것까지 정복하는구나!

교훈을 포함한 이야기는 모기 주둥이와 같다. 먼저 따분하게 만들어 놓고 따끔한 액체를 주사해 양심을 자극한다. 그러니 여기서는 먼저 교훈부터 내놓고, 그로써 끝내기로 하자. 번쩍거린다고 반드시 금이 아니다. 그러니까 황금 시험액 병은 언제나 마개를 덮어 두는 것이 현명하다.

조지 워싱턴 동상이 내려다 보이는 브로드웨이 광장의 한 모퉁이와 경계를 같이하는 곳에 '리틀 리앨토'*1가 있다. 이곳 예능인들은 흔히 그 근처에서 서성거리는데, 그들이 판에 박은 듯이 하는 말은 이렇다. "나는 지배인 플로먼한테 말했지, 2백 50달러에서 1센트가 빠져도 거절한다고 말야. 그러곤 뛰쳐나와 버렸지 뭐."

극장가의 화려한 빛에서부터 서쪽과 남쪽, 이 추운 북미에서 조촐한 열대적 따사로움을 찾아 몰려든 스페인 계 이민자들의 거리가 한두 군데 있다. 이 지역의 생활 중심은, 남미에서 오는 변덕스러운 방랑자들을 상대로 장사를 하는 카페 겸 식당 '망명자'이다. 칠레, 볼리비아, 콜롬비아 등 중미의 공화국이나 서인도 제도의 들끓는 섬에서 외투를 걸치고 솜브레로를 쓴 세뇨르들이 탈출해왔다. 모두 조국의 정치적인 폭발로 말미암아 타는 용암처럼 흩어진 사람들이다. 반격의 음모를 꾸미고 때를 기다리며, 자금을 모으고, 의용병을 모집하고, 무기와 탄약을 밀수하려고 이 땅에 모여든 것이다. 그런

---

*1 뉴욕의 브로드웨이에 면한 극장가.

사람들은 이 '망명자'에서 마음 느긋해지는 분위기를 발견했다.

이 식당에서는 남회귀선이나 북회귀선을 넘어 온 사람들의 입에 맞도록 조리된 요리가 나왔다. 이타주의자라면 아마도 이야기를 여기서 잠시 멈춰야 할 것이 틀림없다. 프랑스인 주방장의 요리 자랑에 진력이 난 사람은 꼭 '망명자'를 찾아가시라. 멕시코만에서 잡은 고등어나 대구나 전갱이가 스페인 식으로 구워지는 것을 구경할 수 있는 곳은 여기뿐일 것이다. 이 생선 구이에 토마토가 빛깔과 개성과 정신을 곁들이고, 콜로라도 산(産) 고추가 풍미와 독창성과 열의를 첨가하며, 이름 모를 채소가 신비로움과 자극을 보탠다. 그러나 그것보다 더 훌륭한 것에 대해서는 따로 장 하나를 마련해 설명할 만한 가치가 있다. 왜냐하면, 그 생선 요리 주위에, 위나 아래에 또는 가까이에—결코 그 속은 아니다—이루 말할 수 없는 풍미와 심령 연구소에나 가야 정체를 파악할 수 있는 아주 신기하고 이상한 향기가 떠돌고 있기 때문이다. '망명자'의 생선 요리에는 마늘이 들어 있기 때문이지 뭐, 이런 소리를 해서는 안 된다. 그것은 마치 마늘의 영혼이 두둥실 떠올라 '희망 없는 사랑이 그이의 입술 위에 그리는' 이 세상의 덧없는 입맞춤처럼, 파슬리를 얹은 요리 주위를 구슬프게 맴도는 것처럼 느껴진다. 그리하여 이윽고 한 쟁반의 갈색 광저기와, 오포르토*² 에서 '망명자'로 곧장 옮겨져 온 포도주의 잔을 종업원 콘티토가 들고 나올 때······아아, 이 얼마나 멋진 순간인가?

어느 날, 함부르크와 아메리카를 오가는 기선이, 카르타헤나*³ 에서 온 승객인 페리코 시메네스 바라브랑카 팔콘 장군을 55호 부두에 내려놓았다. 장군의 얼굴빛은 황색과 적갈색의 중간이었으며, 허리 둘레가 42인치, 키는 5피트 4인치, 뒤바리 형 장화를 신고 있었다. 오락 사격장 주인 같은 수염에 텍사스 출신의 하원 의원 같은 정장 차림으로 훈령을 거부하는 사절처럼 뻐기는 표정을 짓고 있었다.

팔콘 장군은 '망명자'가 있는 거리로 가는 길을 물어 볼 정도의 영어 실력은 있었다. 가까이까지 왔을 때, 그는 제법 꽤 훌륭한 붉은 벽돌집 앞에 '호텔 에스파뇰'이라고 쓴 간판이 붙어 있는 것을 보았다. 창문에는 '이곳에서는 스페인어가 통용됨'이라고 스페인어로 쓴 종이가 붙어 있었다. 장군은 좋

*2 포르투갈 서북부에 있는 항구 도시. 포도주 양조업의 중심지.
*3 남미 콜롬비아의 북해안에 있는 항구.

은 기항지를 찾았다고 생각하면서 안으로 들어갔다.

아담한 사무실에는 이곳을 운영하는 오브라이언 부인이 있었다. 부인은 금발, 그것도 정말 어디 하나 흠 잡을 데 없는 금발의 소유자였다. 그밖에는 애교 만점의 여자로 몸집이 크고 뚱뚱했다. 팔콘 장군은 챙 넓은 모자로 바닥을 쓸 듯이 정중하게 인사한 다음, 몇 마디 스페인 말을 건넸는데, 그 한 마디 한마디는 실에 꿴 구슬 꽃불이 조용히 타면서 터져 나가는 것처럼 들렸다.

상냥하게 부인이 물었다.

"스페인 분이세요? 아니면 포르투갈 분이세요?"

"나는 콜롬비아인입니다" 장군이 자랑스레 말했다. "스페인어를 하지요. 이 창문에 이곳에서는 스페인어가 통용된다고 써 있는데, 무슨 뜻입니까?"

"어머나, 손님도 지금 그 말을 쓰고 계시잖아요" 안주인이 말했다. "저는 할 줄 몰라요."

'호텔 에스파뇰'에서 팔콘 장군은 방을 계약하고 들어갔다. 저녁때가 되자 그는 북미의 시끌시끌한 도시의 놀라운 풍경을 구경하려고 어슬렁 거리로 나갔다. 걸어가면서 그는 오브라이언 부인의 근사한 금발을 떠올렸다. 장군은 자기 나라 말로 중얼거렸다. "온 세계에서 가장 아름다운 여자가 사는 곳이 여기구나. 조국 콜롬비아의 미인들 중에서도, 저만큼 아름다운 여자는 본 적이 없는걸. 아니, 안되지, 팔콘 장군쯤 되는 인물이 미인 생각이나 하다니 이건 어울리지 않아. 나의 헌신을 요구할 수 있는 것은 오직 조국뿐이야."

브로드웨이 가와 리틀 리알토 길모퉁이에서 장군은 그만 정신을 잃었다. 시내의 차들이 그를 얼떨떨하게 만들어, 그 가운데 어느 차의 범퍼에 떠받혀서 오렌지를 가득 실은 손수레 위로 나가 떨어졌다. 아슬아슬하게 바퀴 하나 차이로 그를 피한 택시 운전사는 그에게 심한 욕설을 퍼부었다. 겨우 도로로 비틀거리며 굴러나오는 순간, 땅콩 볶는 장수의 기계가 그의 귀에 뜨겁고 요란한 소리를 불어넣었으므로, 그는 깜짝 놀라 다시 튀어 올랐다. "사람 살려! 정말이지, 이런 무서운 거리를 봤나!"

장군이 상처입은 도요새 같은 모습으로 가까스로 통행인의 물결에서 빠져 나오자마자, 두 사냥꾼이 꼭 알맞은 사냥감으로서 곧바로 그에게 눈독을 들이기 시작했다. 한 사람은 힘이 세고, 8인치쯤 되는 쇠파이프를 마구 휘두르는 것으로 이름이 난 '난폭자' 맥과이어였다. 또 다른 아스팔트 사냥꾼은, 그보다 훨씬 세련된 수법으로 이름을 떨친 '거미' 켈리였다.

누가 보기에도 틀림없는 이 봉에게 덤벼든 것은 켈리가 좀 빨랐다. 그는 팔꿈치로 맥과이어가 손을 대려는 것을 가볍게 막았다.

"손 대지 말아!" 그는 점잖게 명령했다. "내가 먼저 발견했단 말야." 그가 한 급수 위였으므로 맥과이어는 시무룩하게 꼬리를 말고 물러났다.

"실례합니다만" 켈리는 장군에게 말을 건넸다. "이 번잡한 틈바구니에서 무척 당황하고 계시는 것 같군요. 제가 도와 드리겠습니다." 그는 장군의 모자를 집어서 먼지를 털어 주었다.

켈리의 수법은 성공할 수밖에 없었다. 장군은 거리의 소란스러움에 혼이 나서 당황하고 있었으므로, 이 구조자를 티끌만한 사심도 없는 친절한 기사로서 환영했다.

장군이 말했다. "나는 내가 머물고 있는 오브라이언 부인의 호텔로 돌아가고 싶소. 아니, 정말 깜짝 놀랐소, 세뇨르. 이 누에바 요크라는 도시는 교통이 말할 수 없이 혼잡하고 떠들썩한 곳이구려."

켈리의 예의범절은 이 유명한 콜롬비아인이 혼자서 호텔로 돌아가는 위험을 무릅쓰게 하지는 않았다. '호텔 에스파뇰' 현관 앞에서 그들은 걸음을 멈추었다. 길 맞은편 조금 아래쪽에 소박한 '망명자' 전광 간판이 반짝이고 있었다. 켈리가 알지 못하는 거리는 거의 없었지만, 그는 이곳을 그저 대충 '스페인 거리'라고 생각했다. 켈리는 모든 외국인을 남구인과 프랑스인의 두 종류로 분류했다. 그는 장군에게, 저 식당으로 가서 술을 마시면서 두 사람의 우정을 확인하지 않겠느냐고 제의했다.

한 시간 뒤, 팔콘 장군과 켈리는 '망명자'의 '음모자 코너'라고 부르는 탁자에 앉아 있었다. 두 사람 사이에는 몇 개의 술병과 술잔이 놓여 있었다. 장군이 미국으로 파견되어 온 사명의 비밀을 털어놓은 것은 이로써 벌써 열 번째였다. 콜롬비아의 혁명당이 쓸 무기—2천 자루의 윈체스터총—를 사려고 와 있다고 그는 공언했다. 장군은 카르타헤나 은행에서 뉴욕 지점으로 발행한 도합 2만 5천 달러의 수표 몇 장을 주머니에 갖고 있었다. 다른 탁자에서도 다른 혁명가들이 저마다 동지들에게 정치상의 비밀을 큰 소리로 털어놓고 있었는데, 장군처럼 큰 소리로 떠들어대는 사람은 없었다. 장군은 탁자를 주먹으로 쾅 치고 큰 소리로 술을 주문하고, 켈리에게 자기의 사명은 절대로 비밀이므로 누구에게도 이야기해서는 안된다고 큰소리로 떠들어댔다. 켈리는 동정적인 열광에 사로잡힌 표정을 지었다. 그는 탁자 너머로 장군의 손을 잡았다.

"각하" 그는 진지한 얼굴로 말했다. "각하의 나라가 어디에 있는지는 모릅니다만, 저는 귀국 편입니다. 그런데 혹시 귀국은 미국의 일부가 아닙니까? 시인이나 학교 선생들이 이따금 이 나라의 일부를 콜롬비아라고 부르는 수가 있거든요. 오늘 밤 각하가 저를 만나신 것은, 각하를 위해서 참으로 다행스러운 일입니다. 각하를 위해서 그만한 총을 거래할 수 있는 사람은, 온 뉴욕에서 저 혼자밖에 없으니까요. 미국의 육군 장관은 제 친구입니다. 장관은 지금 이 도시에 와 있으니까, 내일 각하를 위해서 그를 만나기로 하지요. 그러나 각하, 수표는 안주머니에 단단히 넣어 두십시오. 내일 각하를 찾아 뵌 다음 육군 장관에게 소개해 드리겠습니다. 그런데 각하가 말씀하시는 것은 설마 저 컬럼비아 지구*4를 말씀하시는 게 아니겠죠?" 켈리는 문득 불안해져서 마지막으로 물었다. "2천 자루 정도의 총으로는, 도저히 그곳을 점령할 수는 없습니다. 옛날에 그보다 훨씬 많은 총이 쓰인 적도 있으니까요."

"아니, 아닙니다. 아닙니다!" 장군이 외쳤다. "내가 말하는 곳은 콜롬비아 공화국, 남미의 가장 위쪽에 있는 커……다란 공화국입니다. 암 그렇구말구요!"

"알겠습니다." 켈리는 마음이 놓이는 듯이 말했다. "그럼 이제 돌아가서 한잠 자기로 하십시다. 저는 오늘 밤, 장관에게 편지를 써서 회견 약속을 받아 놓겠습니다. 뉴욕에서 총을 옮기는 일은 꽤 성가신 일입니다. 매클러스키 혼자서 할 수 있는 일이 못되지요."

그들은 '호텔 에스파뇰' 현관 앞에서 헤어졌다. 장군은 달을 우러러보면서 눈동자를 굴리며 한숨을 쉬었다.

"뉴욕이란 참으로 위대한 나라구나!" 장군은 중얼거렸다.

"그야 길거리의 차들이 나를 떠받았고 땅콩 볶는 기계는 내 귀에다 무시무시한 소리를 불어넣긴 했지. 하지만 저 세뇨르 켈리는 어떤가. 풍성한 금

---

*4 미국 동부 포토맥 강변에 있는 한 지구. 수도 워싱턴이 있다. 특별 행정부로서 각 주와는 별도로 국회의 직접 관할 아래 있다. D.C. 로 약한다.

발과, 적당히 풍만한 자태를 지닌 저 부인은 또 어떤가. 이 얼마나 훌륭한 사람들인가! 정말 근사하다!"

켈리는 가까운 전화통으로 가서 브로드웨이 가 훨씬 상부에 있는 '카페 매클러리'를 불렀다. 그리고 지미 던을 바꿔달라고 부탁했다.

"이봐, 지미 던이야?" 켈리가 물었다.

"그래" 하고 대답이 돌아왔다.

"그런데, 안 그렇단 말야." 켈리는 즐거운 듯이 말했다. "너는 육군 장관이야. 내가 갈 때까지 거기 있으라고. 미끼로 낚아 올릴 수 있는 고기 치고는 굉장한 놈을 지금 여기 잡아 놨단 말야. 황금띠를 두른 콜로라도 엽궐련이라고. 게다가 붉은 실내 램프와 냇물에서 목욕하는 프시케*5 소형 조각쯤은 충분히 살 만한 무료 쿠폰까지 붙어 있다니까. 다음 전차로 그리로 가마."

지미 던은 갱 사회에서는 지식인이었다. 사기꾼으로서는 예술가였다. 일찍이 몽둥이를 사용해 본 적은 한 번도 없었다. 게다가 녹아웃 드롭스*6 사용 따위는 아예 경멸했다. 사실 뉴욕에서 손에 넣을 수만 있다면 그는 희생자에게 가장 순수한 술을 제공하려 할 것이다. 지미의 수준에까지 올라가는 것이 '거미' 켈리의 오랜 숙원이었다.

이 두 신사는 그날 밤 '카페 매클러리'에서 회의를 열었다. 켈리는 설명했다. "그놈은 말야, 꼭 고무신처럼 말랑말랑한 놈이라고. 콜롬비아라는 섬에서 왔는데, 거기선 파업인지 싸움인지 아무튼 뭐 그런 게 일어날 판이래. 그래서 그 소동을 진압하려고 윈체스터 총 2천 자루를 사러 파견되어 왔다는 거야. 이곳 은행 앞으로 발행된 1만 달러짜리 수표 두 장과 5천 달러짜리 수표 한 장을 보여 주더군. 정말이야, 지미. 놈이 그걸 1천 달러 지폐로 바꿔갖고 은쟁반에 담아서 내게 넘겨주지 않으니, 정말 미칠 것 같더라. 놈이 은행에 가서 그걸 현금으로 바꿔 올 때까지 잠자코 기다리는 수밖에 없겠지?"

그들은 그 일에 관해서 두 시간 넘도록 의논했다. 그런 다음에 던이 말했다.

"그치를 내일 오후 4시에 브로드웨이 ○○번지로 데려와라."

---

*5 그리스 신화에 나오는, 에로스의 사랑을 받은 나비의 날개를 가진 아름다운 소녀.
*6 음료에 섞는 마취약.

이튿날, 시간을 봐서 켈리는 '호텔 에스파뇰'로 장군을 찾아갔다. 그리하여 그 기략 넘치는 무인이 하필이면 오브라이언 부인과 아주 즐거운 듯이 이야기하는 것을 발견했다.

"육군 장관이 우리를 기다리고 있습니다" 켈리가 말했다.

장군은 부인 곁을 떠나는 데 상당한 노력이 필요했다.

"어서 오시오, 세뇨르" 그가 한숨을 쉬면서 말했다. "의무니 하는 수 없겠지. 그런데 세뇨르, 미국의 부인들은 어쩌면 이렇게도 아름답소? 예를 들자면, 이 오브라이언 부인이오. 이 얼마나 훌륭한 여성이오. 정말 부인은 여신이시오. 주노*7시오. '소 눈'이라고 부르는 정다운 눈을 가진 그 주노 말이오."

켈리는 꽤 신소리를 잘하는 사나이였다. 물론 꽤 머리가 좋은 인간이라도 빼어난 신소리를 발견하면, 그만 그 착상의 불때문에 머리 회전이 이상해지는 법이지만……

"정말 그렇습니다!" 그는 빙그레 웃으면서 말했다. "하지만 장군이 말씀하시는 것은 물감으로 머리를 물들인 주노가 아닙니까?"

오브라이언 부인이 이 말을 듣고 황금빛으로 빛나는 머리를 쳐들었다. 그녀의 날카로운 시선이 한 순간 슬금슬금 달아나는 켈리의 모습에 못박혔다. 전차간을 제외하고는 여성에게 결코 실례의 말을 해서는 안된다.

용감한 콜롬비아 장군과 그 수행인은, 브로드웨이의 지정된 곳에 도착해 30분쯤 응접실에서 기다린 다음 훌륭한 가구들이 놓인 사무실로 안내되었다. 거기에는 엄숙한 용모의 수염 없는 인물이 책상에 앉아 무언가를 쓰고 있었다. 팔콘 장군의 친구 켈리는 그를 미합중국 육군 장관에게 소개하고 그 용건도 전달했다.

"음, 콜롬비아입니까!" 장관은 이야기의 줄거리를 이해하고 의미심장하게 말했다. "그런 문제라면 조금 성가신 일이 일어날지도 모르겠군요. 콜롬비아에 대한 대통령과 나의 견해가 일치하지 않기 때문입니다. 대통령은 기존의 정권을 지지하고, 나는……." 장관은 수수께끼처럼 의미를 담은 미소를 장군에게 보냈다. "팔콘 장군, 장군은 물론 아시겠습니다마는, 태머니 전쟁 이후 다른 나라에 수출하는 무기와 탄약은 모두 육군성을 통해서 해야 한다

---

*7 로마 신화에 나오는 주피터의 아내. 결혼의 여신.

는 법안이 통과되었습니다. 그러나 만일 나라도 도움이 될 수 있다면 친구 켈리 씨의 말씀도 있고 하니까, 기꺼이 있는 힘껏 도와드리고 싶습니다. 그 대신 이 일은 어디까지나 비밀로 해주셔야 합니다. 아까도 말씀드렸듯이, 대통령은 콜롬비아에서 여러분들 혁명당의 노력을 그리 좋게 보고 있지 않으니까요. 아무튼, 당번더러 장군에게 도움이 될 만한 무기의 재고표를 가져오게 하지요."

장관은 벨을 눌렀다. 그러자 제모에 A.D.T.라는 글씨가 적힌 당번 사관이 곧 방에 들어왔다.

"소총 재고 목록 B표를 가져오게" 장관이 명령했다.

당번 사관은 금방 한 장의 인쇄물을 들고 돌아왔다. 장관은 잠시 그것을 들여다보았다.

그는 말했다. "여기에 보니까, 정부가 보관하고 있는 제9호 창고에 이미 포장된 윈체스터 총이 2천 자루 있습니다. 모로코 왕이 주문한 것인데, 발주와 동시에 현금을 보내와야 한다는 것을 주문자가 잊었지요. 우리나라 규칙에 따르면, 구입할 때 곧바로 법정 통화에 따른 지불이 이루어져야 합니다. 그럼, 켈리 군, 만일 자네 친구이신 팔콘 장군께서 바라신다면, 이만한 무기를 원가로 양도해 드리겠네. 여기서 회견을 마치고 싶은데, 용서해 주시겠습니까? 실은 일본 대사와 찰스 머피 씨를 만날 시간이 되어서요."

이 회견의 결과로, 장군은 존경하는 친구 켈리에게 깊이 감사하게 되었다. 또 하나의 결과로, 명민한 육군 장관은 그로부터 이틀 동안 총을 담을 빈 상자를 사 모아서 벽돌을 넣고, 이것을 그러한 목적으로 빌린 창고에 갖다 쌓는 일에 분주했다. 그리고 또 하나의 결과로서 장군이 '호텔 에스파뇰'에 돌아오자 오브라이언 부인이 다가와서 그의 외투 깃에 묻은 실 보푸라기를 하나 뜯어내면서 말했다.

"저, 세뇨르, 쓸데없는 참견을 하고 싶진 않지만 그 원숭이 같은 얼굴에 괭이 같은 눈에다, 마차꾼 나팔 같은 소리를 내는 악당이, 장군님께 무언가 이상한 일을 시키려고 하는 게 아녜요?"

"천만에!" 장군이 소리쳤다. "나의 좋은 벗 켈리에 대해서는, 절대로 비난 같은 말은 듣고 싶지 않소."

"아무튼 정원으로 나가세요." 오브라이언 부인이 말했다. "꼭 말씀드릴 일이 있어요."

그리고 한 시간쯤 지났다고 생각하시라.

"그러면 부인 말씀은" 장군은 말했다. "1만 8천 달러만 내면, 이 집의 모든 가구류와 이와 같이 아름다운 정원, 고국 콜롬비아의 정원과 비슷한 이 정원의 1년 사용권을 넘겨주시겠단 말씀입니까?"

"아주 헐값이에요." 부인은 한숨을 쉬었다.

"음!" 장군은 깊숙이 숨을 들이켰다. "내게 전쟁이 뭐며 정치가 무엇이겠는가? 여기는 낙원이다. 조국에는 싸움을 계속하기 위한 용감한 영웅이 얼마든지 있다. 내게 영광이 뭐며, 인간과 인간이 서로 쏘아 죽이는 일이 대체 무엇이겠는가. 아아! 그렇다! 나는 여기서 한 천사를 발견했다. 좋소, 나는 '호텔 에스파놀'을 사고, 당신을 내 사람으로 만들기로 정했소. 이 돈을 총 따위에 헛되이 쓰지는 않기로 했소."

오브라이언 부인은 풍파두르 형 금발을 콜롬비아 애국자의 어깨에 기댔다.

"어머나, 세뇨르" 부인은 행복한 듯이 한숨을 쉬었다. "당신은 정말 멋진 분이세요!"

이틀 뒤에는 무기를 장군에게 넘겨주기로 약속한 날이었다. 무기가 들어있는 것으로 된 상자가 임대 창고에 그득이 쌓여 있었다. 그리고 육군 장관은 그 위에 걸터앉아 짝패인 켈리가 희생자를 끌고 오기를 기다렸다.

그 시각에 켈리는 서둘러 '호텔 에스파놀'로 가고 있었다. 장군이 책상에 앉아 돈을 세는 모습이 보였다.

"나는 무기 구입은 하지 않기로 했소" 장군이 말했다. "오늘 이 호텔을 샀지요. 머지않아 페리코 시메네스 비라브랑카 팔콘 장군과 오브라이언 부인은 결혼하게 될 것이오."

케리는 마치 목이 졸려 죽은 얼굴같았다.

"뭐라고, 이 대머리 구두약 영감쟁이야!" 그는 마구 뇌까렸다. "네놈은 사기꾼이다. 틀림없는 사기꾼이야. 그런 나라가 어디 있는지 알 수는 없지만 그놈의 나라 돈으로 호텔을 사다……."

"음." 장군은 합계 금액을 계산하고서 말했다. "그게 당신들이 말하는 정치라는 게요. 전쟁이니 혁명이니 하는 것은 결코 바람직한 일이 못되오. 암, 미네르바*8를 따르는 게 반드시 최선은 아니란 말이오. 결코 그렇지 않소. 호텔을 경영하며, 여기 있는 이 주노, 소 눈의 주노와 함께 사는 편이 훨씬 바람직스럽소. 오오! 이 여성은 어쩌면 이토록 아름다운 황금빛 머리를 갖고 있소!"

켈리는 다시 목이 꽉 죄어 버렸다.

"켈리 씨!" 마지막으로 장군은 조용한 어조로 말했다. "당신은 아직 오브라이언 부인이 손수 만든 콘 비프 해시를 드셔 본 적이 없으실 테지?"

---

*8 로마 신화의 전쟁의 여신.

도시의 패배

도시는 얼굴을 갖고, 시골은 영혼을 갖는다

로버트 웜즈리는 도시로 나오는 바람에 마지막까지 고생스럽게 싸우는 결과가 되었다. 그는 재산과 명성으로 싸움의 승리자가 되었으나, 그 반면 도시에 삼켜지는 형편이 되었다. 도시는 그가 구하는 것을 모두 준 다음, 그 낙인을 찍어 버렸다. 도시는 자기가 인정하는 형태로 그를 개조하고, 재단하고, 손질해, 도장을 눌렀다. 그에게 사교계의 문을 열어 주고, 반추동물의 선택된 집단이 풀을 뜯는 말쑥하게 손질된 잔디밭에 그를 가두었다. 복장과 습관과 예법과 시골 사투리, 날마다의 일과와 나아가서는 편협스러움 등에서 그는 매력적인 뻔뻔함과 신경에 거슬릴 정도의 완벽함과 세련된 아둔함과 불균형의 균형 등을 터득해, 그의 훌륭한 태도에 비하면 맨해튼 신사들이 우스꽝스러우리만치 소인으로 보였다.

주(州)의 산간 벽지에 있는 시골 마을에서는, 이 성공한 젊은 도시 변호사를 그 고장이 낳은 인물로 자랑스러워했다. 6년 전 이 지방 사람들은, 웜즈리 영감 집의 주근깨에 덮인 '밥'이 말 한 필이 있는 농장에서 하루 세끼만 그럭저럭 어김없이 배불리 먹을 수 있는 식사를 버리고, 결혼 반지를 세 개나 낀다는 대도시의 대중식당에서 먹는 둥 마는 둥 하는 식사를 택했다는 말을 듣고, 월귤나무 열매에 물든 이빨 사이로 밀짚을 뽑으면서 퀴퀴하게 시골냄새 풍기는 웃음소리를 내면서 비웃었다. 마지막 6년째가 되었을 때, 로버트 웜즈리의 이름 없는 살인 사건 공판도 마차 여행 연회도, 자동차 사고도,

코틸리언*¹ 춤도 무엇 하나 원활하게 진행되지 않는 사태까지 일어났다. 양복 재단사는 길거리에서 그를 기다렸다가 주름살 하나 없는 그의 바지에서 새로운 착안을 얻으려고 했다. 클럽의 외국계 미국인들이나 가장 오랜 집안에서 태어난 사람들은, 기꺼이 그의 등을 두드리며 '밥'이라는 한마디로 그의 이름을 부르면서 아는 체를 했다.

그러나 로버트 웜즈리의 성공이라는 마터호른*²은 그가 엘리셔 반 데르풀과 결혼함으로써 비로소 정상을 차지한 것이었다. 마터호른을 비유로 이용한 것은, 이 오랜 시민의 딸이 그처럼 높고, 차갑고, 희고, 접근하기 어려운 존재였기 때문이다. 그녀 주위에 늘어선 사교계의 알프스 산맥—그 찬바람 휘몰아치는 산길에는 몇 천 명의 등산가들이 몰려서 서로 밀치며 고투하고 있었다—도 겨우 그녀의 무릎에밖에 오지 않았다. 그녀는 맑디맑고 청초하며 긍지 높은 자기 자신의 분위기 속에 초연히 치솟아, 어떤 샘에도 발을 들여놓지 않았고, 원숭이들에게 향응을 배풀지도 않았으며, 품평회를 위해 개를 기르는 일도 없었다. 그녀는 반 데르풀 집안의 한 사람이었다. 샘은 자기 스스로 놀기 위해 만들어졌으며, 원숭이는 남의 조상이 되고자 생긴 것이며, 개는 맹인이나 파이프를 피워 문 불쾌한 인간들의 길동무가 되려고 만들어진 것으로 간주하고 있었다.

이것이 로버트 웜즈리가 마침내 정상을 차지한 마터호른이었다. 산꼭대기를 오르는 사람은, 가장 높은 봉우리가 대부분 구름과 눈에 덮여 있는 것을 발견할 것이다. 그가, 튼튼한 다리를 지닌 사람으로 머리털을 인공적으로 고수머리로 만들고 있는 저 시인과 더불어 그것을 깨달았다 하더라도, 그는 자기의 동상(凍傷)을 그 씩씩하고 상냥한 겉모습 아래 감추어 버렸을 것이 틀림없다. 그는 행운아였으며 스스로도 그것을 알고 있었다. 하기야 심장 언저리를 식히기 위해 윗옷 속에 아이스크림 제조기를 끼고 다니는 스파르타식 젊은이임을 뽐내는 점도 있기는 했지만.

외국으로 짧은 신혼 여행을 다녀온 신랑 신부는 상류 사회의 조용한 연못에 화려한 파도를 일으켜 놓았다(그 연못은 그토록 고요하고, 차갑고, 햇빛마저 비치지 않았다).

---

*1 정식 무도회에서 추는 복잡한 춤.
*2 알프스 산중에 있는 높이 4천 5백 8미터의 유명한 봉우리.

두 사람은 산산이 부서진 흘러간 영광의 무덤이라 할 만한 오래된 구역에서 지난날의 위대함을 간직하고 있는 붉은 벽돌집의 영묘(靈廟) 같은 저택에서 사람들을 대접했다. 로버트 윕즈리는 아내를 자랑으로 여겼다. 물론 그는 한 손으로 손님과 악수를 나누면서도, 한 손으로는 등산 지팡이와 온도계를 단단히 쥐고 있었다.

어느 날, 앨리셔는 로버트의 어머니가 아들에게 보낸 편지를 발견했다. 그것은 농사 수확에 관한 일로, 어머니다운 애정이며, 농장에서 일어난 일 같은 것을 서투른 글씨로 또박또박 쓴 편지였다. 돼지와 요즘 태어난 털이 붉은 송아지의 건강이 어떻다는 것을 알려 주는 한편, 로버트의 건강을 걱정하고 있었다. 고향에서 곧장 날아온 흙냄새가 물씬하게 풍기는 편지, 꿀벌의 전기(傳記)며 순무 이야기며, 갓 낳은 달걀에 대한 찬가며, 내동댕이쳐진 부모님 이야기며, 건조한 사과의 평이 좋지 않다는 이야기에 이르기까지 길고 지루한 사연이 적혀 있었다.

"어머님 편지를 왜 나한테 안 보여 줬어?" 앨리셔가 물었다. 그녀의 목소리에는 언제나 자루 달린 안경이며, 티파니 계산서며, 돈슨에서 포타마일까지 기분좋게 미끄러져 가는 썰매, 할머니 때 샹들리에에 처져 있는 프리즘 형태의 유리장식이 부딪치는 소리, 수녀원 지붕에 쌓인 눈이, 나아가서는 보석(保釋)에 반대하는 경찰 간부 등을 떠오르게 하는 그 무엇이 있었다.

"어머님은 우리더러 농장으로 놀러오라고 말씀하시는걸." 앨리셔는 말을 이었다. "난 농장을 한 번도 본 적이 없어. 한두 주일 다녀오지 않겠어, 로버트?"

"응, 가기로 합시다." 대법원 배석 판사가 어떤 의견에 동의할 때 하듯이 점잔을 빼며 로버트는 말했다. "당신이 가고 싶어 하지 않을 줄 알고, 일부러 이 편지를 보이지 않았지. 당신이 갈 생각을 하다니, 정말 반갑군."

"그럼, 내가 어머님께 편지를 쓸게." 가냘프게 기쁨의 빛을 보이면서 앨리셔가 대답했다. "펠리스에게 일러서 곧 짐을 꾸리게 할게. 트렁크가 일곱 개 있으면 충분하지 않을까 몰라? 어머님은 그리 많은 사람을 초대하시진 않겠지? 집에서는 늘 파티를 열어?"

로버트는 얼른 일어서서 농촌 지대에 대한 검사(檢事)의 자격으로 일곱 개의 트렁크 가운데 여섯 개를 기각하라고 제의했다. 그는 농장을 정의하며 묘사하고, 설명했으며 진술하려고, 웅변을 쏟아냈다. 자기 말이 자기가 들어도 기묘하게 들렸다. 자기가 얼마나 철저하게 도시화해 버렸는가 하는 데 대해서, 그는 여태까지 그토록 강하게 느껴 본 적이 없었다.

그리고 일주일 뒤, 이 부부는 도시에서 다섯 시간쯤 떨어진 어느 시골의 조그만 기차역에 내려서고 있었다. 용수철이 달린 마차에 노새를 몰아세우던, 엄청나게 목소리가 큰 한 젊은이가 빙글빙글 비웃는 듯한 웃음을 띤 채로 난폭하게 로버트에게 인사했다.

"아이고 형, 기어이 돌아왔군. 자동차로 마중 못나와서 미안해. 아버지가 그 차로 클로버 밭을 10에이커나 파헤치는 중이거든. 마중 나온다면서 옷도 안 갈아 입고, 용서해줘, 형. 아직 6시까진 시간이 너너하거든."

"반갑다, 톰" 동생의 손을 잡으면서 로버트가 말했다. "그래, 기어이 돌아왔다. 네 말대로 정말 '기어이'야. 전번에 다녀가고 벌써 2년이 넘었거든. 하지만 앞으로는 더 자주 오마, 톰."

여름의 찌는 듯한 더위 속에 있으면서도 북극의 망령처럼 차갑고, 노르웨이의 눈 아가씨처럼 흰 앨리셔가, 투명한 모슬린 의상에 레이스 양산을 팔락이며 기차역 모퉁이를 돌아 모습을 드러냈다. 그러자 톰은 그만 침착성을 잃었다. 그는 파란 작업복 속에서 눈만 뒤룩거리면서, 집으로 마차를 몰아가며 노새에게 지껄일 말만 생각했다.

일행은 집으로 마차를 몰아갔다. 기울어진 태양이 풍요한 보리밭 위에 황금빛을 아낌없이 쏟고 있었다. 도시는 아득히 먼 저편에 있었다. 길은 단정치 못한 여름옷에서 흘러 떨어진 리본처럼, 숲과 골짜기와 언덕을 돌아 꼬불꼬불 굽이져 있었다. 바람이, 태양신의 말 뒤를 히힝거리며 쫓아오는 망아지처럼 그들을 쫓아왔다.

이윽고 충실한 숲으로 둘러싸인 농장의 집이 차츰 그 잿빛 모습을 드러냈다. 일행은 큰길에서 집으로 통하는 호두나무에 호위된 긴 오솔길을 보고, 들장미와 시냇물 바닥에 무성히 자란 시원스러운 수양버들의 입김을 마셨다. 이어 온갖 대지의 소리가 가락을 맞추어 한꺼번에 로버트 웜즈리의 영혼에 대고 노래를 불렀다. 그 소리는 어둑어둑한 숲 속 그늘 짙은 복도에서 뚜렷하게 울려 왔다. 메마른 풀숲도 지저귀고 신음했다. 시냇물 여울의 잔잔한 파도는 떨리는 소리로 노래를 불렀다. 어렴풋이 보이는 목장에서는 맑은 목양신(牧羊神)의 풀피리 소리가 떠돌았다. 하늘에서 파리매를 쫓는 쪽독새의 울음소리가 이에 화답했다. 느릿느릿 걸음을 옮겨 놓는 암소의 방울 소리가 평화로운 반주를 연주했다. 그 소리마다 이렇게 말했다. '기어이 돌아오셨네요.'

그리운 흙 소리가 그에게 말을 건넸다. 초목의 잎과 싹과 꽃은, 그가 태평한 젊은이었을 때의 말로써 이야기를 건넸다. 생명이 없는 눈에 익은 돌도, 울타리의 횡목도, 문도, 밭고랑도, 지붕도, 길모퉁이까지도 이야기를 들려주는 힘이 있었다. 고향은 그에게 미소를 보냈다. 그는 그 숨결을 느끼고, 잠시 옛 애인 곁으로 돌아온 듯한 기분에 잠겼다. 도시는 아득히 멀리 물러가 버렸다.

이리하여 전원으로의 복귀가 로버트 웜즈리를 사로잡고, 그의 넋을 빼앗았다. 동시에 그는 기묘한 것을 깨달았다. 자기 옆에 앉아 있는 앨리셔가 갑자기 아주 남처럼 여겨지기 시작한 것이다. 그녀는 다시 되살아난 이 세계에 속하는 인간이 아니었다. 그녀가 이토록 멀리 이토록 빛바래 아득히 높은 곳에 있는, 손에 닿지 않는 비현실적인 존재로 보인 적은 일찍이 없었다. 그러면서도 그녀가 바로 곁에, 덜컹거리는 마차 안에서 마치 마터호른이 농부의 양배추 밭과 어울리지 못하는 것처럼 그의 기분이나 주변 풍경과 조화를 이루지 못하고 앉아 있는 지금만큼, 그녀를 찬미한 적도 일찍이 없었다.

그날 밤 인사와 저녁식사가 끝나자, 노랑강아지 버프까지 포함해서 식구들이 모두 집 앞 포치에 모였다. 앨리셔는 엷은 잿빛의 아름다운 티 가운을 걸치고, 그리 뽐내지는 않았지만 입을 다문 채 한쪽 그늘에 앉아 있었다. 로버트의 어머니는 즐거운 듯이 마멀레이드 이야기며, 허리 신경통에 관한 이야기를 그녀에게 들려주었다. 동생 톰은 돌계단의 가장 윗단에 걸터앉고 누이동생 밀리와 펌은 반딧불을 잡으려고 제일 아랫단에 앉아 있었다. 어머니는 흔들거리는 고리 의자에 앉았고, 아버지는 한쪽 팔이 떨어져 나간 큼직한 안락의자에 앉아 있었다. 버프는 사람들 쪽으로 팔다리를 뻗고 포치 한가운데에 드러누웠다. 황혼의 요정과 작은 요정들이 모습도 보이지 않고 살며시 다가와, 로버트의 가슴을 또다른 추억의 화살로 꿰뚫었다. 전원에 대한 열광이 그의 영혼을 뒤흔들었다. 도시는 아득히 먼 곳에 있었다.

아버지는 딱딱한 예절을 지키느라 파이프도 피우지 않고, 무거운 가죽구두를 신은 채 몸을 곰지락거렸다. "그렇게 체면 차리실 건 없어요, 아버지!" 로버트가 큰 소리로 말하며 파이프를 꺼내어 불을 붙였다. 그리고 늙은 신사의 구두를 쥐고 잡아당겨서 벗겨주었다. 그 뒤에 나머지 구두가 너무 쉽게 쏙 빠지는 바람에 워싱턴 스퀘어에 사는 로버트 웜즈리는 포치에 벌렁 나자빠지면서 머리를 버프에 부딪쳤다. 버프는 깜짝 놀라 비명을 질렀다. 톰은 큰 소리로 웃으며 놀렸다.

로버트는 윗옷과 조끼를 훌훌 벗어 라일락 숲에 던졌다.

"이리 나와, 이 농부야!" 그는 톰에게 소리쳤다. "등에 풀씨를 잔뜩 묻혀 줄 테니까. 아까 나더러 너 뭐랬지, 뭐 '뽐내는 사내'라고? 자, 덤벼라! 안심하고 덤벼 봐!"

톰도 이 도전의 의미를 알았다. 그는 좋아라고 덤볐다. 두 사람은 씨름판의 거인처럼 풀밭에서 맞붙들고 세 번이나 씨름을 했다. 톰은 두 번이나 고명한 변호사의 손에 의해 풀밭으로 나가떨어졌다. 머리를 헝클어뜨리고 숨을 헐떡이며 힘을 자랑하던 두 사람은, 비슬비슬대며 포치로 돌아왔다. 밀리가 도시의 오빠를 시시하다고 혹평했다. 그러자 곧바로 로버트는 징그러운 베짱이를 손가락으로 집어 누이의 얼굴에 갖다댔다. 이 복수심에 불타는 사나이에게 쫓겨서, 밀리는 시끄러운 비명을 지르며 오솔길로 달아났다. 4분의 1마일이나 달려갔다가 두 사람은 돌아왔다. 밀리는 승리한 '뽐내는 사내'에게 "미안해, 오빠"를 되풀이했다. 그러나 로버트는 여전히 전원의 흥분에 사로잡혀 씨근거렸다.

"너희들 같은 느림뱅이 촌놈들이라면, 몇이 덤벼도 한꺼번에 다 처리해 버리겠다" 그는 오만하게 선언했다. "불독이든지, 머슴이든지, 짝패든지 뭐든지 다 끌고 와!"

그는 풀밭에서 휙 날아 재주를 넘어 보였다. 톰은 반쯤은 부러운 듯이 형을 놀렸다. 로버트는 다시 함성을 지르며 뒷마당으로 달려가, 쪼글쪼글하게 늙은 흑인 머슴 아이크 영감에게 밴조를 들려 끌고 왔다. 그리고 포치에 모래를 뿌려 '빵 쟁반의 닭고기'를 추기도 하고, 반시간 동안이나 보기 좋게 탭댄스를 춰 보이기도 했다. 정말 미치광이 같은 뒤죽박죽이었다. 노래를 부르기도 하고, 한 사람을 제외한 온 가족이 비명을 지를만한 끔찍한 이야기를 들려주기도 하고, 시골뜨기 흉내를 내기도 하고, 우스꽝스러운 농민의 모습을 해 보이기도 했다. 그는 피 속에 되살아난 옛 생활에 열광해 꼭 미친 사람처럼 되어 있었다.

너무나 어처구니 없는 짓을 하므로, 한번은 어머니가 부드럽게 타이르려고 했다. 그러자 앨리셔가 무슨 말을 할 듯한 기색을 보이더니 끝내 아무말도 하지 않았다. 이 소동이 일어나는 동안 그녀는 꼼짝도 않고, 누가 말을 건네는 일도 없이 표정을 읽을 수 없는 어둠 속에서, 호젓하게 하얀 정령(精靈)처럼 앉아 있었다.

이윽고 그녀는 피곤하다면서 방으로 물러가겠다고 양해를 구했다. 집 안으로 들어가면서 그녀는 로버트와 스치고 지나갔다. 머리는 온통 헝클어지고, 얼굴은 시뻘겋게 상기되고, 옷은 마구 구겨졌으며 소란스러운 희극 속의 등장 인물 같은 몰골로 그는 문 앞에 서 있었다. 인기 높은 클럽 회원이자 상류 사교계의 스타인, 어느 한 점 나무랄 데 없는 로버트 웜즈리의 면모는 이제 그 어디에서도 찾아 볼 수 없었다. 그는 집 안의 연장을 이용해 요술을 해 보이는 중이었다. 가족들은 이제 모두 그에게 압도되어 그저 감탄하며 쳐다볼 뿐이었다.

앨리셔가 지나갈 때, 로버트는 깜짝 놀랐다. 그녀가 이 자리에 있다는 것을 그는 까맣게 잊고 있었던 것이다. 그를 보지도 않고 앨리셔는 2층으로 올라갔다.

그 뒤 소동도 차츰 가라앉았다. 한 시간쯤 가족들과 이야기를 나누다가 로버트도 2층으로 올라갔다.

그가 방에 들어섰을 때, 앨리셔는 창가에 서 있었다. 포치에 나왔을 때의 옷을 아직 그냥 입고 있었다. 창 밖에는 꽃이 가득 핀 커다란 사과나무가 덮칠 듯이 가지를 뻗고 있었다.

로버트는 한숨을 쉬며 창가로 다가갔다. 그는 운명과 대결할 각오를 했다. 마침내 정체를 드러내고만 벼락 명사인 그는, 어렴풋이 허옇게 떠오른 말없는 모습 속에서 심판의 결과를 예견했다. 반 데르풀 집안의 엄격한 관례를 그는 잘 알았다. 그는 야만스러운 몰골로 골짜기를 뛰어다니는 농부이며, 맑고 차갑고 흰 영혼의 눈에 덮인 마터호른의 정상은 아마도 그에게 얼굴을 찌푸리는 수밖에 없을 것이다. 그는 자신의 행위로 가면을 벗어버린 것이었다. 도시가 몸에 지녀 준 세련된 몸가짐도, 태도도, 예법도, 시골의 산들바람을 맞자마자 몸에 맞지 않는 망토처럼 쑥 벗겨지고 만 것이다. 눈앞에 다가온 죄의 선고를 그는 멍청하게 기다렸다.

"로버트" 재판관의 조용하고 차가운 목소리가 들려왔다.

"나는 신사와 결혼한 줄 알았어."

마침내 왔구나! 그런데 이런 사태에 부딪히고서도 로버트 웜즈리는, 옛날 이 창문에서 자주 기어올라가곤 했던 사과나무의 커다란 가지를 열심히 바라보고 있었다. 지금도 그 가지에 올라갈 수 있다고 믿었다. 이 나무에는 얼마나 많은 꽃이 피어 있을까 그는 생각했다. 천만 송이쯤 달렸을까? 그때 다시 누군가가 말을 건넸다. "나는 신사와 결혼한 줄 알았어" 이어 그 목소리가 말했다. "하지만……."

그녀는 왜 내 곁에 다가와서 붙어설까?

"하지만, 이젠 알았어. 내가 결혼한 사람은" 이게 엘리셔의 어조일까? "더 멋진…… 남자였다는 것을. 자 밤, 내게 입맞춰줘."

도시는 아득히 먼 곳에 있었다.

떡갈나무 숲의 왕자님

선행은 진공에서 성취되지 않으며, 타인과의 교제에서 사랑이 따라야 수행된다

9시가 되어서야 겨우 하루의 고된 노동이 끝났다. 레너는 '석공 숙소' 3층 다락에 있는 자기 방으로 올라갔다. 날이 채 새기도 전부터 레너는 이 시끄럽고 음침한 숙소에서 마룻바닥을 닦고, 무거운 사기 쟁반과 컵을 씻고, 침대를 매만지며 엄청나게 들어가는 장작과 물을 나르는 등 어른 여자 노예처럼 일했다.

이날의 채석장에서 이는 소음—남포질과 드릴 소리, 거대한 기중기가 삐 걱거리는 소리, 십장이 외치는 소리, 커다란 석회암 덩어리를 끄는 운반차가 왔다갔다하는 소리—이 그쳤다. 아래층 방에서 석공 서너 명이 밤늦게까지 내기 장기를 두면서 불평을 늘어놓기도 하고 못된 욕을 뇌까리기도 하곤 했다. 집 안에는 지진 고기며 뜨거운 기름기며 싸구려 커피 등의 답답한 냄새가 짙은 안개처럼 떠돌았다.

레너는 쓰다 남은 초 토막에 불을 켜 놓고, 나무 의자에 맥없이 앉았다. 나이는 열 한 살, 여위고 안색이 좋지 않았다. 등과 팔다리가 욱신거리고 아팠다. 그러나 가장 큰 고민은 마음의 고통이었다. 그 가냘픈 두 어깨의 무거운 짐 위에 다시 마지막 짚단이 얹혀진 것이다. 그림 동화집을 빼앗겨 버렸던 것이다. 아무리 지치더라도, 밤이 되면 레너는 위로와 희망을 찾아 그림의 책을 집어 들었다. 그때마다 그림은, 머지않아 반드시 왕자님이나 요정이 찾아와 자기를 악마의 마법에서 구해 줄 것이라고 속삭였다. 이렇게 그녀는 밤마다 그림한테서 새로운 용기와 힘을 얻었다. 어떤 이야기를 읽든지 레너

는 꼭 그것을 자기 처지에 맞춰서 생각했다. 길 잃은 나무꾼의 아이며 가엾은 바보 소녀, 학대받는 의붓딸과, 마귀 할멈의 오두막에 갇힌 소녀 등 '석공 숙소'에서 죽도록 일하는 식모 레너에게는 그애들이 모두 또 하나의 자기 모습이나 다름없었다. 그리고 위기에 처하면, 늘 마음씨 고운 요정이나 용감한 왕자님이 구해 주러 달려오는 것이었다.

그러기에 이 악마의 성에서 악마의 주문(呪文)에 묶여 노예처럼 혹사당하면서도, 레너는 그림에게 매달려 착한 힘이 승리를 거둘 날을 간절히 바랐다. 그런데 어제 머로니 아줌마가 레너 방에서 이 책을 발견하고는, 식모 주제에 밤에 책을 읽으면 잠이 모자라서 낮에 일을 못한다며, 호통을 치고 책을 가져가 버렸던 것이다. 어머니 품에서 멀리 떠나와 살면서 디욱이 놀 틈도 없는 열 한 살 소녀가 그림책까지 빼앗겨서 과연 살아갈 수 있을까? 여러분도 한 번 경험해 보라. 그러면 그것이 얼마나 쓰라린 일인가 알 수 있으리라.

레너의 집은 텍사스주, 페더네일스 강가의 조그만 산간에 있는 프레더릭스버그라는 작은 마을에 있었다. 프레더릭스버그에는 모두 독일계 사람들만 살았다. 저녁때가 되면 사람들은 길가에 늘어놓은 조그만 식탁에 둘러앉아 맥주를 마시고, '피노클'*1 놀이를 하고, '스캣'*2을 부르곤 했다. 매우 검소한 사람들이었다.

그중에서도 가장 검소한 것이 레너의 아버지 페터 힐데스뮬러였다. 레너가 30마일이나 떨어진 채석장 숙소로 일하러 나간 것도 그 때문이었다. 레너는 거기서 일주일에 3달러를 받았는데, 이렇게 번 돈은 페터의 여물기 짝이 없는 저금 속으로 고스란히 들어가는 것이었다. 페터는 이웃에 사는 휴교 에펠바워 같은 부자가 되겠다는 야심을 품고 있었다. 이 이웃은 3피트나 되는 긴 해포석(海泡石) 파이프를 피우고, 날마다 저녁 식사 때는 송아지 커틀릿과 토끼 스튜가 빠지는 적이 없었다. 그래서 이제 레너도 일을 해서 아버지의 재산 증식에 이바지할 수 있는 나이라고 보았다. 그러나 이제 겨우 열한 살이 갓 넘은 어린 소녀가, 즐거운 라인 강변의 촌락을 떠올리게 하는 작은 마을의 집을 떠나, 가혹한 노동을 하려고 악마의 성으로 가야 하는 것이

---

*1 트럼프놀이의 일종.
*2 재즈 음악의 하나.

무엇을 뜻하는지 좀 짐작해 보라. 그곳에서는 악마들이 소와 양을 잡아먹고 있을 때 부지런히 그들을 섬겨야 하고, 악마들이 큰 구둣발로 마룻바닥을 짓밟으며 흰 석회암 가루를 뿌리면서 난폭하게 소리를 지를 때, 그 연약하고 아픈 손으로 깨끗이 쓸고 닦아 윤을 내야 한다. 더욱이 그림책까지 빼앗아 버리다니!

레너는 옥수수 통조림이 들어 있던 낡은 상자 뚜껑을 열고, 종이 한 장과 연필 토막을 꺼냈다. 어머니에게 편지를 쓸 생각이었다. 이 편지는 토미 라이언이 배린저네 집에서 우체통에 넣어 주기로 했다. 토미는 열일곱 살이었다. 채석장에서 일하고, 밤에는 언제나 배린저의 집으로 돌아갔다. 지금 그는 레너의 창문 밑 어둠 속에 숨어서, 레너가 편지를 바깥으로 던져 주기를 기다렸다. 그것이 프레더릭스버그로 편지를 보낼 수 있는 오직 하나의 길이었다. 머로니 아줌마는 레너가 편지 쓰는 것을 좋아하지 않았다.

초가 차츰 짧아졌으므로, 레너는 얼른 연필을 깨물어서 심을 꺼내 쓰기 시작했다. 그 사연은 다음과 같다.

보고 싶은 엄마. 나는 엄마가 보고 싶어 죽겠어요. 그리고 그레텔, 클라우스, 하인리히, 어린 아돌프도 보고 싶어요. 나는 너무나 피곤해요. 나는 엄마가 보고 싶어요. 오늘은 머로니 아줌마가 때리고 저녁도 먹지 못하게 했어요. 손이 아파서 장작을 많이 갖다 놓지 못했거든요. 아줌마는 어제 내 책을 가져가 버렸어요. 레오 아저씨가 사주신 그림 동화책이에요. 나는 책을 읽어도 누구에게도 폐를 끼치지 않았어요. 되도록 열심히 일하려고 하지만, 할 일이 너무너무 많아요. 그래서 밤마다 조금밖에 읽을 수가 없어요. 엄마, 내가 지금부터 어떻게 할 생각인지를 쓸게요. 내일 사람을 보내서 나를 집으로 데려가 주시지 않으면, 나는 깊은 강물에 들어가서 빠져 죽어 버릴래요. 빠져 죽는 것은 나쁜 일이겠지만, 나는 엄마가 보고 싶어요. 그밖에는 아무도 없는걸요. 오늘은 너무 고단해요. 그리고 토미가 이 편지를 기다리고 있어요. 엄마, 내가 그렇게 하더라도 부디 용서해 주세요.

엄마의 귀여운 딸 레너

편지를 다 쓸 때까지 토미는 충실히 기다렸다. 이윽고 레너가 편지를 창밖으로 떨어뜨리니, 그가 집어 들고 험한 산허리를 기어올라가는 모습이 보였다. 그녀는 옷도 갈아입지 않은 채 촛불을 끄고는, 마룻바닥의 매트리스에서 몸을 동그랗게 움츠리고 잤다.

10시 반에 배린저 노인은 양말을 신고 집 안에서 나와, 파이프를 피우면서 문간에 기댔다. 달빛에 하얗게 빛나는 넓은 거리를 내려다보면서, 한쪽 발 끝으로 다른 쪽 발의 복사뼈를 긁었다.

이제 프레더릭스버그로 가는 우편 마차가 말굽 소리를 울리며 거리를 달려올 시간이었다.

배린저 노인이 기다린 지 고작 몇 분 지나지 않아 프리츠의 조그만 김징 노새 두 마리의 힘찬 발굽 소리가 들려 왔다. 곧 프리츠의 용수철이 달린 마차가 문 앞에 와서 섰다. 프리츠의 큼직한 안경이 달빛에 반짝였다. 그는 엄청나게 큰 목소리로 우체국장 배린저에게 인사했다. 우체부는 뛰어내리더니 노새의 고삐를 끌렀다. 배린저네 집에서 늘 노새에게 귀리를 먹이고 있었기 때문이었다.

노새가 사료 부대의 귀리를 먹는 동안, 배린저 노인은 집 안에서 우편물 부대를 들고 나와 마차 안에 던져 넣었다.

프리츠 베르크만은 언제나 세 가지 일에 신경을 썼다. 아니, 노새 두 마리를 따로따로 헤아린다면 정확히 네 가지나 된다. 첫째는 노새였는데, 노새는 그의 생활과 주요한 이해관계가 있었고, 또 기쁨이기도 했다. 둘째가 독일 황제, 셋째가 레너 힐데스뮬러였다.

"잠깐 묻겠습니다만" 출발 준비가 다 된 프리츠가 말했다.

"채석장 꼬마 아가씨 레너가 엄마 힐데스뮬러 부인에게 보내는 편지가 자루 속에 들어 있습니까? 지난번에 몸이 좀 아프다는 편지가 와서요. 그애 어머니가 그 뒤의 소식을 무척 궁금해합니다."

"있지" 배린저 노인이 말했다. "헬터스켈터 부인인지 뭔지 하는 이름 앞으로 가는 편지가 한 통 있더구먼. 토미 라이언이 돌아올 때 들고 왔어. 그 여자애가 그런 데서 일하나?"

"거기 숙소에서 일하고 있죠" 프리츠는 고삐를 말아 쥐면서 큰 소리로 대답했다.

"이제 열 한 살인데, 비엔나 소시지보다도 작아요. 그놈의 구두쇠 페터 힐데스뮬러 놈 같으니! 언젠가 나는 반드시 그놈의 돌대가리를 굵직한 몽둥이로 깨뜨려 놓을 테니까. 마을 안에서나 바깥에서나 상관할 게 뭐야! 아마 그 편지에는, 레너가 이제 좀 나았다고 써 있나보죠. 그렇다면 그애 어머니도 무척 기뻐하겠습니다. 그럼, 안녕히 계십시오, 배린저 영감님. 밤의 냉기로 발이 얼지 않도록 조심하시고요."

"또 만나세, 프리츠." 배린저 노인이 말했다. "마차를 몰기에는 알맞게 시원한 밤이군그래."

조그만 검정 노새들은 든든한 걸음걸이로 도로를 달려갔다. 프리츠는 이따금 큰 소리로 노새들에게 사랑과 격려의 말을 던져 주었다.

우체부가 부질없이 온갖 상상에 잠겨 있는 동안에, 배린저 집에서 8마일쯤 떨어진 큰 떡갈나무 숲에 이르렀다. 이곳에서 그의 공상은 난데없는 불빛과 시끄러운 권총 소리, 인디언 부락이 한꺼번에 외치는 듯한 우렁찬 함성으로 순식간에 흩어져 버렸다. 말을 탄 괴한 일당이 달려와 우편 마차를 둘러쌌다. 그 가운데 하나가 마차 앞에 막아서며 프리츠에게 권총을 들이대며 서라! 하고 명령했다. 다른 녀석들은 노새 돈더와 브리젠의 고삐를 잡았다.

"왜 이러는 거야!" 프리츠는 목청껏 소리쳤다. "너희들은 뭐야? 노새를 놔라. 이것은 미합중국의 우편물이다!"

"빨리 해라, 독일 놈아." 무시무시한 목소리가 음흉하게 말했다.

"강도들에게 둘러싸인 걸 모르나? 자, 노새를 뒤로 물리고, 마차에서 내려!"

이 프레더릭스버그로 가는 우편 마차 습격이 약탈 형식으로 이루어지지 않은 것은, 혼도 빌의 범죄 규모가 크고 목적이 웅대했기 때문이었다. 사자가 그 강대한 힘에 알맞은 먹이를 찾아다니다가 마침 길에서 만난 토끼를 장난삼아 짓밟아 보듯이, 혼도 빌 무리의 악당들도 프리츠의 평화로운 우편 마차를 장난삼아 습격해 본 것이다.

이 일당의 본업인 밤 습격은 이미 끝나 있었다. 프리츠와 우편물 부대와 노새는, 힘든 본 작업이 끝난 뒤의 가벼운 심심풀이 재료였다. 여기서 동남으로 20마일 떨어진 곳에서는, 약탈당한 급행 열차와 우편 열차가 꼼짝도 못하고 서 있었다. 기관차는 파괴되고, 승객들도 미친 듯이 흥분해 있었다.

혼도 빌과 그 일당이 본격적으로 시작한 범행을 보여 주는 것이었다. 지폐와 은화를 섞어서 꽤 큰돈을 탈취한 강도단은, 리오그란데 강가의 걸어서 갈 수 있는 길로 멕시코에 잠입하기 위해서, 인적 없는 이 지방을 빠져 서쪽으로 크게 돌아가는 중이었다. 두려움을 모르는 강도들은 기차에서 빼앗은 약탈품으로 아주 기분이 좋아서 왁자하게 들떠 있었다.

프리츠는 느닷없이 된통 당한 데다가 도무지 상황을 알 수 없어 몸을 떨고 있었으나, 문득 정신을 차리고 재빨리 길바닥으로 뛰어내렸다. 강도들은 말에서 내려 노래를 부르며 껑충껑충 뛰고, 고래고래 소리를 지르면서, 법의 속박을 받지 않는 생활의 명랑하고 만족스러운 기쁨을 드러내고 있었다. 노새의 코앞에 서 있던 '방울뱀' 로저스가 얌전한 돈더의 고삐를 거칠게 화 끌어당기는 바람에, 돈더는 뒤로 조금 비틀거리며 아프다고 항의하듯 크게 콧김을 울렸다. 그 순간 프리츠는 분노에 찬 외마디 소리를 지르면서 거구의 로저스에게 덤벼들어, 귀여운 돈더를 놀라게 한 강도를 주먹으로 마구 두들기기 시작했다.

"이 악당놈아!" 프리츠는 소리쳤다. "이 개놈아! 짐승아! 이 노새가 입이 아파 이러잖나. 네놈의 모가지를 뽑아 버릴 테다. 이 강도놈아!"

"헛헛헛!" '방울뱀'은 큰 소리로 웃으면서 머리를 움츠렸다. "이봐, 누가 이 배추통 좀 쫓아라!"

무리 가운데 하나가 프리츠의 옷자락을 잡고 끌어당겼다. '방울뱀'은 온 숲이 쩌렁쩌렁 울리는 소리로 외쳤다.

"이 소시지 같은 놈이!" 이윽고 그는 빙글빙글 웃으면서 소리쳤다. "그런데 이놈은 독일놈 치고는 겁이 없는걸. 얼른 노새를 감싸잖아. 나는 그게 예컨대 노새라도 자기 말을 아끼는 놈을 보면 기쁘단 말야. 요놈의 건방진 꼬마 치즈 새끼가 용감하게 덤벼들잖아! 좋아, 좋아, 알았다, 노새님. 다시는 네 주둥이를 아프게 하지 않으마."

부두목 벤 무디의 수확을 더 늘리겠다는 욕심만 없었더라도, 우편물을 샅샅이 뒤지는 일은 아마 없었을 것이다.

"이봐, 두목" 그는 혼도 빌에게 말했다. "이런 우편물 속에는 뜻밖에도 엄청난 횡재가 숨어 있는 거라고. 나는 프레더릭스버그 근처에서 독일놈과 말 장사를 해 봐서 놈들의 수법을 잘 알지. 그 마을에는 어마어마한 대금이 우편으로 운반된단 말야. 그곳 독일놈들은 돈을 은행에 넣지 않고, 몇천 달러나 되는 현금을 종이에 싸서 우편으로 보내는 위험한 짓들을 한다니까."

키가 6피트 2인치, 목소리가 부드럽고 거동이 재빠른 혼도 빌은, 무디가 채 말도 끝내기 전에 벌써 마차 뒤쪽에서 부대를 몇 개나 끌어내고 있었다.

그의 손에서 번쩍이는 칼이 튼튼한 즈크 자루로 파고 들어가더니 찍익 찢어지는 소리가 들렸다. 강도들은 그 주위에 몰려 편지 발신인들에게 괜한 욕설을 퍼부으면서 편지와 소포를 뜯기 시작했는데, 암만해도 밴 무디의 말은 틀린 것 같았다. 프레더릭스버그로 가는 우편물 속에는 1달러도 나오지 않았다.

"네 놈은 이래도 부끄럽지 않나?" 혼도 빌은 언짢은 듯이 우체부에게 말했다. "이런 낡은 휴지와 같은 종이 부스러기만 잔뜩 쑤셔넣어 갖고, 대체 어쩌자는 거야? 너희 독일 놈들은 대체 어디다 돈을 숨겨 두나?"

베린저의 행낭도 혼도의 칼로 누에고치처럼 찢어졌다. 그 속에는 한 줌의 우편물밖에 들어 있지 않았다. 프리츠는 공포와 흥분으로 멍하니 있었는데, 그들은 이윽고 이 우편물까지 뜯어보기 시작했다. 그때 그는 문득 레너의 편지가 떠올랐다. 그는 강도단 두목에게 이 소중한 편지만은 좀 봐달라고 부탁했다.

"고맙다, 독일놈아." 그는 곤란해하는 우체부에게 말했다. "그게 바로 우리가 찾던 편지란 말야. 그래, 이 안에 보물이 들어 있단 말이지? 모두들, 나왔다, 불을 켜라."

혼도는 레너가 어머니에게 보낸 편지를 찾아내어 봉투를 뜯었다. 다른 사람들은 주위에 모여서 꾸불꾸불 이어나간 글자를 하나하나 비추어 나갔다. 혼도는 네모난 독일식 봉투 안에 들어 있는 한 장의 종이를 불만 가득한 얼굴로 들여다보았다.

"이게 뭔지는 모르겠다만, 어쨌든 네놈은 이걸로 우리를 골탕 먹이겠다는 속셈이지. 이 독일놈아, 이게 그래 소중한 편지란 말야? 네놈의 우편 배달을 도와 주겠다고 일부러 찾아온 친절하신 우리를 속이다니, 이놈 아주 당돌하구나."

"이건 중국 글씨야." 샌디 그랜디라는 자가 혼도의 어깨 너머로 편지를 들여다보며 말했다.

"엉뚱한 소리하지 말아." 본견 손수건과 니켈 도금을 한 마스크로 얼굴을 가린 억세 보이는 젊은 악당이 말했다. "그건 속기라는 거야. 언젠가 재판소에서 그런 글씨를 쓰는 걸 본 적이 있지."

"천만에! 아냐, 아니라니까요. 아니라고요. 그건 독일 말이라고요." 프리츠가 말했다.

"그건 아직 조그만 여자애가 제 엄마한테 써 보낸 편집니다. 집을 떠나서 병든 몸으로 열심히 일하는 가엾은 소녀죠. 그런 짓을 하면서 당신들은 부끄럽지도 않소? 이보세요, 친절한 강도 양반, 제발 그 편지만은 돌려주시지요."

"아니, 이놈의 영감쟁이가, 네놈은 대체 우리를 어떤 악마로 아는 거야?" 갑자기 혼도가 깜짝 놀랄 만큼 격한 어조로 말했다.

"너는 설마 우리처럼 마음씨 부드러운 신사들에게, 그 소녀의 건강을 걱정할 만한 친절함마저도 없다고 생각하는 건 아닐 테지? 이리와서 여기 이 교양이 넘치는 신사님들에게, 이 뭐가 뭔지 알 수 없는 편지를 알기 쉬운 미국말로 고쳐서 큰 소리로 읽어라."

혼도는 육혈포의 안전 장치 있는 데를 빙빙 돌리면서 몸집이 자그만 독일인 앞에 버티고 섰다. 프리츠는 곧 간단한 영어로 고쳐서 그 편지를 읽기 시작했다. 강도들은 묵묵히 귀를 기울이고 서 있었다.

"그애는 몇 살이야?" 편지를 다 읽고 났을 때 혼도가 물었다.

"열한 살요."

"어디 있나?"

"저 채석장에요. 거기서 일하고 있죠. 아아, 큰일났구나, 그 어린 레너가 물에 빠져 죽는다는 소리를 다 하고 있으니. 정말로 물에 빠질지 어떨지는 알수 없지만, 만일 그렇게 된다면 내 꼭 그놈의 페터 힐데스뮬러 놈에게 총알을 쏘아 넣고 말테다."

"너희들 독일놈들은" 혼도는 경멸하듯, 그러나 명랑하게 말했다. "정말 지긋지긋하단 말야. 모래밭에서 인형이나 갖고 놀기에 꼭 맞는 어린 여자를 일하러 내보내다니, 정말 죄받을 국민이야. 너희들처럼 케케묵은 싸구려 국민을 우리가 어떻게 생각하는지 보여주마. 그때까지 네놈을 잠시 여기 묶어놔야겠다. 애들아, 이리 좀 와라."

혼도 빌은 조금 떨어진 곳에서 부하들과 짧게 무언가 의논하더니, 이윽고 그들은 프리츠를 길 한쪽으로 끌고 갔다. 그리고 재빨리 두 가닥의 밧줄로 나무에다 묶었다. 두 마리의 노새는 가까운 다른 나무로 끌어다 맸다.

"너희들을 해치자는 게 아니야" 혼도는 안심시키듯이 말했다. "잠시 나무에 묶여 있는다고 몸이야 상하겠나. 자, 우리는 이제 가 봐야겠다. 너는 여기서 편안히 기다리라고. 혼자 기다리는 거야. 우편물 배달은 한참 동안 좀 무릴 테지. 더는 떠들지 마라, 독일인."

프리츠는 악당들이 말에 올라앉자, 많은 안장이 한꺼번에 삐걱거리는 소리를 들었다. 이윽고 크게 외치는 소리가 들리더니, 프레더릭스버그 도로를 되돌아 달려가는 많은 말발굽 소리가 요란스레 울렸다.

두 시간 넘게 프리츠는 나무에 꽁꽁, 그러나 그다지 아프지 않게 묶여서 앉아 있었다. 그러는 동안에, 신경이 닳아 버릴 것 같았던 모험으로 말미암아 그는 꾸벅꾸벅 졸다가 이윽고 잠들어 버렸다. 얼마나 잤는지 자기도 알수 없었으나, 누가 마구 흔드는 바람에 깜짝 놀라 눈을 떴다. 누군가의 손이 밧줄을 풀고 있었다. 몸을 들어올리듯이 하여 일어섰는데, 눈앞이 아찔하고 마음이 뒤숭숭하며 몸이 나른했다. 눈을 비비고 보니, 다시 그 무서운 강도들에게 둘러싸여 있었다. 그들은 프리츠를 마치 마부석으로 안아 올려 손에 고삐를 쥐어 주었다.

"자, 채찍질을 해서 집으로 달려라, 독일인" 혼도 빌이 명령하듯 말했다. "네놈은 우리에게 아주 성가신 일을 시켰다고. 이제 겨우 네놈한테서 벗어나니 기쁘다. 자, 달려라 노새들아, 달려!"

혼도는 다가가서 브리첸을 채찍으로 후려쳤다.

조그만 노새들은 다시 움직이게 되었으므로, 좋아라고 뛰어올라 달리기 시작했다. 프리츠는 노새를 재촉했으나, 무서운 모험 때문에 머리가 어지럽고 마음도 혼란스러웠다.

시간표대로라면 새벽에 프레더릭스버그에 도착했어야 할 터였다. 그러나 이런 사태가 일어났으므로 아침 11시에 그는 프레더릭스버그로 가는 긴 도로를 달리고 있었다.

우체국에 가려면 꼭 페터 힐데스뮐러의 집 앞을 지나가야만 했으므로, 페터네 문 앞에서 노새를 세우고 소리를 질러 보았다. 힐데스뮐러 부인은 그가 오기를 간절히 기다리고 있었다. 가족들이 모두 뛰쳐나왔다.

뚱뚱하고 얼굴이 붉게 달아오른 어머니 힐데스뮐러 부인은, 먼저 레너의 편지가 있느냐고 물었다. 프리츠는 큰 소리로 이제까지의 모험을 이야기했다. 그가 강도에게 읽어 준 레너의 편지 사연을 들려주자 어머니는 소리내어 통곡하기 시작했다. 귀여운 딸 레너가 물에 빠져 죽다니! 그애를 왜 일하러 내보냈지? 어떻게 하면 좋지? 이제 와서 누구를 보내봐야 너무 늦었는지도 모른다. 페터 힐데스뮐러는 해포석 파이프를 길바닥에 툭 떨어뜨렸다. 그것은 산산이 부서져서 흩어졌다.

"이 여편네야!" 그가 아내를 호통쳤다. "어쩌자구 그애를 일하러 보냈나? 그애가 끝내 돌아오지 않게 되면, 그건 모두 당신 책임이야."

그것은 페터 자신의 책임이라는 것은 누구나 다 알고 있었으므로, 그의 말에 귀를 기울이는 사람은 아무도 없었다. 한순간 뒤, 이상하게 가냘픈 소리가 들려 왔다. "엄마." 어머니는 처음 그것이 레너의 귀신이 부르는 소리인 줄 알았다. 그러나 곧 어머니는 프리츠의 마차 뒤로 달려갔다. 그리고 기쁨으로 넘치는 소리를 지르면서 레너를 부여잡고, 그 창백한 얼굴을 입맞춤으로 덮으면서 숨이 콱 막히도록 껴안았다. 지칠대로 지쳐서 죽은 듯이 잠들어 있었기 때문에 레너의 눈꺼풀은 무거웠지만, 방긋이 웃으면서 그토록 보고 싶던 어머니의 품안에 꼭 안겼다. 소녀는 많은 우편 자루들 사이에 끼여 처음 보는 담요와 깃 이불로 만든 둥우리에 파묻혀서, 사람들의 목소리에 잠이 깰 때까지 푹 잠들어 있었던 것이다.

프리츠는 안경 속의 툭 불거진 두 눈으로 정신없이 레너를 바라보았다.

"아니, 이게 뭐야!" 그는 큰 소리로 외쳤다. "너 대체 어떻게 이 마차에 탔니? 아까는 그 강도들 손에 죽거나 목이라도 졸릴 줄 알았는데, 이번에는 머리가 돌아 버릴 것 같구나."

"영감님이 우리 딸을 데려다 주셨어요, 프리츠!" 어머니 힐데스뮐러 부인은 소리쳤다. "뭐라고 인사를 드려야 좋을지 모르겠어요."

"네가 대체 어떻게 해서 프리츠 영감님 마차에 올라타게 됐는지, 엄마한테 말해 보렴." 어머니가 말했다.

"모르겠어." 레너가 대답했다. "하지만 어떻게 그 호텔에서 빠져 나왔는지는 알아. 왕자님이 데리고 나와 준 거야, 엄마."

"독일 황제님의 왕관을 두고 맹세한다!" 프리츠가 소리쳤다. "우리 모두 머리가 돌아 버릴 것 같다."

"왕자님이 와서 도와 주신다는 건, 전부터 알고 있었어, 나" 레너는 길바닥에 내려놓은 이불 위에 앉으면서 말했다. "어젯밤에 왕자님이 무장한 기사들을 많이 거느리고 오셔서, 그 악마의 성을 차지하신 거야. 기사들은 그릇을 마구 집어던져 부수고, 문을 걷어차서 부쉈어. 주인 아저씨는 빗물통에 집어넣고, 주인 아줌마는 온몸에 밀가루를 덮어 씌웠고 기사들이 총을 쏘니까, 호텔 일꾼들은 모두 창문으로 뛰어나가서 숲 속으로 달아나 버렸어. 기사들이 깨우길래 나는 계단 밑을 살며시 내려다봤지, 뭐. 그때 왕자님이 올라오셔서 나를 이불에 싸서 번쩍 들잖아. 왕자님은 굉장히 아주 크고, 힘이 세고, 훌륭한 분이었어요. 얼굴은 솔처럼 꺼칠꺼칠했지만, 말씨는 부드럽고 친절하셨어. 그리고 브랜디 냄새가 조금 나더라. 왕자님은 나를 안장 앞에 태우시더니, 기사들에게 둘러싸여서 말을 달렸지. 왕자님이 나를 꼭 안아 주셔서, 나는 그만 잠들어 버렸지 뭐야. 그리고 집에 올 때까지 그냥 자 버린 거야."

"바보같은 소리!" 프리츠 베르크만은 소리쳤다. "꼭 동화 같은 소릴 하는구나! 어떻게 채석장에서 내 마차까지 왔느냐 이 말이야?"

"왕자님이 데려다 주셨다니까요."

레너는 끝까지 이렇게 믿었다.

그리고 오늘에 이르기까지 프레더릭스버그의 선량한 사람들은, 아직도 그보다 더한 설명을 레너한테서 듣지 못하고 있다.

100번 듣느니 1번 보는 게
나의 말은 정설이요, 타인의 말은 이설이다

봄이 유리처럼 투명한 눈동자로 윙크를 보내오고 있다. '미네르바' 편집자 웨스트브룩의 발걸음은 여느 때와 다른 쪽으로 접어들었다. 브로드웨이 한 호텔 식당에서 점심을 먹고 사무실로 돌아가는 길에 그는 봄의 유혹에 사로잡혀 26번가에서 오른쪽으로 돌아 5번가 홍수처럼 밀려드는 차량을 건너 새싹이 움트는 메디슨 스퀘어를 발길 닿는 대로 걷고 있었다.

작은 공원의 여유로운 분위기는 전원적이었다. 그 색조는 초록빛—인간과 초목을 창조할 때 주로 사용되었던—이었다.

보도 사이에 솟아난 어린 풀은 독기를 품은 녹색으로, 지난 여름과 가을 흙에 숨을 내뿜은 세상의 낙오자들을 떠올리게 했다. 나무에서 움트는 싹은 40센트짜리 저녁식사 첫 번째 코스를 연구한 사람들에게는 이상하게 낯익었다. 머리 위 하늘은 흐린 남빛이었다. 눈에 보이는 단 하나의 거짓 없고 자연적인 색깔은 새로 페인트 칠을 한 벤치의 그럴싸한 초록색이었다. 지난해 유행했던 크레버넷 제 방수코트의 바래지 않는 검정과 오이 피클 사이 중간쯤 되는 색이다. 그러나 도시에서 자란 편집자 웨스트브룩의 눈에는 그 풍경이 빼어난 예술작품처럼 보였다.

그리고 이제, 성급하게 뛰어든 독자든, 뛰어들기를 망설이는 부드러운 성격의 소유자이든, 잠시 이 편집자의 마음에 들어가 보아야겠다.

편집자 웨스트브룩의 마음은 만족스럽고도 고요했다. '미네르바' 봄호가 그 달 10일이 되기도 전에 모두 팔렸고—키오컥[1]의 한 잡지 판매업자가 써

*1 아이오와주의 도시.

보낸 편지에는, 여분이 있었다면 50부는 더 팔 수 있었을 거라고 했다—사주는 그의 월급을 인상해 주었으며, 집에 훌륭한 외국인 요리사를 두게 되었고—요리사는 경찰을 두려워했다—, 출판업자들의 만찬에서 그가 연설한 내용이 모두 조간신문에 실렸다. 그의 마음 속에는, 그날 아침 아파트를 떠나기 전에 매력적인 젊은 아내가 그에게 불러준 멋진 노래, 환희에 찬 곡조가 메아리쳤다. 그녀는 최근 부쩍 음악에 관심을 보이며 아침 일찍부터 부지런히 연습해오고 있었다. 목소리가 좋아졌다는 그의 칭찬을 듣고 그녀는 기뻐하며 그를 껴안았다. 그는 봄이라는 숙련된 간호사가 부드러운 강장제를 들고 회복기에 있는 도시의 병동으로 걸어 내려오고 있음을 느꼈다.

편집자 웨스트브룩이 공원 벤치 사이를 산책하는 동안 (부랑자들과 비행 소년들의 후견인들이 이미 벤치를 점령하고 있었다.) 누군가 그의 소매를 잡아 끌었다. 그는 구걸을 요구하는가 싶어 싸늘한 얼굴로 고개를 돌려 바라보았다. 그것은 다웨—셰클포드 다웨—였다. 지저분한 옷차림은 거의 누더기에 가까웠다. 그 초라한 행색의 깊은 주름 사이로 점잖은 구석이라고는 찾아보기 어려웠다.

편집자가 놀라운 마음을 수습하는 동안 그의 뇌리에 다웨의 이력이 주마등처럼 스쳤다.

그는 소설가로, 웨스트브룩의 오랜 지기 중 하나였다. 한때는 서로 오래된 친구라고 불렀으리라. 그즈음 다웨에게는 돈이 조금 있어, 웨스트브룩 아파트 근처에 말끔한 아파트를 구해서 살고 있었다. 두 집은 이따금 함께 저녁 식사를 하거나 영화를 보러가곤 했다. 다웨 부인과 웨스트브룩 부인은 "절친한" 친구 사이가 되었다. 그러던 어느 날 문어발이 다웨의 재산을 삼켜 버렸고, 다웨는 그래머시 공원 부근으로 이사를 갔다. 그곳은 주당 얼마씩 내고 8개의 가지가 뻗은 샹들리에 밑에서 카라라 벽난로를 바라보며 트렁크 위에 올라앉아 쥐가 마루 위를 기어다니는 것을 보아야 하는 곳이었다. 다웨는 소설을 써서 생계를 꾸려갈 작정이었다. 가끔씩 소설이 팔리기도 했다. 그는 웨스트브룩에게 여러 편을 보냈다. 한두 편은 '미네르바'에 실리고, 나머지는 반송되었다. 웨스트브룩은 그런 때, 주의 깊고 양심적인 편지를 동봉해, 그 원고가 부적합한 이유를 자세히 써 보냈다. 편집자로서 웨스트브룩은 좋은 소설이란 어떤 것인가에 대한 명확한 개념을 갖고 있었다. 다웨 또

한 마찬가지였다. 다웨 부인의 주요 관심사는 그녀가 겨우 마련한 얼마 안 되는 음식 재료에 관한 것이었다. 하루는 다웨가 그녀에게 어떤 프랑스 작가들의 탁월함에 관한 열변을 토하고 있었다. 그들은 배고픈 남학생이 한 번에 꿀꺽 삼킬 만한 양의 저녁 식사를 앞에 두고 앉아 있었는데, 다웨가 그것을 지적했다.

그러자 다웨 부인이 말했다. "그것은 모파상 해시*²랍니다. 예술은 아니지만, 마리온 크로포드*³의 연재물 다섯 코스와 엘라 휠러 윌콕스*⁴의 소네트 디저트로 만족하시기 바라요. 시장하군요."

셰클포드 다웨가 메디슨 스퀘어에서 웨스트브룩의 소매를 잡아당겼을 때, 그는 성공이라고 하는 것에서 이민큼이나 멀어져 있었다.

편집자가 다웨를 본 것은 몇 달 만의 일이었다.

"여어, 셱, 자넨가?" 웨스트브룩은 조금 어색해했다. 그의 말이 상대의 달라진 차림새를 지적하는 듯이 느껴졌기 때문이었다.

다웨가 그의 소매를 잡아당기며 말했다. "잠깐 앉지. 여기가 내 사무실이라네. 이런 모습을 하고 내가 자네 사무실로 갈 수는 없지 않겠나? 자, 앉게. 여기 앉는 것이 창피한 일은 아니니까. 다른 벤치에 앉아 있는 애송이들은 자네를 대단한 도둑으로 알 걸세. 겨우 편집자인 줄 모르고 말이야."

"한 대 피우려나, 셱?"

편집자 웨스트브룩이 그 유해한 초록색 페인트 칠이 된 벤치에 조심스럽게 앉으며 말했다. 그는 양보할 때는 늘 흔쾌히 양보했다.

다웨는 마치 물총새가 농어에게 덤벼들 듯, 또는 여자아이가 초콜릿 크림에 달라들 듯 담배를 나꿔챘다.

"나는 겨우……."

편집자가 말을 꺼내기 시작하자 다웨가 말했다.

"아, 말하지 않아도 아네. 성냥 좀 주게. 자네는 겨우 10분밖에 여유가 없다는 거겠지. 자네는 어떻게 우리 사무실의 사환을 지나쳐 내 방에 들어왔지? 저기 사환이 가는군. '잔디 보호'라는 팻말을 읽지 못하는 개에게 막대

---

*2 잘게 썬 고기 요리.
*3 프랜시스 마리온 크로포드(1854~1909) 미국 소설가.
*4 엘라 윌콕스(결혼 전 이름 : 휠러) (1850~1919) 미국 저널리스트이자 시인.

를 휘두르고 있군그래."

"소설은 어떻게 돼가나?"

편집자가 물었다.

"나를 좀 보게." 다웨가 말했다. "그런 당혹해하는 표정과 '다정하지만 솔직한' 얼굴을 하고 와인 대리점이나 택시 운전사라도 하지 그러냐고는 말하지 말게. 나는 끝까지 해 볼 작정이니까. 나는 내가 좋은 작품을 쓸 수 있다는 것을 알고 있고, 또 자네들도 그것을 인정하게 만들고야 말 걸세."

편집자 웨스트브룩은 다정하면서도 슬픈, 모든 것을 알고 있는 듯한, 동정적이면서도 회의에 찬 표정을 띠고 안경 너머로 다웨를 응시했다. 저작권을 얻을 만한 그 표정은 그다지 도움이 되지 않는 기고가의 공격을 받았다.

"내가 최근에 보낸 이야기 읽어 보았나? '영혼의 각성' 말이야."

다웨가 물었다.

"주의 깊게 읽어보았지. 그 이야기를 두고 많이 망설였네, 섹. 정말일세. 몇 가지 장점이 눈에 띄더군. 원고를 돌려보낼 때 편지를 동봉하려고 했었지. 유감이지만……."

"유감 같은 것에 신경 쓸 것 없네." 다웨가 엄격하게 말했다. "유감이라는 말은 더는 위안도, 고통도 주지 않아. 내가 알고 싶은 것은 이유일세. 자, 말해보게. 먼저 장점부터."

웨스트브룩은 참았던 한숨을 쉬고 난 뒤에 신중하게 말했다. "그 이야기 플롯은 비교적 독창적이었네. 인물은 이제까지 자네가 쓴 소설 중 가장 훌륭했고. 구성 또한 꽤 괜찮았지, 몇몇 부분의 연결이 약했던 것만 빼고고. 하지만 그건 몇 가지 요소를 바꾸고 손질해서 보강할 수 있을 거야. 좋은 작품이었네. 다만……."

"내가 영어를 쓸 수 있다고 생각하나, 없다고 생각하나?"

다웨가 말을 가로막았다.

"자네에게 늘상 이야기해왔었지. 문체가 좋다고 말이야."

편집자가 말했다.

"그렇다면 문제는……."

"늘 같은 거지. 자네는 이야기의 정점까지는 예술가답게 끌고 가네. 그러고는 거기서 사진사가 되어 버리는 거야. 나는 정말이지 자네가 왜 그렇게 고집스러운지 모르겠네, 섹. 하지만 자네가 쓰는 작품마다 다 그렇거든. 아니, 사진사에 비유한 것은 취소하겠네. 때때로 사진도 찰나의 진실을 포착하는 수가 있으니까. 그러나 자네는 언제나 평범하고 단조롭고 효과를 줄어들게 하는 붓놀림으로 대단원을 망쳐놓고 만단 말이야. 내가 그 부분을 늘 불평하지 않던가? 만일 자네가 자네 소설의 극적인 장면에서 문학적으로 우뚝 서고 싶다면, 그래서 예술이 요구하는 화려한 색깔로 그 장면들을 채색한다면, 우체부가 반송 주소가 쓰인 두꺼운 봉투를 자네 집 문 앞에 놓고 가는 일도 줄어들 거야."

"아, 깡깡이와 무대 조명 말이로군!" 다웨가 비웃듯이 소리쳤다. "자네 머릿속에는 아직도 옛날 제재소 연극의 왕이 남아 있나 보고그래. 까만 수염의 남자가 금발 머리 베시를 유괴하면, 유괴된 아이의 어머니가 조명 속에서 무릎을 꿇고 두 손을 높이 들어 이렇게 말하지. '하늘에 맹세컨대, 내게서 베시를 뺏어간 냉혹한 악당이 이 어미의 복수에 짓눌릴 때까지는 밤낮으로 쉬지 않으리!' 하고 말이야."

웨스트브룩은 슬며시 안이한 미소를 띠며 말했다.

"내 생각에는 말이야, 실제로 아이 어머니는 그렇게 말하던가, 아니면, 그 비슷하게 말할 것 같은데."

"600일 동안 공연이 이어져도, 그것은 어디까지나 무대일 뿐이야. 실제 상황이라면 어떤 말을 했을지 내가 말해주지. 이렇게 말했을 걸세. '뭐라고! 낯선 남자가 베시를 데리고 갔다고? 하느님 맙소사! 하루도 편할 날이 없구나. 다른 모자를 주렴. 빨리 경찰서에 가봐야겠어. 그 애를 돌보지 않고 다들 뭘 했단 말이냐? 제발 내 옆에서 귀찮게 하지 좀 말려무나. 준비를 할 수 없잖아. 그 모자 말고, 벨벳 리본이 달린 갈색 모자 말이야. 틀림없이 베시가 제정신이 아니었겠지, 그렇게 낯을 가리는 아이가 처음 본 사람을 따라가다니. 파우더를 너무 많이 발랐나? 로디, 자꾸 화나게 할래?'

이렇게 말했을 거라고. 실생활에서 사람들은 정서적 위기에 내몰렸을 때 과장이나 미사여구를 쓰지 않아. 그냥 그럴 수 없는 거지. 그런 경우 그들이 만약 무슨 말을 한다면, 일상적인 말투에 그들 자신의 생각을 섞어서 얘기할 뿐이라고."

"섹," 하고 웨스트브룩이 엄숙하게 말했다. "자네는 자동차 범퍼 밑에서 형

체도 없이 짓이겨진 어린아이의 시신을 들어올려 자네 팔에 안고, 몸부림치는 아이의 어머니에게 가서 그 앞에 내려놓아 본 일이 있나? 과연 그래본 적이 있고, 또 그 어머니 입에서 튀어나오는 슬픔과 절망의 울부짖음을 들어본 적이 있나?"

"그런 적은 없었네. 자네는?" 다웨가 말했다.

"글쎄. 없었지." 편집자 웨스트브룩이 얼굴을 조금 찌푸리면서 말했다. "하지만 나는 아이 어머니가 무슨 말을 했을지 상상할 수 있네."

"나도 그렇다네." 다웨가 말했다.

이제 편집자 웨스트브룩이 신탁을 내려 완고한 기고가의 입을 다물게 할 적당한 때가 되었다. '미네르바' 잡지의 남녀 주인공 입에서 나올 말이 아직 수준에 이르지 못한 소설가에 의해 쓰여져서는 안 되었다.

그가 말했다. "친애하는 섁, 내가 인생에 대해 무언가를 안다고 한다면, 그건 인간의 마음 속에 있는 모든 갑작스럽고, 깊고, 비극적인 감정이 그 반대의 조화롭고, 편안하고, 균형잡힌 감정 표현을 쏟아낸다는 것이네. 감정과 표현 사이의 이 피할 수 없는 조화의 어디까지가 자연적이고, 어디까지가 인위적인지는 말하기 어려울 거야. 리어왕의 당당하고 초탈한 발언이 늙은이의 허풍과는 차원이 다르듯, 새끼를 빼앗긴 암사자의 숭고하리만큼 끔찍한 울부짖음은 가르렁거리며 목을 울리는 소리와 일상적인 흐느낌보다 훨씬 더 극적이라 할 수 있겠지. 그러나 모든 남녀에게는 잠재된 연극적 기질이라 할 만한 것이 있어서, 이것이 문학이나 연극을 통해 만나는 깊고 강한 정서로 말미암아 일깨워지는 것 또한 사실일세. 문학과 연극을 통해 무의식적으로 습득한 이러한 감각은, 사람들이 감정을 표현할 때 그 감정의 중요도와 극적인 가치에 걸맞는 언어로 표현할 수 있게 해주네."

"그리고 연극과 문학은 어디에서 자극을 얻나?"

다웨가 물었다.

"인생으로부터."

편집자가 의기양양하게 대답했다.

소설가는 벤치에 앉아 말없이 웅변투의 몸짓을 했다. 말로서 반대의사를 적절히 표현할 수 없었던 것이다.

가까운 벤치에서 지저분한 노숙자가 핏발 선 눈을 뜨더니 짓밟힌 형제를 지지해 주어야 한다고 생각한 듯하다.

"한 대 먹여, 잭." 그는 쉰 목소리로 다웨에게 소리쳤다. "저 작자는 왜 이 광장에 앉아 사색하는 신사들 속에 와서 시장바닥처럼 시끄러운 소리를 내는 거야?"

편집자 웨스트브룩은 시계를 들여다보며 여유를 보였다.

불안해진 다웨가 공격적으로 물었다.

"말해보게, 구체적으로 어디가 잘못되어서 '영혼의 각성'을 거절했는지를."

웨스트브룩이 말했다. "가브리엘 머레이가 전화를 받고 약혼자가 강도의 총에 맞았다는 소리를 들었을 때, 그는 이렇게 말하지…… 정확한 단어는 떠오르지 않지만 아마……."

"나는 기억하네." 다웨가 말했다. "그가 말하기를 '제기랄, 그녀는 늘 나를 따돌린단 말이야'라고 하지. 그리고 친구에게 말하네. '타미, 32구경에 맞으면 구멍이 클까? 운이 없었던 거야. 찬장에서 술이나 꺼내주게. 아니, 똑바로, 옆에는 아무것도 없어'라고."

편집자는 토론하려고 하지 않고 그 뒤를 이었다. "그리고 또 베레니스가 남편이 보낸 편지를 읽고 그가 손톱 손질해 주는 여자와 달아났다는 사실을 알게 됐을 때, 그녀는 이렇게 말하지…… 뭐라고 했더라……."

작가가 끼어들었다.

"그녀는 '흐음. 이건 또 뭐야!'라고 하지."

"터무니없지 뭔가." 웨스트브룩이 말했다. "심각한 장면에서 어울리지 않는 말이 나옴으로써 소설이 용두사미가 돼버린 거야. 작품을 망쳐놓았다고. 더욱 나쁜 점은 자네 작품이 인생을 잘못 반영한다는 걸세. 갑작스런 비극을 당했을 때 평범한 일상어투로 말하는 사람은 아직 없었네."

"틀렸어." 다웨가 면도하지 않은 턱을 고집스럽게 당기면서 말했다. "나는 어떤 남녀도 이야기 정점에서 화려한 수사를 늘어놓지 않는다고 말할 수 있네. 그들은 자연스럽게 말하거나 더듬거리지."

편집자는 알면서도 너그럽게 봐주는 듯 벤치에서 일어났다.

다웨가 편집자의 옷깃을 잡으며 말했다. "말해보게, 웨스트브룩, 우리가 토론했던 그 부분의 인물의 말과 행동이 실제와 같다는 것을 만일 자네가 믿었다면, '영혼의 각성'을 받아주었겠나?"

"아마도 그랬을 걸세, 내가 그런 식으로 생각했다면" 편집자가 말했다. "하지만 내가 그렇게 생각하지 않는다고 설명하지 않았나?"

"만일 내가 옳다는 것을 자네에게 증명해 보일 수 있다면?"

"미안하네, 섹, 지금은 더는 토론할 시간이 없을 것 같군."

"토론이 아니라 실제 인생에서 보여주려는 것일세, 내가 옳다는 것을."

"그게 가능하단 말인가?"

웨스트브룩이 놀란 목소리로 물었다.

"내 말을 들어보게" 작가가 진지하게 말했다. "한 가지 방법을 생각했네. 내 지론인 '인생을 충실히 반영한 소설'이 잡지사에 제대로 받아들여지는 것이 내게는 중요하네.

"미네르바에 실을 소설을 선정할 때" 편집자가 말했다. "나는 자네와는 반대되는 이론을 적용해 왔네. 발행부수가 9만 부를 훨씬 넘어……."

"40만이지" 다웨가 말했다. "실은 백만은 되었어야 했네."

"자네는 조금 전 자네의 지론을 증명하는 데 관해 말했지."

"그렇네. 30분만 시간을 내준다면 내가 옳다는 것을 자네에게 증명해 보이겠네. 루이즈를 통해 증명해 보이지."

"자네 부인 말인가!" 웨스트브룩이 외쳤다. "어떻게?"

"정확히 말하면 그녀를 통해 증명해 보이는 것이 아니라 그녀와 함께 증명해 보인다고 해야겠지" 다웨가 말했다. "자네는 루이즈가 내게 얼마나 애정 깊고 헌신적이었는지 알 걸세. 그녀는 나만이 합격 도장을 받은 진품이라고 생각한다네. 내가 무시당한 천재의 역을 맡게 된 뒤로는 더욱 신실하고 다정했지."

"그렇고 말고. 그녀는 매력 넘치고 감탄할 만한 인생의 동반자이지." 편집자가 동의했다. "그녀와 내 집사람과 한때 떼놓을 수 없는 친구 사이였던 것을 기억하네. 그런 부인들을 두다니 우리는 복 받은 사람들일세, 섹. 조만간에 부인과 함께 저녁이나 하러 오게. 전에 즐겨 먹던 냄비요리 중 하나를 대접하겠네."

"나중에. 새 셔츠를 산 다음에. 이제 내 계획을 말해 주겠네. 아침식사 뒤에—오트밀과 차를 아침식사라고 할 수 있다면 말이지—내가 집을 막 나서려는데, 루이즈가 89번가에 있는 숙모님 댁을 방문한다고 했거든. 3시에 돌아온다고 했네. 그녀는 언제나 시간을 정확하게 지키는 편이지. 지금 이……."

다웨는 편집자의 주머니 속, 시계가 들어 있는 곳을 슬쩍 보았다.

"3시 27분전일세."

웨스트브룩이 시계를 들여다보며 말했다.

"딱 적당하군그래." 다웨가 말했다. "우리집으로 가는 걸세. 내가 그녀에게 쪽지를 써서 탁자 위에 놓아두면, 그녀가 집에 돌아와 문을 열면서 그것을 볼 수 있을 거야. 자네와 나는 식당 커튼 뒤에 숨어 있는 거지. 쪽지에다 이렇게 쓰려고 하네. '나는 그녀가 결코 이해하지 못했던 내 예술혼의 필요를 이해해주는 사람과 함께 이곳을 떠나 영원히 돌아오지 않겠노라'고. 그 쪽지를 본 그녀가 어떤 말과 행동을 하는지를 지켜보기로 하세. 그러면 누구 말이 옳은지 뚜렷해질 걸세."

"아, 그럴 수는 없네!" 편집자가 고개를 저으며 외쳤다. "그건 변명할 여지가 없는 잔인한 일일세. 나는 다웨 부인의 감정을 가지고 이런 식으로 장난치는 일에 찬성할 수 없네."

"이 사람아," 작가가 말했다. "나도 자네만큼이나 그녀를 생각한다네. 이건 나뿐만 아니라 그녀를 위한 일이기도 한 거야. 어떻게 해서든 내 소설이 팔려야 하지 않겠나? 이렇게 한다고 해서 루이즈에게 해 될 일은 없어. 그녀는 건강하고 건전해. 그녀의 마음은 98센트짜리 시계만큼이나 단단하다네. 딱 1분일세. 1분이 지나면 내가 그녀 앞에 나아가 일이 어떻게 된 것인지 설명하겠네. 웨스트브룩, 내게 기회를 한 번 주면 내 잊지 않음세."

편집자 웨스트브룩은 반쯤은 내켜하지 않으면서도 끝내 양보하고 말았다. 그로 하여금 동의하게 한, 그 마음 나머지 절반 말고는 우리 모두의 안에 있는 생체해부자가 숨어 있었던 것이리라. 메스를 사용해본 적이 없는 사람들은 일어나 그의 자리에 가서 서보라. 우리 주위에 토끼와 기니피그가 충분하지 않은 것이 유감이다.

두 예술의 실험가는 광장을 떠나 서둘러 동쪽으로 걷다가 남쪽으로 방향을 바꾸어 그래머시 동네에 이르렀다. 높다란 철책 안에서 작은 공원이 연둣빛 봄옷을 두르고는 샘물에 자신의 모습을 비춰보며 감탄하고 있었다. 철책 바깥으로는 옛 상류계급의 껍질인 다 허물어져가는 집들이 비스듬히 서 있어, 그 모습은 마치 유령들이 머리를 맞대고 사라진 상류사회의 잊혀진 일들을 서로 이야기하는 것 같았다. 도시의 영광은 변해가도다.

공원에서 한두 블록쯤 북쪽으로 올라간 곳에서 다웨는 다시 편집자를 동쪽으로 이끌었고, 조금 더 걸어서 높지만 좁은, 건물 정면 장식이 지나치게 화려한 공동주택으로 데리고 갔다. 그들은 5층까지 걸어 올라갔다. 다웨는 숨을 헐떡이며 앞 쪽 문들 중 한 문에 열쇠를 꽂았다.

문이 열리자 방 안에 있는 변변치 않은 가구 몇 가지가 눈에 들어왔고 웨스트브룩은 동정의 마음이 들었다.

다웨가 말했다. "의자를 하나 가져 오게. 찾을 수 있거든 말이야. 나는 펜과 잉크를 찾아볼 테니. 어라, 이게 뭐지? 루이즈의 편지로군. 아침에 나갈 때 써놓고 간 모양이야."

그는 가운데 탁자에 놓인 봉투를 집어들고 겉봉을 뜯어 편지를 읽기 시작했다. 소리내어 읽기 시작했으므로 끝까지 소리내어 읽었다. 편집자 웨스트브룩이 들은 내용은 다음과 같았다.

사랑하는 셰클포드에게

당신이 이 편지를 볼 때쯤이면 나는 100마일 바깥에서 갈 길을 서두르고 있을 거예요. 서양 오페라단에 코러스 자리를 얻었거든요. 오늘 12시에 순회 공연을 떠난답니다. 굶어죽고 싶지는 않았어요. 그래서 자립하기로 했지요. 돌아오진 않을 거예요. 웨스트브룩 부인도 함께 갑니다. 축음기와 빙산과 사전을 합해놓은 사람과 사는 게 지겹대요. 그녀도 돌아가지 않을 생각이에요. 우리는 두 달 동안 몰래 노래와 춤을 연습했어요. 당신이 성공하길 바라요. 그래서 잘 살기를! 안녕

루이즈

다웨는 편지를 떨어뜨리고는, 떨리는 손으로 얼굴을 가린 채 깊게 울리는 음성으로 부르짖었다.

"나의 하느님, 왜 이토록 쓴 잔을 저에게 주시나이까? 그녀가 잘못했다 하여 아버지의 천국의 선물인 믿음과 사랑을 배반의 무리와 마귀들의 조롱거리가 되게 하시나이까!"

편집자 웨스트브룩의 안경이 바닥에 떨어졌다. 한쪽 손의 손가락이 외투 단추를 만지작거리는 동안 그의 창백한 입술 사이로 다음과 같은 말이 흘러나왔다.

"끔찍한 편지가 아닌가, 섹? 뭐라고 말 좀 해보게. 한순간에 가정이 무너지는군. 지옥이 따로 없네그려."

곡선을 직선으로
예술은 잘못을 저지를 수 있으나 자연은 실수하지 않는다

이 격렬한 감정에 관한 이야기를 시작하기에 앞서, 젊은이들을 지루하게 만들지도 모를 위험을 무릅쓰고 기하학에 관한 고찰을 먼저 해야 할 것 같다.

자연은 원을 그리며 움직이지만, 인공은 직선상으로 움직인다. 자연은 둥글둥글하지만, 인공은 각이 져 있다. 눈 속에서 길을 잃고 헤매는 사람은 자신도 모르게 완벽한 원을 그린다. 그러나 직사각형 길과 건물 바닥으로 말미암아 자연성을 빼앗긴 도시인의 발은 자꾸 그 자신으로부터 달아나려 한다.

어린아이의 둥그런 눈은 순수를 나타낸다. 그러나 제비족의 가느다란 눈은 인공의 침투를 입증한다. 일자로 다문 입매는 확고한 계책의 표시이다. 솔직한 입을 맞추려고 둥그렇게 벌어진 입에서 자연의 자발적인 서정시를 읽지 못하는 사람이 어디 있으랴?

아름다움이란 완벽한 상태의 자연을 말하며, 원형은 자연의 주된 속성이다. 보름달을 보라. 그 매혹적인 골프 공, 그리고 화려한 사원의 돔, 월귤나무 파이, 결혼반지, 서커스의 링, 웨이터를 부르는 종, 술잔이 한 순배 '돌아가는' 것을 보라.

그러나 직선은 자연의 왜곡을 보여준다.

우리가 직선으로 움직이고 날카로운 모퉁이를 돌기 시작했을 때, 우리의 성격은 변하기 시작한다. 인공보다 적응력 높은 자연이 인공의 엄격한 규칙에 맞추려고 노력하는 것이다. 그 결과 이따금 엉뚱한 것이 생겨나기도 한다. 예를 들면 상으로 주는 국화꽃, 나무 위스키, 미주리주의 공화당원, 그라탕

속의 꽃양배추, 뉴욕 생활자 등이 있다.

자연은 대도시에서 가장 빨리 사라진다. 그 원인은 정신적인 것이 아니라 기하학적인 것이다. 대도시 거리와 건축의 직선, 네모반듯한 법률과 사회관습, 곧장 뻗은 포장도로, 힘들고 가혹하며 암울한 타협을 모르는 도시생활의 모든 규칙들이—심지어 스포츠와 여가활동조차도—자연의 곡선을 차갑게 비웃으며 도전장을 내밀고 있다.

그러므로 대도시는 원을 네모로 만드는 문제를 보여준다 말할 수 있겠다. 덧붙여, 이런 수학적인 서론 다음에는 도시로 이주한 켄터키 출신 두 원수 집안의 운명에 관한 이야기가 이어진다는 것과, 도시란 그곳으로 유입하는 모든 것을 자신의 각도에 맞춰 조절하는 속성이 있다는 사실을 말해두고자 한다.

폴웰 집안과 하크네스 집안 사이의 불화는 컴벌랜드 산 속에서 시작되었다. 최초의 희생양은 빌 하크네스의 주머니쥐 사냥개였다. 하크네스 집안은 이 커다란 손실을 폴웰족 우두머리를 죽임으로써 갚아주었다. 폴웰 집안 또한 곧바로 응수했다. 그들은 다람쥐 사냥에 쓰는 총에 기름칠을 한 뒤에, 나무 꼭대기까지 쫓겨 올라간 주머니쥐가 나무를 도끼로 찍지 않고도 다시 내려오는 곳으로 빌 하크네스를 유인해 그 개의 운명을 따르도록 했다.

불화는 40년 동안 이어졌다. 하크네스 집안 사람들은 곳곳에서 총에 맞았다. 경작지에서, 불빛이 비치는 오두막 창문 사이로, 야영에서 돌아오다가, 잠자는 중에, 술에 취했든 아니든, 혼자서든 가족과 함께든, 준비가 되었든 아니든 무차별적으로. 폴웰 집안의 가계도도 비슷하게 가지가 잘려나갔다, 그 지역의 전통이 예견하고 확인했듯.

가지치기는 이어져 양쪽 집안 모두 단 한 명만 남았다. 그러자 싸움을 계속하다가는 개인 감정이 작용해 결정적인 사태로 치달을 것을 알았음인지, 어느 날 갑자기 캘 하크네스가 컴벌랜드의 우뚝솟은 산악지대에서 사라졌다. 그로써 폴웰 집안의 마지막 후예인 샘의 복수 또한 좌절되었다.

1년 뒤, 샘 폴웰은 집안 대대로의 원수가 뉴욕에 살고 있음을 알게 되었다. 샘은 마당에 큰 놋대야를 엎어놓고 숯을 조금 긁어모아, 그것을 돼지기름과 섞어 그것으로 구두에 광을 냈다. 그는 가게에서 일할 때 입는 옷과—본디 흑갈색이었는데 검정색으로 염색했다—와이셔츠를 입고 옷깃을 단

뒤, 구식 여행가방에 속옷을 꾸렸다. 그는 다람쥐 사냥총을 꺼냈다가 한숨을 쉬며 다시 걸어놓았다. 컴벌랜드 지역에서는 있을 수 있는 일이라 하더라도, 뉴욕은 브로드웨이에 늘어선 마천루들 사이에서 다람쥐 사냥을 하는 것을 용납하지 않을 것이다. 그는 옷장 서랍에서 콜트 연발권총을 꺼냈다. 오래되었지만 믿음직한 그 권총은 도시적 모험과 복수에 가장 잘 어울린다고 주장하는 듯이 보였다. 샘은 이것과 가죽 칼집 속에 든 사냥용 칼을 가방에 넣었다. 노새를 타고 로우랜드 기차역으로 출발하면서, 이 폴웰 집안의 마지막 후예는 안장에 앉아 폴웰 집안의 묘지를 나타내주는 삼나무 숲 안의 흰 소나무 판자 더미를 엄숙히 바라보았다.

그날밤 샘 폴웰은 뉴욕에 도착했다. 아직 자연의 자유로운 원 안에서 살고 있는 샘은 어둠 속에서 그를 기다리는 이 거대한 도시의 무섭고 잔인하며 사납고 초조해하는 각도를 알아차리지 못했다. 그러나 도시의 각도는 그의 둥그런 마음과 머리를 에워싸서, 새롭게 빚어진 수백만 다른 희생자들과 같은 형태로 그를 만들려 하고 있었다. 택시가 소용돌이 속에서 그를 태워—마치 샘이 가을에 낙엽이 잔뜩 쌓인 곳에서 호두를 줍듯이—그의 구두와 여행가방에 어울리는 호텔에 떨구어놓고 사라져갔다.

다음 날 아침, 폴웰의 후예는 하크네스 집안의 마지막 후손이 은신하고 있다는 도시로 진격했다. 콜트 연발권총이 좁은 가죽 벨트 안에 든 채로 외투 밑에 비죽이 나와 있고, 그의 두 어깨 사이에 걸린 사냥용 칼은 손잡이가 외투 깃에서 1인치 내려간 곳에 닿아 있었다. 그는 캘 하크네스가 이 도시 어딘가에서 급행마차를 몰고 있고, 자기, 곧 샘 폴웰은 그를 죽일 사명을 띠고 이곳에 왔음을 잘 알고 있었다. 도로에 발을 내딛었을 때 그의 눈에는 핏발이 섰고, 마음속에는 적의와 증오가 끓어올랐다.

중심가의 떠들썩한 소음이 샘 폴웰을 이끌었다. 그는 캘이 셔츠 바람으로 물병과 채찍을 들고 걸어오는 것을 볼 수 있으리라고 반쯤 기대했다. 프랭크포트나 로렐시티에서 그랬던 것처럼. 그러나 한 시간이 지나도록 캘은 나타나지 않았다. 아마도 캘은 숨어서 기다리다가 문이나 창문 뒤에서 그를 쏘려 하고 있는지도 모른다. 샘은 한동안 창문과 문 쪽을 주시했다.

정오 무렵이 되자 도시는 생쥐를 데리고 장난하기가 지겨워져서 갑자기 직선으로 그를 눌러 짰다.

샘 폴웰은 도시의 대동맥—두 개의 커다란 직사각형—이 엇갈리는 곳에서 있었다. 그는 주위를 둘러보고, 세상이 궤도에서 내던져져 가장자리와 모서리가 있는 평면으로 움츠러들고 있음을 알았다. 모든 것이 정해진 선을 따라, 홈이 파인 대로, 시스템을 따라, 경계선 안에서, 기계적으로 움직였다. 인생은 정육면체의 뿌리를 갖고 있었고, 존재는 제곱이라는 척도로 재어졌다. 사람들은 직선으로 열을 지어 몰려들었고, 끔찍한 소음과 충돌이 그를 망연자실케 했다.

샘은 돌 건물 날카로운 모서리에 기대섰다. 몇천 명이 그의 곁을 지나갔으나, 그를 바라보는 얼굴은 하나도 없었다. 그는 갑자기 자기가 죽어서 영혼이 된 게 아닐까, 그래서 사람들이 그를 볼 수 없는 게 아닐까 하는 어리석은 공포에 사로잡혔다. 그러자 도시의 고독이 그를 강타했다.

한 뚱뚱한 남자가 군중의 물결을 빠져나와 몇 피트 떨어진 곳에서 차를 기다리며 서 있는 게 보였다. 샘은 소음을 뚫고 그에게 다가가 그의 귀에 대고 소리를 질렀다.

"랭킨스네 돼지가 우리 돼지보다 무게가 더 나갔어요. 하지만 그건 그 동네의 사료가 더 좋은 것이었기 때문이랍니다."

뚱뚱한 남자는 가만히 몇 걸음 움직이더니, 두려움을 감추려고 군밤을 샀다.

샘은 산 이슬이 몹시 마시고 싶었다. 길 건너에는 사람들이 현관문 사이로 들어왔다 나갔다 하고 있었다. 얼핏 번쩍이는 술집의 장식이 보였다. 복수자는 길을 건너 그 안으로 들어가려 했다. 그러나 또다시 인공은 친숙한 원을 없애버렸다. 샘의 손은 둥그런 문 손잡이를 찾지 못하고, 헛되이 직사각형의 놋쇠판 위를 미끄러져 내렸다. 핀의 앞 머리 부분만 한 무엇이라도 있었으면 손가락을 걸칠 수 있었으련만.

당황한 그는 마음이 상해서 빨개진 얼굴로 그 무익한 문에서 떨어져나와 계단 위에 앉았다. 그러자 쥐엄나무 곤봉이 그의 옆구리를 쿡쿡 찔렀다.

"산책이나 하시지. 이 근처에서는 너무 오래 얼쩡거렸어."

경찰이 말했다.

그 다음 모퉁이에서 날카로운 호루라기 소리가 그의 귀를 후벼팠다. 돌아보니 검은 눈썹의 험악하게 생긴 사내가 김이 나는 기계 위에 가득 쌓인 땅콩 너머로 그에게 인상을 쓰고 있었다. 그는 길을 건너기 시작했다. 노새도 없이 달리는 거대한 기관차가 소 우는 소리와 등유 타는 냄새를 뿜으며 쏜살같이 그를 스치고 지나가는 바람에 무릎이 벗겨졌다. 승합마차 바퀴에 부딪치자 마부가 그에게 말하기를 친절한 말은 다른 경우를 위해 만들어진 거란다. 전차 운전사가 요란하게 벨을 울려 태어나 처음으로 승합마차 편을 들었다. 빛에 따라 색이 변하는 실크 블라우스를 입은 몸집이 큰 여자가 팔꿈치로 그의 등을 찍었고, 생각에 잠긴 신문팔이 소년이 그에게 바나나 껍질을 던지며 "나도 좋아서 이러는 건 아니라고. 나 좀 내버려두란 말야!" 이렇게 중얼거렸다.

캘 하크네스는 하루 일을 마치고 그의 급행 짐마차를 마굿간에 넣은 뒤, 건축가들이 안전면도기를 모델로 해 지은 그 빌딩의 날카로운 모서리를 돌았다. 서둘러 걷는 사람들의 무리 속에서 그는 잔인하고 화해를 모르는, 집안의 원수가 살아서 3야드쯤 떨어진 곳에 서 있는 것을 보았다.

그가 무기를 지니지 않은 모습에 깜짝 놀라 그 자리에 멈춰 서서 잠시 망설였다. 그러나 산사람답게 눈이 밝은 샘 폴웰은 여지없이 그를 알아보았다.

군중의 물결 속에 갑작스런 파문이 일었다. 샘이 소리를 질렀다.

"잘 있었나, 캘? 만나서 정말 반갑네."

그리고 브로드웨이의 5번가와 23번가가 만나는 길 모퉁이에서 컴벌랜드의 원수지간이던 두 사람은 손을 맞잡았다.

O 헨리의 생애와 작품에 대하여

오 헨리(O Henry)의 본명은 윌리엄 시드니 포터(William Sidney—나중에 Sydney로 고침—Porter)이다. 그는 1862년 9월 11일, 노스캐롤라이나주 길퍼드 카운티의 그린즈버러에서 태어났다. 블루리지 산맥의 기슭에 있는 인구 2천 5백 정도의 조그만 마을이었다.

할아버지 시드니 포터는 코네티컷주에서 노스캐롤라이나주로 이주해 온 시계 기술자로, 손자 오 헨리에게 자기 이름을 물려주었을 뿐 아니라 모험과 방랑을 좋아하는 기질까지도 더불어 물려주었다. 오 헨리가 로맨스를 사랑하고 언제나 '길모퉁이에 뒹굴고 있는 그 무엇'을 찾아다닌 것은, 할아버지한테서 이어받은 피가 그렇게 시켰던 것 같다. 할아버지는 명랑하고 술이 셌으며, 사람이 좋아서 농담과 신소리와 노래부르기를 좋아했으므로, 마을 사람들에게는 사랑을 받았으나 장사에는 그다지 열을 내지 않았던 것 같다.

할머니 루스 워드는 기질이 강하고 성실하고 부지런했으며, 남편이 아이 일곱과 저당 잡힌 집만 남겨 놓고 죽었을 때도, 푸념 한마디 하지 않고 홀륭하게 가정을 지켜 아이들을 길렀다. 그러나 늙어서는 뚱뚱하게 살이 쪄서 날마다 포치의 흔들의자에 앉아 고달프게 코담배를 맡고 파이프를 피워서, 어린 손자 오 헨리의 추억에 그다지 유쾌한 인상을 남기지 않았다.

외할아버지 윌리엄 스웨임은 합중국 초창기에 뉴욕으로 건너온 네덜란드계 이민의 자손으로, 독립 전쟁 10년쯤 전에 노스캐롤라이나주로 이주, 1882년에는 그린즈버러의 지방 신문 〈패트리어트〉의 주간이 되었다. 꽤 강경한 정의파로서, 펜을 들면 언제나 부패한 정치와 타락한 정당을 공격했다. 더욱이 남부에 살면서도 강경한 노예 폐지론자였으며, 기회 있을 때마다 노예 제도의 부당성과 폐해를 규탄했다. 그러니 주위의 남부인들로부터 미움과 비난을 받을 수밖에 없었다.

외할머니 에이비어 셜리는 로버트 셜리의 직계 자손인 대니얼 셜리의 딸이며, 대니얼은 버지니아주 프린세스 앤 카운티의 부유한 농장주였다. 셜리 집안은 17세기 중엽 왕당파로 활약한 영국의 명문이다.

오 헨리의 아버지 앨저넌 시드니 포터는 의사로 마을

오 헨리(1862~1910) 30세 무렵

에서 개업했으며, 처음에는 사람들과도 잘 사귀고 환자에게도 친절해 꽤 평판이 좋았으나, 차츰 발명에 골몰하기 시작해 병원을 돌보지 않게 되었으며, 나중에는 미치광이 취급을 받았다. 소용도 없는 기계와 장치의 발명에 몰두하여, 그 때문에 가산을 탕진했다. 결국 성공한 것은 하나도 없고, 늘그막에는 줄곧 술만 마셨다.

어머니 메리 제인 버지니아 스웨임은 앞에서 말한 그 '패트리어트'의 주간과 버지니아 농장주의 딸 사이에 태어난 맏딸로, 그린즈버러의 학교에서 프랑스어와 미술을 배웠다. 미술에 재주가 있었고 문장도 좋았다고 한다. 젊을 때부터 기지에 차고, 특히 날카로운 언어 감각을 갖고 있었던 듯하다. 어머니의 소질은 그대로 오 헨리에게 전해졌으나, 불행하게도 메리는 폐결핵으로 오 헨리가 세 살 때 30세의 젊은 나이로 세상을 떠났다.

이렇게 해서 뒤에 남은 어린 오 헨리의 양육은 고모인 라이너 포터가 맡게 되었다. 결혼하지 않았던 그녀는 생활비를 버는 수단으로 집안에 글방을 차려 이웃 아이들을 가르치기 시작했다. 그는 교재로서 디킨스와 스콧의 소설을 즐겨 썼다고 하며, 오 헨리도 이 글방 학생 중 하나였다.

오 헨리의 고모는 문학을 매우 좋아해서 유럽의 고전에 밝았으나, 그 반면 남부 여자다운 거센 기질과 청교도적 결벽성을 갖고 있었다. 학생들에게도 매우 엄한 교사였으며 할 일을 안 하거나 나쁜 장난을 치면 사정없이 회초리로 때렸다고 한다. 그러나 한편으로는 아이들이 따분해하지 않고 재미있게 공부할 수 있도록 할 줄도 아는 좋은 교사였다. 그녀는 오 헨리가 공부에 큰 흥미를 갖고 있을 뿐 아니라, 문학을 올바로 감상하는 능력을 가졌음을 일찍이 알아차렸다. 이따금 이 글방에서는 수업이 끝난 뒤, 선생을 둘러싸고 밤이나 옥수수를 구워 먹으면서, 아이들이 번갈아 일어나 '간직해 둔 이야기'를 발표하곤 했다. 자기가 생각해 낸 창작도 있고 체험담도 있었다. 할아버지나 할머니로부터 들은 전설과 동화를 이야기하는 아이도 있었다. 그럴 때, 이야기 잘하는 윌 소년(오 헨리)은 기상천외한 이야기를 생각해내서는 언제나 듣는 사람들을 기쁘게 해 주었다. 이 밖에 그는 흑판 앞에 서서 한 손으로 산수 문제를 풀면서 다른 한 손으로는 고모 라이너 선생의 얼굴을 만화로 그리고, 그러다가 선생님이 돌아보면 재빨리 지워 버리는 재주도 자주 부려 보였다. 그는 이 시기에 고모의 지도로 스콧, 디킨스, 새커리, 윌키 콜린스, 뒤마 등을 즐겨 읽었으며, 특히 디킨스는 전 작품을 되풀이해서 읽었었다고 한다.

그는 열네댓 살쯤 되자 친구들과 자주 캐롤라이나주의 각지를 여행하고 다녔다. 꽤 오랜 기간 캠프 여행을 떠나서 여러 도시와 마을을 구경하고 다닌 적도 있었다. 그는 뒷날 뉴욕의 거리거리에 강하게 끌렸듯이, 이러한 도시와 마을에도 깊은 흥미를 느끼고, 그 고을과 주민들의 특징을 단단히 기억에 새겼다.

아버지가 의사 노릇을 못하고 라이너 고모가 살림살이를 꾸려 나가는 형편이었으므로, 윌 소년은 열다섯 살 때 상급 학교 진학을 단념하고, 같은 동네에서 큰아버지가 경영하는 드러그스토어에서 일하게 되었다. 이 가게는 마을 사람들의 집회소처럼 되어 있었는데, 여기에 모여드는 사람들은 남부인을 연구하는 데에는 안성맞춤의 재료였다. 그들은 순수 남부인을 자랑으로 삼고 오랜 남부의 전통에만 매달려서 새로운 시대의 움직임을 보려고 하

▲오 헨리의 개 조각상

▶오 헨리 청동상

오 헨리가 태어난 그린즈버러의
엘름 거리 공원에 작가를 기념하
는 세 개의 조각품 즉 오 헨리의
청동상, 개, 펼친 책이 있다.

▼펼친 책 조각상
오 헨리의 단편 〈동방박사의 선
물〉(왼쪽)과 〈붉은 추장의 몸값〉(오
른쪽)이 조각되어 있다.

지 않았는데, 이 남부인의 고집은 윌 소년의 눈에 무척 우스꽝스럽게 비쳐, 그는 그런 사람들을 희화해 그림으로써 타고난 풍자욕을 채웠다. 그는 인물의 특징을 교묘하게 포착해서는 단순한 선으로 날카롭게 표현하는 남다른 재능을 갖고 있었다.

여러 인물의 풍자화를 그리는 동안에, 차츰 사회 생활에 눈을 떴다. 이윽고 그림마다 하나의 주제를 갖기 시작하고, 그 주제를 헛된 세부가 없는 간결한 선으로 살리게 되었다. 이것이 그가 나중에 단편 소설 창작에서 구사한 바로 그 수법인 것이다.

드러그스토어 일에 차츰 싫증이 나기 시작한 그는, 약재 일로 우연히 알게 된 같은 마을의 제임스 홀이라는 의사로부터 텍사스 목장에 있는 자기 아들을 찾아가는 데 동행하지 않겠느냐는 권유를 받았다. 홀 의사의 맏아들로서 널리 그 용명을 떨치고 있는 전 산림 경비대의 리 홀 대위를 만나는 것도 매력이었고, 광막한 평원에서 소와 양을 쫓는 카우보이 생활도 젊은 그의 기분을 자극했다. 그는 곧바로 텍사스로 갈 결심을 했다.

1882년 3월 어느 날, 텍사스를 향해 그린즈버러 역을 떠난 기차에는 홀 의사 부부와 스무 살에 몇 달이 모자라는 오 헨리가 타고 있었다. 그 무렵 그린즈버러에서 텍사스주 코툴라까지는 기차로 95시간이나 걸리고, 가는 길에서 몇 번이나 갈아타야만 했다. 그들은 휴스턴에서 샌안토니오를 거쳐 코툴라에 도착했으며, 거기서 끝없이 펼쳐진 평원을 4륜마차에 실려서 흔들려 갔다.

목장은 면적이 40만 에이커나 되었으며, 기르는 가축의 수는 소가 1만 2천 마리, 양이 6천 마리나 되었다. 펜실베이니아주에 사는 덜 형제의 소유로 '덜 목장'이라고 불렸으며, 1880년 이래로 홀 대위가 관리하고 있었다.

호기심이 강한 오 헨리는 이 땅의 기후, 풍토, 인정, 습관 같은 것에 깊은 흥미를 느꼈다. 이 고장에는 비가 드물게 내리고 정주자가 거의 없었지만, 빽빽한 숲이 전과자에게는 안성맞춤의 은닉처가 되어 텍사스뿐 아니라 멕시코로부터도 온갖 범죄자가 흘러 들어와서 숨어 살았다. 그래서 목장 관리인 홀 대위는 산림 경비대에 있을 때 못지 않게 바쁘고 위험한 나날을 보냈다.

헨리는 홀 대위로부터 무법자 이야기, 산림 경비대 이야기, 양을 치는 멕시코인 이야기, 카우보이 이야기 등을 자세히 들었다. 그것은 그의 남서부를 무대로 한 단편 소설 속에 여러 형태로 남아 있다.

오 헨리는 리 홀의 동생 딕 홀의 가족과 통나무집에서 살았으나, 방이 좁아 딕의 처남 B. F. 휴즈와 함께 처마 밑에 가마니를 깔고 잤다. 그리고 딕과 휴즈한테서 카우보이 기술을 배웠다. 1년 동안에 승마, 사격, 로프 던지기를 그럭저럭 할 수 있는

어린 시절 오 헨리 은판 사진

훌륭한 카우보이가 되었다. 일하다 쉴 때는 느릅나무 그늘에서 기타를 치기도 하고, 양치는 맥시코인의 노래를 배우기도 했다. 이 무렵이 그의 생애에서 가장 한가한 시기였는지도 모른다.

오 헨리는 이 목장 생활 동안에 프랑스어와 독일어 공부를 시작했으나 곧 집어치우고 스페인어에 열중하기 시작했다. 덕분에 스페인어는 꽤 알게 된 듯하다. 남서부나 라틴아메리카를 무대로 한 그의 작품을 읽으면 이 사실이 뚜렷해진다. 영어 공부도 결코 게을리하지 않고, 언제나 웹스터 사전을 곁에 두고는 여가만 있으면 펼쳐 보았다. 나중에 독자뿐 아니라 평론가까지 놀라게 한 그 풍부하고 다채로운 어휘는 이 무렵에 익혔다. 그에게는 사전이 단지 낱말의 뜻을 알기 위한 것이 아니라 사상의 원천이자 언어의 보고였던 것이다.

텍사스 목장 생활은 2년여 동안 이어졌다. 1884년, 21세 생일을 맞이하자 곧 그는 목장 생활에 작별을 고하고, 그 주의 수도 오스틴으로 갔다. 수도라고는 하나 그 무렵 오스틴은 인구 약 1만의 소도시에 지나지 않았다. 그러나

이곳은 여러 의미에서 남부의 오랜 문화와 북부의 새로운 문화가 교류하는 지점이었다.

그는 목장에서 알게 된 한 광산업자의 소개로 그린즈버러 출신인 조 하럴이라는 사람의 집에서 머물게 되었다. 그리고 어떤 약품 회사에 근무했는데, 마치 드러그스토어 점원 같은 일이었으므로 시시해서 두 달쯤 그만두고는, 한참 동안 그림을 그리거나 책을 읽으면서 무료함을 달랬다.

이듬해 가을, 친구의 아버지가 경영하는 토지 회사에 사무원으로 들어갔다. 급료는 월 1백 달러였다. 그는 이 일과 급료가 마음에 들었던지, 1887년에 텍사스 토지관리사무소로 옮길 때까지 2년여 동안 여기에서 근무했다.

그기 '오 헨리'라는 필명을 쓰게 된 것은 1886년 여름부터라고 한다. 그즈음 그가 '건방진 헨리'라는 별명을 붙여 준 고양이가 있었다. 그 고양이를 부를 때 그저 '헨리'라고만 불러서는 돌아보지도 않았으나, '오 헨리'라고 부르면 곧 그에게 달려와서 몸을 비벼댔다. 그래서 '오 헨리'라는 필명을 생각해 냈다고 한다. 그 얼마 뒤에 그가 쓴 문장에 '오 헨리'라고 사인한 것이 기록에 남아 있다. 그리고 그 무렵에 그가 친히 사귄 롤리 케이브가 남긴 1886년의 사인북에도 '오 헨리'의 이름이 적혀 있는 것으로 미루어, 이 필명이 생긴 것이 1886년께임은 거의 틀림없는 것 같다.

그러나 한편, 그가 복역한 교도소의 간수장 Orrin Henry의 이름에서 땄다고 주장하는 사람도 있다. 왜냐하면 그가 똑똑히 'O Henry'라는 필명을 쓰면서, 편집자들에게 자기의 정체를 숨겨 달라고 부탁한 것은 1901년 오하이오 교도소에 들어간 뒤부터이기 때문이다. 그 전에는 주로 시드니 포터 올리버 헨리, S.H. 피터즈 등의 필명을 사용했다.

딜 목장에서 신세를 진 딕 홀이 1886년 끝 무렵 텍사스주 토지 관리관으로 선출되었으며, 그는 홀의 권유로 다음 해 1월, 텍사스 토지관리사무소로 옮겼다. 이 사무소에서 그는 1891년 1월까지 4년 동안 근무했는데, 처음에는 등기계에서 일했으며, 급료는 한 달에 1백 달러였다. 일은 그다지 재미는 없었으나, 토지 문제를 에워싼 분쟁을 세밀히 관찰할 수 있었다. 그 분쟁 사건들은 많은 극적 요소를 내포하고 있어서 그의 상상을 자극했다. 이것은 뒷날의 그의 작품 활동에 아주 귀중한 체험이 되었다.

오 헨리가 아솔 에스티스 (Athol Estes)와 처음 만난 것은, 1886년 주 의사당 준공을 기념하는 축하 무도회날 밤이었다. 아솔은 테네시주 클라크스빌에서 태어난 열여덟 살 소녀였으며, 그날 밤 파티에서 청년들의 인기를 독차지했다.

아솔이 태어날 무렵 클라크스빌 주변에서 흑인 폭동이 잇달아 일어나, 그 위험을 피하기 위해서 그 가족은 테네시주 수도 내슈빌로 옮겼다. 아솔이 만 한 돌을 맞이하기 전에 아버지가 결핵으로 죽고, 어머니는 그녀가 여섯 살 때 G.P.A. 로치와 재혼해 오스틴에 새 가정을 차렸다.

소년 시절 오 헨리 조각상   그린즈버러 역사박물관 정원

아솔은 몸집이 작고 화사했으며, 〈동방박사의 선물 The Gift of the Magi〉의 델라와 꼭 닮은 아름다운 소녀였다. 델라를 묘사할 때 오 헨리는 젊은 날의 아솔을 생각했으리라. 그녀는 평소에 아주 사소한 일에 대해서도 입 속으로 나직이 기도하는 버릇이 있었다고 하며, 신앙심이 두텁고 마음이 고운 참한 여성이었던 것 같다.

곧 오 헨리는 그녀에게 청혼했다. 아솔의 부모님은 그의 인물됨에는 이의가 없었으나, 경제력에 불안을 느끼고 두 사람의 결혼을 허락하지 않았다. 그는 아솔과 도망칠 결심까지 했다. 그런데 1887년 7월 1일, 생각지도 않던 좋은 기회가 찾아왔다.

그날 아솔은 어머니의 심부름으로 시내에 나가게 되어 있었다. 옷이 한군데 터졌으나, 아무도 만나지 않고 돌아올 수 있다고 생각하고 그대로 부랴부랴 집을 나섰다. 두 사람이 거리에서 만난 것은 완전한 우연이었다. 오 헨리는 이 기회를 놓치지 않았다. 다짜고짜로 그녀를 마차에 태워 교회로 데리고 갔다. 그러나 마차에서 내린 그녀는 옷이 터졌다며 교회에 들어가려고 하지 않았다. 그는 성큼 그 자리에 웅크리고 앉아 터진 곳에 핀을 꽂아 주고, 그래도 망설이는 아솔을 끌다시피하여 재단 앞으로 나아갔다. 이리하여 두 사람은 결혼했다. 그가 25세, 아솔은 19세였다. 두 사람은 오 헨리가 근무하는 토지관리사무소에서 가까운 동(東) 11번가에 조그만 집을 얻어 신접살림을 차렸다. 두 사람의 신혼 생활은 행복했다. 그는 진심으로 아솔을 사랑했고, 아솔도 병약한 몸이지만 헌신적으로 그를 사랑했다.

소설을 쓰라고 권한 것도 그녀였다. 본디 그는 글을 쓰는 것을 그림 그리는 것만큼 좋아했고, 그때까지 몇 편인가 스케치풍의 글을 쓰기노 했으나, 소설가가 될 생각을 한 적은 없었다. 또한 자신도 없었다. 그러나 아내의 격려를 받고 쓴 두 편의 스케치풍 소품 〈마지막 승리 *The Final Triumph*〉와 〈사소한 착오 *A Slight Inaccuracy*〉를 어느 잡지사에 보냈더니, 이것이 채택되어 원고료 6달러의 수표를 보내 왔다. 그가 쓴 글이 처음 팔린 것이다.

1887년 9월에는 디트로이트의 〈프리 프레스〉사에서 원고 청탁을 해왔다. 이어 〈업투 데이트〉지(誌)에도 기고하게 되었다. 그러나 오 헨리의 본격적인 문학 활동은 아직도 먼 장래의 일이었다.

사내아이가 태어났으나 곧 죽고, 1889년에 딸 마거렛이 태어났다. 아솔은 마거렛을 낳은 뒤 산후 조리가 나빠 몇 주일 동안이나 생사의 고비를 넘겼다. 그러다가 조금 회복의 기미가 보이기 시작했으나 가정을 꾸려 나갈 수는 도저히 없었으므로, 오 헨리는 아내와 딸을 마차에 태워 처가로 데리고 갔다.

그는 아내와 함께 이듬해 여름까지 처가에서 머물렀다. 그리하여 아내의 회복을 기다려 1891년 다시 오스틴으로 돌아가서 동 4번가의 조그만 집에 정착했다. 그는 뒷마당에 있는 큼직한 곳간을 개조해서 서재를 만들고, 오스틴을 떠날 때까지 약 1천 권의 장서를 모았으나 나중에 화재로 깡그리 불타버렸다. 틈만 있으면 그는 이 서재에 들어박혀 가벼운 스케치풍의 글을 쓰기도 하고, 읽을거리의 소편을 쓰기도 했다.

1890년에 토지 관리관 홀이 지사 선거에 출마해 낙선했기 때문에, 오 헨리도 이듬해 1월 토지관리사무소를 그만두었다. 그리고 한 달 뒤에 퍼스트 내셔널 은행 출납계에 들어갔다. 오 헨리가 은행의 출납을 보게 된 것과 그 재직 중에 신문 발행에 손을 댄 것은 뜻하지 않게 아솔과의 행복한 결혼생활을 송두리째 파괴하는 원인이 되었다. 팔리지 않는 신문을 발행함으로써 결국 많은 빚을 지게 되었고, 현금 출납을 했다는 것은 불행하게도 그를 공금 횡령이라는 파렴치한 죄에 휘말아 넣었기 때문이다. 그 무렵 퍼스트 내셔널 은행의 경영은 엉

퍼스트 내셔널 은행 출납계원 시절 오 헨리

망진창이었다. 당좌예금의 대월(貸越)은 일상다반사이고, 은행임원이나 시의 유력자들은 서명도 없이 예사로 현금을 꺼내 갔다. 그 가운데에는 돈을 꺼낸 일조차 잊고, 귀뜸해 주면 오히려 출납계원을 호통치는 형편이었다. 오 헨리는 출납계원이 된 것을 무척 후회했지만, 달리 생활비를 벌 수단도 없어서 그럭저럭 은행 근무를 계속했다. 그동안 그의 수입은 한 달에 1백 달러를 넘지 않았으며 가계는 언제나 적자였다. 그래서 잘만 하면 수입이 늘지도 모를 기회가 뜻하지 않은 방향에서 굴러들어 왔을 때 그는 서슴치 않고 이를 붙들었던 것이다.

1894년 4월 〈아이코너클래스트〉라는 월간 신문을 발행하던 브랜이라는 사람이 오스틴을 떠나면서 이 신문을 공장과 함께 2백50달러에 내놓았다. 그는 아내와 친구들의 도움으로 이것을 사서, 〈롤링 스톤〉이라고 제목을 바꾸어 주간지로서 발행하기로 했다. 곧 그는 은행을 그만두고 신문 경영과 편집에 전념했다. 기사도 자기가 썼다. 밤에 편집이 끝나면 흔히 길거리를 돌아다니며 기사 재료를 찾았다. 인생의 패잔병들이 몰려드는 뒷골목의 구질구

질한 술집에서 그들을 상대로 싸구려 술을 나누기도 하고, 호화로운 저택에서 열리는 상류 계급 파티에 참석해 신사 숙녀라고 일컬어지는 사람들의 생태를 들여다보기도 했다. 이런 밤의 탐방을 통해서 차츰 그는 인생을 아는 날카로운 관찰자로 변모해 갔다.

그러나 신문 경영은 적자가 누적될 뿐이었다. 발행 부수도 겨우 1천 5백 부 정도였으며, 그 이상은 늘지도 않았다. 게다가 신문에 게재한 그의 희화로 말미암아 독일계 시민의 반감을 사서 광고 수입이 크게 줄었다. 마침내 1895년 4월 17일 호를 마지막으로 〈롤링 스톤〉은 폐간된다.

반 년쯤 놀다가 프리랜서 기자로서 〈클리블런드 플레인딜러〉지에 기사를 쓰게 되었다. 프리랜서 기자였을 때의 체험은, 〈어느 유머리스트의 고백Confessions of a Humorist〉이라는 단편소설에 재미있게 묘사되어 있다. 이윽고 그는 친구들의 도움으로 〈휴스턴 포스트〉 신문사에 취직해, 그해 11월 가족과 함께 휴스턴으로 옮겼다. 이 신문의 경영자 존스턴은 곧 오 헨리가 보기 드문 그림 재주를 가진 것을 알고 그에게 풍자화를 그리게 하여 〈포스트〉지에 실었다. 그 무렵 휴스턴은 정쟁이 심해 시민들도 정치 운동에 열을 올리고 있었으므로, 시사 문제를 풍자한 그의 풍자화는 곧 〈포스트〉지의 인기물이 되었으며, 다른 신문들은 앞다투어 이것을 실었다.

이리하여 수입도 늘고 지위도 안정되어, 오랜만에 평온한 생활을 즐기고 있는데 난데없는 재난이 들이닥쳤다.

1896년 2월 10일부로, 퍼스트 내셔널 은행이 다음과 같은 고소장을 오스틴 법원에 제출했다.

'1894년 11월 1일, 그 무렵 오스틴시 퍼스트 내셔널 은행의 현금 출납계원이던 피고 윌리엄 시드니 포터는, 전기 은행에 손해를 입히고 아울러 자산을 사취할 특별한 의도로써 일금 4천 7백 2달러 94센트를 횡령했다. 그러므로 여기에……'

오 헨리는 이튿날 휴스턴에서 체포되어 오스틴 경찰서로 호송되었다.

그 무렵 아내 아솔의 병세가 다시 악화되었으므로, 그 이유를 들어 보석 절차를 밟아 집에 돌아올 수 있게 되었다. 그는 〈휴스턴 포스트〉지의 일을 계속했다. 그러나 많은 독자들이 좋아하고 환영한 그의 풍자화도 1896년 6월 22일자로 종말을 고했다.

다음 달 7월 초 재판을 받고자 오스틴으로 향한 그는, 도중에서 오스틴 행 기차로 바꾸어 타는 대신 뉴올리언즈행 기차를 탔다.

오 헨리가 얼마 동안 뉴올리언즈에 있었는지는 뚜렷하지 않지만, 그의 명작의 하나로 꼽히는 〈샤를르와의 르네상스 *The Renaissance of Charleroi*〉에서 꽤 상세히 뉴올리언즈와 그 근교 풍물이 묘사되는 것을 보면, 그리 짧은 기간은 아닌 것 같다. 아무튼 이름을 바꾸어 〈뉴올

주간지 〈롤링 스톤〉(1894) 오 헨리가 발행한 유머 잡지. 삽화는 직접 그렸다.

리언즈 델터〉라는 신문사에 근무하면서 잠시 기자 생활을 한 것만은 사실인 것 같다. 아내와는 당국의 눈을 피해 친구들을 통해서 은밀히 편지를 주고받았다.

곧 그는 뉴올리언즈를 떠나 중미에 있는 온두라스의 트루히요로 달아났다. 이곳에서 앨 제닝스라는 사나이와 알게 되었다. 앨은 열차 강도질을 하고 경찰에 쫓겨 아우 프랭크와 함께 이곳에 도망해 와 있었는데, 강도치고는 사람이 좋고 싹싹해서 오 헨리와 금방 친해졌으며 흔히 셋이서 바닷가를 거닐고, 시내를 쏘다니며 술집에서 포커를 하곤 했다고 한다. 단편집《양배추와 임금님 *Cabbage and Kings*》에 나오는 일화는 대부분 제닝스 형제도 목격한 것이며, 그중의 일부는 앨 자신의 체험을 쓴 것이라고 한다.

이따금 오 헨리는 제닝스 형제에게, 다시는 미국에 돌아가고 싶지 않다, 가족과 함께 안전하게 살 수 있는 장소를 이 나라에서 찾고 싶다고 말했다고 한다. 아솔의 건강만 허락했더라면 아마 그렇게 했을지도 모른다. 몇몇

친구를 거쳐서 아솔에게 전해진 편지에, 그는 이 열대의 작은 나라에 정주할 계획을 자질구레하게 적어 놓고 있다.

그러는 동안에 아내가 위독하다는 소식이 왔다. 돌아가면 체포될 것은 뻔했지만 아내와 만나고 싶은 마음에서, 1897년 1월 끝 무렵 수척할 대로 수척해져서 병상에 누워 있는 아내의 머리맡에 모습을 나타냈다.

2월 1일 친구와 함께 법원에 출두해 다시 보석을 신청했다. 보증인이 된 친구들의 도움으로 이제 다시는 도망치지 않는다는 조건부로 보석이 허가되었다.

그는 밤낮으로 열심히 아내를 간호했다. 그러나 아솔은 끝내 건강을 되찾지 못했다. 그가 돌아온 지 5개월 남짓한 1897년 7월 25일, 아솔은 남편 품에 안겨 29년이라는 짧은 생애의 막을 내렸다.

아내가 죽은 뒤에 열린 재판 결과, 그는 유죄 선고를 받고 5년형을 언도받았으며, 이듬해 4월 25일 오하이오주 교도소에 수감되었다.

그의 범죄 사실은 오늘까지도 수수께끼로 남아 있다. 앞에서도 말했듯이 퍼스트 내셔널 은행의 경리는 전 시대적으로 엉성하기 짝이 없었으므로, 은행 감사 때 장부의 숫자가 맞지 않는 것이 지적되자 그 무렵의 출납계원 오 헨리에게 책임을 전가해 버렸다는 설도 있고, 은행 돈을 〈롤링 스톤〉의 적자를 메꾸기 위해서 썼다는 설도 있어서, 여전히 그 어느 쪽인지 확실하지 않다. 오 헨리의 가장 믿을 만한 전기로 간주되는 〈오 헨리전 O. Henry Biograph〉(1916)의 지은이 알폰소 스미스는 무죄를 주장하고, 〈별명 오 헨리 Alias O. Henry〉(1957)의 저자 제랄드 랭포드는 유죄로 간주하고 있다. 그 근거의 하나로, 랭포드는 이 사건에 대해 오 헨리가 한마디의 변명도 하지 않았다는 것을 지적했는데, 확실히 그는 평생 이 사건을 언급하기를 매우 싫어하고 열심히 감추었던 것 같다.

교도소 생활은 그가 상상한 것보다 훨씬 비참했다. 그는 그 비참함을 다음과 같이 썼다. "여기서는 자살이 피크닉처럼 흔하다." "여기서는 결핵이 가정의 독감보다 더 흔하다." "나는 인간의 생명이 여기서처럼 싸구려로 간주될 줄은 상상도 못했다." "여기서는 인간이 영혼도 감정도 없는 동물로 간주되고 있다."

그러나 그 무렵의 교도소가 아무리 끔찍한 것이었더라도, 만일 그가 교도소 생활을 체험하지 않았더라면 과연 미국 문학사에 남는 단편 작가 오 헨리가 태어났을지는 의심스럽다. 그만큼 이 체험은 그의 작가적 성장에는 귀중한 것이었다.

교도소에서 그는 모범수였다. 드러그스토어에서 일한 경험이 도움이 되어 약국 일을 맡았는데, 교도소 의사나 직원들은 그의 성실한 인품과 겸허한 태도에 호의를 느끼고 나중에는 존경까지 하게 되었다. 시간적으로 꽤 여유가 있었으므로 그는 열심히 소설을 썼다. 소설의 세계에 들어감으로써 잔혹한 현실을 잊고 싶었는지도 모른다.

작품이 완성되면 친구를 통해서 잡지사에 보냈다. 1899년, 그즈음 꽤 유명했던 〈맥클루어(Mac Cllure)〉라는 잡지에 〈휘파람 딕의 크리스마스 양말 *Whistling Dick's Christmas Stocking*〉이라는 단편 소설이 처음으로 오 헨리의 이름으로 실렸다. 교도소에서 쓴 작품이 적어도 12편은 된다고 한다. 〈되찾은 양심 *A Retrieved Reformation*〉의 모델이 된 남자를 안 것도 이 교도소에서였다.

모범수로서 5년 형기를 3년 3개월로 단축하고, 1901년 7월에 출소했다. 바로 그는 죽은 아내의 친정에 맡겨 두었던 딸 마거릿이 있는 피츠버그로 갔다. 그리고 이듬해 봄까지 거기에 머물면서 창작을 계속했다.

오 헨리는 1902년 봄 처음으로 뉴욕을 보았다. 그는 빈민가의 싸구려 호텔에서 이틀 밤쯤 잔 뒤, 그를 뉴욕으로 불러 준 〈애인들리 매거진〉의 편집장 길먼 홀을 찾았다. 일찍 그의 기재(奇才)를 간파했던 홀은, 그를 위해 매디슨 스퀘어 가까이에 아파트를 얻어 주고 열심히 집필을 권했다. 이에 힘을 얻은 오 헨리는 잇달아 단편 소설을 써냈다. 뉴욕에 나온 지 1년이 되기 전에, 그의 서명이 든 작품을 여러 잡지와 신문 일요판에서 볼 수 있게 되었다. 〈뉴욕 월드〉지의 일요판에 편당 1백 달러로 매주 한 편씩 작품을 제공한다는 계약을 맺은 것은 1년 반쯤 지난 뒤였다. 일주일에 한 편이라는 이 놀라운 속도는 1903년에 시작해 1906년까지 실로 4년 동안 이어졌다. 이 기간이 오 헨리가 가장 다작한 시대이다.

명성도 오르고 수입도 늘었다. 한 달에 5백 달러에서 6백 달러쯤의 수입이 생겼다. 이제 당당한 유행 작가였다. 그 무렵은 엠브로즈 비어스, 잭 런던, 스티븐 크레인 등이 한창 인기가 있었는데, 오 헨리의 단편은 그들의 작품과는 다른 뜻에서 더욱 저널리즘과 독자의 환영을 받았다.

〈월드〉지와 계약하고부터 그의 작품 무대는 거의 뉴욕으로 한정되어 버렸다. 그 무렵 미국은 근대 자본주의의 발흥기에 있었다. 미국의 대표적 도시 뉴욕에는 근대 자본주의가 낳은 샐러리맨의 소시민적 생활이 넘치기 시작해, 오 헨리에게 아주 안성맞춤의 무대를 제공해 주었다.

그는 낮이나 밤이나 틈만 있으면 거리에 나가서 공원 구석을 서성거리기도 하고, 먼지 낀 뒷골목을 쏘다니기도 하고, 싸구려 술집에 찾아들어가서는 세밀히 실제 인생의 뒷면을 관찰해 그것을 슬기롭게 소설 속에 끌어넣었다. 이 무렵의 그의 일상 생활은 지칠 줄 모르는 탐방과 그것을 소재로 한 창작의 집필로 지샜다.

그는 "내가 쓰는 이야기의 줄거리는 어디에나 뒹굴고 있다" 말하지만, 그의 이야기의 배경은 어디까지나 뉴욕 그 자체이다. 근대 자본주의의 중심지 뉴욕에서 동양적 환상이 낳은 아라비안 나이트의 매력과 색채를 본 오 헨리는, 뉴욕에 신들린 로컬 채색화가인 동시에, 뉴욕을 바그다드로 볼 수 있는 로맨티스트이기도 했다.

1904년에 첫 단편집 《양배추와 임금님 Cabbages and Kings》이 나왔다. 이어 1906년에 제2단편집 《4백만 The Four Millions》이 나옴으로써 그의 작가 지위는 확고해졌다. 《4백만》은 그 무렵 뉴욕 인구를 나타내는 숫자이며, 모두 뉴욕을 그린 것이다. 〈20년 뒤 After Twenty Years〉 〈경관과 찬송가 The Cop and the Anthem〉 〈동방박사의 선물 The Gift of the Magi〉(1905) 〈몹시 바쁜 증권 중개인의 로맨스 The Romance of a Busy Broker〉 등, 오늘날에도 그의 걸작으로 여겨지는 명작들이 이 속에 많이 들어 있다.

《4백만》은 또 오 헨리 단편의 특징인 '결말의 의외성'을 매우 뚜렷하게 보여준 것으로 알려진다. 잠잠하게 이야기를 진행해 가다가 마지막에 가서 뜻밖의 결말로 독자를 감짝 놀라게 하는 그 '전환' 수법은, 물론 그가 생각해 낸 것은 아니지만 《4백만》이 나온 뒤로 완전히 그의 등록 상표처럼 되어 버렸다.

"나는 이야기의 결말을 생각지 않고 쓰기 시작하는 일도 흔하고, 마지막까지 줄거리를 다 세워 놓고 쓰기 시작하는 수도 있으며, 또 때로는 미리 정해 둔 결말에 맞춰서 이야기를 지어 나가기도 한다"고 그는 말하고 있다. 아무튼 불필요한 과장과 너무 지루한 신소리와 지나친 뽐냄을 조금 섞기는 하나, 인물과 상황, 이야기의 성격과 인간성의 관계를 언제나 일관해 올바로 포착하고 있는 것은 틀림없다. 이것이 그가 언제까지나 많은 독자를 잃지 않는 이유라고 생각한다.

1907년, 뉴욕 생활에서 취재한 또 하나의 단편집 《손질 잘한 램프 *The Trimmed Lamp*》가 나오고, 같은 해에 텍사스에서의

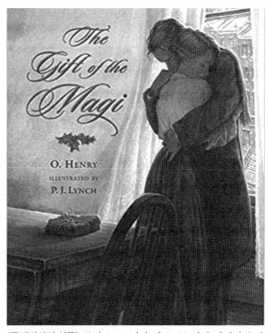

〈동방박사의 선물〉 표지 1905년에 발표, 두 번째 단편집 《4백만》(1906)에 실렸다.

체험을 기초로 한 단편집 《서부의 마음 *Heart of the West*》이 나왔다. 이어 1908년에는 《도시의 소리 *The Voice of the City*》와 《점잖은 사기꾼 *The Gentle Grafter*》이, 그리고 이듬해인 1909년에는 《운명의 길 *Roads of Destiny*》과 《선택권 *Options*》 두 단편집이 나왔다. 다시 1910년에는 《순 장사속으로 *Strictly Business*》가 출판되었는데, 이것이 그가 살아 있을 때 나온 단편집이다.

1905년 봄, 오 헨리는 소꿉 친구인 사라(샐리) 콜먼이라는 여자한테서 뜻밖의 편지 한 통을 받았다. 〈목장의 마담 보피프 *Madame Bo-Peep of the Ranch*〉의 작가가 어릴 때 자기와 놀던 윌리엄 포터같은 기분이 드는데 아니냐는 문의 편지였다. 이에 답장을 보낸 것이 계기가 되어 오 헨리와 샐리 콜먼의 어린 날의 우정이 되살아나서, 편지를 주고받는 동안에 마침내 결혼을 약속하기에 이른다. 그리하여 2년 뒤인 1907년 12월 28일, 두 사람은 애슈빌에서 결혼식을 올렸다. 샐리는 이때 39세로 초혼이었다.

7번가와 8번가 사이의 서(西) 23번가에 새 살림을 차리고, 전처의 처가에 맡겨 두었던 딸 마거렛을 데려왔다. 그러나 이 결혼 생활은 그리 행복하

지 않았던 것 같다. 이 무렵부터 그의 집필 속도는 눈에 띄게 느려지고, 음주벽과 낭비벽이 도져서 상당한 수입이 있는데도 경제적으로 그리 수월치 않았다. 일이 진척되지 않는 초조감에서 점점 더 술을 들이켜게 되고, 두 번째 아내와의 사이도 차츰 서먹서먹해졌다. 그리하여 1909년 가을, 마침내 그는 아내를 애슈빌의 처가에 보내고, 자기는 혼자서 뉴욕의 그리니치 빌리지의 아파트로 옮겼다. 그러고는 사람들 앞에 나가지도 않고 소리없이 자기만의 세계에 들어박혔다.

본디 그는 사교적인 사람이 아니었다. 사람들 앞에서 애써 명랑하게 행동했지만, 내향적인 성격이었던 것 같다. 수줍고 변덕스러웠다. 누구에게도 속마음을 털어넣고 이야기하는 일이 없었다. 고집스럽고 완고하게 자기 세계를 지켰으며, 그 내부로는 절대로 아무도 발을 들여놓게 하지 않았다. 〈뉴욕 월드〉의 편집장 윌리엄 존스턴은 편집자와 작가의 관계 이상으로 가깝게 오 헨리와 사귄 사이지만, "그를 감싸고 있는 딱딱한 껍질 속으로는 끝내 들어가지 못했다" 술회했으며, "오 헨리의 친구였다고 자칭하는 인물의 회상글이 발표될 때마다, 나는 그의 영혼이 천국에서 하이볼 잔이나 기울이며 냉소하는 모습을 상상한다. 오 헨리에게는 친구가 없었다"고 쓰고 있다.

이 자기 폐쇄적인 성향을 그 공금 횡령 사건과 연결지어 전과가 알려지는 것이 두려워 교제를 꺼리게 된 것이 아닌가고 설명하는 사람도 있지만, 아마도 그것은 타고난 성격이라고 생각하는 편이 좋을 것이다. 그러나 그가 전과 자라는 과거가 알려지기를 싫어하고 두려워했던 것은 사실이며, 조지 매커댐과 인터뷰했을 때도, 뉴올리언즈에서 온두라스로 도망갔던 일과 3년여에 걸친 옥살이에 대해서는 온 힘을 다해 연막을 치거나 혹은 일부러 속이고 있다. 이 인터뷰 기사는 1909년 4월 4일자 〈뉴욕 선데이 타임스〉에 실려 있는데, 오 헨리가 신문이나 잡지의 인터뷰에 응한 것은 그 전후를 통틀어 이 것 한 번뿐이다. 이 인터뷰에서 그는 1857년생이라고 말하는데, 복역한 세월을 속이기 위한 것이 아니었나 하는 생각이 든다. 또 중미로 간 것은 과수원을 경영하기 위해서였고, 뉴올리언즈에 간 것은 모든 성가신 일을 떠나 홀로 진지하게 문학을 공부하고 싶었기 때문이라고 설명하고 있다.

그리고 이 속에서 그는 "어떤 방법으로 소설을 쓰는가?"라는 질문에, "언제나 쓰기 전에 되도록 이야기 줄거리를 머릿속에 짜 둔다. 그리고 일단 펜을 들면 단숨에 써 내어 편집자에게 넘긴다. 다시 읽어보거나 퇴고하는 일은 거의 없다"고 대답했다. 이어, 슬럼프 때는 어떻게 하느냐는 질문을 받고는 "슬럼프에 빠지면 석 달 동안 한 줄도 못 쓰는 일이 흔하다. 그런 때는 억지로 쓰려고 하지 않고, 거리에 나가서 돌아다니기로 하고 있다. 거리의 군중 속에 들어가 실제 인생의 꿈틀거림과 박력을 직접 피부로 느끼는 것이다. 이야기 작가에게는 이 이상의 자극제가 없다"고 말했다.

1909년에는 극작에도 손을 댔으나, 성공하지 못했다. 그런데 같은 해 폴 암스트롱이 그의 단편 〈되찾은 양심〉을 통칭 〈지미 발렌타인〉으로 각색하여 상연했더니 전국적인 히트가 되었다.

1910년에는 여섯 편의 단편과 두 편의 시가 여러 잡지에 발표되었다.

건강을 해친 오 헨리는, 1909년 일단 아내와 딸이 있는 애슈빌로 돌아가서 1년쯤 정양한 뒤 이듬해 3월 다시 뉴욕으로 돌아왔는데, 그때부터 죽음을 맞이할 때까지의 마지막 석달 동안은 사람도 만나지 않고 전화 수화기는 아예 내려놓은 채 혼자 아파트 방에 틀어박혀 병과 싸우면서도 원고를 쓴 것 같다. 특히 그가 병원으로 옮겨지기까지의 며칠 동안을 어떻게 지냈는지는 여전히 수수께끼로 남아 있다. 다만 침대 밑에 빈 위스키 병이 아홉 개나 뒹굴고 있었다.

그의 임종은 의사 한 사람이 지켜 보았을 뿐이다. 죽은 이튿날 1910년 6월 6일자 〈뉴욕 트리뷴〉지는 오 헨리의 죽음을 알리는 기사 속에서, 사인은 간경변이었다고 전하고, 다음과 같은 의사의 말을 실었다. "그의 간장은 극도로 악화되어 있었다. 소화 기관은 못쓰게 되고, 신경은 손도 못 댈 상태였다. 그리고 심장은 조그만 쇼크도 견디지 못할 만큼 약화되어 있었다."

숨을 거둘 때, 그는 "뉴욕을 볼 수 있도록 문가리개를 올려 주오, 어둠 속에서 고향에 돌아가기는 싫으니까" 말했다는데, 이 말은 그때의 유행가를 따서 누가 나중에 지어낸 전설이 아닐까 하는 말도 있다.

장례식은 그가 생전에 사랑한 매디슨 스퀘어 근처의, 〈경관과 찬송가〉 〈몹시 바쁜 증권 중개인의 로맨스〉 등에 나오는 '모퉁이를 돌아간 조그만 교회'에서 거행되었다. 이 장례식에 대해서는 그의 작품과 꼭 같은 일화가 남아 있다. 어떤 착오에서인지 이 교회에서는 같은 날 같은 시각에 결혼식이 예정되어 있었다. 화려하게 차려 입은 결혼식 손님들이 교회에 와보니 오 헨리의 장례식이 시작되려 하고 있었다. 하는 수 없이 그들은 《4백만》 작가의 장례식이 끝날 때까지, 가까운 호텔에서 기다릴 수밖에 없었다.

그는 노스캐롤라이나 애슈빌에 매장되었는데, 소박한 화강암 묘비에는 다만 'William Sydney Porter 1862~1910'이라고 적혀 있을 뿐이다.

오 헨리가 죽은 뒤, 단편집 《회전목마》가 나왔다. 이 속에도 그의 가장 유머러스한 작품으로 여겨지는 〈붉은 추장의 몸값 The Ransom of Red Chief〉과 아름다운 문장으로 잘 알려진 〈장님의 휴일 Blind Man's Holiday〉과 그밖에 〈우리들이 걷는 길 The Road We Take〉, 〈1달러의 가치 One Dollar's Worth〉 등 뛰어난 작품이 수록되어 있다.

이듬해인 1911년에는 단편집 《엉망진창 Sixes and Sevens》이 출판되었는데, 여기에는 온두라스에서 사귄 앨 제닝스의 경험담을 기초로 한 〈열차 강도 Holding Up a Train〉, 뉴욕에 나온 시골 카우보이를 주인공으로 한 〈날씨의 챔피언 The Champion of the Weather〉, 그 밖에 아름다운 귀부인과 내성적인 청년의 덧없는 모험을 그린 〈기회를 놓친 귀신 A Ghost of a Chance〉 등이 수록되어 있다.

이어 1912년에 출판된 단편집 《구르는 돌 Rolling Stone》에는, 〈샌튼의 안개 A Fog in Santone〉와 〈꼭두각시 인형 The Marionettes〉 등 기지에 찬 작품이 들어 있는데, 대부분 작가가 젊었을 때 쓴 회화적인 가벼운 스케치풍 이야기여서 그리 대단한 작품집은 아니다. 다만 여기에는 미완으로 집필이 된 〈꿈 The Dream〉이라는 단편이 수록되어 있다는 것을 덧붙여 두고 싶다.

1917년에는 단편집 《잡동사니 Waifs and Strays》가 나왔다. 제목 그대로 '잡동사니'를 모은 것은 아니나, 오 헨리의 대표 작품들과 견준다면 매우 질이 떨어진다는 일치된 의견이다. 1926년에는 7편의 시와 짧은 스케치를 모은 《오 헨리 집 O. Henryana》이 한정 출판되었다. 여기에 수록된 〈도가니 The Crucible〉는 그의 시 가운데 가장 잘된 작품이고, 〈잡을 수 없는 환락가 The Elusive Tenderloin〉는 그가 〈뉴욕 월드〉에 발표한 첫 단편으로서 기억할 만한 것이다. 1923년에 출판된 단편집 《후기 Postscripts》는 〈휴스턴 포스트〉지에 게재된 그의 스케치를 모은 것이다. 1939년에 나온 《오 헨리 앙코르 O. Henry Encore》는 초기의 유머와 스케치를 모았는데, 뒷날의 그의 성공을 약속하는 것이 몇

편 들어 있어서 흥미롭다.

그는 10년이 되지 않는 작가 생활 동안에 약 3백 편의 작품을 남겼다. 전형적인 단편 작가로서 단편 소설밖에 쓰지 않았으며, 그가 끝내 경제적인 윤택을 얻지 못한 것도 이 때문이다.

유머와 위트와 페이소스, 누구나가 지적하듯 이것이 오 헨리의 독특한 맛이지만, 더욱 경탄할 만한 것은 그 착상의 기발함과 플롯의 교묘함이다. 풍부한 상상력과, 확고한 구상력을 가진 작가가 아니면 도저히 흉내낼 수 없는 재주이다. 그러기에 그의 작품에는 그의 장기인 '결말의

〈붉은 추장의 몸값〉 표지 1907년에 발표, 유고 단편집 《회전목마》(1910)에 실렸다.

의외성'이 있고, 작품마다 거의 예외없이 마음속 깊은 곳에서 저절로 솟아나오는 따뜻한 웃음과 어느새 콧등이 찡해지는 눈물이 있다. 그것은 그가 인간의 심리와 인정을 잘 알 뿐 아니라, 그 자신이 따뜻하고 정다운 마음의 소유자였기 때문이다.

그래서 오 헨리의 전기를 쓴 로버트 데이비드는 "나는 우울할 때 오 헨리를 읽는다" 말하고 있다. 오 헨리를 다시 읽는 것은 첨단의 물질 문명 세계를 살아가는 오늘날의 우리 인생살이에 시사하는 바가 적지 않을 것이다.

그런 의미에서 300여 편의 작품 중에 주옥 같은 명편만을 골라 이 책을 묶어 냈다. 마찬가지로 그의 전기를 쓴 알폰소 스미스는, 미국 문학사를 장식한 뛰어난 단편 작가들인 어빙, 포, 호손, 하트 등과 견주어서, "오 헨리는 미국의 단편 소설을 인간답게 만들었다" 말하고 있는데, 이 말은 오 헨리 인생 스케치적 문학의 본질을 찌른 적절한 평언이라고 할 것이다.

O 헨리 연보

1862년 9월 11일, 미국 노스캐롤라이나주 그린즈버러에서 내과의사인
아버지 앨저넌 시드니 포터와 어머니 메리 제인 버지니아 스웨
임 사이의 셋째아들(첫째는 1858년 사산, 둘째는 1860년 출생)
로 태어나다. 윌리엄 시드니 포터가 본명이다.

1865년(3세) 3월 26일, 동생 데이빗 위어가 태어나다 (그해 죽음). 9월, 어머
니 메리가 폐결핵으로 죽다. 가족이 할머니와 고모 라이나의
집으로 옮겨가다.

1867년(5세) 고모 라이나가 생활을 위해 자기 집에 차린 글방에 입학해 공
부를 시작하다.

1876년(14세) 라이나의 글방을 졸업. 문학과 그림에 재주를 보이다.

1879년(17세) 숙부 클라크의 약국에서 약제사 견습 일을 시작하다.

1881년(19세) 8월, 노스캐롤라이나 약제사협회로부터 개업 약제사 면허를
받다.

1882년(20세) 3월, 본디 건강이 좋지 못했기 때문에, 의사 제임스 홀 부부의
권유를 받아 텍사스 남서부로 가다. 제임스 홀의 둘째아들 리
처드 홀 부부의 초청을 받고, 라 살 카운티 목장에 머물며 미
개척지에서의 가축 관리에 정통하게 되다. 만화가로서의 재능
을 나타내기 시작하다. 이 동안에 바이런, 디킨스, 셰익스피어,
스몰렛, 스콧, 밀턴, 피프스, 록, 맥콜리, 기번, 골드스미스 등의
작품을 탐독하다. 이와 함께 《웹스터 사전》을 애독하고, 프랑

스어, 독일어, 스페인어 등을 습득하다.

1887년(25세)　1월, 텍사스 국유지국장(國有地局長)에 취임한 리처드 홀의 감독 아래 있는 관리국 제도계에 조수로 근무하다. 7월, 오스틴의 식료품상 P.G. 로치의 양딸 아솔 에스티스 로치와 결혼하다.

1888년(26세)　5월, 아들을 낳았으나 곧 잃다. 9월, 아버지 앨저넌 죽다.

1889년(27세)　9월, 딸 마거렛 워드 태어나다. 아내 폐결핵에 걸리다.

1891년(29세)　리처드 홀, 주지사 선거에 패해 공직에서 물러나다. 그로 인해 윌리엄도 직업을 잃다(1월 21일). 2월 오스틴의 퍼스트 내셔널 은행의 금전출납계에 취직하다.

1894년(32세)　3월, 은행에 근무하는 한편, 친구인 J.P. 크레인과 공동으로 〈롤링 스톤〉이란 유머 주간지를 발행하다 (이듬해 4월 27일 폐간). 출납 결손 문제로 12월, 은행을 그만두다.

1895년(33세)　7월, 은행 문제로 재판 받다. 배심원들은 무죄를 주장했으나 연방 은행 검사관은 재심을 청구하다. 휴스턴의 〈포스트〉지에 특별기자직을 얻어 많은 스케치와 단편을 6개월에 걸쳐 싣다.

1896년(34세)　2월, 휴스턴에서 기소되어, 같은 달 체포되다. 장인 로치 등의 도움으로 2천 달러의 보석금을 내고 석방되다. 7월, 오스틴 법정으로 가던 도중, 뉴올리언즈로 도망, 그 뒤 다시 온두라스의 트루히요로 도망하다. 두 곳에서의 체험이 그의 작품에 풍부한 자료를 제공하게 된다.

1897년(35세)　1월, 아내의 병 때문에 오스틴으로 돌아오다. 2월, 다시 장인 로치 등의 원조로 보석금 4천 달러를 내고 이듬해 2월의 공판까지 신병 구속을 면하다. 5월, 고모 라이나 죽다. 7월, 아내 아솔 죽다. 딸 마거렛과 함께 아내의 친정으로 옮겨가다.

1898년(36세)　2월, 재판이 시작돼 3월 25일, 유죄 판결을 받다. 공금 횡령죄로 4월 25일부터 5년간 오하이오주 콜롬부스의 연방교도소에서 복역하게 되다. 9월 〈라바 캐년의 기적〉이 'W.S. 포터'라는 이름으로 세인트폴의 〈파이오니어 프레스〉지와 맥루어계 신문에 게재되다. 이 해 이름의 철자를 Sidney에서 Sydney로 고치고,

William을 삭제하다.

1899년(37세) 5월, 〈에인즈리〉지에 '존 아버드노트'라는 필명으로, 시 〈Fromptings〉를 발표하다. 12월, 〈맥루어〉지에 오 헨리(O Henry)라는 필명으로 단편 〈휘파람 딕스의 크리스마스 양말〉을 발표하다. 복역중 7편의 작품을 전국 규모의 잡지에 발표하다. 복역 태도가 좋아 3년 3개월로 감형되다.

1901년(39세) 7월, 출옥하다.

1902년(40세) 2월, 〈하그레이브스의 1인 2역〉을 발표하다. 4월, 〈에인즈리〉지의 편집자 길먼 홀의 권유를 받아, 뉴욕으로 가다. 잡지계에서 오 헨리의 이름이 주목을 받게 되다.

1903년(41세) 4월 〈되찾은 양심〉을 〈코스모폴리탄〉지에 발표하다. 4월, 〈운명의 길〉을 〈에인즈리〉지에, 5월, 〈차가 기다리는 동안〉을 〈에인즈리〉지에 발표하다. 이 해 뉴욕 〈선데이 월드〉지와 계약을 맺고, 매주 1편씩을 기고, 12월부터 발표하기로 하다 (원고료는 1편당 60달러). 그 뒤 2년간 1백 편 이상의 작품을 쓰다.

1904년(42세) 2월, 〈20년 뒤〉. 3월, 〈마녀의 빵〉〈몹시 바쁜 증권 중개인의 로맨스〉. 6월, 〈흔들이〉. 8월, 〈가구 딸린 셋방〉. 10월 〈아이키 션스타인의 사랑의 묘약〉. 10월, 〈희생타〉. 11월, 〈양배추와 임금님〉. 12월, 〈경관과 찬송가〉. 이 1년 동안에 75편의 단편을 쓰다. '오 헨리'란 필명을 쓰다.

1905년(43세) 3월, 〈부자 신과 사랑의 사수〉. 4월, 〈메뉴판의 봄〉〈운명의 충격〉. 10월, 〈마지막 잎새〉〈나팔 소리〉. 12월, 〈동방박사의 선물〉을 발표하다. 이 해, 54편의 단편을 발표하다.

1906년(44세) 4월, 단편집 《4백만》을 출판하여 세계적 명성과 인기를 얻다. 7월, 〈벽돌가루 연립주택〉을 발표. 이 해 19개의 단편을 발표하다.

1907년(45세) 6월, 〈손질 잘한 램프〉. 7월, 〈붉은 추장의 몸값〉. 10월, 〈서부의 마음〉을 발표하다. 11월, 어릴 때 친구 사라(샐리) 린지 콜먼(39세)과 재혼하다. 가정 생활과 바쁜 문필 생활과의 조화에 고민하게 되다. 이 해 11개의 단편을 발표하다.

1908년(46세) 5월, 단편집 《도시의 소리》. 11월, 《점잖은 사기꾼》을 출판하다. 이 해 29개의 단편을 발표하다.

1909년(47세) 4월, 단편집 《운명의 길》을 출판하다. 아내 사라를 그녀의 고향인 애슈빌로 돌려보내고, 딸 마거렛을 뉴저지주 잉글우드의 기숙 학교에 넣은 다음, 자신은 호텔 생활을 하다. 10월, 단편집 《선택권》 출판하다. 이 해, 8개의 단편을 발표. 〈더블데이 레이지〉사가 오 헨리 출판사로 되어, 초기 저작의 출판권을 얻다.

1910년(48세) F.P. 아담즈와 공동으로 자작 단편의 희곡화를 시도하다. 3월, 단편집 《순 장사속으로》를 출판하다. 6월 5일 과로, 과음, 간경변, 당뇨병으로 인해 뉴욕 종합병원에서 죽다. 노스캐롤라이나의 애슈빌에 묻히다. 〈맥을 짚어 보다〉, 〈인생 회전목마〉가 유고로 발표되다.

1912년 유고 단편집 《구르는 돌》 출판되다. 전집 《The Manuscript Edition of the Complete Works》가 〈더블데이 레이지〉사에서 출판되다(14권).

1913년 전집 《The Authorized Edition》이 〈더블데이 레이지〉사에서 출판되다.

1916년 C. 알폰소 스미스의 《오 헨리전》이 〈더블데이 레이지〉사에서 출판되다.

1917년 유고집 《잡동사니》 출판되다. 전집 《The Memorial Edition》이 〈더블데이 레이지〉사에서 출판되다.

1918년 뉴욕의 예술과학협회 '오 헨리 기념문학상'을 설립하다.

1920년 《오 헨리집》이 〈더블데이 레이지〉사에서 출판되다.

오정환(吳正煥)

미국 인디아나대학 수학.

동아일보 외신부장·동화통신 편집국장을 역임.

옮긴책 윌리엄 서로이언 《인간희극》 마크 트웨인 《톰소여의 모험》

《허클베리핀의 모험》 버튼 《아라비안나이트》 맨스필드 《가든파티》 등이 있다.

World Book 90

O Henry

THE LAST LEAF

마지막 잎새

O 헨리 지음/오정환 옮김

1판 1쇄 발행/1978. 6. 1

2판 1쇄 발행/2003. 1. 1

3판 1쇄 발행/2008. 3. 1

4판 1쇄 발행/2021. 3. 1

발행인 고정일

발행처 동서문화사

창업 1956. 12. 12. 등록 16-3799

서울 중구 마른내로 144(쌍림동)

☎ 546-0331~6 Fax. 545-0331

www.dongsuhbook.com

＊

사업자등록번호 211-87-75330

ISBN 978-89-497-1797-5 04080

ISBN 978-89-497-0382-4 (세트)